SUMMA CODICIS

DES

IRNERIUS

SUMMA CODICIS

DES

IRNERIUS

MIT EINER EINLEITUNG

HERAUSGEGEBEN

VON

HERMANN FITTING.

BERLIN
J. GUTTENTAG, VERLAGSBUCHHANDLUNG.
1894.

DEM

HOCHVERDIENTEN RECHTSLEHRER UND RECHTSFORSCHER

HERRN GEHEIMEN RATHE

DR. ADOLF SCHMIDT

ZUM 22. JULI 1894

DEM FÜNFUNDZWANZIGSTEN JAHRESTAGE

SEINER ERNENNUNG

ZUM PROFESSOR IN LEIPZIG

ALS ZEICHEN

WISSENSCHAFTLICHER UND PERSÖNLICHER HOCHSCHÄTZUNG

UND ALS DENKMAL

VIERTELHUNDERTJÄHRIGER FREUNDSCHAFTLICHER

BEZIEHUNGEN

IN HERZLICHSTER VEREHRUNG

ZUGEEIGNET.

Vorrede.

Die Summa Codicis des Irnerius, die, bisher so gut wie unbekannt, in der vorliegenden Ausgabe zum ersten Mal an die Öffentlichkeit tritt, erscheint gleichzeitig mit der Ausgabe zweier noch gänzlich unbekannter anderer Schriften des grofsen Bolognesers, seiner Questiones de iuris subtilitatibus und eines von der aequitas ausgehenden, mit der Summa nahe verwandten Stückes, welches zeitlich wie inhaltlich zwischen ihr und den älteren Questiones in der Mitte steht. Wie unter diesen Werken der engste Zusammenhang besteht, so sind auch ihre Ausgaben gleichsam als ein einheitliches Ganzes zu betrachten. Sie sind gleichzeitig bearbeitet und nehmen wechselseitig auf einander Bezug. Auch liefern sie erst zusammen den vollen Gewinn, welcher der juristischen Litteraturgeschichte durch die Kenntniss jener Schriften erwächst.

Dieser Gewinn ist aber in jeder Hinsicht der allergröfste. Der weltberühmte Jurist, der von seinem eigenen Zeitalter bis auf unsere Tage mit seltener Einstimmigkeit als der Vater der gesammten modernen Rechtswissenschaft gepriesen wird, und dem man früher sogar vielfach die Wiedergeburt der Wissenschaft überhaupt zu gute schrieb, war gleichwohl bisher für uns kaum mehr als ein blofser Name. Erst jetzt aus seinen genannten Schriften erhält er Fleisch und Blut und wird zu einer leibhaftigen litterarischen Persönlichkeit. Zugleich fällt auf die bisher so dunkle Art seiner Leistungen ein helles und völlig ungeahntes Licht. Die ehedem ganz allgemeine und noch immer nicht vollständig verdrängte Annahme einer durch ihn bewirkten plötzlichen und unvermittelten Wiedergeburt der seit Jahrhunderten erloschenen und erstorbenen Rechtswissenschaft muss angesichts der Questiones und der Summa endgültig und rückhaltlos aufgegeben werden. Denn beide Werke gestatten keinen Zweifel, dass die Arbeiten des Irnerius auf einer älteren und gar nicht gering zu achtenden Rechtswissenschaft fufsen. Damit geschieht aber seiner Gröfse kein Abtrag. Vielmehr leuchtet durch die Enthüllung der Art des Anstofses, den die Wissenschaft durch ihn erhielt, sein Verdienst in neuem und ungleich stärkerem Glanze. Nicht darin bestand dieses Verdienst, wie man nach Savigny's Darstellung glauben konnte, dass er durch die ersten schüchternen, in einer bescheidenen Anzahl ziemlich unbedeutender Glossen niedergelegten Versuche der Erklärung der Justinianischen Gesetzgebung seinen Nachfolgern zu ihrer vollkommenen wissenschaftlichen Beherrschung und Durchdringung den Weg gewiesen hätte. Sondern was ihm den Ruhm des gröfsten Juristen und Rechtslehrers seiner Zeit verschaffte und Bologna zur klassischen juristischen Hochschule des Mittelalters erhob, das war einmal die namentlich in den Questiones auftretende Vertiefung, die er der Rechtswissenschaft durch die Anwendung der dialektischen Methode gab, sodann aber und vor allem, wie jetzt aus den drei Schriften klar zu Tage liegt, die bisher ganz unbekannte und unvermuthete Thatsache, dass er der früheste und zugleich der bedeutendste juristische Systematiker des Mittelalters war. Der Weg, den er in seiner Summa für die moderne Welt zum ersten Mal, aber sogleich mit vollendeter Meisterschaft betrat, war eben so neu wie fruchtbar; mit ihm begann in Wahrheit eine neue Epoche der Rechtswissenschaft.

Aber nicht blofs für die Litteraturgeschichte und Dogmengeschichte, sondern selbst für die dogmatische Behandlung des Römischen Rechtes haben die genannten Schriften des Irnerius eine nicht zu unterschätzende Wichtigkeit. Namentlich gilt das von der Summa. Ihre theoretischen Ausführungen können auch dem heutigen Juristen mancherlei Anregung gewähren, und viele Titel wird er nicht ohne wirkliche Belehrung lesen. Denn ihr Verfasser beherrschte das Römische Recht in ganz ungewöhnlichem Mafse, und in seiner Summa findet sich eine Reihe von Sätzen dieses Rechtes, die in der Gegenwart so gut wie vergessen sind. Zum Belege sei hier ein Beispiel gestattet. Im Corpus iuris steht dreimal (L. 102 D. de cond. et dem. XXXV, 1, L. 7 §§ 1, 2 C. de instit. vel substit. VI, 25, L. 30 C. de fideic. VI, 42) der wichtige Satz, dass, wenn ein Vater seinen Sohn zum Erben eingesetzt hat mit der Auflage, bei seinem Tode die Erbschaft an einen Anderen herauszugeben, die Pflicht zu dieser Herausgabe wegfallen soll, wenn der Sohn Kinder hinterlässt. In der Summa (VI, 12 § 7, VI, 27 § 5, VI, 33 § 7) wird dieser Satz nach Gebür hervorgehoben. Aus den heutigen Pandektenlehrbüchern dagegen ist er verschwunden, obgleich er gewiss nicht gegen das heutige Rechtsbewusstsein verstöfst.

Solche Unterlassungen unserer Lehrbücher haben meist darin ihren Grund, dass gegenwärtig immer an erster Stelle die Digesten benutzt werden und der Codex gegen sie ganz zurücktritt. Kein Wunder bei diesem Verfahren, wenn der Codex und damit die Entwickelung des Römischen Rechtes seit der Zeit der klassischen Jurisprudenz nur sehr ungenügend bekannt ist. Ganz anders zur Zeit der Glossatoren. Damals stand der Codex als der Träger des neueren und somit wirklich geltenden Rechtes im Vordergrunde der Betrachtung, und die Digesten wurden bloſs zur Erklärung und Ergänzung herangezogen. So begreift sich die merkwürdige Erscheinung, dass die Darstellungen des Römischen Rechtes aus der Glossatorenzeit oft einen viel moderneren Eindruck machen als die heutigen. Und doch lehrt die nähere Untersuchung, dass sie nichts anderes geben als das wirkliche Justinianische Recht. Unter diesen Umständen kann denn aber auch dem heutigen Bearbeiter des Römischen Rechtes, namentlich jedem Verfasser eines Pandektenlehrbuches, ein Lehrbuch wie die Summa des Irnerius als ein sehr nützliches Hülfsmittel dienen, zumal wenn fortlaufend die Stellen des Corpus iuris verzeichnet sind, die der Verfasser bei seiner Darstellung als Quellen vor Augen gehabt hat; das ist aber in den Anmerkungen zu der Ausgabe mit möglichster Vollständigkeit geschehen.

Endlich kann die Veröffentlichung der Summa des Irnerius einem recht fühlbaren Bedürfnisse abhelfen. Unsere heutigen Pandektenlehrbücher nehmen ihren Standpunkt ausschlieſslich in der Gegenwart und lassen daher vom Justinianischen Rechte alles weg, was gegenwärtig als nicht mehr anwendbar erscheint. So insbesondere die ganze im Römischen Rechte so wichtige Lehre von der Sklaverei. Nun ist aber klar, dass die noch praktischen Stücke des Corpus iuris ohne die Berücksichtigung der unpraktischen vielfach nicht richtig verstanden werden können. Zur Kenntniss der letzteren fehlt indessen jedes ausreichende Hülfsmittel. Denn unsere Institutionenlehrbücher und Lehrbücher der Römischen Rechtsgeschichte sind zu knapp; auch pflegen die letzteren ihren Schwerpunkt in die Darstellung des klassischen Römischen Rechtes zu verlegen. Diese Lücke wird durch die Summa in glücklichster Weise ausgefüllt. Denn sie stellt namentlich die Lehre von der Sklaverei, die zur Zeit ihrer Abfassung noch gar nicht unpraktisch war, in gleicher Weise wie die übrigen Lehren des Römischen Privatrechtes rein dogmatisch nach ihrem Stande zur Zeit Justinian's dar, und zwar einerseits kurz und klar, andererseits doch wieder mit genügender Vollständigkeit. Aus ähnlichen Rücksichten wird dem Canonisten die in den ersten Titeln gegebene übersichtliche Darstellung der Vorschriften des Justinianischen Rechtes über die religiösen und kirchlichen Verhältnisse von Nutzen sein können.

Ein Unternehmen wie das vorliegende war natürlich bedingt durch die mannigfaltigste Unterstützung: von Seite der Königlichen Staatsregierung, welche mir die Benutzung der Handschriften ausländischer Bibliotheken vermittelte, von Seite der deutschen und ausländischen Bibliotheken, welche die Benutzung ihrer Handschriften verwilligten, von Seite zahlreicher Bibliotheksvorstände, Collegen und wissenschaftlicher Freunde, die mit ihrem reichen Wissen die Lücken des meinigen ergänzten. Für alle diese werthvolle Hülfe sei hiermit der gebürende Dank ausgesprochen. Zu ganz besonderem Danke bin ich aber dem Herrn G. B. Palmieri zu Bologna verpflichtet, welcher die Güte gehabt hat, die dem dortigen Spanischen Collegium gehörige Handschrift der Summa für mich zu vergleichen. Da diese Handschrift Eigenthum des spanischen Staates ist, in Spanien aber die Versendung von Handschriften nicht gestattet wird, so hätte ich ohne die grofse und mühsame Arbeit, welcher sich Herr Palmieri zu meinen Gunsten unterzog, auf die Benutzung jener Handschrift und somit auf die Herstellung einer auf voller Kenntniss der vorhandenen Überlieferungen beruhenden Ausgabe verzichten müssen.

Ein weiterer Dank gebürt dem derzeitigen Inhaber der Verlagsbuchhandlung, Herrn Hugo Heimann, der nicht allein den Verlag des Werkes bereitwilligst übernahm, sondern ihm auch eine seiner würdige äufsere Ausstattung gegeben hat. Nicht minder aber habe ich auch der Buchdruckerei des hiesigen Waisenhauses zu danken, welche unter der Leitung ihres gegenwärtigen Administrators, Herrn August Gründig, auf ihren alten ruhmreichen Bahnen fortschreitet. Ich durfte hier überall auf das gröfste und verständnissvollste Entgegenkommen rechnen. Insbesondere wurden in Anbetracht der Bedeutung des Werkes zwei ausgezeichnete Setzer, die Herren Albert Borgmann und Otto Stach, mit dem Satze betraut, die es als Ehrensache betrachtet haben, ihre schwierige Aufgabe mit möglichster Vollkommenheit zu lösen. Ihrer Sorgfalt und peinlichen Genauigkeit ist es zu verdanken, wenn der Text der Summa, mit einer einzigen unbedeutenden Ausnahme auf S. 278, ganz frei von Druckfehlern ist. In den Anmerkungen zu der Ausgabe sind ein paar kleine Versehen untergelaufen, die übrigens zum Theil auf meine Rechnung kommen. Soweit ich diese Fehler bemerkt habe, sind die überhaupt nennenswerthen am Ende des Buches berichtigt zusammen mit einer Anzahl von Berichtigungen und Ergänzungen, wozu die S. VI genannte, mir erst nach dem Drucke des Textes der Summa bekannt gewordene Leidener Handschrift Veranlassung gegeben hat.

Halle, im Juni 1894. **H. Fitting.**

Inhalt.

I. Einleitung.

1. Bei den Vorarbeiten für die von meinem Collegen, dem Professor der romanischen Sprachen Suchier, und mir unternommene Herausgabe der Summa Codicis in provençalischer Sprache, worüber ich in den Sitzungsberichten der Berliner Akademie der Wissenschaften 1891 (XXXVII.) S. 763 ff. vorläufige Mittheilungen gemacht habe, ergab sich das Bedürfniss, das Verhältniss dieser um 1150 verfassten Summa zu den übrigen Summae Codicis des 12. Jahrhunderts, insbesondere zu derjenigen des Rogerius, festzustellen. Da zeigte sich denn bald eine stetige Benutzung der letzteren. Die Übereinstimmung war aber in der zweiten Hälfte des Werkes, vom Ende des 4. Buches an, ganz ungleich gröſser als in der ersten. Während sie sich hier auf einzelne, wenn auch freilich recht zahlreiche, Stellen beschränkte, war sie dort eine so durchgängige, dass die Summa des Rogerius geradezu als die fortlaufende Quelle erschien.

Nun hatte bereits der für die Wissenschaft viel zu früh verstorbene W. M. d'Ablaing nachgewiesen, dass Rogerius für sein Werk eine ältere Summa Codicis benutzt hat, die man bisher Summa Trecensis zu nennen pflegte, weil sie zuerst von Gustav Hänel in einem Leipziger Programm vom 14. Februar 1863 aus einer Handschrift der Bibliothek zu Troyes unter dem Titel „Breviarium Codicis Iustinianei, quod inest in codice Trecensi 1317" einigermaſsen bekannt gemacht worden ist. D'Ablaing glaubte diese Summa mit Sicherheit dem Glossator Ugo zuschreiben zu dürfen, während sie vorher auf Grund einer Vermuthung Savigny's für jünger als die Summa des Rogerius, nämlich für eine von Placentinus herrührende Überarbeitung der letzteren, gehalten worden war. Er zeigte aber ferner, und das ist hier ganz besonders wichtig, dass die Summa Trecensis von dem Titel De dotis promissione (bei Rogerius Lib. V tit. 10) an in derjenigen des Rogerius wörtlich wiederkehrt. Ich kann das dahin erweitern, dass dieser Gleichlaut schon in den letzten Titeln des 4. Buches, nämlich am Anfange des Titels De ediliciis actionibus (bei Rogerius IV, 57) beginnt und nur in den ersten neun Titeln des 5. Buches wieder vorübergehend aussetzt.

Da nun die engere Verwandtschaft der Summa des Rogerius mit der provençalischen gerade von da an zu beobachten war, wo ihre wörtliche Übereinstimmung mit der Summa Trecensis anfängt, so musste von selbst die Frage entstehen, ob nicht für die provençalische Summa überhaupt diese ältere Summa, also nicht diejenige des Rogerius, die hauptsächlichste Quelle gewesen sei. So wurde ich zu einer näheren Untersuchung der Summa Trecensis veranlasst. Das Ergebniss war eine Bestätigung obiger Vermuthung in dem Maſse, dass sich die unabweisliche Notwendigkeit herausstellte, der Ausgabe der provençalischen Summa, falls sie anders der Rechtsgeschichte wie der Sprachwissenschaft vollen Nutzen bringen sollte, eine Ausgabe jener alten Summa vorauszuschicken. Die letztere erschien aber auch an sich selbst und in Rücksicht ihrer Güte der Herausgabe vollauf würdig; denn schon die oberflächlichste Betrachtung lieſs keinen Zweifel, dass sie weit höher stehe nicht bloſs als die auf nicht eigentlich juristische Kreise berechnete provençalische Summa, sondern sogar als diejenige des Rogerius.

Damit war aber von selbst das Bedürfniss einer neuen gründlichen Forschung nach der Person des Verfassers gegeben, zumal da die von d'Ablaing für die Urheberschaft des Ugo beigebrachten Beweise von vornherein manchem Zweifel Raum lieſsen. Sie führte zuerst zu der Vermuthung, im weiteren Verlaufe zu vollster Überzeugung, dass das Werk nicht von Ugo, sondern von einem Gröſseren, nämlich von dem Vater der ganzen modernen Rechtswissenschaft, von Irnerius herrühre. Das gab ihm denn nach jeder Richtung die allergröſste Bedeutung und machte die Veröffentlichung vollends zu gebieterischer wissenschaftlicher Pflicht.

Die Gründe jener Überzeugung werden alsbald eingehend dargelegt werden. Nur muss vorerst noch von den Quellen unserer Kenntniss des Werkes und seiner vorliegenden Ausgabe, sowie von seinem Verhältnisse zu der Summa des Rogerius die Rede sein.

II. Die Grundlagen der Ausgabe.

1. Handschrift Nr. 1317 der Bibliothèque de la ville de Troyes.[a]

2. Die Handschrift, bereits im 12. Jahrh. in Holzdeckel mit (jetzt grauem) Lederüberzuge gebunden, besteht aus 176 Pergamentblättern, nämlich 174 schon zu alter Zeit numerirten Blättern und zwei nicht numerirten Schutzblättern, 24,5 Centim. hoch, 16,5 Centim. breit.

Die Vorderseite des vorderen Schutzblattes ist leer. Auf der Rückseite steht mit rother Schrift von einer Hand des 12. Jahrh.:

In hoc libello continentur quedam constitutiones et alie sententie plurime

Von einer viel späteren Hand, etwa des 15. Jahrh., ist mit schwarzer Tinte beigefügt:

et sermo non completus ambrosii autberti prbr̄i de cupiditate uiris secularibus perutilis

Darunter, ebenfalls schwarz und durchlaufend quer durchstrichen, dreimal:

G. (oder E.) xo. (wohl: Gloria Christo.).

Hierunter (schwarz):

S. 19.

Endlich am unteren Ende, ebenfalls schwarz, aber von einer alten Hand, wohl noch des 12. Jahrh.:

lib̄ sc̄e MARIE DE CLARAVALLE

Entsprechend steht auf der Rückseite des — auf der Vorderseite leeren — hinteren Schutzblattes:

Liber Sc̄e Marie clareuall̄.

Darüber und darunter von einer Hand des 12. Jahrh. mancherlei Verse.

Es erhellt, dass die Handschrift bereits im 12. Jahrh. dem Kloster zu Clairvaux gehörte.

Sie setzt sich schon nach rein äufserlicher Betrachtung aus zwei ganz verschiedenen Partieen zusammen; nämlich aus einer schon gemäfs der Absicht der Schreiber zusammengehörigen Hauptpartie und aus einem ursprünglich fremden Anhange. Jene Hauptpartie (f. 1—162) besteht aus

[a]) Beschrieben in Catalogue général des Manuscrits des Bibliothèques publiques des Départements. Tome II. Paris 1855. p. 542 s. und in dem schon genannten Programm von Gust. Hänel: Descriptio Breviarii Codicis Iustinianei, quod inest in Codice Trecensi 1317 (Lips. 1863). Beide Beschreibungen sind durchaus ungenügend. Die nachstehende stützt sich auf eigene Benutzung der Handschrift vom November 1891 bis Januar 1892.

20 auf dem unteren Rande je der letzten Seite numerirten Pergamentlagen, sämmtlich zu acht Blättern mit Ausnahme der achten, die 9, der zehnten, welche 10, und der fünfzehnten, die nur 7 Blätter hat; sie ist überall wesentlich nach dem gleichen Linienschema zweispaltig geschrieben. Der Anhang dagegen, welcher auf 12 Blättern (f. 163—174) die erwähnte Predigt des Ambrosius Autbertus (am Ende unvollständig) enthält, ist nach einem ganz anderen Linienschema einspaltig, aber wahrhaft prachtvoll (von einer Hand der zweiten Hälfte des 12. Jahrh.) geschrieben. In der ganzen Handschrift (mit Einschluss des Anhanges) sind die Linien farblos eingedrückt. Auch ist überall aufser der gewöhnlichen Tinte nur rothe Farbe für die Überschriften und für die Anfangsbuchstaben der Titel oder Capitel verwendet.

Die Hauptpartie zerfällt ihrerseits wieder nach inneren wie äufseren Rücksichten in zwei verschiedene Hälften: eine juristische und eine theologische, jede genau 10 Lagen umfassend.

Die juristische Hälfte (f. 1—83) ist das Werk zweier Schreiber, welche die Arbeit von vornherein hälftig unter einander getheilt hatten. Der Beweis liegt darin, dass am Anfange der sechsten Lage (f. 41 col. 1) von der hier beginnenden zweiten Hand mehrere Zeilen wiederholt sind, die schon am Ende der fünften Lage (f. 40 col. 4) stehen. Hieraus erhellt aber zugleich, dass diese juristische Partie auf einer älteren Handschrift mit genau übereinstimmendem Inhalte beruht. Dieser Inhalt ist der folgende:

1) F. 1—65 (Lage 1—8) die hier herausgegebene Summa Codicis, beginnend ohne Überschrift des gesammten Werkes mit der Rubrik des Prologs: „De nomine libri et materia“ und schliefsend in Lib. IX. tit. II. (De accusationibus et inscriptionibus) mit den Wörtern: „in custodia publica retinendi sunt“. Am unteren Rande stehen dann noch die ersten Wörter einer ursprünglich folgenden Lage: „In pari enim causa“. Aufser dieser Unvollständigkeit am Ende finden sich noch zweimal gröfsere Lücken am Ende des 6. Buches zwischen f. 48 und f. 49 und im 8. Buche zwischen f. 60 und f. 61, und zwar beide Male je von dem Umfange eines Blattes der Handschrift. In diesen beiden Fällen (und wohl auch in jenem ersten) wird sonach die Unvollständigkeit daraus zu erklären sein, dass aus der Vorlage unserer Handschrift, oder (und eher) schon aus der Vorlage jener, jedesmal ein Blatt verloren gegangen war. Denn dass der Verlust hier wie am Ende des Werkes nicht erst unsere Handschrift selbst getroffen hat, erhellt aus der Vollständigkeit und der fortlaufenden Bezeichnung der Lagen sowie daraus, dass die Lage 8, womit die Summa abschliefst, ausnahmsweise neun Blätter zählt.

Die Summa ist aus einer sehr fehlerhaften Handschrift und von gänzlich sachunkundigen Schreibern abgeschrieben. Diese Abschrift ist aber sodann von einer anderen Hand mit braungelber Tinte, bis gegen das Ende der Summa meist sorgfältig, corrigirt, und zwar mit Benutzung einer von der Vorlage verschiedenen Handschrift. Letzteres wird zur Genüge schon dadurch bewiesen, dass VI, 16 § 7 (f. 44 col. 2) die Handschrift ursprünglich (in der Nennung Justinian's übereinstimmend mit der Pariser Handschrift und mit der Summa des Rogerius) „ex iustiniani constitutione" und „ex constitutione noua iustiniani" hatte, was von der Hand des Correctors ohne ersichtlichen sachlichen Grund in „ex noua constitutione" und „ex constitutione noua" geändert ist. Auch der Miniator hat hie und da Zusätze gemacht, mehrfach an Stellen, wo der Schreiber Lücken gelassen hatte, wahrscheinlich weil er seine Vorlage nicht zu entziffern wusste.

Die Summa ist im ganzen sehr leicht zu lesen, und namentlich sind die vorkommenden Abbreviaturen weder besonders zahlreich noch ungewöhnlich oder gar (wie Hänel auffallenderweise schreibt) vielfach unauflösbar.

Auf die Summa folgt

2) f. 66—70 col. 4 das schon von Hänel bekannt gemachte und hienach sowie nach Cod. Paris. 4615 von Aug. Anschütz als „Summa Legis Longobardorum" (Halle 1870) herausgegebene longobardische Rechtsbuch, beginnend ohne Überschrift mit den Wörtern: „Facit quis contra magestatem" und schliefsend mit den Wörtern: „bannum cogetur componere". Hieran reiht sich als Anhang

3) f. 70 col. 4 — f. 71 col. 2, beginnend mit den Wörtern: „[*S*]uccessio ab intestato secundum nouellas hec est", eine Darstellung des Erbrechtes nach Römischem und longobardischem Rechte, herausgegeben von Hänel in einem Leipziger Programm vom 18. Juli 1863 p. 10 seq. Sodann als weiterer Anhang

4) f. 71 col. 2 — f. 71 col. 3 v. 35, mitten in der Zeile nach einem Paragraphenzeichen mit den Wörtern: „Et si de marca uel comitatu uel ducatu" beginnend, ein lehnrechtliches Stück, entsprechend I. Feud. 14—18.

Den Schluss der juristischen Partie macht endlich

5) f. 71 col. 3 v. 35 — f. 83 mit der Überschrift: „Incipiunt questiones de iuris subtilitatibus" ein überaus interessantes, leider am Ende nicht vollständiges gröfseres Werk des Irnerius. Ich gebe es nach dieser Handschrift und nach einer vollständigeren Überlieferung in einer Leidener, zum Nachlasse des sel. d'Ablaing gehörigen Handschrift selbständig heraus und kann daher hier auf diese Ausgabe verweisen.[b]

---

[b]) Sie erscheint als Festschrift der Juristischen Facultät in Halle zur zweiten Säcularfeier der dortigen Universität, ist aber auch von J. Guttentag, Verlagsbuchhandlung in Berlin, zu beziehen.

Dass diese sämmtlichen juristischen Stücke in unserer Handschrift vereinigt sind und bereits in ihrer Vorlage vereinigt waren, ist gewiss nichts zufälliges, sondern hat sicherlich darin seinen Grund, dass sie alle zu Lehrzwecken verfasst waren und an einer italienischen Rechtsschule — vermuthlich in Bologna — als Lehrmittel gebraucht wurden. Aller Wahrscheinlichkeit nach bestand aber, wie sich im Verlauf ergeben wird, unter den drei hauptsächlichen noch eine engere Beziehung durch die Identität des Verfassers.

Aber nicht bloſs der bisher besprochene Inhalt der Handschrift stammt aus Italien, sondern auch sie selbst ist in dieser juristischen Partie italienischer Herkunft; denn darauf deutet die Beschaffenheit des auf der Haarseite rauhen und grauen, auf der Fleischseite glatten und hellen Pergamentes neben vielen an das Italienische anklingenden Eigenthümlichkeiten der Orthographie, wie z. B. immora (sehr häufig für in mora), sustitutio, astinent, ammittitur (für admittitur), oscuro, defunti, ostet (für obstet), lutuosam u. dgl. Und wie hätte man auſserhalb Italiens dazu kommen sollen, die longobardistischen Stücke abzuschreiben?

Die Schrift gehört nach dem Urtheil des sel. Schum einer ganz frühen Zeit des 12. Jahrhunderts an. Sie hat groſse Ähnlichkeit mit einer Handschrift italienischen Ursprunges, T. 19 der „Schrifttafeln" von Wilh. Arndt (Berlin 1874), welche Arndt dem 11. Jahrh. zutheilt. Dass diese juristische Hälfte unserer Handschrift jedenfalls nicht später als in der ersten Hälfte des 12. Jahrh. geschrieben ist, ergibt sich aber auch aus der Betrachtung ihrer zweiten, theologischen Hälfte, wozu ich nunmehr übergehe.

Sie enthält zwei gröſsere Werke. Nämlich:

1) f. 84—122 (Lage 11—15) eine theologische Compilation, beginnend mit der Überschrift:

„Ier̄. in expositione symboli".

2) f. 123—162 (Lage 16—20) eine canonistische Sammlung ohne Überschrift mit nachstehendem Anfange:

> Ad iustitiam credere debemus corde et confiteri ore, quia et in patre totus est filius et totus in filio pater, in patre et filio simul totus est spiritus sanctus.

Dieses, meines Wissens unbekannte, Stück zeigt die nächste Verwandtschaft mit dem Decretum und der Pannormia des Ivo, so dass an einem Abhängigkeitsverhältnisse kein Zweifel sein kann. Insbesondere enthält es Stellen aus dem Corpus iuris (Institutionen, Pandekten, Codex, Novellen nach der Epitome Iuliani), welche im Decret, meist auch in der Pannormia wiederkehren und ganz ähnlich wie in diesen Werken citirt sind. Während jedoch in den Citaten bei Ivo die Stellen genau bezeichnet sind, wird in unserer Sammlung stets nur allgemein der liber institutionum, pandectarum, codicum oder constitutio nouellarum citirt. Die jüngsten in dem Werke citirten Stellen sind zwei Erlasse Urban's II. (1088—1099), nämlich: f. 143 col. 4: „Urbanus Sagontio (am Rande Sanctio) regi aroganum (Aragonum *leg.*)" = c. 3 C. XXXI. q. 2, und f. 162 col. 1: „Ex beneuentana sonodo (!) Urbanus pp." Man wird vermuthen dürfen, dass hier ein Auszug aus Ivo's Decret vorliegt, vielleicht der von Hugo, zwischen 1100—1113 Bischof von Châlons a. M., verfertigte.[c]

Diese theologische Hälfte der Handschrift unterscheidet sich von der oben beschriebenen juristischen schon äufserlich durch andere Beschaffenheit des Pergamentes, durch die erheblich kleinere, obwohl gleichaltrige, Schrift von zwei anderen Händen und durch die gröfsere Zahl der Zeilen wenigstens in den Lagen 11—15. Hier haben nämlich die Spalten 43—44 Zeilen, während sie in der juristischen Hälfte 34—39, von Lage 16 an, wo mit dem neuen Gegenstand eine neue Hand einsetzt, durchschnittlich 38 Zeilen haben.

Erwächst schon hieraus die Wahrscheinlichkeit, dass dieser Theil der Handschrift an einem anderen Orte geschrieben ist als der erste, juristische, so lässt sich positiv die Verfertigung in Clairvaux vermuthen wegen des folgenden bemerkenswerthen Umstandes. Inmitten der Lage 15 ist zwischen die beiden inneren und die beiden äufseren Doppelblätter ein Pergamentstreifen eingeheftet, der auf der einen Seite anscheinend ein Inhaltsverzeichniss eines theologischen Werkes (§ De yle. de omnipotentia dei et uoluntate. § De iustitia et materia. u. s. w.) enthält, während auf der anderen, offenbar als Adresse, steht:

Dn̄o et uenerabili patri .B. dī grā . . . (Der Schluss ist im Falze der Handschrift versteckt.)

Das alles ist von einer Hand des frühen 12. Jahrh. mit blasser bräunlich-gelber Tinte geschrieben.

Da nun die Handschrift dem Kloster zu Clairvaux gehörte, so ist jenes B. mit starker Wahrscheinlichkeit auf den berühmten Bernhardus zu deuten, der diesem Kloster als sein erster Abt von 1115 bis 1153 vorstand, und unter ihm scheint daher in Clairvaux die genannte Lage geheftet, also doch wohl auch die ganze theologische Partie geschrieben worden zu sein.

Dass aber diese Partie wirklich nicht später geschrieben ist, dafür spricht auch die Aufnahme der canonistischen Sammlung; denn es hat doch alle Wahrscheinlichkeit gegen sich, dass dieses Stück noch nach der Veröffentlichung des Gratianischen Decretes abgeschrieben worden wäre.

---

c) Vgl. Savigny, Gesch. des Röm. R. im MA. II. § 106. d (S. 304).

Letzteres ist aber nach Schulte, Die Geschichte der Quellen und Literatur des canonischen Rechts I. S. 48 zwischen 1139 und 1142 verfasst und war schon 1144 in Rom, also doch wohl nicht viel später auch in Clairvaux, bekannt. Übrigens lässt auch dieses Stück bei seinen nahen Beziehungen zu Ivo's Decret auf die Entstehung der theologischen Partie unserer Handschrift in Frankreich, und nicht in Italien, schliefsen.

Berücksichtigt man nun, dass diese Partie doch später als die juristische Hälfte der Handschrift geschrieben ist, und zwar, wenn die Annahme verschiedener Herkunft zutrifft, wohl einige Jahre später: so hat man jedenfalls die juristische Hälfte unbedenklich noch der ersten Hälfte des 12. Jahrh. zuzusprechen, zumal da diese Zeitbestimmung durch den Charakter der Schrift kräftigst unterstützt wird.

2. Handschrift der Pariser Bibliothèque nationale lat. 18230.[a]

3. Die Handschrift in sehr schönem rothbraunem Lederbande aus unserem Jahrhundert hat auf dem Rücken den Aufdruck: „D. Iustiniani Institutionum libri IV." Sie besteht nach der Numerirung aus 96 Blättern, nämlich aus zwei ursprünglich zu Schutzdecken bestimmten Pergamenturkunden von 1556 und 1558 und aus 94 Pergamentblättern von 22 Centim. Höhe und 16 Centim. Breite, welche zwölf je am Fufse der letzten Seite gezählte Lagen bilden, die elf ersten je 8, die zwölfte 6 Blätter umfassend.

Nach einem Vermerk am oberen Rande der ersten Seite der eigentlichen Handschrift (f. 2) gehörte sie dem namhaften französischen Juristen, Gelehrten und Dichter Ant. Loisel (geb. 1536, † 1617). Laut eines weiteren Vermerkes an derselben Stelle kam sie dann an die Kirche Notre-Dame zu Paris. Von dieser kam sie endlich 1756 an die Staatsbibliothek.[b]

Die ganze Handschrift ist nach einem und demselben Linienschema einspaltig, die Seite zu 41—43 Zeilen, und anscheinend von einer und derselben Hand geschrieben. Die Linien sind theils farblos eingedrückt, theils mit Braunstift gezogen. Die Rubriken sind roth beigefügt nach ganz kleinen Vorzeichnungen am Rande, von denen sie aber nicht selten recht stark und willkürlich abweichen. Die Anfangsbuchstaben der Titel sind abwechselnd blau und roth. Das Pergament ist gleichmäfsig auf

---

[a]) Die Handschrift ist bereits von Schrader im Prodromus corporis iuris civilis p. 45 nro. LII (unter ihrer früheren Bezeichnung: Notre-Dame F. 11. 115) und von d'Ablaing in Rechtsgeleerd Magazijn VII. S. 284 fg. kurz beschrieben. Die obige Beschreibung beruht auf eigener Kenntniss und Benutzung im Jahr 1892.

[b]) Vgl. L. Delisle in Biblioth. de l'École des Chartes XXXII. (1871) p. 21, 31.

beiden Seiten glatt. Die Schrift deutet nach Schum's Urtheil eher auf französische als auf italienische Herkunft und ist der zweiten Hälfte des 12. Jahrh. zuzuweisen. Jedenfalls ist sie erheblich jünger als diejenige der Handschrift zu Troyes; und für ein bedeutend jüngeres Alter unserer Pariser Handschrift zeugt auch das sogleich zu berührende Verhältniss ihres Textes zu demjenigen jener anderen Handschrift.

Die Handschrift enthält

1) f. 2—44a die Justinianischen Institutionen (ohne Glossen) mit der Überschrift:

Diui iustiniani institutionum lib. I. incipit.

2) f. 44b—95 die hier herausgegebene Summa Codicis mit der Überschrift in rother Farbe:

Incipit summa codicis feliciter.

Auf diese Überschrift folgt ohne weitere besondere Rubrik sofort der Text des Prologs.

Die Summa steht in der Handschrift vollständig bis zu ihrem Ende, d. h. bis zum Titel Ad legem Iuliam maiestatis (IX, 7). Doch macht dieser Titel in der Handschrift nicht den Schluss, sondern auf ihn folgen (f. 94b—95b) die zwölf letzten Titel des 7. Buches (VII, 32—43), die hier also äufserlich als das Ende des Werkes erscheinen und als solches bezeichnet werden durch die nachstehende (mit gewöhnlicher Tinte geschriebene) Schlussbemerkung:

Explicit hic summa codicis.

Im 7. Buche selbst fehlen diese Titel, ebenso wie der in der Handschrift zu Troyes vorausgehende Titel De interesse, welcher der Pariser Handschrift gänzlich abgeht. Auf den Titel De annali exceptione (VII, 30), der merkwürdigerweise hier, wie in allen Überlieferungen, mit den Wörtern schliefst: „In obligatione quoque prestationes multas“ [c], folgt (f. 86b) sogleich der Anfang des 8. Buches.

Dieses Verhältniss würde an und für sich sehr leicht mit der Annahme der Versetzung eines Blattes in einer unserer Pariser Handschrift unmittelbar oder mittelbar zu Grunde liegenden Handschrift zu erklären sein, zumal da die auf den Titel Ad legem Iuliam maiestatis folgende Partie gerade den Raum eines Blattes füllt. Aber auffallenderweise fehlen auch in der Bologneser Handschrift der Titel De interesse sowie alle weiteren Titel des 7. Buches, und zwar nicht blofs in diesem Buche, sondern gänzlich. Dieses bemerkenswerthe Zusammentreffen legt die Ver-

---

[c]) Die in der Ausgabe folgenden, aus der Bologneser Handschrift entnommenen Schlusswörter des Titels sind erst von viel spaterer Hand, und vielleicht nach blofsem Ermessen des Urhebers, am Rande beigefügt.

muthung nahe, dass jene Titel überhaupt nicht in allen Exemplaren des Werkes vorhanden waren und, mit Ausnahme des Titels De interesse, in einer der Handschriften, worauf die Pariser zurückgeht, erst nachträglich zur Ergänzung, und deshalb am Ende, beigefügt worden sind. Ein ursprünglich vorhandener verweisender Vermerk kann leicht bei einem späteren Abschreiber verloren gegangen sein.

Die Summa ist in der Pariser Handschrift von einer zweiten, gleichzeitigen Hand mit viel dunklerer Tinte durchcorrigirt, und zwar mit Benutzung einer von der Vorlage verschiedenen Handschrift, wie zahlreiche, stets mit ·ł (= uel) eingeführte Variantenangaben und VII, 13 § 2 die ausdrückliche Bezeichnung einer solchen anderen Lesart als „alia litera“ beweisen. Auch hat diese zweite Hand sehr häufig, und selbst wo gar kein Bedürfniss dafür war, die Schriftzüge der ersten nachgezogen und dadurch die Schönheit, mitunter auch die Deutlichkeit der Handschrift stark beeinträchtigt.

Der Text der letzteren zeigt von demjenigen der Handschrift zu Troyes öfters ziemlich bedeutende Abweichungen. Sie lassen sich zum Theil daraus erklären, dass der Verfasser der Summa selbst sein Werk wiederholter Durchsicht unterworfen hat. Zum weit überwiegenden Theil aber müssen sie ihrem ganzen Charakter nach auf Überarbeitungen von Seite späterer Rechtslehrer zurückgeführt werden, welche die Summa bei ihren Vorlesungen benutzten. Von diesen Verhältnissen wird später noch näher die Rede sein (s. unt. § 36).

3. Handschrift Nr. 73 der Bibliotheca Albornotiana des Spanischen Collegiums zu Bologna.[a]

4. Die Handschrift in einem alten, sehr schadhaften Einbande aus Holzdeckeln mit braungelbem Lederbezuge besteht aus 182 schon im Mittelalter fortlaufend numerirten Pergamentblättern, 22,2 Centim. hoch, 15 Centim. breit. Die Seiten sind zweispaltig, die Spalten zu 40—44

---

[a]) Kurze, aber äuſserst dürftige Beschreibungen finden sich bei Savigny, Gesch. des Röm. R. im MA. IV. S. 216 (auf Grund von Mittheilungen Merkel's) und bei Gust. Haenel, Dissensiones dominorum p. XL sq. Meine Beschreibung beruht auf sehr genauen Angaben des Herrn G. B. Palmieri zu Bologna, welcher die Handschrift für mich zu vergleichen die Güte gehabt hat, und auf einer gewissen (freilich sehr beschränkten) eigenen Kenntniss der Handschrift aus photographischen Abbildungen von vier Seiten. Auſserdem standen mir gütige Mittheilungen des Vorstehers der Bologneser Universitätsbibliothek, Herrn Olindo Guerrini, zu Gebote. Die Handschrift selbst war mir nicht zugänglich, weil sie, wie das ganze Spanische Collegium, dem spanischen Staate gehört, die in Spanien bestehenden Vorschriften aber eine Versendung von Handschriften nicht gestatten.

Zeilen geschrieben. Die Titelüberschriften und die Anfangsbuchstaben der Titel sind in roth ausgeführt.

Zu diesen numerirten Pergamentblättern kommen noch sechs unnumerirte kleineren Formates, vier gleich am Anfange vor der mit f. 1 beginnenden Summa Codicis, die zwei anderen zwischen f. 88 und f. 89 vor der hier beginnenden Summa Institutionum eingeschaltet, mit Verzeichnissen der Titel dieser Summen von einer Hand des 14. oder 15. (nach Hänel des 17.) Jahrhunderts. Endlich sind auf die Innenseiten der Deckel als Schutzblätter zwei Pergamentblätter aufgeklebt, wovon das erste von einer Hand des 12. (nach Hänel des 13.) Jahrhunderts ein Bruchstück des Justinianischen Codex (L. 2 C. de ann. exc. VII, 40 — L. 2 C. quomodo et quando VII, 43) mit Inscriptionen der Gesetze und einigen unbedeutenden namenlosen Glossen, das andere von einer Hand anscheinend des 13. (nach Hänel des 16.) Jahrhunderts Stücke aus Urkunden enthält.

Der Band umfasst eine ganze Anzahl sehr verschiedener, nach Hänel's Angaben meist im 13., zu einem Theil aber auch erst im 14. Jahrhundert geschriebener Stücke. Mehreren der ersten sind von einer viel späteren Hand (Ende des 13. oder Anfang des 14. Jahrh.) in schwarz mit gewöhnlicher Tinte Überschriften beigefügt, die unter anderen die beiden genannten Summen als diejenigen des Placentinus bezeichnen, sich aber hierin als ganz falsch erweisen. Der Inhalt der Handschrift ist auf zwei zwischen den Vorderdeckel und das erste freie Pergamentblatt eingeklebten Papierblättern von einer Hand des 18. Jahrhunderts in ein Verzeichniss gebracht, an dessen Ende die Bemerkung steht: „Recognitus ann. 1748“. Dieses Verzeichniss, im ganzen richtig und vollständig, ist von Hänel — allerdings mit Kürzungen und eigenen Zusätzen — veröffentlicht, und so kann hier darauf verwiesen werden.

Das erste und umfänglichste Stück der Handschrift ist (f. 1—68) unsere Summa. Sie ist in obigem Inhaltsverzeichnisse als die Summa Codicis des Placentinus bezeichnet wegen der ihr von der schon genannten viel späteren Hand am oberen Rande der ersten Seite und über die beiden Spalten dieser Seite hinweglaufend in zwei Zeilen vorgesetzten, jetzt sehr abgeriebenen Überschrift, wovon blofs noch folgendes, und auch dieses nur zum kleineren Theil mit Sicherheit, zu lesen ist:

Incipit summa dn̄j[b] placentinj cuius (?) oppinio (?) fuit (?) ‖
. . . . accionibus (?).

---

[b]) Auch Merkel hat „dn̄i“ (= domini) gelesen, und diese Lesung empfiehlt sich schon deshalb, weil von der nämlichen Hand an der Spitze der Institutionensumma steht: „Incipit summa Iust. institutionum domini placentini“. Das d ist freilich sehr undeutlich und kann auch fur ein J angesehen werden.

Von der nämlichen Hand scheinen auch einzelne, meist glossenartige Randbemerkungen herzurühren. Die Schrift der Summa selbst scheint dem Anfange des 13. Jahrhunderts anzugehören.[c]

Die Summa entbehrt hier im 7. Buche der nämlichen Titel wie in der Pariser Handschrift (s. ob. § 3), reicht aber am Ende so weit wie die Summa des Rogerius, d. h. bis zum Ende des 9. Buches des Justinianischen Codex. Bis zum Titel Ad legem Iuliam maiestatis (IX, 7) scheint sie von einer und derselben Hand geschrieben zu sein. Die weiteren Titel des 9. Buches rühren zwar anscheinend von der nämlichen Hand her, stechen aber von der vorausgehenden Partie durch gröfsere Schrift, geringere Zeilenzahl und ganz verschiedene, viel blässere Tinte ab, stellen sich also schon äufserlich als ein späterer Nachtrag dar.

Der Text der Summa ist in der Handschrift überaus fehlerhaft; er wimmelt von Schreib- und Lesefehlern, Auslassungen und sonstigen unzweideutigen Beweisen der Unwissenheit und Nachlässigkeit des Abschreibers. Mit dieser Handschrift allein würde es daher schlechterdings unmöglich sein, eine brauchbare Ausgabe zu liefern.

Übrigens steht, wie der Vollständigkeit halber bemerkt sein mag, in der genannten Partie der Handschrift nicht blofs unsere Summa; sondern am Ende des 4. Buches ist zwischen diesem und dem Anfange des 5. Buches (f. 28 col. 3 — f. 30 col. 4) eine andere (in dem erwähnten Inhaltsverzeichnisse übergangene) juristische Schrift eingeschaltet, die folgendermafsen beginnt:

> Diffinita iustitia et ius diffiniturus quod ad uterque (utrumque *leg.*) communiter attinet diffinit et iurisprudentia (id est iurisprudentiam *leg.*?). porro cum iustitia in occulto manet rel.

Wie diese Einschaltung zu erklären ist, darüber lässt sich nicht einmal eine Vermuthung äufsern, zumal da zwischen diesem Stücke und der Summa offenbar gar kein Zusammenhang besteht.

4. Summa Codicis des Rogerius.

5. Sie stimmt, wie schon (ob. § 1) gesagt, von den ersten Worten des Titels De ediliciis actionibus an, mit Ausnahme der ersten neun Titel des 5. Buches und des von Rogerius hinter dem Titel De annali exceptione (VII, 30) eingeschalteten Titels De pluribus prescriptionibus, mit

---

c) So meine eigene Ansicht auf Grund der Photographieen. Auch Herr Guerrini hält die Schrift nicht für spater. Hänel setzt sie ohne nähere Bestimmung in das 13. Jahrhundert, während sie von Merkel (bei Savigny; s. Anm. a) schon dem Ende des 12. Jahrhunderts zugetheilt wird. Jedenfalls aber ist von den drei Handschriften der Summa die Bologneser die jungste.

unserer Summa wörtlich überein und ist also insoweit ebenfalls als Grundlage für die Ausgabe zu behandeln. Für den Schluss des Titels De interesse (VII, 31) ist sie sogar die alleinige Quelle, da hier die Handschrift zu Troyes unvollständig ist, in der Pariser und der Bologneser Handschrift aber der ganze Titel fehlt.

Diese Summa ist in der Regel nach der Ausgabe von G. B. Palmieri in Gaudenzi's Bibliotheca iuridica medii aevi Vol. I. p. 9 sqq. verglichen. Im Titel De interesse und in den wenigen Titeln des 9. Buches ist jedoch unmittelbar aus der dieser Ausgabe zu Grunde liegenden Tübinger Handschrift (M. c. 14) geschöpft, die mit der in § 4 beschriebenen Bologneser Handschrift aus ungefähr gleicher Zeit stammt.

6. Von diesen verschiedenen Quellen ist die Handschrift zu Troyes unzweifelhaft die bei weitem älteste; auch enthält sie, wie sich später (§ 36) zeigen wird, den vergleichsweise ältesten Text. Als der jüngste Text dagegen ist derjenige der Pariser Handschrift zu betrachten, da seine vielfachen Besonderheiten ganz sichtlich nicht auf späterer Überarbeitung des ursprünglichen Verfassers, sondern auf der Uberarbeitung von Seite anderer Rechtslehrer beruhen, welche das Werk bei ihren Vorlesungen benutzten (s. unt. § 36). Deshalb ist diese Überlieferung, wiewohl an sich die sprachlich glätteste, für die Gestaltung des Textes der Ausgabe nur mit grofser Vorsicht zu verwerthen. Viel enthaltsamer gegenüber unserer Summa war Rogerius. In den Partieen, die er dieser entlehnte, findet sich nur sehr weniges, was sich mit einiger Sicherheit als sein Werk betrachten liefse. Doch wird z. B. die kleine Änderung am Anfange des 8. Buches unbedenklich auf seine Rechnung zu setzen sein.

Nähere Verwandtschaftsverhältnisse innerhalb der vorhandenen Überlieferungen, so dass etwa zwei derselben auf eine gemeinsame ältere Handschrift zurückzuführen wären, sind nicht zu ermitteln. Haben die Handschriften zu Troyes (T) und die Summa des Rogerius (R) den gemeinsamen Titel De interesse vor der Pariser (P) und der Bologneser Handschrift (B) voraus, so kommt R mit B darin überein, dass beide einen Theil dessen, was T und P im Titel De rei uxoriae actione haben, erst in dem, dort überaus kurzen, Titel Soluto matrimonio geben. B hat endlich die sehr bemerkenswerthen Besonderheiten, dass der Titel De adquirenda et retinenda possessione (VII, 23) am Anfang und am Ende stark gekürzt erscheint, dass alle auf den Titel De annali exceptione (VII, 30) folgenden Titel des 7. Buches gänzlich fehlen, und dass im Titel De prescriptione quadriennii (VII, 27) eine Lehre vorgetragen wird, welche der Darstellung der drei anderen Überlieferungen offen ins Gesicht schlägt. Kein besseres Ergebniss liefert die Vergleichung der verschiedenen Texte. Zuvörderst zeigen nämlich P, B und R eine ganze Reihe gemeinsamer Abweichungen von T, welche es durchaus verbieten, T mit P, B oder R auf eine und dieselbe Urhandschrift zurückzuführen. Hierher gehören z. B. die P, B, R gemeinsamen Zusätze in V, 20 § 5 und VI, 9 in f., sowie die gemeinsamen Änderungen in V, 12 § 5, V, 20 § 3, VI, 6 § 4, VIII, 33 § 7 in., § 8, besonders aber in VII, 3 §§ 3—5. Daneben haben aber doch wieder T und B manches gemein, was schwer als zufällig zusammentreffender Fehler zweier verschiedener Abschreiber zu erklären ist. So namentlich die gemeinsame starke Auslassung in VIII, 49 § 3. P bietet die auffälligste Übereinstimmung mit B in den Zusätzen zu dem Texte von T in IV, 40 § 2 in f., IV, 50 § 5 und in der gemeinsamen Abweichung von T und R in VI, 31 § 2. Hinwieder stimmt aber P in der merkwürdigsten Weise mit R überein im Titel De patria potestate VIII, 42 und in den folgenden Titeln 43—49. B und R endlich gehen zusammen z. B. in den gemeinsamen besonderen Lesarten „iudicis" statt „presidis" in VI, 1 § 4, „prodita est" statt „datur" in VI, 2 § 1, und in den gemeinsamen gröfseren Auslassungen in VI, 2 § 4, VI, 9 § 4. Diese Beispiele, die sich leicht noch sehr ansehnlich würden vermehren lassen, genügen wohl zu dem Beweise, dass es ein vergebliches Bemühen wäre, ein engeres Abstammungsverhältniss zwischen einzelnen der uns vorliegenden Überlieferungen ausfindig machen zu wollen.

III. Das Verhältniss der Summa zu derjenigen des Rogerius.

7. Zu methodischer und sicherer Prüfung und Feststellung dieses Verhältnisses muss die Untersuchung von der bisher herrschenden, durch Savigny begründeten Meinung ausgehen, welche durch d'Ablaing's Abhandlung noch keineswegs vollständig verdrängt ist, da diese, in einer holländischen Zeitschrift (Rechtsgeleerd Magazijn VII. S. 282 ff. 1888) und in holländischer Sprache erschienen, nur eine sehr beschränkte Zahl von Lesern gefunden hat. Nach jener Meinung wäre unsere Summa die von Placentinus verfasste Überarbeitung und Ergänzung der Summa des Rogerius, deren Placentinus in den Vorreden sowohl seiner Summa Codicis wie seiner Summa zu den Tres libri gedenkt.[a] Savigny beruft sich zu Gunsten dieser Annahme einmal auf die innere Verwandtschaft unseres Werkes mit der Summa des Rogerius, wie sie in der Tübinger Handschrift enthalten ist, (sie soll im weiteren die „Tübinger Summa" heifsen),

[a]) Vgl. Savigny, Geschichte des Röm. Rechts im MA. 2. Ausg. Bd. IV. § 73 Nr. 2 (S. 245) und Anhang XIV. (S. 542).

sodann auf den äufseren Umstand, dass die Bologneser Handschrift den Placentin ausdrücklich als Verfasser nenne.[b] Gemeint ist damit die schon bei der Beschreibung der Handschrift (ob. § 4) erwähnte Überschrift: „Incipit summa dn̄j placentinj" rel.

Allein diese Überschrift hat in der That gar keine Beweiskraft. Denn sie rührt ja nicht von dem Schreiber der Summa selbst her, sondern von einer viel neueren, etwa um ein ganzes Jahrhundert jüngeren Hand, und ihr Urheber erweist sich schon daraus als durchaus unkundig und unzuverlässig, dass er auch die in der Handschrift enthaltene Summa Institutionum ganz offenbar falsch als diejenige des Placentinus bezeichnet. Man wird vermuthen dürfen, dass er, wie schon Odofredus, die Summa des Rogerius für die älteste Summa Codicis hielt. Da er nun die Verschiedenheit unserer Summa von derjenigen des Rogerius erkannte, so musste er sie natürlich für jünger als diese halten, wie das von der nämlichen Voraussetzung aus auch in unseren Tagen sehr allgemein geschehen ist. Unter den jüngeren Summen waren ihm aber wahrscheinlich allein die Summen des Placentinus nicht bekannt, und so nahm er unbedenklich die in der Handschrift auftretenden beiden Summen des Codex und der Institutionen für die seinigen.

Selbst wenn aber die gedachte Überschrift nicht aus obiger Rücksicht schon äufserlich als ganz bedeutungslos erschiene, so müsste sie doch alles Gewicht verlieren gegenüber der aus sachlichen Erwägungen fliefsenden sicheren Erkenntniss, dass unsere Summa kein Werk des Placentinus sein kann. Dieser schrieb nach seinem eigenen Zeugnisse seine Ergänzung und Umarbeitung der Summa des Rogerius erst nach dem Tode des letzteren, der noch im J. 1162 als Sachwalter in einem wichtigen Processe thätig war;[c] unsere Summa dagegen ist fortlaufend für die in provençalischer Sprache abgefasste Summa Codicis benutzt, woran, wie sich mit Bestimmtheit nachweisen lässt, ihr Urheber im J. 1149 arbeitete. Ferner ist die Handschrift zu Troyes nach höchster Wahrscheinlichkeit lange vor der Zeit geschrieben, da Placentinus († 1192) zuerst als Schriftsteller auftrat (s. ob. § 2). Dazu kommt noch die gänzliche Verschiedenheit der Behandlung und Darstellung in unserer Summa und in der Summa Codicis des Placentinus. Dort überall gröfste Knappheit und schärfste Präcision, hier nicht selten starke Weitläufigkeit und Mangel an Klarheit und Schärfe. Dort äufserste Enthaltsamkeit in Quellencitaten, hier fortlaufende Belege der vorgetragenen Sätze aus dem Corpus iuris. Und wie hätte ein Schriftsteller, der in seiner eigenen Summa so frei-

---

b) Savigny IV. S. 216 ff.

c) Savigny IV. S. 197 fg.

gebig mit Citaten ist, dazu kommen sollen, bei der Überarbeitung der Summa des Rogerius in denjenigen Titeln, worin dieser selbst fortlaufende Quellenbelege gibt, die letzteren zu streichen? Endlich nimmt auch zu nicht wenigen Fragen unsere Summa eine ganz andere Stellung als Placentinus. So greift sie (IV, 32 § 3) mit grofser Lebhaftigkeit den Satz an, dass nach Ablauf der Frist für die querela non numeratae pecuniae der Aussteller des Schuldscheins unbedingt und mit Ausschluss jedes Gegenbeweises zahlen müsse; er führe, so heifst es, zu einem absurdum. Placentinus dagegen, ein Verfechter des Satzes, bezeichnet in seiner Summa Institutionum de liter. obl. III, 20 und in seiner Summa Codicis de non num. pec. IV, 30 gerade umgekehrt die in unserer Summa vertretene Ansicht als absurd. Dieses Beispiel genügt.

8. Kann nach den vorstehenden Ausführungen kein Zweifel bleiben, dass unsere Summa nicht von Placentinus herrührt, so muss behufs der Ermittelung ihres Verhältnisses zu der Summa des Rogerius zunächst noch geprüft werden, ob wir in der Tübinger Summa denn wirklich diejenige des Rogerius vor uns haben. Denn könnte nicht vielleicht die Ansicht Savigny's in der Umkehrung richtig sein? Könnte also nicht unsere Summa diejenige des Rogerius und die Tübinger Summa ihre Überarbeitung von Placentinus sein?

Diese Frage ist aber mit voller Bestimmtheit dahin zu beantworten, dass die Tübinger Summa unzweifelhaft das Werk des Rogerius ist. Denn erstens wird sie in der Tübinger Handschrift durch die Überschrift: „Incipiunt summe Frogerii iuris periti“ ausdrücklich als solches bezeichnet.[a] Zweitens hat sie im 7. Buche einen Titel De pluribus prescriptionibus (VII, 31), den der Verfasser gleich in den Eingangsworten: „Prescriptiones in iure speciali positas scire cupientes m e o l a b o r e c o l l e c t a s omnifariam et dilucide hic possunt reperire“ ausdrücklich als seine Arbeit hinstellt, welcher aber mit dem den Schriften des Rogerius über die Verjährung angehängten Verzeichnisse der praescriptiones genau und grofsentheils wörtlich übereinstimmt.[b] Endlich tritt in der Tübinger Summa eine An-

---

a) Entsprechend lautet in der Handschrift zu Vich die Überschrift: „Incipiunt summe Frogerii super codicem Iustiniani“. S. Zeitschr. der Savigny-Stiftung f. Rechtsgesch. XIV. Rom. Abth. S. 186.

b) Savigny IV. S. 222 hält es fur unsicher, dass Rogerius der Verfasser des Catalogus praescriptionum sei. Allein Nicolaus Rhodius, der Entdecker und erste Herausgeber, schreibt ihn bestimmt dem Rogerius zu. Auch steht in seiner Ausgabe und stand in der Handschrift, worauf sie beruht, die Schrift mitten zwischen anderen Schriften des Rogerius. Durch die Wiederkehr in der Summa des Rogerius und die dortige ausdrückliche Bezeichnung als eigene Leistung ihres Urhebers wird vollends jeder Zweifel ausgeschlossen, zu welchem Savigny wohl überhaupt nur durch die Rücksicht auf die Schlechtigkeit und Gedankenlosigkeit dieser Arbeit gelangt ist.

sicht auf, von der wir wissen, dass sie eine ganz besondere und eigenthümliche Meinung des Rogerius war.[c]

Kein Bedenken darf erregen, dass in der Tübinger Summa (III, 22; ed. Palm. p. 48 col. 2) Rogerius selbst citirt wird; denn die Stelle, worin das geschieht, gibt sich durch die Beifügung der Sigle b ausdrücklich als Zusatz des Bulgarus zu erkennen.

9. Die Verfasserschaft des Rogerius für die Tübinger Summa festgestellt, entsteht nun die weitere Frage, ob nicht unsere Summa ebenfalls von Rogerius verfasst sei, so dass die beiden Werke im Verhältnisse verschiedener von ihrem Urheber selbst herrührender Recensionen stünden.

Dieser Annahme ist eine ganze Reihe gewichtiger Umstände günstig. Vor allem die schon in der Einleitung hervorgehobene Thatsache, dass von den ersten Worten des Titels De ediliciis actionibus an, mit einer kurzen Unterbrechung in den ersten Titeln des fünften Buches, die beiden Summen wörtlich gleichlauten. Sodann aber auch die bereits von Merkel erkannte nahe Verwandtschaft selbst in den nicht wörtlich gleichlautenden Partieen. Gleich die Einleitung stimmt in den beiden Summen dem Sinn und zu einem Theil sogar dem Ausdrucke nach genau überein, und ein ähnliches Verhältniss ist in den weitaus meisten Titeln zu beobachten. Im vierten Buche wird die Übereinstimmung allmählich immer gröfser, bis endlich am Ende dieses Buches mit dem genannten Titel der volle Gleichlaut anhebt. Auch scheint man frühzeitig das Verhältniss beider Summen in solcher Weise angesehen zu haben; denn anders ist nicht zu erklären, dass Odofredus mehrfach bestimmt die Summa des Rogerius als die älteste bezeichnet und auf sie als die zweite diejenige des Placentinus folgen lässt.[a]

Dennoch lässt sich ganz bestimmt sagen, dass die beiden Summen nicht einen und denselben Verfasser haben können, dass also, da die Tübinger Summa diejenige des Rogerius ist, die unsrige nicht von ihm herrühren kann. Denn die erwähnte besondere Meinung des Rogerius (s. ob. § 8) ist in unserer Summa (IV, 5 § 3 vbd. IV, 3 § 5) ausdrücklich

---

c) S. Rog. IV, 5 (ed. Palm. p. 60 col. 1 in f.): „Veniunt (in condictione indebiti) etiam accessiones naturales. ciuiles etiam, ut usure, a lite demum contestata ueniunt officio iudicis." Vgl. Azo S. C. IV, 5 § 36: „Venit etiam in condictionem fructus rei solutae et partus et quod alluuione accesserit, ut ff. eodem. l. indebiti soluti (= L. 15 pr. D. XII, 6). Ciuilis autem accessio non ueniet, etiam lite contestata, ut infra eod. l. prima (= L. 1 C. IV, 5), licet Rogerius dixerit uenire usuras a lite contestata, argumento eius quod dicitur ff. de usuris. l. in fideicommiss. § in his (= L. 3 § 1 D. XXII, 1). sed illud in naturali accessione est intelligendum." Ebenso Hugolinus Dist. LXXXI. s. fin. (Haenel, Diss. dom. p. 576).

a) S. Savigny IV. § 65. a. (S. 214).

abgelehnt, und auch zu der Frage nach der Folge unbenutzten Ablaufes der Frist für die querela non numeratae pecuniae nimmt Rogerius (IV, 35) die geradezu entgegengesetzte Stellung wie unsere Summa (s. ob. § 7 a. E.), und zwar mit ausdrücklicher Erwähnung und Bekämpfung der in dieser vertretenen Ansicht. Dazu kommt noch der folgende, vollends entscheidende Umstand. Der Gleichlaut der beiden Summen beginnt am Anfange des Titels De ediliciis actionibus. Damit trifft in höchst merkwürdiger Weise zusammen, dass in der Summa Codicis des Placentinus (IV, 58) dieser Titel den folgenden Eingang hat: „Pertractatae sunt in superioribus a Rogerio bonae memoriae actiones empti et venditi, quae sunt quasi principales et dominae. nunc ordiamur et dicamus de aediliciis actionibus, quae sunt illarum quasi pedissequae.“ [b] Das ist, wie die Schlussbemerkung zeigt, in Anlehnung an die Einleitung des Titels in der Summa des Rogerius geschrieben [c] und stammt, wie auch Savigny annimmt, augenscheinlich aus der ursprünglich auf bloſse Ergänzung jener Summa berechneten Arbeit des Placentinus. Sonach ist denn aber hier von dem Fortsetzer der Summa des Rogerius auf das bestimmteste bezeugt, dass die eigene Arbeit des letzteren nur bis zu jenem Titel reicht, damit aber zugleich, dass alles, was weiter mit unserer Summa gleichlautend in der Tübinger Summa folgt, aus einem fremden Werke herübergenommen ist, welches kein anderes sein kann als unsere Summa. Und wie hätte Placentinus dazu kommen sollen, seine Arbeit in so seltsamer Weise mit einem der letzten Titel eines Buches zu beginnen, wenn eben nicht dort die Arbeit des Rogerius aufgehört hätte und somit von da an die Ergänzung und Fortsetzung als Bedürfniss erschienen wäre?

10. Nachdem sich die beiden Summen als Werke verschiedener Urheber herausgestellt haben, ergibt sich nunmehr die Frage nach ihrem zeitlichen Verhältnisse, oder, was bei der engen Verwandtschaft und dem unverkennbar bestehenden Abhängigkeitsverhältnisse dasselbe ist, die Frage, welches der beiden Werke als das jüngere auf dem anderen als dem älteren fuſse.

Das Zeugniss des Odofredus muss hiebei ganz auſser Rücksicht bleiben. Denn wenn er bestimmt und wiederholt die Summa des Rogerius als die älteste hinstellt, als die unmittelbar auf sie folgende zweite diejenige des Placentinus, als die dritte diejenige des Johannes und als die letzte diejenige des Azo bezeichnet,[a] so ist klar, dass er unsere Summa,

---

[b]) Vgl. Savigny IV. § 82. d. (S. 274), § 61. a. (S. 198).

[c]) Rog. IV, 57 (ed. Palm. p. 82): De titulis emptionum et venditionum satis compendiose expositum est. quia edilitie actiones pedisseque sunt emptionis, merito infert de edilitiis accionibus rel.

[a]) S. Savigny IV. § 65. a. (S. 214).

sei sie nun älter oder jünger als diejenige des Rogerius, entweder gar nicht gekannt oder, und eher, mit der letzteren zusammengeworfen hat (s. ob. § 9).

Soll nun aber die Frage ohne Rücksicht auf die Äufserungen des Odofredus geprüft werden, so ist vorerst das 9. Buch vom Titel Ad legem Iuliam de adulteriis (IX, 8) an aufser Betracht zu lassen. Diese Partie bedarf einer besonderen Erörterung, als deren Ergebniss sich herausstellen wird, dass unsere Summa mit dem Titel Ad legem Iuliam maiestatis (IX, 7) endet, und dass in der Bologneser Handschrift die weiteren Titel aus der Summa des Rogerius angehängt sind (s. unt. § 11).

In Ansehung der hienach zunächst allein zu vergleichenden Partie ist davon auszugehen, dass die zweite Hälfte der Summa des Rogerius, mit Ausnahme der neun ersten Titel des 5. Buches und des schon (ob. § 8) erwähnten Titels De pluribus prescriptionibus (VII, 31), der in unserer Summa fehlt, mit der zweiten Hälfte der letzteren wörtlich gleichlautet und, wie nach den früheren Ausführungen nicht zweifelhaft sein kann, aus ihr herübergenommen ist. Eine derartige Ergänzung der Summa des Rogerius aus einer jüngeren und auf der seinigen fufsenden wäre ebenso unerklärlich und geradezu unbegreiflich, wie ihre Ergänzung aus einer älteren, worauf sie selbst fufst, als natürlich erscheint. Unsere Summa als die jüngere und als Umarbeitung derjenigen des Rogerius gesetzt, hätte sie als die vollständigere, wie d'Ablaing mit Recht bemerkt, die Summa des Rogerius gänzlich verdrängen müssen. Am wenigsten hätte jemand auf den Gedanken gerathen können, die letztere durch äufserliche Anfügung der darin fehlenden Partieen aus jener anderen, nach der gemachten Voraussetzung jüngeren, lebensfähig zu erhalten oder vielmehr erst lebensfähig zu machen, zumal da diese, wie sich bei der oberflächlichsten Vergleichung ergibt, die nach Form und Inhalt weitaus bessere und gediegenere Arbeit ist. Ganz anders, wenn die Summa des Rogerius die jüngere war und sich zu unserer Summa als Umarbeitung verhielt. Dann lag, wenn ihr Urheber diese Umarbeitung nicht vollendet hatte oder nicht vollenden wollte, ihm selbst oder einem Anderen nichts näher, als ihr durch Beifügung der mangelnden Partieen aus ihrer Grundlage, der vollständigen älteren, eine äufsere Vollständigkeit zu verschaffen. Und auch die Thatsache, dass Rogerius zwar die neun ersten Titel des fünften, nicht aber die sechs letzten des vierten Buches bearbeitet hat, hat unter der Voraussetzung des jüngeren Alters seiner Summa gar nichts auffallendes, während sie unter der umgekehrten wahrhaft unbegreiflich wäre.

In diesen Erwägungen liegt schon, wie mir mit d'Ablaing scheint, der sattsame Beweis, dass unsere Summa die ältere ist. Dieser Beweis wird aber noch kräftigst unterstützt und jedem Bedenken entrückt durch den

Umstand, dass in jene zweite, aus unserer Summa stammende Hälfte der Summa des Rogerius der bereits (ob. § 8) genannte Titel De pluribus prescriptionibus eingeschaltet ist. Diese Einschaltung schließt jeden Zweifel an dem höheren Alter unserer Summa ganz besonders um deswillen aus, weil sie zugleich den unzweideutigen Beweis liefert, dass Rogerius selbst, und nicht, wie d'Ablaing meint, erst irgend ein Späterer, seine Summa durch Herübernahme ihrer zweiten Hälfte aus der unseren vervollständigt hat. Denn der Urheber jener Einschaltung bezeichnet den eingeschalteten Titel in den Eingangsworten („Prescriptiones — — meo labore collectas") ausdrücklich als seine Arbeit. Aus den Schriften des Rogerius über die Verjährung erhellt aber, dass er der Verfasser dieser Zusammenstellung der Verjährungsfristen war. Findet sie sich nun mit jener ausdrücklichen Erklärung in einer Summa wieder, die seinen Namen an der Spitze trägt, so ist kein Zweifel gestattet, dass er selbst den Titel eingeschaltet, und dass er sonach seine Summa in der angegebenen Weise aus der unseren ergänzt hat.

Bestärkt wird der Schluss, dass Rogerius selbst sich die zweite Hälfte unserer Summa als Fortsetzung der seinigen angeeignet hat, noch durch die Rücksicht auf die Art des Überganges zu dieser entlehnten Partie. In unserer Summa beginnt der Titel De ediliciis actionibus (IV, 53) folgendermaßen: „Iubent etiam ediles quedam pacta in mancipiorum seu aliorum animalium uenditione interponi, de quibus ediles locuntur" rel. In der Tübinger Summa (IV, 57) aber lautet der Anfang des Titels so (ed. Palm. p. 82 col. 1 sq.): „De titulis emptionum et uenditionum satis compendiose expositum est. quia edilitie actiones pedisseque sunt emptionis, merito infert de edilitiis accionibus, id est de reddibitoria actione et quanto minoris. uel aliter: iubent ediles quedam pacta in mancipiorum seu aliorum animalium uenditione interponi, de quibus ediles loquuntur" und nun wörtlich weiter wie in unserer Summa. Es muss von selbst einleuchten, dass ein Späterer, der die unfertige Summa des Rogerius aus einer älteren ergänzen wollte, dem Titel die ursprüngliche Einleitung unverändert gelassen hätte; denn für ihn lag doch zu einer Änderung kein ersichtlicher Grund vor. Von Seite des Rogerius selber dagegen erklärt sich jene Änderung leicht genug aus der Absicht, die Fuge zwischen seiner Arbeit und der äußerlich angesetzten fremden möglichst zu verdecken.

Damit ist die aufgeworfene Frage nach dem Verhältnisse beider Summen eigentlich bereits erledigt. Es soll aber nicht unterlassen werden, wäre es auch nur zur Charakteristik der beiden Werke, noch mehreres andere beizubringen, woraus sich ebenfalls unsere Summa als die ältere, diejenige des Rogerius als die jüngere Überarbeitung erweist.

Zuvörderst wird es bei jeder näheren Vergleichung augenscheinlich, dass Rogerius mit Benutzung unserer Summa geschrieben und sich zumeist auf die Wiedergabe ihres Inhaltes beschränkt hat, wenn er auch freilich durch Umstellung und andere Fassung der einzelnen Sätze den Schein eigener Arbeit zu erwecken sucht. Man braucht, um sich hievon zu überzeugen, nur einige Partieen der beiden Summen, etwa den Prolog und die ersten Titel des 4. Buches oder selbst bloſs den (auch bei Savigny IV. S. 528 Nr. 2 abgedruckten) Schluss des Titels De inofficioso testamento der Summa des Rogerius und die entsprechende Partie des nämlichen Titels unserer Summa (III, 7 § 5) aufmerksam gegen einander zu halten. Völlig unzweideutig zeigt sich das Verhältniss z. B. schon in folgenden kurzen Stellen aus dem Titel De transactionibus II, 4. Unsere Summa sagt hier § 5 in f.: „quem ad modum enim alias res incerta iudici dirimenda committitur et eius auctoritati credendum immo standum est, quanto magis re nostra licet dubia nostro arbitrio seu iuditio decisa nostre sententię standum est, licet quantum ad effectum quęstio nulla fuerit. sin autem alterutrius calumnia deprehenditur, id est cum aliquis eorum intellegit se nullo iure litigare, transactio nulla est bona fide cessante, quę generaliter in omnibus pactis exigitur: immo quod per transactionem datum est condictione repetitur, ut in d. t. de con. indebiti". Dem entspricht folgende Äuſserung der Tübinger Summa (ed. Palm. f. 26 col. 1): „nam constat nostro arbitrio auctoritate nostra a lite posse discedere. a qua si discederemus, amplius ad eam redire non possumus, nisi etas uel metus uel uis uel dolus malus hoc fecerit. nam transaccionem que per calumpniam extorta est dicimus nullius esse momenti, inmoque quod datum est ob transaccionem repetitur, ut Dig. de conditione indebiti. l. in summa". Das ist, wie niemand leugnen wird, im Vergleiche zu unserer Summa eine nach Form wie Inhalt ganz schülerhafte Darstellung, und falsch sogar ist es, wenn von einer „transactio per calumniam extorta" die Rede ist; die citirte L. 65 § 1 D. de cond. ind. XII, 6 gibt dazu keinerlei Veranlassung. Zugleich aber ist einleuchtend, dass Rogerius hier auf Grund unserer Summa geschrieben und ihr gegenüber etwas scheinbar eigenes zu geben versucht hat, was denn freilich so gerathen ist, wie es von dem Verfasser des Titels De pluribus prescriptionibus nicht weiter verwundern kann.

Als das ursprüngliche Werk, welches in seiner ersten Hälfte in der Summa des Rogerius umgearbeitet, in der zweiten in diese herübergenommen ist, erweist sich unsere Summa ferner aus dem sehr bemerkenswerthen Umstande, dass ein ganz eigenthümlicher und ungewöhnlicher Sprachgebrauch in unserer Summa von Anfang bis zu Ende, in der Summa des Rogerius dagegen bloſs in jener gleichlautenden zweiten Hälfte, nicht aber in der ersten abweichenden auftritt. Ich meine das in unserer Summa gleich im ersten Satze vorkommende und in ihren Continuationes titulorum ganz regelmäſsig wiederkehrende Wort „rationabiliter“, und die durchgehende Bezeichnung der Digesten als „Responsa prudentium“. Das eine wie das andere findet sich in der zweiten Hälfte der Summa des Rogerius natürlich eben so oft wie in der unseren; in der ersten Hälfte dagegen kommt, wenn mir nichts entgangen ist, jedes nur Einmal (III, 23 in., IV, 34 in.) vor. Gerade diese vereinzelten Ausnahmen sind aber das verrätherische Kennzeichen der Überarbeitung; denn sie erklären sich daraus, dass der Urheber der letzteren die Änderung des Sprachgebrauches gelegentlich vergessen hat.

Als das spätere, überarbeitende Werk gibt sich die Summa des Rogerius auch aus der groſsen Ungleichheit der Ausführung in ihrer ersten Hälfte zu erkennen. Unsere Summa ist aus Einem Gusse; sie zeigt überall die gleiche knappe Kürze und fast gänzliche Enthaltung von Quellencitaten. In der Summa des Rogerius dagegen stehen neben Titeln, die in diesen Stücken mit unserer Summa wetteifern, ganz ausführliche mit fortlaufender Angabe der Belegstellen. Eine solche Ungleichmäſsigkeit wäre bei einer ursprünglichen Arbeit unbegreiflich; bei einer Überarbeitung dagegen hat sie durchaus nichts befremdliches.

Zugleich deutet aber dieses zahlreiche Vorkommen von Quellencitaten schon für sich allein darauf hin, dass die Summa des Rogerius jüngeren Ursprunges ist als unsere Summa. Denn nach allem, was wir von der Entwickelung der Glossatorenschule wissen — und dieser Schule gehören, wie die flüchtigste Betrachtung lehrt, die beiden Summen an —, nahm der Brauch des Citirens immer mehr zu. In der Summa de iudiciis des Bulgarus finden sich gar keine Citate, und die ältesten Glossatoren scheinen sonach, ebenso wie z. B. der Verfasser des dem 11. Jahrhundert angehörenden Tractates De actionum varietate et vita seu longitudine, in ihren eigentlichen Lehrbüchern die Angabe der Belegstellen absichtlich vermieden zu haben. Wenn nun von zwei Lehrbüchern der Glossatorenschule — und als Lehrbücher stellen sich beide Summen mehrfach ausdrücklich hin — das eine fast gar keine, das andere aber in vielen Titeln fortlaufende Citate gibt, so spricht schon deshalb eine starke Vermuthung für das höhere Alter des ersten. Noch wichtiger aber ist die Rücksicht auf die Gestalt der Citate. In unserer Summa, und ebenso in der gleichlautenden zweiten Hälfte der Tübinger Summa, zeigen sie ganz überwiegend die freien und ungebundenen Formen, die im 11. Jahrhundert üblich waren, und nur erst selten die bekannte charakteristische Form der Glossatorenschule (s. unt. § 28). In der ersten Hälfte der Tübinger Summa dagegen treten sie überall in dieser eigenthümlichen festen Form auf. Da nun die letztere schon in den Schriften der Vier Doctoren, ja sogar in vielen Glossen und Distinctionen des Irnerius als die durchgängige und ausschliefsliche erscheint,[b] so rechtfertigt sich nicht allein von neuem der Schluss, dass unsere Summa älter ist als diejenige des Rogerius, sondern sogar der weitere, dass sie den ersten Anfängen der Glossatorenschule und einer Zeit angehören muss, da sich die Citirmethode noch nicht zu jener festen Form krystallisirt hatte.

Nicht minder bestimmt erhellt das jüngere Alter der Summa des Rogerius endlich aus dem folgenden Umstande. I, 2 (ed. Palm. p. 11 col. 1) schreibt sie, in dem hier entscheidenden Punkt übereinstimmend mit der schon frühzeitig feststehenden Fassung der bekannten Auth. Quas actiones ad L. 23 C. de sacros. eccl. I, 2 und augenscheinlich auf Grund dieser Authentica: „Ita (Item *leg.*) ecclesia habet et aliud priuilegium, quia ubi priuatus excluditur prescriptione X uel XX uel XXX uel quinquennii uel alia minori, ecclesia solummodo XL annis excluditur: sola ecclesia Romana gaudente spatio C annorum". In unserer Summa (I, 2 § 6) steht dagegen folgender wesentlich abweichende Satz: „Exactio quidem tam in repetitione quam in adquisitione longissima constituta est, scilicet C annorum. immo noua constitutione coartatum est usque ad XL annos, in his uidelicet actionibus quæ, si priuato competerent, XXX annorum spatio clauderentur: ęcclesia uero Romana antiquo spatio gaudente, scilicet C annorum spatiis actionum ei competentium limitandis". Hier wird also das Privileg vierzigjähriger Verjährung gegen Kirchen auf das Gebiet der gegen Private dreifsigjährigen Verjährung beschränkt, und Nov. 131 c. 6, welche zu Gunsten der Kirchen die vierzigjährige Verjährung auch an die Stelle der zehn- und zwanzigjährigen setzt, ist mithin übersehen. Nun wissen wir aber aus Azo's Lectura ad Auth. Quas actiones sowie aus Dict. Grat. § 6 post c. 15 C. XVI. q. 3, dass es ursprünglich am Anfange der Authentica nicht hiefs: „Quas actiones alias decennalis, alias vicennalis, alias tricennalis praescriptio excludit", sondern blofs: „Quas actiones tricennalis praescriptio excludit", und dass auch der später folgende Satz: „usucapione triennii vel quadriennii praescriptione in suo robore durantibus" eine nachträgliche Einschaltung ist. Man sieht, auch in der Authentica war ursprünglich Nov. 131 c. 6 übersehen. Dieser Fehler wurde aber bald bemerkt und darum die Authentica zuerst durch den ersten, dann noch weiter durch den zweiten Zusatz ergänzt und berichtigt.[c] Wenn

[b]) Vgl. Chiappelli, Glosse d'Irnerio e della sua scuola (Roma 1886) p. 20, Pescatore, Die Glossen des Irnerius S. 58, 61, 70 ff.

[c]) Das erhellt in interessanter Weise aus der Vergleichung der Summa des Rogerius mit derjenigen des Placentinus. Als jene verfasst wurde, war, wie obige Stelle zeigt, zwar der erste Zusatz vorhanden, aber nicht der zweite. Placentinus dagegen (I, 2; p. 4)

nun die Darstellung unserer Summa der ursprünglichen Fassung der Auth. Quas actiones entspricht, der Darstellung des Rogerius aber schon eine ergänzte Fassung zu Grunde liegt, so muss der letzte Zweifel weichen, dass seine Summa im Vergleiche mit der unseren die spätere ist.

Das Ergebniss der vorstehenden Untersuchung ist für den Rogerius recht ungünstig und für seinen Ruhm geradezu vernichtend. Bisher als der vermeintlich früheste Verfasser eines gröfseren systematischen juristischen Lehrbuches im Mittelalter hoch geschätzt und den ersten Gröfsen der Glossatorenschule zugezählt, erscheint er jetzt in der Hauptsache nur noch als armseliger Plagiator, dessen wirklich eigene Leistungen höchst minderwerthig sind. Wer deswegen an jenem Ergebniss Anstoss nehmen sollte, sei daran erinnert, dass das Mittelalter in solchen Dingen viel weitherziger war als die Gegenwart. Hat doch auch Azo, wiewohl sicher ungleich bedeutender als Rogerius, die Einleitung seiner Institutionensumma so gut wie wörtlich aus derjenigen des Placentinus entnommen und in seiner Summa Codicis auf ganz ähnliche Weise diejenige des Johannes Bassianus ausgeschrieben.[d] Und gerade bei Rogerius hat ein Plagiat wie das vorliegende schon darum gar nichts unwahrscheinliches, weil er sich in ganz ähnlicher und noch weit schlimmerer Art die Alte Sammlung der Dissensiones dominorum angeeignet hat.[e] Auch waren dergleichen Plagiate ihm dadurch erleichtert, dass er aller Vermuthung nach nicht, wie man allgemein annimmt, in Bologna, sondern gleich Placentinus in Südfrankreich lebte und lehrte.[f]

---

kannte beide. Auch treten beide bereits im Dict. Grat. § 4 post c. 16. C. XVI. q. 3 auf, was im Hinblick auf die erwähnte vorausgehende Stelle (Dict. Grat. § 6 post c. 15 eod.) sehr auffallend ist und die Vermuthung eines späteren Zusatzes erweckt.

d) Vgl. meine Juristischen Schriften des fruheren MA. S. 107 und d'Ablaing in der Zeitschr. der Savigny-Stiftung für Rechtsgesch. IX. Rom. Abth. S. 18 ff. Ein solches plagiatorisches Verfahren war uberhaupt, namentlich in Ansehung der Arbeiten bereits verstorbener Schriftsteller, in der Glossatorenschule sehr allgemein ublich. S. die bei Savigny III. § 211. d. (S. 574) abgedruckte Äufserung des Roffred und folgende Stelle aus der 1235 zu Bologna veroffentlichten Rhetorica novissima des Boncampagno Lib. X. (Bibliotheca iuridica medii aevi Vol. II p. 292 col. 2): „Sunt autem quidam qui iuramenti vinculo se astringunt quod facient apparatus. unde antequam iurent videntur esse periuri. verum tamen si iurarent quod furtum facerent, absque nota periurii remanerent latrones, quoniam aliorum compilationes addendo vel minuendo aut enormiter variando sicut fures depilant, et depilatio nihil est aliud quam furtiva subtractio alieni laboris."

e) S. Savigny V. S. 250, Haenel, Dissens. dom. p. X sq.

f) Seine Summa ist in der provençalischen benutzt, und Placentinus hat sie nach seinem eigenen Berichte (Savigny IV. § 73 Nr. 2) in Montpellier fortgesetzt und umgearbeitet: beides Beweise, dass sie in Südfrankreich verbreitet war. Ferner vertrat Rogerius die provençalische Familie von Baux als Sachwalter in einem wichtigen Pro-

11. Bei der bisherigen Erörterung ist das 9. Buch der beiden Summen von dem Titel Ad legem Iuliam de adulteriis (IX, 8) an aufser Rücksicht geblieben, und zwar, wie schon (ob. § 10) gesagt, weil eine nähere Betrachtung ergibt, dass unsere Summa überhaupt nur bis zum Titel Ad legem Iuliam maiestatis (IX, 7) reicht, und dass in der Bologneser Handschrift die weiteren Titel aus der Summa des Rogerius angehängt sind. Es gilt jetzt, diese Behauptungen zu beweisen. Zuvörderst sei aber noch bemerkt, dass im 9. Buche, ebenso wie in den vier vorhergehenden, die Bologneser und die Tübinger Handschrift im ganzen wörtlich übereinstimmen. Die einzigen wahren und nennenswerthen Abweichungen bestehen darin, dass die auch in der Bologneser Handschrift sehr kurze Darstellung unserer Summa im Titel Ad legem Iuliam maiestatis in der Tübinger Handschrift durch eine sehr ausführliche ersetzt, und dass in dieser Handschrift dem auch in der Bologneser Handschrift sehr umfangreichen Titel De poenis (IX, 39) noch ein weiterer grofser Zusatz angefügt ist.

Dafür dass unsere Summa mit dem Titel Ad legem Iuliam maiestatis endigt, zeugen vor allem sehr gewichtige äufsere Gründe. Denn erstens ist in der Pariser Handschrift die Summa nur bis zu diesem Titel enthalten; gleichwohl aber lehrt die Unterschrift: „Explicit hic summa codicis", dass der Schreiber annahm, das Werk vollständig abgeschrieben zu haben. Zweitens ist in der Bologneser Handschrift, die in dem genannten Titel nicht mehr gibt als die Pariser, was nun noch folgt mit ganz verschiedener Tinte in gröfserer Schrift und geringerer Zeilenzahl geschrieben, gibt sich also schon dadurch augenscheinlich als einen später zugefügten Anhang kund. Drittens endlich lässt sich aber diese Begrenzung unserer

---

cesse, der im August 1162 zu Turin vor Friedrich I. verhandelt wurde (Savigny IV. S. 194 fg.). Der Grund wird darin zu suchen sein, dass er in Sudfrankreich lebte und schon bisher jener Familie als Rechtsbeistand gedient hatte; denn hätte sie sich, wie ihr Gegner, der Graf von Barcelona, ihren Sachwalter aus Bologna verschrieben, so würde sie sich doch wohl kaum an den Rogerius, sondern, ebenso wie jener, an einen der Vier Doctoren gewendet haben. Sodann deutet auch die üblichste Namensform Frogerius nach gefalliger Mittheilung des Herrn Prof. Suchier schon fur sich allein eher auf Südfrankreich als auf Italien. Und endlich wird in einer zu Toulouse am 8. Marz 1155 errichteten Urkunde des französischen Konigs Ludwig des Jüngeren als gegenwärtig unter Anderen „Frogerius camerarius" genannt (De Vic et Vaissete, Hist. génér. de Languedoc. 2e éd. T. Ve col. 1175). Das könnte recht wohl unser Rogerius sein, der auch hier im Dienste der Gegner des genannten Grafen von Barcelona erschiene. Dagegen kommt Rogerius nirgends in Bologneser Urkunden vor, und seine obige Thatigkeit als Sachwalter, deren Kenntniss wir einer ganz beiläufigen Nachricht des Azo verdanken, ist überhaupt das einzige bestimmte, was wir von seinem Leben wissen. Beides spricht, wie mir scheint, entscheidend gegen seinen Wohnsitz in Bologna.

Summa sogar auch in der Tübinger Handschrift schon äufserlich erkennen. Am Schlusse des hier sehr umfänglichen Titels Ad L. Iul. maiestatis steht nämlich gleichsam als Anhang der Text des Titels, wie ihn die Pariser und die Bologneser Handschrift bieten, und zwar von der Hand des ersten Schreibers. Von der Hand des regelmäfsigen Correctors ist jedoch diese Partie zum Zeichen, dass sie nicht mehr gelte, Zeile für Zeile unterstrichen und in die Silben va — cat eingeschlossen. Das alles sind deutliche Anzeichen, dass der Titel ursprünglich nur aus diesem kleinen Stücke bestand, und dass die ausführliche Darstellung, wodurch es in der Tübinger Handschrift ersetzt ist, sowie die entsprechende ausführliche Behandlung der folgenden Titel von einem anderen Verfasser herrührt als jener ursprüngliche Text. Die Handschrift zu Troyes gibt hier keine Auskunft, weil sie schon vorher im Titel De accusationibus (IX, 2) abbricht.

Dieses aus dem Bestande und der äufseren Beschaffenheit der Handschriften gezogene Ergebniss wird nun aber noch unterstützt und vollends gefestigt durch Erwägungen, die aus dem Inhalte der auf den Titel Ad legem Iuliam maiestatis folgenden Partie entnommen sind.

Vor allem sticht in der Bologneser Handschrift von der aufserordentlichen Kürze dieses Titels höchst auffallend ab die grofse Ausführlichkeit des unmittelbar folgenden Ad legem Iuliam de adulteriis, dem in dieser breiten Art der Behandlung die weiteren Titel entsprechen. Dieser grelle Gegensatz macht es ganz augenfällig, dass hier die Arbeit eines anderen Verfassers beginnt, und zwar ohne Zweifel des nämlichen, von welchem die entsprechend gearbeitete neue Fassung des Titels Ad L. Iul. maiestatis in der Tübinger Handschrift herrührt.

Sodann tritt der schon früher (ob. § 10) berührte eigenthümliche Sprachgebrauch unserer Summa und die ihr geläufige Citirweise von dem Titel Ad legem Iuliam de adulteriis an nirgends mehr auf. Insbesondere fehlt gänzlich das für unsere Summa so charakteristische und noch an der Spitze des ersten Titels des 9. Buches vorkommende „rationabiliter". Die Citate zeigen überall die völlig ausgeprägte Bologneser Form, wie sie in unserer Summa nur selten, ganz durchgängig aber in der von Rogerius herrührenden ersten Hälfte der Tübinger Summa anzutreffen ist.

Endlich ist aber auch die innere Art und Weise der Ausführung von dem Titel Ad legem Iuliam de adulteriis an, oder, wenn man die Tübinger Handschrift mit heranzieht, von dem umgearbeiteten Titel Ad legem Iuliam maiestatis an, eine wesentlich andere und ungleich schlechtere als in den früheren Partieen unserer Summa. Hier überall knappste Kürze und kunstvolle Wiedergabe des Inhaltes der benutzten Gesetzesstellen mit wenigen treffenden Worten; dort eine ziemlich rohe Aneinanderreihung der meist ganz wörtlich und in vollem Umfange ausgeschriebenen Sätze des Corpus iuris.

Fasst man alle diese Gründe zusammen, so kann kein Zweifel bleiben, dass der Urheber unserer Summa sein Werk nur bis zu dem Titel Ad legem Iuliam maiestatis durchgeführt hat, und dass das, was in der Bologneser Handschrift folgt, zur Herstellung einer äufserlich vollständigen Summa Codicis aus der Summa des Rogerius herübergenommen ist. Deswegen schliefst denn unsere Summa auch in der Ausgabe mit jenem Titel ab.

Dass aber wirklich Rogerius die gedachte Umarbeitung dieses Titels und die weiteren Titel des 9. Buches der Tübinger Summa verfasst hat, kann schon darum nicht wohl angezweifelt werden, weil ja das alles Bestandtheile der mit seinem Namen überschriebenen Summa sind. Und wer anders sollte auch der Urheber dieser Stücke sein? An Placentinus zu denken verwehrt schon die Vergleichung des letzten Titels De sententiam passis et restitutis in seiner Summa Codicis und in der Tübinger Summa und der scharfe daraus ersichtliche Gegensatz der Ansichten.[a] Dazu kommt noch, dass unverkennbar auch diese Schlusspartie in der provençalischen Summa Codicis benutzt ist.[b] War sonach diese Partie schon vor 1150 vorhanden, so kann nur Rogerius als ihr Verfasser betrachtet werden, und nicht Placentinus, der ja erst nach dem Tode des Rogerius an seine Überarbeitung der Summa des letzteren heranging (s. ob. § 7).[c]

---

a) Dass in der Placentinischen Umarbeitung der Summa des Rogerius jener letzte Titel mit der Summa des Placentinus gleichlautete, erhellt aus der Handschrift zu Vich, welche aller Wahrscheinlichkeit nach die Summa des Rogerius mit der Fortsetzung und Überarbeitung des Placentinus enthält. S. Zeitschr. der Savigny-Stift. f. Rechtsgesch. XIV. Rom. Abth. S. 186.

b) So heifst es, um von vielen Beispielen wörtlicher Übereinstimmung nur eines zu nennen, in der Tübinger Summa im Titel De iniuriis IX, 30 (ed. Palm. p. 169 col. 2): „Iniuria fit multis modis", was weder in den Institutionen noch in den Digesten vorkommt. In der provençalischen Summa aber steht ganz entsprechend IX, 6 § 2: „Iniuria so es aunta: que fa om en moutas guisas ad autre" und dann nochmals IX, 15 § 1: „Aunta, so es iniuria, pot om far ad autre en moutas guisas".

c) Berücksichtigt man blofs die Palmieri'sche Ausgabe der Summa des Rogerius, so konnte man freilich um deswillen gegen die Annahme der Urheberschaft des Rogerius bedenklich werden, weil nach dieser Ausgabe (p. 163 col. 2) im Titel Ad L. Iul. maiestatis eine „constitutio imperatoris Friderici" citirt ist. Allein dem Zusammenhange nach kann es sich hier nur um eine Verweisung auf die berüchtigte L. Quisquis (5) C. IX, 8 handeln, und in der Tübinger Handschrift steht auch nicht „Friderici" sondern .f., und zwar gewiss als Abkürzung für „fisco". Das scheint allerdings schlecht zu dem folgenden „publicantur" zu stimmen; aber dieses Wort steht auf Rasur, und ursprünglich wird es statt dessen, entsprechend der L. 5 cit., geheifsen haben „addicuntur";

Über die Entstehungsgeschichte der Summa des Rogerius lässt sich nunmehr folgendes sagen. Rogerius, der vermuthlich bei seinen Studien in Bologna unsere Summa kennen und den Werth eines solchen Hülfsmittels schätzen gelernt hatte, wollte seinen Zuhörern ein ähnliches von ihm selbst verfasstes Lehrbuch in die Hand geben.[d] Er fing daher an, nach dem Vorbilde und mit steter Benutzung unserer Summa eine neue Summa auszuarbeiten. Dabei merkte er aber sehr bald, dass er nicht im Stande war, etwas besseres zu bieten, und er begnügte sich daher zumeist mit etwas anderer Anordnung des Stoffes innerhalb der einzelnen Titel und mit etwas anderer Fassung der einzelnen Sätze. Dieser eben so mühsamen wie unfruchtbaren Arbeit wurde er aber, wie die Vergleichung seiner Summa mit der unseren im 4. Buche anschaulich zeigt, schliefslich überdrüssig. So nahm er denn vom Titel De ediliciis actionibus an einfach das ältere Werk in das seinige herüber. Blofs die ersten Titel des 5. Buches unterzog er noch einer Umarbeitung; im übrigen begnügte er sich mit der Einschaltung des mehrfach erwähnten Titels De pluribus prescriptionibus, auf welchen er sich nicht wenig zu gute gethan zu haben scheint. Da aber das so entstandene Ganze im Hinblick auf den Justinianischen Codex (im damaligen engeren Sinn der neun ersten Bücher) immer noch keine vollständige Summa Codicis war, so fügte er die fehlenden Titel des 9. Buches aus eigenen Mitteln hinzu und gab dabei zur Herstellung einer Harmonie dem Titel Ad legem Iuliam maiestatis die in der Tübinger Handschrift ersichtliche weitläufigere Fassung. Der auf diese Weise zusammengeleimten Summa setzte er seinen Namen vor und gab sie seinen Schülern und Lesern gegenüber durchaus für seine eigene Arbeit aus. Mit welchem Erfolge, lehrt der Umstand, dass schon in der ersten Hälfte des 13. Jahrhunderts seine Summa für die älteste und für ein originales, einheitliches Werk angesehen wurde, und dass es am Ende des 19. Jahrhunderts einer eingehenden Untersuchung und Beweisführung bedurft hat, um sein Verfahren aufzudecken und unsere Summa gegen die seine wieder in die ihr gebürende Stellung einzusetzen.

12. Auf dem gewonnenen Standpunkte lässt sich nun auch die Arbeit des Placentinus in Ansehung der Summa des Rogerius genauer

---

d) Dass Rogerius Rechtslehrer gewesen, hält Savigny IV. S. 196 fur nicht völlig sicher; es geht jedoch aus seiner Summa mit Bestimmtheit hervor. Namentlich aus dem Eingange des Titels über den Besitz (VII, 23). Wenn auch dieser Eingang nicht von Rogerius, sondern von dem Verfasser unserer Summa herrührt, so hatte ihn jener doch nicht konnen stehen lassen, wäre er nicht gleichfalls Rechtslehrer gewesen. Überdies sind alle Summen, sogar die umfangreiche des Azo, zunächst zum Gebrauche beim Rechtsunterrichte verfasst worden, mit einziger Ausnahme der Summa Codicis in provençalischer Sprache, die blofs für die Rechtspraxis bestimmt war.

bestimmen. Es möge ein kurzes Eingehen darauf gestattet sein, weil gerade die Unklarheit hierüber die Veranlassung gegeben hat, unsere Summa für die von Placentinus herrührende Umarbeitung der Summa des Rogerius zu halten.

Placentinus selbst spricht sich in der Vorrede zu seiner Summa Codicis über jene Arbeit folgendermaſsen aus:[a]

> Quondam ego credidi quod sufficeret satisque michi memoriale foret, si opus Frogerii imperfectum perfecissem, si Codicis summas ab eodem iniciatas conpetenti medio fineque congruo conclusissem. Verum quia nil creditur rite actum nisi fuerit peractum, nullum opus censetur consummatum quod ex omnibus partibus suis non constat, a capite ordiri proposui, ab iniciis Codicis repetendum existimaui, ne si non cepero dicar non consummasse quia non inueniar inchoasse.

Um das richtig zu verstehen, muss man sich daran erinnern, dass die Summa des Rogerius aus drei verschiedenen Partieen bestand: erstlich aus der von Rogerius in Umarbeitung unserer Summa verfassten ersten Partie, zweitens aus der mit dem Titel De ediliciis actionibus beginnenden, mit Ausnahme der ersten Titel des 5. Buches und des im 7. Buche eingeschalteten Titels De pluribus prescriptionibus wörtlich aus unserer Summa herübergenommenen Mittelpartie, drittens endlich aus der mit dem Titel Ad L. Iul. maiestatis anfangenden, von Rogerius selbständig und unmittelbar nach dem Corpus iuris gearbeiteten Schlusspartie.

Placentinus legte nun aller Wahrscheinlichkeit nach die Summa des Rogerius, die er in Südfrankreich vorfand, auch seinen Vorlesungen zu Grunde. Dabei störte ihn aber zuvörderst die Disharmonie zwischen jener ersten und zwischen der Mittelpartie, die, wie Placentinus wohl wusste, kein eigenes Werk des Rogerius war. Er unternahm es daher, wie seine Äuſserung am Anfange des Titels De ediliciis actionibus (s. ob. § 9) zeigt, diese fremde Mittelpartie in einer jener ersten besser entsprechenden Weise umzuarbeiten. Weil sich aber sein Plan vorerst hierauf beschränkte, so nahm er, wie die Vergleichung ergibt, die wieder von Rogerius selbst bearbeiteten neun ersten Titel des 5. Buches nahezu unverändert in seine eigene Arbeit auf. Auf diese Art entstand jenes „conpetens medium“ der Summa des Rogerius.

Damit fertig, fand aber Placentinus, dass auch die wieder von Rogerius herrührende Schlusspartie jener Summa zu der ersten und der entsprechend umgearbeiteten zweiten Partie nicht passe, namentlich vergleichs-

---

[a]) Pescatore, Beiträge zur mittelalterl. Rechtsgeschichte Heft 2 S. 12 fg., Savigny IV. Anhang XIV (S. 542). Ähnlich in der Vorrede des Placentinus zu seiner Summa der Tres Libri. S. Savigny IV. § 43 Nr. 2 (S. 245).

weise viel zu ausführlich sei. So arbeitete er denn auch diese Partie um und gab damit der Summa den „finis congruus".[b]

Nachdem aber Placentinus auf solche Weise die weitaus gröfsere Hälfte der Summa des Rogerius neu bearbeitet hatte, ist es begreiflich genug, dass er dabei nicht stehen blieb, sondern, wie er ja selbst ausdrücklich berichtet, zuletzt auch noch die erste Partie umarbeitete, um eine vollständig und in allen Theilen eigene Summa herzustellen. Dieses erste Stück fügte er den beiden älteren ohne Änderung der letzteren bei, und so kommt es, dass in seiner Summa Codicis der Titel De aedilíciis actionibus den alten Eingang behalten hat, der nun freilich nicht mehr passt und im Zusammenhange einer vollständig eigenen Summa des Placentinus sich höchst wunderlich ausnimmt.

IV. Die Urheberschaft des Irnerius.

13. Für unsere Summa ergibt sich, wenn man noch die in provençalischer Sprache verfasste Summa Codicis heranzieht, aus den vorstehenden Erörterungen von selbst ein hohes Alter.

An jener provençalischen Summa hat, wie aus einem in ihrem 6. Buche auftretenden Beispiel unanfechtbar feststeht, ihr Verfasser im Jahre 1149 gearbeitet, und man wird bei dem grofsen Umfange und der nicht geringen Schwierigkeit des Werkes annehmen müssen, dass er schon einige Jahre vorher, etwa um 1145, mit seiner Arbeit begonnen hat. Nun ist aber für diese Summa nicht blofs die unsere als fortlaufende Quelle verwerthet, sondern auch diejenige des Rogerius ist benutzt.[a] Diese wird also doch wohl schon einige Zeit vor der Inangriffnahme der provençalischen Summa vorhanden gewesen sein. Da nun unsere Summa als Vorbild und Grundlage derjenigen des Rogerius wiederum älter ist als die letztere, so muss sie schon aus diesem Grunde der frühesten Zeit der Glossatorenschule zugewiesen werden. Der Glossatorenschule; denn dass

[b]) In diesem Stadium scheint die Summa des Rogerius in der Handschrift zu Vich enthalten zu sein; denn sie endigt hier mit den Schlussworten der Summa des Placentinus. S. ob. § 11. a.

[a]) So kehrt die in § 8 erwähnte ganz besondere Ansicht des Rogerius in der provençalischen Summa (IV, 10 § 1) wieder. Ferner ist II, 3 § 2 die Definition von Vertrag („couinens") aus Rog. II, 3 (ed. Palm. p. 22 col. 1) entnommen. II, 1 § 4 ist aus Rog. II, 1 (p. 21 col. 1), II, 5 § 1 aus Rog. III, 1 (p. 39 col. 1), II, 6 § 5 aus Rog. II, 8 (p. 28 col. 1), II, 10 § 2 aus Rog. IV, 44 (p. 78 col. 1), II, 19 aus Rog. II, 33 (p. 35 col. 2) geschöpft. U. dgl. m.

sie dieser Schule angehört, lehrt die flüchtigste Vergleichung mit der uns bekannten Glossatorenlitteratur.[b]

Jener Schluss auf ein sehr hohes Alter unserer Summa wird noch durch gewichtige weitere Momente bestärkt. Zuvörderst durch das Alter der Handschrift zu Troyes, die aus den früher (ob. § 2) entwickelten Gründen jedenfalls der ersten Hälfte des 12. Jahrhunderts zuzutheilen ist. Nun war aber diese Handschrift nicht die älteste unserer Summa; sondern sie beruht, die Correcturen mit berücksichtigt, auf zwei älteren Handschriften, wovon sicherlich keine die ursprüngliche war.[c] So wird man schon aus diesen äufseren Rücksichten für die Abfassung wiederum auf die allererste Zeit der Glossatorenschule hingedrängt.

Und dafür spricht auch die bereits (ob. § 10) erwähnte der vorirnerischen Citirweise entsprechende Form der meisten in der Summa auftretenden Citate, sowie der Umstand, dass, wie später erwiesen werden soll, die Summa für den Brachylogus und von den Vier Doctoren benutzt ist. (S. unt. §§ 34, 35 und 38.)

14. Ist hiemit zur Genüge festgestellt, dass unsere Summa der allerfrühesten Zeit der Glossatorenschule angehört, so entsteht nunmehr die Frage, welcher unter den damaligen Juristen dieser Schule als ihr Urheber zu betrachten sei. Sie ist mit voller Bestimmtheit dahin zu beantworten, dass die Summa ein Werk des Irnerius ist. Denn es soll nunmehr gezeigt werden, dass einerseits von den Glossatoren jener frühen Zeit kein anderer der Verfasser sein kann, und dass andererseits die verschiedenartigsten und schlüssigsten Gründe auch positiv für die Urheberschaft des Irnerius sprechen.

Der erste Theil der Beweisführung wird bedeutend erleichtert durch die Güte des Werkes, welches alle späteren Codexsummen verdunkelt. Auch musste es zu seiner Zeit schon darum ganz ungewöhnliches Aufsehen erregen, weil es in dieser Art das erste war. Denn wenn Odofredus wiederholt versichert, die Summa des Rogerius sei die älteste aller vorhandenen Summen (s. ob. § 10), und wenn gleichwohl, wie erwiesen, unsere Summa die Grundlage für jene war, so ist sie schon aus diesem Grunde unbedenklich für die älteste zu halten.

Aus diesen beiden Erwägungen ist man schlechterdings genöthigt, den Verfasser nur in einem der hervorragendsten Häupter der Schule zu

---

b) Vgl. d'Ablaing, Rechtsgeleerd Magazijn VII. S. 290.

c) Dass die Vorlage der Handschrift wieder auf mindestens zwei verschiedene Handschriften zurückgeht, erhellt aus den in den Text gerathenen Varianten. So z. B. I, 13 in f. „manumittuntur uel confitiuntur“, III, 13 § 7: „fuerit uel sit“, VII, 2 § 7 in f. „faciendum est seu respondendum“ u. dgl. m. Dass es sich aber hier wirklich um blofse Varianten handelt, lehrt die Vergleichung des Textes der übrigen Handschriften.

suchen, also entweder in einem der Vier Doctoren oder in Irnerius. Pepo bleibt aufser Betracht; denn wäre er der Urheber dieses Lehrbuches gewesen, so hätte es sicherlich später nicht von ihm heifsen können, er sei nullius nominis gewesen.[a] Auf der anderen Seite sind Rogerius und Albericus schon zu jung; zudem ist bereits erwiesen, dass Rogerius nicht der Verfasser sein kann, und das nämliche wird sogleich auch für Albericus erwiesen werden.

Was nun die Vier Doctoren anlangt, so hat bereits d'Ablaing den Beweis geliefert, dass weder Bulgarus, noch Martinus, noch Jacobus als Verfasser betrachtet werden kann. Gegen die Urheberschaft des Bulgarus, ebenso aber auch des Albericus, zeugt zur Genüge die mehrfach erwähnte Stellung unserer Summa zu der Frage nach der Folge der Versäumung der Frist für die querela non numeratae pecuniae, welche der Ansicht des Bulgarus, und ebenso des Albericus, schroff zuwiderläuft.[b] Martinus und Jacobus können die Verfasser nicht sein, weil sie die condictio furtiva als actio ex maleficio betrachten, während unsere Summa (IV, 6) dieser Auffassung auf das entschiedenste entgegentritt.[c] Bleibt also nur Ugo, und ihm hat d'Ablaing die Summa mit Bestimmtheit zugeschrieben.

Zum Beweise beruft er sich darauf, dass nicht allein in Ansehung der eben genannten Fragen, sondern auch in Ansehung mancher anderen die uns bekannte Ansicht des Ugo mit der Darstellung unserer Summa übereinstimmt.[d] Freilich hat er auch einige Zweifelsgründe erwähnt, die er indessen nicht für triftig erachtet. Von dem einen ist das ohne weiteres zuzugeben. Denn wenn es in unserer Summa (VIII, 53 § 3) heifst, die Schenkung Todes halber bedürfe der sollemnitates ultimarum voluntatum, nämlich der Zuziehung von fünf Zeugen, und wenn dagegen Hugolinus (Dissens. domin. § 275 in f.; ed. Haenel. p. 446) berichtet,

---

a) Savigny IV. § 3. a (S. 6).

b) S. Diss. dom. Cod. Chis. § 114, Hugol. § 238 (Haenel, Diss. dom. p. 207 sq.). Vgl. d'Ablaing, Rechtsgeleerd Magazijn VII. S. 291. Bulgarus hatte auch in Ansehung der Frage, wann der Procurator des Klägers die cautio de rato zu leisten habe, eine andere Meinung als die in der Summa (II, 7 § 9) vertretene. Vgl. Dissens. domin. Cod. Chis. § 11, Hug. § 28 (Haenel p. 131, 272), Hugol. Dist. XXVIII. (ibid. Adc. II, § 7; p. 563), Azo in S. C. II, 12 § 23 und in Lectura ad Cod. II, 13 L. 1 nr. 9, 10, Acc. glo. Debet ad L. 39 § 1 D. de proc. III, 3, Acc. glo. Habiturum ad § 3 Inst. de satisdat. IV, 11.

c) S. Diss. dom. Vet. coll. § 41, Rog. § 12, Hugol. § 204 (Haenel, Diss. dom. p. 28 sqq., 79 sqq., 401 sqq.). Vgl. d'Ablaing a. a. O. S. 292. Auch war bezüglich der Frage, unter welcher Voraussetzung die Veräufserung einer fremden Sache von Seite des Kaisers dem Erwerber das Eigenthum verschaffe, die Ansicht des Martinus und des Jacobus mit der in der Summa (VII, 27 § 3) verfochtenen zwar verwandt, aber doch nicht genau übereinstimmend. S. Dissens. domin. Vet. Coll. § 71, Rog. § 50, Hugol. § 323 (Haenel p. 57, 103).

d) S. d'Ablaing a. a. O. S. 291—294.

Ugo fordere bei einer solchen Schenkung, ebenso wie bei einem Testamente, sieben Zeugen mit Berufung auf L. 1 und L. ult. C. de codicill. VI, 36: so ist wohl von selbst einleuchtend, dass hier nur eine der vielen Ungenauigkeiten des Hugolinus vorliegt. Denn in L. ult. (§ 3) C. cit. heiſst es ausdrücklich: „In omni autem ultima voluntate excepto testamento quinque testes — — debent adhiberi“, und schwerlich wird jemand geneigt sein zu glauben, dass gerade daraus einer der Vier Doctoren das Erforderniss von sieben Zeugen für die Schenkung Todes halber gefolgert haben sollte. Anders steht es aber um den anderen jener Zweifelsgründe. In unserer Summa (VIII, 40 § 2) wird gelehrt:

> Euictio quidem in quibusdam contractibus prestanda est, siue promissa est siue non — —. in donatione uero ita demum, si nominatim per stipulationem promissa sit: ex pacto enim solo non debetur.

Dagegen war es nach den Diss. dom. Cod. Chis. § 59 (Haenel p. 162 sq.) die Meinung des Ugo, dass der Schenker für Eviction zwar nur zufolge eines besonderen Versprechens hafte, dass aber schon ein Versprechen durch nudum pactum genüge; denn nach dem neuesten Römischen Rechte sei auch die Schenkung selbst schon als nudum pactum bindend und klagbar. Der Widerspruch mit der Lehre der Summa liegt hier doch offen zu Tage, und zwar selbst, wenn man von dem bei d'Ablaing nicht mit abgedruckten Satze: „ex pacto enim solo non debetur“ ganz absieht. Die Bemühung d'Ablaing's, den Widerspruch als bloſs scheinbar zu erweisen und auch diese Stelle sogar zu Gunsten der Urheberschaft Ugo's zu verwerthen, ist nach meinem Erachten so wenig geglückt, dass der unbefangene Leser seiner Abhandlung vielmehr schon hierin einen sattsamen Beweis gegen diese Urheberschaft erblicken wird.

Bei näherer Untersuchung mehren sich aber die Gründe, welche es verwehren, den Verfasser der Summa in Ugo zu erblicken. Genugsam entscheidend erscheint mir in Verbindung mit dem eben gesagten das folgende.

D'Ablaing beruft sich für seine Ansicht unter anderem darauf, dass die Lehre unserer Summa (III, 10 § 7 in f.) über den Umfang, in welchem der bösgläubige Besitzer, je nachdem er einen Titel habe oder nicht, der rei vindicatio gegenüber zur Erstattung von Früchten gehalten sei, mit der aus Diss. dom. Hugol. § 172 (Haenel p. 391) bekannten Meinung des Ugo übereinstimme. Wohl; diese Übereinstimmung wird zum Überflusse noch bewiesen durch Ugo's Distinctio Possessorum alii bone fidei, alii male fidei rel.[e] Allein der Punkt verliert alle Beweiskraft, wenn man

[e]) Bei Savigny IV. S. 501 als Dist. 27 bezeichnet. Ich kenne sie aus der in meinen Jurist. Schriften des früheren MA. S. 26 fg. beschriebenen Leipziger, früher Haenel gehörigen Handschrift. Sie findet sich aber auch in der von Palmieri in der Bibliotheca

aus der nämlichen Distinctio und aus den von Scialoja herausgegebenen Dissens. dom. Cod. Chis. E. VII. 211 § 137 erkennt, dass in Ansehung des Fruchterwerbes des gutgläubigen Besitzers Ugo anderer Ansicht war als der Verfasser unserer Summa. Während nämlich dieser (III, 10 § 7) schreibt:

Bone fidei possessor, siue cum titulo siue sine titulo, fructus perceptos suos facit, set tamen extantes iudicis offitio restituet,

also zwischen fructus naturales und industriales nicht unterscheidet, spricht Ugo dem gutgläubigen Besitzer bloſs das Eigenthum der fructus industriales zu, die er deshalb nur als extantes und nur officio iudicis soll herauszugeben brauchen; die fructus naturales dagegen gehören nach seiner Meinung dem Eigenthümer der fruchttragenden Sache, und dieser kann sie daher geradezu mit der rei vindicatio fordern.[f]

Nimmt man noch hinzu, dass Ugo und Jacobus bereits zu ihrer Zeit gegen Bulgarus und Martinus an Ruhm doch sehr entschieden zurücktraten,[k] dass dieses aber ganz unbegreiflich erscheinen müsste, gesetzt dass Ugo der Verfasser eines so hervorragenden systematischen Werkes wie unsere Summa gewesen wäre: so wird man nicht zweifeln, dass auch er nicht als der Verfasser der Summa betrachtet werden kann.

---

iuridica medii aevi Vol. II. p. 141 sqq. herausgegebenen Distinctionensammlung als Nr. LXIII. (p. 164 sq.). Die Distinction ist unbedenklich dem Ugo und nicht dem Albericus zuzuschreiben, weil sie in der genannten Handschrift keine Unterschrift hat, während viele anderen der darin enthaltenen Distinctionen, ohne Zweifel die von Albericus verfassten oder umgearbeiteten, am Schlusse mit der Sigle, einmal sogar mit dem vollen Namen des letzteren bezeichnet sind. Auch wich nach dem Berichte des Hugolinus a. a. O. bezüglich der im Texte erwähnten Frage die Ansicht des Albericus von der Darstellung der Distinctio ab.

f) Diss. dom. Cod. Chis. E. VII. 211 § 137 (Studi e documenti di storia e diritto. Anno XII. p. 245): „Dicit dominus U (Ugo), bonae fidei possessorem, sive cum titulo sive sine titulo, fructus naturales suos non facere, sed ad dominum soli pertinere, ut D. de usuris. l. Fructus (= L. 45 D. XXII, 1). et quod dicitur D. de acqui. r. do. l. Bo. fi. (= L. 48 D. XLI, 1), scilicet quod suos facit omnes, intelligendum est ex sua et alterius cura provenientes.“ Ugo in Dist.: — — „extantes uero restituit iudicis offitio, quia bone fidei possessor percipiendo fructus facit suos, siue ipse percipiat seu a quocumque separantur, prouenientes tamen cultura et cura, ut Inst. de rer. diuisio. § Si quis (= § 35 Inst. II, 1) et ff. quibus mo. usuf. amit. Si usu[*fr*]. (= L. 13 D. VII, 4) et de usuris. Qui scit (= L. 25 D. XXII, 1). prouenientes uero natura restituit per accionem in rem cum re principali: hii enim nullius bone fidei fiunt, ut C. (t. *leg.*) ff. de usuris. Fructus (= L. 45 D. XXII, 1).“ — Gegen die Urheberschaft des Ugo spricht auch noch, dass er bezüglich der Frage nach der Cautionspflicht des Procurators die vom Standpunkte der Summa (II, 7 § 9) wesentlich verschiedene Meinung des Bulgarus theilte. S. Diss. domin. Hug. § 28 (Haenel p. 272) und ob. Anm. b.

k) Vgl. die Vorrede zu der Vetus collectio der Dissensiones dominorum (Haenel p. 3), Savigny IV. S. 72, Landsberg, Die Glosse des Accursius S. 14.

So bleibt als möglicher Verfasser überhaupt bloſs noch Irnerius übrig. Und ihm, dem Begründer einer ganz neuen Epoche der Rechtswissenschaft, der durch seine glänzende Persönlichkeit alle früheren Leistungen so sehr in Schatten stellte, dass er bis auf die neueste Zeit allgemein geradezu als der Wiedererwecker einer seit Jahrhunderten völlig erstorbenen und erloschenen Rechtswissenschaft galt, — ihm, sage ich, ist ein so bedeutendes und für das damalige Zeitalter völlig neues und eigenartiges Werk auch von vornherein am ehesten zuzutrauen.

15. Schon diese bestimmte Ausschlieſsung jedes anderen möglichen Verfassers könnte genügen, um die Urheberschaft des Irnerius für festgestellt zu erachten. Es wird sich nun aber ferner zeigen, dass für seine Urheberschaft auch eine groſse Menge entscheidender positiver Gründe sprechen, und dem gegenüber muss denn vollends jeder Zweifel verstummen.

Freilich meint d'Ablaing, der Gedanke an Irnerius oder an irgend einen anderen Vorgänger der Vier Doctoren sei schon durch die mehrfach berührte Theorie unserer Summa bezüglich der Versäumung rechtzeitiger Erhebung der querela non numeratae pecuniae abgeschnitten; denn nach der einstimmigen Angabe der Glossatoren sei Jacobus der Vater dieser Theorie. Er beruft sich dafür sogar auf eine Bemerkung von mir in der Zeitschrift der Savigny-Stiftung für Rechtsgeschichte VI. Rom. Abth. S. 180. In der That habe ich dort gesagt, in allen von der angedeuteten Streitfrage handelnden Stellen der Glossatorenlitteratur werde als Urheber obiger Theorie so einstimmig Jacobus genannt, dass es völlig willkürlich sein würde, an der Richtigkeit dieser Thatsache zu zweifeln. Allein diese Bemerkung war vor der Schrift von Pescatore, Die Glossen des Irnerius (1888) geschrieben. Pescatore aber hat (S. 22 ff., 69 ff., 103 ff.) gezeigt, dass die Nachfolger des Irnerius, und bereits die Vier Doctoren, sich mit der gröſsten Unbedenklichkeit und in weitestem Maſse sein geistiges Eigenthum angeeignet haben, und zwar ohne es für nöthig zu halten ihn zu nennen. Ganz besonders auffallend ist, dass in den Sammlungen der Dissensiones dominorum Irnerius so selten, und gerade in den ältesten fast gar nicht erwähnt wird, obgleich andere Quellen lehren, dass er sich über eine ganze Reihe der behandelten Streitfragen geäuſsert hat. Nun haben mir ferner nähere Untersuchungen gezeigt, dass unter den Vier Doctoren Jacobus sich bei weitem am meisten den Ansichten des Irnerius anschloss,[a] und vielleicht ist die Äuſserung in dem bekannten dem Irne-

[a]) Ich will eine Reihe solcher Falle nennen.
1. Diss. dom. Vet. Coll. § 48, Rog. § 17, Hugol. § 4.
2. Hugol. § 377 in.

rius zugeschriebenen Distichon: „Iacobus id quod ego“ als eine Anspielung auf diese seine geringe Selbständigkeit zu deuten.[b] Dem gegenüber ist jene meine Äufserung nicht mehr haltbar. Vielmehr darf es, wenn Jacobus als Vertreter einer Meinung genannt wird, schon deshalb als wahrscheinlich gelten, dass sie diejenige des Irnerius war. Jedenfalls aber gibt der Umstand, dass in den Dissensiones dominorum und in der sonstigen bisher bekannten Glossatorenlitteratur unter den Vertretern einer bestrittenen Ansicht Irnerius nicht erwähnt ist, noch keinerlei Berechtigung, ihm diese Ansicht abzusprechen.

Nach der Beseitigung dieses Einwandes will ich nunmehr die Gründe darlegen, woraus sich für unsere Summa die Urheberschaft des Irnerius ergibt. Ich sehe mich aber dabei zu starker Beschränkung genöthigt, um nicht diese Beweisführung ungebürlich anschwellen zu lassen.[c] Sie vertheilen sich auf folgende Gruppen:

1) vollkommene sachliche und in den entscheidenden Wendungen sogar wörtliche Übereinstimmung unserer Summa mit zahlreichen Glossen des Irnerius,
2) ganz gleiches Verhältniss der Summa zu sehr vielen Authentiken im Codex,
3) Übereinstimmung eines ganz eigenthümlichen Sprachgebrauches in der Summa und in anderen Äufserungen des Irnerius,
4) Wiederkehr der Ansichten des Irnerius über streitige Fragen in der Summa,
5) Citate aus der Summa mit ausdrücklicher Nennung des Irnerius.

---

3. Hugol. § 159.
4. Hugol. § 385 ict. Acc. glo. Si praedo ad L. 36 § 3 D. de her. pet. V, 3.
5. Hugol. § 1 (Haenel p. 52 not. m. s. fin.) ict. Acc. glo. Sola Romana ecclesia ad Auth. Quas actiones ad L. 23 C. de sacros. eccl. I, 2.
6. Hugol. § 115 (Haenel p. 150 not. o).
7. Hugol. § 138.

Bedenkt man, wie verhältnissmäfsig selten wir in der Lage sind, aus den bisher zugänglichen Quellen zu ermitteln, ob Irnerius bei einer Streitfrage betheiligt war, so muss die Zahl dieser Fälle, die ich übrigens noch vermehren könnte, recht grofs erscheinen.

[b]) So auch Tamassia, Note per la storia del diritto romano nel medio evo. Firenze 1892. p. 7 e segg.

[c]) Aufser der genannten wichtigen Schrift von Pescatore bin ich in der Lage gewesen, dafür auch unmittelbar aus den darin S. 4 ff. beschriebenen beiden Codexhandschriften der Königlichen Bibliothek zu Berlin Ms. lat. fol. 275, 408 zu schöpfen. Ferner sind mir durch die Güte des Herrn Prof. Landsberg zu Bonn Abschriften zu gute gekommen, die er aus Handschriften der Vaticanischen Bibliothek gemacht hat.

16. Die Summa stimmt also zuvörderst mit zahlreichen Glossen des Irnerius sachlich und in den entscheidenden Wendungen sogar wörtlich überein. Besonders merkwürdig und, dünkt mich, schon für sich allein entscheidend ist hier vor allem die Übereinstimmung der sog. Continuationes titulorum, d. h. der Versuche, den logischen Zusammenhang der Titel im Corpus iuris zu erklären und so das System der Justinianischen Gesetzbücher zu rechtfertigen. Denn gerade in diesen verhältnissmäſsig leichten und untergeordneten Erörterungen konnte selbst ein wenig selbständiger Geist noch am ehesten eine gewisse Selbständigkeit bethätigen. Zu den unselbständigen Geistern gehörte aber Irnerius sicherlich nicht, und ebensowenig, wie sattsam der Augenschein lehrt, der Verfasser unserer Summa. Zeigt sich also in diesen Partieen ein so gut wie wörtlicher Gleichlaut der Summa mit Glossen des Irnerius, selbst bis auf die auffälligsten kleinen Eigenheiten des Sprachgebrauches, so ist der Schluss nicht abzuweisen, dass auch die Summa ein Werk des Irnerius sei. Überdies besteht bei dem unverkennbaren engen Zusammenhange nur eine von drei Möglichkeiten. Entweder Irnerius hat für seine Glossen aus der Summa, oder der Verfasser dieser hat aus jenen Glossen geschöpft, oder endlich Irnerius ist der Urheber sowohl der Glossen als der Summa. Das erste ist ausgeschlossen, weil kein Vorgänger des Irnerius zu finden ist, der die Summa geschrieben haben könnte, das zweite, weil sich gezeigt hat, dass keiner seiner Nachfolger sie verfasst haben kann. So bleibt vermöge eines unbedingt zwingenden Schlusses nur das dritte übrig.

Ich will nun einerseits aus der Summa, andererseits aus sicher von Irnerius herrührenden, weil mit seiner Sigle bezeichneten, Glossen einige Continuationes titulorum zusammenstellen, welche die erwähnte Übereinstimmung am augenfälligsten zur Schau tragen.

1.

Summ. IV, 1 § 1: Actionum quidem diuisio duplex est: aut enim in rem aut in personam sunt. cumque tractatus in rem actionum explicitus sit, merito de personalibus addidit. personales autem maxime actiones a contractu seu quasi causam ducunt. ideo 'de rebus creditis' proponit, id est de contractibus: qui titulus generalis est totius quarti libri. in contractibus uero sepissime facti dubietas oritur, quę plerumque iure iurando dirimitur. equum quippe est et publice inuentum, ut cum res sollempniter probari non potest et aliqua presumptio inest uel ex negotio uel ex persona, saltim ad emendicata suffragia decurramus et ita per ius iurandum res expediatur: quod non proprie probatio est, set locum probationis optinet. ea ratione de eo premittitur: nam et in superioribus actionibus quandoque necessarium est, ideoque in confinio ponitur.

Ms. Berol. 408 (f. 52 c. 4). Glo. ad rubr. C. de reb. cred. et iure iur. IV, 1: § De accionibus in rem quibus plus iuris habere uidetur qui agit explicitum est. nunc de personalibus addit, que a contractu uel quasi causam maxime dicunt (ducunt *leg.*). ideo titulum ponit 'de rebus creditis', id est de contractibus, qui generaliter (generalis *leg.*) est totius quarti libri. in contractibus autem facti dubietas oritur, que cum sollempniter probari non potest, aliquibus presumptionibus uel [*ex*] negotio uel ex persona habitis ad emendicatum suffragium iuris iurandi — in confinio actionis in rem et in personam — decurritur: quod non proprie probationē (probatio est *leg.*), set locum probationis optinet. — — y.

Der durchgängige wörtliche Gleichlaut ist hier so handgreiflich, dass es müſsig wäre, ihn durch äuſsere Hervorhebung der übereinstimmenden Wendungen noch weiter anschaulich zu machen. Ganz besonders kommt dabei der gesuchte (aus L. 14 C. de accus. IX, 2 entlehnte) Ausdruck „emendicata suffragia" in Betracht. Rogerius (IV, 1 in.), obwohl er sonst die Continuatio tituli entsprechend unserer Summa gibt, hat ihn vermieden, und auch in den Summen des Placentinus und Azo kehrt er in der Continuatio tituli nicht wieder.[a] Wenn wir ihn dem gegenüber sowohl in unserer Summa wie in einer mit ihrer Darstellung auch sonst in Sinn und Ausdrucksweise genau übereinstimmenden Glosse des Irnerius antreffen, so beweist das augenscheinlich, dass Irnerius, wie die eine, so auch die andere Stelle geschrieben hat.

Nun wird man sich aber weiter bei aufmerksamer Vergleichung der beiden Stellen des Eindruckes nicht erwehren können, dass hier nicht die Darstellung der Summa im Hinblick auf die Glosse, sondern umgekehrt diese im Hinblick auf jene geschrieben ist; denn erst durch Heranziehung der Summa wird die Glosse, namentlich in der Bemerkung: „in confinio actionis in rem et in personam", ausreichend verständlich: auch dieses ein schlagender Beweis für die Abfassung der Summa durch Irnerius.

2.

Summ. IV, 2 § 1: Supra de contractibus proposuit, ex quibus personales actiones frequentissime nascuntur. personales uero actiones appellantur condictiones: ea ratione premittuntur. nam comdictiones habent expressam formam personalium actionum, quia in his precise dare seu facere continetur, quod proprium est personalium actionum. cumque de his dicendum sit, merito certi condictio in tractatu, utpote dignior seu generalis, anteponitur. competit enim ibi ubi nulla alia actio est, et

---

a) Allerdings gebraucht ihn aber Azo im Verlaufe des Titels (IV, 1 § 7), hat also entweder die Summa oder die Glosse benutzt.

ubi alię comdictiones competunt, item ubi alię quoque actiones tam ex contractu quam ex malefitio dantur, quia hęc condictio competit non habito causarum seu obligationum delectu, dummodo certum quid precise debeatur. qua de causa 'Si certum petatur' ponit in eo casu, ubi tantum certi condictio competit et nulla alia, ueluti ex mutuo naturali seu ciuili.

Cod. Vatic. 1405 (Dig. uetus). Glossae ad rubr. D. de rebus creditis si certum petetur et de condictione XII, 1:

y. Expositis in rem actionibus de personalibus dicturus primum ponit eas quae expressam personalium formam habent, id est condictiones: personales enim ex obligatione sunt, hoc autem condictioni congruit. — —

y. Explicito tractatu in rem actionum transit ad personales, quae originem et causam habent ex contractu ut materia, praetitulans librum 'de rebus creditis', id est contractibus, qui titulus generalis est ad totum librum.[b] — — Cum ergo de personalibus auctoritate (actionibus *leg.*) intendit tractare, personalium autem aliae sint quae expressam personalium formam in se continent, non iure et potestate sed intentione, id est oportere dari uel fieri, aliae sint quae hoc minime faciunt,[c] quae ex contractu cum aliis quoque nascuntur, aliae quae solae: [et] eas quae solae ex contractu nascuntur praemittit, quia digniores sunt aliis. quod significat per id quod adiecit 'si certum petatur', ex mutuo autem sola nascitur certi condictio. — —

Auch hier ist das Verhältniss der Glossen zu der Summa wieder ganz ähnlich wie im vorigen Fall. Jene gelangen erst durch Vergleichung mit dieser zu vollem Verständnisse: ein Beweis, dass sie im Hinblick auf die Summa verfasst sind, und nicht umgekehrt.

Es wird der Beibringung weiterer Beispiele übereinstimmender Continuationes titulorum nicht bedürfen, obwohl sie noch in ziemlicher Zahl zu Gebote stünden; denn die meisten der von Pescatore S. 62 ff. gesammelten Continuationes titulorum kehren in der Summa mehr oder minder wortgetreu wieder. Die gleiche Übereinstimmung besteht aber auch zwischen vielen anderen Stellen der Summa und zwischen Glossen des Irnerius, was nun ebenfalls durch eine Reihe von Beispielen bewiesen werden soll.

3.

Summ. IV, 55 § 8: in hoc autem differunt contractus innominati a nominatis, quod, si maleficium uel dolus in his admittatur, agendum est tantum actione eius maleficii nomine prodita uel de dolo, si in specialem

[b]) Man vergleiche hiemit die oben unter 1. abgedruckte Stelle aus Summ. IV, 1 § 1.

[c]) Hier ist etwas wie „item illarum, id est condictionum, aliae sint" ausgefallen.

formam maleficii non cadit: at in nominatis agi potest uel actione ex contractu, in qua maleficium uel dolus punitur, uel speciali actione nomine eius maleficii prodita.

Cod. Vatic. 1406 (Dig. uetus). Glo. ad L. 17 § 2 D. de praescr. verb. XIX, 5 v. condicere: y. § Sed in hoc uidentur nominati contractus ab innominatis diferre, quia in innominatis contractibus si maleficium aliquod admittitur, agi debet non secundum formam contractus, sed secundum nomen maleficii, si in specialem cedat (cadat *leg.*) formam, uel si non, agi ea actione quae in eius defectum datur de dolo. in nominatis enim agi[*tur*] et secundum formam contractus et secundum actionem praedictam (proditam *leg.*) nomine eius maleficii.

Die Übereinstimmung nach Inhalt und Form ist hier eben so offenbar wie in den früheren Fällen. Sollte man aber etwa daraus Bedenken schöpfen, dass der in der Glosse zweimal vorkommende Ausdruck „agi secundum formam contractus" in obiger Stelle der Summa nicht auftritt, so beweisen die folgenden Stellen, dass er auch ihrem Verfasser sehr geläufig war.

Summ. II, 3 § 11: item quedam pacta informant actionem, ut ea quę in continenti fiunt, id est in ingressu contractus. et hoc tam in bonę fidei quam strictis iudiciis, set hec differenter: in bone fidei agi potest actione ex contractu s e c u n d u m p a c t i f o r m a m, item actione prescriptis uerbis, in strictis uero iuditiis ex pacto tantum, id est prescriptis uerbis.

Summ. IV, 50 § 2: Si autem in continenti inita sunt (sc. pacta), id est in ingressu contractus, siue ex parte emptoris siue ex parte uenditoris, et ad agendum prosunt et defendendum. — — set ex his agi potest uel prescriptis uerbis ex pacto uel accione ex contractu s e c u n d u m f o r m a m p a c t i.

Nun könnte man freilich meinen, die erste dieser beiden Stellen widerstreite wenigstens der aus den Dissens. dom. Hugol. § 10 bekannten Ansicht des Irnerius, weil es dort heifst (Savigny IV. S. 466 nr. 33):

> dominus y dicebat, quod pactum in continenti appositum in contractibus stricti iuris nouam actionem parit, sed ueterem non informat.

Allein man darf nur die beiden Äufserungen genauer auf den Sinn und das praktische Ergebniss prüfen, um sich zu überzeugen, dass sie völlig übereinstimmen. Der Schein des Widerstreites entsteht blofs dadurch, dass informare, wie das entsprechende deutsche Wort „gestalten", die doppelte Bedeutung von neubilden und umbilden hat und in der Summa in der ersten, in der Stelle des Hugolinus in der zweiten Bedeutung gebraucht ist.

4.

Summ. II, 3 §§ 4, 5: spectatur enim (sc. in pactis) tam ratio facti quam iuris. Factum quidem est, ut unus promittat et alter promittentis fidem sequatur.

Cod. Vatic. 1405 (Dig. uetus). Glo. ad tit. D. de pactis II, 14: y. — — Pacti ratio in facto uertitur et in iure. et quantum ad factum desideratur, ut altera pars promittat, altera promittentis fidem sequatur.

5.

Summ. VIII, 10 § 5: Precaria quidem possessio iusta est, quoad nititur uoluntate domini. sin autem contra domini uoluntatem rem retineat, statim uitiosa est et iniusta.

Cod. Vatic. 1405. Glo. ad L. 7 § 4 D. comm. div. X, 3: y. § Dubitari potest, quare precaria possessio connumeretur inter uitiosas, cum hic dicatur eam iustam esse. sed michi uidetur eam ab initio iustam quidem esse, cum modo (uero *leg.*) denegatur domino reposcenti qui precario concesserat, potest tunc dici recte uitiosam esse. — —

6.

Summ. III, 6 § 1: iurisdictio est potestas iuris dicendi.

Cod. Vatic. 1408 (Dig. uetus). Glo. ad tit. D. de iurisdict. II, 1: y. Iurisdictio est potestas cum necessitate iuris scilicet reddendi aequitatisque statuendae. — —

7.

Summ. II, 10 § 1: Iustus metus ac uis restitutionem tribuit, scilicet si id times quod timendum foret etiam constantissimo.

Cod. Vatic. 1408. Glo. ad L. 5 D. quod metus causa IV, 2 v. maioris malitatis: y. ut id timeatur quod timendum sit.

8.

Summ. IV, 6 § 2: seruus quoque si in seruitute contractauit et manumissus sit, condictione non tenetur, licet furti teneatur, quia hę actiones quę ex delictis oriuntur caput secuntur. furtiua autem condictio caput non sequitur, ergo non est ex malefitio.

Cod. Vatic. 1405. Glo. ad L. 15 D. de cond. furt. XIII, 1: y. Sed ex maleficiis actiones seruo manumisso directae sunt. relinquitur ergo hanc ex maleficio non esse.

An diesen Beispielen voller Übereinstimmung der Summa mit Glossen des Irnerius mag es genügen. Ich wäre zwar in der Lage, noch eine ganze Reihe weiterer zu liefern, und zwar schon aus den von Pescatore veröffentlichten Irnerischen Glossen; allein die beigebrachten erscheinen mir, namentlich im Hinblick auf die noch folgenden anderen Beweise, für meine Beweisführung als vollkommen ausreichend.

17. Nicht minder beweisend für die Urheberschaft des Irnerius ist nämlich zweitens die völlige und auch hier oft so gut wie wörtliche Übereinstimmung der Summa mit sehr vielen, ja geradezu den meisten Authentiken im Codex. Diese, die bekanntlich in der weit überwiegenden Mehrzahl von Irnerius herrühren, waren ursprünglich im Grunde auch nichts anderes als Glossen, welche den verwandten Stellen des Codex am Rande beigesetzt waren, um auf die durch die Novellen eingetretene Rechtsänderung aufmerksam zu machen, und in solcher Gestalt stehen sie z. B. in den Berliner Codexhandschriften 275 und 408.

Zum Nachweise dieser Übereinstimmung beginne ich mit einer der bekanntesten Authentiken, nämlich mit der Auth. Quas actiones ad L. 23 C. de sacros. eccl. I, 2, von der wir aus der Accursischen glo. Sola Romana eccl. ad h. l. bestimmt wissen, dass sie von Irnerius verfasst ist.

Schon früher (§ 10 g. E.) ist gezeigt worden, dass diese Authentica ursprünglich nicht die uns bekannte Fassung hatte, sondern so lautete:

> Quas actiones tricennalis praescriptio excludit, hae si loco religioso competant, quadraginta annis excluduntur: sola Romana ecclesia gaudente centum annorum spatio.

Geht man von dieser Fassung aus, so ist das merkwürdigste nicht, wie man gewöhnlich annimmt, dass Irnerius hier der Ecclesia Romana nach Nov. 9 und trotz der abändernden Nov. 111 das Privileg der hundertjährigen Verjährung zuschreibt; denn es ist längst erwiesen, dass dieses Privileg lange vor Irnerius als geltender Satz des Römischen Rechtes anerkannt war und sogar schon in der Epitome Iuliani VIII. (cap. 44) und in den alten Summarien zu ihr als fortgeltend und durch die Nov. 111 nicht beseitigt angenommen wird.[a] Sondern das allein wirklich auffallende ist, dass Irnerius in der Authentica nur die Nov. 9 und Nov. 111 berücksichtigt, die Nov. 131 c. 6 dagegen übersehen hat. Das wurde denn auch bald bemerkt und darum die Authentica durch Zusätze berichtigt, und zwar so frühzeitig, dass bereits die Summa des Rogerius mit einem solchen Zusatze rechnet. Unsere Summa dagegen macht sich hier des nämlichen Fehlers schuldig wie die Authentica in ihrer ersten Fassung, gibt überhaupt ihren Inhalt nach Maſsgabe dieser Fassung getreulich wieder. (S. ob. § 10 g. E.) Das deutet doch sehr bestimmt auf die Gemeinsamkeit des Urhebers.

---

[a]) Auch in c. 17 C. XVI. q. 3 (Ioann. VIII. a. 873; s. Jaffé-Wattenbach Reg. nr. 2970) wird es als feststehender Satz des Römischen Rechtes behandelt. Vgl. Stintzing, Geschichte der populären Literatur des rom.-kanon. Rechts in Deutschland (1867) S. 102 ff., meine Jurist. Schriften des früheren MA. S. 38.

Es soll nun noch an einigen Beispielen anschaulich gemacht werden, wie die Darstellung der Summa mit vielen Authentiken selbst im Wortlaute genau übereinstimmt. Ich kann mich dabei um so mehr auf eine kleine Auswahl beschränken, als die Authentiken allgemein zugänglich sind und in den Anmerkungen zu dem Texte der Summa auf die verwandten Authentiken überall hingewiesen ist.

1.

Summ. V, 3 § 3: — — licet hodie ex noua constitutione donatio propter nuptias specialis contractus sit et insinuationem non desideret.

Auth. Eo decursum ad L. 20 C. de don. ante nupt. V, 3: Eo decursum est, ut sponsalitia largitas specialis sit contractus nec insinuationem desideret. — —

Gerade hier könnte man freilich trotz alles sonstigen wörtlichen Gleichlautes geneigt sein, eine wesentliche Verschiedenheit anzunehmen, weil in der Summa von donatio propter nuptias, in der Authentica aber von sponsalitia largitas die Rede ist. Allein diese Verschiedenheit ist in der That nur eine scheinbare; denn in der Authentica bedeutet, ebenso wie in der Nov. 119 selbst, woraus sie geschöpft ist, sponsalitia largitas nichts anderes als donatio propter nuptias. Das erhellt aus dem ganzen Zusammenhange, aus der Vergleichung mit dem griechischen Texte der Novelle und aus der Stelle des Codex, welcher die Authentica beigefügt ist. Auch hatte dieser Sprachgebrauch im Mittelalter gar nichts ungewöhnliches. Er findet sich schon im Edictum Theoderici c. 54; und in den mittelalterlichen Urkunden ist sponsalitium sogar die üblichste Benennung für die donatio propter nuptias.[b] In der provençalischen Summa heifst die letztere stets sposalici oder esposalici.[c] In der mitgetheilten Stelle unserer Summa ist statt „sponsalitia largitas“ nur um deswillen „donatio propter nuptias“ gesetzt, weil die Summa (V, 6 § 4) jenen Ausdruck in dem weiteren Sinne gebraucht, wonach er auch die dos mit umfasst.

2.

Summ. V, 5 § 3: Quibus autem penis afficiantur tam antiquo quam nouo iure qui illicitas nuptias contrahunt, uidendum est. incestas enim contrahentis nuptias pęna est tam confiscatio dotis quam ceterorum, exilium, item cinguli si quo potitus fuit spoliatio, et etiam, si uilis persona sit, uerberatio: femina quoque legem sciens (!) talia peccante eidem pęnę

---

[b]) Vgl. Du Cange s. v. Sponsalitium. Auch Sponsalia kommt in dieser Bedeutung vor. S. Du Cange s. v. Sponsalia.

[c]) Die Uberschrift des Titels V, 3 lautet so: „De las donasos que om apela donasos propter nuptias, so es de l'esposalici.“

subiuganda. substantia qua priuatur liberis sui iuris factis, si quos habet legitimos, applicatur: quibus non existentibus fisco queritur. set a liberis pater est alendus.

Auth. Incestas ad L. 6 C. de incest. nupt. V, 5: Incestas nuptias contrahentis poena est confiscatio bonorum tam ceterorum quam dotis, exsilium etiam et cinguli si quo potitur spoliatio, verberatio quoque, si vilis est: femina quoque talia scienter peccante simili poenae subiuganda. substantia sic amissa liberis hoc ipso sui iuris effectis, si quos habet legitimos, applicetur, ut tamen pater ab eis alatur: quibus non extantibus fisco defertur.

3.

Summ. V, 18 § 3: item ex constitutione noua qui legitimos liberos non habeat set naturales tantum ex huiusmodi licita consuetudine, potest eos efficere legitimos etiam cessante matrimonio, modo precibus principi porrectis, et hoc, siue mulier iam defuncta sit siue sese occultet siue deliquit, uel qualitercumque uenire prohibeatur, uel matrimonium inpediatur, forte sacerdotio.

Auth. Praeterea ad L. 11 C. de natur. lib. V, 27: Praeterea qui legitimam non habet prolem sed ex huiusmodi consuetudine duntaxat naturalem, potest, ab eo precibus principi datis, legitimos sibi constituere et sine matrimonio, si mulier iam defuncta sit vel deliquerit vel occultetur vel alias venire prohibeatur, vel quoquo modo matrimonium impediatur, ut sacerdotio.

4.

Summ. VI, 7 § 7 in f.: hoc ita, si maritus soluendo est, uel si mulieri imputari possit, cur marito ad inopiam uergente dotem constante matrimonio ex lege Iustiniani non repetiit: alioquin solam actionem licet inanem conferre debet, prout constitutio noua dicit.

Auth. Quod locum ad L. 5 C. de collat. V, 20: Quod locum habet, sive pars viri sit idonea, sive mulieri possit imputari, quare marito ad inopiam vergente ex lege Iustiniani etiam constante matrimonio non exegerit dotem. — — his cessantibus solam actionem licet inanem conferens partem ex hereditate feret.

5.

Summ. VI, 25 § 3: noua tamen constitutione hoc adiectum est, ut quod a quolibet sub ea condicione relictum est ne secundas nuptias ineat, eius quidem petitio infra annum prorogatur, nisi forte interim spes nuptiarum deficiat, capere uero postea cum cautione permissum est rei cum fructibus restituendę si contra factum fuerit, nisi forte cautio a defuncto remissa fuerit. si res inmobilis sit, iuratoria cautio prestanda est cum ypotheca suarum rerum. pro re mobili, persona idonea constituta, eadem cautio facienda est. si uero minus locuples sit, etiam fideiussor exigitur. set si non potest eum dare, supradicta cautio cum iure iurando et ypothecis prestabitur. contractis tamen secundis nuptiis res data uendicatur, ac si data non esset.

Auth. Cui relictum ad L. 2 C. de indicta vid. VI, 40: Cui relictum quid fuerit a coniuge vel a qualibet persona ne secundas ineat nuptias, infra annum quidem non petat, nisi spes nuptiarum deficiat, post annum vero capiat praestita cautione rei cum fructibus restituendae si contra fecerit. pro re immobili iuratoria cautio fiat cum hypothecis, pro mobili, si persona sit idonea, eadem sit cautio: alioqui et fideiussor exigitur, si praestari potest. contractis nuptiis etiam res data vindicari potest: quod sic admittitur, ac si ei relictum vel ordinatum non esset.

6.

Summ. VII, 1 § 4 in f.: in ultima uero uoluntate, ex quo testari possunt, et libertates relinquunt antiqua lege cessante: quod ex noua constitutione introductum est.

Auth. Sed hodie ad L. 4 C. qui manumitt. non poss. VII, 11: Sed hodie ex quo testari possunt, et libertates possunt relinquere antiqua lege cessante.

7.

Summ. VII, 24 § 6: set ex noua constitutione, si ex decennio quibusdam annis presens quibusdam absens fuit, totidem anni ei adiciuntur quot ex decennio absens fuit.

Auth. Quodsi ad L. 1 C. de praescr. l. t. VII, 33: Quodsi quis quibusdam annis praesens sit quibusdam absens, adiciuntur ei super decennium tot anni quot annis ex decennio fuit absens.

Man sieht, die Übereinstimmung ist überall so grofs, dass, will man nicht Irnerius als den Verfasser der Summa anerkennen, entweder jener die Summa, oder ihr Verfasser die Authentiken benutzt haben muss. Beides ist aber ausgeschlossen, weil weder vor noch nach Irnerius ein möglicher Verfasser der Summa aufzutreiben ist. So bleibt wiederum nur die Annahme gemeinsamen Ursprungs.

Beachtet man aber den Stil der meisten Authentiken, so drängt sich sogar unwillkürlich noch eine weitere Vermuthung auf. Die Vermuthung nämlich, die Auszüge aus den Novellen seien ursprünglich nicht sowohl zur Glossirung des Codex als zur Verwendung in der Summa gemacht worden. Denn jener Stil passt, wie schon die gegebenen Beispiele sattsam zeigen, durchweg weit besser für ein systematisches Werk als für

Gesetzesauszüge mit der Bestimmung, an den treffenden Stellen des Codex auf Änderungen durch die Novellen hinzuweisen. Dass die Auszüge, einmal vorhanden, von ihrem Urheber auch zu diesem letzteren Zwecke verwerthet wurden, erklärt sich leicht genug; sind doch, wie sich gezeigt hat, in ähnlicher Weise auch viele anderen Partieen der Summa von Irnerius zu Glossen verwendet worden. Kleine Verschiedenheiten der Fassung können hier keinerlei Schwierigkeit machen; denn auch diese Erscheinung kehrt bei den meisten von Irnerius als Glossen verwertheten Stellen der Summa wieder, und wo er sich über den nämlichen Gegenstand an verschiedenen Orten äufsert, pflegt er sich überhaupt nicht ganz wörtlich zu wiederholen.[d] Übrigens ist der ursprüngliche Wortlaut der Authentiken noch sehr der Untersuchung bedürftig.

18. Auf die Abfassung der Summa durch Irnerius deutet drittens kenntlich auch die Wiederkehr eines ganz eigenthümlichen Sprachgebrauches der Summa in Glossen und Authentiken des Irnerius. Es ist der bereits (ob. § 10) berührte Sprachgebrauch, wonach die Digesten nicht in der üblichen Weise als „Digesta" sondern als „Responsa prudentium" oder „Responsa" schlechtweg, der Codex nicht als „Codex" sondern als „Constitutiones", und neue Gesetze Justinian's, namentlich die Novellen, als „nouae constitutiones" bezeichnet werden.[a]

Dass das letzte dem Sprachgebrauche des Irnerius entspricht, geht zur Genüge schon daraus hervor, dass in den öfters erwähnten Berliner Codexhandschriften 275 und 408 die Authentiken stets mit $\overline{\text{CN}}$ = constitutio noua bezeichnet sind. Es erhellt aber auch aus mehreren Authentiken selbst, z. B. aus Auth. Econtra ad L. 5 C. de repud. V, 17, ferner aus Auth. S e d n o v a c o n s t i t u t i o und Auth. N o v a a l i a c o n s t i t u t i o ad L. 11 C. de natur. lib. V, 27, endlich aus Auth. Non licet ad L. ult. C. de lib. praet. VI, 28.

---

[d]) S. Pescatore, Die Glossen des Irnerius S. 82 Anm. 2.

[a]) Das letzte ergibt sich als der ständige Sprachgebrauch der Summa schon aus den in § 17 mitgetheilten Stellen. Einmal (VIII, 10 § 5) wird auch eine Constitution von Zeno „noua constitutio" genannt. Als Beleg für die erwähnte Bezeichnung der Digesten und des Codex genügt es, den Anfang des aus den Digesten eingeschalteten Titels Quod ui aut clam (VIII, 11) mitzutheilen. Er lautet so:

> Est et alia possessio quę similiter uitiosa est, id est clandestina, de qua et interdictum redditur. et licet in Constitutionibus nichil de eo dictum sit, nos tamen iuris consultorum gratia qui de eo in Responsis prudentium latius proferunt, rationabiliter precario interdicto, quod restitutorium est et de uitiosa possessione datur, adiungimus.

Nur Einmal (VII, 40 § 3 in f.) habe ich bei einem allgemeinen Hinweis auf die Digesten „in digestis" gefunden. In Citaten einzelner Stellen werden sie allerdings meist mit d. bezeichnet.

Für die Bezeichnung des Codex als „Constitutiones“ weiſs ich Glossen des Irnerius zur Zeit nicht namhaft zu machen; denn allgemeine Hinweise auf die Justinianischen Rechtsbücher sind in diesen Glossen überhaupt sehr selten. Wohl aber lässt sich wiederum bestimmt beweisen, dass was hier bei weitem das auffälligste ist, die Bezeichnung der Digesten als „Responsa prudentium“ oder „Responsa“, der Sprachgebrauch des Irnerius war. Dafür zeugen nämlich die folgenden Glossen:

Ms. Berol. 275 (f. 15 col. 3). Glo. ad rubr. C. de vet. iure enucl. I, 17: Supra de legibus generaliter, nunc in specie de Responsis prudentium. I.[b]

Cod. Vatic. 1405. Glo. ad tit. D. de cond. ob turpem v. iniustam causam XII, 5: y. Causa [*iniusta*] seu turpis habetur pro nulla. repetitur ergo quod ob causam datum est, etsi secuta causa est. haec autem ita determinant haec (hic *leg.*?) cepsonsa (Responsa *leg.*), si turpitudo sit [*non*] dantis sed accipientis. — —

Allerdings stehen die Summa und Irnerius mit dieser Bezeichnungsweise der Digesten nicht völlig allein. Sie findet sich zuvörderst in ganz gleicher Weise wieder in dem von mir in den Jurist. Schriften des früheren MA. S. 134 ff. herausgegebenen Compendium iuris § 11, wo auch die Bezeichnung des Codex als „Constitutiones“ wiederkehrt. Das muss jedoch hier um deswillen auſser Ansatz bleiben, weil sich herausstellen wird, dass die Partie des Compendiums, worin diese Stelle steht, mit der Summa den Verfasser gemein hat (s. unt. § 29). Sodann kommt die gedachte Bezeichnungsweise vor in dem von mir ebend. S. 206 ff. veröffentlichten Prager Fragment eines an die Institutionen sich anlehnenden Lehrbuches III, 2 in f.: — „in libris institutionum sunt antiquę institutiones, in codice sunt imperiales constitutiones, in digestis sunt responsa uetera prudentium“, und in der damit eng verwandten Einleitung einer ähnlichen Schrift, welche Pescatore unter dem Titel Incerti auctoris Summae Institutionum Exordium in den Beiträgen zur mittelalterlichen Rechtsgeschichte Heft 2 S. 81 ff. (1889) bekannt gemacht hat. Es heiſst nämlich hier gegen Ende (Z. 89 ff.): „Deinde Cęsar quibusdam potestatem dedit iura publice interpretandi et de iure respondendi, qui iurisconsulti appellati sunt. horum interpretationes uel responsiones responsa prudentum dicta sunt“ rel. und weiterhin (Z. 106 fg.): „Post hęc ex omnibus responsis prudentum Digestorum seu Pandectarum uolumen conposuit“ rel. Doch hat in allen diesen Stellen die Sache ersichtlich schon einen anderen Charakter, und man kann nicht ohne weiteres schlieſsen, dass die Verfasser so, wie das in der Summa und in den Glossen des Irnerius geschieht, auch

---

[b]) Dass die Sigle I auf den Irnerius zu deuten ist, hat Pescatore S. 45 ff. erweisen.

bei einer allgemeinen Verweisung auf das Rechtsbuch anstatt „Digesta" vielmehr „Responsa prudentium" gesetzt hätten.

In Schriften der Vier Doctoren oder anderer Schriftsteller der Glossatorenschule aufser Irnerius ist mir dieser Sprachgebrauch überhaupt nicht aufgestofsen, obgleich ich auf den Punkt geachtet habe. Nur etwas verwandtes hat sich bis in die spätesten Zeiten der Schule insofern erhalten, als es allgemein üblich blieb, die einzelnen Entscheidungen der Digestenstellen, namentlich in Citaten, als „responsa" zu bezeichnen.[c]

19. Ein weiterer und sehr gewichtiger Beweis, dass Irnerius der Verfasser der Summa ist, liegt viertens in dem Umstande, dass die Ansichten des Irnerius über streitige Fragen, wo immer sie uns zuverlässig überliefert sind, auch in der Summa auftreten. Die bisherige Darstellung hat dafür schon viele Belege gebracht; ich will sie aber noch durch eine Anzahl weiterer Beispiele vermehren.

1) Nach Azo S. C. VIII, 45 § 10 und Acc. glo. Dupli ad L. 2 D. de evict. XXI, 2 war es eine ganz besondere Ansicht des Irnerius, wofür aufser ihm kein anderer Vertreter genannt wird, dass der Verkäufer, falls er die stipulatio duplae nicht leiste, schon vor der Eviction in das Doppelte zu verurtheilen sei. Das steht aber auch in der Summa (VIII, 40 § 5) mit den Worten: „eoque non repromittente dupli uenditor condempnatur, etiam ante quam euincatur".

2) Bei der restitutio propter absentiam kommt nach der Summa (II, 14 § 3) dem Restitutionsberechtigten nicht jedesmal der volle Zeitraum von vier Jahren seit der Rückkehr zu gute, sondern, falls er zufolge der Abwesenheit weniger als vier Jahre verloren hat, nur die Zeit, die er verloren hat. Das war aber laut der Acc. glo. Unius ad L. 26 § 8 D. ex quib. caus. maior. IV, 6 die bestrittene Meinung des Irnerius (und des Bulgarus).

3) Die Auslegung, die in Summ. IV, 29 § 6 der L. 2 (3) C. per quas pers. IV, 27 gegeben wird, ist nach Acc. glo. Si duo ad h. l. diejenige des Irnerius (des Bulgarus und des Johannes).

---

c) So mehrfach schon in unserer Summa sowie in folgender Glosse des Irnerius: Ms. Berol. 275 (Pescatore S. 56). Glo. ad rubr. C. de off. praetor. I, 39: — „nam quamquam imperatores essent, loco consulis habebatur praetor in ciuitate, ut responsis Gaii habetur." Sodann in einer Glosse des Bulgarus zu L. 26 § 13 D. de cond. ind. XII, 6 (Savigny IV. S. 472): — — „Ulpianus hoc responsum fecit, cuius opinio in Codice corrigitur." Ferner in folgender Glosse des Azo zu L. 51 § 1 D. de her. pet. V, 3 (Savigny IV. S. 482): „Dominus M. primam huius § responsionem in b. f. possessore, secundam in m. f. possessore exaudiebat" rel. Diese Bezeichnungs- und Citirweise war aber, wie gesagt, ganz allgemein üblich. Sie findet sich auch in den Questiones de iuris subtilitatibus des Irnerius. S. meine Ausgabe derselben § 6.

4) Nach Summ. II, 7 § 9 muss der Procurator des Klägers, wenn sein Mandat zweifelhaft ist, entweder das Mandat beweisen oder cautio de rato leisten. Das wird in den Diss. dom. Hugol. § 28 (Haenel p. 272) als die Ansicht des Irnerius (des Johannes Bassianus und des Azo) hingestellt (gegen Bulgarus und Ugo).

5) Summ. VI, 13 § 2: Zum Nachtheil der Mutter wird keine tacita oder compendiosa substitutio zugelassen, aufser „ex uoluntate priuilegiate personę, ut militis". Die Acc. glo. Peti possunt ad L. 8 C. de substit. VI, 26 bezeichnet das als Ansicht des Irnerius.

6) Nach Summ. III, 16 § 8 hat der wegen des Delictes eines Sklaven auf die Noxalklage Verurtheilte so lange die Befugniss zur noxae deditio, bis er mit der actio iudicati belangt wird. Das war nach Acc. glo. Conveniatur ad L. 20 § 5 D. de her. pet. V, 3 die Ansicht, und zwar anscheinend eine besondere Ansicht des Irnerius.

7) Zu der manumissio per epistulam und inter amicos bemerkt unsere Summa (VII, 4 § 4): „quibus in casibus contemplatione quodam modo ultimę uoluntatis dari libertas quasi ex codicillis uidetur". Das war aber, wie Azo's Lectura ad L. 1 C. de lat. lib. toll. VII, 6 nr. 1 lehrt, der eigenthümliche Standpunkt des Irnerius.

8) Summ. VI, 28 § 2: „item quod pinguius et humanius in fidei commissis est, hoc et legatis ex fidei commissorum natura adiciendum est, ut etiam ex non perfecta uoluntate legata debeantur, ueluti ex codicillis uel alia qualibet ultima uoluntate". Nach den Diss. dom. Cod. Chis. § 163 und Chis. E. VII. 211 § 127 (Studi e docum. di stor. e dir. XII. p. 242) erklärt es Irnerius für eine Eigenthümlichkeit des Fideicommisses, dass es auch „ex minus perfecta uoluntate" geschuldet werde.

9) Wenn der Pfandverkauf nicht gemäfs der Vereinbarung oder dem Gesetze geschehen ist, so ist nach Summ. VIII, 25 § 2 der Verkauf unwirksam („non procedit alienatio"). Das ist aber wiederum nach Acc. glo. Consueverunt ad L. 4 C. si vend. pign. ag. VIII, 29 (30) eine ganz eigenthümliche Ansicht des Irnerius, wofür kein anderer Vertreter genannt wird.

Ich könnte noch mehr Fälle solcher Art beifügen, darf aber wohl die genannten als ausreichend betrachten. Dagegen will ich einige Stellen nicht unterdrücken, welche man versucht sein könnte zu einem Gegenbeweise zu benutzen.

1) Nach Summ. VII, 22 § 8 in f. wird die usucapio durch litis contestatio nicht unterbrochen. Dagegen heifst es in den Dissensiones dominorum des Hugolinus § 390 (Haenel p. 521): „Dicit enim dominus Y. (alias Yr.) et dominus Al. et M., quod usucapio hodie interpellatur litis contestatione". Aber schon die beigesetzte Variante beweist, wie wenig

Vertrauen diese Stelle als Zeugniss für die Ansicht des Irnerius verdient, und zum Überflusse steht in der Pariser Handschrift „V. alias Yr.“

2) Nach Hugol. § 172 (Haenel p. 591) lehren „dominus Al. et Y.“, gegenüber der rei vindicatio hafte der male fidei possessor auch für fructus percipiendi, möge er einen Titel haben oder nicht. Nach Summ. III, 10 § 7 braucht dagegen für fructus percipiendi nur einzustehen der „predo, qui titulo caret“.

3) Hugol. § 315 (Haenel p. 467): „Item differunt in re personaliter debita. dicit enim dominus O., R. et Y. auia etiam (wofür Haenel „aliena res“ lesen will) ab extraneo herede usucapi non poterit.“ In Summ. VII, 22 § 6 dagegen heiſst es: „pro herede etiam usucapio admissa est, cum quis forte extraneus heres est et putet rem ex hereditate esse cum non sit, uitio tamen rei cessante“.

Mir scheint, dass alle diese Stellen — sämmtlich aus den Dissensiones dominorum des Hugolinus entnommen — gar keine Beachtung beanspruchen können. Im ersten Fall ist, wie gezeigt, schon die Lesart ganz unsicher. Im dritten ist der Text gründlich verderbt, und schon der Singular „dicit enim dominus“ führt zu der Vermuthung, es solle bloſs Ein Vertreter dieser Ansicht genannt werden. Vielleicht ist also zu lesen: „dicit enim dominus O.: res talis etiam ab extraneo herede usucapi non poterit“, und dann ist die Stelle hier ohne jeden Belang. Aber selbst wenn man der von Haenel vorgeschlagenen Lesart folgen will, liefert die Stelle bei genauerer Betrachtung keinen Beweis gegen die Abfassung unserer Summa durch Irnerius, sondern eher gerade umgekehrt noch einen weiteren Beweis dafür; denn wenn jemand eine Sache „alieno nomine quolibet titulo possidet“ (also in diesem Sinne „personaliter debet“), so kann nach Summ. VII, 29 § 3 weder er selbst noch sein Erbe sich durch Berufung auf irgend eine „temporis exceptio seu defensio“ schützen.

Sonach kann überhaupt nur die zweite Stelle ernstlich in Betracht kommen. Wer aber bedenkt, wie oft die Siglen der Glossatoren von den Abschreibern verwechselt sind, und wie häufig gerade in der Sammlung des Hugolinus solche Verwechslungen vorkommen,[a] mit wie geringer Sorgfalt überhaupt diese Sammlung gemacht ist,[b] der wird zugeben, dass gegen die zahlreichen Gründe, welche von den verschiedensten Seiten und nach den verschiedenartigsten Rücksichten auf die Abfassung unserer

---

[a]) S. Haenel, Diss. domin. p. XXVIII sqq., Pescatore, Die Glossen des Irnerius S. 42 Anm. 1. Ein Beispiel bietet schon die unter 1) mitgetheilte Stelle aus Hugol. § 390. Ein anderes liefert Hugol. § 409 (Haenel p. 529): „V. alias Yr.“, ein drittes Hugol. § 290 (Haenel p. 127 not. r): „dominus Y.“, wogegen in der Stuttgarter Handschrift: P. steht. U. dgl. m.

[b]) Haenel, Diss. dom. p. XIX sqq.

Summa durch Irnerius hinführen, auch diese, zudem ganz vereinzelte, Stelle gar nicht in die Wagschale fallen kann.[c]

20. Zu allem Überflusse finden sich nun aber endlich fünftens Stellen, welche mit grofser Wahrscheinlichkeit als Citate unserer Summa zu betrachten, in Einem Falle ganz offenbar aus ihr entnommen sind, und welche den Irnerius ausdrücklich nennen.

Zunächst liefert die Summa des Rogerius im Titel De legibus et constitutionibus (I, 7) ein solches Citat. Rogerius handelt hier eingehend von der Bedeutung der Vorschrift in L. 5 C. de leg. I, 14, insbesondere von der Tragweite der Gesetzesworte: „sed et si quid fuerit subsecutum ex eo vel ob id quod interdicente lege factum est, illud quoque cassum atque inutile esse praecipimus". Gegen die Richtigkeit dieses Satzes, meint er, lasse sich unter anderem folgender Einwand machen: „uenditio predii minoris non ualet neque traditio: tamen quod sequitur ob id ualet, ueluti si pignora obligantur a tutoribus uel curatoribus pro uenditione predii minoris". Zur Hebung dieser Schwierigkeit schlägt er folgende doppelte Lösung vor: „Ita soluitur: aliud est esse contra legem, aliud contra formam legis. set alienatio predii minoris non est contra legem set contra formam legis. senatus enim dat certam formam quomodo possit alienari, contra quam si fiat, ualet quod sequitur ob id. et hoc secundum gar̄. Vel aliter potestis determinare: regula que dicit ‘quod factum contra legem etc̄.’ loquitur de his que habent perpetuam causam prohibitionis. set alienatio predii minoris non habet perpetuam set temporalem. et hoc secundum .y."[a]

Die erste dieser beiden Siglen gar̄ lässt sich nur als „Garnerius" auflösen, die zweite y ist die bekannte Sigle des Irnerius, und so entsteht denn freilich vor allem das Bedenken, dass anscheinend der nämliche

c) Wie es um die Zuverlässigkeit des Hugolinus bestellt ist, beweist z. B. Hugol. § 238 (Haenel p. 208 not. b), wo V (= Ugo) als Vertreter zweier ganz entgegengesetzter Ansichten genannt wird. Ferner Hugol. § 243 (Haenel p. 211 not. h), wo dieselbe Erscheinung in Ansehung des Y. (also des Irnerius selbst) zu beobachten ist. U. dgl. m.

a) Die Stelle ist nach der (von mir selbst eingesehenen) Tubinger Handschrift gegeben, womit die Ausgabe von Palmieri (p. 15 c. 2) nicht ganz übereinstimmt. Nach gefälliger Mittheilung des Herrn Maignien steht sie (mit ganz unerheblichen Abweichungen) gleichlautend auch in der Grenobler Handschrift der Summa Rogerii (Ms. 627 der Bibliothek zu Grenoble f. 36 sqq.); die Citate lauten hier: „et hoc secundum gar." und: „et hoc secundum y". In der Handschrift der Universitätsbibliothek zu Jena (Rec. adiect. fol. 2, saec. XIII. in., f. 1—8), die den Anfang der Summa bis zur Mitte des Titels De pactis II, 3 enthält, lauten sie nach der gütigen Auskunft des Herrn Oberbibliothekars Dr. K. K. Müller: „et hoc secundum guār." und „et hoc secundum ȷ'.". In der Florentiner Handschrift finden sich nach freundlicher Nachricht des Herrn Professors Alberto Del Vecchio diese Citate nicht.

Irnerius als Vertreter zweier verschiedener Lösungen genannt wird, aber, seltsam genug, jedesmal mit anderer Bezeichnung und in einer Weise, die keinen Zweifel erlaubt, dass Rogerius an zwei verschiedene Personen denkt.

Die Schwierigkeit hebt sich durch die Erkenntniss, dass die beiden Lösungsversuche auf das nächste verwandt und in der That gemeinsamen Ursprunges sind, dass aber Rogerius — daran lässt, so schwer begreiflich die Thatsache erscheinen mag, seine Darstellung keinen Zweifel — die Gleichbedeutung der Siglen gar̄ und y nicht gekannt hat. Das Citat des gar̄ geht auf die Questiones de iuris subtilitatibus des Irnerius, deren Ausführungen (III, 3—6, XXIII, 1—7) der ganzen Erörterung des Rogerius über die Bedeutung der L. 5 C. de leg. I, 14 zu Grunde liegen.[b] Die dem y zugeschriebene Lösung dagegen, worauf es hier allein ankommt, ist diejenige unserer Summa (I, 14 § 7), die sich folgendermaſsen äuſsert: „ea enim omnia quę in fraudem legum gesta sunt irrita sunt tam ipsa quam eorum subsecutiua. set ita demum in subsecutiuis uerum est, si perpetuo prohibita sunt, ut in ducenda uxore ea quę Deo dicata est. si autem temporalem causam seruat, ut in preside et subiecta sibi et alienatio in re minoris facta sine decreto, nam subsecutiuum eius ualet, ut pignus a curatore in ea re datum“.[c] Dass dieses aber wirklich die Ansicht des Irnerius war, erhellt aus nachstehender Glosse der Münchener Codexhandschrift 22 zu L. 5 C. de legibus I, 14 (Pescatore S. 78):

> Eorum que prohibentur quedam e[*a*]tenus prohibentur ut ipso iure non ualeant, ut inter uirum et uxorem donatio, de quibus ista lex [et] loquitur, quedam, ut exceptione tantum elida[*n*]tur, ut in mutuo filio familias dato. item prohibitorum quedam perpetuam prohibitionis habent causam, ut in matrimonio cum sorore, quedam specialem (temporalem *leg.*), ut inter presidem et eam que subdita est eius iuris diccioni matrimonium, alia uero que turpitudine[*m*] continent. ex quibus eam (ea *leg.*) que perpetuam causam prohibitionis uel turpitudinem continent nec ipsa conualesscere nec eius subsecutiuum effectum habere potest. ea uero que temporalem et conualescere poterunt et eius subsecutiuum ab initio de iure ualeret (ualet *leg.*), ut si predium minoris sine decreto alienetur. hic licet enim (enim licet *leg.*) ipso iure alienatio non teneat, conualescere tamen potest et pignus ob ea datum tenetur. y.

---

[b]) Dieses alles ist näher ausgeführt in meiner Ausgabe der Questiones § 13.

[c]) So von „et alienatio“ an der Text nach sämmtlichen Handschriften und ohne irgend eine Variante. Ich habe mich daher zu einer Anderung nicht für berechtigt gehalten, obwohl leicht geholfen wäre, wenn statt „alienatio“ „alienatione“ und hernach statt „nam“ „tunc“ gesetzt würde.

Nun konnte freilich Rogerius, wenn er die sowohl in dieser Glosse wie in der Summa auftretende Art der Lösung als diejenige des Irnerius bezeichnet, an und für sich eben so gut die Glosse wie die Summa im Auge haben. Da er aber die letztere bei der Ausarbeitung seiner Summa überall zu Grunde legte, so ist es doch viel wahrscheinlicher, dass sie ihm vorgeschwebt hat, und dieses angenommen, ist dann durch sein Citat die Summa ausdrücklich als das Werk des Irnerius hingestellt. Jedenfalls geht aus diesem Citat und aus der Glosse hervor, dass unsere Summa hier die Ansicht des Irnerius vorträgt, und schon das ist für jene ein sehr starker Beweis der Urheberschaft des Irnerius.

Als ein weiterer Hinweis auf die Summa ist mit Wahrscheinlichkeit zu betrachten folgende Glosse zu L. 1 D. de furtis XLVII, 2 (Savigny IV. S. 464):

> Sive autem usus sive possessionis fiat furtum, semper ipsius rei fit furtum, cum nunquam aliud nisi corpus contrectari possit, et ideo eius rei poena prestatur. · et de hoc b. (Bulgarus) dicit sibi consentire Guar.[d]

Man wird dieses Verhältniss kaum bezweifeln, wenn man die fast gleichlautende Darstellung in Summ. VI, 2 § 2 vergleicht:

> Furtum quidem est rei contractatio fraudolosa lucri faciendi causa: uel gratia ipsius rei intercipiendę uel usus intercipiendi uel possessionis. res enim semper contractatur siue propter rem siue propter usum · uel possessionem intercipiendam, cum aliud nisi corpus contractari non potest, et ideo quod contractatum est duplicatur seu quadruplatur, nisi in casu aliud dictum sit.

Endlich ist ganz augenscheinlich aus unserer Summa geradezu entnommen die folgende Stelle:

> Ms. Berol. 408 (f. 73 col. 3). Glo. ad rubr. C. de rer. permut. IV, 64: § De contractibus nominatis dictum, ex quibus incerte actiones nascuntur. rationabiliter nunc de innominatis, ex quibus similiter incerte actiones dantur, adnectendum est. sed quia permutationis contractus inter ceteros innominatos est precipuus, ideo de permutatione premittit, ex qua nascitur prescriptis uerbis actio. et quia hec accio non solum ex hoc contractu, set etiam ex omnibus innominatis competit, ideo generaliter de prescriptis uerbis apponit. y.

Das stimmt ganz wörtlich und buchstäblich mit der Darstellung der Summa (IV, 54 § 1) überein; die Abweichungen sind nicht gröfser als sie in den verschiedenen Handschriften der Summa selbst zu sein pflegen. Ganz entscheidend für die einfache Herübernahme aus dieser sind aber

---

[d]) Vgl. Diss. dom. Rog. § 31, Vet. coll. § 61 (Haenel p. 94, 61).

namentlich die Ausdrücke „rationabiliter“ und „adnectendum est“. Jenes kehrt in den Continuationes titulorum der Summa ganz stetig wieder; dagegen ist es mir in den zahlreichen Glossen des Irnerius, die ich kenne, abgesehen von unserem Fall, nicht ein einziges Mal begegnet. Und die Wendung „adnectendum est“ passt zwar vortrefflich für ein systematisches Werk wie die Summa, sehr wenig aber für eine blofs zur Erklärung des Systems des Gesetzbuches selbst bestimmte Glosse. Aus allen diesen Rücksichten kann nach meinem Erachten kein Zweifel bestehen, dass obige Glosse nicht von Irnerius als selbständige Glosse in den Codex eingetragen, sondern von einem Anderen aus unserer Summa entnommen ist. Hat ihr nun dieser die Sigle des Irnerius beigesetzt, so hat er damit zugleich die Summa selbst ausdrücklich für das Werk des Irnerius erklärt.

21. Ein Rückblick auf die vorstehenden Ausführungen ergibt einen Beweis von seltener Stärke und schlechthin zwingender Kraft. Denn: die Summa ist ihrem Inhalte nach völlig zweifellos ein Erzeugniss der Glossatorenschule. Schon die gewichtigsten äufseren Gründe aber deuten mit Bestimmtheit auf ihre Abfassung in der allerfrühesten Zeit dieser Schule hin: das Alter der Handschrift zu Troyes, die fortlaufende Benutzung der Summa in der bereits vor der Mitte des zwölften Jahrhunderts begonnenen provençalischen Summa und sogar in der darin ebenfalls benutzten, also noch älteren Summa des Rogerius; desgleichen die Benutzung im Brachylogus und in Schriften der Vier Doctoren, die sich später aus einer grofsen Zahl von Beispielen erweisen wird (s. unt. §§ 34, 35 u. 38), endlich die Spärlichkeit der Citate und ihre Gestalt, welche regelmäfsig mit der Citirweise des 11. Jahrhunderts übereinkommt und nur erst selten die bekannte charakteristische Citirform der Glossatorenschule zeigt. Ihrer hervorragenden Güte wegen kann ferner die Summa nur von einem der namhaftesten Häupter der Schule herrühren. Von allen bekannten Glossatoren der ersten Hälfte des 12. Jahrhunderts aber kann keiner sie verfasst haben, als einzig Irnerius, und auf diesen weisen nun auch die zahlreichsten und verschiedenartigsten positiven Momente hin; ja er wird in Citaten, die sich höchst wahrscheinlich auf die Summa beziehen, und am Schlusse einer Stelle, die wörtlich aus ihr entnommen ist, geradezu und ausdrücklich als Verfasser genannt.

Zu dem allem kommt endlich auch noch die volle Übereinstimmung der Darstellung der Summa mit den Ausführungen der Questiones de iuris subtilitatibus und der Umstand hinzu, dass darin (XXXVIII, 1) die Abfassung einer Summa Codicis angekündigt wird. Sonach kann an der Identität des Verfassers nicht gezweifelt werden. Für die Questiones ist aber die Urheberschaft des Irnerius schon durch bestimmte äufsere Zeugnisse beglaubigt. Doch ist hier dieser, wiewohl sicherlich sehr gewichtige, Beweisgrund um deswillen nicht besonders hervorgehoben worden, weil die übrigen beigebrachten Gründe so sehr genügen, dass umgekehrt zur vollen Feststellung jener Urheberschaft für die Questiones ihre enge Beziehung zu der Summa verwerthet werden kann.[a]

Bei solcher Sachlage muss die Abfassung der Summa durch Irnerius für eben so sicher gelten, wie wenn sie seinen Namen an der Spitze trüge. Sie ist daher auch unbedenklich als sein Werk zu betiteln, und das wird im weiteren Verlaufe dieser Einleitung ebenso wie auf dem Titel der vorliegenden Ausgabe geschehen.

V. Charakter des Werkes.

22. Das Werk des Irnerius ist, wie die flüchtigste Betrachtung zeigt, und wie es in der Pariser Handschrift auch ausdrücklich benannt wird, eine Summa Codicis, also eine systematische Darstellung des Römischen Rechtes nach der Anordnung und Titelfolge des Justinianischen Codex (in der mittelalterlichen Beschränkung dieses Begriffes auf die neun ersten Bücher). Doch schliefst es sich jenem Gesetzbuche nicht, wie die Summa Codicis des Azo, in der Weise an, dass jeder Titel des Codex darin wiederkehrte, sondern es stellt sich dem System des letzteren mit grofser Freiheit gegenüber. Die Titel, welche dem Verfasser für seine Zwecke entbehrlich schienen, sind einfach weggelassen. So z. B. im ersten Buche die Titel 24 (De statuis et imaginibus) und 25 (De his qui ad statuas confugiunt). Noch öfter sind mehrere Titel des Gesetzbuches in Einen zusammengezogen, wie z. B. die Titel 26—57 des ersten Buches in den Einen Titel De omnibus magistratibus (I, 18) und die Titel 28—70 des fünften Buches in den Einen Titel De tutelis etc. (V, 19). Aber selbst hiebei ist der Verfasser nicht stehen geblieben. Wo ihm das System des Codex nicht „rationell“ genug scheint, trägt er kein Bedenken, es stillschweigend zu verlassen und demjenigen der Digesten oder der Institutionen zu folgen. Jenes z. B. im ganzen in der Lehre von der in integrum restitutio (II, 9—14), dieses in den Titeln 11 und 12 des dritten Buches. Ferner hat er, und zwar wie er selbst ausdrücklich sagt, die Titel De condictione triticaria (IV, 9) und Quod ui aut clam (VIII, 11) aus den Digesten eingeschaltet. Es ist nicht nöthig, hier auf diese Dinge näher einzugehen, weil in den Anmerkungen zu der Ausgabe bei jedem

---

[a]) Vgl. meine Ausgabe der Questiones § 3, § 7, § 12.

Titel angegeben ist, welchen oder welche Titel des Corpus iuris der Verfasser vermuthlich vor Augen hatte.

Fragt man aber, warum ein so selbständiger Geist, wie er uns in diesem Verfahren entgegentritt, es für nöthig hielt, sich bei der Anordnung des Stoffes an den Codex und überhaupt an die Justinianischen Rechtsbücher zu binden, anstatt, wozu er sicherlich im Stande gewesen wäre, ein selbst gebildetes System zu wählen: so gibt das Werk (I, 15 § 2) auch darüber die vollste Aufklärung. Der Grund lag nämlich in dem bekannten Verbote Justinian's, wonach zu seinen Gesetzen bei Vermeidung schwerer Strafe keine Commentare sollen geschrieben werden dürfen. Ein systematisches Werk mit völlig selbständiger Anordnung konnte demnach als unerlaubt und strafbar erscheinen. Ein kurzes Lehrbuch dagegen, welches sich an die Titel der Justinianischen Rechtsbücher selbst anschloss, liefs sich unter den dunkeln und dehnbaren Begriff der Paratitla bringen, welche von Justinian erlaubt sind, besonders wenn sie, wie es in der Summa heifst, „ab aliquo peritissimo“ verfasst werden.[a]

Irnerius selbst hat sein Werk, entsprechend dem Codex, in „Bücher“ und „Titel“ eingetheilt. Denn nicht nur ist an der Spitze jedes Buches der Beginn dieses „Buches“ vermerkt, sondern es wird auch öfters (z. B. IV, 1 § 1, VII, 1 § 1, VIII, 13 § 3) im Texte selbst von den „Büchern“ geredet. Desgleichen ist mehrfach (z. B. II, 4 § 4, II, 13 § 4, VIII, 34 § 1) von den „Titeln“ die Rede. Mit Zahlen sind dabei überall nur die Bücher, nicht aber die Titel bezeichnet, durchaus entsprechend der Art, wie man im 11. Jahrhundert den Codex zu citiren pflegte.

Innerhalb der Titel finden sich in den Handschriften mitunter Paragraphenzeichen, aber nicht übereinstimmend und häufig an ganz unpassendem Platze. Ich habe daher in der Ausgabe diese Zeichen weggelassen und den Text nach eigenem Ermessen in — am Rande gezählte — Paragraphen zerlegt.

Die Titelrubriken rühren so, wie sie in den Handschriften stehen, schwerlich von Irnerius selbst her; dagegen spricht schon die grofse Verschiedenheit der Handschriften gerade in Ansehung dieser Rubriken. Die nächstliegende Vermuthung ist, und damit würden sich auch viele anderen Verschiedenheiten der Handschriften, namentlich die häufig recht verschiedene Wörterfolge, sowie mancherlei stilistische Unebenheiten am leichtesten erklären, dass Irnerius in seinen Vorlesungen seinen Zuhörern

---

[a]) Vgl. L. 1 § 12, L. 2 § 21 C. de vet. iure enucl. I, 17. Ganz ebenso wird in den Questiones de iuris subtilitatibus (XXXVIII, 1) die Erlaubtheit des Werkes fur seinen zweiten systematischen Theil aus diesen Vorschriften Justinian's, für den ersten aus L. 2 § 15 C. eod. gerechtfertigt, — einer der Beweise für die Identität des Verfassers der Questiones und der Summa.

die Summa dictirte. Der Zeitersparniss halber deutete er dabei, ähnlich wie auch wir zu verfahren pflegen, längere Rubriken nur durch die Anfangswörter oder die hauptsächlichsten Schlagwörter an, und den Scholaren blieb es überlassen, diese Andeutungen aus dem Codex selbst oder nach dem Inhalte der Titel beliebig zu ergänzen oder zu erweitern.

23. Über den Zweck des Werkes spricht sich der Verfasser bei verschiedenen Gelegenheiten unzweideutig aus. Seine Absicht war, wie aus I, 15 § 2 in f., IV, 10 § 1 in f. erhellt, im allgemeinen eine knappe Einführung in das Römische Recht zum Nutzen der Lernenden, und die Bestimmung als Lehrbuch für seine Schüler zeigt sich auch darin, dass die ungewöhnlich ausführliche Erörterung der Lehre vom Besitze nach VII, 23 § 2 geradezu durch das Drängen der Schüler („socii") veranlasst worden ist.

Doch war das Werk nicht auf vollständige Neulinge berechnet; es setzte vielmehr Scholaren voraus, welche die Anfangsgründe bereits in einer Institutionenvorlesung gelernt hatten.[a] Hiefür zeugt nicht nur die ganze Haltung der Arbeit, die für reine Anfänger viel zu hoch gewesen wäre, sondern auch völlig entscheidend der äufsere Umstand, dass, von der Ersitzung abgesehen, die Lehre vom Erwerbe und Verluste des Eigenthums in der Summa übergangen ist und offenbar als bekannt vorausgesetzt wird. Daraus allein, dass ein entsprechender Titel im Codex fehlt, lässt sich dieser Mangel nicht erklären, da ja auch andere im Codex fehlende Titel aus den Digesten aufgenommen sind.

Auf der anderen Seite sollte das Werk wiederum nicht alles geben, was ein völlig ausgebildeter und durchgebildeter Jurist wissen musste, sondern es sollte nur so viel bieten als nöthig war, um mit Erfolg an den exegetischen Vorlesungen theilnehmen zu können. Auch dieses geht nicht allein aus der ganzen Art der Darstellung, sondern auch äufserlich daraus hervor, dass VII, 42 in f. auf die „interpretatio presentis articuli" verwiesen wird, welche genauere und vollständigere Belehrung gebe. Ähnlich VII, 40 § 3 in f.

Unter diesen Umständen darf man die Summa ganz füglich den heutigen Pandektenlehrbüchern an die Seite setzen und geradezu als das älteste Pandektenlehrbuch bezeichnen. Auch darin passt der Vergleich,

---

[a]) Auch für diese Vorlesung hat Irnerius ein Lehrbuch verfasst; denn die in der Bologneser Handschrift f. 89 — f. 136 c. 1 enthaltene Summa Institutionum hat sich schon bei einer Vergleichung des Anfanges mit den Questiones de iuris subtilitatibus mit grofser Wahrscheinlichkeit ebenfalls als ein Werk des Irnerius erwiesen. Diese Summa wird von Palmieri herausgegeben werden. Sie ist verhaltnissmäfsig sehr umfanglich und vermuthlich viel junger als die Summa Codicis.

dass die Summa sichtlich überall auf Unterstützung und Erläuterung durch den mündlichen Lehrvortrag berechnet war.[b]

24. Fragt man nun, wie und in welchem Grade es dem Verfasser gelungen sei, seine Absicht zu erreichen, so spricht wohl sein Werk genugsam für sich selbst. Wer, etwa vom Titel De negotiis gestis (II, 8) an,[a] auch nur wenige Titel, besonders des dritten und vierten Buches, gelesen und mit den darin verarbeiteten Stellen des Corpus iuris verglichen hat, wird anerkennen müssen, dass das Werk die Hand eines Meisters verräth, wie ihn das ganze Mittelalter nicht zu einem zweiten Mal aufzuweisen hat.

Vor allen Dingen zeigt es eine ganz ungewöhnliche Darstellungsgabe und übertrifft hierin bei weitem alle späteren Summen. In durchsichtiger Klarheit und raschem, anmuthigem Zuge fliefst die Darstellung dahin; man begreift hier, dass die Späteren so oft die stilistische „Eleganz" des Irnerius preisen.[b] Die Schwierigkeiten sind gleichsam spielend überwunden, der Leser empfängt überall den Eindruck vollster Leichtigkeit. Und doch geht diese einschmeichelnde Gefälligkeit der Form durchaus nicht auf Kosten der Gründlichkeit. Überall werden die theoretischen Zusammenhänge dargelegt und die Rechtssätze auf ihre tieferen Grundlagen zurückgeführt. Ganz besonders liebt es der Verfasser, eine Einzelerörterung mit einem allgemeinen sententiösen Satze abzuschliefsen. Auf der anderen Seite ist aber seine Darstellung auch wieder nicht einseitig abstract, sondern die Rechtsregeln werden durch zahlreiche Beispiele fasslich und anschaulich gemacht. Ein festes, gleichmäfsiges Schema, welches mitunter sogar etwas pedantisch erscheinen kann, erleichtert nicht nur dem Leser die Vergleichung verwandter Lehren und die gedächtnissmäfsige Aneignung des Stoffes, sondern es zwingt auch den Verfasser, zu den dadurch gegebenen Fragen allenthalben bestimmte Stellung zu nehmen, selbst da, wo das Corpus iuris eine bestimmte Antwort nicht gibt und deswegen auch unsere heutigen Lehrbücher sie manchmal vermissen lassen.

---

[b]) Am deutlichsten zeigt sich das IV, 35 § 5 bei der Behandlung des sog. depositum miserabile: „sunt quidem quedam species depositi ex quibus in duplum agitur, si ille qui accepit negauerit, ueluti si quis causa incendii tumultus naufragii et cetera (nämlich etc. nach unserer Art der Schreibung) deposuerit". Das wird erst aus L 1 § 1 D. depos. XVI, 3 verständlich. Ähnliche Erscheinungen bietet auch IV, 20 § 5.

[a]) Das erste Buch könnte leicht enttäuschen; denn es besteht wesentlich nur in abkürzender Wiedergabe des Inhaltes der Gesetze, und auch das zweite Buch ist in seiner ersten Hälfte noch vielfach unbefriedigend. Man erkennt, dass sich der Verfasser selbst erst in seine Aufgabe hineinarbeiten musste.

[b]) S. die bei Savigny IV. Anhang II. Nr. 1, 2, 5, 13 abgedruckten Stellen des Odofredus und Jac. de Ravanis.

In nichts aber spiegelt sich die didaktische Weisheit des Verfassers der Summa besser und schärfer als in dem unscheinbaren Umstande, dass er, wo immer er sachlich die nämlichen Dinge wieder berührt, auch sprachlich wieder die gleichen Wendungen gebraucht. Denn für ein Lehrbuch, wie für ein Gesetzbuch, ist kaum etwas wichtiger als die durchgeführte Stetigkeit des Sprachgebrauches, welche einem und demselben Gedanken stets und bei jeder Wiederholung den nämlichen Ausdruck gibt.

Treten diese Vorzüge des Werkes schon bei bloſser aufmerksamer Durchlesung zu Tage, so enthüllt sich seine volle Gediegenheit und Bedeutung erst bei der Aufsuchung der Quellen, die ihm den Stoff geliefert haben. Man erkennt dann mit Staunen, wie sicher und vollständig der Verfasser die gesammte Justinianische Gesetzgebung beherrschte, so dass selbst ganz fernliegende Beziehungen ihm jederzeit gegenwärtig waren. Die Anmerkungen zu der Ausgabe zeigen anschaulich, welche ungeheure Stoffmenge in der Summa verarbeitet ist. Zur Bewunderung aber zwingt die geistige und wissenschaftliche Kraft, womit diese gewaltige Fülle in den knappsten Rahmen zusammengedrängt ist. Es klingt unglaublich und ist doch richtig, daſs unsere Summa trotz ihres bescheidenen, die Justinianischen Institutionen kaum um die Hälfte übersteigenden Umfanges vielfach vollständiger ist und mehr bietet als die dickleibige Summa des Azo. Der Eindruck gröſserer Vollständigkeit der letzteren rührt meist bloſs daher, dass sie den Inhalt der Stellen des Corpus iuris im vollen Wortlaute wiedergibt, während ihn unsere Summa in wenige treffende Worte kurz und bündig zusammenfasst. Wer die Summa Satz für Satz mit den entsprechenden Stellen des Corpus iuris vergleicht, erhält den Eindruck eines Mosaiks, welches aus einer Unzahl kleiner Bruchstücke mühsam zusammengesetzt ist. Lässt man dann aber das Auge wieder bloſs auf der Darstellung selbst weilen, so verschwindet der Eindruck der Mühe wie des Stückwerkes, und man bewundert die Kunst, womit jenes musivische Gebilde zu einer Einheit gestaltet ist, die kaum irgendwo eine leichte Fuge entdecken lässt.

Sehr merkwürdig ist dabei noch, dass offenbar der Verfasser die benutzten Stellen nicht jedesmal nachgeschlagen und nachgelesen, sondern vielfach bloſs nach dem Gedächtnisse gearbeitet hat. Denn nur daraus lassen sich einige auffallende Fehler erklären. So hätte er doch III, 13 § 4 unmöglich schreiben können: „Lex Aquilia plebiscitum est, cum eam Aquilius tribunus plebis plebe rogante tulit“, wenn er L. 1 § 1 D. ad L. Aquil. IX, 2 unmittelbar vor sich gehabt hätte. Ebensowenig hätte er, gesetzt dass ihm L. 2 § 1 D. ad SC. Vell. XVI, 1 vorgelegen, IV, 31 § 3 schreiben können: das Senatus consultum Velleianum selbst komme bloſs den „intercedentes mulieres uel res suas pro aliis obligantes“ zu

Hülfe, und erst später sei das auf den Fall erweitert worden, „si mulier ab initio pro alio se ream constituat"; denn bekanntlich verhält es sich gerade umgekehrt. Endlich ist sicherlich nur nach dem Gedächtniss und deshalb nicht richtig citirt, wenn VI, 23 § 6 als Beleg für die Bedeutung des Wortes „familia" als Vermögen der angebliche Satz des Römischen Rechtes angeführt wird: „super familia mea ita ius esto". Es ist klar, dass hiebei an den in L. 120 D. de verb. sign. L, 16 berichteten Satz der Zwölf Tafeln gedacht ist: „Uti legassit suae rei, ita ius esto".

Mit diesem Verfahren mag es vielleicht zusammenhängen, daſs eigentliche Citate nur äuſserst selten und nur aus besonderen Rücksichten auftreten. Hauptsächlich hat aber wohl der Verfasser die fortlaufende Angabe von Belegstellen um deswillen nicht für nöthig gehalten, weil sich ja sein Lehrbuch nicht, wie unsere modernen Pandektenlehrbücher, die Aufgabe setzte, eine abschlieſsende Ausbildung im Römischen Rechte zu vermitteln, sondern bloſs die erforderliche Vorbildung für exegetische Vorlesungen zum Ziel hatte, die dann erst jene volle Ausbildung gewähren sollten.

Jedenfalls aber hatte es in dieser Erwägung seinen Grund, dass das Werk zwar zu nicht wenigen zur Zeit der Vier Doctoren und daher wohl auch schon früher streitigen Fragen bestimmte Stellung nimmt, aber nur zweimal von Streitfragen ausdrücklich redet. Die eine dieser Streitfragen (VII, 17 § 5) bezog sich merkwürdigerweise auf das äuſsere System des Justinianischen Codex; ihre Berührung und die Einleitung mit „Queri hic solet" beweist, dass solche Fragen schon vor Irnerius eifrig verhandelt wurden. Die andere, sehr eingehend erörterte (VII, 27 § 3) drehte sich um eine Frage, deren weitreichende grundsätzliche Bedeutung dem Bewusstsein unserer Zeit so gut wie gänzlich entschwunden ist, mit der sich aber die Jurisprudenz des 12. Jahrhunderts eben wegen dieser grundsätzlichen Tragweite viel beschäftigte; hing doch mit ihr die bekannte weitere Frage zusammen, ob der Kaiser dominus mundi sei oder nicht. Es ist nämlich die durch LL. 2, 3 C. de quadriennii praescr. VII, 37 veranlasste Frage, ob die Veräuſserung einer fremden Sache von Seite des Fiscus oder des Kaisers dem Erwerber unbedingt Eigenthum verschaffe, selbst dann, wenn er wisse, dass die Sache nicht dem Veräuſserer gehöre. Unsere Summa bekämpft das mit gröſster Lebhaftigkeit; nur dann werde der Erwerber Eigenthümer, wenn ihm bona fides und iustus titulus zur Seite stehe. Ihre Ausführung schlieſst mit dem bemerkenswerthen Satze: „et ideo errant qui dicunt principem res alienas auferre posse et alii sine causa dare: ex quo forense et celeste ius contrarium clamat".

Allerdings blieb der Verfasser der Summa dieser Lehre nicht immer treu. In der Bologneser Handschrift, welche, wie auch nach anderen Anzeichen anzunehmen, eine spätere Recension des Werkes bietet (s. unt. § 36), steht gerade das Gegentheil. Wem der Kaiser eine fremde Sache überträgt, wird Eigenthümer, gleichviel, ob der Kaiser oder der Empfänger weifs, dass die Sache eine fremde ist, oder nicht. Denn die kaiserliche Machtvollkommenheit ersetzt die gewöhnlichen Erfordernisse des Eigenthumserwerbes und macht was sonst unbillig wäre zu Recht und Billigkeit („imperatoris auctoritate quod alias iniquum esset ad ius et equitatem redigente"). Dieser höchst auffallende Meinungswechsel hängt ohne Zweifel damit zusammen, dass Irnerius später in den kaiserlichen Dienst getreten war und die Gunst des Kaisers zu verlieren besorgte, wenn er an seiner ursprünglichen Lehre festhielte. (Vgl. unt. § 36.)

25. Entspricht unser Werk durch Vollständigkeit und Gründlichkeit neben knappster Kürze, Präcision, Klarheit und geschmackvoller Darstellung allen Anforderungen, die man an ein gutes Lehrbuch stellen kann, so verlangt die Unparteilichkeit, auch die Ausstellungen nicht zu verschweigen, wozu es berechtigte Veranlassung gibt. Natürlich dürfen dabei dem Verfasser als Fehler nicht die Fälle angerechnet werden, in denen er Ansichten vertritt, die uns vom heutigen Standpunkte als falsch erscheinen, welche aber die ganze Glossatorenschule mit ihm theilte. Sondern als Fehler kann hier nur dasjenige gelten, was selbst vom damaligen Standpunkte entschieden als unrichtig zu betrachten war.

Von einer Anzahl solcher Fälle war schon die Rede. Als weitere Unrichtigkeiten sind die folgenden zu bezeichnen:

II, 7 § 6 die auffallende Lehre, dass zur Bestellung eines Procurators nicht fähig ist, wer selbst nicht zum Procurator bestellt werden kann, wie namentlich die Frauen.[a]

III, 1 § 13 in f. der Satz, dass nouatio uoluntaria „per acceptilationem" geschehe, wofür allerdings ursprünglich „per stipulationem" gestanden haben könnte.

IV, 45 § 4: der Verkäufer eines Sklaven soll dafür einstehen „furem non esse". Wenn auch nicht unbedingt falsch, ist das im Hinblick auf L. 13 § 1 D. de act. empti vend. XIX, 1 mindestens ungenau.

VI, 28 § 3 die Lehre, dass auch dem testamentarisch Freigelassenen ein Fideicommiss auferlegt werden könne. Das steht in offenem Widerspruche mit L. 94 § 3, L. 95 D. de legat. I.

VIII, 33 § 5 die merkwürdige, an die Äufserungen bei Gai. III, 93, 94 über die sponsio gemahnende Bemerkung, dass „hii qui ciuitatem amiserint" von der Stipulation ausgeschlossen seien.

---

a) Wie sich dieser Fehler erklärt, darüber s. meine Ausgabe der Questiones des Irnerius § 3.

Diese Blumenlese, wobei es auf Vollständigkeit abgesehen war, ist freilich, wie man sieht, nicht besonders reich. Auch sind die meisten jener Fehler nicht allzu erheblich. Sie sind wohl in der Mehrzahl aus dem oben erwähnten Verfahren des Verfassers zu erklären.[b]

Ungleich befremdlicher ist, besonders bei dem Verfasser der meisten Authentiken, dass eine ganze Anzahl von Novellen in der Summa nicht berücksichtigt und offenbar übersehen sind, was darin seine Erklärung und Entschuldigung findet, dass vorher wohl sicher noch keine auf Vollständigkeit berechnete Sammlung der Sätze des Novellenrechtes bestand. Von der Aufserachtlassung der Nov. 131 c. 6 in I, 2 § 6, ebenso wie in der ursprünglichen Fassung der Auth. Quas actiones ad L. 23 C. de sacros. eccl. I, 2, war schon früher (ob. § 17 a. A.) die Rede. Übersehen sind aber ferner II, 15 § 11 die Nov. 82 c. 11 § 1, VI, 10 § 5 die Nov. 119 c. 9, VI, 39 § 5 die Nov. 127 c. 1 und anscheinend IV, 31 auch die Nov. 134 c. 8 (Auth. Si qua mulier). Daneben steht als ganz besonders auffallend, und freilich in Rücksicht auf eine Stelle des Codex auch ganz vereinzelt, die Nichtbeachtung der L. 26 in f. C. de testam. VI, 23 in VI, 10 § 6.

Endlich ist die Summa auch von manchen Flüchtigkeiten und Nachlässigkeiten des Stils nicht freizusprechen, als Anakoluthieen, Satzverbindungen blofs nach dem Sinn ohne genaue Rücksicht auf die Congruenz des Ausdruckes u. dgl. m. Erscheinungen dieser Art sind namentlich da zu beobachten, wo der Gegenstand, wie im ersten Buche meistens, nur zu excerpirender Thätigkeit Anlass bot, die einem geistvollen Mann, wie dem Verfasser der Summa, freilich recht langweilig und anwidernd sein mochte. So heifst es z. B. I, 11 von den Heiden: „prorsus enim prohibitum est eorum sacrificia fieri et eorum templa claudi“, während in L. 1 C. de pagan. I, 11, woraus hier geschöpft ist, die Schliefsung der Tempel natürlich gerade umgekehrt befohlen wird. Ähnlich verhält es sich I, 3 § 4 in den Worten: „nec non etiam eorum profectio debet fieri sine obseruantia“, wo zur Herstellung des richtigen Sinns das (in allen Handschriften enthaltene) „non“ zu streichen wäre. In solchen Fällen redet denn auch der Verfasser manchmal in erster Person und im Tone des Kaisers selbst, dessen Vorschrift er wiedergibt. So z. B. I, 7, VI, 35 § 6, VII, 2 § 9 in f.

---

b) Nicht als Fehler darf es aus dem angegebenen Grunde betrachtet werden, dass in der Summa, wie aus IV, 34 § 11 in f. erhellt, usurae centesimae im Sinn von 100 Procent aufgefasst werden. Denn dieses war die ganz allgemeine Vorstellung der damaligen Zeit. So schon Petr. II, 32; denn er versteht ein Ausleihen zu usurae semisses so, dass man für zwei drei zurückerhält. S. ferner Azo S. C. IV, 32 § 15; Acc. glo. Tertiam partem centesimae ad L. 26 C. de usur. IV, 32.

In der Handschrift zu Troyes weist die Summa sogar nicht selten grobe grammatikalische Fehler auf, wie Setzung des Nominativs anstatt des Accusativs oder des Ablativs anstatt des Nominativs (Italianismen?) u. dgl. Es scheint aber doch sehr misslich, einem Schriftsteller, der das Latein so vortrefflich handhabte, wie das durchweg in der Summa zu beobachten ist, selbst starke Flüchtigkeit vorausgesetzt, derartige Verstöfse aufzubürden. Da diese Fehler nun zudem in den anderen Handschriften meist nicht auftreten, so habe ich sie insoweit auf Rechnung der Abschreiber gesetzt und in der Ausgabe verbessert. Immerhin bleibt noch manches verwandte übrig, was bei der Übereinstimmung der Überlieferungen und nach der ganzen Gestaltung des Textes der Verfasser selbst zu verantworten hat, wie z. B. V, 5 § 3: „femina legem sciens talia peccante".

Zu einem Theil sind wohl diese sprachlichen Unebenheiten aus dem oben (§ 22 a. E.) schon als wahrscheinlich bezeichneten Verfahren zu erklären, dass Irnerius die Summa im Zusammenhange seines Lehrvortrages den Zuhörern dictirte. Zu einem anderen Theil aber mag er sie auch ganz absichtlich angebracht haben, um den Eindruck einer gewissen genialen Leichtigkeit und stilistischen Sorglosigkeit hervorzurufen. Einem früheren Lehrer der Rhetorik ist ein solches Verfahren recht wohl zuzutrauen. Auch spricht für diese Vermuthung der Umstand, dass Erscheinungen, wie die erwähnten, im Verlaufe immer seltener werden und in den letzten Partieen des Werkes gar nicht mehr vorkommen, obgleich hier die Handschriften durchweg weit schlechter sind als in den früheren Partieen. Jedenfalls aber ist aus bewusster Absicht eine gewisse (in den Questiones de iuris subtilitatibus nicht zu beobachtende) Manierirtheit des Stils hervorgegangen, daher rührend, dass Irnerius in der Summa sichtlich die Schreibweise der Constitutionen Justinian's nachzuahmen gesucht hat.

Zur Charakteristik des Werkes und seines Verfassers mag in diesem Zusammenhange auch noch gesagt sein, dass manches in der Summa auf Unkenntniss der griechischen Sprache deutet. Das gilt zwar noch nicht von dem Umstande, dass der Verfasser (V, 1, VI, 33) das Dasein griechischer Constitutionen im Codex, nicht aber ihren Inhalt kennt, wo letzterer nicht in den Institutionen berichtet ist; denn dieses ist vielmehr daraus zu erklären, dass sein Exemplar des Codex nur Hinweise auf griechische Constitutionen, nicht jedoch diese selbst enthielt (s. unt. § 30). Wohl aber ist seine Unbekanntschaft mit dem Griechischen daraus zu vermuthen, dass in der Summa (IV, 21 § 7, IV, 58 §§ 2, 3, 8, VIII, 5 § 5) „emphiteosim" oder „enphiteosin" als indeclinabler Singularis, „emphiteosis" dagegen (IV, 58 § 10) als Dativ des Pluralis auftritt, — Fehler, die sich bei so häufiger Wiederkehr nicht gut auf bloſse Rechnung des Abschreibers setzen lassen. Auffallend ist allerdings, dass in den Questiones de iuris subtilitatibus (XXXVII.) diese Fehler nicht vorkommen. Und da sie nun doch auch nicht in allen Überlieferungen der Summa begegnen, so mag die Frage unentschieden bleiben.

Wägt man schlieſslich diese im ganzen doch recht geringen und geringfügigen Mängel gegen die groſsen und vielfachen Vorzüge des Werkes ab, so können sie billig das Gesammturtheil nicht beeinträchtigen, dass in der Summa ein nach Form wie Inhalt vortreffliches und für seine Zeit geradezu meisterhaftes Lehrbuch des Römischen Rechtes vor uns liegt. Bedenkt man noch, dass, wie später gezeigt werden soll, das Werk in dieser Art das erste und älteste war, und dass sein Verfasser insofern allerdings „alles aus sich selbst geschöpft und ohne Vorgänger gearbeitet“ hat: so wird man ihm und seiner Leistungsfähigkeit das höchste Maſs von Achtung nicht versagen können.

26. Ihren Standpunkt nimmt die Summa durchaus in der Zeit Justinian's, wie wenn sie von einem damaligen Juristen verfasst wäre. Kein Beispiel, die Nennung keines Beamten deutet auf ein späteres Zeitalter. Doch erkennt man leicht, dass der Verfasser immerhin wesentlich nur solche Lehren behandelt hat, denen er für seine Zeit noch praktischen Werth zuschrieb. Insbesondere erhellt das aus der unter den Codextiteln getroffenen Auswahl, und an einer Stelle (V, 19 § 9) wird sogar ausdrücklich gesagt, es genüge die ganz summarische Darstellung, „cum hodie fere neque dantur neque petuntur et usus eorum minime frequentatur“. Auffallenderweise bezieht sich diese Bemerkung auf die Tutoren und Curatoren, — eine Lehre, von der man kaum denken sollte, dass sie nicht mehr praktisch gewesen sei. Allerdings aber ist sie auch in der provençalischen Summa gänzlich übergangen. Doch werden die Vorschriften über die Veräuſserung von Mündelgut in beiden Summen ausführlich dargestellt; auch ist in beiden von Tutoren und Curatoren oft genug die Rede. Es scheint also, und darauf lässt auch die Bemerkung in VI, 39 § 8 in f. schlieſsen, dass nur in Ansehung der Berufung zur Vormundschaft anderes Recht an die Stelle des Römischen getreten war. An einer anderen Stelle der Summa (V, 2 § 5) ist von einem neuen Rechtsbrauche die Rede in der interessanten Notiz, dass anstatt der arra sponsalicia „hodie pignora ab utraque parte dantur“. Endlich wird an einer dritten Stelle (VI, 8 § 3) durch die Art der Darstellung angedeutet, dass milites wie die alten Römischen in der Gegenwart nicht mehr vorkämen.

Mit der Nichtberücksichtigung der praktisch nicht mehr geltenden Lehren des Römischen Rechtes hängt es sicherlich auch zusammen, dass die Summa nur bis zum Titel Ad legem Iuliam maiestatis reicht und über das crimen maiestatis nur einige ganz allgemeine Bemerkungen macht, namentlich auf den Thatbestand dieses Verbrechens und auf seine Strafe gar nicht eingeht. Der Grund kann nur darin liegen, dass in den Gebieten des longobardischen Rechtes nicht das Römische, sondern das longobardische Strafrecht in Geltung war. Und so ist es denn auch gewiss kein Zufall, dass in der Handschrift zu Troyes auf unsere Summa eine Summa des longobardischen Rechtes folgt, welche mit der Erörterung des crimen maiestatis beginnt und hier gerade das gibt, was unsere Summa vermissen lässt.

Dabei ist aber noch folgendes zu berücksichtigen. Was vom Ende unserer Summa in der Handschrift zu Troyes fehlt, würde darin etwa gerade ein Blatt gefüllt haben. Man darf sonach annehmen, dass aus einer Handschrift, worauf jene unmittelbar oder mittelbar beruht, hier, ebenso wie an zwei früheren Stellen, ein Blatt verloren gegangen war. Dieses vorausgesetzt, schloss sich in der gedachten älteren Handschrift die longobardistische Summa an die unsrige äufserlich als unmittelbare Fortsetzung an.

Nun endigt, wie gesagt, unsere Summa mit einigen sehr dürftigen und ganz allgemeinen Bemerkungen über das crimen maiestatis. Die longobardistische Summa dagegen beginnt ohne jede allgemeine Einleitung mit der Darstellung des Thatbestandes und der Strafen dieses Verbrechens, so dass sich ihr erster Titel von selbst gewissermafsen als Ergänzung des letzten Titels jener darstellt. Überhaupt gibt die longobardistische Summa für das Strafrecht gerade das, was in unserer Summa fehlt, nämlich die Lehre von den einzelnen Verbrechen, und verhält sich somit zu ihr inhaltlich überall wie eine Ergänzung und Fortsetzung. Aber noch mehr; sogar stilistisch verhält sich der Anfang der longobardistischen Summa zu dem Ende der unseren wie eine einfache Fortsetzung. Erwägt man das alles und nimmt man hinzu erstens, dass in der longobardistischen Summa (II, 23), ebenso wie in der unseren (IV, 1 § 1), der Eid scharf vom Beweise gesondert ist, während er doch nach dem longobardischen Verfahren als Beweismittel in erster Reihe steht,[a] zweitens, dass dort (II, 5), wie hier (I, 3 § 2, I, 4 §§ 2, 6), das canonische Recht als ius diuinum bezeichnet wird, so gelangt man, andere Ähnlichkeiten der Ausdrucksweise noch ganz ungerechnet, unwillkürlich zu der Vermuthung, dass die beiden Summen den Verfasser gemein haben, d. h. also, dass auch die longobardistische von Irnerius herrührt. Und dieser Vermuthung gereicht es noch

---

[a]) Vgl. Ficker, Forschungen zur Reichs- u. Rechtsgeschichte Italiens III. S. 119 fg. und Ficker, Über die Entstehungsverhältnisse der Exceptiones Legum Romanorum (Mittheilungen des Instituts für österr. Geschichtsforschung II. Ergänzungsband S. 68 fg.).

zu kräftiger Unterstützung, dass in der Handschrift zu Troyes auf die longobardistische Summa und ihre kleinen Anhänge unmittelbar und ohne äußeren Absatz die Questiones de iuris subtilitatibus des Irnerius folgen, so dass jene Summa in der Handschrift von zwei Werken des Irnerius eingeschlossen ist. Dieser hätte sich demnach, ebenso wie Ugo, zu Bologna auch mit dem longobardischen Rechte und seiner Lehre beschäftigt. Dass er die Lombarda kannte und citirte, erhellt aus einer von Pescatore, Die Glossen des Irnerius S. 59 Anm. 1 mitgetheilten Glosse des Irnerius.

Aber selbst wenn die longobardistische Summa kein Werk des Irnerius sein sollte, so genügt die Erwägung jener ihrer äußeren und inneren Beziehungen zu unserer Summa immerhin zu dem Beweise, dass die letztere aus Rücksicht auf das longobardische Recht von Irnerius nicht weiter fortgeführt ist. Daraus ergibt sich der Schluss, dass sie nicht, wie die Questiones de iuris subtilitatibus, zu Rom, sondern zu Bologna verfasst ist.

Doch ich kehre nach dieser Abschweifung zu der Besprechung unserer Summa zurück. Sie steht auch darin durchaus auf dem Boden des Römischen und Justinianischen Rechtes, dass sie, abgesehen von der ganz allgemeinen Verweisung auf das „ius diuinum" in I, 3 § 2, I, 4 §§ 2, 6, das canonische Recht nirgends berührt. Bei der Bezugnahme auf das „celeste ius" in VII, 27 § 3 in f. kann schon nach dem Zusammenhange nicht an das canonische Recht, sondern nur an das von Gott dem Menschen eingepflanzte Recht, also an das Naturrecht, gedacht werden. Diese Außerachtlassung des canonischen Rechtes ist um so auffallender, als die Verhältnisse der Kirche und der Geistlichen nach Maßgabe des Justinianischen Rechtes eingehend behandelt sind. Und zwar ungleich eingehender als das eigentliche Staatsrecht, welches im ganzen nur flüchtig gestreift wird.

Sonst befasst sich die Summa mit allem, was im Codex steht: Privatrecht, Process und Strafrecht. Mit dem Strafrechte jedoch, wie gezeigt, nur recht wenig. Auch der Process wird ziemlich nebensächlich behandelt; wo er eine eingehendere Erörterung erfährt, da gilt sie seiner privatrechtlichen Seite. Überhaupt bildet das Privatrecht einschließlich der überall mit besonderer Sorgfalt behandelten Lehre von den Actionen den entschiedenen Kern und Schwerpunkt. Ganz besonders anziehend ist dabei noch die ausführliche Darstellung der Lehre vom Erwerbe und Verluste des Besitzes (VII, 23). Man darf sie unbedenklich als die älteste (aber schon sehr tüchtige) Monographie über diesen so viel behandelten Gegenstand betrachten.

Eine weitere Hervorhebung verdient der Sinn des Verfassers der Summa für rechtsgeschichtliches, wie ihn übrigens für Irnerius in ganz gleicher Weise schon Pescatore (S. 56) aus Glossen nachgewiesen hat. Ich verweise der Kürze halber auf die rechtsgeschichtlichen Notizen in III, 13 § 4, III, 14 § 1, IV, 55 § 2, VI, 10 § 7, VII, 1 § 2, VII, 4 § 2, VII, 15 § 1, VIII, 1 § 2. Zum Theil sind diese Notizen aus dem Corpus iuris selbst entnommen, zum Theil stammen sie aus der klassischen Römischen Litteratur, wie z. B. das VII, 15 § 1 über die assertores gesagte wohl aus Liv. III, 44—47, zum Theil endlich beruhen sie auf Quellen, die sich nicht mehr nachweisen lassen. So namentlich die Äufserungen über die manumissio vindicta in VII, 1 § 2 und über die dediticii in VII, 4 § 2.

Ganz besonders bemerkenswerth sind dabei noch gewisse Anklänge an die echten Institutionen des Gaius. So wird VIII, 4 § 3 in f., ganz wie bei Gai. IV, 155, hervorgehoben, dass „qui armis deiectus est" das interdictum de vi auch als vitiöser Besitzer gebrauchen könne, und VIII, 31 § 4 wird unter den Hauptbeispielen von Exceptionen, ebenso wie bei Gai. IV, 117a, aber abweichend von den Justinianischen Institutionen, auch die vom Standpunkte des Justinianischen Rechtes an sich doch nicht sehr naheliegende exceptio rei litigiosae genannt. Nun ist freilich richtig, dass sich jene (nach der heutigen allgemeinen Annahme von Justinian laut § 6 Inst. de interd. IV, 15 beseitigte) Besonderheit des interdictum de vi armata allenfalls aus L. 14 D. de vi XLIII, 16 herauslesen liefs, und sicherlich war diese für die Darstellung in der Summa die unmittelbare und eigentliche Quelle; aber wie konnte angesichts jener Institutionenstelle jemand aus dem Corpus iuris eine solche Besonderheit herauslesen, wenn er nicht aus einer anderen Quelle (Cicero, Gaius oder einem ähnlichen Werke) wusste, dass sie nach dem vorjustinianischen Rechte bestand? Ferner könnte der Verfasser der Summa zu der gedachten Erwähnung der exceptio rei litigiosae durch den Umstand geführt worden sein, dass im Codex und in der Summa auf den Titel De exceptionibus der Titel De litigiosis unmittelbar folgt; aber sehr wahrscheinlich ist doch diese Erklärung kaum, und wenn wir dieselbe Erscheinung bei Gaius antreffen, so liegt gewiss die Annahme näher, seine oder eine auf der seinigen beruhende Darstellung sei hier das Vorbild gewesen. Es kommt hinzu, dass in der Summa (IV, 2 § 8) von der condictio certi gesagt wird: „id ipsum quod intentione complectitur, in condempnationem uenit". Steht das auch nicht wörtlich im Gaius, so ist es doch unverkennbar eine Reminiscenz des älteren Römischen, uns erst aus dem Gaius bekannt gewordenen Civilprocesses, wofür ich eine entsprechende Stelle aus dem Corpus iuris nicht beizubringen weifs. Nun findet sich aber ferner eine ganz verwandte Reminiscenz in den Questiones des Irnerius, indem es dort (XXIV, 17) heifst: „si autem alia res certa petatur, utramlibet admittimus: certi condictionem, quia certum petitur, triticariam, quoniam aliud in condempnationem deducitur, id est estimatio". Und eine ähnliche Reminiscenz wird auch darin zu erblicken sein, dass (XXIV, 3) zur Erklärung des Wesens der incertae actiones bemerkt wird: „incerte dicuntur eiusmodi actiones, quoniam et ipsa forma scilicet actionis et intentionis nulla nititur certitudine". Ein noch bestimmterer Anklang an den Gaius aber tritt in den Questiones (XXI, 2 in f.) bei der Darstellung des Litteralcontractes auf. Denn hier wird gesagt:

> interdum autem scribitur (sc. cyrographum) non obligationis contrahende gratia, set quantitatis ex alia causa debite testimonium confertur in cyrographum. hec ergo non ex cyrographo petitur, set eius ex testimonio.

Das entspricht fast wörtlich genau der folgenden Äufserung bei Gaius (III, 31) in der Lehre vom Litteralcontracte:

> Alia causa est eorum nominum quae arcaria uocantur. in his enim rei, non litterarum obligatio consistit, quippe non aliter ualent, quam si numerata sit pecunia: numeratio autem pecuniae re facit obligationem. qua de causa recte dicemus arcaria nomina nullam facere obligationem, sed obligationis factae testimonium praebere.

Fasst man dieses alles zusammen, so wird man schwerlich bezweifeln können, dass dem Irnerius eine Quelle zu Gebote stand, die über den älteren Römischen Civilprocess Auskunft gab, und man wird ferner zu der Vermuthung geführt, diese Quelle sei entweder der Gaius selbst oder ein auf ihm beruhendes verwandtes Werk gewesen.[b] Da neuerdings zahlreiche Spuren einer anscheinenden Benutzung der Fragmente Ulpian's im 12. Jahrhundert gefunden worden sind,[c] so ist man versucht, hier überall an das vollständige Werk Ulpian's zu denken, das ja auf Grund des Gaius verfasst war.[d]

---

b) Einen weiteren Anklang an den Gaius könnte man geneigt sein in folgender Stelle der Summa (VIII, 4 § 5) zu erblicken: „Venit principaliter in hoc interdicto (sc. unde ui) restitutio rei inmobilis cum omni causa dampni dati. res uero mobiles seu se mouentes que in fundo uel edibus erant secundario eodem interdicto restituuntur." Man denkt dabei unwillkürlich an die secundaria interdicta, wovon bei Gaius IV, 170 die Rede ist. Indessen ist, darauf deutet schon der Gegensatz des „principaliter" hin, „secundario" hier sicher adverbialisch in der Bedeutung von „in zweiter Reihe" oder „nebensächlich" zu nehmen, ebenso wie in Summ. VII, 19 § 1. Eher möchte es sich um einen Anklang an den Gaius (III, 93, 94) bei der auffallenden Lehre der Summa (VIII, 33 § 5) handeln, dass von der Stipulation ausgeschlossen seien „hii qui ciuitatem amiserint" (s. ob. § 25). Es ist freilich schwer begreiflich, wie aus der Stelle des Gaius ein solcher allgemeiner Satz herauszulesen war.

c) S. Savigny III. § 186 (S. 507 fg.), Conrat, Gesch. der Quellen und Literatur des röm. R. im früheren MA. I. S. 86 fg.

d) Vgl. auch meine Ausgabe der Questiones § 4.

Das allermerkwürdigste Zeugniss für das rechtsgeschichtliche Interesse des Verfassers der Summa und zugleich für sein Bewusstsein wissenschaftlicher Kraft liefert aber jedenfalls der Umstand, dass er bereits alles Ernstes sich an einem Wagnisse versucht hat, welches man vor dem 16. Jahrhundert nicht erwarten sollte, und welches von neuem beweist, dass ihm das alte Römische Interdictenverfahren nicht unbekannt war. Nämlich an nichts geringerem als der Wiederherstellung der ursprünglichen Interdictsformeln. Bei dem interdictum uti possidetis (VIII, 5 § 2) ist die Formel natürlich aus dem Corpus iuris entnommen. Bei dem interdictum quod vi aut clam (VIII, 11 § 2) ebenso, aber doch schon nicht mehr ganz wörtlich. Dagegen ist die Formel des interdictum de vi (VIII, 4 § 4) anscheinend selbständig gebildet theils nach den Äufserungen Ulpian's in L. 1 pr., §§ 11—15 D. de vi XLIII, 16, theils wohl nach den Angaben Cicero's in den Reden pro Tullio 19 (44) und pro Caecina 28 (80), 30 (88). Freilich passt der Schluss der Formel in der Summa: „id illi restituas" nicht ganz zu der von Cicero berichteten Fassung „eo restituas", und die Möglichkeit ist daher nicht ausgeschlossen, dass eine andere, uns unbekannte Quelle benutzt ist.[e]

Noch besser aber als in allen diesen interessanten Einzelheiten offenbart sich der geschichtliche Sinn des Verfassers der Summa darin, dass er überall die verschiedenen Quellen des Römischen Rechtes auseinanderhält und den Entwickelungsgang desselben zu klarer Anschauung bringt. Das prätorische Recht ist in der Darstellung der Summa von dem ius ciuile scharf gesondert. Beide Rechtsmassen erhalten ihre Fortbildung theils durch die Responsa der Rechtskundigen (prudentes), theils durch die Constitutiones der Kaiser; und „novae constitutiones" geben dann endlich dem Römischen Rechte die „heutige" Gestalt. Der uns so geläufige Gedanke, dass im Zusammenhange der Justinianischen Gesetzgebung auch die Digestenstellen als Gesetze Justinian's zu betrachten seien, ist dem Verfasser der Summa so fremd, dass er stets auf das bestimmteste die in den Digesten enthaltenen „Aussprüche der Rechtskundigen", die, wenn ihnen auch Gesetzeskraft zukommt, doch einen rein wissenschaftlichen Charakter haben, den im Codex gesammelten „Verordnungen der Kaiser" und namentlich den „neuen Verordnungen" Justinian's entgegensetzt.

27. Der Schwerpunkt des Werkes liegt freilich nicht in der geschichtlichen, sondern, wie auch von vornherein nicht anders zu erwarten, in

---

[e]) In der Pariser Handschrift stehen auch die Formeln der Interdicte „quorum legatorum", de libero homine exhibendo und de liberis exhibendis. Da diese Formeln in den sämmtlichen übrigen Überlieferungen fehlen, so sind sie als Zusatze eines späteren Rechtslehrers zu betrachten. S. unt. § 36 g. E.

der dogmatischen Behandlung des Römischen Rechtes. Und hierin hat nun der Verfasser sehr bedeutendes, noch jetzt höchst beachtungswerthes geleistet. Selbst der heutige Jurist wird nur wenige Titel ohne Anregung, recht viele nicht ohne Belehrung lesen. Denn die Darstellung ist öfters weit richtiger als die in den heutigen Lehrbüchern übliche. Wenn es z. B. von Windscheid, Pand. § 449 Anm. 4 mit Recht getadelt wird, dass eine wichtige Richtung der actio communi dividundo gewöhnlich ganz übersehen werde, so trifft dieser Tadel unsere Summa nicht; denn sie lehrt III, 15 § 5: „Quandoque uero non rei diuisio in hac actione uenit, set ut in re communi aliquid facere liceat, ueluti inmittere tignum in communem parietem, uel ut uestibulo seu porticu communi uti liceat". Wenn ferner Windscheid § 73 Anm. 14 in dem bekannten Ausspruche der L. 53 D. de acq. rer. dom. XLI, 1 den Gegensatz zwischen Recht und Thatsache erblickt, so wird das auch in der Summa (IV, 29 § 3) gelehrt und durch zahlreiche Beispiele aus dem Corpus iuris belegt. Vortrefflich ist auch (IV, 32) die Darstellung der Lehre von der querela non numeratae pecuniae. Das interdictum quod vi aut clam wird (VIII, 1 § 4 in f., VIII, 11 § 5) zu den interdicta recuperandae possessionis gerechnet und die bekannte Äuſserung in L 7 § 5 in f. D. comm. div. X, 3 („de clandestina possessione competere interdictum") auf dieses Interdict bezogen.[a] Ist einer letztwilligen Verfügung eine unmögliche oder unsittliche Bedingung beigefügt, so kommt es nach VI, 12 § 6, VI, 26 darauf an, ob die Bedingung dem Bedachten oder dem Belasteten gesetzt ist. Im ersten Fall wird die Bedingung nicht beachtet und die Zuwendung steht einer unbedingten gleich, im zweiten liegt ein unzulässiges poenae nomine relictum vor und die ganze Verfügung gilt nicht.[b] So lieſse sich noch manches andere erwähnen, wenn nicht die für die Einleitung einer Ausgabe gebotene Kürze die äuſserste Beschränkung auferlegte.

So gründlich aber und umfassend, wie man sieht, die Quellenkenntniss ist, welche aus der Darstellung der Summa hervorleuchtet, so selbständig und frei stellt sich doch ihr Verfasser überall den Aussprüchen des Corpus iuris gegenüber. Besonders gilt das von den Definitionen, die er nur selten genau so gibt, wie sie in den Quellen selbst lauten.[c] Den

---

[a]) Dieselbe Ansicht habe ich im Archiv für die civilistische Praxis Bd. LV. S. 320 ff. aufgestellt. Sie hat so geringe Beachtung gefunden, dass sie bei Windscheid, Pand. § 160 Anm. 2 nicht einmal erwähnt ist.

[b]) Die Richtigkeit dieser Unterscheidung habe ich in dem genannten Archiv Bd. LVI. S. 402 ff. zu beweisen und innerlich zu begründen gesucht. Die herrschende Meinung geht aber dahin, die Grundsätze des älteren Rechtes in Betreff des poenae nomine relictum seien schlechthin aufgehoben. S. Windscheid, Pand. § 548 Anm. 18.

[c]) Man vergl. II, 3 § 2, II, 4 § 2, II, 5 § 2, II, 6 § 2, II, 7 § 2, II, 9 § 2, V, 4 § 2.

stärksten Beweis seiner Selbständigkeit und wissenschaftlichen Kühnheit liefert er aber in den schon (ob. § 7 a. E., § 24 g. E.) berührten Ausführungen über die Folge der Versäumung der Frist für die querela non numeratae pecuniae und über die Frage, ob der Kaiser und der Fiscus beliebig fremdes Eigenthum auf Dritte übertragen könne. Beide Male galt es ohne Zweifel, gegen eine ganz allgemeine, noch niemals angefochtene Meinung in Kampf zu treten.

Der tiefere Beweggrund dieses kühnen Vorgehens lag aber, wie die Summa in höchst interessanter Weise zeigt, in dem Umstande, dass auch ihr Verfasser trotz aller strengen Quellenmäſsigkeit unter dem Einflusse der damals herrschenden naturrechtlichen Richtung stand.[d] Das erhellt nicht allein aus den bestimmten allgemeinen Aussprüchen (I, 14 §§ 6, 7): „Conditę leges intellegendę sunt benignius, ut mens earum seruetur et ne ab equitate discrepent: legitima enim precepta tunc demum a iudice admittuntur, cum ad equitatis rationem accomodantur“ und „omnis interpretatio ita facienda est, ne ab ęquitate discrepet“, sowie aus der nichts weniger als positivrechtlichen Bemerkung (VII, 27 § 3 in f.), alles menschliche und göttliche Recht („forense et celeste ius“) lehne sich dagegen auf, dass der Kaiser fremde Sachen ihrem Eigenthümer beliebig wegnehmen und einem Anderen verleihen könne; sondern es geht auch daraus hervor, dass die Rechtssätze stets aus der aequitas abgeleitet und gerechtfertigt werden, und dass z. B. die Begründung der bindenden Wirkung der Verträge (II, 3 § 3) eine ganz naturrechtliche ist.

28. Es ist bereits gesagt worden, dass eigentliche Quellencitate in der Summa nur spärlich vorkommen. Der Verfasser, wo er es überhaupt für nöthig gehalten hat, ausdrücklich auf die Quellen zu verweisen, begnügt sich meist mit der allgemeinen Nennung des „liber Institutionum“, der „Responsa prudentium“, der „Constitutiones“ oder „principes“, der „novae constitutiones“. Gelegentlich spricht er auch von constitutio Leoniana, Constantiniana, Theodosiana oder (z. B. V, 8 § 8) von lex Iustiniani u. dgl. Einmal (I, 14 § 4) ist eine Stelle des Codex (L. 8 C. de leg. I, 14) mit der vollen Inscription citirt („constitutio Theodosii et Valentiniani missa ad senatum“). Das alles entspricht, wie man sieht, der im 11. Jahrhundert üblichen Citirart.

---

[d]) S. meine Schrift uber die Anfänge der Rechtsschule zu Bologna (1888) S. 117 ff. Es ist dort S. 124 angenommen, zu dieser Richtung habe diejenige des Irnerius in schärfstem Gegensatze gestanden. Das wird aber jetzt durch die Summa widerlegt. Nur gestattete er freilich der naturrechtlichen Richtung bei weitem nicht so viel Spielraum, wie Petrus in seinen Exceptiones Legum Romanorum und wie der Verfasser des Brachylogus. Im Vergleiche zu diesen Schriftstellern war seine Haltung immerhin eine ganz positive und quellenmäſsige.

Aber auch bei den eigentlichen Citaten treten meist Formen auf, welche weit mehr diesen früheren Übungen als der bekannten Bologneser Citirart entsprechen, und welche namentlich mit den in den Questiones de iuris subtilitatibus auftretenden Citirformen genau übereinstimmen.[a] So z. B. II, 4 § 2: ut in const̄. illa reperitur 'Si super possessione' et cē.; IV, 9 § 3: ut in t. de usu fructu earum rerum quę usu consumuntur, prout in responsis 'Tribus heredibus' etc̄.; IV, 32 § 3 in f.: ut in comstitutione illa reperitur 'Generaliter sanccimus'; VI, 7 § 4 in f.: prout ab iuris consultis in t. de rei uendicatione responsum est; VI, 13 § 2: quod colligitur ex constitutione illa quę dicit matrem admittendam ad luctuosam filii successionem; VI, 23 § 6: 'familia' — — ponitur et pro personis, ut in edilitio edicto, et de hominibus coactis sub t. ui bonorum raptorum; VI, 31 § 2: sicut ex Iustiniani interpretatione in V. libro Constitutionum habita euidenter apparet; VII, 23 § 20: ut in responso 'Si colonus non deserendę possessionis causa'; VIII, 4 § 8: ideo 'Si quis in tantam' etc̄. locum habet; VIII, 4 § 9 in f.: licet in predictis casibus lex Constantiniana uiolentię penam remouebat 'Inuasor locorum' etc̄.; VIII, 11 § 5: ut t. communi diuidendo; VIII, 34 § 7: ut t. de doli mali et me. ex.

Doch kommen daneben allerdings auch Citate vor, die in allem wesentlichen die bekannte Bologneser Form aufweisen. So II, 4 § 5: ut in d. t. de con. indebiti; III, 7 § 3: ut in d. t. isto; IV, 9 § 4: prout in d. t. isto; VI, 11 § 3: ut in digestis isto t. Und in dem Titel De interesse (VII, 31), der, hierin ganz alleinstehend, seine Darstellung fortlaufend mit Quellencitaten belegt, zeigen diese Citate jene Form sogar in der vollen späteren Ausprägung. So z. B. VII, 31 § 2: ut in d. t. de ac̄c̄. emp. et uen. l. 'Si sterilis ancilla'; VII, 31 § 3: ut in d. t. de ac̄c̄. emp. et uen. l. 'Iulianus inter eum qui' p. 'Ex uendito', item in titulo de periculo et commodo rei uenditę in ultima lege tituli 'Venditori'.

Dieser Titel De interesse bietet überhaupt viel auffallendes. Merkwürdig ist schon, dass er in der Pariser und in der Bologneser Handschrift fehlt, und dass er in der Summa des Rogerius nicht ganz an der gleichen Stelle steht wie in der Handschrift zu Troyes, dass ihn diese endlich nicht vollständig hat. Sodann aber weicht er auch im Stil von der übrigen Summa erheblich ab und stellt sich als eine ausgeführte Distinctio dar.[b] Das alles wird sich nicht anders erklären lassen als daraus, dass er ursprünglich kein Bestandtheil der Summa war und erst

---

[a]) S. meine Ausgabe der Questiones § 6.

[b]) Als Distinctio steht das Stück auch in der von Palmieri in der Bibliotheca iuridica medii aevi Vol. II. p. 141 sqq. herausgegebenen Distinctionensammlung als Nr. LXXIV. (p. 169 sq.).

später eingeschaltet worden ist. Darauf deutet auch der Eingangssatz kenntlich hin. Deswegen besteht nun aber doch kein Grund, mit d'Ablaing (S. 298) anzunehmen, dass dieses Stück gar nicht von dem Verfasser der Summa herrühre. Im Gegentheil trägt es seine Echtheit unverkennbar darin zur Schau, dass es im ganzen nur Sätze anderer Titel wörtlich wiedergibt. Und dass auch sein Stil und die fortwährende Angabe der Quellenbelege nichts gegen die Urheberschaft des Irnerius beweist, erhellt aus anderen Distinctionen des Irnerius, worin sich beides in ganz gleicher Weise findet.[c]

Als spätere Einschaltungen könnte man geneigt sein auch die in der Handschrift zu Troyes auf den Titel De interesse folgenden weiteren Titel des 7. Buches zu betrachten, da sie in der Bologneser Handschrift gänzlich, in der Pariser wenigstens an dieser Stelle fehlen und erst am Ende der Summa als Nachtrag erscheinen. (S. ob. § 3, § 4.) Man müsste dann annehmen, der Verfasser habe bei der ersten Bearbeitung seines Werkes alle jene Titel ausgelassen und sie erst bei einer zweiten Bearbeitung aufgenommen. Ein solcher Schluss wäre aber gewiss nicht richtig; denn der Eingang des Titels De interdictis (VIII, 1), wie er in allen Handschriften lautet, deutet unverkennbar auf jene Titel hin, und sie müssen also gleich von Anfang an in der Summa gestanden haben. Ihr gänzliches Fehlen in der Bologneser und ihr Fehlen an der richtigen Stelle in der Pariser Handschrift sowie das Fehlen des davorstehenden Titels De interesse in den beiden Handschriften beweist nur, dass diese ganze Partie nicht in allen Exemplaren der Summa enthalten war, und das wird am ehesten daraus zu erklären sein, dass sie abgesehen von dem genannten Titel rein processualischen Inhaltes ist, dieser Titel aber eigentlich nur eine Zusammenstellung dessen gibt, was in der Anwendung auf die einzelnen Fälle schon in anderen Titeln gesagt ist. Unter solchen Umständen mag Irnerius, wenn er Zeit hatte, auch diese Partie in seinen Vorlesungen berücksichtigt, wenn aber die Zeit knapp war, entweder die ganze Partie oder wenigstens den langen Titel De interesse bei Seite gelassen, mithin seinen Zuhörern gar nicht dictirt haben (s. ob. § 22 a. E.).

Wendet man am Schlusse dieser Erörterung den Blick wieder auf ihren Ausgangspunkt, die in der Summa auftretenden Citirformen, und erwägt man, dass diese Formen auch in den von Irnerius am ersten Anfange seiner juristischen Lehrthätigkeit und noch in Rom verfassten[d] Questiones de iuris subtilitatibus wiederkehren, während schon der Titel De interesse die ausgeprägte Bologneser Citirform zeigt, die auch in den

---

c) Vgl. Savigny IV. S. 469 fg., Pescatore, Die Glossen des Irnerius S. 70 ff.
d) S. meine Ausgabe der Questiones §§ 10—13.

bekannten Glossen und Distinctionen des Irnerius zu beobachten ist (s. ob. § 10. b), so rechtfertigt sich der Schluss, dass die ursprüngliche Abfassung der Summa in die erste Zeit seiner Rückkehr nach Bologna fällt.[*] Ferner sieht man, dass er anfangs citirte, wie es im 11. Jahrhundert gebräuchlich war, und dass er erst allmählich sich jene feste, durch Kürze und Bestimmtheit ausgezeichnete Citirform angewöhnte, die dann nicht allein wegen der Auctorität ihres Urhebers, sondern auch wegen ihrer Vorzüge vor der älteren allgemein durchdrang. So erscheint die Summa, ebenso wie Irnerius selbst, als das verbindende Mittelglied zwischen der Rechtswissenschaft des elften und derjenigen des zwölften Jahrhunderts.

Man wird ihr aber eine noch ungleich gröfsere Bedeutung zuzuschreiben haben. Sie zeigt nämlich in vielen Punkten die merkwürdigsten Beziehungen zu der heutigen Rechtswissenschaft und macht mitunter einen überraschend modernen Eindruck. So schon, wenn es I, 17 § 3 heifst: „quędam enim rescripta in nostro Codice uel in toto c o r p o r e i u r i s inserta sunt". Ferner, wenn man IV, 10 § 5, IV, 41 § 3 der Unterscheidung von dolus causam dans und incidens begegnet, wenn dem Leser VII, 35 § 1 res iudicata im Sinne des rechtskräftigen Urtheils entgegentritt, wenn IV, 1 § 6 gelehrt wird, dass der Richter einen Eid blofs über eine quaestio facti, niemals über eine quaestio iuris gestatten dürfe, u. dgl. m. Wahrhaft anheimelnd aber berührt es, wenn man IV, 3 § 5 und IV, 34 § 6 auf den bekannten Satz stöfst: „qui enim in specie tenentur interitu speciei liberantur", VIII, 31 § 6 auf den nicht minder bekannten: „quedam enim temporalia sunt ad agendum que perpetua sunt ad defendendum". Diesen und ähnlichen Erscheinungen gegenüber wird der Schluss kaum zu gewagt sein, dass vornehmlich von unserer Summa die moderne Rechtswissenschaft ihren Ausgang genommen hat, und dass sie also für die ganze spätere Entwickelung als der mächtig sprossende Wurzelstock erscheint.

29. Noch Ein Punkt bedarf der besonderen Erörterung. Im Titel De actionibus et obligationibus (IV, 10 § 9) erklärt der Verfasser, dass hier nur ganz kurz und allgemein von den actiones gehandelt werde; „nos uero naturam et earum causam alio in loco annuente Deo latius atque utilius, prout res exigit, enodabimus". Es fragt sich, ob dieser Plan ausgeführt worden ist, und ob wir die Schrift besitzen.

D'Ablaing (S. 296) hat gezeigt, dass sie jedenfalls nicht in dem von mir in den Jurist. Schriften des früheren MA. S. 117 ff. herausgegebenen Tractat de natura actionum erblickt werden darf, obgleich er in der Bamberger Handschrift eine aus dem genannten Titel unserer Summa (IV, 10

---

[*]) S. meine genannte Ausgabe § 17.

§ 6) wörtlich entnommene Einleitung hat. Schon der Umstand, dass dieser Tractat (§ 41) als erstes Beispiel einer obligatio ex maleficio die condictio furtiva hinstellt, während unsere Summa der Auffassung dieser condictio als einer actio ex maleficio mit gröfster Entschiedenheit entgegentritt, ist hier genugsam beweisend.

Aber zum Glück ist uns das Werkchen dennoch, wenn auch wohl nicht ganz, so doch in einem nicht unbedeutenden Bruchstück überliefert als erster Abschnitt (§§ 1—30) des Compendium iuris, welches ich ebend. S. 134 ff. veröffentlicht habe. Denn dass wir es hier mit der in der Summa in Aussicht gestellten Schrift zu thun haben, wird aufser Zweifel gesetzt nicht allein durch die Wiederkehr der in der Summa zu beobachtenden Auseinanderhaltung der verschiedenen Quellen des Römischen Rechtes sowie der Bezeichnung des Codex als Constitutiones, der Digesten als Responsa prudentum, sondern auch und vor allem durch die grofsentheils wörtliche Übereinstimmung des Inhaltes mit der Darstellung der Summa. Man lese z. B. Comp. iur. §§ 5, 8, 9: „directe (sc. acciones) sunt que ex mente et uerbis legis proficiscuntur. utiles sunt que ex mente uerbis cesantibus proficiscuntur. — — quod ad personam attinet, ei competit in rem accio qui dominium habet iure gentium seu iure ciuili. — — preterea utilis in rem datur non domino iustis ex causis uel ex noui iuris interpretatione uel ex pretoria iuris dictione. ex noui iuris interpretatione: uel ex Constitutionibus uel Responsis prudentum. — — Responsis prudentum: ueluti de agro uectigali. — — item de superficie. ex pretoria iuris dictione datur utilis accio: ueluti Publiciana“ rel. Damit vergleiche man Summ. III, 10 § 3: „Directam (sc. specialem uendicationem) dico quę ex mente et uerbis legis descendit: quę domino tantum competit qui dominium uel iure gentium uel ciuili habet. utilis est quę ex mente seu interpretatione uerbis cessantibus datur, ut non domino, ueluti superfitiario uel ei qui agrum uectigalem conductum habet“, ferner Summ. IV, 10 § 10: „Directa quidem, quę ex mente et uerbis legis descendit, si in rem agatur, domino competit, si in personam, ei cui obligatio quęsita est. — — dantur autem utiles, quę ex mente et sententia legis descendunt, sepissime etiam aliis personis. in rem utilis agenti Publiciana item superfitiario et qui agrum uectigalem seu emphyteoticarium conduxit datur“. Ganz ebenso verhalten sich Comp. iur. § 14 zu Summ. III, 9 §§ 3, 4, Comp. iur. § 15 in. zu Summ. III, 11 § 1 in., Comp. iur. §§ 24—27 zu Summ. VIII, 1 §§ 2—6.

Ist so die Urheberschaft des Irnerius auch für dieses Stück festgestellt, so wird man geneigt sein, in dem bekannten Berichte der bei Savigny IV. S. 64 mitgetheilten Glosse zum Arbor actionum des Johannes Bassianus: „Primo tractavit de natura actionum G. Postea Henri'. Postea P. Quarto dilucide Io.“ den ersten Satz nunmehr bestimmt auf den Irnerius zu deuten und auf unser Stück zu beziehen. Und es ist zuzugeben, dass dafür eine innere Wahrscheinlichkeit spricht; denn es wäre doch befremdlich, wenn in jener Reihe ein nachweisbar vorhandener Tractat des Irnerius über die „natura actionum" fehlen sollte. Allerdings war G ursprünglich nicht die Sigle des Irnerius; doch mag sie schon im Mittelalter missverständlich auf ihn gedeutet und daher auch wohl zu seiner Bezeichnung gebraucht worden sein.[a]

VI. In der Summa benutzte Quellen.

30. Zuvörderst ist natürlich als Quelle das Corpus iuris benutzt, und zwar in allen seinen Theilen. Nur in Ansehung der Tres libri Codicis lässt sich die Benutzung nicht bestimmt beweisen; zu ihrer Benutzung bot sich aber dem Verfasser auch keine Veranlassung.

Was den Codex, d. h. die ersten neun Bücher, anlangt, so besafs er ihn nicht blofs vollständig, sondern er scheint auch eine sehr gute Handschrift gehabt zu haben, die z. B. (laut VII, 17 § 4) in L. 17 § 3 C. de ord. cogn. VII, 19 richtig „alia facultas" hatte, während die ältesten uns bekannten Handschriften nach Krüger's Zeugniss „aliqua facultas" haben und Krüger jene richtige Lesart in seine Ausgabe nur aus den Scholien der Basiliken aufgenommen hat. Ferner standen in dieser Handschrift, ebenso wie in der Berliner Codexhandschrift 275, die nach Schum's auf eigene Ansicht gegründetem Urtheil gröfstentheils im 11. Jahrhundert geschrieben ist, mindestens die vollständigen Inscriptionen; denn einmal ist ja, wie schon (ob. § 28) gezeigt, eine Stelle mit der vollen Inscription citirt. Endlich hatte die Handschrift des Verfassers mit der genannten Berliner Handschrift auch das gemein, dass sie hie und da in der Titelrubrik oder auch im Verlaufe des Titels auf griechische Constitutionen hinwies, deren Wortlaut oder Inhalt aber dort so wenig angegeben war wie hier. Denn Summ. V, 1 lautet die Rubrik, ganz entsprechend wie in ähnlichen Fällen in der Berliner Handschrift: „De sponsalibus et arris sponsaliciis et proxeneticis. Const'. greca.", im Texte aber (§ 2) wird einiges über die proxenetae aus den „Responsa prudentium" angegeben mit der Beifügung: „Constitutiones enim de his nichil edicunt, cum in grecis tantum constitutionibus hoc repperiatur". Ferner heifst es Summ. VI, 33 in der Rubrik: „De incertis personis const'. greca. Ad Trebellianum.", der Text aber beginnt (§ 1): „Dictum antea erat incertis personis

[a]) S. meine Ausgabe der Questiones de iuris subtilitatibus § 17. h.

nichil relinqui posse. set nunc greca constitutione effectum est, ut etiam his legari et per fidei commissum relinqui possit, prout tenor in libro Institutionum relatus declarat."

Wo die Digesten als Quelle gedient haben, tritt durchweg die sog. Littera Bononiensis auf. So z. B. I, 17 § 1 aus L. 2 § 13 D. de orig. iur. I, 2 „parum" und „reddere" (statt „quantum" und „regere" Flor.), IV, 25 § 2 aus L. 1 § 1 D. de exerc. act. XIV, 1 „anchora" (statt cura Flor.², cora Flor.¹), VII, 23 § 4 aus L. 1 pr. D. de adq. poss. XLI, 2: „Possessio est pedum quasi positio seu assessio" (wogegen a sedibus quasi positio Flor.), VII, 39 § 1 aus L. 8 D. de cess. bon. XLII, 3 „in iure" (statt „in ius" Flor.). Offenbar hat also der Verfasser der Summa keine Abschrift der jetzigen Florentiner Handschrift gehabt. Doch scheint das vorletzte Beispiel anzudeuten, dass hier die Lesart dieser Handschrift als Variante vermerkt war.

Die Novellen sind überall nach dem Authenticum benutzt. Eine Benutzung des Julianischen Auszuges ist nicht in einem einzigen Falle nachweisbar.

Eben so wenig ist irgend eine Benutzung oder auch nur die Kenntniss des Westgothischen Breviars zu entdecken.

Dagegen ist, wie sich (ob. § 26) gezeigt hat, der Gaius oder ein ihm nahe verwandtes Werk benutzt. Ferner ist die antike nicht juristische Litteratur mehrfach verwerthet. So ist II, 3 § 3 die Ausführung über die inneren Gründe der verpflichtenden Wirkung der Verträge ersichtlich im Hinblick auf Cic. de off. I, 7 (23) geschrieben. Die ebend. § 2 auftretende Etymologie von pactum als pacis actum stammt aus Isid. Orig. V, 24, 18, die IV, 36 § 2 auftretende von mandatum als quasi manu datum aus Isid. Orig. V, 24, 20. Die Bemerkung in VI, 8 § 3 über die antiken milites ist aus Veget. de re milit. II, 5 in f. entnommen, diejenige in VII, 15 § 1 über die assertores muthmaſslich aus Liv. III, 44—47. Der Äuſserung über die manumissio vindicta in VII, 1 § 2 könnte vielleicht Boet. ad Cic. top. 10 zu Grunde liegen; doch ist hier eine andere, uns unbekannte, Quelle sehr viel wahrscheinlicher. Die Erörterung über die Unterscheidung von quaestio facti, nominis, iuris, boni et aequi in IV, 19 § 5 zeigt eine nahe Verwandtschaft mit Cic. de invent. I, 8 (10, 11), 11 (14, 15). Endlich sind, wie schon (ob. § 26) erwähnt, in VIII, 4 § 4 wahrscheinlich zwei Reden Cicero's: pro Tullio 19 (44) und pro Caec. 28 (80), 30 (88) benutzt.

VII. In der Summa benutzte mittelalterliche Litteratur.

31. Die Frage, ob in der Summa auch juristische Schriften mittelalterlichen Ursprunges benutzt seien, ist nach Feststellung der Urheberschaft des Irnerius von ganz besonderer Wichtigkeit. Nun sind zwar darin schriftstellerische Werke nirgends citirt; aber gleichwohl muss jene Frage mit vollster Bestimmtheit bejaht werden, wie nunmehr bewiesen werden soll.

Vor allen Dingen sind, wie die Anmerkungen zu dem Texte der Summa zeigen, in sehr umfassendem Maſse und vielfach in nahezu wörtlicher Übereinstimmung die Questiones de iuris subtilitatibus benutzt. Namentlich beruhen die interessanten Erörterungen über die Condictionen (IV, 2—9) fast durchweg auf den Ausführungen der Questiones. Noch stärker, durchgängiger und wörtlicher ist die Benutzung des in meiner Ausgabe der Questiones auf sie folgenden Stückes über die aequitas. Diese enge Verwandtschaft kann aber freilich nicht Wunder nehmen, da die drei Werke den Verfasser gemein haben.[a] Besonders bemerkenswerth ist dabei noch, dass Irnerius bereits in den Questiones, nämlich am Eingange des zweiten, uns nur in unvollendeter Gestalt vorliegenden Theils, eine vollständige systematische Darstellung des Römischen Rechtes im Anschlusse an die Titel des Codex, d. h. also unsere Summa Codicis, ankündigt und in jenem zweiten Theil vorläufig eine Probe durch systematische Entwickelung einiger der wichtigsten und schwierigsten Lehren geben will, wobei er freilich thatsächlich über die Lehre von den Obligationen und Actionen nicht hinausgekommen zu sein scheint. In dem Stücke über die aequitas hat er dann die Absicht, einstweilen wenigstens eine Anzahl der wichtigsten Lehren systematisch zu behandeln, in umfassenderem Maſse und nach anderem Plan ausgeführt; weit scheint aber auch diese, uns ebenfalls nur unvollständig vorliegende Arbeit nicht gediehen zu sein. Erst nach diesen Versuchen nahm er endlich das angekündigte vollständige systematische Lehrbuch in Angriff und brachte es in unserer Summa zur Ausführung.[b]

32. Ferner zeigt die Summa unverkennbare Beziehungen zu den Exceptiones Legum Romanorum des Petrus in der Gestalt des sog. Tübinger

[a]) Nachgewiesen in meiner Ausgabe der Questiones § 7, § 12. Dort ist auch (§ 7) gezeigt, dass die Summa auf den Questiones und dem Stücke De aequitate beruht, und nicht umgekehrt.

[b]) Das nähere darüber in meiner Ausgabe der Questiones § 7.

Rechtsbuches.[a] So sind namentlich III, 1 §§ 10—12 und II, 5 § 4 die Äußerungen über die Aufgaben des Richters, des Klägers, des Beklagten und des Advocaten im Processe der Darstellung in Petr. IV, 7 (Tub. 49) so überaus verwandt, dass an einer Abhängigkeit der einen Darstellung von der anderen füglich nicht gezweifelt werden kann. Ferner entspricht die Bemerkung in IV, 1 § 1 s. fin., dass der Eid „non proprie probatio est, set locum probationis optinet" der Darstellung in Petr. IV, 41 (Tub. 57). In anderen Fällen lässt sich die Übereinstimmung allenfalls daraus erklären, dass hier wie dort aus den nämlichen Stellen des Corpus iuris geschöpft ist. So z. B. die Verwandtschaft des Satzes in VI, 10 § 8: „hec autem sollempnitas quibusdam remittitur, ut rusticanis qui in eo loco sunt ubi inliterati homines sunt et ubi ciuilis scientia est incognita" mit ähnlichen Äußerungen in Petr. II, 31 (Tub. 111). Hier wie dort liegt nämlich offensichtlich die L. 31 C. de testam. VI, 23 zu Grunde. Immerhin ist in diesem Fall die Fassung der Summa derjenigen der Exceptiones („in aliis uero partibus ubi sacratissime leges incognite sunt") weit ähnlicher als den Worten Justinian's.

Die weitere Frage, welches der beiden Werke als die Quelle des anderen zu betrachten sei, ist unbedenklich dahin zu entscheiden, dass die Exceptiones (oder ihre weitere Quelle) als die Quelle der Summa angesehen werden müssen, und nicht umgekehrt. Denn erstens sind jene schon um 1070 bei der Abfassung der Usatici für Barcelona benutzt worden[b] und mithin jedenfalls älter als die Summa, zweitens aber würden die Exceptiones sicherlich in nicht wenigen Stücken ganz anders aus-

---

[a]) Ich citire die Exceptiones nach der bekannten Ausgabe des systematischen Petrus bei Savigny II. S. 321 ff., füge aber in Klammern jedesmal die Capitelzahl des Tübinger Rechtsbuches nach Conrat's Ausgabe im Bullettino dell' Istituto di Diritto Romano. Anno III. bei.

[b]) Erwiesen von Ficker, Über die Usatici Barchinonae und deren Zusammenhang mit den Exceptiones Legum Romanorum (Mittheilungen des Instituts fur österreich. Geschichtsforschung II. Ergänzungsband S. 236 ff.). Allerdings hat Conrat, Geschichte der Quellen und Literatur des röm. Rechts im früheren MA. I. S. 458 ff. die Annahme zu begründen versucht, dass das sog. Tübinger Rechtsbuch erst zwischen 1120—1130 abgefasst sei. Die mit ihm gleichlautenden Capitel der Usatici seien mit Wahrscheinlichkeit als spätere Zusätze der letzteren zu betrachten. Angesichts des schon von Ficker S. 245 fg. hervorgehobenen engen und unmittelbaren sprachlichen Zusammenhanges von Us. 77 mit Us. 76 spricht aber, wie mir scheint, die stärkste Wahrscheinlichkeit vielmehr für das Gegentheil. Die inneren Gründe, welche Conrat gegen die Versetzung des Tübinger Rechtsbuches etwa in die Mitte des 11. Jahrhunderts geltend macht, waren schon nach dem bisherigen Stande der Forschung sehr anfechtbar und werden jetzt durch die Questiones de iuris subtilitatibus und durch unsere Summa vollends haltlos.

gefallen sein, wenn ihrem Verfasser ein Werk wie die Summa vorgelegen hätte.

Weitere Beziehungen ergeben sich zwischen der Summa und den Anhängen des Petrus oder vielmehr, da diese Anhänge doch wohl sicher nicht als solche benutzt sind, den Schriftwerken, woraus sie entnommen sind.[c]

Zuvörderst trifft man in der Summa auf mehrfache Anklänge an die sog. Expositio terminorum usitatiorum iuris utriusque (App. P. I, 14—102) sowie an den Libellus de verbis legalibus, der mit jener die Quelle gemein hat. So stimmt Summ. I, 2 § 6 dem Sinne nach überein mit App. P. I, 102 (= Tub. 139b). Summ. II, 4 §§ 1, 2 (Definition der transactio) zeigt eine nahe Verwandtschaft mit App. P. I, 50, namentlich aber eine ganz auffallende Ähnlichkeit mit Verb. leg. 14. Das Beispiel in Summ. III, 2: „ut si tu a me C petis uel aliquam accusationem instituas et ego assero te meum seruum esse" kehrt wieder in Verb. leg. 18. Desgleichen die in Summ. IV, 58 § 3 gegebene Definition des Emphyteusis als contractus meliorationis in Verb. leg. 51 und App. P. I, 32, wenn man von dem ganz belanglosen Unterschied absieht, dass anstatt „contractus" hier „ius" steht. Da nun das juristische Glossar, worauf sowohl der Libellus de verbis legalibus wie die Expositio terminorum zurückgeht, schon im 11. Jahrhundert viel benutzt worden ist,[d] so darf wohl angenommen werden, dass es auch dem Verfasser der Summa bekannt war und als Quelle gedient hat.[e]

Ferner ist aber in der Summa sichtlich auch der Institutionencommentar benutzt, von welchem in App. P. I, 4—13 Bruchstücke auf uns gekommen sind. Denn die Darstellung der Summa in VI, 2 § 2 stimmt mit derjenigen in App. P. I, 6[a] so genau überein, dass ein Abhängigkeitsverhältniss unverkennbar ist. Die Vergleichung der Stellen zeigt aber eben so unverkennbar, dass der Verfasser der Summa auf Grund des Commentars geschrieben hat, und nicht umgekehrt. Zudem gehört der Commentar nicht der Bologneser Schule, sondern dem Litteraturkreise des Petrus an und trägt auch sonst vielfach das Gepräge des Zeitalters vor Irnerius.[f] Und gesetzt, er wäre vielmehr mit Benutzung der Summa

---

c) Diese Anhänge sind neu herausgegeben in meinen Jurist. Schriften des früheren MA. S. 151 ff.

d) S. meine Schriften über die Anfänge der Rechtsschule zu Bologna S. 62 fg. und über die Institutionenglossen des Gualcausus S. 41 fg., 44.

e) Freilich könnte der Libellus de verbis legalibus da, wo die Beziehungen nur zu ihm nachweisbar sind, also namentlich in c. 18, auch aus der Summa geschöpft haben. Diese Frage wird offen bleiben müssen, solange wir die gemeinsame Quelle des Libellus und der Expositio nicht kennen.

f) S. meine Schrift über die Anfänge der Rechtsschule zu Bologna S. 63 fg.

geschrieben, so würde er gewiss an mehr als einer Stelle ganz anders lauten.

Zweifellos endlich war eine Quelle der Summa der Tractat De actionum varietate et vita seu longitudine, der in Anhang II. des Petrus aufgenommen ist, den wir aber auch selbständig kennen.[g] Denn wenn es in Summ. VII, 29 § 2 heifst: „personales enim actiones XXX annorum spatiis clauduntur. sola ypothecaria usque ad XL annos extenditur aduersus debitorem uel eius heredes", so ist das so gut wie wörtlich aus §§ 29, 32 des Tractates entnommen, und in derselben Stelle findet sich weiterhin auch noch ein kenntlicher Anklang an § 35 des Tractates. Dass aber wirklich obiger Satz der Summa aus dem Tractate geschöpft ist, und nicht umgekehrt, erhellt sattsam schon daraus, dass letzterer augenscheinlich ein einheitliches, nicht aus Brocken fremder Schriften zusammengestoppeltes Werk ist. Zum Überflusse folgt dieser Schluss auch aus dem Alter des Tractates.[h] Man wird mit einiger Wahrscheinlichkeit vermuthen dürfen, dass die in der Summa am Schlusse der Erörterungen über die einzelnen actiones regelmäfsig wiederkehrenden Angaben der Verjährungszeiten zumeist aus dem Tractate geschöpft sind.

33. Als eine Quelle der Summa ist mit Wahrscheinlichkeit auch zu betrachten das an die Institutionen sich anlehnende (aber nicht systematische, sondern commentirende) Lehrbuch, dessen Anfang in einer Leipziger früher Haenel gehörigen Handschrift erhalten und von mir in den Jurist. Schriften des früheren MA. S. 145 ff. herausgegeben ist. Wer die Einleitung dieses Werkes mit dem Prolog der Summa vergleicht, wird an einem Abhängigkeitsverhältnisse nicht zweifeln. Aber die nähere Prüfung führt ferner zu der Vermuthung, dass dieses Verhältniss das oben bezeichnete war. Dafür zeugt zunächst die von dem Senatus consultum Macedonianum handelnde Partie der beiden Einleitungen (hier wie dort § 6). In der Summa treten nämlich zahlreichere Beispiele auf als in dem Institutionenlehrbuche. So natürlich es nun ist, dass wer aus einem anderen Werke schöpft, die dort gegebenen Beispiele vermehrt, so unwahrscheinlich ist umgekehrt ihre Verminderung. Und gerade hier ist zwar leicht zu verstehen, was die spätere Vermehrung veranlasste, schlechterdings aber nicht, was eine spätere Verminderung veranlasst haben sollte. Sodann ist in der Einleitung des Institutionenlehrbuches von dem Endzwecke der Institutionen nur einmal (§ 9) die Rede, in derjenigen der Summa dagegen

---

[g]) S. meine Jurist. Schriften des früheren MA. S. 128 ff., 165 ff., 174 ff.

[h]) S. meine Schrift uber die Anfänge der Rechtsschule zu Bologna S. 65. Auch Conrat, Gesch. der Quellen und Literatur des röm. R. I. S. 545 setzt den Tractat in eine frühere Zeit des 11. Jahrhunderts.

von dem Endzwecke des Codex zweimal (§§ 7, 11), aber jedesmal fast mit den nämlichen, der Darstellung jenes Lehrbuches genau entsprechenden Worten. Auch dieses erklärt sich leichter, wenn man annimmt, die Einleitung der Summa sei mit Benutzung derjenigen des Lehrbuches geschrieben, als umgekehrt. Eine weitere unverkennbare Beziehung zu diesem Lehrbuche bietet folgender Satz der Summa (I, 14 § 5): „set tamen cui imperari non potest, ut pari et imperatori, hortando seu sui exemplum prebendo id agit (sc. Iustinianus), ut ex uoluntate se supponat legitime necessitati". Dem entspricht nämlich die Äufserung des Lehrbuches (§ 24): „Iustinianus tractaturus de legibus ab ipso legis latore sumit exordium eum instruendo et informando. set quia par non potest inperare pari legitime, ideo persuadendo et se ipsum in exemplum proponendo supponit eum salua uoluntate legitime necessitati dicens: 'Imperatoriam magestatem non solum' etc." Das Abhängigkeitsverhältniss ist wieder offensichtlich. Aber im Lehrbuch ist die Bemerkung an dieser Stelle veranlasst durch die Anfangsworte des Prooemium Institutionum; in der Summa tritt sie ziemlich unveranlasst auf und befremdet aufserdem im Hinblick auf die vorhergehenden Sätze durch einen schroffen Wechsel des Subjectes. Das deutet doch mit grofser Wahrscheinlichkeit auf Entlehnung aus dem Lehrbuche. Endlich lässt sich eine Beziehung zu dem letzteren (§ 20) auch noch erblicken in der Äufserung der Summa (I, 17 § 1): „necesse ergo est ab eo exordium sumi qui caput est omnium magistratuum, immo omnium hominum, id est Romanus princeps, deinde ad singulos (sc. magistratus) quasi per membra descendere".[a]

34. Einer besonderen Prüfung bedarf das Verhältniss der Summa zu dem sog. Brachylogus, dessen Entstehungszeit von derjenigen der Summa nach äufseren wie nach inneren Rücksichten nicht sehr verschieden sein kann.

Dass hier nähere Zusammenhänge bestehen, kann trotz aller individuellen Eigenthümlichkeit eines jeden der beiden hervorragenden Lehrbücher bei genauerer Vergleichung keinem Zweifel unterliegen.

---

[a]) Dass Irnerius das Institutionenlehrbuch gekannt und benutzt hat, dafür spricht auch die folgende Glosse des Irnerius zu L. 2 C. de vet. iure enucl. I, 17 verb. „et in septem" in der Berliner Codexhandschrift Ms. lat. fol. 275 (bei Pescatore, Beiträge zur mittelalterl. Rechtsgesch. Heft 2 S. 74): „Quia septem sunt partes anime secundum ari[*th*]meticam. septies enim septem faciunt L uno relicto. I." Denn diese Glosse ist doch unverkennbar aus § 17 des Lehrbuches entnommen, wo es heifst: „Ideo autem in VII partes distribuit, uel quia anima VII partibus secundum arithmeticam componitur, uel quia hic numerus in se multiplicatus [in] unitate adiecta ad quam nos instruit quinquagenarium reddit".

Zuvörderst zeigt sich eine auffällige Übereinstimmung in einer Reihe von Definitionen, und zwar in Fällen, wo sich diese Übereinstimmung nicht aus der Gleichheit der Quellen erklären lässt. Z. B.

1.

Summ. V, 8 § 2: Dos est quę a muliere eiusue parte marito partiue eius datur seu promittitur propter honus matrimonii.

Brach. II, 13 § 6: dos est quę a parte sponsę sponso uel parti sponsi causa contrahendarum nuptiarum datur.[a]

2.

Summ. VIII, 49 § 2: Donatio est liberalitas ex uoluntate descendens, maxime cum ex munificentia sola procedit.

Brach. II, 13 § 3: Simplex donatio est quae ex sola liberalitate procedit.

3.

Summ. VI, 10 § 2: Testamentum est uoluntatis nostrę iusta sententia de eo quod quisque post mortem suam fieri uelit: quod et elogium seu suppremum iudicium dicitur.

Brach. II, 19 § 1: Testamentum uero est ultimum elogium quo directo relinquitur hereditas.

4.

Summ. V, 19 § 4: item deficientibus testamentariis et legitimis a iudice tutores dandi sunt, qui datiui appellantur.

Brach. I, 13 § 7: Datiui sunt qui a iudicibus dantur deficientibus testamentariis et legitimis.

Man sieht, in dem letzten Fall ist die Übereinstimmung sogar eine ganz wörtliche.

Ferner kehrt der früher (ob. § 10, § 18) hervorgehobene eigenthümliche Sprachgebrauch der Summa, wenigstens zu einem Theil, im Brachylogus wieder. So heifsen auch hier neue Gesetze Justinian's, namentlich Novellen, meist „novae constitutiones“.[b] Und in Brach. IV, 35 § 6 werden die „principes“ und die „iuris consulti“ einander ganz ebenso entgegengesetzt, wie das z. B. in Summ. VIII, 11 § 1 geschieht.

---

[a]) So nach der Cueser und der Vaticanischen Handschrift, und gewiss richtig. Die Böcking'sche Ausgabe hat „patre“ und „patri“.

[b]) So z. B. Brach. II, 13 § 9: „nova Iustiniani constitutio“; Brach. IV, 6 § 2: „nova constitutio“; Brach. IV, 33 § 7: „eius nova constitutio“; Brach. IV, 34: „praedicti imperatoris nova constitutio“. Dagegen Brach. IV, 33 § 6: „Iustiniani imperatoris novella constitutio“.

Noch bestimmter aber ergibt sich der Zusammenhang der beiden Werke daraus, dass die Darstellung des Brachylogus in nicht wenigen, und zwar mitunter ganz eigenthümlichen Punkten derjenigen der Summa entspricht.

So werden als Ferientage in Summ. III, 5 § 2 die „apostolorum festiuitates" und übereinstimmend in Brach. IV, 7 § 2 die „natalicii apostolorum" genannt, obgleich davon im Corpus iuris nichts steht. Ferner wird von den Ferientagen in Summ. III, 5 § 3 gesagt: „In his diebus legis actio contentiosa quiescere debet, uoluntaria uero expediri potest," und entsprechend in Brach. IV, 7 § 3: „In omnibus tamen praedictis diebus voluntariae iurisdictionis effectus non prohibentur", wiewohl auch das nur dem Sinne nach, nicht aber mit diesem Wortlaut im Corpus iuris zu finden ist.

Vergleicht man Brach. II, 10 und II, 11 § 1, so wird hier offenbar, ebenso wie in Summ. I, 2 § 6, angenommen, die vierzigjährige Verjährung gegen Kirchen trete nur an die Stelle der für gewöhnlich dreifsigjährigen, nicht auch der zehn- und zwanzigjährigen; Nov. 131 c. 6 ist also auch im Brachylogus übersehen (s. ob. § 10 g. E., § 17 a. A.). Ferner ist in Brach. II, 19 § 3, ebenso wie in Summ. VI, 10 § 5, Nov. 119 c. 9 übersehen (s. ob. § 25).

In Brach. IV, 14 ist in Zusammenhang mit der Lehre vom Beweise ganz ebenso von quaestio facti, iuris und nominis die Rede wie in Summ. IV, 19 § 5. Ferner fehlt in Brach. IV, 15 § 4 in der Reihe der Beweismittel der Eid, von dem es ja auch in Summ. IV, 1 § 1 heifst, dass er „non proprie probatio est, set locum probationis optinet".

Nach Brach. IV, 16 § 1 kann die Aussage Eines Zeugen nie einen Beweis liefern; doch kann sie „ad praesumptionem faciendam" zugelassen werden. Dem entspricht es dem Sinne nach vollkommen, wenn es in Summ. IV, 20 § 8 heifst: „unus uero testis nec interrogandus est, licet clarissima persona sit, nisi ratio ipsius negotii aliis indiciis interuenientibus moueat iudices, ut unus admittatur, forte non ut testis, sed ut aliquid adminiculum".

Brach. IV, 17 § 1 lässt zum Beweise nur öffentliche Urkunden zu. Ebenso von Einer Ausnahme abgesehen auch Summ. IV, 19 § 8, IV, 21 § 2.

Endlich tritt in Brach. IV, 19 das Schema auf, dem der Verfasser der Summa bei der Erörterung der einzelnen Actionen gefolgt ist. Es heifst nämlich dort: „In actione sex oportet inspicere: ex qua causa nascatur, ex quo iure proficiscatur, cui competat, adversus quem, quid in ea veniat, et iudicis officium in ea". Man vergleiche damit, um nur Ein Beispiel statt unzähliger zu nennen, Summ. III, 16 § 2: „Ex quibus causis noxales actiones redduntur, item quo iure proditę sunt, et cui competant seu dentur, et in quem competant seu dentur, et quid in ea ueniat, item quid iudicis sit offitium, uidendum est."

35. Nach diesen Proben sind wohl die engen Beziehungen der beiden Werke zur Genüge einleuchtend. Von einem Versuche, sie aus der Identität des Verfassers zu erklären, kann hier von vornherein gar keine Rede sein. Er verbietet sich schon durch die Erwägung, dass im Brachylogus in erheblichem Maſse das sog. Westgothische Breviar als Quelle benutzt ist,[a] während sich in der Summa von einer solchen Benutzung keine Spur findet. Sodann aber weicht auch die Darstellung des Brachylogus mitunter so stark von derjenigen der Summa ab, dass die Annahme eines und desselben Verfassers nicht aufkommen kann. So geht die Summa, wie früher (ob. § 26 a. A.) gezeigt, über die Lehre von der Vormundschaft ganz kurz hinweg, weil sie kaum mehr praktisch sei. Im Brachylogus dagegen (I, 13 — 18) wird diese Lehre ausführlich entwickelt, obgleich auch er, wie z. B. Brach. II, 35 § 4 und IV, 35 § 5 lehren, Dinge, die sein Verfasser nicht mehr für praktisch hielt, nur kurz oder gar nicht berührt. Nach der Summa (III, 7 § 5) kann zufolge der Nov. 115 die querela inofficiosi nur noch unter Geschwistern gebraucht werden, da das Testament ipso iure nicht gilt, wenn nicht darin ein gesetzlicher Enterbungsgrund ausdrücklich angegeben ist und von dem eingesetzten Erben bewiesen wird. Nach dem Brachylogus (II, 23 § 3) dagegen wird, falls kein gesetzlicher Enterbungsgrund bewiesen wird, das Testament durch die querela inofficiosi umgestoſsen. Endlich haftet nach Brach. III, 11 der Schuldner, der die Frist für die querela non numeratae pecuniae unbenutzt hat verstreichen lassen, wie wenn er das Geld empfangen hätte, also unbedingt, während, wie mehrfach erwähnt, die Summa (IV, 32 § 3) diese Ansicht auf das lebhafteste bekämpft und geradezu für absurd erklärt.

Da nun aber zwischen den beiden Werken doch unverkennbar ein Abhängigkeitsverhältniss besteht, so erhebt sich die interessante und wichtige Frage, welches von beiden dem anderen zur Quelle gedient habe. Sie lässt sich mit ausreichender Sicherheit dahin beantworten, dass die Summa bei der Abfassung des Brachylogus benutzt worden ist, und nicht umgekehrt.

Man wird hier freilich nicht von vornherein von der allgemeinen Unwahrscheinlichkeit ausgehen dürfen, dass schon vor Irnerius ein Werk von der Güte des Brachylogus vorhanden gewesen sein könnte, denn aus den Questiones de iuris subtilitatibus wie aus unserer Summa ist zu schlieſsen, dass die Leistungen des Irnerius auf einer gar nicht verächt-

---

[a]) S. meine Schrift über die Heimat und das Alter des sog. Brachylogus (1880) S. 19 ff.

lichen älteren Rechtswissenschaft fufsten. Allein es kommen andere Erwägungen von ganz positiver Art in Rücksicht.

Betrachtet man die zusammengestellten verwandten Definitionen, so sind sie im Brachylogus durchweg kürzer und schärfer gefasst als in der Summa. Da nun aber für eine gute Definition ein wesentliches Erforderniss die scharf zugespitzte Kürze ist, so erscheint zwar die Kürzung und schärfere Fassung einer älteren Definition als natürlich, nicht aber das umgekehrte.

Ferner begreift sich leicht, dass der Verfasser eines elementaren Lehrbuches wie des Brachylogus sich in Ansehung des Novellenrechtes auf die Vollständigkeit eines ausführlicheren systematischen Werkes verliefs, welches mit besonderer Sorgfalt überall auf die novae constitutiones hinweist, und dass es ihm so begegnet ist, zufolge unvollständiger Angaben dieser seiner Quelle einige Novellen zu übersehen. Dagegen ist kaum begreiflich, dass sich der Verfasser eines Werkes wie die Summa bezüglich der Novellen bei den Andeutungen eines seinem Plane nach so unvollständigen Lehrbuches wie der Brachylogus beruhigt haben sollte. Und wenn er diesen benutzte, wie kam es dann, dass er II, 15 § 11 die Nov. 82 c. 11 § 1 übersah, da sie doch in Brach. IV, 6 § 2 ausdrücklich, und zwar mit dem Hinweis auf die „nova constitutio", berücksichtigt ist? Umgekehrt die Benutzung der Summa für den Brachylogus vorausgesetzt, erklärt sich nichts leichter, als dass der Verfasser des letzteren einzelne Unvollständigkeiten der ersteren bemerkte und in seinem Werke berichtigte.

Endlich stöfst man im Brachylogus auf eine Anzahl von Sätzen, die ganz den Eindruck von Flüchtigkeit bei der Benutzung der Summa machen. So scheint die Erörterung über die Legitimation unehelicher Kinder in Brach. I, 9 §§ 13—17 mit ihren theils nur halbwahren, theils unwahren Sätzen in §§ 14, 17 auf Summ. V, 18 § 3 und theilweisem Missverständniss dieser Stelle zu beruhen. Die ebenfalls nicht völlig richtige Darstellung in Brach. I, 10 § 4 scheint auf Flüchtigkeit bei der Lesung von Summ. VIII, 43 §§ 1, 4 zurückzugehen. Und die nicht minder ungenaue Lehre in Brach. II, 17 § 2 scheint in ähnlichem Verhältnisse zu Summ. IV, 29 §§ 4, 5 zu stehen.

Fasst man alle diese Gründe zusammen und erwägt man nunmehr noch, dass doch immerhin schon an sich wahrscheinlicher ist, ein systematisches Werk des Irnerius habe für ein anderes Werk solcher Art den Anstofs gegeben, als das umgekehrte: so wird man, dünkt mich, unbedenklich anzunehmen haben, der Verfasser des Brachylogus sei zu seinem Werke durch die Summa angeregt und veranlasst worden. Das führt denn unwillkürlich zu der Vermuthung, er möge zu Bologna ein Schüler des Irnerius gewesen sein.

Die Feststellung dieses Verhältnisses der beiden Lehrbücher ist in jeder Hinsicht von gröfster Wichtigkeit.

Erstens folgt nämlich daraus mit hoher Wahrscheinlichkeit, dass die Summa noch im 11. Jahrhundert verfasst ist; denn der Brachylogus selbst kann nach zusammentreffenden äufseren und inneren Rücksichten nicht später als um die Wende des 11. und 12. Jahrhunderts entstanden sein.[b] Dieser Schluss wird bestärkt durch die in der Summa (ebenso wie im Brachylogus) auftretende vorbolognesische Citirform (s. ob. § 28).

Zweitens zeigt sich in höchst interessanter Weise, wie rasch die Lehrthätigkeit des Irnerius einen Einfluss selbst auf weit entlegene Gegenden gewann. Denn dass der Brachylogus nicht in Bologna und überhaupt nicht in Italien, sondern in Nordfrankreich und aller Vermuthung nach in Orléans entstanden ist, kann namentlich jetzt nach der Ermittelung seines Verhältnisses zu der Summa und in Erwägung, dass in dieser lediglich die Justinianische Gesetzgebung, im Brachylogus aber neben ihr in recht erheblichem Mafse auch das Breviar benutzt ist, mit Fug nicht mehr angezweifelt werden.

Drittens endlich führt das Verhältniss der beiden Werke zum Aufschlusse über den eigentlichen Grund der Erfolge des Irnerius. Denn wenn sich einer seiner Schüler durch seine Summa alsbald zur Abfassung eines ähnlichen systematischen Lehrbuches für den Anfangsunterricht bestimmen liefs, so kann das nur daraus erklärt werden, dass Irnerius das Römische Recht nicht in der bisher üblichen Weise exegetisch, sondern systematisch vortrug, und dass sich seine Zuhörer von der Güte dieser Methode und ihren Vorzügen vor der bisherigen überzeugten. So bedeutet das Auftreten des Irnerius und seine Summa in der That eine ganz neue Epoche der Rechtslehre und der Rechtswissenschaft.

VIII. Zur Geschichte der Summa.

36. Was hier zuvörderst die Geschichte des Werkes an und für sich selbst anlangt, so ergibt die Vergleichung der Überlieferungen, in denen es auf unsere Zeit gelangt ist, dass es mehrfache Überarbeitungen erfahren hat. Und zwar lässt sich nicht zweifeln, dass die Gestalt, welche es in der Handschrift zu Troyes aufweist, vergleichsweise die älteste ist und der ursprünglichen am nächsten steht. Denn wo diese Handschrift von den übrigen Überlieferungen abweicht, ist vielfach ganz unverkennbar,

---

[b]) S. meine genannte Schrift S. 37 ff.

dass die letzteren sich zu jener als spätere Änderungen verhalten, und nicht umgekehrt. So muss z. B. ohne weiteres einleuchten, dass VII, 3 §§ 4, 5 der Text der Handschrift zu Troyes die ursprüngliche, derjenige der Pariser und der Bologneser Handschrift die spätere verbesserte Fassung ist, zumal da hier die Summa des Rogerius den Übergang von jenem älteren zu diesem jüngeren Texte deutlich zeigt. Wenn ferner die Handschrift zu Troyes im Titel Soluto matrimonio (V, 13) nur ein paar einleitende Sätze gibt, die darin versprochene Erörterung aber vermissen lässt, und wenn dem gegenüber die Pariser Handschrift jene Einleitung mit dem Hinweise schliefst, dass das, was hier zu sagen wäre, bereits im Titel De rei uxoriae actione (V, 9 §§ 3 sqq.) gesagt sei, in der Bologneser Handschrift aber und bei Rogerius diese Partie aus dem letztgenannten Titel in den Titel Soluto matrimonio versetzt ist: so liegt es wiederum klar auf der Hand, dass hier in der Handschrift zu Troyes die ursprüngliche, in den anderen Überlieferungen eine spätere Gestalt des Werkes zur Erscheinung kommt. V, 12 § 5 heifst es in der Handschrift zu Troyes: „Mulier uero etiam annum expectare debet propter seminis confusionem", wofür die anderen Überlieferungen „sanguinis confusionem" haben. Entsprechend steht VI, 15 § 2 anstatt „ex uirili semine" der Handschrift zu Troyes in den anderen Überlieferungen „ex masculis". Es scheint mir in dem einen wie in dem anderen Fall undenkbar, dass der Text der anderen Überlieferungen später zu jener anstöfsigeren Fassung verändert worden sein sollte, während das umgekehrte leicht genug begreiflich ist. Ferner hat V, 20 § 3 der Text der Handschrift zu Troyes im Anschluss an die Digesten „minus utiliores", während die anderen Überlieferungen „minus utiles" haben. Jenes, als ursprüngliche Fassung wegen der gleichen Fassung in den Digesten nicht befremdlich, müsste als spätere Änderung der gedachten anderen Fassung ebenso unbegreiflich erscheinen, wie die umgekehrte Änderung als natürlich erscheint. VI, 6 § 4 ist von der bonorum possessio secundum tabulas uel secundum nuncupationem in der Handschrift zu Troyes bemerkt: „quę scriptis heredibus datur", während die anderen Überlieferungen „institutis heredibus" setzen. Im Hinblick auf die vorausgehende Nennung auch der b. p. secundum nuncupationem ist das letzte der genaue, das erste ein nachlässiger Ausdruck, und offenbar ist daher jenes, nicht dieses, die spätere, geänderte Fassung. U. dgl. m. Endlich unterscheidet sich von dem Texte der Handschrift zu Troyes derjenige der anderen Überlieferungen noch durch eine ganze Anzahl von gemeinsamen Zusätzen (z. B. V, 20 § 5, VI, 15 § 1, VII, 9 in f. u. a.), deren spätere Zufügung sehr erklärlich ist, während die spätere Weglassung unerklärlich wäre. Nimmt man hinzu, dass, wie sich sogleich zeigen wird, der Text der Bologneser Handschrift schon nach entscheidenden anderen

Rücksichten eine jüngere Recension der Summa darstellt als derjenige der Handschrift zu Troyes, dass also auch hierdurch der jüngere Ursprung der gemeinsamen Abweichungen der anderen Überlieferungen von dem Texte dieser Handschrift bewiesen ist, so darf als völlig feststehend gelten, dass sie wirklich die vergleichsweise älteste Gestalt der Summa bietet. Die allererste Gestalt des Werkes gibt auch sie uns freilich nicht, wie das Auftreten des sicher erst später eingeschalteten Titels De interesse beweist (s. ob. § 28); doch darf im Hinblick auf die erwähnte Eigenthümlichkeit des Titels Soluto matrimonio und auf die Beschaffenheit des Textes unbedenklich angenommen werden, dass, abgesehen von jenem Titel De interesse, die ursprüngliche Gestalt von der hier überlieferten wenig verschieden war.

Es fragt sich jetzt zunächst, ob die Abweichungen der anderen Überlieferungen von dem Verfasser der Summa selbst herrühren oder von Anderen. Man muss hier unterscheiden die Besonderheiten jeder dieser Überlieferungen und diejenigen Abweichungen von der Handschrift zu Troyes, welche ihnen allen gemeinsam sind. Die letzteren sind natürlich das Werk eines und desselben Urhebers, und zwar, wie sich mit grofser Wahrscheinlichkeit sagen lässt, des Irnerius selbst, der also sein Lehrbuch, wie das ja die Verfasser von Lehrbüchern zu allen Zeiten gethan haben, mehrfachen Überarbeitungen unterzogen hat. Der Beweis ergibt sich aus dem schon (ob. § 24 a. E.) berührten schroffen Gegensatze der Darstellung der Bologneser Handschrift in dem Titel De prescriptione quadriennii (VII, 27) zu der Darstellung der sämmtlichen übrigen Überlieferungen. Während nach diesen alles menschliche und göttliche Recht sich dagegen auflehnt, dass der Kaiser nach Belieben dem Eigenthümer seine Sachen wegnehmen und einem wenn auch bösgläubigen Andern geben könnte, lehrt die Summa nach der Bologneser Handschrift gerade umgekehrt, die kaiserliche Übertragung einer fremden Sache verschaffe dem Empfänger unbedingt und ohne Rücksicht auf bona oder mala fides Eigenthum; denn was sonst unbillig wäre, werde durch die kaiserliche Machtvollkommenheit zu Recht und Billigkeit. Es ist nicht anzunehmen, dass ein Anderer als Irnerius diese eingreifende Änderung vorgenommen haben sollte; denn gesetzt, ein Anderer hätte sich hier eine so weit gehende Umgestaltung erlaubt, so hätte er gewiss noch an manchen anderen Stellen in ähnlicher Weise geändert, die Bologneser Handschrift aber stimmt, abgesehen von diesem Einen Fall, dem Sinne der Darstellung nach mit den anderen Überlieferungen durchaus überein. Dagegen lässt sich der einleuchtende Grund angeben, der den Irnerius selbst zu dieser Änderung bewog. Er erscheint nämlich in Urkunden von 1116 an im Dienste des Kaisers Heinrich V., und im Frühjahr 1118 nahm ihn dieser Kaiser mit nach Rom, um gegenüber der Wahl des Papstes Gelasius II. das Volk zur Wahl eines Gegenpapstes zu bestimmen.[a] Mit diesem Dienstverhältnisse mochte es ihm unverträglich scheinen, an seiner ursprünglichen Lehre festzuhalten.[b] Ist diese Schlussfolgerung zutreffend, und bietet also die Bologneser Handschrift eine von Irnerius selbst herrührende Recension der Summa, so ist damit auch bewiesen, dass alle Abweichungen von dem Texte der Handschrift zu Troyes, welche die Bologneser Handschrift mit der Pariser und mit der Summa des Rogerius gemein hat, den Irnerius selbst zum Urheber haben. Zugleich aber erhellt, dass, soweit dabei nur Irnerius in Betracht kommt, von allen überlieferten Recensionen der Summa die in der Bologneser Handschrift enthaltene die jüngste ist,[c] da sie der Zeit nach 1115 angehört, während die übrigen aus einer älteren Zeit stammen, — eine neue kräftige Unterstützung der Annahme, dass die ursprüngliche Abfassung des Werkes noch in die letzten Zeiten des 11. Jahrhunderts fällt (s. ob. § 28, § 35 g. E.).

Wendet man sich nunmehr zu den Besonderheiten jeder der drei jüngeren Recensionen, so sind diejenigen, die in der Bologneser Handschrift und in der Summa des Rogerius aufstofsen, sämmtlich so unbedeutend, dass sie zumeist auf die Rechnung von Abschreibern gebracht werden können und jedenfalls nicht zu der Annahme einer planmäfsigen Überarbeitung von Seite eines Anderen als des Irnerius zwingen. Anders verhält es sich aber mit den zahlreichen Eigenthümlichkeiten der Pariser Handschrift. Sie bestehen zwar nirgends in absichtlichen Änderungen des Sinns, wohl aber in durchgreifender Überarbeitung der Form der Darstellung, welche denn freilich zufolge ungeschickter oder missverständlicher Ausführung hie und da auch Änderungen des Sinns mit sich gebracht hat. So hat z. B. VIII, 31 § 6 der Satz: „quedam temporalia sunt ad agendum que perpetua sunt ad defendendum“ durch die Fassung: „que temporalia sunt ad agendum eadem ad defendendum sunt perpetua“ einen ganz schiefen Sinn erhalten. Noch ungeschickter und geradezu falsch ist VIII, 33 § 7 die Änderung von „cum se obligatum non esse sciat“ in

---

[a]) Vgl. Savigny IV. S. 10, 12 fg., 20, meine Schrift über die Anfänge der Rechtsschule zu Bologna S. 90 fg.

[b]) Vgl. meine Ausgabe der Questiones de iuris subtilitatibus § 16.

[c]) Dafur spricht auch noch, dass in der Bologneser Handschrift am Anfange und am Ende des Titels De adquir. et retin. poss. (VII, 23) gröfsere Stücke (§ 2, zweite Hälfte des § 26 und § 27) fehlen, die sich in den anderen Uberlieferungen finden, von denen aber das dort am Schlusse fehlende in der Pariser Handschrift durch einen die Silben ua — cat verbindenden Strich am inneren Rande als wegfallend bezeichnet ist. Es ist begreiflich genug, dass Irnerius diese ganz überflüssigen und nach Form wie Inhalt recht wunderlichen Partieen später gestrichen hat.

„cum se obligatum esse nesciat“. Weitere Beispiele ähnlicher Art liefern IV, 54 §§ 3, 4. Aber mit Absicht ist, wie gesagt, der Sinn der Darstellung nirgends geändert, sondern die Überarbeitung beschränkt sich durchweg auf die bloſse Form und verfolgt sichtlich den Zweck, durch Verbesserung der Latinität, Vertauschung ungewöhnlicher Ausdrücke mit gebräuchlicheren u. dgl. die Summa lesbarer und leichter verständlich zu machen. Hie und da, wie z. B. bei der starken Überarbeitung der letzten Titel des 4. Buches, ist freilich für die Änderungen gar kein ausreichender Grund zu finden, wenn man ihn nicht in der Absicht sucht, den Schein eines eigenen, selbständigen Werkes hervorzurufen, wozu doch wieder die Überarbeitung viel zu unbedeutend ist. Neben diesen Änderungen des Textes treten auch einzelne Zusätze auf; aber davon waren wohl nur die wenigsten, wie etwa die allein in der Pariser Handschrift vorkommenden Interdictsformeln (s. ob. § 26. c), von vornherein als Erweiterungen des Textes beabsichtigt. Die meisten haben einen glossenartigen Charakter und sind vermuthlich nur durch Irrthum der Abschreiber in den Text gerathen. Ganz einleuchtend ist dies z. B., wenn sich II, 16 § 2 zu dem Satze: „reus uero iuditio sisti et iudicatum solui satis dare cogitur“ in der Pariser Handschrift der Zusatz findet: „set non cum suo nomine conuenitur set per suum procuratorem, ut Inst. t. e.“ Ähnlich verhält es sich aber auch mit dem Zusatze: „cum non sit“ zu III, 9 § 4 verb. „qui putat se heredem esse“, mit dem Zusatze: „et non prohibuit“ zu III, 16 § 1 verb. „uel prohibere potuit“ und in vielen anderen Fällen.

Diese ganze Überarbeitung in ihrer Ausdehnung und Richtung, ihrer vielfachen Willkürlichkeit und auf Missverständniss beruhenden Ungeschicklichkeit kann unmöglich dem Verfasser der Summa selbst zugeschrieben werden, sondern sie ist als das Werk späterer Rechtslehrer zu betrachten, welche die Summa bei ihren Vorlesungen benutzten. Insofern stellt die Pariser Handschrift ohne Zweifel die jüngste Recension des Werkes dar.

Geht man aber auf die Irnerische Recension zurück, welche jener zu Grunde liegt, und fragt man, was allein noch übrig ist, nach ihrem Alter im Vergleiche zu derjenigen, die in der Summa des Rogerius auf uns gekommen ist, so ist es schwer, auch darauf eine bestimmte Antwort zu geben. Für das höhere Alter der ersten scheint der Umstand zu sprechen, dass in der Pariser Handschrift der Titel Soluto matrimonio nur erst den Hinweis auf die zur Ergänzung heranzuziehende Partie des Titels De rei uxoriae actione enthält, während diese Partie bei Rogerius bereits aus diesem Titel in jenen versetzt ist. Kein Gegenbeweis liegt darin, dass die Schlusspartie des Titels De adquirenda et retinenda possessione (VII, 23), welche in der Bologneser Handschrift, also in der jüngsten der Irnerischen Recensionen, fehlt, in der Pariser Handschrift wenigstens durch einen die

Silben ua — cat verbindenden Strich am inneren Rande als nicht mehr geltend bezeichnet ist; denn hieraus erhellt nichts weiter, als dass dem Urheber dieses Vermerkes auch eine jüngere Recension bekannt war.

37. Die vorstehende Erörterung über den Text der Pariser Handschrift hat schon gezeigt, dass die Summa nicht allein von ihrem Verfasser, sondern auch von anderen Rechtslehrern des 12. Jahrhunderts als Hülfsmittel bei Vorlesungen benutzt wurde, und wenn die Vermuthung französischer Herkunft jener Handschrift richtig ist (s. ob. § 3), so gilt das insbesondere auch von französischen Rechtslehrern. Jedenfalls war das Werk schon in früheren Zeiten des 12. Jahrhunderts auch in Frankreich bekannt. Das erhellt aus dem Umstande, dass schon damals eine der noch jetzt vorhandenen Handschriften dem Kloster zu Clairvaux gehörte, und aus der fortlaufenden Benutzung unserer Summa für die um 1150 verfasste Summa Codicis in provençalischer Sprache. Ein weiterer Beweis, dass unser Werk frühzeitig auch in Frankreich einen groſsen Einfluss übte, liegt in seinem nachgewiesenen Verhältnisse zum Brachylogus (s. ob. §§ 34, 35).

Für das hohe Ansehen und die starke Verbreitung der Summa im 12. Jahrhundert zeugt ferner die groſse Zahl von Exemplaren, die damals vorhanden gewesen sein muss. Es sei hier daran erinnert, dass, bei Mitberücksichtigung der Correcturen, sowohl der Handschrift zu Troyes wie der Pariser Handschrift je zwei ältere Handschriften zu Grunde liegen, und dass schon die Vorlage jener ersten auf zwei ältere Handschriften zurückgeht (s. ob. § 2, § 3, § 13).

Den sichersten Beweis für die groſse und epochemachende Bedeutung des Werkes liefert aber endlich die Rolle, die es in der juristischen Litteraturgeschichte gespielt hat. Es rief nicht nur sofort im Brachylogus ein entsprechendes Lehrbuch des Römischen Rechtes für den Anfangsunterricht hervor, sondern es war überhaupt für alle späteren systematischen Lehr- und Handbücher Vorbild und Grundlage. Für die populäre Summa Codicis in provençalischer Sprache diente es als fortlaufende Quelle, und in welcher noch ausgiebigeren Weise Rogerius sich für seine Summa die unsere zu Nutze gemacht hat, ist eingehend gezeigt worden.

Auf der Summa des Rogerius beruhen aber wieder die späteren Codexsummen, und so gehen auch sie schlieſslich auf das Werk des Irnerius zurück, wenn es auch, abgesehen von Johannes Bassianus, ihren Verfassern nicht unmittelbar vorgelegen zu haben scheint. In der Summa Codicis des Placentinus wenigstens ist es mir nicht gelungen, bestimmte Beziehungen zu der unseren aufzutreiben, und Azo scheint sie gar nicht gekannt oder gleich Odofredus (s. ob. § 9, § 10) sie für eine ältere Bearbeitung der Summa des Rogerius gehalten zu haben. Das ist nämlich aus folgender Bemerkung in der Summa Codicis des Azo (II, 4 § 1) zu schliefsen, die an einer späteren Stelle (IV, 5 § 15 in f.) fast wörtlich wiederkehrt: „Hinc est quod ait Rogerius[a]: ubi quis per calumniam insistit uel resistit, nil prodest ei si transigit“. Die Lehre, dass wegen calumnia eines der beiden Theile der Vergleich ungültig sei, findet sich sowohl in unserer Summa wie in derjenigen des Rogerius (s. ob. § 10). Angenommen nun, Azo hätte auch jene besessen und als Werk des Irnerius gekannt, dann würde er doch sicherlich nicht blofs von Rogerius geredet haben. Kein Bedenken darf erwecken, dass in der Summa des Azo (IV, 1 § 7), ebenso wie in der unseren (IV, 1 § 1), der Eid als „emendicatum suffragium“ bezeichnet wird, was weder in der Summa des Rogerius noch in derjenigen des Placentinus vorkommt; denn Azo kann hier aus der früher (ob. § 16 Nr. 1) mitgetheilten Glosse des Irnerius geschöpft haben. Die übrigen zahlreichen Anklänge an unsere Summa, denen man bei Azo begegnet, lassen sich aus der blofsen Benutzung der Summa des Rogerius erklären, die ja mit der unseren vom Ende des 4. Buches an wörtlich gleichlautet, aber auch schon vorher im Inhalte und sogar im Ausdrucke auf das engste mit ihr verwandt ist.

Nur Johannes Bassianus scheint, wie gesagt, unsere Summa gehabt und für seine Summa Codicis[b] berücksichtigt zu haben. Wenigstens lässt sich das vermuthen, wenn man darin die folgenden Continuationes titulorum liest und mit den entsprechenden Stellen einerseits unserer Summa, andererseits der Summen des Rogerius und Placentinus vergleicht.

Lib. I. tit. II. (f. 62 col. 1):

[*Di*]ctum est supra de summa trinitate et fide catholica. set quia mater fidei et religionis est ecclesia, ut ĵ e. ‘iubemus’ et in fi. primi

---

[a]) In meinem Exemplar (Basileae 1572) ist freilich beigefügt: „(alias in manu scripto exemplari Hugu.)“; „Rogerius“ ist aber, wie aus Azo S. C. IV, 5 § 15 erhellt, sicher die richtige Lesung.

[b]) Ich kenne sie aus der von d'Ablaing in der Zeitschrift der Savigny-Stiftung für Rechtsgeschichte Bd. IX. Rom. Abth. S. 15 ff. beschriebenen Pergamenthandschrift Nr. 131—134 der Bibliothèque de Bourgogne zu Brüssel aus dem 13. Jahrh. Diese Handschrift ist mit sehr vielen Abkürzungen und überaus incorrect geschrieben, so dass sie oft kaum zu entziffern ist. D'Ablaing hat fur diese Summa wie für die in derselben Handschrift enthaltene Summa Institutionum die Urheberschaft des Johannes erwiesen. Beide Summen verdienen aber nach meinem Urtheil nicht das grofse Lob, das ihnen d'Ablaing spendet. Namentlich gilt das von der Summa Codicis. Mir ist es sehr begreiflich, dass Odofred ihr geringen Werth zuschreibt. Richtig ist, dass Azo dieses Werk seines Lehrers, ebenso wie die Summa des Placentinus, in einer nach heutigen Begriffen unerlaubten Weise ausgeschrieben hat; aber wenn d'Ablaing die Summa des Johannes an Gründlichkeit, Fülle und Reife des Wissens über diejenige des Azo stellt, so kann ich dem unmöglich beipflichten. Objectiv betrachtet, hält jene mit dieser nach Form wie nach Inhalt keinerlei Vergleich aus.

responsi, ideo supponit de sacro sancte (sancta *leg.*) ecclesia. et quia res sunt necessarie his qui in ara diuinis obsecrantur dat̄ (consecrantur Domini *leg.*) ministeriis, siquidem qui altari seruiunt de altario uiuere debent, ideo subiungit de rebus. in quibus quoniam ecclesia multis gaudet priuilegiis, dicit de priuilegiis eorum (earum *leg.*).

Lib. I. tit. III. (f. 62 col. 2):

Vt ecclesia res suas sotiuntur (sortiatur *leg.*) supra dictum est. uideamus de ipsis propriis de in ea seruientibus (de ipsis personis in ea deseruientibus *leg.*), qualiter ordine[*n*]tur et quod sit eorum officium et quod priuilegium. et quia inter clericos maiorem optinent gradus (optinet gradum *leg.*) episcopus, de eo primum ponit. uidendum de eo inprimis, unde dicatur. et quidem ab ‘epi’, quod est ‘super’, et ‘scopi’, quod est ‘intendere’. inde episcopus id est superintendens: habet enim super intendere et circa omnes laicos et circa clericos.

38. Aber nicht blofs für die späteren Summen, sondern auch in der sonstigen juristischen Litteratur des 12. Jahrhunderts ist die Summa des Irnerius reichlich genug benutzt worden. Das in der Bamberger Handschrift P. I. 11 f. 52 col. 4 — f. 54 col. 4 enthaltene, in meinen Juristischen Schriften des früheren Mittelalters S. 15 fg. und bei Conrat, Geschichte der Quellen und Literatur des röm. Rechts im früheren MA. I. S. 619 besprochene Stück stellt sich geradezu als ein Auszug aus ihr heraus.[a] Ferner liefert die nämliche Handschrift noch eine weitere merkwürdige Beziehung zu der Summa. Der in meiner eben genannten Schrift S. 117 ff. aus einer Handschrift Haenel’s herausgegebene Tractat de natura actionum kehrt nämlich in jener Handschrift wieder, aber mit einem anderen Eingange, der wörtlich aus Summ. IV, 10 § 6 entnommen ist.[b] Die Vermuthung liegt nahe, dass der Urheber dieser Änderung dadurch den Schein erwecken wollte, als sei der Tractat die in Summ. IV, 10 § 9 versprochene besondere Schrift über die Actionen. Er wusste also muthmafslich, dass die Summa ein Werk des Irnerius sei, und wollte durch jenes unredliche Verfahren dem Tractat in den Augen des getäuschten Käufers einen höheren Werth geben.

Auch bei den Vier Doctoren finden sich zahlreiche Spuren der Benutzung unserer Summa. Die mildere Theorie des Jacobus und Ugo bezüglich der Folgen der Versäumung der Frist für die querela non nume-

---

a) Schon das von Conrat und von mir a. d. a. OO. daraus mitgetheilte genügt zur Begründung dieses Urtheils.

b) S. meine genannte Schrift S. 117 in den kritischen Anmerkungen. Übrigens zeigt auch die echte Einleitung des Tractates Anklänge an die Summa (VII, 23 § 2, § 27 in f.).

ratae pecuniae[c] geht ohne Zweifel auf unser Werk zurück (s. ob. § 15), und wahrscheinlich beruht auf ihm auch die oben (§ 20) mitgetheilte Äufserung des Bulgarus über furtum rei, usus und possessionis.

Die bei Savigny IV. S. 488 Nr. 28 mitgetheilte Glosse des Martinus zu tit. C. de pet. her. III, 31 (wohl eher zu tit. C. de rei vind. III, 32) stimmt dem Inhalte und sogar grofsentheils auch dem Ausdrucke nach genau mit der Darstellung der Summa in III, 9 §§ 11—13 und III, 10 §§ 7, 8 überein. Nicht minder erkennt man bei der einfachsten Vergleichung die Benutzung dieser Darstellung in der Distinctio Possessorum alii bone fidei rel. des Ugo (s. ob. § 14. e).[d] Sodann scheint Martinus den Titel De permutationibus (IV, 54) unserer Summa oder ein Stück desselben irgendwo als eine von ihm selbst herrührende Glosse verwerthet zu haben; denn anders wird sich nicht erklären lassen, dass in der Bologneser Handschrift am Schlusse dieses Titels die Sigle M. steht. Endlich hat Martinus in ähnlicher Weise sich auch den Titel De interesse (VII, 31) angeeignet; denn er kehrt in einer Leidener Handschrift des Infortiatum mit der Sigle M wieder.[e]

Es ist nicht nöthig, diesen einzelnen Spuren der Benutzung weiter nachzugehen; denn dass die Benutzung eine ungemein starke gewesen sein muss, dafür zeugt besser als alles andere der Einfluss, den die Summa durch Vermittelung der zwischenliegenden Schriften auf die Glosse des Accursius und durch Vermittelung dieser sogar auf die heutige Rechtswissenschaft geübt hat (s. ob. § 28 a. E.).

39. Dem allem gegenüber ist es im höchsten Grade auffallend, dass das klassische Werk schon um die Mitte des 13. Jahrhunderts kaum mehr gebraucht worden und sogar in Bologna selbst ganz in Vergessenheit gerathen zu sein scheint. Die auf uns gekommenen Handschriften gehen nur bis zum Anfange des 13. Jahrhunderts, und die einzige Spur unmittelbarer Benutzung der Summa aus späterer Zeit liegt in der Überschrift und den Randbemerkungen, die ihr in der Bologneser Handschrift von

---

c) S. Dissens. domin. Vet. Coll. § 40, Rog. § 11, Cod. Chis. § 114.

d) Eine nahe Verwandtschaft mit ihr zeigt auch die Darstellung in dem schon mehrfach erwähnten Compendium iuris §§ 73—80 (Jurist. Schriften des früheren MA. S. 141 fg.) und in c. 271 der von Schulte in den Sitzungsberichten der philos.-histor. Klasse der Wiener Akad. Bd. LVII (Jahrg. 1867) S. 206 fg. bekannt gemachten, zwischen 1123—1131 verfertigten Prager Sammlung, welches im sog. Grazer Rechtsbuche als c. 66 wörtlich wiederkehrt. Doch könnten diese Darstellungen möglicherweise älter sein als unsere Summa.

e) S. meine Ausgabe der Questiones des Irnerius § 1. — Wegen verwandter Beispiele eines solchen plagiatorischen Verfahrens des Martinus s. Savigny IV. S. 137 fg.

einer jüngeren Hand beigesetzt sind. Dass aber auch der Urheber dieser Zuthaten von der Verfasserschaft des Irnerius nichts mehr gewusst, sondern die Summa des Rogerius für die älteste gehalten hat, geht unzweideutig daraus hervor, dass er ja in jener Überschrift das Werk dem Placentinus zuschreibt. (S. ob. § 4.)

Auch Odofredus wusste nichts mehr von einer Summa des Irnerius; denn er erklärt ja wiederholt und bestimmt diejenige des Rogerius für die älteste (s. ob. § 10). Dass Azo unsere Summa nicht, oder doch wenigstens nicht als ein Werk des Irnerius gekannt hat, ist oben (§ 37) als wahrscheinlich erwiesen worden. Entschieden aber war sie dem Accursius nicht bekannt, denn sonst hätte er in der Continuatio tituli Dig. XIII, 3, wo er den Namen „condictio triticiaria" in abgeschmackter Weise „a Triticio auctore" ableitet, doch sicherlich auch des in unserer Summa (IV, 9 § 2) gemachten Erklärungsversuches gedacht. Ferner bezeichnet er, ebenso wie Azo, in glo. Nulla ad L. 2 C. de transact. II, 4 die Ansicht, dass calumnia des Klägers oder des Beklagten den Vergleich ungültig mache, nur als diejenige des Rogerius, obgleich sie nach unserer Summa (II, 4 § 5 in f.) auch diejenige des Irnerius war (s. ob. § 10).

Wie ist diese rasche Verschollenheit zu erklären? Eine vollkommen befriedigende Antwort auf diese schwierige Frage wird bei unserer unvollkommenen Kenntniss der damaligen Verhältnisse kaum jemals gelingen. Nur einige Vermuthungen lassen sich äufsern, welche, wenn sie auch nicht alles erklären, jene frühe Verschollenheit doch wenigstens minder unbegreiflich machen.

Ihr nächster und hauptsächlichster Erklärungsgrund wird darin zu erblicken sein, dass die Nachfolger des Irnerius, und zwar, wie die Dissensiones dominorum zeigen, bereits die Vier Doctoren, genug gethan zu haben glaubten, wenn sie seinen Namen im allgemeinen priesen, aber sichtlich nichts weniger als bemüht waren, ihm dauernd auch die Ehre seiner schriftstellerischen Leistungen zu sichern. Nicht etwa, dass sie die Bedeutung seiner Schriften verkannt hätten. Ganz im Gegentheil, sie beuteten sie in ausgiebigster Weise als reiche und bequeme Fundgrube aus, trugen aber nicht das mindeste Bedenken, das fremde Gut für eigenes auszugeben und so den ihrem verstorbenen Meister gebürenden Ruhm sich selber zuzueignen.

Dieses — damals nicht ungewöhnliche — Verfahren ist in Ansehung der Glossen und der Distinctionen des Irnerius bereits von Pescatore (S. 21 ff., 69 ff., 103 ff.) erwiesen. In Ansehung der Summa selbst hat es sich ebenfalls (ob. § 38) an mehrfachen Beispielen herausgestellt. In besonders starkem Mafse aber kommt es in der Summa des Rogerius zum Vorschein. Und offenbar — denn darauf weisen ja schon die erwähnten

Erklärungen des Odofredus hin — war es nun gerade diese Summa, welche dem Werke des Irnerius verhängnissvoll wurde.

Rogerius war bei seinen Plagiaten vorsichtiger und besser auf seinen Ruhm bedacht, als die von ihm geplünderten Schriftsteller, welche nach der Sitte der Zeit anonym geschrieben hatten. Er stellte sowohl seiner Dissensionensammlung wie seiner Summa ausdrücklich seinen Namen an die Spitze. Da nun diese Summa mit derjenigen des Irnerius im wesentlichen überall, vom Ende des 4. Buches bis zum Tit. 6 des 9. Buches aber mit geringen Ausnahmen sogar wörtlich übereinstimmt und sodann eine von Rogerius selbst ursprünglich verfasste Schlusspartie hat, so war es bei nicht sehr eingehender Vergleichung natürlich, beide für das Werk des nämlichen Verfassers zu halten und in der kürzeren, am Ende unvollständigen Summa des Irnerius die ursprüngliche Gestalt der Summa des Rogerius zu erblicken, welche durch die spätere Überarbeitung, Erweiterung und Vervollständigung, wie sie jener gegenüber die Summa des Rogerius zeigt, entbehrlich und überflüssig geworden sei. So begreift sich, dass die Summa des Irnerius immer seltener und zuletzt gar nicht mehr bei den Vorlesungen benutzt, folglich auch nicht mehr abgeschrieben wurde, und dass sie so völlig in Vergessenheit gerieth.

Hätte nun freilich in Bologna ein starkes Gefühl der Pietät für den Gründer der Schule bestanden, so hätte jene Vorstellung gleichwohl nicht tiefere Wurzeln schlagen können, und mindestens hätte sich doch das Gedächtniss des Werkes erhalten müssen, welches den Ruhm der Bologneser Schule hauptsächlich begründete. Aber ein solches Gefühl bestand nach allem, was wir wissen, leider nicht, und man darf es sogar für wahrscheinlich halten, dass es schon den Vier Doctoren gar nicht unangenehm war, wenn die Summa des Irnerius mehr und mehr der Vergessenheit anheimfiel; war sie doch sehr geeignet, ihren eigenen Ruhm zu verdunkeln und ihren Schülern zu zeigen, dass sie im Grunde nichts neues und jedenfalls nichts besseres zu bieten hatten.[a]

IX. Allgemeine litterargeschichtliche Ergebnisse.

40. Bei weitem der wichtigste Gewinn, der aus der Kenntniss der Summa des Irnerius und ihrer Vorläufer, seiner Questiones de iuris subtilitatibus und des Stückes De aequitate, für die Wissenschaft erwächst, besteht in dem hellen Lichte, welches sich nunmehr über die schriftstelle-

[a]) S. Pescatore, Die Glossen des Irnerius S. 21, 72 in der Anm.

rische Persönlichkeit des Vaters der modernen Rechtswissenschaft und über seine eigentliche litterargeschichtliche Bedeutung ergiefst. Er tritt erst jetzt aus dem mythischen Halbdunkel eines fast sagenhaften Daseins heraus in die klare Tagesbeleuchtung der Geschichte.

Und zwar ergibt sich zuvörderst unanfechtbar und völlig zweifellos, dass jene Bedeutung nicht, wie die früher allgemeine und bis jetzt noch nicht gänzlich verdrängte Annahme war, in der unvermittelten Wiedererweckung der seit vielen Jahrhunderten völlig erstorbenen Rechtswissenschaft bestand. Irnerius hat so wenig, wie Savigny lehrte, „alles aus sich selbst geschöpft und ohne Vorgänger gearbeitet“, dass er in der Summa vielmehr von schwebenden Streitfragen redet und herrschende Ansichten auf das lebhafteste bekämpft. Auch hat er darin zahlreiche frühere Schriften benutzt. Zum Überflusse zeigen seine Questiones, dass er das Recht ursprünglich an der Hochschule zu Rom gelehrt und dort also sicher auch studirt, seine juristische Bildung also, wie alle grofsen Juristen nach ihm, durch mündliche Unterweisung eines tüchtigen Lehrers erlangt hat, und es lässt sich sogar vermuthungsweise sagen, wer dieser Lehrer gewesen sein möge.[a] Aber wenn man selbst von diesen äufseren Beweisen ganz absieht, so lehren die Questiones wie die Summa sattsam durch ihren Inhalt und ihre ganze Beschaffenheit, dass mit ihnen nicht eine erloschene Wissenschaft des Römischen Rechtes neu beginnt. Wer dieses annehmen wollte, müsste dem Einen Irnerius mehr geistige Kraft zuschreiben als sämmtlichen Juristen aller folgenden Zeiten und Jahrhunderte zusammengenommen. So nöthigen die beiden Werke schon an und für sich zu dem Schlusse, zu dem sich Pescatore (S. 111) aus anderen schriftstellerischen Arbeiten des Irnerius gezwungen sah, dass nämlich „seinen Leistungen eine lange Zeit schulmäfsiger Beschäftigung mit dem Römischen Rechte vorausgegangen sein muss“.

Wenn aber die Wirksamkeit des Irnerius nach dieser Seite nichts neues war, so war sie neu nach einer anderen Seite, und diese völlig ungeahnte Erkenntniss ist die wichtigste Bereicherung, die wir den genannten drei Werken verdanken. Er war der erste, der das Recht in gröfserem Mafsstabe systematisch behandelte, und welcher der modernen Welt ein vollständiges und selbständiges systematisches Lehrbuch des Römischen Rechtes gab.[b] Das wunderbare Geschick, welches er dabei

---

[a]) Vgl. meine Ausgabe der Questiones § 17.

[b]) Im Mittelalter verfasste systematische Lehrbücher für den Anfangsunterricht in der Gestalt abkürzender Bearbeitungen der Justinianischen Institutionen, ähnlich dem von F. Patetta in Biblioth. iurid. medii aevi Vol. II. p. 119 sqq. herausgegebenen Werkchen, hat es vielleicht schon vorher gegeben. Doch lässt sich darüber bei dem gegenwärtigen Stande unserer Kenntnisse nichts bestimmtes sagen.

entfaltete, hängt neben einer ungewöhnlichen Begabung für systematisch entwickelnde Darstellung sicher auch mit seiner ursprünglichen Thätigkeit als Lehrer der Dialektik und Rhetorik zusammen.

Nicht nur etwas in dieser Art neues und vorher unerhörtes aber hat Irnerius in seinem Lehrbuche geschaffen, sondern es besteht auch aller Grund anzunehmen, dass in dieser systematischen Darstellung und Lehre des Römischen Rechtes der epochemachende Anstofs lag, den die Rechtswissenschaft durch ihn erhielt. Denn die knappe systematische Darstellung erleichtert nicht allein dem Leser und Schüler die wissenschaftliche Aneignung und Beherrschung des Stoffes, sondern sie zwingt vor allem den Verfasser zu schärfstem wissenschaftlichen Denken und zur Zurückführung der Einzelheiten auf klar erfasste höhere und allgemeine Sätze. So musste mit dem Werke des Irnerius neben einer neuen, ungleich fruchtbareren Methode der Rechtslehre eine neue, viel tiefere und vielseitigere Art der wissenschaftlichen Behandlung und Bearbeitung des Römischen Rechtes beginnen. Wie sehr aber dieser Anstofs selbst für uns noch nachwirkt, und wie enge Beziehungen noch zwischen unserer heutigen Rechtswissenschaft und dem Werke des Irnerius bestehen, ist schon oben (§ 28 a. E.) an einigen merkwürdigen Beispielen gezeigt worden.

41. Gegen diese Hauptergebnisse treten alle anderen Erweiterungen, welche die Beschäftigung mit der Summa unserem geschichtlichen Wissen verschafft, naturgemäfs stark in den Hintergrund. Und doch sind sie keineswegs verächtlich.

Denn vor allem zeigen die bestimmten und unleugbaren Beziehungen zu den Institutionen des Gaius, welche sowohl in der Summa des Irnerius wie in seinen Questiones auftreten (s. ob. § 26), dass die Rechtswissenschaft des 11. und 12. Jahrhunderts mit derjenigen des Alterthums in einem Zusammenhange stand, der sich diesmal gewiss nicht anders als aus einer ununterbrochenen Schultradition erklären lässt; denn wie sollten sich sonst Schriften wie der Gaius in Bekanntschaft und Gebrauch erhalten haben? Diese Tradition hat offenbar ihren Sitz vornehmlich in Rom gehabt, wo dafür auch die günstigsten Bedingungen bestanden.[a]

Sodann sind wir jetzt um eine weitere interessante Schrift des Irnerius insofern reicher, als ein Stück eines bereits bekannten compilatorischen Werkes sich als eine Monographie des Irnerius über die Actionen herausgestellt hat. (S. ob. § 29.)

Nicht minder lässt sich mit ziemlichem Grade von Wahrscheinlichkeit vermuthen, dass die Summa des longobardischen Rechtes, welche in

[a]) Vgl. meine Ausgabe der Questiones § 14.

der Handschrift zu Troyes auf die Summa Codicis folgt, ein Werk des Irnerius ist. (S. ob. § 26.)

Ferner wissen wir jetzt, dass der Brachylogus nicht vor Irnerius und unabhängig von ihm verfasst, sondern durch seine Summa hervorgerufen ist. (S. ob. § 35.)

Auf der anderen Seite hat sich ein Stück der oben (§ 38) genannten Bamberger Handschrift, das man leicht für älter halten konnte, als bloſser Auszug aus der Summa erwiesen.

Dagegen lässt sich für eine Reihe anderer Schriften, deren Alter bisher ungewiss und unbestimmbar war, nunmehr mit Sicherheit oder mindestens mit groſser Wahrscheinlichkeit sagen, dass sie älter sind als die Summa des Irnerius. (S. ob. § 32, § 33.)

So bildet die Summa für alle Forschungen auf diesem Gebiete gleichsam den festen Markstein, dessen Werth sich sicherlich noch in vielen Fällen bestens erproben wird. Aber sie hat für die schwebenden litteraturgeschichtlichen Fragen noch einen anderen, weit höheren und geradezu unschätzbaren Werth. In Gemeinschaft mit den Questiones de iuris subtilitatibus vernichtet sie mit Einem Schlage die hartnäckige Vorstellung der Zeit vor Irnerius als eines wissenschaftlich äuſserst geringwerthigen Zeitalters und schafft erst damit die Freiheit und Unbefangenheit des Blickes, die für die richtige Zutheilung der frühmittelalterlichen Litteratur die oberste und nothwendigste Voraussetzung ist.

X. Bei der Ausgabe befolgte Grundsätze.

Als das Ideal der Ausgabe eines Schriftwerkes erscheint seine Wiedergabe so, wie es aus der Hand seines Urhebers hervorgegangen ist. Allein dieses Ideal ist nur in den allerseltensten Fällen wirklich zu erreichen, und wo das Schriftwerk bloſs in wenigen, zudem sämmtlich fehlerhaften Überlieferungen vorliegt, muss auf die volle Erreichung von vornherein verzichtet werden. Die Schwierigkeit wächst noch, wenn, wie für unseren Fall oben (§ 36) nachgewiesen, die Überlieferungen eben so viele verschiedene Recensionen darstellen. Hier bleibt nichts übrig, als eine dieser Recensionen auszuwählen und mit Benutzung aller zugänglichen Hülfsmittel möglichst in ihrer ursprünglichen Gestalt herzustellen.

Diesmal ist nun sicher die älteste der auf uns gekommenen Recensionen weitaus die interessanteste, und da sie zugleich in der ältesten, im ganzen zugleich besten der vorhandenen Handschriften überliefert ist, so ist die letztere, also die Handschrift zu Troyes (T), soweit sie reicht, der Ausgabe zu Grunde gelegt. Wo sie in stärkerem Maſse unvollständig ist (VI, 38 — VI, 42, VIII, 14 — VIII, 25, IX, 2 — IX, 7), ist die Pariser Handschrift (P) als die nächst jener älteste und beste zur Grundlage genommen. Am Ende des Titels De interesse (VII, 31) lieſsen alle Überlieferungen mit Ausnahme der Summa des Rogerius im Stich, und hier musste daher die Ergänzung aus dieser, unter Mitberücksichtigung der von Palmieri in der Bibl. iurid. medii aevi Vol. II. p. 141 sqq. herausgegebenen Seneser Distinctionensammlung Nr. 74 (Sen.), geschöpft werden. Doch ist an dieser Stelle und überhaupt in dem ganzen Titel De interesse sowie ferner überall im 9. Buche nicht, wie gewöhnlich, die von Palmieri besorgte Druckausgabe des Rogerius (R), sondern unmittelbar die Tübinger Handschrift (Tub.) benutzt. Die Bologneser Handschrift (B) ist überall nur zur Vergleichung verwerthet.

Der jedesmal zu Grunde gelegten Überlieferung schlieſst sich der Text der Ausgabe an, soweit nicht aus äuſseren oder inneren Rücksichten eine Abweichung geboten erschien. Auch die dort auftretende Orthographie ist trotz aller Wunderlichkeiten und Willkürlichkeiten festgehalten, soweit daraus für den heutigen Leser nicht Schwierigkeiten oder Missverständnisse zu besorgen waren. Die vorkommenden Quellencitate sind so getreu wie irgend möglich, selbst mit thunlichster Beibehaltung der Abbreviaturen, wiedergegeben.

Wo aus irgend einer der angedeuteten Rücksichten die Ausgabe von ihrer jedesmaligen Grundlage abweicht, ist die Abweichung im Texte der ersten durch Cursivschrift, jede Einschaltung überdies durch eckige Klammern bezeichnet. Eckige Einklammerung nicht cursiv gedruckter Wörter oder Buchstaben steht umgekehrt einer Tilgung gleich. Soweit sich nicht schon hienach die Lesart jener Grundlage ergibt, ist sie in den kritischen Anmerkungen angegeben.

Zur Entlastung dieser Anmerkungen sind jedoch offenbare bloſse Schreibfehler der Handschriften meist stillschweigend verbessert oder als Varianten übergangen.[*] Ferner ist die abweichende Wörterfolge anderer

---

[*]) Dabei ist folgendes noch besonders zu bemerken. Die Handschrift zu Troyes hat gewöhnlich, gemäſs dem älteren Abkurzungssystem, tm̄ für tamen, tn̄ für tantum. Es kommt jedoch, namentlich in der von dem zweiten Schreiber herrührenden Partie, nicht selten vor, dass, dem späteren System entsprechend, die beiden Abbreviaturen im gerade umgekehrten Sinne verwendet sind. Bei dieser Sachlage sind sie, ohne Beruhrung in den kritischen Anmerkungen, jedesmal so aufgelöst worden, wie es der Zusammenhang und die Rücksicht auf die anderen Überlieferungen erforderte. Ferner ist ę, welches im Mittelalter vielfach ohne das Bewusstsein seiner Bedeutung verwendet wurde, überall, wo es auch nach der damaligen Orthographie keinen Diphthong vertritt, stillschweigend durch e wiedergegeben.

Überlieferungen durchweg unerwähnt geblieben. Ganz unbedeutende und für den Sinn völlig gleichgültige Varianten, wie z. B. que statt et, sin statt si, uero statt autem, Setzung des Indicativs anstatt des Conjunctivs u. dgl., sind ebenfalls in die kritischen Anmerkungen vielfach nicht aufgenommen. Im übrigen ist die Vergleichung der Pariser Handschrift vollständig gegeben, wobei jedoch der Kürze halber die Variantenangaben der corrigirenden Hand (P^2) wie wirkliche Varianten behandelt sind. Dagegen sind die Abweichungen der Bologneser Handschrift und der Summa des Rogerius nur mit Auswahl vermerkt.

Mit den erwähnten Beschränkungen sind übrigens in den kritischen Anmerkungen nicht blofs die abweichenden Lesarten anderer Handschriften, sondern auch die in den Handschriften selbst auftretenden Änderungen aufgeführt, und zwar in der jetzt üblichen Weise so, dass bei Correcturen von anderer Hand als derjenigen des ursprünglichen Schreibers der ursprüngliche Text mit ^{1}, die Correctur mit ^{2} (z. B. T^1, T^2), bei Correcturen von der ursprünglichen Hand selber der ursprüngliche Text mit ^{a}, die Correctur mit ^{b} (z. B. T^a, T^b) bezeichnet ist.

Um aber wenigstens an Einem Beispiel die Beschaffenheit und das Verhältniss der Handschriften vollkommen anschaulich zu machen, sind für das Exordium die Lesarten derselben vollständig angegeben, und zwar nach eigener Kenntniss, da mir hier eine Photographie der Bologneser Handschrift zu Gebote stand.

Die Interpunction und die Setzung grofser Anfangsbuchstaben — beides in den Handschriften sehr reichlich, aber auch sehr willkürlich — sind nach eigenem Ermessen des Herausgebers vorgenommen, die letztere vornehmlich nach der Rücksicht, die Systematik der Summa auch äufserlich hervortreten zu lassen.

Eine zweite Reihe von Anmerkungen gibt fortlaufend die Quellen an, worauf die Darstellung der Summa beruht; denn ohne die Kenntniss dieser Quellen ist es unmöglich, die Arbeit des Verfassers zu würdigen, ja hie und da sogar, den Sinn der Sätze richtig zu verstehen. Natürlich konnte es dabei nicht genügen, aus beliebigen Stellen der Justinianischen Gesetzgebung die Übereinstimmung mit dieser zu erweisen, sondern es handelte sich darum, gerade diejenigen Stellen zu ermitteln, die der Verfasser selbst jedesmal im Auge gehabt hat. So gefasst war die Aufgabe nicht leicht; denn die Glossatoren stützten sich vielfach auf ganz andere Stellen des Corpus iuris als diejenigen, die in den heutigen Lehrbüchern als Belegstellen auftreten, und namentlich wurde von ihnen der Codex weit mehr benutzt, als es gegenwärtig geschieht. Es wäre überhaupt nicht möglich gewesen, sie auch nur annähernd zu lösen, ohne die Hülfe der Accursischen Glosse, deren Werth man erst bei solchen Arbeiten erkennt. Die in der Summa ausdrücklich genannten Stellen sind durch fetten Druck hervorgehoben. Zur Rubrik jedes Titels ist der Titel des Corpus iuris vermerkt, nach dessen Vorbilde der Verfasser der Summa den seinigen aufgenommen und überschrieben hat. Wo mehrere Titel gleichermaſsen vorbildlich gewesen zu sein schienen, oder wo die Vorbildlichkeit des einen oder des anderen von zwei Titeln zweifelhaft war, sind beide angegeben, und zwar derjenige, für welchen die gröſsere Wahrscheinlichkeit sprach, oder bei gleicher Wahrscheinlichkeit derjenige des Codex, an erster Stelle und ohne Klammer, der andere an zweiter und in Klammern.

In einer dritten Reihe von Anmerkungen endlich sind nahe verwandte Stellen der mittelalterlichen Rechtslitteratur verzeichnet. Jedoch ist dabei regelmäſsig nur auf solche Stellen Rücksicht genommen, die wegen ihres höheren oder ungefähr gleichen Alters von dem Verfasser der Summa benutzt sein könnten. Die von ihm nach der Ansicht oder der Vermuthung des Herausgebers wirklich benutzten Stellen sind durch fetten Druck hervorgehoben. Insbesondere sind die der Darstellung der Summa entsprechenden Stellen der Questiones de iuris subtilitatibus des Irnerius (Quest.) möglichst vollständig angegeben. Die entsprechenden Stellen des Stückes De aequitate konnten nur in den Nachträgen verzeichnet werden, weil mir diese Schrift erst bekannt wurde, als der Text der Summa bereits vollständig gedruckt war.

Das Corpus iuris ist in den Anmerkungen zu der Ausgabe, ebenso wie in der Einleitung, für die Digesten nach der Ausgabe von Mommsen, für die Institutionen und den Codex nach derjenigen von Krüger, für die Novellen, da die Schöll'sche Ausgabe noch nicht ganz fertig ist, nach derjenigen von Osenbrüggen citirt. Für die Authentiken ist die Herrmann'sche Ausgabe des Codex benutzt; jedoch sind die Zahlen der Codexstellen, denen sie beigesetzt sind, nach der Krüger'schen Ausgabe bezeichnet.

Auſser den im vorstehenden bereits erklärten und den keiner Erklärung bedürftigen sind in den Anmerkungen zu der Ausgabe die folgenden Abkürzungen gebraucht:

Acc. glo. = Accursische Glosse.

App. Petri I. = Erster Anhang zu den Exceptiones des Petrus (Jur. Schriften S. 151 ff.).

Brach. = Brachylogus.

Comp. iur. Cod. Haen. = Compendium iuris Codicis Haenelii (Jur. Schriften S. 134 ff.).

De act. variet. = De actionum varietate et vita seu longitudine (Jur. Schriften S. 128 ff.).

Exc. Tub. App. = Anhang zum Tübinger Rechtsbuch.
Expos. termin. = Expositio terminorum usitaciorum iuris utriusque in App. Petri I. 14—102 (Jur. Schriften S. 158 ff.).
glo. Colon. = Kölner Institutionenglosse.
glo. Taur. = Turiner Institutionenglosse.
Jur. Schriften = Fitting, Juristische Schriften des früheren Mittelalters (Halle 1876).
Lib. de verb. leg. = Libellus de verbis legalibus (Jur. Schriften S. 181 ff.).
Lib. iur. Tub. = Tübinger Rechtsbuch.
Petr. = Petri Exceptiones legum Romanorum in der systematischen Form.
Summa Inst. Cod. Haen. = Summa Institutionum Codicis Haenelii (Jur. Schriften S. 145 ff.).

IRNERII
SUMMA CODICIS.

DE NOMINE LIBRI ET MATERIA. *f. 1 c. 1.*

Cum inter ceteras partes iuris precipua seu excellentissima 1
habeatur imperialis dispositio, ideo de ea primum premittit. cumque
ab ea exordium sumendum sit, rationabiliter de nomine ipsius uolu-
minis dicendum est. uocatur enim Codex seu Liber constitutionum,
quod non solum huic conuenit, set etiam omnibus libris commune
est. propter maiorem tamen dignitatem ceterorum auctorum nomen
sibi uendicat generale. nam codicis seu constitutionis appellatio ad
omnes auctores extenditur, set cum sine adiectione codicem audis,
imperialis liber intellegendus est, ut cum ciuitatem dicimus, Roma-
nam intellegere debemus ciuitatem. De nomine satis dictum est.
nunc de materia et intentione et causa finali dicendum est. In hoc 2
enim opere duplex materia est: alia in promulgatione, alia in com-
positione. In promulgatione materia est aequitas — rudis seu iam 3
constituta —, siue illud quod pro lege et iure habetur. ęquitas quidem
huic operi materiam prebet: ea ratione quid sit æquitas uidendum
est. ęquitas enim est rerum conuenientia, quę cuncta coequiparat
[*et in paribus causis paria iura desiderat*]. quę et iustitia est ita
demum, si ex uoluntate redacta sit: quicquid enim æquum, ita
demum iustum, si est uoluntarium. rudis æquitas est de qua non-
dum quicquam dictum erat, set per principes tantum ad sanctionem

---

1 Rubr.] *deest in PB; loco eius* Incipit Summa codicis feliciter *P,* Incipit summa dn̄j (?) placentinj cuius (?) oppinio (?) fuit (?) .... accionibus (?) *a manu multo recentiore B.* 2 iuris] *PB* iutis T^a; *expunxit* T^b 3 habetur *B* | primum de ea *PB* 6 conuenit huic *B* | omnibus commune est libris *P* 10 est intelligendus *B* | romanam] ℞ (= Romam?) *B* 11 debemus intelligere *B* | ciuitatem] TP^a; *om.* P^bB 12 et — finali] *pro quibus* ac etiam cui parti philophie (!) .s. (= supponatur) *B* 14 materia est] *om. B* 15 habetur] seruatur *P* 18 et — desiderat] PB^2 (*om.* B^1); que plurimum pro eodem ei qui munim̄ potest *add. P* | quę et] et *om. PB* 19 æquum] est *add. P* 20 iustum] est *add. P* | si est] sicut *B* | est] illa *add. P* 21 quicquam] quicquid *B* | tantum] tamen *B*

Exord. 3. *17—18*: Cic. Top. 4 (23).

Exord. 1—11: Exord. Summae Inst. Cod. Haenel. 1—9 (Jur. Schriften p. 145 sqq.).

1*

redacta est, ut in rebus diuinis. equitas constituta est de qua iam
tractatum erat, ueluti a lege XII tabularum uel a populo *uel* a
plebe *uel* a senatoribus uel a pretoribus. pro lege et iure seruantur,
ut ultime uoluntates deficientium seu legitime uoluntates contrahen-
4 tium.‖ Intendunt autem principes super ęquitatem rudem constituere
f. 1 c. 2. et in formam seu preceptionem redigere, occasione tamen accepta
ab ignorantibus et dissimulantibus, ita ut ne quis se excusare possit,
quin ęquitati obediat. ignorantes enim docere premium eis promit-
tendo desiderant, dissimulantes uero cohercere uolunt penam *eis*
impone[*n*]do: et ita duppliciter homines fieri bonos intend*unt* tum
5 *premium* pollicendo tum poenam infligendo. in ęquitate iam con-
stituta hoc agi desiderant, ut constitutum *re*ferant, et hoc tripliciter:
uidelicet interpretando, corrigendo, addendo, ut in Macedoniano
senatus consulto. interpretantur enim: ut cum senatus prohibeat
peccuniam numerari, intelligatur etiam idem, si aliud pro peccunia
in fraudem senatus consulti detur, ueluti frumentum. corrigunt: ut
cum senatus omnino prohibeat numerari filio familias, ipsi in quibus-
dam casibus hoc permittant, ueluti si filius alibi causa studiorum
agat et pecuniam sumat, uel in his causis in quibus pietas patris
non recusaret. addunt: ut cum senatus de filio tantum dixit, hoc
6 idem et in nepote extendatur. in eo quoque quod pro lege et iure
habetur hoc agunt, non ut disponant, set ut dispositum custodiant,
ueluti hereditatem scriptis heredibus dando et pacta inter contrahentes
7 habita seruando. Finis est, ut ex hac æquitate ita constituta et in
preceptionem redacta ignorantes doceantur et dissimulantes coher-
8 ceantur et lites per magistratus decidantur. Hec autem materia seu
intentio et causa finalis communis est tam antiquorum imperatorum
9 quam etiam Iustiniani. Compositionis uero opus ‖ proprium Iustiniani
f. 1 c. 3. est. cuius materia sunt antiquorum principum constitutiones in

---

2 tractatum] dictum *B* | uel] *PB* et *T* 3 uel] *PB* et *T* | seruatur *P* 4 legitime uoluntates] uoluntates *om. B* 5 Intendunt] Item dem *B* | constituere] constitutionem *B* 9 desiderat *B* | eis] *PB* eius *T* 10 homines] omnes *P* | intendere *T* | tunc *P* 11 primum *T* | tunc *P* | iam] autem *B* 12 agere *P* | desideratur *B* | referant] *P* referatur *B* inferant *T* 13, 14 ut — consulto] *expunxit* P^b 14 interpretatur *B* | ut] *om. B* | prohibet *B* 15 etiam] et *B* 17 cum] *om. B* | omnino] *om. B* | ipsi] *om. B* 18 permittatur *B* | si] *om. B* 19 uel] ut P^1 uelut P^2 | causis] casibus *B* 20 senatus] senatus consultum *P* 22 desponant *B* 24 habita] *om. B* | ex] de *B* 26 seu] siue *P* 28 etiam] et *B* | uero] et uere *B* 28, 29 Iustiniani est] est iustiniani *PB* 29 constitutiones antiquorum principium (!) *P*

---

3. *1—3.* Cf. Cic. Top. 2 (9). **4.** *10—11.* Cf. L. 1 § 1 D. de iust. et iure I, 1. **5.** Cf. infra IV, 30.

tribus codicibus congregatę, scilicet Hermogeniano et Theodosiano et
Gregoriano, et alię constitutiones deuagantes et huc et illuc dispersę.
Intendit quidem ex constitutionibus quicquid optimum est colligere 10
et in unum uolumen redigere demptis superfluitatibus ac contra-
rietatibus iniquis seu similitudinibus, additisque etiam seu mutatis
aliis uerbis, ubi necessitas hoc exigit. Causa uero finalis est, ut ex 11
his demum constitutionibus quę ita compositę sunt seu in ordinem
redactę sunt, lites seu negotia citius dirimantur, atque ex his ita
collectis ignorantes doceantur et dissimulantes puniantur, et ea omnia
per magistratus effectui mancip*en*tur.

DE CODICIS COMPOSITIONE.

Cumque de equitate seu iustitia dicendum sit, merito ab ea 12
equitate quę in compositione seu ordinatione uertitur, initium facien-
dum est. ideoque de nouo Codice faciendo item confirmando ac de
repetita seu secunda prelectione ac editione premittit.

DE TRINITATE AC FIDE. I.

Equitas quoque atque iustitia suos extendit radios non tantum 1
in rebus humanis uerum etiam in diuinis. et diuinę quidem res
maiores seu uenerabiliores habendę sunt quam humanę: quapropter
premittendę sunt. et inter ceteras res quę ad diuinitatem seu ad fidem 2
pertinent precipua est causa trinitatis atque fidei. ideo de trinitate
seu fide catholica inuiolabiliter tenenda atque seruanda et ab omnibus
æquabiliter custodienda, prout ‖ a maioribus ecclesiarum patribus tra- *f. 1 c. 4.*
ditum est, in trac[*ta*]tu principes premittunt ac in humana precep-
tione redigere student, tam obseruatoribus premium promittendo
quam contemptoribus seu temeratoribus poenam inponendo, et loca
coadunandi his qui a fide deuiant inhibendo, et ne de fide catholica,

1 hermoieniano *P* 2 et huc] et *om. PB* 3 Intendit quidem] Int̄ *sequente lacuna B* | optimum] oportunum *B* 4 et] *PB* etiam *T* 5 iniquis] niquis *B* | additisque] additis quoque *P* aditis *B* | etiam] *om. P* | seu] uel *P* 6 ubi] sicubi rei *P* ū (= ut) *B* 10 mancipientur *T* 12 Cumque] Cum *PB* | merito *om. B* 13 seu] in *add. P* 14 item] itemque P^2 15 ac] de *add. PB* 16 De summa sancta et indiuidua trinitate *P* De sancta trinitate et fide catholica *B* 19—20 quam — sunt] *om. B* 21 causa] *om.* T^1 | ideoque *PB* 23 equaliter *P* | maioribus] ac *add.* T^1P 24 tractatu] *PB* | premittunt] ponunt *B* 25 preceptione] principes *add. B* 27 a] *om. P*

12. Const. Haec quae necessario, Const. Summa rei publicae, Const. Cordi.
I, 1. Rubr.: rubr. C. I, 1. **2.** *21—26*: L. 1, L. 8 § 19 C. h. t., Nov. 131 c. 1. *26—27*: L. 2 C. h. t. *27—2*: L. 4 C. h. t.

quę a sanctissimis sinodis diffinita est, amplius disceptatio fiat, pęnam
3 pro qualitate personarum imponendo. item cuncta quę ad religionem obseruandam seu ad hereticam superstitionem expellendam pertinent, ad dictionem atque Romanę sedis unitatem subiciunt, ut summa trinitas nec non uniuersalis fides intacta atque inuiolabilis ubique per iussionem apostolicę sedis, immo Romane ęcclesie custodiatur et ab omnibus prout decet ueneretur. similiter quoque quę contraria sunt rectę fidei ac quę in contemptu religionis seu diuinitatis ubique sunt, per auctoritatem eiusdem uenerabilis ęcclesię deiciantur atque profanentur, atque una deitas, una fides, una ęcclesia, nec non unius summi Dei nomen catholice ac inuiolabiliter ubique seu ab omnibus celebretur.

II. DE SACROSANCTIS ECCLESIIS.

1 De fide ac religione dictum est. ęcclesia quidem mater fidei ac religionis constituta est, ideoque statim de ea adnectit. set et res necessarię sunt tam ecclesiis quam etiam ceteris locis uenerabilibus.
2 nec non et sine loco pia actio constituta est. Res quidem non tantum diuino cultui suppeditant, set etiam usui seu utilitati persona-
f. 2 c. 1. rum ibidem deseruientium subministrantur. circa alias quoque ‖ personas quę alienum indigent, ex his rebus opus pietatis exhibeatur. qua de causa [in] omnibus his locis in suis rebus tam in adquisitione, quam in retentione, siue alienatione, seu in exactione ius
3 singulare indulgetur. Quęruntur enim res locis uenerabilibus inito contractu nomine diuini loci etiam sine traditione, ut eatenus profitiat pactio seu conuentio quatenus alias traditio in priuatorum personis conualescit. item si quid relinquitur uenerabilibus collegiis,
4 et hoc capere eis permissum est lege antiqua cessante. Retinent quoque res proprias, quorumdam munerum, maxime extraordinariorum siue sordidorum, necessitate siue inmunitate eis indulta. set ne ratio priuilegiorum seu inmunitatum prosiliat, inserit ibidem ius commune, quod tam in rebus diuinis quam etiam in humanis uertitur. iure

---

3 pertinent] *om. B* 4 ditionem *P* 7 omnibus] hominibus T^1 | quoque] *om. B* 8 ac quę] atque *PB* | contemptum *P* | ubicumque fuerint *PB* 9 auctoritatem] auctorem *B* 13 ecclesiis] et rebus et priuilegiis earum *add. B* 16 etiam] *om. P* 17 loco] locorum nomine *add. P* | pia] propria *add. P* 19 seruientium *P* 20 qui alieno *P* 21 causa in] in *TB*; *om. P* | in suis rebus *om. B* 25 alia *P* 26 uenerabilibus] locis *add. B* 30 inserit] T^2B inseritur T^1P

---

3. L. 8 C. h. t.

I, 2. Rubr.: rubr. C. I, 2. **1.** *14—15*: L. 14 § 2 C. h. t. **2.** *19—20*: L. 12 § 2 C. h. t. **3.** L. 23 C. h. t. **4.** L. 3 C. de episc. I, 3, LL. 5. 10. 11 C. h. t.

communi utuntur, ut in regulari canone fisco soluendo. item conferre debent ad instructiones pontium seu uiarum, si necessitas hoc suggerit. ceterum ab extraordinariis seu sordidis muneribus tam nomine rerum ad uenerabilia loca pertinentium quam etiam nomine
personarum ibidem seruientium relaxantur. In alienationibus uero 5
iure speciali utuntur. alias enim non admittuntur, nisi factę sint prout precipit Leoniana, immo noua constitutio quę ad eius supplementum introducta est. nam ea certo loco conclusa erat, scilicet in ęcclesia Constantinopolitana: quę latius porrigitur, ut non solum in ęcclesiis ubique diffusis locum habeat, set etiam in omnibus uenerabilibus collegiis, unde pię rei actio constituta est. alienationes uero
aliter factę quam in his continetur, ‖ nullius momenti sunt: immo *f. 2 c. 2.*
poena inponitur tam his qui dant quam his qui accipiunt et etiam his qui instrumenta conscribunt. repetitio autem earum rerum datur primo ychonomo qui preest administrationi ęcclesiasticarum rerum, deinde clericis in eadem uenerabili domo constitutis, postea uero cuilibet ex populo, qui in hac causa magis laudandus est quam
delatoris nomen sumat. Exactio quidem tam in repetitione quam in 6
adquisitione longissima constituta est, scilicet C annorum. immo noua constitutione coartatum est usque ad XL annos, in his uidelicet actionibus quæ, si priuato competerent, XXX annorum spatio clauderentur: ęcclesia uero Romana antiquo spatio gaudente, scilicet C annorum spatiis actionum ei competentium limitandis.

DE EPISCOPIS ET CLERICIS. III.

Ius quod uertitur in ipsis locis uenerabilibus seu in rebus 1
eorum satis expeditum est. nunc uero de personarum iure ibidem seruientium supponit et de priuilegiis seu inmunitatibus his prestitis. et ne ratione priuilegii plus quam oportet usurpetur, adnectit ibidem

---

6 alias] Ait *P* | sunt *P* 8 inclusa *B* 9 porrigitur] nouellis constitutionibus *in marg. add.* P^b 12 in] *om. P* | continentur *P* continet *B* 13 tam] in *add. P* | et] *om. P* 17 hac] *om. P* 18 delationis *P* delatoribus *B* | sumit *B* 24 clericis] et or. et pri. eorum *add. B* 28 rationem *P* | usurparet *B*

---

5. L. 14 C. h. t., Nov. 7, Nov. 120 (Auth. Hoc ius ad L. 14 C. h. t.). **6.** L. 23 §§ 2, 3 C. h. t., **Nov. 111,** Nov. 9. Cf. Iul. VIII. (cap. XLIX.) et Antiq. Summ. ad h. l. (Iul. Ep. ed. Haenel. p. 209): Romanae ecclesiae causa usque ad C annos extendatur, c. 17 C. XVI. q. 3 (Ioann. VIII. a. 873). Vide Auth. Quas actiones ad L. 23 C. h. t. et iunge Azon. Lect. ad C. I, 2 nr. 73, Dict. Grat. § 6 post c. 15 C. XVI. q. 3.

I, 3. Rubr.: rubr. C. I, 3.

I, 2. 6. Cf. Expos. termin. in App. Petri I, 102, Exc. Tub. App. (139b).

etiam ius commune. quapropter inter ceteras personas quę uenera-
bilibus locis presunt seu deseruiunt excellentissimus habetur epi-
scopus, qui recte speculator seu superintendens appellatur, cum ad
eum cura ac tuitio omnium ceterarum uenerabilium domorum ac
personarum quoque ibidem suppeditantium pertineat: ideo premittitur,
et postea de ceteris personis eisdem uenerabilibus locis seruientibus
addit. set quia pię rei negotium, id est redemptio captiuorum, ad
has quoque personas pertinet, maxime ad episcopum, eaque ratione
2 et illud inseritur. Professiones ‖ quidem istę in diuinis ministeriis
f. 2 c. 3. seu in opere pietatis consistentes munera sunt, id est honera cum
necessitate iniuncta, siue aliquam dignitatem adnexam habent siue
non, quibus pietatis negotium, scilicet personarum captiuarum redemptio,
inminet. et hec quidem sunt ex iure diuino. in iure uero nostro
3 circa hec multiplex est preceptio. primo gerent*es* hec exempti sunt
ab aliis oneribus tam publicis quam priuatis, tributis non solum
in ipsis personis set etiam in rebus earum priuilegiis. priuilegium
quidem est per quod a iure priuato eximuntur, et hoc recte: mili-
4 tantes enim Deo alieni esse debent a mundanis actibus. item in
sumendis quidem his formam et obseruantiam ponit, ut ne hii qui
sunt incongrua etate uel conditione alterius, ut curiales seu primi-
pilarii, audeant ad huiusmodi offitia aspirare, et ut ne episcopi seu
ceteri qui in sorte Dei electi sunt sine delectu creentur. nec non etiam
eorum profectio debet fieri sine obseruantia. item nuptias contra-
here prohibentur, nisi sint lectores seu cantores: his enim permittitur.
item consortium extranearum mulierum his prohibitum est, ne sub
5 eo uelamine aliquid turpe committatur. Exhonerantur autem ratione
priuilegii non tantum ipsi, set etiam res eorum ab extraordinariis
seu sordidis muneribus. item si quid ab eis petitur, mitior con-
uentio fieri debet. item conueniendi non sunt nisi apud presidem
prouincie, immo ex noua *con*stitutione apud episcopum. item ex
eodem loco in quo consistunt, litigandi causa abstrahendi non sunt,

---

5 quoque] *om.* *P* | ideoque *P* 8 episcopos *P* | eaque] ea *P* 9 misteriis T^1 13 et] *om.* *B* | nostro] fori *add.* *P* 14 gerentes] *P* gentes *B* gerentibus *T* 15 omnibus *B* | attributis *P* 16 in ipsis] in *om.* P^2 | eorum *PB* 17 per] *om.* *B* 21 episcopi] T^1PB ipsi T^2 24 sint] *om.* *B* 26 autem] pro *add.* *B* 29, 30 presidem prouincie] p̄p̄ *T* ꝑꝑ P^1 ꝑꝑ pretorio P^2. *cf. Nov. 83 praef. § 2.* 30 instit̄. *T*

---

3. *17—18*: II. Timoth. c. 2 v. 4. **4.** *18—23*: Nov. 123 c. 13, LL. 4, 12, 27, 37 C. h. t., Nov. 6, Nov. 123 c. 1—12. *23—24*: Nov. 5 c. 8, Nov. 22 c. 42. *25—26*: L. 19 C. h. t. **5.** *26—28*: LL. 2, 32 § 7 C. h. t. *28—2*: L. 32 C. h. t., **Nov. 83 praef.**, Nov. 123 c. 21.

et etiam a satis datione in iudicio prebenda exhonerantur. item in
prestatione sportularum mitius conueniuntur. item ‖ si peculium f. 2 c. 4.
habent, etiam in eo testari possunt ad similitudinem castrensis
peculii, nisi sint monachi: hii enim testari proibiti sunt. sin autem 6
episcopi uel alii qui in diuino *habitu* sunt constituti aliquid post
huiusmodi honorem quęsierint et in causa pietatis expensum non
est, hoc non ad parentes seu propinquos uel alios transmittant, sed
ad ipsa uenerabilia loca relinquant. si quid [*autem*] ante huiusmodi
officium quęsierint uel postea ex cognatione forte ad eos deuolutum
est, hoc in quas personas uelint conferant. Hec et quedam alia eis 7
prestantur, prout in ueteribus immo nouis constitutionibus inuenitur.
quędam uero generaliter omnibus dantur, ut uacatio sordidorum et
extraordinariorum munerum, quędam non omnibus set quibusdam,
ut tutelę seu curę excusatio: nam his demum hoc indulgetur qui
diuino officio assidue inherent. quod ex equitate in omnibus aliis
inmunitatibus his prestitis extendi potest, ut ita demum benefitio
earum gaudeant, si diuino muneri eis iniuncto incessanter obsecundent. alias enim poena potius digni sunt, si honus impositum derelinquant et in secularibus negotiis se conferant.

DE EPISCOPALI AVDIENTIA. IV.

Priuilegia et inmunitates quę episcopis et ceteris religiosis per- 1
sonis prestitę sunt pertractate sunt. quapropter quid episcopi speciale
habeant, uidendum est. ideoque de eorum audientia, quę in quosdam ex necessitate, in quosdam ex uoluntate uertitur, apponit. set
[*quia*] quędam capitula, licet uaria et diuersa sint, ad eorum curam
necessitatemque seu reuerentiam pertinent, ‖ merito et ea subitiuntur. f. 3 c. 1.
Audientia uero seu potestas eis permittitur tam iure diuino quam 2
humano in omnibus personis quę diuinam militiam gerunt, ut, siue
inter se aliquas lites habe[*a*]nt siue ab aliis compulsentur, apud episcopos conueniantur. item si controuersia aliqua nomine rerum ad

1 et] set *P* | a] *om. P* 2 prestatione] *P* preparatione *T* preparatio *B* | conueniendi sunt *B* 5 in] *TB*; *om. P* | habitu] abitu *B* arbitratu *TP* | sunt *om. B* 6 adquisierit *B* 7 uel] ad *add. B* | transmittatur *B* 8 relinquatur *B* | autem] *PB* 9 quesierant *P* 17 earum] *P* eorum *TB* | eis — incessanter] *om. B* 19 sese *PB* 20 audientia] et diuersis capitulis *add. B* 21 religiosis] *om. B* 22 pertractata *PB* 25 quia] *P*; *om. TB* 28 ut] et *P* 29 habeant] *PB* | pulsentur *P*

5. *2—4*: L. 33 C. h. t., Nov. 123 c. 19. „nisi sint monachi" rel.: Nov. 5 c. 5, Nov. 76 (Auth. Ingressi ad L. 13 C. de sacros. eccl. I, 2). **6.** Nov. 131 c. 13 (Auth. Licentiam ad L. 33 C. h. t.). **7.** *13—15*: L. 51 C. h. t.

I, 4. Rubr.: rubr. C. I, 4. **2.** Nov. 83, Nov. 123 c. 21.

uenerabilia loca pertinentium moueatur, per ipsos dirimenda est. et
3 in his casibus iudicium episcopi necessarium est. inter alias uero
personas iuditium episcopi immo arbitrium ex uoluntate [*esse*] potest:
qui postquam eius *audientiam* elegerint et apud eum uenerint, etiam
ex necessitate postea coguntur. cognoscere quidem possunt, item
examinare ac pronuntiare. quorum sententia [*ab*] appellatione im-
munis erit quemadmodum sententia prefectorum pretorio, set a iudice
ciuili executioni seu effectui mandanda est. hoc ita demum, si causa
4 pecuniaria sit. in criminali uero lite hoc non eis permittitur. *Clerici*
quidem apud episcopum primo comueniendi sunt, apud quem lis sine
omni dispendio terminetur. sin autem ex aliqua causa decidi per
eum non potuerit, apud ciuilem iudicem negotium sine dilatione
5 decidatur obseruatis clericorum priuilegiis. si tamen de crimine
accusentur, ciuilis adeatur iudex, ita ut inter duos menses per eum
dirimatur et, si rei inuenti fuerint, non ante condempnentur, quam
sacerdotio per episcopum exu*a*ntur. hoc, nisi delictum sit ęcclesiasti-
cum: huius enim examinatio et castigatio episcopi erit, et hoc nouis
6 constitutionibus. Cetera uero capitula diuersa et inter se uariantia,
prout humana iura immo diuina precipiunt, et quatenus honus seu
offitium eis iniunctum imminet, exequi cum omni diligentia debent
f. 3 c. 2. et effectu cum omni studio mandare. sin ‖ autem ea pretermiserint,
Deo rationem reddent.

V. DE HERETICIS.

1 Satis enodatum est de religione ubique colenda ac de reuerentiis seu priuilegiis his personis prestitis quę religioni obsecundant ac opus pietatis exhibent. nunc de heresi ubique expellenda et de poenis imponendis his personis que huiusmodi iniquitati deseruiunt atque obediunt, ut saltim metu poenarum ab huiusmodi superstitione

---

2 inter] Item ad *P* | uero] pertinere *P* 3 esse] *om. et PB* 4 que *P* | priusquam *B* | audientiam] *PB* audatiam *T* 6 ex amministratione ac pronuntiatione *B* | ab] *PB* 8 hoc] hec *B* 9 Clerici] Cum (Cū *pro* Clī) *T* Cum clerici *P* cum hii *B* 10 quidem] *om. P* | primum *P* 12 potuerit] ergo *add. P* | sine] omni *add. P* 14 intra *P* | eum] eos *P* 16 exuantur] *P* exuentur *TB* 17 episcopalis *P* 19 et] *om. B* 20 eius *B* | iniunctum] *om. B* 21 effectui *P* 23 De hereticis et samaritanis *quasi contextus continuationem et* De heresi expellenda *quasi rubricam P.* De hereticis et mathematicis *B*

---

3. LL. 7, 8 C. h. t. **4.** Nov. 83 praef. pr., § 1 (Auth. Clericus ad L. 32 C. de episc. I, 3). **5. Nov. 83 praef. § 2, c. 1, Nov. 123 c. 21 § 1** (cit. Auth. Clericus).

I, 5. Rubr.: rubr. C. I, 5.

reuocentur, dicendum est. set quia inter ceteras causas erroris
maxima fuit Manicheorum dementia seu stultitia, ideo de his personis
specialiter apponit, quia speciale quid in eis dicturus est. idem et
in Samaritanis. Heresis quidem est generaliter, quotienscumque in 2
aliquo erratur. set tamen hic non de omni errore, set de eo qui
contra catholicam fidem est loquitur. ut cum audis sine adiectione
fidem, summam intelligere debemus, ita cum heresim audis, ea acci-
pienda est quę contra ueram religionem sit. Dupliciter enim stud*et* 3
homines reuocare ad ueram credulitatem: tum obseruatoribus ortho-
doxe fidei premium dando, tum his qui a fide deuiant pęnam infli-
gendo. inprimis enim proibet [*eos*] usurpare priuilegia catholicę reli-
gionis intuitu indulta, et, ut ne quid sub eodem uelamine faciant, loca
quoque coadunandi interdicta sunt. item falsam eorum doctrinam
doceri et disci prohibitum est. accusari quidem etiam post mortem
ex hac causa possunt et infames fiunt. item faccio testamenti eis
prohibita est tam per testationem quam etiam ne ex ‖ alterius elogio *f. 3 c. 3*
aliquid capiant. et generaliter neque inter uiuos quolibet modo seu
titulo aliquid transferre possunt, nec causa mortis relinquere, item
nec ipsi accipere possunt. successores quoque ab intestato nec exi-
stere nec habere possunt, nisi hab*eant* liberos orthodoxe fidei. uel
[si] his defitientibus deuoluitur successio ad eorum cognatos eiusdem
fidei. his omnibus non extantibus, si clerici fuerint, ecclesię uendi-
catur, uel, si clerici inter annum petere supersederint uel si laici
fuerint, fisco applicatur. in uenerabilibus [*uero*] locis et in liberos,
si quos ortodoxos habent, et dare et relinquere possunt, immo ex
necessitate eos alere coguntur et dotes et propter nuptias donationes
pro eis dare. item a testimonio iuditiali prohibentur nisi inter se,
in contractibus uero et in testamentis admittuntur. locis quidem in 4
quibus huiusmodi heresis exercetur, siue sub nomine ęcclesię siue
forte in priuatis edifitiis, uenerabilibus ęcclesiis ad qu*a*rum contu-
meliam hoc factum est uendicandis, domino quoque seu procuratore

---

3 quia] de his *add. B* | in eis] *om. B* | et] *om. B* 4 quotienscumque] quotiens *B* 7 debemus] fidem catholicam *add. P* | ita] Itemque *P* ita e contra *B* 8 Dupliciter enim] Imperator enim dupliciter *P* Imperatores enim dupliciter homines *B* | studet] *P* student *TB* 9 homines] *hic om. B* 10 a] uera *add. P* 11 eos] *PB* 14 docere et discere *P* 19 ipsi] quidem *add. P* 20 habeant] *PB* habenti *T* 21 si his] siis T^1 si his T^2 his *PB* 22, 23 uendicantur *P* 23 intra *P* 24 uero *P*; *om. TB* 30 quarum] *P* quorum *TB*

---

2. L. 2 § 1 C. h. t. **3.** *8—11*: L. 1 C. h. t. *12—14*: LL. 2, 3 C. h. t. *14—19*: L. 4 C. h. t. *19—27*: L. 19 C. h. t. Nov. 115 c. 3 § 14. *27—28*: L. 21 C. h. t. **4.** *28—31*: L. 3 pr. C. h. t. *31—1*: L. 4 § 7 C. h. t.

in cuius loco hoc perpetratum est poenam [*h*]abituro. item priuilegium dotis mulieribus quę rectam fidem non communicant denegatur. *has* poen*as* et ali*as* mult*as*, quę tam ueteribus quam nouis sanctionibus continentur, hii qui a catholica fide deuiant patiuntur.

VI. NE SANCTVM BAPTISMA REITERETVR.

Item reiterare uenerabile baptismi misterium prohibitum est, ideoque superiori titulo congruit. hereticum enim est, et poena talia facientibus imponitur: si episcopus est, sacerdotio cadat, si alius in ‖ *f. 3 c. 4.* diuino officio constitutus, honore priuabitur. si uero alterius conditionis fuerit, tam ipse quam ille qui hoc passus est, si doli capax est, ultimo supplicio subitiendi sunt.

VII. DE APOSTATIS.

Item de his supponit qui uerum nomen sumpserint et *id* postea a se alienauerint atque abdicauerint et in contrariam doctrinam se transtulerint: hii enim multo [*magis*] poena digni [*sunt*] quam hii qui ab initio in heresi fuerunt. quapropter et has poenas patiuntur quas in aliis hereticis inposuimus, et insuper speciali uindicta cohercentur.

VIII. NEMINI LICEAT VENERABILE SIGNVM CRVCIS VEL IN MARMORE VEL IN SILICE PINGERE.

Venerabile crucis signum ab omnibus cęlebrandum atque uenerandum est, ideoque si quid in eius contemptu factum est uel fuerit, et hoc prohibendum est. ea propter merito supponit, ne saluificum signum humo seu marmore uel silice humi posita pingatur seu alias ponatur. heretici enim hoc facere solebant, et ideo poena imponitur tam his quam aliis hoc facientibus.

---

2 dotis] in *add.* *B* 3 has — multas] *P* hæę poenę et alię multę *T* Hee pene multe alie *B* 4 a] *om.* *B* | plectuntur *B* 5 baptismum iteretur *P* 6 baptismatis *B* 7 enim] *om.* *B* 8 cadit *B* 10 passus est] est *om.* *B* 13 sumpserunt *B* | id] P^2B eum TP^1 15 magis] *PB* | sunt] *PB* 19, 20 Ne liceat uenerabile signum † humo uel marmore ponere *P* Nemini licere signum sa. humiliter in silice sculpere *B* 26 hęc *P*

---

4. *1—3*: Nov. 109 c. 1.
I, 6: tit. C. I, 6. **I, 7:** tit. C. I, 7. **I, 8:** tit C. I, 8.

DE IVDEIS. IX.

Cum principum intentio sit religionem ubique tueri, merito de 1
his qui occasione semiplenę religionis aliquid in contemptu diuinitatis committunt, in eodem tractatu adnectit, scilicet de Iudeis, qui semiplenam religionem habent. nam et eos ad fidem reuocare contendunt tum antiqua priuilegia eis prestita denegando tum poenam imponendo, ut tam poenarum metu quam premiorum pollicitatione ueram credulitatem possint percipere. set si ipsi in hac seuitate perseuerauerint, tamen iniuria nec locis in quibus uanam ‖ religionem *f. 4 c. 1.*
colunt nec ipsis inferenda est. ueteres quidem sinagogas eis fulcire permissum est, nouas uero inchoare non possunt: quod si factum fuerit, uenera[*bi*]libus ęcclesiis applicantur, et pena L aureorum talia facienti imponitur. si autem quid ab eis petitur uel *quid* ipsi exigunt, per magistratus faciendum est. Cęlicolę quoque uanam 2
superstitionem sibi uendicant: ideo et de his apponit. nisi enim errorem suum reuocauerint, hereticorum pęnis subiciuntur et loca eorum superstitioni destinata iur*i* sanctissimarum ęcclesiarum aditiuntur.

NE IVDEVS VEL HERETICVS SERVVM CHRISTIANVM HABEAT. X.

Item prohibitum est Iudeis ne seruum christianum circumcidant uel habeant seu possideant. idem et in hereticis et in paganis dicendum est. *quod* si factum fuerit, mancipi*um* pro premio libertate donabitur.

DE PAGANIS. XI.

Pagani quoque ad similitudinem Iudeorum uanam superstitionem colebant, quę omni auctoritate seu ratione caret. *ea de* causa, quia et istud in conte*mp*tu religionis fiebat, et hoc uetat. prorsus enim prohibitum est eorum sacrificia fieri et eorum templa claudi.

1 De iudeis et celicolis *PB* 2 principium] T^1*P* 5 semiplene *B* 8 seueritate *PB* 9 tamen] tum *B* 13 facientibus ponitur *B* | quid] quod *TB*; *om. P* 14 quoque] *om. B* 15 et ideo de eis *P* 17 iuri] *P* iuris *T* uiris *B* 18, 19 Ne iudeus uel hereticus habeat seruum christianum uel circumcidat *P* Ne christianum mancipium hereticus uel paganus possideat uel circumcidat *B* 22 quod] *PB* qui *T* | mancipium] *PB* mancipio *T* | libertati *P* 24 De paganis et sacrificiis *B* 25 quoque] qui *B* 26 ea de] *PB* eadem *T* 27 contentu *TB*

I, 9. Rubr.: rubr. C. I, 9. **1.** *8—10*: L. 14 pr. C. h. t. *10—13*: L. 18 §§ 1, 2 C. h. t. *13—14*: L. 15 C. h. t. **2.** L. 12 C. h. t.
I, 10: tit. C. I, 10.
I, 11. Rubr.: rubr. C. I, 11. *27—4*: LL. 1, 7 C. h. t.

si autem contra fecerint, durius punientur. nam hii qui sacrificia diis obtulerint et templa contra uetitum aperuerint, ex hoc crimine accusari possunt et proscriptionem bonorum sustinebunt capitisque supplicio damnabuntur. item *quidam* sub occasione sacrificiorum artem diuinandi seu auguriandi sibi assumebant: quod pari ratione prohibetur, et poena facienti inponitur. item templa quę aperta fue-
f. 4 c. 2. rint, fisci uiribus ‖ uendicantur. si autem in ali[*en*]o fundo seu domo sacrificia domino sciente facta fuerint, predium seu domus publicetur, et si dominus militia seu dignitate gaudet, cingulo seu dignitate spoliabitur. plebeius uero post corporis cohertionem in opus metallorum damnetur.

XII. DE HIS QVI AD ECCLESIAS CONFVGIVNT VEL IBI EXCLAMANT.

1 Quem ad modum debita reuerentia religioni prestanda sit, et qualiter ea quę in eius conte*mp*tu fiunt prohibita sunt, dictum est. nunc tam de inmunitate prestanda his qui ad uenerabilia loca confugiunt quam de pęna imponenda his qui conclamationem seu tumul-
2 tum in ęcclesiis fecerint uidendum est. Eos quidem qui ad uenerabiles ecclesias sese contulerint, si ab aliquibus exinde abstracti fuerint, nisi forte serui sint (qui protinus dominis reddendi sunt), hii qui hoc fecerint crimine capitali dampnantur. si autem propter debita uitanda *con*fugerint, si quidem Iudei sint, non ante ab ecclesiasticis admittantur quam debitis satis fecerint uel crimine se purgauerint. si uero alii fuerint *cuiuslibet* conditionis, licet debiti causa hoc fecerint, neque extrahendi neque expellendi exinde sunt, nec tamen episcopi seu ychonomi uel alii amministratores uenerabilium locorum pro hisdem debitis conueniendi sunt: quod si factum fuerit, supra dicta poena punietur. si quidem ipsi refugę publice appareant, pro se iudici congruenter respondeant. si autem non compareant,
f. 4 c. 3. tunc ab iconomo requirantur et, cum inuenti fuerint ‖ intra fines ęcclesię, presen[*ten*]tur, ut per se uel per procuratorem ad hoc in-

---

1 autem] enim *B* 2 aperiunt *P* 3 accusari] non *add. B* 4 quidam] *P* quia *TB* 7 iuribus *P*[2] | addicantur *B* | alieno] *P* alio *TB* 13 ibi] *om. P* 15 contemptu] *B* contentu *T* contemptum *P* | fiant *P* 20 fuerint] sunt *P* | redempti *B* 22 euitanda *P* | confugerint] *P* eum fugerint *T* eum fugiunt *B* | sunt *P* 23 admittuntur *P* 24 cuiuslibet] *P* quib; *T* 25 hec *P* 28 punientur *B* 30 et intra *B*

4—6: L. 2 C. h. t. *6—7*: L. 5 C. h. t. *7—11*: L. 8 § 1 C. h. t.
I, 12. Rubr.: rubr. C. I, 12. **2.** *18—21*: LL. 2, 4, 6 pr., § 9 C. h. t. *21—24*: L. 1 C. h. t. *24—6*: L. 6 pr. — § 5 C. h. t.

structum intentionibus agentium respondeant. set si hoc facere noluerint, imperialis dictio aduersus eos exercenda est quę aduersus absentes seu latitantes ex[*er*]ceri solet: primo re*bus* mobil*ibus*, si quas habent, creditoribus dandis pro debito, his non existentibus per uenditionem immobilium seu possessionem satis creditoribus faciendum est. *Hii* autem qui seditionem aut conclamationem seu tumul- 3
tuationem in locis uenerabilibus fecerint, ultimo supplicio subdendi sunt.

DE LIBERTATIBVS IN ECCLESIIS RELINQVENDIS. XIII.

Receptum est ut libertates dari seu relinqui in uenerabilibus ęcclesiis possint. ideoque inserit de famulis qui ibidem manumittuntur. cui manumissioni idem priuilegium tribuitur contemplatione diuini loci, quod prestitum est his qui apud iudices manumittuntur [uel confitiuntur].

DE LEGIBVS ET CONSTITVTIONIBVS. XIV.

Quomodo æquitas in his causis quę ad diuinitatem pertinent 1
uertatur, satis compendiose expositum est. modo qualiter in humanis negotiis suam uim extendat, pertractandum est. sed quia inter cetera quę ad humanitatem pertinent precipua causa est ipsarum legum, ea ratione premittenda est. alia etiam affinitate superiori tract[*at*]ui congruit. ibi enim de sacris diuinis, hic uero de humanis adiungit: nam leges et constitutiones sacrę sunt. quare autem premisso uerbo generali adiecit ‖ 'de co*n*stitutionibus et edictis'? hoc ideo, quia spe- f. 4 c 4.
ciale quid dicturus est. Cum uero in toto uolumine de legibus et 2
constitutionibus dicat, quęritur, quare specialiter de his tractet. [*solutio*]: alibi quidem per diuersa negotia diuersas leges seu constitutiones super his proditas ponit: hic uero, a quo et quomodo ipse leges condendę sunt, et hæ quę condite sunt qualiter intellegendę sunt et obseruandę seu interpretandę. In condendis legibus spectan- 3

---

1 set] et *P* 3 rebus mobilibus] *P* res mobiles *TB* 6 Hii] *P* his *TB* 7, 8 subitiendi *P* 9 De his qui in ecclesiis manumittuntur *PB* 10, 11 locis uenerabilibus *P* 14 uel confitiuntur] *TB*; *om. P* 20 ratione] uel premittuntur *add.* P^1; *expunxit* P^2 | est] *om. B* 21 humanis] sacris *add. P* 22 et] et] *om. B* 23 comstitutionibus *T* 24 quid] in his *add.* P^b 25 tractet] tractari *B* 26 solutio] *P* solet *B* 29 interpretandę] *om. B*

---

3. L. 5 C. h. t.
I, 13: tit. C. I, 13.
I, 14. Rubr.: rubr. C. I, 14. **3.** §§ 4, 6 Inst. de iure nat. I, 2.

dum est, a quo et quomodo condi debeant. is quidem auctoritatem
legis condendę habet qui potestatem precipiendi habet. ergo populus
Romanus, ille immo cui a populo hoc permissum est: principes
enim hanc facultatem habent. nam populo seu principi hoc officium
imminet, ut singulis hominibus prouideant ut filiis propriis seu mem-
4 bris. Quomodo condendę sint, hoc designat constitutio Theodosii et
Valentiniani missa ad senatum. aliter enim hodie leges confici non
debent nisi secundum tenorem eius constitutionis. iubet enim leges
non aliter promulgandas esse, nisi causa necessaria hoc exposcat et
antiquis sanctionibus non *inserta*. et hoc faciendum est causa in
auditorio *a* proceribus discussa, maxime a senatoribus, et cum eorum
consilio ordinata. et hoc recte, quia lex est constitutio populi cum
5 uirorum prudentium consulto promulgata. Vis quoque et potestas
legum spectanda est, scilicet ut permittant, uel puniant, uel uetent,
seu imperent atque iubeant. permittunt enim contraere matrimonia,
item bona sua alicui disponere. puniunt hos qui maleficia contra-
hunt, ueluti sacrilegi homicidę adulteri. uetant illicita matrimonia
contrahi, item illicitas conuenticulas in ęcclesiis seu extra fieri. iubent
atque imperant omnes fidem catholicam tenere et Romanę ęcclesię
preceptis obsecundare. set tamen cui imperari non potest, ut pari
f 5 c. 1. et imperatori, hortando seu sui exem‖plum prebendo id agit, ut ex
6 uoluntate se supponat legitime necessitati. Conditę leges intellegendę
sunt benignius, ut mens earum seruetur et ne ab equitate discrepent:
legitima enim precepta tunc demum a iudice admittuntur, cum ad
equitatis rationem accomodantur. item in legibus intelligendis ne qua
fraus adhibeatur, uitandum est. set ad leges intellegendas alia iura
acommodantur, scilicet interpretando uel formam interpretandi dando.
7 Interpretatio quidem quandoque necessaria est et generaliter, ut ea
quę fit a principe: non solum enim in eo negotio in quo facta est,

---

3 immo ille *B* | est] id est *add. PB* | princeps *P* 4 enim] *om. P* | habet *P* 5 preuideant *P* 6 sunt *PB* 8 legem *PB* 9 promulgandam *P* 10 inserta] insertam *T* inseranı *B* mixta *P* | est] ea *add. P* 11 a] *PB* ủ (= ut) *T* 12 populi] *TB* principum *P* | cum] et *P* 13 conscilio *B* 17 sacrilegia. homicidia. adulteria *P* 19, 20 tenere — obsecundare] *om. B.* 21 hortando] *TB* cohartando *P* | sui] suum *P*; *om. B* 22 legitime] *TP* legis *B* 24 a iudice] *TP*[1] auide *P*[2]; *om. B* | admittenda sunt *B* 25 ne qua] neque *PB* 28 generaliter *TB* generalis *P*

---

4. L. 8 C. h. t. *12—13*: L. 1 D. h. t. I, 3. **5.** *13—20*: L. 7 D. h. t. *20—22*: L. 4 C. h. t. **6.** LL. 18, 25, 29, 30 D. h. t. **7.** *28—1*: L. 12 C. h. t.

I, 14. 3. *4—6*: **Quest. IV, 7. 5.** *20—22*: **Exord. Summae Inst. Cod. Haen. 24** (Jur. Schriften p. 149). **6. Quest. exord. 5. 7.** *28—9*: **Quest. III, 1, 2.**

ex necessitate tenenda est, set [*etiam in*] omnibus similibus. quan-
doque necessaria [*est*] set in specie tantum, ut ea quę a iudicantibus
dum [*de*] re cognoscunt facta est: in ea enim demum causa admit-
titur super qua prodita est, non etiam in similibus: non enim
exemplis set legibus negotia dirimenda sunt, nisi perpetuo res ita
iudicata sit. est et alia interpretatio quę nulla necessitate aliquem
adstringit, ut ea quę fit a preceptoribus forte [*iura*] ambigua interpre-
tando: licet enim ea sit quę admitti possit, æquitati scilicet congru*ens*,
neminem tamen cogit. omnis enim interpretatio ita facienda est, ne
ab ęquitate discrepet, et ut omnis absurditas euitetur, et ne qua fraus
admittatur. ea enim omnia quę in fraudem legum gesta sunt irrita
sunt tam ipsa quam eorum subsecutiua. set ita demum in sub-
secutiuis uerum est, si perpetuo prohibita sunt, ut in ducenda uxore
ea quę Deo dicata est. si autem temporalem causam seruat, ut in
preside et subiecta sibi et alienatio in re minoris facta sine decreto,
nam subsecutiuum eius ualet, ut pignus a curatore in ea re datum.
Formam interpretandi dando: ut in eo quod alicuius fauore est con- **8**
stitutum. idem [*enim*] ita semper faciendum est, ne ad eius detrimen-
tum reuertatur. Obser‖uanda uero sunt iura non solum ab his **9**
quos iuris necessitas cogit, ut in tutoribus seu curatoribus in rerum *f. 5 c. 2.*
pupillorum seu adultorum administratione, set etiam ab his ad quo-
rum utilitatem spectat, ut in his qui nuptias contraunt. licet [*enim*]
in uoluntate sint, modus tamen in his contrahendis seruandus est.
Obseruandę nec non intelligendę sunt [*leges*] generaliter ab omnibus. **10**
in his enim continetur, quę sunt fatienda et quę uitanda sunt. ergo
earum peritia omnibus necessaria est, nisi cui hoc remissum sit
speciali benefitio, ut in subiectis ostendemus. Constitutiones et gene- **11**
raliter et specialiter promulgantur. edicta uero principum semper
generalia sunt, et ideo in generali titulo nominatim de his dixit.

---

1 etiam in] *PB* 2 est] *P*; *om. TB* 3 de] *PB* 4 supra *B* | quam *PB* 7 iura] *P* in *B* 8 congruens] *P* congruentem *T* cogentem *B* 10 ne qua] neque *P* 11 legis *P* 13, 14 ducendo eam uxorem *B* 14 dedicata *PB* | si talem specialem causam seruatur *B* | in] a *B* 15 et subiecta] cum subiectam *B* 18 enim *P*; *om. TB* 20 seu curatoribus] *om. B* 22 enim] *P*; *om. TB* 23 obseruandus *P* 24 leges] *P*; *om. TB* 29 dixit] *Rubr.* De mandatis principum *sequitur in P*

1—6: L. 12 D. h. t., L. 13 C. de sentent. VII, 45, L. 38 D. h. t. *9—11*: L. 25 D. h. t. *11—12*: L. 5 C. h. t. *14—16*: L. 6 C. de nupt. V, 4, L. 6, L. 9 § 1 C. de praed. min. V, 71. **8.** L. 6 C. h. t. **10.** L. 9 C. h. t. **11.** *28—29*: L. 3 C. h. t.

---

7. *11—16*: **Quest. III, 5.** Cf. infra V, 20 § 7.

item 'de mandatis principum' ponit propter specialem formam quę in his denotat[*ur*]. senatus uero consultum licet per se legis firmitatem optinet, uim tamen constitutionis eis tribuit, et ideo de his specialiter adiecit.

XV. DE VETERI IVRE ENVCLEANDO.

1 Ciuilis scientia ab omnibus est capienda ideo, ut permissa possint sectari et prohibita declinare. set ne dubietas oriatur, ex quibus uoluminibus legitima precepta accipienda sint, ea ratione de iure antiquo enucleando seu elimando apponit, et cuiusmodi auctoritatis sint hii
2 qui in Digestorum uolumine referuntur adicit. In hac quidem constitutione formam et obseruantiam mandato imponit, quomodo enucleare atque componere debeant, scilicet duro atque aspero seu amaro siue acerbo nec no[*n*] inutil*i* reiecto, econtra saporissimo atque utilissimo admisso. item in eo scribendo formam ponit, uidelicet ne per signorum obscuritatem legitima uolumina scribantur. commenta quoque in hisdem applicanda non sunt, nisi ut quędam prelibatio, quę greco sermone paratitla nuncupantur, per singulos titulos ab
3 aliquo ‖ peritissimo confitiatur: quę admittitur. In alia uero consti-
f. 5 c. 3. tutione iuris consultorum responsa secundum eius mandatum composita recipit, et non solum Digestorum uolumini set etiam Constitutionum nec non Institutionum libro suam auctoritatem prebet. si qua uero negotia postea emergentia legis lationem postulauerint, hęę Nouellarum Constitutionum nomine appellentur. ex aliis autem uoluminibus leges accipi seu in negotiis recitari prohibitum est, quin immo criminosum est.

XVI. DE IVRIS ET FACTI IGNORANTIA.

1 Sacrarum legum precepta ab omnibus sunt intelligenda atque obseruanda. qua de causa si quis earum ignorantia laboret, uiden-

---

2 denotatur] *PB* | per se] *om. B* 4 adnectit *B* 5 enucleando] et de auctoritate prudentum *add. B* 6 SCIuilis *T* 7 declinari *P* 8 capienda sunt *P* 9 elimando] illuminando *P* auctoritate iuris prudentium *B* 11 mandando *P* 13 inutili] *P* inutile *TB* 13, 14 saporifero atque dulcissimo *P* 14 eos *B* 15 legitima] *TP* librorum *B*; uel legum *supra lin. add. P* 17 paraticia *P* paritia *B* | nuncupatur *B* 18 confitiantur *P*[2] | quod *PB* 23 appellantur *B* | 24, 25 qui inmo criminosum est *P*[1]; *expunxit P*[2]

1—2: **tit. C. de mandatis principum I, 15.** *2—4*: tit. C. de senatus consultis I, 16.

I, 15. Rubr.: rubr. C. I, 17. **2. L. 1 C. h. t. 3. L. 2 C. h. t.** „iuris consultorum responsa": § 8 Inst. de iure nat. I, 2.

I, 16. Rubr.: rubr. C. I, 18.

I, 15. 2. *15—18*: **Quest. XXXVIII.**

dum est. In ignorantia quidem spectandum est factum et ius. fac- 2
tum hic ita accipiendum est, cum aliquis factum simul et ius igno-
rans uel facit quod ei non expedit, uel quod faciendum erat preter-
mittit, ut in bonorum possessionis petitionem et hereditatis aditionem.
ius uero in hoc articulo ita adtendendum est, ut te illesum conseruet
aut lapsum releuet. nam si rem aliquam forte alienam putans tuam
esse rapias, cum et hoc tibi a lege permissum putes, quoniam dolus
cessat, furti poenam euit*as*, et ita hic propter ignorantiam facti
nomen mutatur: si enim et factum et ius scisses, fur esses. et hoc
quidem modo illesus conseruaris: facto enim cessante, scilicet furt*i*,
animo delinquendi defitiente, rationabiliter et poena eius delicti
nomine prodita cessat. tibi autem lapso subuenitur, cum a damno 3
quod propter ignorantiam obuenit releuaris tum actione indulta tum
exceptione prebita. hoc quidem euenit aut persone merito aut rei
aut simul utriusque. *qui*dam enim propter etatem, ut minores 4
XXV annis, *qui*dam propter sexum, ut mulieres, *qui*dam *propter*
sacramentum, ut milites, *qui*dam propter rusticitatem quandoque
subueniuntur tam in dampno quam in lucro, et hoc ratione personę,
nisi forte delictum interueniat, ueluti si minor in re aliena ‖
furtum admittat uel dampnum det et putat hoc a lege esse permis- *f. 5 c. 4.*
sum, uel si libertus patronum in ius uocat, cum rusticus sit. quan- 5
doque propter rem ignorantia tibi subuenit, ueluti in dampnis, ut si
putes te debere [*et*] soluas: te enim soluente obtingit alienatio ideoque
actione tibi indulta, id est condi[*c*]tione indebiti, subuenitur. si enim
indebitum promittis, exceptio tibi *per*mittitur. Error uero aut facti 6
est aut iuris. factum autem ignorare tollerabile est ideoque omnibus
subuenit in damnis et in lucris, nisi nimię desidię seu securitati

---

2 hic] *om. B* 3 uel facit] *om. B* 4 petitionem — aditionem] *TB* petitione — aditione *P* 8 euitas] *P* euitaris *TB* 10 furti] furtum *TB* .i. furtis .ſ. (= id est furtis scilicet) *P* 15 utriusque] personarum rationem. alii iuuantur *add. B* | quidam enim] quibusdam enim *TP*; *om. B* | minores *TB* minoribus *P* 16 quidam] *B* quibusdam *TP* | mulieres *TB* mulieribus *P* | propter] *P* per *TB* 17 milites] *TB* militibus *P* | quidam] *B* quibusdam *TP* 18 subueniuntur] subuenitur *PB* 20 admittit *B* committat *P* | lege] sibi *add. P* 23 putes] *TB* putas *P*; putans *scr.*? | et] *om. TPB* 24 tibi] *om. P* | tibi subuenitur *P* 25 permittitur] *P* promittitur *TB*

---

2. *6—12*: § 1 Inst. vi bon. rapt. IV, 2. **4.** „minores“: L. 9 pr. D. h. t. XXII, 6, L. 11 C. h. t. „mulieres“: LL. 8, 9 pr. D. h. t., LL. 11, 13 C. h. t. „milites“: L. 9 § 1 D. h. t., L. 22 pr. C. de iure delib. VI, 30. „propter rusticitatem“: L. 8 C. qui admitti VI, 9, L. 1 § 5 D. de edendo II, 13, L. 2 § 1 D. si quis in ius voc. II, 5. **6.** *25—1*: LL. 8, 9 pr., §§ 2, 5 D. h. t.

ascribatur, ut quod omnes in ciuitate sciunt tu ignores. in iure
erras quandoque naturali, ut si parentem uel patronum in ius uoces,
quod tollerandum non est, quandoque ciuili, hec enim ignorantia
7 tollerabilis est. si enim de damno uitando contendas, subuenitur tibi
generaliter, nisi et altera pars de damno uitando certet, ut si post
mortem mandatoris inutiles impensas repetas, item si res priuilegiata
obstet tibi, ut id de quo iudicatum est seu transactum uel de quo
lis infitiando crescit: hic enim, et si damnum uitare conaris, non
iuuaris. alias enim in damnis propter ignorantiam subuenitur, quia
iuris ignorantia in amittenda re sua nemini obest. in compendiis
uero nemini prodest. damnum autem tibi infligitur, aut si iam abest,
ueluti si corporale quid emisisti, indebitum uidelicet soluendo, aut
si abfuturum est, ut si incorporale quid emisisti, ueluti indebitum
8 promittendo. Item ius quo lederis tum ratione speciali nititur, ut
res iudicata, tum communi, ut alienatio, tum mixtam habet causam,
ut in eo quod ciuili ratione debitum est naturali uero indebitum.
ius uero quod inploras tum petitionem tum defensionem tribuit, et
9 leuius indulgetur retentio quam repe[*ti*]tio. In re quidem summatim
animaduertendum est, quo errore ductus lesus sis, utrum facti an
iuris, et quomodo et quatenus. item quod ius postules et quod ius
10 oppugnes. Mixta causa spectatur tam ratione personę quam rei,
f. 6 c. 1. ueluti ‖ si in dampno militi seu minori subueniatur. qua de causa
euenit, ut ignorantia quandoque simpliciter tibi subueniat uel propter
personam tantum uel propter rem, quandoque duplici ex causa, ut
si tam personę ratio quam rei tibi opituletur. quando[*que*] uero ex
re tantum subuenitur, non tamen simpliciter, ueluti si ignorantia facti
non iuris in damno iuueris ad repetendum id quod naturali ratione
11 debitum fuit. In summa intuendum est, quę causę pro te faciunt,
et quę contra te. item si persona tua priuilegio gaudeat: facilius
enim in damnis et in lucris audieris. item si de retinendo certes.
sic et ceterę causę distinguendę sunt. nam si una uel plures causę

---

4 euitando *P* 5 euitando *P* 9 aliter *P* 13 amisisti *P* obmisisti *B* 17 tribuit] *TP* tibi prebuit *B* 18 repetitio] repetio *TB* 19 sit *P* 20 et quomodo] quomodo (*om.* et) *P*[1] quomodoque *P*[2] 25 quandoque] *PB* | uero *om. B* 27 iuuaris *P* | id] *om. P* 28 fuerit *P*[2] 29 gaudet *P* 30 et] quam *P* 31 sic] *om. B* | uel certe *B*

1—3: L. 2 C. de in ius voc. II, 2. **7.** LL. 7, 8 D. h. t. „id de quo iudicatum est": L. 7 C. h. t., L. 1 C. de cond. ind. IV, 5. „seu transactum": L. 2 C. de transact. II, 4. „uel de quo lis infitiando crescit": L. 4 C. de cond. ind. IV, 5. *11—14*: LL. 3, 4 C. eod. **8.** *18*: L. 3 C. cit. **10.** *25—28*: L. 19 ict. L. 9 C. ad L. Falc. VI, 50. Cf. infra IV, 3 § 4 s. fin.

pro te faciunt, contra te uero nichil, obtinebis. si uero ab utraque parte tales causę inter se obuiant, heę quę æquissimę sunt admittende sunt.

DE RESCRIPTIS. XVII.

Propositum est de humanis sacris, id est de legibus quę sacrę 1
sunt. qua ratione necessarium est et hic supponere de his personis quę humanis sacris suppeditant atque deseruiunt, id est magistratus, per quos iura in melius producuntur et effectui mancipentur: parum enim est ius in ciuitate esse, nisi sint et hii qui iura reddere possint. necesse ergo est ab eo exordium sumi qui caput est omnium magistratuum, immo omnium hominum, id est Romanus princeps, deinde ad singulos quasi per membra descendere. Ei ergo facile 2
adeundum non est nisi forte precibus porrectis. ideo de eis imperatori deferendis apponit et de causis ex quibus supplicare permissum est uel non, adicit, quia sunt quędam causę de quibus preces porrigendę non sunt, ueluti si aliquid contra ius impetretur: iuri enim contraria nec alteri damnosa postulanda non sunt. Ad preces 3
quidem principes rescribere solent quandoque ius commune constituendo, quandoque ius singulare indulgendo. ea uero rescripta quę ius commune continent sine delectu admittuntur. set in his quę iu*re* special*i* nituntur, non precise ita est. quędam enim rescripta in nostro Codic*e* uel in toto corpore iuris inserta sunt, quędam alias deuagantur. quę in legalibus uoluminibus inscripta sunt, etiam si contra ‖ ius utilitatemue publica sint, sine delectu admittuntur. quę *f. 6 c. 2.*
alias deuagantur: quędam similia sunt his quę in nostro uolumine recepta sunt, quędam non. quę similia sunt eodem modo admittuntur quemadmodum ea quę in nostro Codice scripta sunt, ueluti si adhuc priuilegiis tam rebus ęcclesiasticis quam personis diuino muner*i* deputatis indulge*ant*. alia uero ita demum admittuntur, si neque 4

---

4 De diuersis rescriptis *P* De precibus imperatori offerendis et de diuersis rescriptis *B* 7, 8 id est — producuntur] *om. B* 15 de] ex *B* 17 non] *om. PB* 21 iure speciali] *PB* ius speciale *T* 22 codicęs *T* 22, 23 quędam — sunt] *om. B* 24 publica] causa *B* 28 priuilegiis] *TB* priuilegia *P* | munere *TPB* 29 indulgeant] *B* indulgeatur *T* indulgeantur *P* | uero] *om. B*

I, 17. Rubr.: rubr. C. I, 23. **1.** *8—10*: L. 2 § 13 D. de orig. iur. I, 2. **2.** tit. C. de precibus imperatori offerendis et de quibus rebus supplicare liceat vel non I, 19. *16—17*: L. 3 C. I, 19. **3.** *19—20*: L. 6 C. si contra ius I, 22. **4.** L. 6 C. cit., L. 7 C. de prec. imp. I, 19.

I, 17. 1. *10—12*: **Exord. Summae Inst. Cod. Haenel. 20** (Jur. Schriften p. 148).

iuri neque utilitati publice aduersa sint neque alteri damnosa. set [*si*] non prorsus ius alterius abrogant, licet in aliquo detrahunt seu imminuunt, recipiuntur, hoc est cum non uires principalis negotii exauriunt, set dilationem forte tribuunt debitori uel alterius iudicis cognitionem inducunt. nam et ea quę iuri obstant quandoque admittuntur, hoc est si alteri damnosa non sunt, ueluti cum suppli-

5 cantibus crimen indulgeant. cetera autem refelluntur. Ex his tamen quędam quę supra dicta sunt similiter recusantur, hoc est cum neque iuri neque publice utilitati obuiant, si tamen probentur per mendacium *inpetrata*. Insuper quędam perenni*a* [*sunt*], quędam [*personalia*] benefiti*a*. in his enim quandoque [*ius*] commune, quandoque priuilegium continetur quod iuri communi contrarium est (alias enim non foret priuilegium), cum non minus iusta causa est quę priuilegium postulat quam ea quę ius commune suasit, ueluti priuilegia prestita locis uenerabilibus. iustum est enim predia in censum conferre: tamen non minus iustum est predia ęcclesiastica ab huius modi honere relaxari. item æquum est homines officia seu munera publica subire: multo tamen æquius est personas diuino cultui deputatas ab huius modi munere seu honere inmunes seruari. et ita hec omnia cum distinctione supradicta admittenda seu refel[*l*]enda sunt.

6 Libellus quoque imperatori porrectus pro litis contestatione habetur. ea propter heę actiones quę alias in heredem eius contra quem porrectę sunt uel etiam heredi eius qui meruit competere non solent, heredi et contra heredem dantur. item perpetuantur: set hę demum

f. 6 c. 3. quę a pretore inuentę ‖ annali termino clauduntur.

XVIII. DE OMNIBVS MAGISTRATIBVS.

De principe dictum est, cui omnes magistratus suppositi sunt. ea propter [*generaliter*] de omnibus magistratibus et eorum offitiis in tractatu adnectendum est. quidam uero ex his illustres sunt, quidam spectabiles, quidam clarissimi. item illustres quidam in palatio, quidam

---

2 si non] *P* siue *B* 3 minuunt *B* 6, 7 supplicanti *P* 7 autem] *om. P* | repelluntur *P* 10 inpetrata *PB* inp̄. eterniſ *T* | Insuper] insunt *B* 10, 11 perennia — benefitia] *om. B* perennibus quędam benefitiis *T* perennia beneficia *P*. *Cf. LL. 2, 4 C. I, 23.* 11 enim] *om. B* | ius *PB* 13 quę] quam *P* 18 multo] merito *B* | est] *om. B* 20 repellenda *P* 24 set] et *add. P* 26 De officio prefecti pretorio *B* 28 ea propter] quapropter *P* | generaliter *PB*

---

5. L. 5 C. si contra ius I, 22. **6.** *10—11*: LL. 2, 4 C. de div. rescr. I, 23. *15—19*: V. supra I, 2 § 4, I, 3 § 7. **6.** tit. C. quando libellus I, 20.

I, 18: tit. C. I, 26—57.

extra. quapropter hii qui a principe secundum locum optinent premittendi sunt, id est hii qui inlustres extra palatium sunt, ut prefectus pretorio tam Orientis quam Illirici nec non et eo qui Africane diocesi preest. et quid ad eorum offitium pertineat, et quid tam [*ab*] his quam eorum offitialibus ex publico percipi debe*at*, compendiose exponit. item similiter quid ceter*is* magistrat*ibus* et eorum offitial*ibus* prestandum sit. et e conuerso quid tam ipsi quam omnes prouintię fiscali utilitati prestare debeant, adiungit. Illustres autem qui in palatio sunt et cotidie circa latus principis militant quidam inhermem militiam gerunt, quidam armatam. inhermem: ut prefectus urbis item quęstor. armatam: ut magister militum.

EXPLICIT L. PRIMUS. INCIPIT SECUNDUS.

DE EDENDO. I.

Qualiter aequitas in magistratuum personis constituta sit, expli- 1
citum est. nunc autem quomodo iudiciorum æquitas seu iustitia expedienda sit, in quibus magistratuum personę adeo necessariæ sunt, ut sine his nullum iuditium esse possit, docendum est. ideo cum de ipsis iuditiis dicendum est, rationabiliter eorum preparatoria premittit, scilicet de edendo et in ius uocando nec non de postulando et satis dando. Equum quidem est actionem, ante quam quis ad 2
iuditium uocetur, edi, ut ab eodem prius patefacta reo litis specie prouidere ualeat, utrum cedere an contendere malit. reo quoque litem suscipiente instrumenta actoris edi sibi iustum est, quibus causam suam instruere possit: ęquum enim est te controuersiam alicui faciente causam eius tuo documento finire. econtra reus instrumenta sua actori exhibere non cogitur nisi ‖ intentione fundata: actor enim *f. 6 c. 4.*
intentata suis instrumentis non etiam fugientis partis probare debet. Item occasione accepta adicit generaliter de omni editione instru- 3

1 a principe] ab imperatore *P* 3 et eo] *TB* de eo *P* 3, 4 Africe *B* 4 diocesin *T* 5 ab] *P*; *om. TB* | debeat] *P* debeant *TB* 6 ceteris magistratibus *PB* ceteri magistratus *T* 7 offitialibus] *P* offitiales *T* offitiis *B* 8 prouintię] *TB* prouintiales *P* 11 magister] magistratus *B* 12 Explicit — secundus] Incipit liber II⁹. *P* Incipit l. II. *B* 14 sit] est *B* 15 iustitia] iudicia *P* 16 sit] sint. et *P* 17 dicendum *P* | ideoque *P* 18 est] sit *B* 19 et] de *add. P* 21 speciem *T* 22 ualeat] debeat *P*¹ 24 possit] ualeat *P* 26—28 fundata — occasione] *om. B* 27 intentata] intentionem *P* 28 adicit] dicit *P*

II, 1. Rubr.: rubr. C. II, 1. **2.** *20—22*: L. 1 pr. D. h. t. II, 13. *22—27*: LL. 1, 4, 5, 6, 8 C. h. t. **3.** L. 7 C. h. t., L. 3 § 14 D. ad exhib. X, 4, L. 4 pr., § 1, L. 6 § 4 D. h. t.

mentorum. siue enim instrumentum alicuius proprium est siue com-
mune siue quolibet modo ad eum pertineat, ueluti [*si*] rationes eius
ab argentario *confectę sunt*, edendum est. quod si factum non est,
4 in factum actio in id quod interest a pretore inuenta est. Cum autem
de probationibus hic adicit, hoc non principaliter *fit* set incidenter,
ut, cum constet quis probare debeat, utrum suis instrumentis an
alienis hoc facere debeat, denotat.

II. DE IN IVS VOCANDO.

1 Edita reo lite eo cedere nolente equum est eum in ius uocari.
2 ea de causa titulus iste supponitur. Permissum est tam a lege quam
a pretore omnibus quibus ius est, ut quos libet in ius uocare pos-
sint. et hii qui uocati sunt sine delectu uenire debent: uel ad hoc
ut litem agant, uel ut priuilegia sua allegent, iudice discutiente,
audita causa unius cuiusque, quid inde iustum sit, et postea inuento
3 eo effectui tradere faciat. Speciali tamen ratione quasdam personas
prohibitum est in ius uocari tam ciuili *quam* pretorio iure. et pre-
cise quidem ciuilis interdictio tenet, ueluti ne consul in ius uocetur.
pretor autem adiecta conditione prohibet, id est uenia non inpetrata
parentem item patronum in ius ne uoces. item quędam alię personę
4 prohibentur, quę leuiter in Responsis prudentum denotantur. Hii
autem qui legitime uocati sunt, iuditio sisti satis dare debent. si
uero uenire contempserint, per executorem cogendi nec non ducendi
sunt, dum tamen inuiti de domo sua non extra[*ha*]ntur, quia domus
5 cuiusque tutissimum receptaculum est. Hii uero qui contra inter-
dictum aliquem in ius uoc*auerint* quandoque a iudice extra ordinem
mulctantur, quandoque L aureorum poena eis inponitur, ut liberto:
quę non semper exigitur, ueluti si patronus non uenerit uel libertus
f. 7 c. 1. actio||nem remiserit.

---

2 si] *P*; *om.* *TB* 3 argumentatore *P* | confectę sunt] *P* confectas *B* efectas *T* 4 in id] in eo *P* 5 fit] *PB* sit *T* 7 denotet *P* 8 De in ius uocando omnibus magistratibus permisso *P* 11 quemlibet *B* 15 tamen] *om.* *B* 16 quam] *PB* qui *T* 18 non] *om.* *B* 19 ne] *om.* *B* 25 aliquem] parentem uel patronum *B* | uocauerint] *P* uocauerit *B* uocantur *T* 27 quę] a quo *P*

---

4. L. 4 C. h. t.

II, 2. Rubr.: rubr. C. II, 2. **2.** *12—13*: L. 2 D. si quis in ius voc. II, 5. **3.** *16—17*: L. 2 D. h. t. II, 4. *18—20*: L. 4 §§ 1, 2 D. h. t. **4.** *20—21*: tit. D. in ius vocati II, 6, L. 1 D. si quis in ius voc. II, 5. *21—23*: L. 13 § 3 ict. § 2 C. de iud. III, 1. *23—24*: LL. 18, 21 D. h. t. **5.** LL. 24, 25 D. h. t.

DE PACTIS. III.

Sepe euenit, ut in ius uocati trans*i*gant seu alias paciscantur. 1
eaque ratione de pactis in generali nomine subsistentibus dicit.
Pactum uero est consensus duorum seu plurium in idem: in his 2
demum causis unde iudex se interponere debet. sumitur quidem
hoc nomen ab actione pacis: pactum enim dicitur pacis actum, non
a percussione ut antiqui dicebant. Equitas seu ratio qua pacta ser- 3
uantur tum iudicium proprium est, cui resistendum non est: hoc
enim uarii et inconstantis hominis est, quia quod semel nobis placuit,
id postea displicere non debet. tum fides quę ab uno promittitur [*et*]
ab altero speratur, hoc suadet, ut ea quę complacita sunt seruentur,
cum ueritati hoc debemus ne fallamur, et hoc naturaliter in nobis
inest ut uerum dicamus. Item pretoris auctoritate nituntur, quia 4
pretor ait 'pacta seruabo'. non tamen sine delectu: spectatur enim
tam ra*t*io facti quam iuris. Factum quidem est, ut unus promittat 5
et alter promittentis fidem sequatur. et hoc fit, sive expressim con-
uenit siue tacite. nam propter rei æquitatem quędam tacite pre-
sumuntur et custodiuntur, ueluti si plures in solidum teneantur et
ab uno par*s* exigitur. In iure uero hoc anima[*d*]uertendum est, ut 6
pactum admittatur et admissum seruetur. ut autem admitti possit,
merito delectus habetur tum in personis, tum in rebus, tum mixtim.
Persona ea esse debet, ut consentire possit et suarum rerum am- 7
ministrationem habeat et neque natura neque iure excludatur. furio-
sum quidem natura excludit. pupilli uero et hii quibus bonorum
amministratio a pretore interdicta est iure repelluntur, et si qui sunt
similes. Rem hic accipe ipsam promissionem, et promissionis quali- 8
tatem, item causam. promissio est: C ‖ dari, domum fieri. set id *f. 7 c. 2.*

---

2 transigant] *PB* trans figant *T* 2, 3 seu — in] *om. B* 4 consensus — in idem] consensus et placitum duorum seu plurium in idem *B* duorum pluriumue in idem placitum et consensus *P* 5 debeat *P* | sumit *P* 7 a percussione ut] *PB* ut a percussione *T* 8 tum] tamen *B* 10 tum] cum *B* | et] *PB* 11 persuadet *P* | placita *PB* 12 ne fallamur] *TB* non fallimur *P* 13 inest] est *P* | uera *P* 17 tacita *P* 19 pars] *PB* partem *T* 23, 24 furiosus *P* 24 excluditur *P* 25 repellitur *P*[1] repellentur *P*[2] 26 hic] sic *B*

II, 3. Rubr.: rubr. C. II, 7. **2.** L. 1 §§ 1, 2 D. h. t. II, 14. *5—6*: Isid. Orig. V, 24, 18. **3.** L. 1 pr. D. h. t., Cic. de off. I, 7 (23). **4.** L. 7 § 7 D. h. t. **5.** LL. 2, 4 D. h. t. **7.** *23—26*: „furiosum — excludit“: L. 1 § 12 D. de obl. et act. XLIV, 7. „pupilli“: pr., § 1 Inst. de auct. tut. I, 21. „hii quibus — interdicta est“: L. 6 D. de verb. obl. XLV, 1. „si qui sunt similes“: L. 17 D. qui test. XXVIII, 1, L. 48 D. de reg. iur. L, 17. **8.** *27—4*: LL. 185, 188 § 2 D. eod.;

quod promittitur neque *naturæ*, ut inpossibilia, neque iuri scripto aduersari debet, nisi forte de iure tuo remit[*t*]as ita ut publica utilitas ex hoc non ledatur, nec etiam equitati seu bonis moribus, ut pactum de hereditate futura. promissionis qualitas ea est, ut fides bona adsit et dolus cesset tam eius qui promittit quam eius cui promittitur: iniquum est enim ei qui contra fidem fecit fidem seruari sibi. causam autem *dicimus* dationem seu factum uel contractum, maxime si ad agendum allegetur. si uero ad defendendum,
9 facilius indulgetur. Mixta ratio spectatur in rebus et in persona: promissor enim de re sua, item de suo facto promittere debet, et ille cui promittitur sibi et suę utilitati prospicere debet, ne alterius pactum alteri prosit uel obsit. si enim quis alium daturum uel facturum promittat, nichil agit. econtra si quis alteri paciscatur, uel sibi ut sua non intersit, inane est, quia alteri pacisci nemo potest nisi quibusdam personis, ut patri et domino, item qui aliena negotia gerit siue ipsius uoluntate, ut procurator, siue legitima aucto-
10 ritate, ut tutor curator. Si uero ea omnia non obstent immo concurrant, admittitur pactum tum ad agendum tum ad defendendum, nisi uitiatum sit per posterius pactum: illud enim pactum custodiendum est quod ab initio non uitiose factum est, nec postea in eius
11 preiuditium aliquid factum est. Si quidem ad agendum: necesse est, ut ea quę supra dicta sunt in promissionis causa, et cetera alia adsint. si autem in generali nomine stet, necesse est dationem seu factum interuenire, ut prescriptis uerbis actio nascatur: nam in datione quodcumque pactum factum est seruatur. si autem in speciale nomen transeat, hoc ita demum fit, si obligatio rei uel uerborum seu litt[*er*]arum, uel consensus ibi ubi solus consensus sufficit
f 7 c. 3. ad obligationem parandam, pacto adminiculetur: ‖ tunc enim actionem

---

1 naturæ] nature *P* natura *TB* | iuri] non *add. B* 6 facit *P* 7 sibi] *TB*; *om. P* | dicimus] *PB* dñs (= dominus) *T* 12, 13 uel facturum] facturumue *P* 13 agitur *B* 14 est] pactum *add. P* 17 tutor] et *add. P* 18 tum — tum] tam — quam *PB* 19 nisi] prius *add. P* 21 aliquid] *TB* aliquod *P* aliud *scr.*? 27 ibi] *om. B* 28 parandam] *TP*[1] peragendam *P*[2] pariendam *B* | pacto] pactio *T*[2]

L. 6 C. h. t. „pactum de hereditate futura": LL. 15, 19, 30 C. h. t., L. 61 D. de verb. obl. XLV, 1. *4—7*: L. 4 C. de obl. et act. IV, 10, L. 7 §§ 7, 9 D. h. t. **9.** *10—15*: §§ 3—5 Inst. de inutil. stip. III, 19. *15—17*: L. 22 C. h. t. **10.** *19—21*: L. 27 § 2, L. 58 D. h. t. **11.** *23—24*: L. 7 § 2 D. h. t. *24—25*: L. 48 D. h. t., L. 10 C. h. t. *25—1*: L. 7 § 1 D. h. t., § 2 Inst. de obl. III, 13.

II, 3. 8. *1—2*: „neque iuri — remittas": **Quest. VII, 12. 9.** Cf. Comp. iur. Cod. Haenel. 35 (Jur. Schriften p. 137).

quę ex contractu nomen sumit parit, ut empti commodati depositi.
item quedam pacta informant actionem, ut ea quę in continenti *fiunt*,
id est [*in*] ingress*u* contractus. et hoc tam [*in*] bonę fidei quam
stri[*ct*]is iudiciis, set hec [*d*]ifferenter: in bone fidei agi potest actione
ex contractu secundum pacti formam item act*ione* prescriptis uerbis,
in strictis uero iuditiis ex pacto tantum, id est prescriptis uerbis.
Ad defensionem uero etiam nuda pacta admittuntur, quia procliuiora 12
sunt iura ad *defendendum quam* ad inpugnandum et facilius excep-
tionem quam actionem tribuunt. Vtrobique enim pactum interuenisse 13
probandum est, siue expressum siue non. presumitur enim pactum
et custoditur, etsi uoluntas expressa non interueniat, et hoc ideo,
quia per se æquum est quod presumitur, ueluti si creditores uendita
hereditate emptores conueniant et hii actiones sponte suscipiant, uel
si liti renunties. et hoc fit tum propter rei æquitatem, ut in here-
ditate uendita, tum odio litis, ut in renuntiatione. hoc fieri potest
etiam inter absentes. Quandoque autem quędam pacta quę neque 14
æqua neque iniqua sunt seruantur, ueluti si quis quod sibi debetur
liberaliter remittat. quandoque illud quod iniquum est ex equitate
pacti tolleratur, ueluti in certis actionibus, ut in rei uenditę extima-
tione. Item quędam pacta communi ratione, quędam speciali ser- 15
uantur. communis est quę generaliter inter omnes custoditur. spe-
cialis est quę uel merito rei fit, ut pactum dotale, quod heredi non
competit, quia personę tantum coheret, uel personę merito, ut ultima
uoluntas militis. Ea autem pacta quę prosunt ad defensionem, 16
quędam ipso iure elidunt intentionem, ut in furti et iniuriarum,
quędam per exceptionem siue perpetuam siue dilatoriam, et utrobique
ita demum pacta admittuntur, si ea omnia adsint quę adesse debent,
et ea absint quę abesse debent.

---

1 sumpsit *B* 2 fiunt] P^1*B* fuerint *T*P^2 3 in ingressu] *PB* ingressus *T* 3, 4 in bonę — differenter] *in marg. add.* T^2; *recisione folii quaedam litterulae ablatae sunt.* 4 strictis] stricti iuris *B* in stricti iuris *P* | hec] hoc *PB* 5 actione] *B* actur T^1 actum T^2 actio *P* 6 uero] *om. P* 8 defendendum quam] *PB* agendum quia *T* 14 renuntietur *PB* 19 certis] *TP* incertis *B* 25 eliduntur intentione *B* | in] *om. P*

2—6: L. 7 § 5 D. h. t. ict. L. 2 C. de pact. int. empt. IV, 54. **12.** L. 7 § 4 D. h. t. **13.** *9—10*: L. 17 C. h. t. *10—15*: LL. 2, 4 C. h. t. *15—16*: L. 2 pr. D. h. t. **15.** *23—24*: L. 19 C. h. t. **16.** L. 17 § 1, L. 27 § 2 D. h. t.

---

13. Quest. VII, 11.

IV. DE TRANSACTIONIBVS. ℞.

1 Generaliter de pactis audisti. sunt autem quędam pacta gra-
tuita, quędam non. ea propter de non gratuitis supponit, id est de
f. 7 c. 4. transactionibus. in quibus ‖ intuendum est, quid commune habent
cum ceteris pactis, item quid proprium seu speciale, diffinitione
2 tamen ipsius uocabuli premissa. Transactio est quasi transitio,
quę fit de re dubia et lite incerta neque finita (sententia uidelicet
uel alia conuentione amicali), aliquo tamen dato retentoue seu pro-
misso, ita ut aliquod commodum exinde proueniat: uel sufficit aliquo
casu potuisse *pro*uenire, licet effectus non sequatur, ut in const̄. illa
3 reperitur 'Si super possessione' et cē. Et hic factum spectatur, id
4 est a lite abfore pro aliquo emolumento. In iure uero considerandum
est et ea quę communia [*sunt*] in omnibus pactis, scilicet in personis
[*et in rebus*] item mixtim, prout in superiori titulo tibi patefactum
5 est. Rei uero ratio specialis est per quam transactionis proprietas
a ceteris pactis distinguitur. rem dico promissionem non simplicem.
promittis enim te a lite discedere cepta iam seu futura, ego autem
tibi aliquid futurum promitto uel in presenti do uel retinere per-
mitto. licet enim hec conuentio iniqua re ipsa uideatur, seruatur
tamen, et hoc propter incertum litis. siue enim in rei ueritate actio
tibi competit, iniquum est te carere re tua ob minimum uel nullum
emolumentum, siue econtra nulla tua persecutio sit, iniustum est te
aliquid exinde ex meo accipere, nichil enim tibi ab*est*. res autem
de qua paciscimur tum equa, tum iniqua, tum neque æqua neque
iniqua. set siue æqua siue res media sit, pactum admittitur. si
uero iniqua sit, quandoque propter incertum, ut in emptione, rei
iniquitas reconciliatur ex equitate pacti. permissum est enim nostro
arbitrio nostroque consensu seu nostra auctoritate incertam esti-
mationem diffinire: quod tolleratur per conuentionis rationem. ita

---

4 habeant *P* 6 quasi] litis *add. P*; *cf. Rog. S. C. II, 4 pr.* 8 alia] *TB*; *om. P* | tamen] *om. P* 10 prouenire] *PB* peruenire *T* 13 sunt] *PB* 13, 14 scilicet — rebus] *P* in rebus scilicet et in personis *B* 22 econtra] contra *B* 23 abest] *PB* abesse *T* 25 æqua] siue iniqua *add. P* 29 per] *TB* propter *P*

II, 4. Rubr.: rubr. C. II, 4. **2.** *6—9*: L. 1 D. h. t. II, 15, L. 38 C. h. t. *9—11*: **L. 9 C. h. t. 4.** V. supra II, 3 §§ 7, 9. **5.** L. 1 D. h. t., L. 2 C. h. t. **L. 65 § 1 D. de cond. ind. XII, 6.**

II, 4. 1. *2—4*: **Quest. VII, 15.** Cf. Expos. term. in App. Petri I, 62, Lib. de verb. leg. 14. **2.** *6*. Cf. Expos. term. in App. Petri I, 50, Lib. de verb. leg. 14. *9*: **Quest. VII, 14, 15. 3.** Cf. Quest. VII, 9, 14. **5. Quest. VII, 6, 14.**

et hic nobis permittitur nostra conuentione res dubias decidere.
quem ad modum enim alias res incerta iudici dirimenda committitur
et eius auctoritati credendum immo standum est, quanto magis *re*
nostra licet dubia nostro arbitrio seu iuditio decisa nostre sententię
standum est, licet quantum ad effectum ‖ quęstio nulla fuerit. sin *f. 8 c 1.*
autem alterutrius calumnia deprehenditur, id est cum aliquis eorum
intellegit se nullo iure litigare, transactio nulla est fide bona cessante,
quę generaliter in omnibus pactis exigitur: immo quod per
transactionem datum est condi[*c*]tione repetitur, ut in d. t. de con.
indebiti. Quatenus uero transactio seruetur, uidendum est. ad reti- 6
nendum quidem michi iusta causa est, non etiam ad me obligandum,
nisi in specie. quapropter tua promissio seruatur *e*atenus, ut, si
acceptilatio interuenit, ipso iure liberatio michi contingit, si sola
conuentio est, exceptio michi datur, ut plus non exigas me parato
implere quod conuenit. illud econtra quod promisi seruandum est,
ut si stipulanti tibi promisi, ex stipulatu teneor. set si dedi, eo
[*e*]uicto teneor uel ex stipulatu uel prescriptis uerbis. si tantum
comueni, non teneor nisi in casu, ut si mater tua inoffitiosi quęrelam
remisit: nam quia tam grauis quęrimonia remissa est, quę odii causa
resuscitanda per heredem non est, datur prescriptis uerbis actio. set
si tua actio perempta non est, me excipiente replicando de dolo
cogor uel ad implendum quod comueni uel ad suscipiendam intentionem
illesam. actione uero peremta de dolo tantum intra bienium
tibi competit. Si autem super re certa transactum est, ueluti super 7
iudicato, non ualet, nisi acceptilatio interueniat: tunc enim propter
uim acceptilationis inutilis transactio alias admittitur, set quod per
transactionem datum est releuat iudicatam rem. item si ex falsis
instrumentis transactio facta est, retractatur. item non seruabitur
transactio, si id quod promittitur turpe seu inhonestum est, ueluti

---

2 alia *P* | conceditur *P* 3 auctoritati] *B* auctoritate *TP* | re] res *TPB* 6 alterius *P* 7 intelligitur *P* 12 ææatenus *T* 15 illud econtra] *TB* Ideo contra *P* 16 tibi] *om. P* 17 euicto] *P* uicto *TB* 28 obseruabitur *P*

---

6. *10—12*: L. 21 C. de pact. II, 3. *12—13*: L. 15 C. h. t. *13—15*: L. 19 C. h. t., L. 16 D. h. t. *15—16*: L. 21 C. de pact. II, 3, L. 6 § 1, L. 17, L. 37 C. h. t. *16—17*: L. 33 C. h. t. *17—20*: L. 6 C. h. t. *21—24*: LL. 19, 28 C. h. t. **7.** *24—27*: L. 32 C. h. t., L. 23 § 1 D. de cond. ind. XII, 6. *27—28*: L. 42 C. h. t. *28—1*: L. 6 C. de pact. II, 3 ict. LL. 15, 19 C. eod., L. 61 D. de verb. obl. XLV, 1.

---

6. *17—20*: **Quest. VII, 4.**

si promisi te facturum heredem. si autem in ratiocinio errauimus in transigendo, non res[*c*]inditur. idem est et si in speciebus erratum est.

V. DE POSTVLANDO.

1 Sin autem hi qui in ius uocati sunt transigere seu pacisci nolunt, equum est tam petentis quam fugientis desiderium audiri et examinari et illud quod exinde iustitia precipit seu suadet custodiri.‖
2 ea ratione de postulando subicit. Postulare autem est pro tribunali
f 8 c. 2 petere, siue intendas siue agentem repellas, licet hoc uerbum alias
3 latius pateat. Set cum postulandi offitium generaliter indulgetur, speciali ratione quibusdam prohibetur: tum quidem sententia, tum ipso iure ciuili seu pretorio. nam pretor tres ordines eorum quos ab hoc offitio repellit facit. quosdam enim prorsus remouet, ut minorem X et octo annis, item surd*um*. quib*usdam* tantum pro se *per*mittit, ut cec*o*, nec non mulie*ri*, item qui passi sunt muliebria sui corporis. quibusdam pro se et pro certis personis *per*mittit, ut infamibus et quibusdam aliis qui facile ex Responsis prudentium collegi possunt. item Constitutiones quosdam remouent, ut aduocat*os* qui partem litis sibi pacti sunt, et h*os* qui catholice religionis misterio
4 expertes sunt. Aduocati quoque, quorum offitium onestissimum est, desiderium sui amici apud iudicem allegant: ideo de his adicit. ipsi enim causas tam proprias quam alienas in iure presente litigatore exponunt, apud diuersa tamen iudicia. set sicut ipsis litigatoribus, si errant, permittitur eis corrigere errorem proprium, ita et patron[*or*]um, id est aduocatorum, errorem corrigere possunt. et permissum est iudicibus, si quid ab his minus fuerit dictum uel prorsus derelictum, id supplere et proferre, prout legibus consentaneum est.

---

12 ipso] *om. P* 14 X et octo] *TB* X et VII *P*[1] (*recte*), XX et VII *P*[2] | surdum] *B* surdus *TP* | quibusdam] *P* quiboā *T* qui bona *B* 14, 15 permittit] *P* admittit *TB* 15 ceco] *P* cecus *TB* | mulieri] *P* mulier *TB* 16 permittit] *PB* promittit *T* 18 aduocatos] *P*[2] aduocati *TB* aduocatis *P*[1] 19 hos] *P* hi *T* hii *B* | ministerio *B* 21 adicitur *P* 24, 25 errorem — corrigere] *om. B* | patronorum] *P* 26 quod *P*

1—2: L. un. C. de calc. err. II, 5. *2—3*: L. 29 C. h. t.

II, 5. Rubr.: rubr. C. II, 6. **2.** L. 1 § 2 D. h. t. III, 1. **3.** *12—18*: L. 1 §§ 1, 3, 5, 6, 7, 8, 11, L. 2 — L. 6 D. h. t. *18—20*: LL. 5, 8 C. h. t. **4.** *20—21*: L. 1 § 2 D. h. t. *21—23*: L. 1 C. de err. adv. II, 9. *23—25*: L. 3 C. eod. *25—27*: L. un. C. ut quae desunt adv. II, 10.

DE INFAMIA. VI.

Infames quoque ab huiusmodi benefitio excluduntur, licet non 1
precise. ideo de his [et] causis ex quibus ea nota infertur uidendum
est. Fama quidem seu extimatio nec non opinio est illesę dignitatis 2
status a natura tributus, cuius merito quis ea potest quę homini
permissa sunt, legibus ac moribus comprobatus nec etiam in aliquo
imminutus. econtra infamia est famę priuatio atque commaculatio.
Fama imminuitur siue consumitur alias tum ex ipso delicto, tum ex 3
sententia, tum ex genere poenę. ex ipso delicto: ueluti si mulier ‖ 4
infra tempus luctus nupsit, uel si in adulterio deprehensa sit, uel si *f. 8 c. 3.*
spectaculum sui populo prebuit. ex sententia super delicto prolata: 5
ut in crimine expilatę hereditatis et in furto uel in rapina, item in
actione iniuriarum. ex his enim causis non solum damnati set
etiam pacti, non gratia set pretio, notantur. ex genere poenę: ueluti 6
cum ex ipsa poenę pronuntiatione infamia sequitur, ut ab ordine
motio seu rel*egat*io item exilium, nec non tertię partis bonorum
mulctatio. set hoc ita, cum de delicto constat ex quo talis poena
imponi solet. si uero ex delicto talis poena non infligitur, tamen si
a iudice inponatur, existimationem [*non*] ledit. econtra si iudex
certis rationibus motus mitiorem poenam imponit, etiam si alias ex
eo delicto infamia inferri solet, tamen hic existimatio non minuitur.

DE PROCVRATORIBVS. VII.

Procuratores quidem item defensores desiderium sui amici, 1
siue intendendo siue contradicendo, domino absente apud iudicem
exponunt. quare accepta occasione de his qui ad iudicium dantur,
generaliter proponit tam de his qui ad agendum quam etiam de his
qui ad amministrandum dati sunt. Procurator uero est qui domino 2

---

1 Ex quibus causis infamia irrogatur *PB* 3 et] *om. PB* 16 relegatio] *PB* religitio *T* 19 non] *P*; *om. TB. Cf. L. 13 § 7 D. III, 2* | ledit] elidit *P* 20 minorem *P* | inponat *P* imponant *B* 21 soleat *P* 23 item] inter *P* 24 contradicendo] in contradicendo *PB* 25 qui *TB*[1] que *P*[2]*B* 26 etiam] *om. P*

II, 6. Rubr.: rubr. C. II, 11. **2.** *4—7*: L. 5 § 1 D. de extraord. cogn. L, 13. **4.** L. 15 C. h. t., L. 1 pr., § 4, L. 2 C. de sec. nupt. V, 9; L. 43 § 12 D. de ritu nupt. XXIII, 2; L. 2 § 5 D. h. t. III, 2, L. 21 C. h. t. **5.** L. 12 C. h. t., L. 1, L. 4 § 5, L. 5 D. h. t. **6.** *14—17*: L. 5 § 2 D. de extraord. cogn. 50, 13, L. 13 § 7 D. h. t. *17—18*: L. 22 D. h. t., L. 14 C. h. t. *18—19*: L. 13 § 7 D. h. t. *19—21*: L. 3 C. h. t.

II, 7. Rubr.: rubr. C. II, 12. **1.** L. 1 § 2 D. de postul. III, 1. **2.** L. 1 pr. D. h. t. III, 3.

permittente aliena negotia amministrat. in quibus spectandum est
3 factum et ius. Factum hic accipe, cum gestionem unius negotii seu
plurium mando tibi tuque eam exequendam suscipis. suscipere autem
[*ita*] intellegendum est, si consensisse te probetur, siue generaliter
mandem siue specialiter. ex his uero mandatis que generalia sunt
aliud alio generalius est: quod disscernendum est, prout inter eos
expressum est. quod si actum non est, ex personis et ex re pre-
4 sumitur. In iure uero animaduertendum est, quod mandatum sit,
f. 8 c. 4. scilicet utrum ad iuditium an ad [*ad*]ministrationem, et item ‖ ut
5 procuratio admittatur, et quatenus. Ea procuratio quę ad mandan-
dum iuditium *fit,* ut recipi possit, duplex ratio uertitur. prima
quidem hec est, ut procuratio constiterit, sequens, ut procurator
constitutus audiri debeat. ut procuratio iure consistat, tripliciter
consideratur, scilicet ratione personę, item rei, nec non simul
6 utriusque. Intuenda est persona tam eius qui mandat quam eius
qui suscipit mandatum. mandatoris persona talis esse debet que
neque communi pactorum ratione excluditur (hii enim demum pro-
curatorem facere possunt qui alias pacisci possunt), [qui] neque
speciali procuratoris iure reitiatur, ut mulieres *item* minor*es*. gene-
raliter a pacisscendo mente capti remouentur. in constituendo pro-
curatore ad iuditium alienus est, ut seruus. eadem et in persona
eius qui mandatum suscipit spectanda sunt. ipse enim isdem modis
excluditur, ueluti si de crimine accusatus sit: non enim audiendus
7 est, nisi purgata sit innocentia sua. In re quoque animaduertendum
est, ne ea sit quę mandari prohibit*a* est, ut criminalis causa, item
8 litis redemptio. Mixta causa perpend[*end*]a est, ut quis tibi mandet
eam rem de qua ipse prorsus dominus est uel litis contestatione.
e contra tu procurator fieri non potes in ea re quę tua est. hec
mixta inspectio communis est tam in eum qui ad iuditium datur
9 quam in eum cui amministratio mandatur. Iuste constitutus procu-

---

1 permittente] promittente *B* precipiente *P*² (*in litura*) 4 ita] *PB* 8 sit] est *P* 9 ad administrationem] *P*²*B* ad ministrationem *T* administrationem *P*¹ | ut] utrum *P* 11 fit] *PB* sit *T* 12 procuratio constiterit] *TB* procuratorio iure consistat *P* 18 qui] *om. PB* 19 mulieres item minores] *P* mulieres in re minoris *T* mulieris item minore *B* 25 prohibita] *P* prohibitum *TB* 26 ut] si *add. PB*

---

3. *2—3*: L. 1 §§ 1, 3, L. 2 D. h. t. *3—4*: L. 8 § 1 D. h. t. *5—7*: LL. 58—60, 63 D. h. t. **6.** *18—19*: L. 43 § 1 D. h. t. ict. LL. 41, 54 D. h. t., L. 14 C. h. t.? *20—21*: L. 33 pr. D. h. t. *22—24*: L. 6 C. h. t. **7.** L. 1 D. an per al. causae app. XLIX, 9, L. 15 C. h. t. **8.** „prorsus dominus“: L. 1 pr. ict. L. 39 § 1 D. h. t. „dominus litis contestatione“: LL. 8, 11, 22, 23 C. h. t. *28*: L. 1 pr. D. h. t.

rator non alias auditur nisi satis det. hoc ita, si de mandato dubitetur: si enim de mandato constet, cautio cessat. e conuerso et post litem contestatam repellitur, uidelicet si falsus procurator reperiatur reo probante mandatum non interuenisse: iniquum enim foret quolibet tempore eam quęstionem iudicem non audire quę prorsus litem dirimeret. quando uero de mandato dubitatur, debet uel probare mandatum aut cautionem de rato offerre. rei autem procurator seu defensor iudicatum solui ‖ satisdat, *et* quidem perpetuo. set de defen- *f. 9 c. 1.* sione generaliter tam actoris quam rei procurator precise satis dare debet, si uult audiri. in casu uero ab utroque procuratore duplex satisdatio exigitur, id est et de rato et iudicatum solui, ut si ad iuditium communi diuidundo datus fuerit. Licet autem loco domini **10** procurator sit, re tamen integra omnimodo mandatum reuocari potest. lite uero contestata hoc quidem potest, iusta scilicet ex causa: alioquin et ceptum negotium terminare inuito quoque seu mortuo domino potest, nam et procuratorem constituere potest, cum dominus litis factus sit. e contrario quandoque procurator inuitus compellitur accipere iuditium non solum a domino, set etiam ab aduersario, ueluti si eo presente dominus iudicatum solui satis dedit. Actiones **11** uero occasione iuditii quęsitę utiles domino dantur, directis ei penitus denegatis, siue ex ipsius stipulatione siue ex sententia quęsitę sint, nisi forte in rem suam procurator sit. ei enim quandoque defensio remittitur: hoc ita si ex necessitate procurator factus sit. contra uero ex condempnatione in procuratoris persona facta interdum dominus utili in factum conuenietur, ipse [*autem*] procurator iudicati non conuenietur, nisi in rem suam datus sit, uel cum sciret cautum non esse obtulit se: tunc enim tenetur. ex promissione uero eius non tenetur. Cessante quoque mandato alter alterius negotium interdum **12**

---

1 aliter *P* 8 et quidem] *B* æquidem *T* equidem *P* 11 ut si] ueluti si *P* uel fisci *B* 13 omnino *P* 15 seu — domino] *TB* seu uiuo domino seu mortuo *P* 20 quęsitę] sūptę. uel acquisitę *P* | ei] *om. B* 22 procuratio *P* 23 econtra *B* 25 autem] *PB*

---

9. *1—2*: L. 1 C. h. t. *2—6*: L. 24 C. h. t. *6—7*: § 3 Inst. de satisd. IV, 11, L. 1 C. h. t., L. un. C. de satisd. II, 56. *7—8*: § 5 Inst. de satisd. IV, 11, L. 46 § 2, L. 51 § 2 — L. 53 D. h. t. *8—10*: L. 33 §§ 3—5, L. 43 § 4 D. h. t., L. 5 C. h. t. *10—12*: L. 15 § 1, L. 39 § 6, L. 40 § 2 D. h. t. **10.** *12—13*: L. 16 D. h. t. *14*: L. 17 — L. 27 pr. D. h. t., L. 22 C. h. t. *14—17*: L. 23 C. h. t. *17—19*: L. 8 § 3, L. 43 § 6 D. h. t. **11.** *19—22*: L. 27 § 1, L. 28 D. h. t. *22—23*: L. 33 § 5 D. h. t. *23—27*: L. 61 D. h. t., L. 4 pr. D. de re iud. XLII, 1. *27—28*: L. 28 in f. D. h. t.

II, 7. 9. *2—6*: **Quest. VIII, 2.**

agere permittitur. ad defensionem enim omnes admittuntur, ubi
quis absens dampnandus est. defensio uero alias ita demum admit-
titur, si ex iusta causa non potest repelli, ut minor. intendere
quidem sine mandato coniunctę personę possunt, ut parentes et liberi,
item fratres et affines, prestita tamen cautione de rato. sin autem
f. 9 c. 2. certum est eos contra eorum uoluntatem experiri, repelluntur. ‖
13 Eatenus quidem procuratio tenet, ut procurator loco domini habeatur,
siue ad iuditium siue ad amministrationem. in amministratione uero
eatenus potest, quatenus a domino concessum est, siue expressim
14 siue tacite. Quidam uero ex uoluntate procuratorem dare possunt,
15 quidam ex necessitate coguntur, ut illustres. Item quidam ab hoc
offitio suscipiendo propter potentiam repelluntur, et insuper nec
patrocinium litigantibus prestare possunt nec etiam cessionem actionis
in se suscipere. nec eorum nomina in litem prestanda sunt, nec
aliqua inscriptio sub potentium nomine in prediis fatienda est, maxime
principali. priuati enim alieni sunt ab titulorum impositione et ab
regali uelo suspendendo. item signa imprimenda in rebus ab alio
possessis non sunt sine iussione iudicis. fiscus quoque seu res
publica alicuius ciuitatis a procuratione item a patrocinio in litem
prestando excluduntur.

VIII. DE NEGOTIIS GESTIS.

1 Euenit quandoque, ut quis aliena negotia sine mandato gerat.
qua de causa æquum est eum ita teneri, ac si mandatum suscepisset:
tacite enim promittere uidetur se recte gesturum et cuncta ex bona
fide acturum. ideo et de his adicit. nam et hii alterius desiderio,
2 defendendo scilicet, contradicunt. In negotiorum quoque gestione
spectatur factum, item et ius. Factum accipe illius negotii gestionem
quod iam tuum est ipso gestu, ueluti si in solo tuo ædificatum est, —
uel futurum est, scilicet te ratum habente, ueluti si a debitore tuo
3 exactum est. In iure delectus habetur tum in personis, tum in
4 rebus, tum simul in utrisque, ut in procuratoribus. Nam [h]is qui
f. 9 c. 3. ali‖ena negotia gerit talis esse debet, ut pacissci possit et alias

2 aliquis *P* | alias] *om. P* 5 item] *om. P* 14 prestanda] *TB* pretendenda *P* 16 alienati *P* 21 gestis] gerendis *P* 23 susciperet *P* 26 quoque] *om. P* 30 tum] tamen *B* | tum] quam *B*

12. *1—3*: L. 33 § 2, L. 51 pr., L. 54 pr. D. h. t. *3—6*: L. 35 pr., L. 40 § 4 D. h. t., L. 12, 21 C. h. t. ict. L. 1 C. h. t. **14.** L. 25 C. h. t. **15.** C. II, 13—17.

II, 8. Rubr.: rubr. C. II, 18. **2.** L. 5 §§ 11—13 D. h. t. III, 5. **4.** *31—3*: L. 3 § 4 D. h. t.

pacisscendo obligari ac sibi preiudicari possit: ceterum non tenetur.
hoc ita, nisi fortassis ex ea gestione locupletatus est, ut pupillus:
tunc enim eatenus tenetur quatenus locupletior est. e conuerso
dominus eiusmodi esse debet, qui ratum habendo suam conditionem
meliorem et deteriorem facere possit. si persona domini priuilegio
gaudeat, ut pupillus, non obligatur precise in id quod gestori abest,
licet utiliter ceptum sit negotium, set in id in quo dominus locuple-
tatus sit. illud idem fortassis euenit non domini fauore set gerentis
odio, ut qui animo forte depredandi et sui lucri fatiendi ad ea
negotia gerenda accedit. Res hic consideranda est: ne alienum sit 5
negotium ipso gestu, ueluti si te heredem puto et insulam heredi-
tariam fulsero, cum alius sit heres: nam *quod* alienum est ipso gestu,
rati habitione tuum fieri non potest. Mixte causę ratio spectatur, 6
siue ipso gestu tuum sit negotium, ut si creditori tuo solutum est,
siue rati habitione, ut si ab eo exegi qui nichil tibi debebat, tuo
tamen nomine, et tu postea ratum habeas. item si gessi negotium
hereditarium et eam hereditatem adisti. et hec est mixta conside-
ratio tam in re quam in persona domini. in persona uero gestoris 7
item in re simul delectus habetur, ut [*ne*] quid iuris in ea re ei sit,
hoc est ne ipsius sit negotium in totum uel pro parte. nam si com-
mun*e* est et pro parte expediri non potest, ueluti si res communis
pignerata sit, recedendum est ab hoc iuditio et agendum est uel
familię herciscundę inter choheredes uel communi diuidundo. uel
si oppinetur suum esse, cum non sit, nam nec tunc in hanc formam
cadit, cum aliquem sibi obligatum esse noluit: in defectu tamen
datur actio. cum autem alienum est, etiam si labitur in persona,
locus est negotiorum ges‖torum actioni, siue sponte gerat siue *f. 9 c. 4.*
suspitione necessitatis, ut si putet se tutorem esse siue curatorem,
cum non sit. si autem ex muneris necessitate cuius nomine propria
actio non sit, ueluti si curator sit, utiliter tamen comueniri et agere

---

1 preiudicium facere *P* 7 ceptum] TP^1B gestum P^2 10 consideranda] TP^2B accipienda P^1 12 alii sint heredes *P* | quod] *P* qui *T* cum *B* 15 debeat *B* 18 rem *P* | personam *P* 19 ne] *om. TPB* 20 ne] *om.* P^1 | uel pro parte. uel in totum *P* 20, 21 commune] *P* communis *TB* 23 herciscundę] ut *add. B* 24 hanc] eam *P*

3—8: L. 5 § 2, L. 36 pr. D. h. t., L. 2 C. h. t. *8—10*: L. 5 § 5 D. h. t. **5.** L. 5 § 13 D. h. t. **6.** *14*: L. 42 D. h. t. *15—16*: L. 5 § 11, L. 20 § 1 D. h. t. **7.** *20—23*: L. 39 D. h. t., L. 19 C. h. t., L. 6 § 2 D. comm. div. X, 3, L. 25 § 14 D. fam. herc. X, 2. Cf. infra III, 14 § 6. *24—26*: L. 48 D. h. t., L. 14 § 11 D. de religios. XI, 7. *26—27*: L. 5 §§ 1, 10 D. h. t. *27—1*: L. 3 § 10 D. h. t. L. 6 C. h. t., L. 1 C. quod cum eo IV, 26, L. 17 C. h. t.

potest non habito delectu, siue *hanc* tantum caus*am* gerendi habuit
siue ali*am* qu*am*libet, ueluti si alieno mandato negotia tua gesta
sunt: mandati enim aduersus eum actio datur, negotiorum gestorum
8 non ideo minus aduersus te competit. Ex hac quidem causa mutuę
9 nascuntur actiones. Domino directa datur de eo quod ex his negotiis
apud gestorem residet, uel si non ut oportuit gessit. dolum enim
precise prestare cogitur, item culpam latam et leuem. in casu tamen
[*solum*] dolum prestat, ut cum nemo ea gesturus erat. econtra etiam
fortuitum casum prestat, ut si nouum negotium facere instituit quod
dominus non erat solitus facere. item et de gerendis tenetur, cum
et alius gesturus erat. usurarum quoque ratio habetur, siue in mora
fuit, siue in usus suos domini pecuniam conuertit, uel si a semet
ipso exigere debuit et non exegit: eius enim pecunię nomine usuras
10 prestat, etiam si prius debitum usurarium non fuit. Gestori uero
contraria actio datur de eo quod ei abest, ueluti si pro domino
soluit, seu abfuturum est, ueluti si pro eo obligatus est. in eo
autem quod domino adest precise tenetur. de eo uero quod impensum est, si negotium utiliter ceptum est, etsi euentus secutus
non est, ueluti si insula necessaria instructa postea arserit, tenetur
dominus, nisi ratio personę aliud inducat, ut in pupillo. si quid
autem non utiliter inpensum est, tunc demum competit actio, si
dominus ratum habuerit. in utilibus uero impensis ex necessitate
cogitur dominus ratum habere: ea enim quę utiliter gesta sunt pro
rato apud iudicem habenda sunt. etiam usurę in contraria actione
f. 10 c. 1. ueniunt, si forte sub usuris mutuatus expendit, uel ‖ solitus erat
gestor accipere usuras, uel dominus i*n* mora sit. est autem casus
qui inhibet expensarum repetitionem, ut pietas seu domestica affectio.

---

1 hanc] *PB* hec *T* | causam] *PB* causa *T* 2 aliam quamlibet] *PB* alia quęlibet *T* 5 his] *om. B* 7 in casu] in hoc casu P^2 8 solum] *P*; *om. TB* 9 fortuitum prestat casum P^1 fortuitum prestari casum interdum constat P^2 10 et] *om. P* | de] *om. B* 12, 13 a semet ipso] ad se ip̄ *P* 15 ei] sibi *B* 17 adest] *T*P^2*B* abest P^1 19 arserit] *TB* combusta sit *P* 21 expensum *P* 22 habuerit] habet *P* habuit *B* 24 contrariam actionem *P* 25 usuris] uel *add. P* | expendit] uel acceperit *add. P* 26 immora *T* | sit] fuit *P* 27 inpensarum *P*

1—4: L. 3 § 11 D. h. t., L. 14 C. h. t. **9.** *5—6*: L. 2 D. h. t. *6—7*: L. 20 § 1 C. h. t. *7—8*: L. 3 § 9 D. h. t. *8—10*: L. 10 D. h. t. *10—11*: L. 5 § 14 D. h. t. *11—14*: L. 32 § 2 D. de usur. XXII, 1, L. 6 § 1 D. de pign. act. XIII, 7, L. 3 § 14, L. 18 § 4, L. 30 § 3 D. h. t. **10.** *14—16*: L. 2 D. h. t. *16—17*: L. 5 § 2, L. 36 pr. D. h. t., L. 2 C. h. t. *17—20*: L. 9 § 1, L. 11 § 2 D. h. t. *20*: vid. supra § 4. *20—22*: L. 8 D. h. t. *22—23*: L. 2, L. 44 pr. D. h. t., L. 10, L. 24 § 2 C. h. t. *23—24*: L. 8 D. h. t. *24—26*: L. 18 C. h. t. ict. L. 32 § 2 D. de usur. XXII, 1, L. 37 D. eod., L. 18 § 4 D. h. t. *26—27*: LL. 1, 5, 11 C. h. t.

DE IN INTEGRVM RESTITVTIONE. IX.

Audisti qualiter tua negotia ab aliis gesta rata habere cogeris. 1
e contra nunc perspice quomodo negotia a temet ipso gesta non
solum rata habere non compelleris, set immo ea infringere auxilio
restitutionis poteris. quapropter restitutiones subitiuntur, quę ab alio
iure, scilicet communi, materiam sumunt. Est autem in integrum 2
restitutio amissę causę (communi uidelicet ratione) redintegratio speciali iure indulta. eadem causa licet iure communi destitutus sis,
tamen ex equitate pretoria releuaris. Hi autem demum restituuntur 3
qui lesi sunt: ex his uidelicet causis quę restitutionem suadent.
lesus uero uel circumuentus uideris, siue de tuo quid amisisti, siue
illud quod quęrere potuisti omisisti, siue grauamen suscepisti quod
tibi non suscipere licuit. Set causę que restitutionem suadent dili- 4
genter intuende sunt. item et hę quę dissuadent. causę autem
propter quas equitas restitutionem indulget sunt istę: ueluti iustus
metus seu uis, item calliditas, minor etas, iusta absentia, item alienatio iuditii mutandi causa facta. quę autem causę dissuadent, similiter diuersę et uarię sunt per singulas species restitutionum, ueluti
cum minor etas pro te facit et malitia tua tibi oppugnet quę resti-
tutionem denegat. Sed tamen semper spectandum est, utrum pro te 5
res una aut plures, *nichil uero* aduersus te, an uero causis inter se
obstantibus hę demum preualeant quę tibi opitulantur. postea et si
causa iusta sit cuius gratia restitutionem postulas, intuendum est,
quę summa uel res sit, ne propter minimam summam uel rem pre-
iuditium fiat rei ‖ maioris, forte si iudicatum est et rescindi desideras *f. 10 c. 2.*
per minimam rem uel summam a te ob id amissam. item uidendum est, ne propter personas uel res contra quas petis prepediaris.
propter personas: ueluti aduersus parentem seu patronum. propter
rem: ueluti aduersus manumissionem. si uero restitutionis causa equa

1 De tribus restitutionibus *P* 4 cogeris *B* | set] *om. P* 7 communi uidelicet ratione] *om.* P^1 communi ratione *in marg.* P^2 8 eadem] *TB* ea de *P* | sis] *PB* sit *T* 11, 12 de tuo — quod] quia amisisti (omisisti P^2) de tuo. siue quod *P* 14 item et] itemque *P* 16 minor etas] *om. B* 20 semper] *om. P* 21 nichil uero] non esse *T* non essent *B* nullę P^2 (*in litura*); *cf. supra I, 16 § 11.* 26 per] propter *PB* | omissam *P* admissam *P* 29 uero] et *add. B*

II, 9. Rubr.: rubr. D. IV, 1. **3.** *10*: „qui lesi sunt": L. 1 pr., L. 44 D. ex quib. c. maior. IV, 6, L. 1 C. de temp. in int. rest. II, 52. *11—13*: L. 44 D. de min. IV. 4. *14—17*: L. 1 D. h. t., L. un. C. de alien. iud. mut. c. II, 54, L. 3 § 4 D. eod. IV, 7. *18—20*: L. 3 C. si minor se maior. II, 42, L. 9 § 2, L. 37 § 1 D. de min. IV, 4. **5.** *24—26*: L. 4 D. IV, 1. *28*: L. 2 C. qui et adv. quos II, 41. *28—29*: LL. 1—4 C. si adv. libert. II, 30.

est et dampnum tibi inflictum intollerabile sit ne[*c*] ratione persone
6 item rei repellaris, tribuenda est restitutio. Cum uero constet te restituendum esse, quatenus indulgeatur intuendum est. distinguitur enim, utrum id quod intercessit, pro te et contra te ualuit, ut si transegisti uel uendidisti, item si hereditatem adisti: in quibus non solum pro te set etiam contra te restitutio facienda est, ne dampnum uel lucrum exinde habeas, — an contra te tantum, ut si donasti uel mutuum accepisti. hic enim quandoque omnino iuuaberis, ut si id quod mutuo accepisti prorsus dissipasti: si autem egenti credideris, eatenus restitueris, ut actiones eo nomine tibi quęsitas creditori
7 mandes. Restitutio autem postulanda est aut actione proposita aut iudicis offitio. actionem indulget metus et uis illata, item dolus, seu alienatio facta causa mutandi iuditii. set quia heę sunt iustiores quę per actionem expediuntur, ideo premittuntur.

X. DE METVS CAVSA.

1 Iustus metus ac uis restitutionem tribuit, scilicet si id times quod timendum foret etiam constantissimo, ut periculum mortis uel cruciatum corporis uel id quod pro eodem habetur, ueluti si dedisti, ne tui status instrumenta interuertantur, uel ne stuprum patiaris in te uel in tuos liberos. item presens metus esse debet, non futurus.
2 Ex hac causa personalis et in rem actio datur, rescissa ‖ uidelicet
f. 10 c. 3. traditione æquitate pretoria, quia non uidetur re exclusus cui pretor restituendo subuenit: *qua de* causa et utilis in rem ei datur. personalis uero, id est quod metus causa, datur non solum aduersus eum qui metum fecit, set aduersus omnes ad quos res peruenit, quia hec actio in rem scripta est et metus habet in se ignorantiam.
3 Venit autem in hac actione res quę abalienata est et omnes accessiones, et si quid incorporale *e*missum est, ueluti si stipulanti per

---

1 nec] *PB* 3 intuendum] intelligendum *P* 6 etiam] *om. P* 7 an — tantum] *om. B* | ut] *om. P* 13 iustiores] restitutiones *add. P* 15 De his que metus causa *P* Quod metus causa *B* 16 ac uis] *om.* T^1 17 etiam] a *add. P* 18 cruciatus *P* 22 traditione] ex *add. P* 23 qua de] *PB* de qua *T* 25 omnes ad] *om. B* | quod] quos ea *B* 27 alienata *PB* 28 æmissum *T* | per] *om. P*

---

6. *2—7*: L. un. C. de reput. II, 47, L. 24 § 4 D. de minor. IV, 4. *7—11*: L. 27 § 1 D. eod. IV, 4. **7.** Cf. L. 3 § 4 D. de alien. iud. mut. c. IV, 7.

II, 10. Rubr.: rubr. C. II, 19 (D. IV, 2). **1.** *16—17*: L. 6 D. h. t. *17—20*: L. 4, 7 C. h. t., L. 8 §§ 1—3 D. h. t. *20*: L. 9 pr. D. h. t. **2.** *21—23*: L. 3 C. h. t., L. 9 §§ 4, 6 D. h. t. ict. L. 5 D. de in int. rest. IV, 1. *23—26*: L. 9 § 8, L. 14 § 3 D. h. t. **3.** *27—2*: L. 9 § 7, L. 12 pr. D. h. t.

metum promisisti: nam et hoc res[*c*]indendum est prestita liberatione per acceptilationem. item et libertates ex ea causa prestitę res[*c*]indendę sunt. sin autem in re restituenda uel liberatione prestanda non paret iudicis offitio, in quadruplum condempnabitur: et hoc intra annum utilem. postea uero perpetuo in simplum tenetur, etsi res interempta sit, quia ante sententiam periculum ad eum spectat. Restitutio uero eatenus fatienda est, ut si alias distracturus non erat, **4**
in totum res[*c*]indatur, si ue[*ro*] alias uenditurus erat set metu adibito minoris pretii distraxit, ad hoc quod inprobe factum est, scilicet ad iustum pretium, facienda est restitutio. set cum ipse restituitur, et restitutio aduersus eum fatienda est (hoc ideo, ne damnum uel *lucrum* capiat), nisi tunc cum restitutio per nouas consti[*tu*]tiones fit quę in defectu edicti factę sunt, ueluti si per impressionem uel potentiam aliquid factum sit: tunc enim et contra[*c*]tus res[*c*]inditur et quod eo nomine datum est tenetur. Posteri*or* uero consensus **5**
dissuadet restitutionem.

DE DOLO MALO. XI.

Calliditas seu dolus malus qui in proprium nomen malefitii **1**
non transit, ueluti furtum ite[*m*] rapina, si tamen lesionem afferat, restitutionem indulget prestita ‖ de dolo *actione*. hoc ita, si omni *f. 10 c. 4.*
alio auxilio defitiat: nam hoc in causę cognitione uertitur, ut tunc detur, cum alia actio non est, nec etiam aduersus alium. item si modica quantitas non sit, id est plus duorum aureorum. nec persona ea sit cui reuerentia prestanda sit, ut parenti et patrono, item senatori ab humili: nam in huius defectu in factum actio datur habita bonę fidei mentione. heredibus tamen eorum hoc benefitium non datur: nam omnes heredes ex dolo defuncti tenentur in so[*li*]-

---

8 si uero] *P* siue *TB* 10—11 set cum — restitutio] *om.* T^1 10 ipse] *om. P* 12 lucrum] *PB* dolum *T* | cum] *om. P* 13 factę] date *P* | per] propter *B* 15 tenetur] retinetur *PB* | Posterior] *P* Posterius *TB* 19 item] *om. B* 20 de dolo] *om. B* | actione *PB* cautione *T* 20, 21 omne aliud auxilium *P* 21 hoc] *om. B* 23 plus] *TB* minus *P*

2—3: L. 9 § 2 D. h. t. *3—6*: L. 14 §§ 1, 7 D. h. t., L. 4 C. h. t., L. 14 § 11 D. h. t., L. 1 C. h. t. **4.** *7—11*: LL. 3, 4, 5, 12 C. h. t. *12—15*: L. 11 C. h. t. **5.** LL. 2, 4 C. h. t.

II, 11. Rubr.: rubr. C. II, 20 (D. IV, 3). **1.** *20—22*: L. 1 §§ 1, 4, 8, LL. 2—4 D. h. t. *22—23*: L. 9 § 5 — L. 11 pr. D. h. t. *23—27*: L. 11 § 1 — L. 13 pr. D. h. t. *27—1*: L. 17 § 1, LL. 26—28 D. h. t.

II, 10. 5. Quest. IX. in f.

2 dum et in perpetuum de eo quod ad eos peruenit. In hac autem
actione persona designanda est quę dolum admisit, item quid dolose
3 factum sit. In hoc quoque edicto res arbitratu iudicis restituenda [*est*].
reo uero [*non*] parente ius iurandum in litem actori defertur, iudice
4 tamen in [*u*]traque actione taxationem refrenante. Item ultra bien-
nium nullo modo extendenda est.

XII. DE ALIENATIONE IVDICII MVTANDI CAVSA FACTA. ℞.

1 Similiter quidem causa mutandi [*iudicii*] alienatio facta in frau-
dem meam, re uidelicet et consilio, restitutionem proposita in factum
actione indulget. equum enim est conditione mea facta deteriore,
forte opposito potenti aduersario, subueniri michi ex equitate pretoria
dupliciter, dando scilicet restitutionem item utilem in rem actionem.
nec hoc absurdum, cum utræque pretorię et extraordinarię sunt: nam
2 cum ciuile auxilium suppetit, extraordinarium non datur. In hac
actione id quod interest uenit, et pristina causa actori iudicis arbitrio
restituenda est, uel si interim res usu capta sit: nam in ea causa
restituere debet in qua erat cum alienaretur, alias enim condempnabitur.
3 ultra annum item in heredes non datur, ‖ nisi quid ad eos peruenit:
f. 11 c. 1. licet enim rei persecutionem contineat, tamen ex delicto descendit
et poenalis est.

XIII. DE MINORIBVS XX[*V*] ANNIS.

1 Minores item absentes causa rei publice uel ex aliis iustis
2 causis iudicis solummodo offitio restitu*u*ntur. Minoribus quidem
subuenitur, siue sui facilitate siue dolo aduersarii capti sunt, tam in

---

2 item] et *add. P* 3 est] *P* 4 non] *PB* 8 Similiter quidem] Similiterque qui *B* | iudicii *PB* | alienationem facit *B* 9 meam re] *om. B* | restitutione *B* 11 potenti] *TB* potentia P^1 petenti P^2 12 utili *P* | accione *P* 13 absurdum] est *add. P* | et] *om. P* 15 arbitrio] officio *B* 17 alienaret *P* | condempnabitur] *PB* dampnabitur T^1 condampnabitur T^2 18 quod *P* 21 XXV *B* XX.I *P* 23 restituuntur] *PB* restituantur *T*

---

2. L. 15 § 3, L. 16 D. h. t. **3.** L. 18 pr. D. h. t. **4.** L. 8 C. h. t.

II, 12. Rubr.: rubr. C. II, 54 (D. IV, 7). **1.** L. 1 pr., L. 3 §§ 4, 5 D. h. t., L. un. C. h. t., L. 27 § 3 D. de rei vind. VI, 1. **2.** L. 4 pr., § 5, L. 8 pr. D. h. t. **3.** L. 4 § 6 — L. 7 D. h. t.

II, 13. Rubr.: rubr. C. II, 21 (D. IV, 4). **1.** L. 1 § 1 D. h. t., L. 1 § 1 D. ex quib. c. maior. IV, 6. **2.** *24*: L. 1 pr. D. h. t., L. 5 C. h. t. *24—2*: L. 7 §§ 1 sqq. D. h. t., LL. 2, 3, 5 C. si tutor. v. cur. II, 24, L. 7 §§ 4, 12, L. 8, L. 9 pr. D. h. t.

II, 12. 1. Quest. XII.

his quę [*ipsi*] gesserint quam in his quę per eorum tutores siue curatores gesta fuerint, item et in his quę aduersus eos gesta sunt, nisi ratio interueniat quę dissuadeat restitutionem, ueluti ius iurandum, item malitia, nec non libertas atque persona contra quam petitur, ut parentis patroni. postulatio quoque sepius habita inhibet restitutionem, item ætatis impetratio, nec non rati habitio in maiori ætate facta. item filiis familias, licet minores sint, non subuenitur, si patri prosit restitutio: alias enim restitutio indulgetur. intercessoribus quoque eorum subuenitur, si minores calliditate aduersarii, non sui facilitate lesi sunt: alias enim ipsi subueniuntur, etiam aduersus intercessores. In causa autem in qua restitui postulant, non habetur **3** delectus, utrum propria an communis sit, dum tamen ut restitutio sotiis non detur. item siue sententia sit contra quam postulatur, siue uenditio, item donatio, nec non transactio, seu diuisio. contra solutionem quoque, siue ipsi solutum est siue ipse suo creditori soluit, item in dotem subuenitur. in delictis uero, dum modo doli capaces sint, non iuuantur, nisi forte dampnum dederint et negauerint: tunc enim, ne ex infitiatione ‖ in duplum teneantur, eatenus *f. 11 c. 2.* iuuantur, ut pro confessis habeantur —, uel nisi forte miseratio ætatis ad mediocrem poenam imponendam iudicem produxerit. Qua- **4** tenus autem et quomodo restitutio tam pro eis quam etiam aduersus eos fatienda est, ita ut nec in dampno nec in lucro morentur, diligentissime in generali titulo expositum est.

---

1 ipsi] *PB* 2 et] *om. B* 3 ratio] *TP¹B* id *P²* | quod *P²* 5 parentis] et *add. P²* 6 impetratio] interpretatio *P¹* uenia impetratio *P²* uenie impetratio *B* 10 ipsi] *TB* ipsis *P* | subuenitur *PB* 11 restitui postulant] *TP¹* restitutio postulatur *P²* postulat restitui *B* 12 delectus] *PB* dilectus *T* | ut] *TB*; *om. P* 20 poenam] *TP²B* rem *P¹* 21 etiam] *om. P*

3—5: „ius iurandum": L. 1 C. si adv. vend. II, 27, L. 3 §§ 3, 4 C. si minor se maior. II, 42; „malitia": L. 3 C. cit., L. 9 § 2, L. 37 § 1 D. h. t., LL. 1, 2 C. si adv. del. II, 34; „libertas": L. 9 § 6 D. h. t., LL. 1—4 C. si adv. lib. II, 30; „persona — patroni": L. 2 C. qui et adv. quos II, 41. *5—7*: „postulatio saepius habita": L. 1 C. si saepius in int. rest. II, 43. „aetatis impetratio": L. 1 C. de his qui ven. aet. II, 44. „rati habitio": LL. 1, 2 C. si maior fact. II, 45. *7—8*: L. 3 § 4 D. h. t., LL. 1, 2 C. de filio fam. min. II, 24. *8—11*: L. 13 pr. D. h. t., L. 2 C. de fideiuss. min. II, 23, L. 1 C. eod. **3.** *11—13*: L. un. C. si in comm. II, 25. *13—16*: tit. C. II, 26—29, 31, 32 (ict. L. 7 § 2 D. h. t.), 33. *16—20*: tit. C. II, 34, L. 9 §§ 2, 3, L. 37 § 1 D. h. t. **4.** V. supra II, 9 § 6.

XIV. DE RESTITVTIONE MAIORVM.

1 Maioribus quoque absentibus causa rei publice subuenitur, si
dolose non absint. si enim abfuisti, subuenitur tibi non in his quę
a te gesta sunt, sed in his quę aduersus te gesta sunt, ueluti si
tempore absentię res tuę usu captę uel prescriptę fuerunt, uel forte
actiones tibi competentes tempore amisisti, scilicet quod in absentia
tantum processit: tempus enim quod ante absentiam processit item
quod post absentiam euenit obest, nisi forte te reuerso adhuc in
absentia uidearis, ueluti dum hospitium conduxisti et sarcinulas tuas
composuisti. idem in omnibus qui ex iustis causis absunt dicendum
est: nam quotiens quis ex necessitate et non uoluntate abest, equum
2 est ei subueniri. Econtra aduersus te restitutio facienda est, si
tempore absentię res alienę usu captę seu prescriptę *abs te* fuerint,
uel actione qua tenebaris liberatus fueris: quem ad modum enim
3 absentia tibi obesse non debet, eodem modo nec prodesse. Infra
quod autem tempus, item apud quos restitutiones postulandę sunt,
dicendum est. da[*n*]tur quidem minoribus in tota minori ætate.
item maioribus etiam in absentia. finita uero ætate seu absentia
inter quadriennium continuum. set hoc ita, si quattuor annos uel
plus amiserint. si uero annum uel biennium uel forte minus, ut ‖
f. 11 c. 3. [*in*] redibitoria uel quanto minoris, non quadriennium eis datur, set
4 eatenus quatenus amiserunt. Postulari uero possunt non solum apud
iudices ordinarios set etiam apud eos qui delegatam iurisdi[*c*]tionem
habent. non tamen apud arbitros electos uel apud eos qui delegati
sunt ab his qui ordinariam iurisdictionem non habent agitari possunt.
petere autem quis restitutionem [*potest*] non solum per se set et per
alium, uel[*uti*] per procuratorem nominatim ad hoc constitutum.

---

1 Ex quibus causis maioribus subuenitur *P* Ex quibus causis maiores in integrum restituuntur *B* 5 absentię] tue *add. P* | usu captę] sunt *add. B* | fuerint *P* | forte] sponte *B* 7 tantum] tua *P* | ante] *om. P* | precessit *P* 9 absentia] esse *add. P* 12 subueniri] *PB* subuenire *T* 13 abs te] ab eis *TPB* 16 quos] quem *P* 17 dantur] *P* datur *TB* 18 maioribus] minoribus *B* 19 hec *P* 21 in] *PB* 22 postulare *B* 26 potest] *B* | et] etiam *B*; *om. P* 27 ueluti] *B* scilicet *P* | constitutum] potest *add. P*

II, 14. Rubr.: rubr. C. II, 53 (D. IV, 6). **1.** *3—4*: L. 1 § 1, L. 4 D. h. t. *4—6*: L. 1 § 1, L. 15 § 3, L. 17 § 1 D. h. t., LL. 1, 2, 5 C. h. t. *6—10*: L. 15 § 3, L. 16 D. h. t. *10—12*: L. 1 § 1, L. 26 § 9, L. 28 pr. D. h. t. **2.** L. 1, § 1, L. 21 pr., L. 23 § 3 D. h. t., § 5 Inst. de act. IV, 6. **3.** *17—19*: L. 7 C. de temp. in int. rest. II, 52. *19—22*: L. 26 §§ 7, 8, L. 28 § 3 D. h. t. Cf. Azo in S. C. II, 52 § 10 et in Lect. ad L. 7 C. eod. II, 53, Acc. glo. Unius ad L. 26 § 8 D. h. t. **4.** *22—25*: L. 3 C. ubi et ap. quem II, 46. *26—27*: L. un. C. etiam per proc. II, 48 ict. L. 25 § 1, L. 26 pr. D. de minor. IV, 4.

DE ARBITRIS. XV.

De iudiciis quidem tractandum est. arbitria enim iuditii simi- 1
litudinem habent: quem ad modum enim per iudices negotia expe-
diuntur, eodem modo et per arbitros. ea ratione 'de receptis' pre-
mittit, quia [*a*] partibus recipiendus est et ipse in se recipit:
equum enim est auctoritate eius in quem ex consensu proprio com-
promittimus nostr*a* negoti*a* diffiniri ac eius sententię stari. In com- 2
promissis spectandum est quo modo compromittatur, item personę
tam compromittentium quam etiam ipsius arbitri persona, item res
de qua compromittunt spectanda est, item quis effectus sequatur.
Compromittendum quidem est pecunia ab utraque parte promissa. 3
pecuniam dicimus non solum numeratam set etiam si alia res sit
pro pecunia. sin autem compromissum factum est non adiecta certa
quantitate seu specie et arbiter sponte pronuntiet, aduersus eum qui
sententię non paruit ex stipulatu incerti agendum est in id quod
interest. Heę demum personę compromittere possunt quę legitime 4
in iuditio litigare possunt et alias paciscendo sibi preiudicare pos-
sunt. In arbitri uero persona hoc intuendum est, ut neque natura, 5
ut minor *X* et VII annis item furiosus, neque iure prohibeatur, ‖
ut seruus nec non mulier item iudex ordinarius. quidam tamen *f. 11 c. 4.*
arbitri fieri possunt, non autem iudices fiunt, ut infames. In re 6
quidem ideo delectus habendus est, quia sunt quedam de quibus
compromittendum non est, ut causę liberales item criminales. rem
autem dicimus ipsum negotium de quo compromittitur. Qui uero 7
recipit, a pretore cogendus est, ut sententiam ferat, nisi aliqua ex-
cusatio ei suffragetur, ut inimicitia seu dilatio aut ualitudo. inter-
dum tamen non alias excusatur, nisi iterum in se recipiat, ueluti si

---

1 De arbitriis *P* De receptis *B* 2 dicendum *P* | enim] *TB* autem *P* 5 quia] quod *P* | a] *B*; *om. TP* 6, 7 promittimus *B* 7 nostra negotia] *PB* nostro negotio *T* 8 compromittamus *B* | personę] spectandę sunt *add. P* 10 compromittitur *P* compromittuntur *B* 12 sit] promissa *supra lineam add.* P^b 15, 16 in id quod interest] *om. B* 19 X et VII] *PB* XX et VII *T* 21 fiunt] sunt *P* 22 habendus est] habetur *P* 27 tamen] *om. B*

II, 15. Rubr.: rubr. C. II, 55. **1.** L. 1 D. h. t. IV, 8. **3.** *11—13*: L. 11 §§ 1, 2 D. h. t. *13—16*: L. 27 § 7 D. h. t. **4.** Cf. L. 35 D. h. t. **5.** „minor X et VII annis": L. 1 § 3 D. de postul. III, 1; cf. L. 57 D. de re iud. XLII, 1. Sed v. infra III, 1 § 5. „furiosus": L. 9 § 1 D. h. t. „seruus": L. 7 § 1 D. h. t. „mulier": L. 6 C. h. t. „iudex ordinarius": L. 9 § 2 D. h. t. „quidam — infames": L. 7 pr. D. h. t. ict. L. 1 pr. D. ad L. Iul. de vi priv. XLVIII, 7, L. 12 § 2 D. de iud. V, 1. **6.** L. 32 §§ 6, 7 D. h. t. **7.** *24—1*: L. 3 § 1, L. 15, L. 16 D. h. t.

dies compromissi exitura est nec prorogari possit. is uero cogendus est qui recipit poena compromissa. recipere ita debet, ut iudicis partes sumat non etiam consiliatoris, siue solus siue cum alio seu
8 cum aliis recipiatur. Quatenus quidem cogatur et quando et quandiu, uidendum est. cogitur eatenus, ut requiri et mulctari possit, [*et*] eo die quo iuditium dictari potest. hoc ita, nisi nominatim in die feriata compromissum est: tunc enim etiam eo die cogitur. si autem dies in compromisso adiecta non est, tunc necessitas imponitur arbitro consentientibus partibus statuere diem: eo hoc non fatiente, omni tempore compellitur. die statuta inter compromittentes, ea obseruanda est. compellitur tandiu quidem, quamdiu offitium susceptum consummatum seu alias solutum est. soluitur quidem iudicio, die, pacto, acceptilatione, morte, nisi nominatim de heredibus in compro-
9 mittendo cautum est. Quo in loco [*et*] in quo tempore, item de qua re, et quibus et qualiter sententia[*m*] dicere debeant, inspitiendum est. locus uero [h]is obseruatur de quo conuenit inter compromittentes: alioquin is locus in quo compromissum est seruatur. iterum illud
f. 12 e. 1. tempus spectandum est in quo iudices ‖ ordinarii sententiam proferre possint. set de ea re sententiam proferre possunt de qua actum est, nisi forte de preparatione causę aliquid dicant: quam sententiam mutare possunt. diffinitiuam sententiam corrigere non possunt, licet in ea dicenda errauerint. siue tamen æqua siue iniqua sit, semper standum est. partibus quidem presentibus tam corpore quam etiam animo (id est scientibus, non etiam furiosis seu pupillis sine tutore) sententia dicenda est. si uero hoc actum est, ut etiam altero absente uel utrisque pronuntietur, admittitur. prout autem suscepit, siue solus siue cum alio, ita sententiam proferre debet. plures uero omnes sententiam dicere debent. si dissenserint, maioris partis sententię standum est. duo uero si dissentiant, coguntur tertium eligere,

---

1 exitura] aduenta *B* | est] sit *P* 4 recipiat *P* | quidem] *om. B* 5 et] *P* | eo] ex *B* 6 potest. hoc] possit. Hec *P* 7 enim] *om. B* 9 eo] autem *add. P* 10 die] uero *add. P* 11 tandiu quidem] *TB* quidem tamdiu *P* 14 et] *PB* 15 sententiam] *P* | debeant] TP^1B debeat P^2 19 possint] possunt *PB* | set] et *add. P* | set — possunt] *om. B* 20 dicatur *PB* 21 diffinitiuam] uero *add. P* 29 dissenserint *B*

1—2: L. 3 § 2, L. 11 § 1 D. h. t. *2—4*: L. 13 § 2 D. h. t. **8.** *5—7*: L. 13 § 3, L. 36 D. h. t. *7—11*: L. 14 D. h. t. *11—14*: L. 32 § 3 D. h. t. ict. L. 27 § 1 D. h. t. **9.** *16—17*: L. 21 § 10 D. h. t. *17—19*: L. 13 § 3 D. h. t. *19*: L. 21 § 6 D. h. t. *20—22*: L. 19 § 2, L. 20 D. h. t. *22—23*: L. 27 § 2 D. h. t. *23—26*: L. 27 §§ 4, 5 D. h. t. *26—27*: L. 17 §§ 2, 4, L. 32 § 13 D. h. t. *27—1*: L. 17 §§ 5—7 D. h. t.

cuius arbitrio res dirimatur. Arbitri[*i*] effectus talis est, ut ex litis 10
contestatione temporis interruptio fiat: lata sententia, parendum est.
petitor enim si uictus est, neque ipse neque heres eius petere debet.
reo uero condempnato soluere die statuta ab arbitro [*debet*]: si autem
arbiter hoc non fecit, infra quadrimenstre tempus facienda est solutio.
is qui non paruerit, poenam prestare debet, uel per quem factum est
quominus arbitretur. interdum tamen reo exceptio datur, ut si post
diem soluat, uel si calliditate actoris sententia lata fuit. Appellan- 11
dum uero ab ea sententia non est, cum uim rei iudicatę non opti-
neat. neque iudicati actio inde nascitur, nisi cum iure iurando
arbiter assumpsit, uel cum part*es* subscripserint uel alias con-
senserint: tunc enim in factum actio datur. per retractationem uero
quedam species appellandi inducitur, opposita scilicet doli mali ex-
ceptione, ueluti cum arbiter postea inimicus apparuerit et ei denun-
tiatum fu[*er*]it ne [*pro*]nuntiaret.

DE SATISDATIONIBVS. ‖ XVI.

Facta postulatione æquum est tam ab actore quam a reo exigi 1
satisdationes. ea ratione, antequam de iudiciis loquatur, premittuntur. *f. 12 c. 2.*
siue enim suo nomine siue alieno quis intendat, iuditio sisti satis 2
dare debet. item qui alieno nomine agit cauere debet dominum
[*h*]abiturum rem ratam, cum de mandato dubitatur, et de defensione,
si opus est: alioquin repellitur. reus uero iuditio sisti et iudicatum
solui satis dare cogitur. item qui alium defendit, siue cum mandato
siue sine mandato, satis dare compellitur, cum nemo idoneus defen-
sor in aliena re [*est*] sine satisdatione. duplices quidem satisdationes 3

---

1 Arbitrii] *P*[1] Arbitri *TP*[2]*B* 4 statuto *B* | debet] *PB* 5 fecerit *PB* 8 fuerit *PB* 11 assumpsit] assumpserit *B* assumptus sit *P* | partes] *P* partibus *TB* 13 scilicet] *om. P* 15 fuerit] *PB* | pronuntiaret] *P* nuntietur *B* 16 De satisdando *B* 17 tam a reo quam ab actore *P* 22 est] sit *P*[2] 23 satis dare cogitur] cogitur satis dare. set non cum suo nomine conuenitur set per suum procuratorem, ut Inst. t. e. *P* 25 est] *P*; *om. TB* | duppliciter *P*

---

10. *1—2*: L. 5 § 3 C. h. t., L. 27 § 2 ict. L. 23 § 2 D. h. t. *3*: LL. 29, 37 D. h. t. *4—5*: L. 21 §§ 2, 12, L. 23 pr. D. h. t. ict. L. 21 D. de iud. V, 1, L. 2 C. de usur. rei iud. VII, 54. Cf. Azo S. C. II, 55 § 37 in f. *6—7*: L. 2 D. h. t., L. 1 C. h. t.; L. 27 §§ 4, 6, L. 30 D. h. t., L. 2 C. h. t. *7—8*: LL. 31, 52 D. h. t. **11.** *8—10*: L. 1 C. h. t. *10—12*: L. 4, L. 5 pr. — § 2 C. h. t. *12—15*: L. 32 § 14 D. h. t.

II, 16. Rubr.: rubr. C. II, 56. **2.** *19—20*: Nov. 53 c. 1, Nov. 96 c. 1, L. un. C. h. t. *20—22*: § 3 Inst. h. t. IV, 11, L. 1 C. de procurat. II, 12, L. un. C. h. t.; L. 33 § 3, L. 43 § 4 D. de proc. III, 3. V. supra II, 7 § 9. *22—23*: §§ 2, 4 Inst. h. t. *23—25*: § 5 Inst. h. t. V. supra II, 7 § 9. **3.** L. 10 D. fin. reg. X, 1 ict. L. 15 § 1 D. de proc. III, 3.

quandoque tam ab actore quam a reo exiguntur, scilicet iuditio sisti et iudicatum solui, ut in iuditio familię herciscundę et communi
4 diuidundo et finium regundorum. et insuper compellitur actor ex noua constitutione, ut caueat fideiussione data se causam inter certum diem usque ad sententiam exsecuturum aut, si exsecutus fuerit et litem amisserit, certam poenam dare.

XVII. DE IVRE IVRANDO PROPTER CALVMPNIAM DANDO.

1 Data satisdatione nichil aliud restat, nisi ut iusiurandum exigatur tam ab eo qui intendit quam ab eo qui fugit, ut ne quid inter se calumniose expostulent. ideoque de eo iuramento apponitur.
2 Actor quidem iurare debet non causa calumnię litem inferre, set id quod exigit in rei ueritate sibi competere putat, et ne quid se in
3 tota lite calumniose facere. Reus uero non aliter audietur nisi iuret,
f. 12 c. 3. quod se bonam causam ac instantiam habere putat, et ‖ nichil in toto negotio animo calumniandi exigere, neque dilationem seu aliquam
4 probationem. Item patroni iurare debent nichil instruere suis nisi quod iustum putauerint, et neque ex sua industria.

EXP[*L*]ICIT LIBER II. INCIPIT III.

I. [*DE IVDICIIS.*]

1 Intendunt quidem principes æquitatem constituere et ea[*m*] in preceptione redacta[*m*] tam ab omnibus uolentibus quam etiam inuitis obseruari et lites singulorum publica auctoritate dirimi ac exsecution*i* mandari. eaque ratione premissis iuditiorum preparatoriis inde non
2 inmerito eorum tractatus apponit. Quid autem sit iuditium, et quomodo seu cum qua forma exerceri debeat, item quę eius potestas
3 seu ius sit, intuendum est. Iudicium quidem est animi arbitrium

---

2 ut] ueluti *P* 4 intra *PB* 5 exequi *B* | fuit *B* 7 De iure iurando *P* De iure iurando propter calumpniam *B* 8 Data] Facta *PB* 9, 10 ut ne quis in litem calumniose expostulet *B* 10 iuramento] iure iurando *P* | apponit *PB* 13 uero] *om. P* 14 putet *P* 16 instituere *B* 18 Explicit liber II.] *om. B* | Incipit L. III. *B* 19 De iudiciis] *PB* 20 eam] *PB* 21 preceptionem *B* | redactam] *PB* | omnibus] hominibus *B* | etiam] *om. P* 22 exsecutioni] *P* exsecutionem *T* executione *B* 23 inde] *om. P* 25 eius] sit *add. B* 26 seu ius sit] *om. B*

---

4. Nov. 112 c. 2.

II, 17. Rubr.: rubr. C. II, 58. **2, 3.** L. 2 pr. C. h. t., Nov. 49 c. 3. **4.** L. 14 § 4 C. de iud. III, 1.

III, 1. Rubr.: rubr. C. III, 1. **1.** V. supra Exord. §§ 5, 8, 11.

publica auctoritate indultum. equum quippe est priuatorum lites ab
eo qui publicam uicem gerit, id est a iudice, diffiniri effectuique
per exsecutores mancipari. Modus item forma spectanda est tam in 4
instituendo quam etiam in exp*edi*endo. Ad hoc ut iudicium institui
possit, intueri debemus personam iudicis, item actoris nec non rei,
rem quoque, [*et*] mixtim personas et res. Iudices enim hii demum fieri 5
possunt qui neque naturali ratione neque ciuili ab hoc offitio repel-
luntur. natura quippe excluduntur: ut minores XX annis item
furiosus nec non mutus et surdus. ciuili enim iure: ut mulieres et
serui item infames. In actoris seu rei persona simul intuendum 6
est, ut hii demum lites intendere et suscipere possi[*n*]t qui neque
natura, ut fatui et surdi item ‖ minores, neque iure prohibentur, ut *f. 12 c. 4.*
serui et hii quibus amministratio bonorum interdicta est. et gene-
raliter hii omnes litigare apud iudicem poss*unt* qui pacisscendo suam
conditionem meliorem et deteriorem facere possunt. Res eiusmodi 7
esse debet, ut pecuniaria seu criminalis questio in causa uertatur.
ceterum alię questiones, ueluti heę quę fiunt propter solis magnitu-
dinem uel propter herbarum uirtutem, cum omni auctoritate careant,
expertes a ciuili auditorio sunt: in talibus enim quęstionibus iudex
se interponere non debet. Mixta ratio uertitur tum in iudicis per- 8
sona cum causę adiectione: ueluti ne pedaneus iudex causam status
principaliter examinet. item actor in iuditium deducere non potest
eam rem cuius amministrationem non habet. rei quoque persona
intuetur, ut in tutore qui satis non dedit: ipse enim nec intendere
nec accipere causam pupillarem potest. Forma in expediendo ea 9
esse debet, ut non solum iudex sed etiam actor atque reus *suum*
offitium explicent intra tempus quod lege diffinitum est, ueluti trien-

---

4 etiam] *om. P* | expediendo] *P* exponendo *TB*; *cf. infra § 9* 6 et] *PB* | hii] *om. P* 9 enim] *om. P* | ut] *om. B* 10 item] et *add. P* | persona simul] similiter personam *P* | 11 intendant *P* | possint] *PB* 12 fatui] muti *add. P* | neque] neque qui *P* nec quidem *B* 14 possunt] *PB* possint *T* 16 causa] causam *PB* 20 Mixta] uero *add. P* | tum] tamen *B* 21 cum] *TB* tum in *P* | adiectionem *P* | ne] ut *B* 22 ducere *P* 24 dedit] *TP*¹*B* dederit *P*² 25 excipere *P* 26 etiam] *om. P* | suum] *B* siue *TP* 27 lege] legitime *B*

---

5. „minores XX annis“: L. 41 D. de receptis IV, 8; sed v. supra II, 15 § 4. „furiosus — infames“: L. 12 § 2 D. h. t. V, 1, L. 1 pr. D. ad L. Iul. de vi priv. XLVIII, 7. **6.** *12*: „natura — minores“: L. 9 D. de re iud. XLII, 1 ict. L. 27 § 5 D. de recept. IV, 8, L. 45 § 2 D. de re iud. XLII, 1, L. 4 C. si adv. rem iud. II, 26. *12—13*: LL. 6, 7 C. h. t., L. 107 D. de reg. iur. L, 17; L. 18 § 2 D. de castr. pec. XLIX, 17. **7.** L. 13 pr. C. h. t. **8.** *20—22*: L. 2 § 1 C. de ped. iud. III, 3 ict. L. 3 C. h. t. *22—23*: L. 56 D. h. t. *23—25*: L. 3 C. de tut. v. cur. V, 42. **9.** L. 13 C. h. t.

10 nium. Iudicis offitium est citare ac compellere litigantes ad iuditium
uenire et his exhibitis allegationes eorum, id est partium, audire et
postea singula cognoscere ac subtiliter examinare et partes sepius
interrogare. quo facto *pro*nuntiare debet partibus presentibus uel
his habitis pro presentibus, quo casu heremoditium contrahitur,
ueluti cum aliquis ex litigatoribus contumax sit uel contumacis loco
11 habitus sit, ternis uidelicet litteris missis. Ad actoris offitium per-
tinet intendere et intentata probare, donec reus confessus sit uel
12 iudici fidem faciat. Reus quoque uel negare debet uel confiteri, et
f. 13 c. 1. si confiteatur, [*uel*] excipere debet et pro‖bare exceptionem, quem
ad modum actor probat intentionem, uel soluere: quod si neutrum
13 horum faciat, condemnabitur. Potestas iuditii seu ius tum ex con-
testatione tum ex sententia perpenditur. lite quidem contestata res
nouatur, non ut causa perimatur, set potius augetur et in meliori
statu reformatur, ut si actio temporalis fuit, exinde incipit esse per-
petua. nouatio uero quę fit per sententiam, rem perimit, non ipso
iure set per exceptionem perpetuam, et actionem in factum parit
actore obtinente, nisi appellatum a sententia fuerit: tunc enim res
iudicata pendet. et hęc quidem nouatio necessaria est. est autem
alia nouatio quę fit uoluntaria: que fit per acceptilationem et causam
14 ipso iure perimit. Cum quo ordine, item quomodo lis contestari,
seu dilatio dari debeat, et quo tempore, et ubi iuditium agendum
sit, uidendum est.

---

2 eorum id est] *om. B* 4 pronuntiare] *PB* prenuntiare *T* 7 habeatur *P* | trinis *P* 8 intenta *P* 10 uel] *PB* 12 Potestas seu ius iudicii *P* 14 augeatur *P* 14, 15 in meliorem statum reformetur *P* 17 perpetuam et] et perpetuam *P* 18 fuerit] sit *P* 20 quę fit] *om. B* 21 perimit] *Rubr.* De ordine iuditiorum (De iudiciorum ordine *B*) *hic stat in PB* | Cum] *om. B* | quomodo] qualiter *P*

---

10. „citare — uenire": L. 13 §§ 2, 3, L. 15 C. h. t., L. 2 § 1 C. ubi in rem actio III, 19. „his exhibitis — interrogare": L. 9 C. h. t. „quo facto" sqq.: L. 47 pr. D. de re iud. XLII, 1, L. 13 §§ 2, 3, 4 C. h. t., LL. 8, 9 C. quomodo et quando VII, 43. **11.** L. 4 C. de ed. II, 1, L. 21 D. de prob. XXII, 3, L. un. C. de proh. seq. IV, 4. V. infra IV, 19 § 6. **12.** L. 19 C. de prob. IV, 19, § 2 Inst. de perp. et temp. IV, 12. V. infra IV, 19 § 6. **13.** *13—16*: L. 29 D. de nov. XLVI, 2. *16—18*: L. 3 § 2 C. de usur. rei iud. VII, 54, § 5 Inst. de except. IV, 13, L. 3 D. de exc. rei iud. XLIV, 2.

III, 1. 10—12. Petr. IV, 7 (Lib. iur. Tub. 49).

DE ORDINE IVDICIORVM. II.

Ordo iuditiorum talis est, ut qui prius aliquem ad iuditium uocauerit, illius causa precedat, nisi res ciuilis uel criminalis ei preiudicet, forte quia maior est: merito enim maius minori preiudicat. ciuilis ciuili uel criminali preiudicat, ut si tu a me C petis uel aliquam *accusationem* instituas et ego assero te meum seruum esse. criminalis uero ciuili seu criminali preiudicat, ueluti si legatum tibi in testamento relictum exigas et ego falsum testamentum esse dico, uel si tu de aliquo extraordinario crimine me accuses et ego dico te in legem Corneliam de sicariis incidisse et homicidium perpetrasse.

DE LITIS CONTESTATIONE. III.

Litis autem contestatio tunc fit, cum iudex per narrationem et alterius partis responsionem causam audire ceperit. quę contestatio ita fatienda est, ut libellus reo offeratur et datis sportulis prestitaque fid*e*iussione de lite exequenda aut, si executus [non] fuerit et non *uicerit,* decimam litis partem quę in libello continetur reo nomine sumptuum dabit — uel plus, si reus iurauit plus se expendisse —, et ita postea XX dierum indutias habeat, intra quos deliberet, utrum cedere an contendere debeat et alium iudicem priori sotiari petat uel prorsus eum recuset si datus est, nisi ille *sit* quem ipse antea petiit. tempus autem non tantum ex ipsius responsione set etiam ex libelli confectione manifestandum est. alias uero litis contestatio facta nullius momenti est, prout noua constitutio precipit.

DE DILATIONIBVS. IV.

Contestata lite iustis causis [*inter*]uenientibus peti solent dila- 1
tiones. qua ratione de his supponitur. Dandę quidem dilationes a 2

3 uocauit *B* | precedat] precedere debeat *PB* 4 maius] maior *P* 5 petis] *TB* petas *P* 6 accusationem] *PB* occasionem *T* 10 perpetrasse] dicam *add. B* 12 cum iudex] *om. B* | per] negotii *supra lin. add. P*[2] 15 fidei iussione *T* | non] *TB*; *om. P*; *cf. Nov. 112 c. 2 et supra II, 16 § 4.* 16 uicerit] *P* uenerit *T* uincitur *B* 17 iurauerit *B* 18 habet *P* 20 sit] *PB* fit *T* 25 Constituta *B* | interuenientibus] *P* uenientibus *TB* 26 supponit *PB*

III, 2. Rubr.: rubr. C. III, 8. *2—4*: L. 29 D. de iud. V, 1; L. 4 C. h. t. *5—6*: L. 24 § 3 D. de lib. causa XL, 12, L. 5 C. de ord. cogn. VII, 19, LL. 1, 3 C. eod. *7—8*: L. 6 D. de her. pet. V, 3 ict. L. 5 § 1 D. eod. *9—10*: L. 1 C. qui accus. non poss. IX, 1.

III, 3. Rubr.: rubr. C. III, 9. *12—13*: L. un. C. h. t., L. 14 § 4 C. de iud. III, 1. *13—18*: Nov. 112 c. 2 ict. Nov. 53 c. 1. *18—23*: **Nov. 53 c. 3 §§ 1, 2.**

III, 4. Rubr.: rubr. C. III, 11. **2.** *26—2*: L. 4 C. h. t.

III, 2. *5—6*: cf. Lib. de verb. leg. 18.

iudice sunt, causa tamen cognita. et hoc fatiendum est tam actore quam reo postulante. in causę uero cognitione uertitur, utrum propter testes uel instrumenta uel propter aliam iustam causam. et iterum intuendum est, si testes uel instrumenta ex eadem prouintia postulantur, an etiam ex diuersis. si ex eadem prouintia, III menses dari debebunt, si ex continentibus, VI: nouem autem menses in
f. 13 c. 3. transmarina dilatione dandi sunt. interueniente tamen ‖ iusta causa, ut tempestas seu ualitudo eius qui petiit, quasi opposita exceptione tempus prorogatur. pro extimatione quoque iudicis tempus coarctatur uel etiam dilatio prorsus denegatur. item amplius quam semel nisi
3 ex iustissima causa dandę non sunt. In dilationum temporibus etiam dies feriati connumerantur.

V. DE FERIIS.

1 Omnes quidem dies congrui ac iuridici sunt ad lites dirimendas preter feriatos dies. et quia hi dilationem tribuunt, ideo de his
2 adicit. Ferię dic*un*tur quę uacationem a forensibus negotiis dant. earum uero quędam sollemnes sunt, quędam repentinę. sollempnes sunt quę dantur uel propter dierum uenerationem, ut in die natalis Domini item epiphaniarum, nec non in die resurrectionis, et in omnibus dominicis diebus, atque in apostolorum festiuitatibus, — uel propter utilitatem communem, ut in geminis mensibus. repentinę sunt quę prouideri non possunt, ueluti hę quę ob communem letitiam fiunt, ut in rebus prospere gestis, item in die natalis principis
3 seu ortus imperii. In his diebus legis actio conte*n*tiosa quiescere debet, uoluntaria uero expediri potest, ut emancipatio, item manu-

---

3 testes uel] propter *add. P* | propter] *om. P* 3, 4 et iterum] Itemque *P* 5 etiam] *om. P* 6 debent *P* 7 tamen] autem *B* 8 petit *P* 10 nisi] *om. P* 11 dilationis *P* dilatione *B* 13 De feriis sollempnibus uel repentinis *P* 14 dies] *om. B* | iuridici] dicti *add. P* 15 tribuunt] prestant *B* 16 adiecit *P* | dicuntur *PB* dicitur *T* | dant] prestant *B* 18 die] diem *P* 20 festiuitatibus] sollempnitatibus *P* 22 preuideri *P* | hę quę] *om. B* 23 diem] *P* 24 legis actio] *om. B* | contentiosa *PB* contemptiosa *T*; litigii accusatio *add. B* 24, 25 quiescere debet] cessat *B*

2—7: L. 1 C. h. t. *7—9*: L. 7 D. de feriis II, 12 ict. L. 2 § 3 D. si quis caut. II, 11 *9—11*: L. 1 §§ 1, 2, L. 5 C. h. t. **3.** L. 3 C. h. t.

III, 5. Rubr.: rubr. C. III, 12. **1.** L. 6 C. h. t. **2.** *16*: L. 9 D. h. t. II, 12. *17*: L. 3 C. de dilat. III, 11. *17—21*: L. 6 §§ 1, 3, 4 C. h. t. *21—24*: L. 26 § 7 D. ex qu. caus. maior. IV, 6, L. 6 § 5 C. h. t. **3.** *24—1*: L. 7 C. h. t. ict. L. 9 § 1 C. h. t.

III, 5. 2. „in apostolorum festiuitatibus“: cf. Brach. IV, 7 § 2 in f.

missio, nec non adoptio. pacta quoque seu transactiones hisdem initę admittuntur. item si dies actionis exitura est, etiam in his diebus litis contestatio fieri potest.

DE IVRISDICTIONE ET VBI IVDICIA PERAGENDA SVNT. VI.

Apud eum qui iurisdictioni preest iudicia expedienda sunt. 1
iurisdi[*c*]tio uero est potestas iuris dicendi. Actor tamen rei forum ‖ 2
tam in ciuili quam etiam in publica causa sequi debet. forum rei *f. 13 c. 4.*
dicimus tum ratione domicilii, tum ratione contractus: equum enim
est eum ibi conueniri, ubi contraxit uel deliquid. Sunt autem per- 3
sonę quę non coguntur nisi apud principem litigare: [*ut*] uiduę et
pupilli et alię miserabiles personę. hoc his uolentibus fit. e contra
si noluerint, in sacrum auditorium uenire non compelluntur. Crimina 4
ibi punienda sunt, ubi commissa fuerunt, uel ubi reperiuntur hii
qui malefitia commiserunt. Possessionis causa ibi agitanda est, ubi 5
possessio turbata est. Relicta ibi petenda sunt, ubi hereditas relicta 6
est, uel ubi maior pars hereditatis [*est*], uel ubi est res ipsa quę
relicta est. Illud autem quod certo loco promissum est, ibi exigen- 7
dum est, ubi promissum est, inspecta stricta ratione: alibi tamen
arbitraria actione peti potest seruata utilitate utri[*u*]sque, dum modo
reus uel contractus uel domicilii ratione ibi conueniri possit. In 8
rem quidem actio ibi exercenda est, ubi domicilium habet qui pos-
sidet, uel ubi res *po*sitę sunt, etiam si reus alibi habitet. Vni- 9
uersitas uero ibi petenda est et scripti heredes in possessionem mit-
tendi sunt, ubi res hereditarię sunt, uel ubi habitet qui conuenitur.

1, 2 hisdem initę] in his diebus inire *P*; *om. B* 2 admittuntur] his diebus *add. B* | si] ut *B* | etiam] *om. B* 4 De iurisdictione omnium iudicum et de foro competenti *PB* 6 forum] sequatur *add. B* 7 etiam] *om. P* | publica] criminali *P* | sequi debet] *om. B* 8 tum] tam *B* | tum] quam *B* | ratione *om. B* 9 eum] scilicet *B* 10 ut uiduę et] ut uiduę (*om.* et) *P*; *om. B* 11 hoc] *om. P* 12 nolunt *P* 14 agitanda est] est agenda *B* 15 hereditas] eius *add. B* 16 est uel ubi] tota uel *B* | hereditatis est] *P*; *om. B* 17, 18 ibi — promissum est] *om.* T^1 19 utriusque *PB* (*cum Dig.*) 21 exercenda] mouenda *B* 22 positę] *PB* pro se sitę *T* | habitet] maneat *P* 23 uero] *om. B* | heredes] ibi *add. B* 24 hereditarię] site *add. P* | habitat *PB*

1—2: L. 9 § 1 in f. C. h. t. *2—3*: L. 1 § 2, L. 3 pr. D. h. t.

III, 6. Rubr.: rubr. C. III, 13. **2.** *6—7*: LL. 2, 5 pr. C. h. t. *7—9*: L. 2 C. h. t., Nov. 69 c. 1, L. 2 § 4, L. 19 § 2 D. de iud. V, 1, L. 1 C. ubi de crim. III, 15. **3.** L. un. C. quando imp. III, 14. **4.** L. 1 C. ubi de crim. III, 15. **5.** L. un. C. ubi de poss. III, 16. **6.** L. un. C. ubi fideic. III, 17, L. 50 pr. D. de iud. V, 1, L. 38 D. eod. **7.** L. 1, L. 2 pr. D. de eo quod certo loco XIII, 4, L. un. C. ubi conv. qui certo loco III, 18. **8.** L. 3 C. ubi in rem actio III, 19. **9.** L. un. C. ubi de her. III, 20.

10 Qui ratiocinia tam publica quam priuata gesserunt, ibi conueniendi
11 sunt, ubi amministrauerunt. Status questio apud ordinarios tantum iudices tractanda est et apud eos dirimenda. incidenter [*delegatus*] iudex cognoscere, non etiam pronuntiare potest. ibi autem agenda est: si *quis* ex seruitute in libertatem se proclamet, ubi domicilium habet qui se dominum dicit, si uero ex libertatis possessione in ser- f. 14 c. 1. uitutem petatur, ibi iuditium dirimendum est, ubi domicilium ‖ habet qui conuenitur, quia et in causa status actor rei forum sequi debet.

VII. DE INOFFITIOSO TESTAMENTO.

1 Ratio iuditiorum quę uertitur in personis tam iudicum quam etiam actoris et rei compendiose exposita est. nunc de actionum æquitate, quę causam et materiam iudiciis prebet, enodandum est. cum autem actiones omnino uel in rem uel in personam sunt, merito eas premittit in quibus plus iuris habemus et quid nostrum petimus. heę quidem uel de uniuersitate competunt uel de re speciali. uniuersitas uero maxima causa est, ideoque premittenda est, premisso uidelicet illius quęrelę trac[*ta*]tu quę ad hereditatis preparationem
2 introducta est, id est inoffitiosi testamenti quęrela. Inoffitiosum quidem testamentum est, quando parentes, omisso offitio debito naturaliter, liberos suos exheredant uel omittunt, ablata *eis* debita portione naturali iure. lex enim naturę quamdam portionem ex parentum bonis ut debitam tacite liberis attribuit, quę eis nullo modo auferenda
3 est, nisi ingrati circa parentes extiterint. Inoffitiosi quęrela non est per se actio, set allegatio que exercetur proposita hereditatis petitione. qui enim de inoffitioso agit, nullam aliam actionem intendit

1 amministrauerint *B* 2 gesserunt *B* 3 apud eos] *om. B* | delegatus] *B* delegati *P* 4 iudices *P* | possunt *P* 5 quis] *PB* quidem *T* 7 dirimendum — domicilium] *om. B* 8 actor] sequitur *add. B* | sequi debet] *om. B* 10 Ratio] Satis ratio *P* | inter personas *P* 11 etiam] *om. P* 12 prebent *B* 14 quid nostrum] quibus nostrum *B* quod nostrum est *P* 17 tractatu] *PB* 19 parens *P* | omisso] *om. B* | offitio] *om. P* 19, 20 naturali *P* 20 suos] *om. P* | exheredat uel omittit *P* | eis] *P* ei *B* eius *T* | portione debita *P* 21 naturali — portionem] *om. B* 23 ingratis *B* | circa — exstiterint] *om. B*

10. LL. 1, 2 C. ubi agi op. de ratioc. III, 21, L. 19 § 1 D. de iud. V, 1. **11.** *2—3*: LL. 2, 6 C. ubi causa status III, 22, L. 2 in f. C. de pedan. iud. III, 3. *3—4*: L. 1 C. de ord. iud. III, 8, L. 3 C. de iud. III, 1. *4—8*: LL. 3, 4 C. ubi causa status III, 22.

III, 7. Rubr.: rubr. C. III, 28. **2.** pr. Inst. h. t. II, 18, L. 36 § 2 in f. C. h. t. **3. L. 20 D. h. t. V, 2.**

III, 7. 3. Quest. XV, 2, 3.

quam hereditatis petitionem, ut in d. t. isto. hereditatis quidem
petitio domino competit, set exheredatus dominus ex postfacto uidetur,
licet interim scriptus heres dominus sit. ius tamen in hoc casu fit
ex sententia, et ideo omnis causa testamenti sublata est, ac si factum
testamentum non esset: qua ratione ab initio exheredatum uel pre-
teritum dominum fuisse apparet, et ideo cum effectu ei hereditatis
petitio competit. Causa quę hanc quęrelam suadet, item quę dis- 4
suadet intuenda est. ratio quę hanc quęrelam ‖ inducit est iniusta *f. 14 c. 2.*
exheredatio seu preteritio, que fit omisso offitio quod ex pietate
parentes in suos liberos exercere debent. causę uero quę dissuadent
sunt, ut si querelę renuntiauit uel defuncti uoluntatem agnouit uel
tempus preteriit, id est quinquennium, aut si aliquid ei relictum est
aut datum sub ea conditione, ut in quarta computetur: tunc enim
si illud ad quartam non sufficit, de repletione tantum agere permit-
titur. Hoc prout in Codice et Responsis prudentium continetur. 5
noua autem constitutione inspecta nullum locum hodie inoffitiosi
querela sibi uendicat, nisi inter fratres turpibus personis scriptis
heredibus, cum alias testamentum ipso iure non ualeat, nisi causa
exheredationis nominatim in testamento inserta sit et ab heredibus
scriptis probari possit: alioquin ipso iure rescinditur testamentum
quantum ad institutiones, cętera alia quę in testamento ascripta sunt
ualent. exheredationis uero causę sunt XIIII ex quibus parentes
liberos suos exheredare possunt. econtra causę ex quibus parentes
a luctuosa successione repelli possunt, septenario numero continentur.
quęm ad modum enim ex bonis parentum certa portio liberis debe-
tur, ita turbato mortalitatis ordine quarta similiter ex liberorum
bonis parentibus defertur. Quarta ita accipienda est, ut si quis 6
habens liberos quattuor forte uel pautiores, ex eius substantia triens
eis debetur, si uero plures, semis: ex equo scilicet inter eos diui-
dendus. et hoc fit tam naturali quam ciuili ratione. parentibus
quidem semper ex substantia liberorum triens debetur.

---

1 d.] dig. *B* | isto] eodem *P* e. *B.* 2 set] si *P* 7 suadet] intuenda est *add. P* 10 exercere] exhibere *P* 12 aliquid] *om. B* 14 agitur *B* 14, 15 permittitur] *om. B* 15 Codice] cons. *B* 17 personis] heredibus *B* 18 heredibus] *om. B* 21 quantum ad] *om. B* | institutionem *P* in distinctione *B* 23 parentes] *om. B* 26 similis *B* 27 Quarta] TP^1B certa P^2 28 habens] *TPB* | filios *P* 29 eis] *om. B* 29, 30 diuidendum est *B* 30 ciuile *T* 31 quidem] uero *P* | ex — liberorum] *om. B*

---

4. *8—10*: LL. 2—4 D. h. t. *10—12*: L. 17 pr. D. h. t., L. 34 in f. C. h. t.; L. 8 § 10, L. 12 pr., § 1, L. 23 § 1, L. 32 pr. D. h. t.; L. 34 in f., L 36 § 2 C. h. t. *12—15*: L. 30 pr., L. 31 C. h. t. **5. Nov. 115 c. 3, 4. 6.** Nov. 18 c. 1.

VIII. DE INOFFITIOSIS DONATIONIBVS. ‖

1 Principes quidem omnimodo liberis prouident, ne non tantum
f. 14 c. 3. in ultima uoluntate debita portione defraudentur, set nec etiam in
2 superstiti. ideoque de inoffitiosis donati*on*ibus adnectunt. Hæc
quęrela similis est superiori, quia eadem æquitas in utraque uertitur.
nam causę quę suadent et dissuadent fere eædem sunt. quem ad
modum enim iam dicta querela liberi de portione debita eis iniuste
ablata quęruntur, ita et hic. et econtra si filius uoluntatem agnouit
3 uel quinquennium preteriuit, cessat. Spectandum est in hac quęrela,
ut fraus re et consilio interueniat: alioquin cessat, nisi quandoque
ex euentu inoffitiosa donatio deprehendatur, ut liberis postea natis.
4 Reuocatur autem hec donatio *e*atenus quatenus immoderate gestum
est, id est usque ad quartam, proposita in rem actione. ex equitate
enim sententię uidetur ille qui donationem accepit *nunquam* dominium habuisse, et ideo hic cum effectu in rem actio competit, quem
ad modum in superiori hereditatis petitione.

IX. DE PETITIONE HEREDITATIS.

1 De ea quęrela que hereditatis petitioni preparatoria est dictum
2 est. nunc de ipsa hereditatis petitione uidendum est. In hac actione
intuendum est, cui competit seu datur, aduersus quem compet*it* seu
3 datur, item quid in ea ueniat, et quid iudicis sit offitium. Competit
directa ei qui heres est — uel ex testamento uel ab intestato. utilis
datur ei qui loco heredis est, ut bonorum possessori et ei cui ex
4 Trebelliano restituta est hereditas. In eum competit qui pro herede
f. 14 c. 4. uel pro possessore sciens hereditatem ‖ esse possidet, et quidem sine
titulo. pro herede possidet qui putat se heredem esse. pro posses-

2 prouiderunt *B* | ne] ut *PB* 3 portione] non *add. B* | etiam] *om. B* 4 inoffitiosa *PB* | donationibus] donati omnibus *T* donatione *PB* | annectitur *P* 5 in utraque] *om. B* 7 enim] in *add. PB* | de portione] *om. B* | iuste *P* 12 hec] *om. P* | æatenus *T* 14 sententię] *om. P* | nunquam] *PB* nusquam *T* 20 intuendum] uidendum *B* | competat *B* | detur *PB*; seu *add. P* | competat *TP* 20, 21 competit — item] *om. B* 21 datur] detur *P* 24 Trebelliano] senatusconsulto *add. B* | eum] directa *add. P* | herede] possidet *add. P* 25 esse] ad se non pertinere *PB* | possidet] *om. P* 26 titulo] eum possidere *add. B* | 26—2 pro herede — titulo uel eum] *om. B* 26 esse] cum non sit *add. P*

III, 8. Rubr.: rubr. C. III, 29. **2.** L. 9 C. h. t., L. 6 C. h. t. **3.** *9—10*: L. 8 C. h. t. *10—11*: L. 5 C. h. t. **4.** LL. 2, 5, 7, 8 C. h. t. V. supra III, 7 § 3.

III, 9. Rubr.: rubr. C. III, 31. **3.** LL. 1, 2 D. de poss. her. pet. V, 5, LL. 1, 2 C. de fideic. her. pet. V, 6. **4.** *24—1*: L. 9, L. 11 — L. 13 pr. D. h. t. V, 3.

sore possidet predo, qui nullam causam possidendi habet. dicimus
quidem sine titulo uel eum qui prorsus nullum habet uel eum habet
qui iure inprobatus est, ut qui sciens hereditatem a furioso emit.
uniuersitatem possidet qui res uel ius hereditarium possidet. res
dico corpora hereditaria. ius possidet debitor hereditarius qui asserit
se heredem esse. item qui rem hereditariam uendidit: pretium enim
in locum rei hereditarię succedit. datur in eos utilis qui titulo pos-
sident, ut in eo qui uniuersitatem emit et uenditor non comparet
uel forte ex pretio locupletior non est, cum bonę fidei fuit. item
in eum qui dolo fecit [*quominus possideret*] et qui petitioni se ob-
tulit, cum non possid*eret*. Mixta est hec actio: tam in rem quam 5
in personam, ideoque perpetua. Veniunt in hac actione in primis, 6
in qua[*ntum*] continentur, corpora et iura hereditaria. et si unam
rem licet minimam quis possideat, hac actione tenetur. quędam
tamen specialia hic intuenda sunt. alienatio enim earum rerum
a mota controuersia prohibita est, nisi hę res sint quę tem-
pore peniturę sunt. item rei iudicatę exceptio non obstat, etsi
eadem uniuersitas petatur, ex alia tamen causa. item hereditas 7
recipit augmentum et decessionem. ea enim quę hereditatis causa
comparata sunt, si multo hereditati utilia sunt, ueniunt. maxime
ergo fructus et omnes alię *ac*cessiones ut res quodam modo prin-
cipales ueniunt, item fructuum fructus et utilitatis utilitas: nam
hereditas fructibus augetur. decessionem uero recipit, si corpora

2 titulo] p' (= possessorem) *add. P* | nullum] ius *add. P* | habet] titulum *add. B* 3 emit] Item qui mota controuersia emit *add. P* 4 uniuersitatem] hereditatem *P* | ius uel res hereditarias *P* | possidet] ut heres *add. P* 4, 5 res dico — hereditaria] *om. B* 6 esse *om. P* | uendidit] ut heres *add. P* 7 eos] eum *P* 8, 9 possidet *P* 9 fuit] TP^1B fuerit P^2 10 quominus possideret] *PB* 11 possideret *PB* possident *T* | tam] *om. B* | quam] et *B* 13 quantum] *B* qua *TP* | continent *B* 14 possideat] Si quis autem possideat ius uel rem hereditariam *in marg. add.* P^2 15 enim] *om. B* 16 a] *om. B* 21 accessiones] *P* excessiones *T* 22, 23 nam — augetur] nam fructibus augetur ereditas, cum ab eo possidetur a quo peti potest *in marg. B*

1—3: L. 13 § 1 D. h. t. *4—7*: L. 9 D. h. t.; L. 13 §§ 13, 15, L. 16 §§ 1, 5, L. 22 D. h. t. *7—9*: L. 13 § 4 D. h. t. *9—11*: L. 13 §§ 13, 14 D. h. t. ict. L. 26 § 4 D. de nox. act. IX, 4. **5.** L. 7 C. h. t., L. 25 § 18 D. h. t. **6.** *12—14*: L. 18 § 2 D. h. t., LL. 9, 10 pr. D. h. t. *15—17*: L. 5 pr. D. h. t., L. 2 C. h. t. *17—18*: L. 3 C. h. t. **7.** *18—19*: L. 178 § 1 D. de verb. sign. L, 16. *19—20*: L. 20 pr., § 1 D. h. t. *20—23*: L. 13 § 7, L. 20 § 3, L. 25 § 20 — L. 27, L. 29, L. 40 § 1 D. h. t., L. 2 § 1 C. h. t. *23—3*: L. 20 § 21, L. 21, L. 25 §§ 11, 16 D. h. t.

III, 9. 4. *9—11*: **Quest. XII, 2.**

hereditaria deperdita sunt, ueluti si in rerum natura esse desierunt,
uel deminuta, ut si usucapta uel prescripta fuerunt, uel cum a bonę
fidei possessore consumptę fuerint et ex his locupletior non est.
8 preterea non ‖ solum ea que in bonis fuerunt, set etiam ea quę ex
f. 15 c. 1. bonis sunt ueniunt, ut commodatę pignoratę item locatę nec non
depositę, periculum forte quarum ad defunctum pertinebat uel retentio
9 seu petitio ei dabatur. personales quoque prestationes admittit hęc
actio, ut si possessor aliquid percepit, ut pretium quod ex uenditione
rei hereditarię redegit, uel deliquid, ut si dampnum in rebus here-
10 ditariis dedit. Cum autem hoc iuditium bonę fidei sit, offitium
iudicis late patet. interuenit enim tum pro petitore tum pro pos-
sessore. iubet enim petenti res restitui, item fructus et accessiones.
damna quoque similiter resarciri precipit, facta cessione legis Aquilię.
reo iudici non parente in restituendo, condempnabitur, iudice per se
hoc extimante uel per ius iurandum in litem. pro possessore facit
inpensas ei conseruando. set *quia* possessores dispares sunt et dis-
pari iure utuntur, iudicis offitium tam contra eos quam pro eis
interponitur. item fructus et inpensę uarię sunt, et ita diuerso modo
prestantur ac inpensę possessori restituuntur: nam bonus iudex ex
causis et ex personis uarie constituet, diuersitate fructuum seu im-
11 pensarum habita. Fructus enim quidam pendentes, quidam percepti,
quidam percipiendi. pendentes una cum ipsa re principali ueniunt
et ab omni possessore extorquentur. percepti sunt qui iam a solo
separati sunt, [*et*] dicuntur quasi perfecte lecti. ex his quidam ex-
tantes, quidam consumpti. percipiendi sunt qui percipi potuerunt
12 et per culpam possessoris hoc stetit. Item impensę diuersę sunt.
quędam enim ex his ipsius rei gratia fiunt, quędam gratia fructuum.
f. 15 c. 2. gratia ‖ rei impensę fiunt aut necessarię, quę si factę non sunt, res
aut peritura aut deterior futura est, aut utiles, quę rem quidem

2 deminuta] diminuta sunt *P* 3 fuerint — est] sunt nec ex his est locupletior factus *B* 5 ueniunt] *om. B*; id est ea quorum nomine defunctus tenebatur *in marg. add. P*[2] | commodatę] deposite *add. B* 5, 6 nec non depositę] *om. B* 6 quorum forte periculum *B* 15 hoc] *om. B* 16 seruando *PB* | quia *PB* quam *T* 18 fructus et] *om. P* 20 ex] *om. B* 22 percipiendi] sunt *add. P* 24 et] *P* 27 his] *om. PB* | gratia fructuum] gratia *om. PB* 28 sunt] essent *B*

8. L. 19 pr., § 2 D. h. t. ict. L. 2 § 22 D. vi bon. rapt. XLVII, 8. **9.** L. 25 § 18 D. h. t. ict. L. 16 § 1, L. 22, L. 36 § 2 D. h. t. **10.** *10—11*: L. 12 § 3 C. h. t., § 28 Inst. de act. IV, 6. *12—13*: L. 68 D. de rei vind. VI, 1; L. 36 § 2 D. h. t. *14—15*: L. 68 D. de rei vind. VI, 1. *19—21*: L. 38 D. de rei vind. VI, 1. **11.** *22—23*: L. 44 D. eod. **12.** *28—2*: L. 79 D. de verb. sign. L, 16.

meliorem faciunt, deteriorem esse non sinunt, aut uoluntarię, quę
in exornatione tantum consistunt. fructuum causa fiunt uel propter
quęrendos, uel cogendos, uel conseruandos. Et *it*erum differentia **13**
possessorum intuenda est. quidam enim ex his bone fidei sunt,
quidam male fidei. item quidam cum titulo, quidam sine titulo.
[h]is bonę fidei qui titulo gaudet hereditatis petitione non tenetur
nisi in casu. bone fidei uero qui titulo caret tantum hac actione
tenetur rerum nomine ac fructuum, eatenus tamen quatenus locu-
pletior est. inpensas uero omnes retinet, indemnis enim omnimodo
conseruandus est. si aliquid sol*uit* hereditario nomine, uel si quid
hereditatis causa comparauit, hoc uel retinet uel compensat. si suo
nomine sol*uit* quasi ipse obligatus esset, repetitio ei tantum com-
petit. male fidei cum titulo non tenentur hoc iuditio, nisi titulus **14**
pro non titulo habeatur, ut in eo qui sciens motam esse contro-
uersiam emit. predones autem etiam neglegentię nomine tenentur.
inter quos et bone fidei possessor post litem contestatam computatur:
lite enim contestata omnes possessores pares fiunt. hoc ita demum,
si a contestatione cęperit habere scientiam alienę rei: alias autem
non est culpandus bone fidei possessor, cur ius suum indefensum
non reliquid. si quid autem a predone fructuum gratia impensum
est, ex ipsis tantum fructibus deducendum est (fructus enim non
intelliguntur nisi deductis impensis, et hoc in omni possessore uerum
est). cęterum ‖ si fructus non prouenerunt, de se quęri debet. ill*ius* *f. 15 c. 3.*
autem quod rerum causa impensum est ita demum deductio ei per-
mittitur, si necessarię uel utiles impensę fuerunt et res melior effecta
extet. uoluntarias auferre eis, si tolli possunt, permittitur, sine

1 uoluntarię] uoluptarie *P* uoluptuarie *B*. *Cf. Azo S. C. III, 32 § 24:* aliae sunt uoluptariae siue uoluntariae. 2 fiunt uel] propter cogendos uel *in marg. add.* P^2 3 uel cogendos] *om. P* | Et iterum] *B* Et rerum *T* Item *P* 4 sunt] *om. B* 5, 6 item — gaudet] *om.* T^1 6 his] *om. PB* 8 tamen] tantum *B* 10 soluit] *PB* solum *T* 12 soluit] *PB* solum *T* 13 tenetur *PB* 14, 15 controuersiam] uel a furioso *add. P* 16 possessiones *P* 18 cepit *PB* 20 si quid] sin *B* 22 deductis] necessariis *add. P* 23 illius] *B* illud *TP* 24 deducere *P* 26 extet] et *add. P* | uoluptarias *P* uoluptuarias *B*

2—3: L. 36 § 5 D. h. t. **13.** *6—7*: L. 13 §§ 4, 9, 10 D. h. t. *7—9*: L. 25 § 17, L. 5 § 2 D. h. t., L. 12 pr. C. h. t., L. 20 § 6c, L. 25 § 11 D. h. t. *9—10*: L. 37—39 D. h. t. *10—13*: L. 31 pr., L. 20 pr. D. h. t. **14.** *13—15*: L. 2 C. h. t. *15*: L. 25 § 2, L. 31 § 3 D. h. t. *16—17*: L. 20 § 11, L. 25 § 7, L. 31 § 3 in f. D. h. t. *17—20*: L. 40 pr. D. h. t. *20—23*: L. 36 § 5, L. 37 D. h. t. *23—5*: LL. 38, 39 D. h. t., L. 38 D. de rei vind. VI, 1.

13. *10—13*: **Quest. XVII.**

lesione tamen prioris status rei. set tamen si petitor ei offerat eatenus quatenus habiturus esset possessor his ablatis, [*audiendus est*], non enim malitiis indulgendum est. sed hæc omnia non suo iure retinere ei concessa sunt: ne tamen petitor cum alieno detrimento locupletetur, possessori consulitur iudicis offitio. item quod ex hereditate ei debetur non retinet, [*et*] quod ex causa hereditaria quoquo modo ad eum peruenit, etiam si petitor consecuturus
15 non esset, ut mercedes a lupanario perceptę, prestare debet. Et hec omnia ita accipienda sunt, etiam si pars uniuersitatis petatur, siue directa siue utili actione, ut per possessoriam seu fideicommissariam hereditatis petitionem.

X. DE VENDICATIONE.

1 Qualiter uniuersitas petatur dictum est: [*nunc*] quomodo res singulę uendicentur tractandum est. uerbum quidem 'petitionis' licet latius pateat, ad uniuersitatem tantum accommodatur: ita 'uendica-
2 tionis' uerbum in rebus singulis adicitur. In speciali uendicatione spectandum est, cui competat directa seu detur utilis, iterum in quem
3 competat seu detur. Directam dico quę ex mente et uerbis legis descendit: quę domino tantum competit qui dominium uel iure gentium uel ciuili habet. utilis est quę ex mente seu interpretatione uerbis cessantibus datur, ut non domino, ueluti superfitiario uel ei
4 qui agrum uectigalem conductum habet. In eum competit qui pos-
f. 15 c. 4. sidet ‖ quolibet modo. datur in eum utilis qui ante litem contesta-

1 tamen] *om. P* 2 ablatis] sublatis *P* 2, 3 audiendus est] audiendum est *B* audiendus est. non licet auferre *P*[1]; audiendus est *expunxit P*[2] 3 malefitiis *B* | non] *T*[1]*P* cum *T*[2] in *B* 6 et] *PB* 7 peruenit] pertinet *B* 9 uniuersitatis] hereditatis *PB* 10 per] *om. B* | possessoria seu fideicommissaria *B* 11 petitione *B* 12 De rei uendicatione *PB* 13 nunc *PB* 14 petitionis] hereditatis *add. P* | licet] uti *B* 15 patet *B* | tantum] *om. B* | et ita *P* 17 spectandum] considerandum *B* | iterum] item *PB* 19 dominium] quidem *add. B* | uel] *om. P* 20 interpretatione] legis *add. P* 22 et conductum *P* 23 et datur *P*

5—8: L. 31 § 1 D. h. t., L. 27 § 1 — L. 29, L. 52 D. h. t. **15.** tit. D. si pars her. V, 4, L. 2 D. de poss. her. pet. V, 5, L. 2 D. de fideic. her. pet. V, 6.

III, 10. Rubr.: rubr. C. III, 32. **1.** *13—14*: L. 1 pr. D. h. t. VI, 1. *14—16*: L. 178 § 2 D. de verb. sign. L, 16, § 15 Inst. de act. IV, 6. **3.** *18—20*: L. 23 pr. D. h. t. *21—22*: L. 73 § 1 — L. 75 D. h. t., L. 1 §§ 3, 4 D. de superfic. XLIII, 18, L. 1 § 1 D. si ager vectig. VI, 3. **4.** *22—23*: L. 9 D. h. t. *23—1*: L. 27 § 3 D. h. t. ict. L. 26 § 4 D. de nox act. IX, 4.

III, 10. 4. *23—1*: **Quest. XII, 2.**

tam dolo desiit possidere: dolus enim pro possessione habetur. si
uero lite contestata desinit possidere, aut absoluitur, si sine culpa
possessionem ammisit et nichil est quod ei inputari possit, aut con-
dempnatur, siue pretium habeat siue alias culpandus sit, cur statim
non restituit, cum forte petitor rem distra[*c*]turus erat. In hac 5
quidem actione ipsius rei corporalis restitutio uenit, item eius acces-
siones. et hoc ita, siue in solidum siue pro parte dominium eius
sit qui petit: pars etenim uendicari potest. uniuersitas quoque hac
actione peti potest, ut grex. Offitium autem iudicis hic et in supra 6
dicta actione simile est: iterum differentia possessorum et fructuum
nec non impensarum fere eadem est. facit enim partim pro petitore,
ueluti cum iubet rem item accessiones ei restitui. dampnum etiam
a possessore in ea re datum resarciri faciet, cessa legis Aquilię
actione. non parente reo in restituendo, si possidet et res comparet,
manu militari adhibita ei aufertur: si autem res non comparet uel
dolo desiit possidere, delato actori iure iurando uel per se iudice
hoc estimante reum condempnabit. pro possessore facit, ueluti in-
pensas ei resarciendo uel per compensationem uel pecunię dationem.
Bone fidei possessor, siue cum titulo siue sine titulo, fructus per- 7
ceptos suos facit, set tamen extantes iudicis offitio restituet, con-
sumptos uero lucrar*i* debet: de percipiendis non tenetur. male fidei
cum titulo extantes iure actionis restituere debet, consumptos autem
offitio iudicis prestat uel condi[*c*]tione ex iniusta causa. predones,
qui titulo carent, omnes fructus prestant, etiam percipiendos. et 8
quidem possessoribus consulitur impensarum de‖ductione. omnis *f. 16 c. 1.*
enim possessor necessarias impensas seruat. utiles quoque omnes
possessores reseruant preter predones: nam hii eas auferre possunt

---

2 desinet *P* | culpa] dolo *P* 3 inputari possit] imputetur *B* 7 dominium eius] dominus *P* 8 etenim] enim *P* 9 hic] in hac *B* 10 iterum] item *PB* 12 item] uel *P* 13 datum] illatum *B* | cessa] cessante *P* 16 se] uel *add. P*[2] 18 resarciendo] sarciendo *B* restituendo *P* 21 lucrari] *PB* lucrare *B* 23 iusta *B* 25—27 consulitur — possessores] *om. P*[1]; *in marg. add. P*[2] 27 seruant *P*[2]

1—5: L. 40 pr. D. de her. pet. V, 3, L. 16 pr. D. h. t.; L. 15 § 1, L. 17 pr., L. 36 § 1, L. 15 § 3 D. h. t. **5.** *5—7*: L. 68 D. h. t. *7—8*: L. 3 § 2, L. 6 D. h. t. *8—9*: L. 1 § 3 D. h. t. **6.** *9—11*: V. supra III, 9 §§ 10—13. *11—14*: L. 68 D. h. t.; LL. 13, 14 D. h. t. *14—17*: L. 68 D. h. t. **7.** *19—21*: § 35 Inst. de rer. div. II, 1, L. 48 pr., § 2 D. de adq. rer. dom. XLI, 1, L. 22 C. h. t., § 2 Inst. de off. iud. IV, 17. *21—23*: L. 17 C. h. t., L. 3 C. de cond. ex lege IV, 9, L. 22 § 2 D. de pign. act. XIII, 7, § 2 Inst. de off. iud. IV, 17. *23—24*: § 2 Inst. cit., L. 62 § 1 D. h. t., L. 4 C. unde vi VIII, 4. **8.** *25—26*: L. 5 C. h. t. *26—1*: LL. 11, 16 C. h. t., §§ 30, 32, 33 Inst. de rer. div. II, 1, L. 27 § 5, L. 37, L. 38 D. h. t., L. 5 in f. C. h. t., LL. 38, 39 D. de her. pet. V, 3.

sine lesione ipsius rei. de uoluptariis quoque idem in omni possessore dicendum est. si autem actor malit illud prestare quod habiturus esset possessor his coram, audiendus est. Hec quidem omnia regul*ar*iter prolata sunt.

XI. DE VSV FRVCTV ET SERVITVTIBVS TAM PERSONARVM QVAM RERVM.

1 Petuntur quidem per in rem act*ionem* non tantum res corpo-
rales set etiam incorporales. ideo premisso tractatu uendicationis
corporalium rerum rationabiliter de incorporalium uendicatione ad-
nectitur, ueluti de seruitutibus tam personarum quam rerum. per-
sonarum: ut usus fructus et usus, item habitatio. rerum: ut urba-
norum prediorum et rusticorum. non sine causa tamen uidetur
2 aliquid generale de seruitutibus prelibandum. Seruitus quidem est,
cum res aliena personę uel rei meę seruit. personę: ueluti si usum
fructum uel nudum usum habeam in re aliena. item habitatio
seruitus persone est. rei seruitus est, cum res tua rei meę seruit,
ueluti si domus tua meę domui seruitutem debeat, ut inmittendi,
uel fundus tuus meo seruiat, ueluti si ius eundi uel aquam ducendi
3 per eum habeam. Qualiter autem constituantur et retineantur item
amittantur, et que actiones ex his competant, uidendum est. con-
stituuntur seruitutes pactionibus et stipulationibus, item iuditio familie
herciscunde et communi diuidundo, [*et in*] ultima uoluntate, ut in
testamento et codicillis. retinentur utendo. amittuntur confusione,
ueluti si is cui seruitus debetur dominus seruientis rei effitiatur:
nemini enim res sua seruit. item ipsius rei interemptione, et non
f. 16 c. 2. utendo per decennium || uel uicennium (seruitutes enim tempore amit-

1, 2 possessione *B* 3 coram] *om. B* | Hec] et hoc *B* 4 reguliciter *T* | prodita *B* 5, 6 De seruitutibus *B* 7 actionem] *PB* actus *T* 8 et ideo *P* 11 et] *om. B* | item] *om. B* | ut] *om. B* 12 prediorum] et prediorum *P*[1]; *utrumque expunxit P*[2] | et] *om. B* 13 aliquod generaliter *P* 16 tua] aliena *B* 17 ut] Iñ (ut *leg.*) cum habeam in parietem tuum ius tigni *P* | inmittendi] tignum in parietem *add. B* 18 uel aquam] aquamue *P* 19, 20 constituatur et retineatur et amittatur *P* 22 et in] *P* in *B* 22, 23 ultima — utendo] *om. T*[1]

1—3: L. 38 D. h. t., L. 9 D. de inpens. XXV, 1, L. 39 § 1 D. de her. pet. V, 3.

III, 11. Rubr.: rubr. C. III, 34 (Inst. II, 3). **1.** *8—9*: § 2 Inst. de act. IV, 6. **3.** *20—23*: § 4 Inst. h. t., L. 3 pr., L. 6 § 1 D. de usufr. VII, 1. *23*: LL. 20—24 D. quemadm. serv. am. VIII, 6. *23—25*: § 3 Inst. de usufr. II, 4, L. 1 D. eod. VII, 1 ict. L. 26 D. de serv. pr. urb. VIII, 2. *25—26*: L. 23 D. quib. mod. usufr. VII, 4, L. 14 pr. D. quemadm. serv. am. VIII, 6; L. 16 § 1 in f. C. de usufr. III, 33, L. 13 C. h. t. *26—1*: L. 14 pr. D. de serv. VIII, 1, L. 10 § 1 D. de

tuntur, non tempore adquiruntur nisi seruitus aquę ducende), et aliis
modis qui per singulos titulos explicabuntur. Proditę quidem sunt 4
actiones de seruitutibus tam confessorię quam negatorię. confessoria
in rem competit uendicanti seruitutem, ueluti: 'est michi ius utendi
fruendi', uel 'ius inmittendi', uel 'eundi agendi'. negatoria ei datur
qui seruitutem deberi negat, ueluti: 'non est tibi ius utendi', item
'inmittendi'. Hæc autem sunt communia et generaliter in omni ser- 5
uitute spectanda. quę sint specialia, per se in uno quoque titulo
erunt enodanda.

DE VSVFRVCTV ET SERVITVTIBVS PERSONARVM. XII.

Premisso generali titulo adicit de usu fructu et de ceteris ser- 1
uitutibus personarum. in usu fructu spectandum est, quid sit usus
fructus, et quomodo constituatur, item in quibus causis consistere
possit, et qualiter utatur, et quando amittatur uel finiatur, et quę
actiones exinde competant. Vsus fructus quidem est ius utendi 2
fruendi in re aliena salua substantia. Quomodo autem constituatur, 3
in titulo iam dicto satis diligenter expositum est. Constituto tamen 4
usu fructu necesse est, ut ususfructuarius satisdet se usurum fruitu-
rum arbitratu boni uiri, ita ut ex usu nullam lesionem proprietati
afferat, et finito usu fructu ea[*m*] rem se restituturum. Comstituitur 5
autem in rebus immobilibus seu mobilibus uel se mouentibus, his
exceptis quę utendo prorsus uel consumuntur uel minuuntur, ut ‖
uino oleo frumento, item uestiment*o* et peccunia numerata. in his *f. 16 c. 3.*
uero licet usus fructus constitui non possit, senatus tamen per cau-
tionem quasi usus fructus in his constituit: cauere enim debet de
tanta pecunia restituenda quanti fuerint extimatę, si morietur aut
capite minuetur. Vti quidem debet ut bonus pater familias, ita ut 6

---

1 non] etiam *add. P* | ducende] et stillicidiorum *add. P* 3 confessione *P* | negatione *P* 5 uel ius inmittendi uel] *om. B* | ius] *om. P* | eundi] uel *add. P* | agendi] ambulandi *B* 5, 6 negatoria — utendi] *om. B* 6 utendi] fruendi. eundi. ambulandi *add. P* | item] *om. P* 7 inmittendi] utendi *B* 8 sunt *P* 9 erunt enodanda] spectanda essent *B* 10 seruitute *P* 14 quando] quomodo *PB* 16 in re — substantia] alienis rebus salua rerum substantia *P* 17 satis] *om. B* | diligenter] *om. P* 20 eam] *PB* 22 prorsus uel] *om. B* 23 uestimento] *P* uestimenta *TB* 25 debet] *om. B* 26 fuerint] hę res sunt *P*

---

usurp. XLI. 3; L. 10 pr. D. si serv. vind. VIII, 5, L. 7 C. h. t., L. 3 § 4 D. de aqua cottid. XLIII, 20. **4.** L. 2 pr. D. si serv. vind. VIII, 5, § 2 Inst. de act. IV, 6.

III, 12. Rubr.: rubr. C. III, 33 (Inst. II, 4). **2.** L. 1 D. h. t. VII, 1 (pr. Inst. h. t.). **3.** V. supra III, 11 § 3. **4.** L. 1 pr., § 3, L. 7 pr., L. 12 D. usufr. quemadm. cav. VII, 9. **5.** § 2 Inst. h. t. **6.** § 38 Inst. de rer. div. II, 1, L. 7 § 2, L. 13 § 4, L. 13 § 7 D. h. t.

edifitia suis sumptibus sarta habeat, et in locum arborum uel capitum demortuorum alia submittere debet. meliorare quidem proprietatem poterit, deteriorare uero minime. edifitia tamen transformare non potest.

XIII. DE LEGE AQVILIA.

1 Quandoque euenit, ut quis in re possessa damnum det. cuius
nomine non solum in supradicta actione ratio offitio iudicis habenda
est, set etiam speciali actione eius delicti nomine conueniri potest.
ideoque de lege Aquilia apponit, quę damna sine ratione data punit.
2 Damnum quidem ita quis dare uidetur, siue culpa precedat factum,
ueluti si consulto seruum alienum de ponte deiecit, siue in ipso
facto culpa deprehendatur, ueluti si medicus male seruum secuit,
siue ex postfacto culpa subsequatur, ueluti si bene secuit et curationem dereliquit. set tamen si sine iniuria dampnum datum est,
cum et culpa cessat, impunitum est. aut enim iure *fit,* ueluti cum
propter corporis sui defensionem seu tuitionem id facit, aut cum
rationabiliter excusatur, ut miles qui in campo iaculatorio stans
[*seruum*] transeuntem interfecit, aut cum ita facit, ut sibi magis ‖
f 16 c. 4. quam alii obsit, ut si animal sibi promissum interficiat, uel cum actor
habeat, quî de se quęratur. his cessantibus non iure dampnum
3 datum uidetur. Quo iure hec actio inuenta sit, item cui competat
seu detur, et aduersus quem competat seu detur, quid in ea ueniat,
4 et quid iudicis sit offitium, [*uidendum est*]. Lex Aquilia plebiscitum est, cum eam Aquilius tribunus plebis plebe rogante tulit.
5 Domino competit directa, quia lex Aquilia dominum appellat. datur
6 utilis fructuario et creditori. Aduersus eum competit qui corpore

---

2 alias inmittere *P* 3 tamen] uero *B* 5 Ad legem aquiliam *P* 7 ratio] habetur *add. B* 7, 8 habenda est] *om. B* 9 apponit] ponit *P* | data] uel non iure data *add. P* 10 quidem] *om. PB* | ita] itaque *B* 11 sicuti *P* | consulto] cum subito *B*; *om. P* | alienum] subito *add. P* 13 si bene secuit et] si medicus bene seruum secuit. set etiam *P* 15 cum] *om. P* | fit] *PB* sit *T* 16 propter — tuitionem] ob corporis sui munitionem seu defensionem *P* | fecit *P* 17 stans] *om.* T^1PB 18 seruum] P^2B (*cum Inst.*) | fecit *P* 20 habet *P* | quî] quid *P* quod *B* 23 quid] quod *P* | uidendum est] *P*; *om. TB* 25 quia] quoniam *P* que *B* | uocat *B* 26 eum] directa *add. P* | competit] directo *add. B*

III, 13. Rubr.: rubr. C. III, 35. **2.** *10—14*: L. 7 § 7 D. h. t. IX, 2; L. 7 § 8 D. h. t.; L. 8 pr. D. h. t. *14—20*: L. 3 D. de iust. et iure I, 1, L. 45 § 4 D. h. t.; § 4 Inst. h. t. IV, 3; L. 54 D. h. t. **4.** L. 1 § 1 D. h. t. ict. § 15 Inst. h. t. **5.** *25*: L. 11 § 6 ict. L. 2 pr., L. 27 § 5 D. h. t. *25—26*: L. 11 § 10, L. 30 § 1 D. h. t. **6.** § 16 Inst. h. t. ict. L. 30 § 3 D. h. t., L. 27 § 21 D. h. t., L. 14 § 2, L. 23 D. de praescr. verb. XIX, 5.

suo damnum dedit. ceterum si ipse damnum non dedit, set occa-
sionem damni prebuit, ueluti si ortatus est seruum alienum, ut
in arborem ascenderet uel in puteum descenderet, et ille ascen-
dendo uel descendendo mortuus fuerit: hoc enim in casu utilis
datur. alioquin si corpus corruptum non est, ueluti si argen-
teus scyphus in flumen proiectus est, in factum in defectu Aquilię
datur, uel si seruum uinctum quis misericordia ductus soluit: in his
enim dampnis quę lege Aquilia non [*con*]t*i*nentur in factum actio datur.
In hac actione uenit ipsius damni restitutio seu exstimatio, etiam 7
causarum *coherentium* estimatione habita, ueluti si ex commedis
unus mortuus fuerit [uel sit]: hii enim qui supersunt quanto depre-
tiati sunt existimandi sunt, — uel si forte heres institutus fuerat:
pretium enim hereditatis uenit. exstimatio uero non ex singulorum,
set ex communi utilitate sumenda est. illud uero quod ex occasione
facti postea accidit, ueluti si seruus non mortifere uulneratus ex
neglegentia periit, non resarcitur: uulnus enim, non ‖ seruus existi- *f. 17 c 1.*
matur. econtra seruus ex leui uulnere interfectus resarciri debet,
quia aliud alii mortiferum esse solet. In confitentem quidem datur 8
in simplum: quo in casu null*e* partes sunt iudicantis, nisi ut dam-
num datum existimet. contra negantem in duplum datur. hoc ita
demum, si actor probauerit: ceterum si iure iurando ei delato iurauit,
non datur nisi in simplum. Cum autem hec actio stricti iuris sit, 9
iudicis officium non late patet: seruire enim actioni debet. Penalis 10
quidem est, siue primo ex capite siue ex tertio descendat. in primo
capite de homine item de quadrupedibus occisis loquitur, quorum
extimatio retro ad annum refertur. tertio capitulo omnia alia dampna
coherceţ relata exstimatione in diebus XXX. et ideo, quia poenalis
est, in heredem non datur. Dampnum inflictum uidetur, non solum 11

---

3 arbores *P* | in puteum] *om. B* 6 in defectu] inde fectum legis *P* 7 soluit *om. B* 8 continentur] *PB* tenentur *T* 10 coherentium] *PB* contrahentium *T* 11 uel sit] *om. PB* 12 exstimandi *PB* 14 sumenda] fatienda *P* | uero] enim *B* 16, 17 exstimatur *PB* 18 confitentes *P* 19 quo in] in *om. P* | nulle] *PB* nullius *T* 20 extimet *PB* 21 iurauerit *P* 22 autem] *om. B* 24 primo] quidem *add. P* 26 ad annum] TP^2B ad dampnum P^1 | capite *P* 27 cohercentur *PB* | relata] retrorsum *supra lin. add.* P^b

---

7. *9—13*: § 10 Inst. h. t., L. 21 § 2 — L. 23 pr. D. h. t. *13—14*: L. 33 pr. D. h. t. *14—17*: L. 30 § 4 D. h. t. *17—18*: L. 7 § 5 D. h. t. **8.** L. 23 § 10, L. 25 § 2 D. h. t., L. 4 C. h. t.; L. 30 pr. D. de iureiur. XII, 2. **9.** Cf. § 28 Inst. de act. IV, 6. **10.** L. 23 § 8 D. h. t., § 9 Inst. h. t., § 1 Inst. de perp. et temp. act. IV, 12. *24—26*: L. 2 pr., L. 21 § 1 D. h. t., pr., § 9 Inst. h. t. *26—27*: L. 27 § 5 D. h. t., §§ 13—15 Inst. h. t. **11.** L. 27 § 14, 20 D. h. t.

si corpus interemptum sit, set etiam si alias deterius factum sit, uel
aliud ei admixtum est cuius molesta separatio sit, licet res mutata
12 non sit. Hec autem actio, cum a lege introducta sit, perpetua est.
13 Ex hac autem causa etiam criminaliter agi potest, si forte seruus
mortuus sit.

XIV. ℞. FAMILIĘ HERCISCVNDĘ.

1 De uniuersitate petenda dictum est. nunc de ea inter cohere-
des diuidenda dicendum est. qua ratione iuditium familię hercis-
cunde, id est substantię diuidendę, supponitur: antiqui enim 'familiam'
2 pro tota substantia accipiebant. Hoc iuditium heredi competit, et si
plures sint, uni datur, etiam inuitis ceteris. utilis datur ei qui heredis
loco est, ut bonorum possessori et ei cui per fidei commissum here-
3 ditas restituta est. In eum competit qui coheres est. datur in ‖ eum
4 qui coheredis loco est, ut in bonorum possessorem. In hoc iuditio
f. 17 c. 2. ea omnia quę ex hereditate ad eum qui agit pertinent ueniunt, et
quandoque plus quam sua portio efficit, quandoque minus persequi
potest. plus exigere potest iure preceptionis, ueluti si aliquid ei
relictum est nomine legati seu fidei commissi, uel ex alia causa
preceptio competit, ut dotis nomine quam pater eius ab uxore sua
acceperat. econtra eius portio *que* iure institutionis seu intestati ad
eum pertinet imminuitur, si *quid* ex similibus causis coheredi debeatur.
5 omnes ergo res hereditarię, etiam si post mortem defuncti ceperint
esse hereditarię, ueniunt preter eas quę de hereditate subductę sunt,
ut id quod sub comditione legatum erat et dictato iuditio conditio
extitit. econtra res que defuncti non fuerunt, ut pignoratę et locatę
6 et bona fide ab eo possesse, ueniunt. Hec autem quę supradicta

---

2 ei — est] mixtum est ei *P* | sit] est *P* 4 forte] *om.* *B* | seruus TP^2 homo P^1B 6 De familia herciscunda *P* 9 supponit *P* 11 uni] tamen *add.* *P* | etiam] *om.* *P* 12 ut] .i. (= id est) *P* | bonorum] bone fidei *B* 14 bonorum] bone fidei *B* 15 et] *om.* *B* 16 plus] exigere potest iure preceptionis. plus *add.* *P* 17 plus — preceptionis] *om. hic* *P* | aliquid] quod *P* 18 uel] si *add.* *P* 19 ut] quod *add.* P^2 20 que] quam *TPB* 21 si quid] P^2B ut si quid P^1 si quidem *T* 22, 23 etiam — hereditarię] *in marg. add.* P^2

---

12. pr. Inst. de perp. et temp. act. IV, 12. **13.** L. 3 C. h. t.

III, 14. Rubr.: rubr. C. III, 36. **1.** *9—10*: L. 195 § 1 D. de verb. sign. L, 16. **2.** *10—11*: L. 43 D. h. t. X, 2. *11—13*: L. 24 § 1 D. h. t. ict. L. 40 D. h. t., § 2 Inst. de bon. poss. III, 9. **3.** LL. 2, 3 C. h. t. **4.** *14—15*: LL. 8, 9 C. h. t. *16—21*: L. 7 C. h. t., L. 4 pr, L. 22 § 1, L. 25 § 22, L. 26, L. 28 D. h. t.; L. 20 § 2, L. 46, L. 51 pr. D. h. t. **5.** *22—25*: L. 9 — L. 14 pr. D. h. t. *25—26*: L. 29 D. h. t., L. 19 pr. ict. L. 25 § 19 D. de her. pet. V, 3. **6.** *26—2*: § 20 Inst. de act. IV, 6.

sunt ex natura in rem actionis ueniunt. cum autem mixta sit, quid ex natura personalium ueniat intuendum est. coheres uero tuus personaliter tibi obligatus est, si ex rebus hereditariis aliquid percepit, uel si quid in his deliquid dolo seu culpa. item de eo quod tu ut coheres in rem hereditatis impendisti, ita ut iam tibi absit seu abfuturum sit, et negotium ex parte expedire non potuisti, ut si seruum hereditarium ex noxali causa defendisti uel pignus liberasti: cogi enim coheres potest, ut hec faciat, quia communioni[*s*] interest. item si tu defuncti obligationem subisti, et hoc quandoque personaliter percipere pot*es*. e conuerso si quid sotius impendit, et hoc uel compensat uel simili iure ei teneris. Hoc autem iuditium bone fidei est, 7
et ideo iudicis offitium late por‖rigitur. uniuersas enim res diuidere *f. 17 c. 3.*
debet et nichil indiuisum relinquere. si res commode diuidi potest, hoc faciendum est. si autem incongrua diuisi*o est,* tunc uni rem adiudicare debet, eodem comdemnato ceteris coheredibus in partem pretii. in quibusdam autem quę ipso iure in actionem non ueniunt interponere se potest, ut in actionibus: quandoque enim credita et debita singulis coheredibus pro solido assignat. quedam uero, licet in actione ueniant, de hereditate excludit, ut libri improbatę lectionis et mala medicamenta: ea enim omnia corrumpenda, non diuidenda sunt. *item* testamentum defuncti et cetera instrumenta hereditaria diuidenda non sunt, set disponere debet, cui committantur: uel uni ex heredibus uel etiam extraneo. item curare debet, ut cautiones inter coheredes uariis ex causis interponantur, ueluti de eo *quod* sub conditione deb*ent,* uel si quid ips*is* sub conditione debetur, uel pro euictione rerum singulis adiudicatarum. iubere quoque debet, ut

---

1 in rem] *om. B* 3 ex] de *PB* 5 impendisti] ipse dedisti *B* 8 communionis] *P* communioni *TB* 9 tu] *om. B* | defuncti] uoluntate *add. P* 10 percipere potes] percipere potest *TB* potest recipi *P* 12 porrigitur] patet *B* 14 diuisio est] diuisione *TPB* 15 eodem] eo *PB* | comdemnando *T*¹ 16 non] *om. B* 18, 19 licet — excludit] licet in hereditate sint, diuidenda tamen non sunt *P* 19 non probate *B* 20, 21 corrumpenda sunt, diuidenda non sunt *P* corrumpenda sunt, non diuidenda *B* 21 item] *PB* iterum *T* 24 quod] *PB* qui *T* 25 debent] *P* deberet *T* debetur *B* | quod *P* | ipsis] *PB* ipsius *T*

2—4: § 4 Inst. de off. iud. IV, 17, L. 19 D. h. t., L. 19 C. h. t., L. 16 § 4 D. h. t. *4—8*: L. 25 § 15, L. 18 § 7, L. 25 § 14, L. 31 D. h. t. Cf. supra II, 8 § 7. *8—10*: L. 18 § 5 D. h. t.? *10—11*: L. 52 § 2 D. h. t. **7.** *11—12*: § 28 Inst. de act. IV, 6. *12—13*: L. 25 § 20 D. h. t. *13—16*: § 4 Inst. de off. iud. IV, 17; L. 55 D. h. t. *16—18*: L. 3 D. h. t. *18—21*: L. 4 § 1 D. h. t. *21—23*: L. 4 § 3, L. 5 D. h. t. *23—26*: L. 19, L. 25 §§ 10—14, 21, L. 47 D. h. t. *26—2*: L. 20 pr. D. h. t., LL. 11, 12, 16 C. de coll. VI, 20.

inuicem inter se conferant: alioquin ei qui conlationem recusat denegare debet actiones hereditarias. fructus etiam et alias accessiones, ueluti uecturas et usuras, prestare faciet. in summa ea omnia quę defunctus disposuit custodire faciet, ueluti *in* monumento extruendo uel in pena his imponenda quibus defunctus iussit.

XV. ℞. COMMVNI DIVIDVNDO.

1 Quomodo uniuersitas diuidatur enodatum est. qualiter autem
res singulę quę alias communes habent[*ur*] diuidendę sint, explican-
2 dum est. Hoc iuditium inter eos redditur qui res communes habent,
siue cum sotietate siue alias. directo his qui corpus commune habent
durante communione competit. utiliter creditori, uel superfitiariis,
f. 17 c. 4. item fructuariis datur. item dire*p*ta communione de personalibus ‖
3 prestationibus utiliter agitur. In eos competit qui aliquid commune
4 habent. in fructuarios item in creditores datur. In hac actione
diuisio rerum communium uenit. et si quid unus ex sotiis ex re
communi percepit, ueluti fructus et usuras, uel si quid deliquid in
re communi dolo seu culpa, ueluti deteriorem faciendo uel neglegenter uersando, et hoc prestat. et e contrario si quid ipse impendit,
hoc uel compensat uel repetit. hoc ita, si sciuit rem communem
esse, licet in personam errasset, maxime cum hoc pro parte expe-
5 diri non posset. Quandoque uero non rei diuisio in hac actione
uenit, set ut in re communi aliquid facere liceat, ueluti inmittere
tignum in communem parietem, uel ut uestibulo seu portic*u* communi uti liceat. item si quid seruus communis ex re alterius acquisiuit, licet interim commune sit, tamen is ex cuius re adquisitum

---

1 conferatur *B* | conlationem] conferre *P* collocare *B* 4 immonumento *T* 5 iussit] inponi *add.* *P*² 6 De de diudendo (!) *P* 7 enodatum] dictum *B* 8 habentur] *PB* | sunt *PB* 9 redditur] uertitur *B* 12 direpta] *P*¹ directa *TP*²*B* 14 creditores] *TP*² condiciones *P*¹*B* 15 unus] *om.* *B* 17 ueluti] rem *add.* *P* 18 uersando] seruando *P* | et e] et *om.* *P* 19 res communes *P* 20 persona *PB* 20, 21 expendi *B* 23 porticu *PB* portico *T* 25 ex] *om.* *P*

2—3: L. 9 C. h. t., L. 44 § 3, L. 56 D. h. t. *3—5*: L. 18 § 2, L. 44 § 8 D. h. t.

III, 15. Rubr.: rubr. C. III, 37. **2.** *9—10*: § 20 Inst. de act. IV, 6, L. 2 pr. D. h. t. X, 3. *10—11*: L. 4 pr. D. h. t. *11—12*: „creditori“: L. 7 § 6 D. h. t., „superfitiariis“: L. 1 § 8 D. de superfic. XLIII, 18, „fructuariis“: L. 7 § 7 D. h. t., L. 13 § 3 D. de usufr. VII, 1. *12—13*: L. 6 § 1 D. h. t. **4.** *14—15*: L. 1 D. h. t., § 20 Inst. de act. IV, 6, § 5 Inst. de off. iud. IV, 17. *15—19*: L. 4 § 2 C. h. t., § 3 Inst. de obl. quasi ex contr. III, 27, §§ 4, 5 Inst. de off. iud. IV, 17, L. 52 § 2 D. fam. herc. X, 2. *19—21*: L. 6 § 2, L. 14 pr., § 1, L. 29 pr. D. h. t. **5.** *21—24*: L. 12 D. h. t. *24—1*: L. 24 pr. D. h. t.

est, hac actione percipere potest. Offitium uero iudicis est diuidere 6
res communes, si commode diuidi possint: alioquin rem uni adiudi-
care debet, eo condemnando alteri in certam pecuniam. hec adiu-
dicatio iustum titulum possidendi prestat, etiam si res aliena fuit.
cautiones quoque interponere iubet, ueluti pro euictione et pro eo quod
eis sub conditione debetur uel *quod* ipsi debent. quandoque etiam
ipsa diuisio per cautionem tantum explicatur, ueluti inter eos qui
usum rei mobilis habent: nam cauere deb*ent* inuicem, ut apud sin-
gulos suo tempore sit res fruenda. usurarum etiam ac fructuum
rationem habere debet, quia hec actio bone fidei est. et perpetua.

DE NOXALIBVS ACTIONIBVS. XVI.

In re possessa quandoque damnum datur uel etiam ab eo qui 1
in potestate possessoris est, ueluti a seruo. nomine cuius damni non
solum suo nomine tenetur, si iussit uel prohibere potuit, set etiam
noxaliter serui sui nomine. et ea ratione de noxalibus actionibus
generaliter hic supponit. Ex quibus causis noxales actiones redduntur, 2
item quo iure proditę sunt, et cui competant seu dentur, et in quem ‖
competant seu dentur, et quid in ea ueniat, item quid iudicis sit *f. 18 c. 1.*
offitium, uidendum est. Red[*d*]untur autem inter nos ex malefitiis 3
seruorum, uel[*uti*] ex furto rapina item damno se[*u*] iniuria. item
ex aliis quoque delictis quę in propriam formam malefitii non cadunt,
uel[*uti*] ex dolo. Proditę sunt lege, item edicto pretoris. lege: ut 4
furti nec manifesti. edicto pretoris: ut ui bonorum raptorum. Directa 5
competit ei qui malefitium a seruo passus est. datur utilis creditori
et bonę fidei possessori, ueluti si seruus damnum dedit in re pigno-

---

1 actione] adquisitum *add. B* 2 possint] possunt *P* potest *B* 3 condempnato *PB* | hec] autem *add. P* 4 fuit] sit *PB* 5 iubet] TP^1B debet P^2 6 quod] *P* qui *T* quid *B* 8 debent] *PB* debere *T* 12 uel etiam] *TB*; *om. P* 14 potuit] et non prohibuit *add. P* 15 sui] *om. P* 16 generaliter] *om. P* 17, 18 et in quem] *om. B* 18 competant seu dentur] *om. PB* 19 inter nos] *TB* in dominos *P* 20 ueluti] *PB* | furto] et *add. B* | rapina] incendio *add. P* | item — iniuria] *om. B* | seu] *P* 22 ueluti P^1 uel TP^2B | pretoris] ut ui bonorum raptorum *in marg. add.* P^2 ut b. p. r. *add. B* 23 edicto — raptorum] TP^1; *expunxit* P^2, *om. B* 24 est] in rem suam (re sua *B*) *add. PB*

---

6. *1—3*: § 5 Inst. de off. iud. IV, 17. *3—4*: L. 17 D. de usurp. XLI, 3. *5—6*: L. 10 § 2, L. 16 D. h. t. *6—9*: L. 7 § 10 D. h. t. *9—10*: § 28 Inst. de act. IV, 6, L. 9 C. fam. herc. III, 36.

III, 16. Rubr.: rubr. C. III, 41. **1.** *13—15*: L. 2 pr. — L. 4 pr. D. h. t. IX, 4. **3.** pr. Inst. h. t. IV, 8. **4.** § 4 Inst. h. t. **5.** Cf. supra III, 13 § 5.

6 rata uel bona fide possessa. In eum competit qui noxium seruum
possidet. si autem desinit possidere, desinit et teneri, quia noxalis
actio cum capite ambulat. hoc ita, nisi dolo desiuit possidere. tunc
enim utilis in eum datur: dolus enim pro possessione habetur. item
[h]is qui in iure interrogatus respondit seruum alienum suum esse,
7 utiliter tenetur. Venit autem in hac actione extimatio ipsius malefitii,
8 ut eatenus exstimetur, quatenus si liber fecisset exstimaretur. Offitio
tamen iudicis hoc continetur, ut iubeat aut estimationem soluere aut
hominem noxę dedere. quę facultas usque adeo reo datur, donec
in factum ex causa iudicati comueniatur: postea enim precise in
exstimatione tenetur. item et ille qui sciuit et prohibere potuit et
non prohibuit ad estimationem tantum prestandam tenetur. set si
possessor nolit defendere seruum, iussu pretoris ducendus est, et ita
fit in bonis eius qui eum duxit. si uero neget in sua potestate esse,
uel iurare debet uel iuditium sine noxę deditione suscipere: alioquin
9 condemnabitur. Hec autem actio quamdiu seruus uiuit perpetua est.
possidentem tamen semper sequitur, licet et ille qui dolo fecit teneatur
10 uel qui alienum seruum suum esse fateatur. Sed hec actio quan-
f. 18 c. 2. doque ab initio noxalis est, ueluti ‖ si seruus erat, cum deliquid,
quando[*que*] ex postfacto, ueluti si liber deliquid et postea seruus
efficiatur: actio enim quę ante directa erat incipit esse noxalis. et
contra si seruus deliquid et liber effitiatur, directo tenetur.

XVII. AD EXHIBENDVM.

1 Ad exhibendum quidem actio preparatoria est in rem actionis,
ideoque premissa principali rationabiliter adnectitur preparatoria. et

---

2 autem desinit] autem desierit *B* | et] *om. P* 6 utili T^1 10 enim] uero *P* 11 item et] et *om. P* 14 eum] *om. B* | ducit *B* 17 et] *om. P* | fecit TP^1 fecerit *B* possidere desiit P^2 18 esse] *om. B* | fateatur] TP^1B fatetur P^2 19 erat] esset *P* 20 quandoque] *PB* 22 efficiatur] suo nomine *add. P* | tenetur] suo nomine *add. B*

---

6. *1—3*: § 5 Inst. h. t., L. 7 pr., L. 13, L. 21 § 3 D. h. t. *3—4*: L. 12, L. 26 § 2, L. 39 pr. D. h. t. *4—6*: L. 27 § 1, L. 39 § 1 D. h. t., L. 8, L. 14 pr., L. 16 § 1 D. de interrog. in iure XI, 1. **7.** L. 31 D. h. t. **8.** *7—9*: pr. Inst. h. t., L. 6 § 1 D. de re iud. XLII, 1. *9—11*: L. 20 § 5 D. de her. pet. V, 3. *11—12*: L. 2 — L. 4 pr. D. h. t. *12—14*: L. 21 pr., L. 29, LL. 32, 33 D. h. t. *14—16*: L. 21 §§ 2, 4 D. h. t. **9.** L. 42 § 2, L. 7 pr. D. h. t. *17—18*: v. supra § 6. **10.** § 5 Inst. h. t.

III, 17. Rubr.: rubr. C. III, 42.

III, 17. 1. Cf. Quest. XIX, 1.

quia hec actio non solum propter uendicationes set etiam per alias
causas introducta est, et ea de causa etiam in medio ponitur. In 2
actione ad exhibendum spectandum est, quid sit exhibere, item cui
competat et in quem, et quid in ea ueniat, et ubi exhibitio fieri
debeat, et quid iudicis sit offitium. Exhibere quidem est extra secre- 3
tum habere et copiam in publico apprehendendę materię facere. Hec 4
actio ei competit cuius interest, in eum qui facultatem exhibendi
habet uel qui dolo fecit quominus possideret. Venit autem in hoc 5
iuditio tum simplex exhibitio, ueluti cum quis uendicaturus ad ex-
hibendum agit, tum exibitio cum restitutione, ueluti cum nauis ui
fluminis delata ⌊*est*⌋ in agrum alterius: tum enim exhibitio cum
restitutione rei fatienda est. item utilitates et fructus prestantur et
quicquid actor habiturus erat, si tempore litis contestatę res exhibita
fuisset. et ideo si post litem contestatam res usu capta exhibeatur,
uel ad restitutionem tenetur, uel ad iuditium repetendum die repetita
ac si res usucapta non esset. item si rem deteriorem exibet, etiam
adhuc tenetur ad exhibendum, cum forma mutata est: alioquin forma
non mutata in factum agendum est. exibitio uero ibi facienda est,
ubi tempore litis contestatę res erat nisi dolo et culpa possess*oris*,
uel si res absit et actor malit ‖ [*suis inpensis et periculo rem restitui
ubi iudicatur*].

EXPLICIT LIBER III. INCIPIT IIII. *f. 18 c. 3.*

DE REBVS CREDITIS ET IVRE IVRANDO. I.

Actionum quidem diuisio duplex est: aut enim in rem aut in 1
personam sunt. cumque tractatus in rem actionum explicitus sit,

---

1 propter] per *B* | per] propter *P* 2 et] *om. P* | etiam] *om. P* | In] hac *add. P* 3 quid sit exhibere] *om. B* 5 quid] quod *P* 7 in eum] competit *add. B* 9 iudicium *P* 11 est] *PB* 13 quicquid] quod *B* 15 repetendum] TP^2B accipiendum P^1 19 possessoris] *P* possessionis *TB* 20 uel si] TP^1; *expunxit* P^2; uel (*om.* si) *B* | malit TP^2B uelit P^1 20, 21 suis — iudicatur] *P*; *om. TB* 22 Explicit — III.] *om. B* | Incipit] liber *add. B* 25 cumque] TP^2B cum P^1 | accionis *P*

---

3. L. 3 § 8 D. de hom. lib. exh. XLIII, 29, L. 3 § 8 D. de tab. exh. XLIII, 5. L. 2 D. h. t. X, 4. **4.** L. 3 § 9, L. 19 D. h. t.; L. 5 C. h. t., L. 3 § 15, L. 4, L. 5 p. in f. D. h. t., L. 5 § 2, L. 8, L. 9 pr., § 4, L. 14 D. h. t. **5.** *8—12*: L. 1 C. h. t., L. 3 §§ 6, 10, L. 6 D. h. t.; L. 5 §§ 2—4, L. 9 pr., § 1 D. h. t., L. 9 C. h. t. *12—14*: L. 9 §§ 7, 8 D. h. t.; L. 9 § 5, L. 12 § 4 D. h. t. *14—16*: L. 9 § 6 D. h. t. *16—18*: L. 9 § 3 D. h. t., L. 7 C. h. t. *18—20*: L. 11 § 1 D. h. t. ict. LL. 10—12 D. de rei vind. VI, 1.

IV, 1. Rubr.: rubr. C. IV, 1. **1.** *24—25*: § 1 Inst. de act. IV, 6. *25—5*: L. 1 § 1 D. de reb. cred. XII, 1.

merito de personali[*bu*]s addidit. personales autem maxime actiones a contractu seu quasi causam ducunt. ideo 'de rebus creditis' proponit, id est de contractibus: qui titulus generalis est totius quarti libri. in contractibus uero sepissime facti dubietas oritur, quę plerumque iure iurando dirimitur. equum quippe est et publice inuentum, ut cum res sollempniter probari non potest et aliqua presumptio inest uel ex negotio uel ex persona, saltim ad emendicata suffragia decurramus et ita per ius iurandum res expediatur: quod non proprie probatio est, set locum probationis optinet. ea ratione de eo premittitur: nam et in superioribus actionibus quandoque necessarium est, ideoque in confinio ponitur. rationabile quidem est, ut
cum ca[*u*]sa dubia est, uel ex partium consensu uel ex iudicis
2 auctoritate prestita religione res decidatur. Spectandum uero est, an
3 ius iurandum admittatur et eo admisso quatenus seruetur. Vt admittatur, intuendum est, ex qua causa, item inter quas personas, et
4 propter quam rem, et quomodo iuretur. Causam dicimus ex qua
res in ius iurandum admittitur uel eam quę fit ex partium comuen-
5 tione, uel ex publica auctoritate. Delectus tam in deferentis persona
quam in eius persona qui recipit habendus est. persona eius qui
*de*fert rerum suarum amministrationem habere debet, *ut* pacisscendo
f. 18 c. 4. seu litigando ‖ suam conditionem meliorem et deteriorem facere possit.
in eius persona qui recipit idem obseruandum est, licet sibi imputare
debeat qui pupillo uel seruo detulit, cum per hoc sua uel domini
conditio melior fit. sexus tamen item personę etas delectum non
6 recipit. In re uero quę in ius iurandum demittitur animaduertendum est, ut facti quęstionem habeat: nam et si dari oportere iuretur, id tamen facti respectu *non iuris* fit. de iure iurand*um* uero non est, nisi forte ex partium consensu extra iudicium religio prestetur:

---

1 personalibus] *P* personali *B* | adicitur *P* | actiones] *om. PB* 2 a contractu] *om. B* | causam] TP^2B formam P^1 | ducunt] *TB* sumunt *P* 2, 3 proponit] TP^2B ponit P^1 7 inest] est *B* 9 set] set et *P* 12 causa] *PB* casu T^1 casa T^2 | ex iudicis] ex *om. B* 15 est] et *add. B* 17 res in] *om. B* | dimittatur *P* | fit] sit *P* 18 ex] *om. P* | Delectus] tamen habetur *add. P* 19 habendus est] *om. P* 20 defert] *PB* differt *T* | ut] et *TPB* 24 fit] sit *P* | sexus tamen] sexus tamen. Sexus item P^a; sexus tamen *induxit* P^b 25 rem] *PB* | dimittitur *P* 26 dare *PB* 27 non iuris] ni9 *T*; *om. PB* | iurandum] *PB* iurando *B*

7: „emendicata suffragia": cf. L. 14 C. de accusation. IX, 2. *11—13*: L. 1 D. h. t. XII, 2. **5.** *18—21*: L. 17 §§ 1, 2, L. 35 § 1 D. h. t., L. 4 C. h. t. *22—25*: LL. 20, 21, 34 § 2 D. h. t.; LL. 23—26 pr. D. h. t. **6.** L. 42 pr. D. h. t.?

IV, 1. 1. *8—9*: cf. Petr. IV, 41 (Lib. iur. Tub. 57), Quest. XX, 1.

iudex enim nequaquam iuris quęstionem in ius iurandum dimittere
debet. Eo modo iurandum est prout delatum est, ita tamen ne 7
superstitione iuretur. quod si inter partes qualiter iuretur non com-
uenit, tunc solemniter, id est per Deum, iurandum est. Eatenus 8
seruatur ius iurandum, ut si prestitum uel remissum est (quod pro
eodem habetur), actori pariat in factum actionem, si tantum oportere
dari iurauit. sin autem aliquod factum intercessisse iurauit, ex quo
facto nominat*a* seu direct*a* act*io* competere solet, ueluti societatem
uel emptionem inter eos esse initam, hanc actionem per ius iuran-
dum utilem habebit, et similiter ex suo iure iurando utiliter com-
ueniri potest. religio enim id facit, ut hoc quod inter eos qui in
ius iurandum rem dimiserunt actum est, prestito sacramento pro
uero accipitur non solum pro eo uel eius successoribus qui iurauit,
set etiam contra eum uel eius successores: nam sacramentum eis
prodest uel obest inter quos factum est uel eorum heredibus. iusta 9
uero causa interueniente, ueluti restitutione, ius iurandum eliditur,
ut cum minor detulit, uel pro eo habetur ac si factum non esset,
ueluti si iurauit aliquid sibi ascriptum esse in testamento, cum
non erat. ‖ *f. 19 c. 1.*

℞. SI CERTVM PETATVR. II.

Supra de contractibus proposuit, ex quibus personales actiones 1
frequentissime nascuntur. personales uero actiones appellantur con-
dictiones: ea ratione premittuntur. nam comdictiones habent ex-
pressam formam personalium actionum, quia in his precise dare
seu facere continetur, quod proprium est personalium actionum.
cumque de his dicendum sit, merito certi condictio in tractatu, utpote
dignior seu generalis, anteponitur. competit enim ibi ubi nulla alia

---

1 dimittere] *TP* 2 Eo] Eodem *P* | no] cum *add. P* 6 tantum] tamen *P* 8 nominata seu directa actio] *P* nominata actio seu directa *B* nominatam seu directam actionem *T* 9 per] propter *P* 13 accipiatur *P* 14 eis] TP^1 et eis P^2 eius *B* 15 prodest uel] *om. B* 18 aliquid] TP^1B aliquis P^2 21 posuit *B* 23 eaque *P* 25 seu] *om. B* | facere] oportere *add.* P^1, *quod expunxit* P^2 27 ibi] *om. P*

---

7. L. 3 § 4, L. 4, L. 5 pr., §§ 1, 3, L. 33 D. h. t. **8.** *4—7*: L. 8 C. h. t., L. 9 § 1 D. h. t. *7—11*: L. 13 §§ 3—5 D. h. t. *11—15*: L. 1, L. 5 § 2 D. h. t., L. 6 C. h. t.; L. 3 § 3 in f., LL. 7, 8, 9 § 7, L. 10 D. h. t. **9.** L. 9 § 4 D. h. t.

IV, 2. Rubr.: rubr. C. IV, 2. **1.** *22—23*: § 15 Inst. de act. IV, 6, L. 25 pr. D. de obl. et act. XLIV, 7.

IV, 2. 1. *23—25*: **Quest. XXIV, 1, 6 in f.** *27—6*: **Quest. XXIV, 18.**

actio est, et ubi aliȩ comdictiones competunt, item ubi aliȩ quoque actiones tam ex contractu quam ex malefitio dantur, quia hȩc condictio competit non [*h*]abito causarum seu obligationum delectu, dummodo certum quid precise debeatur. qua de causa 'Si certum petatur' ponit in eo casu, ubi tantum certi condictio competit et nulla alia,
2 ueluti ex mutuo naturali seu ciuili. Naturale mutuum est quod ex meo tuum fit: in his demum causis quȩ in quantitate comsistunt. qua ratione comdictio certi ei qui numerauit, siue per se siue per alium, competit. nam siue ego dem siue alius meo nomine, item siue ego accipiam siue alius pro me, ego breui manu per mediam personam dare seu accipere uideor: ea ratione obligatio michi quȩritur et ego obligor. datur utilis ei qui alieno nomine numerauit, cum ipse actionem reprobat. in eum competit qui accepit, siue per
3 se siue per alium, et in eorum successores. Sin autem quantitas non datur, set species estimata datur, non proprie mutuum est, quadam tamen interpretatione quasi mutuum est. deficit autem mutuum a sua proprietate tum propter personam, tum propter rem, tum propter mixtam causam. propter personam: ut in pupillo et furioso. nam
f. 19 c. 2. pupillus ‖ et furiosus siue mutuam pecuniam numeret, non alienat, siue accipiat, non obligatur. set si is qui accepit ex ea causa sine dolo consumpserit, ex consumptione tenetur. item si pupillus locupletior factus est, ne [*ex*] aliena iactura lucrum sibi quȩrat, tenetur. propter rem: ueluti si species et non quantitas detur, tamen, si sub quantitatis exstimatione data est, quasi mutuum est: nichil enim interest, siue pecuniam meam accipias, siue eam ex re quam tibi dederim redigas. propter personam et rem deficit, siue non fiat dantis, siue non *sit* quantitas, siue propter utramque causam: et quia

---

1 est] *om. B* | comdictiones] actiones *B* | quoque] *om. P* 10 ego] *om. P* 15, 16 quadam — est] *om. B* 19 numerent *P* numeretur *B* | alienatur *PB* 20 accipiant *PB* | obligantur *PB* 22 ne] nec *P* | ex] *PB* 23 detur] set *add. P* 24 data est] datur *P* 25 re] mea *add. B* 27 dantis] *TPB*; *intell.* accipientis | sit] *PB* fit *T* | propter] per *B* 27, 1 et quia — et] *om. B*

2—4: L. 9 pr. D. h. t. XII, 1. **2.** *6—7*: L. 2 §§ 1—3 D. h. t. *8—9*: L. 2 § 4, L. 9 § 8, L. 15 D. h. t., L. 3 C. per quas pers. IV, 27. *9—12*: L. 9 § 4, L. 53 D. de adq. rer. dom. XLI, 1. Cf. infra IV, 29 § 3. *12—13*: L. 4 C. h. t. *13—14*: L. 5 pr. D. quod iussu XV, 4, L. 4 C. quod cum eo IV, 26. **3.** *14—16*: L. 8 C. h. t. *18—22*: L. 12, L. 19 § 1 D. h. t.; L. 58 D. de obl. et act. XLIV, 7, L. 13 § 1, L. 14 D. de cond. indeb. XII, 6. *23—26*: L. 2 § 1 D. h. t., L. 8 C. h. t., L. 11 pr. D. h. t. *26—4*: L. 11 § 2, L. 13 pr., § 1, L. 19 § 1 in f. D. h. t.

---

2. Quest. XXIV, 10. 3. Quest. XXIV, 11.

dantis non fit et quia pecunia non est. licet traditione eius non fit, si
[*tamen*] ex ea causa consumat, ad instar [tamen] mutui certi comdictione
tenetur tam in his *ca*sibus quam in multis aliis uariis et diuersis
speciebus. Ciuile mutuum fit per stipulationem, item per scripturam, 4
et ideo etiam ex [*his*] causis condicitur. uerbis quoque in creditum
imus, siue in initio obligationis id fiat, siue alia obligatio fuit et ita
per nouationem in stipulatione[*m*] translata sit. etiam si cirographo
contraxisti, equum est [*te*] teneri. Et mutuum quidem hanc solam 5
condictionem parit et nullam aliam. sunt autem preterea alię obli-
gationes quę pariunt et alias condictiones item et alias actiones, ex
quibus, si modo certum debetur, certi condictio competit, ut iam
dictum est. siue enim ex consensu siue ex alia causa quis obligetur,
forte ex rei peruentione, dummodo certum sit, sine distinctione certi
condi[*c*]tio datur, uel etiam triticaria, si aliud est preter pecuniam.
Circa personas quoque aliud intuendum est, ‖ quod commune est 6
etiam in omnibus aliis obligationibus. sepissime enim euenit, ut ex *f. 19 c. 3.*
una re que in obligatione uertitur, uel plures rei credendi fiant,
scilicet ita ut singulis solidum debeatur, uel plures rei debendi, uide-
licet ita ut solidum singuli debeant. et hoc fieri tam re quam uerbis
potest. 'Certum' autem est quod ex ipsa pronuntiatione quid quale 7
quantumue sit apparet. et hoc fit, siue proprio nomine res appel-
latur, siue alia denotatione quę nominis uicem optinet. quantitas
uero in numero est, ueluti C. Ex hoc apparet quid in [*h*]ac actione 8
ueniat. nam id ipsum quod intentione complectitur, in condemp-
nationem uenit, et ideo iudex actioni seruire debet. tamen si fundus
uel homo condi[*c*]tione petatur, etiam causam seu utilitatem post
iudicium acceptum actori restitui faciet.

---

1 fit si] fiat si *PB* 2 tamen] *PB* | ad] et ad *P* | tamen] *om. PB* 3 casibus] *B* causibus *T* causis *P* 5 his] *PB* | condicitur] creditur *P* 7 stipulationem] *P* stipulatione *TB* 8 te] *P*; *om. TB* 12 enim ex] communi *add. B* 17 uel] *om. PB* | credendi fiant] $TP^{2}B$ condendi sunt P^{1} 18, 19 singulis — ut] *om. P* 21 et] *om. P* 24, 25 condempnatione *B*

---

4. L. 2 § 5, L. 24 D. h. t., L. 3 § 3 D. de SC. Mac. XIV, 6, Inst. de litter. obl. III, 21. **5.** *8—9*: pr. in f. Inst. qu. mod. re contr. obl. III, 14. *9—14*: L. 9 pr., § 3 D. h. t.; L. 1 pr. D. de cond. trit. XIII, 3. **6.** pr., § 1 Inst. de duob. reis III, 16, L. 2, L. 3 § 1, L. 9 pr. D. eod. XLV, 2. **7.** L. 74 D. de verb. obl. XLV, 1, L. 6 D. h. t. **8.** *25—27*: L. 2, L. 38 § 7 D. de usur. XXII, 1.

---

4. Quest. XXIV, 13. Cf. gl. Taur. 416. **5. Quest. XXIV, 17, 18.**

III. DE CONDICTIONE INDEBITI.

1 Generalis condictio enodata est. quare per singulas species
condictiones enodandę sunt. condicitur quidem uel id quod datum
est ob causam preteritam, uel quod ob rem futuram. illud enim
quod indebitum soluitur, ob causam preteritam datur, ideoque con-
dictio indebiti premittitur, quę a causa nomen sumit, [*quemadmodum
et cetere preter iam dictam condictionem quę a re ipsa quę in obli-*
2 *gatione uertitur, que certa est, nomen sumit*]. Condictio indebiti
his demum qui indebitum soluerint, siue per se siue per alios, com-
petit. non tamen omnibus qui indebitum soluunt competit, set
quandoque aliis etiam utilis datur: ueluti si heres [*scriptus*] legata
seu fideicommissa soluit, rupto testamento non ei set legitimo repe-
titio datur. item si ille cuius nomine indebitum solutum est ratum
habere non uult, ei qui soluit, licet alieno nomine, utilis datur, ut
tutori. in eos datur qui indebitum siue per se siue per alios acceperint.
3 'indebitum' uero est quod omnino non debetur, id est neque naturali
ratione neque ciuili nec etiam pretorio iure debeatur. sin autem
natura tantum debetur, licet defitiente iure ciuili petitio nulla detur,
tamen retineri potest. illud uero quod ciuiliter debetur et naturaliter
indebitum est, licet solutum sit, repeti potest, ueluti si spe numera-
f 19 c. 4. tionis aliquis per stipulationem promisit uel cirographo ‖ se obligauit
et numeratione non secuta errore soluit: repetitio enim datur.
'solutio' quidem non quantum ad effectum set secundum destinatio-
4 nem seu partium opinionem accipienda est. Licet quidem regulariter
dictum sit indebit*o* solut*o* repetitionem competere, tamen sunt causę

5, 6 de condictione *PB* 6 promittit *PB* 6—8 quemadmodum — sumit] *PB* 9 siue per se — alios] *in marg. add.* P^2 11 aliis etiam] *om. B* | si heres scriptus] *P* si scriptus quandoque heres sit et possessor *B* 14 uult] TP^2B iussit P^1 17 nec etiam] uel *B* | pretorio iure debeatur] ciuili iure uel pretorio *P* 18 natura] naturaliter *P* 20 sit] tamen *add. P* 21 aliquis] *om.* P^1 | promisit] *om.* P^1 22 enim] *om. P* 24 regulariter] generaliter *P* 25 indebito soluto] P^2 indebiti soluti P^1B indebitum solutum *T* 25, 1 competere — repetitionem] *om. B*

IV, 3. Rubr.: rubr. C. IV, 5. **1.** *3—4*: L. 1 D. de cond. ob turp. c. XII, 5 ict. L. 52 D. h. t. XII, 6. **2.** *8—10*: L. 1 § 1 D. h. t., L. 6 C. h. t. *10—13*: L. 2 § 1, L. 3 D. h. t. *13—15*: L. 6 pr., § 3 D. h. t. ict. L. 4 C. si cert. pet. IV, 2. *15*: L. 6 §§ 1, 2, L. 49, L. 57 § 1 D. h. t. **3.** *16—19*: L. 65 § 9 D. h. t. ict. L. 13, L. 19 pr., L. 26 §§ 3, 7, 9, L. 40 pr., LL. 41, 59, 60 pr., 64 D. h. t. *19—22*: L. 7 C. de non num. pec. IV, 30 ict. L. 3 C. h. t.

IV, 3. 1. *6—8*: **Quest. XXIV, 18.**

que repetitionem dissuadent seu inhibent, ueluti scientia: qui enim sciens indebitum soluit non repetit. item res iudicata, transactio, et id de quo *iuratum* est: ex causa enim iudicati item ex transactionis causa uel ex iure iurando solutum, etiam si rei ueritas aliter se habeat, tamen repeti non potest, quia istę causę ueritati preiudicant. item *quod* ex causa *e* qua lis infitiando crescit soluitur non repetitur. ex naturali causa solut*i* repetitio denegatur, nisi ex iusta facti ignorantia soluatur, ueluti si legatum seu fideicommissum ultra modum Falcidię soluatur, cum putaret in hereditate tantum esse, ut et relicta soluere et quartam retinere posset. ex pietate quoque solutum, ueluti ex causa dotis uel uenerabilibus [*locis*], similiter
repetitio inhibetur. In hac autem actione uel tantumdem uel id 5
ipsum quod profectum est uenit. tantum[*dem*]: si quantitas fuit. si uero species, id ipsum quod profectum est — uel expressim uel per interpretationem, ueluti naturales accessiones, ut fructus et partus. item si ex hac causa possessio tradita sit et prescriptio postea subsecuta sit, *etiam* cum possessione dominium restituendum est. et si nuda proprietas data sit et usus fructus postea accessit, etiam cum usu fructu restituenda est. si autem dolo uel culpa eius qui accepit species interempta sit, ad eius rei extimationem tenetur. alioquin interitu rei liberatur: qui enim in specie tenentur interitu speciei liberantur. non autem distinguitur, utrum corporale an incorporale *e*missum sit: ueluti si putans se debere ex hac causa promisit et honus suscepit quod non suscipere licuit, condictione tamen incerti consequi potest ut liberetur, uel etiam exceptione se tueri potest. equum quippe est, ut quicquid de meo ad te peruenit, ut tu ad id

---

1 seu inhibent] *om. P* 2 iudicata] et *add. P* item *add. B* 3 iuratum] iudicatum *TPB* | item ex] ex *om. P* 6 quod] *PB* qui *T* | e qua lis] æqualis T^1 ex qua lis P^2B qua lis T^2P^1 7 soluti] solutum *TP* soluta *B* 11 locis *PB* 12 inhibetur] TP^1B non inhibetur P^2 13 tantumdem] P^2B tantum TP^1 14 expressum *P* 15 ueluti] Set et *P* set et ut *B* 16 hac] *om. B* 17 etiam] *PB* et *T* 18, 19 postea — usu fructu *om. B* 20 rei extimationem] *TB* estimationem P^1 rei restitutionem P^2 21 tenetur *P* | interitu] omnis *add. B* 22 liberatur *P* 23 æmissum *T* | hac] *om. B* 26 meo] medio *P* | ut] *om. PB*

---

4. *1—2*: L. 9 pr. C. h. t, L. 53 D. de reg. iur. L, 17. *2—5*: L. 1 pr. C. h. t.; L. 2 C. de transact. II, 4, L. 65 § 1 D. h. t.; § 11 Inst. de act. IV, 6, L. 5 § 2 D. de iureiur. XII, 2. *6—7*: L. 4 C. h. t., § 7 Inst. de obl. quasi ex contr. III, 27. *7—10*: L. 19 ict. L. 9 C. ad L. Falc. VI, 50. *10—12*: L. 32 § 2 D. h. t., § 7 in f. Inst. de obl. quasi ex contr. III, 27. **5.** *12—15*: L. 7 D. h. t.; L. 19 § 2, L. 65 § 6 D. h. t.; L. 15 pr., L. 65 § 5 D. h. t., L. 38 § 2 D. de usur. XXII, 1. *16—17*: L. 15 § 1 D. h. t. *19—20*: L. 26 § 12 („sine fraude"), L. 65 § 8 D. h. t. *20—22*: L. 32 pr. D. h. t. *22—25*: L. 3 C. h. t., L. 31 D. h. t. *26—1*: L. 66 D. h. t.

6 restituendum obligeris. Iudicis offitium non late porrigitur, cum hec
actio stricti iuris sit. ‖

f. 20 c. 1.

IV. DE CONDICTIONE OB CAVSAM DATORVM.

1 De ea condi[*c*]tione que ob causam datur preteritam tractatum
est. nunc de ea quę ob rem et causam [*futuram*] datur, per quam
2 similiter id quod profectum est repetitur, tractandum est. Hec con-
dictio ei qui ob causam dedit, uel per se uel per alium, competit.
aduersus eum qui accepit, uel per se uel per mediam personam,
3 datur. Hic intuendum est, quę causa repetitionem suadeat, uel quę
4 dissuadeat. Cessatio quidem item penitentia repetitionem suadet. si
enim mei gratia dedi, licet michi penitere, maxime cum nichil tibi
abest. si autem interest tua, cum iam sumptus ad proficiscendum
fecisti, te indemni conseruato repetitio michi competit, cum causa
secuta non sit. si uero dedi tibi, non ut tu aliquid facias, set ut
aliquid obtingat, ueluti ut conditio sub qua heres institutus sum uel
sub qua aliquid relictum est impleatur: si id secutum non est, uel
me repudiante sine dolo *ex* alia causa, licet per te non stetit, repe-
5 titio michi datur. Causa uero secuta, uel si pro secuta habeatur,
dissuadet repetitionem, nisi est quod facienti imputari possit, ueluti
si seruum manumittendum dedi et postea penitentia ductus uetui ne
manumitteres: licet enim postea manumisisti, tamen condictione teneris.
causa quidem impleta intelligendum est et de facto et de iure: ueluti
si ob manu mittendum dedi, licet de facto manumissio intercessit,
tamen si iuris effectus deest, impleta non uidetur. si autem casu
prepediaris quominus causa impleatur, tamen quod datum est, quasi
cessatum sit repeti non potest: tamen ratione poenitentię, si mei
6 gratia dedi et nichil tua interest, repetitur. Veniunt autem in hac

---

3 ob causam] *om. P* | datorum] *om. B* 4 ea] *om. B* | actione *B* 5 futuram] *PB* 8 uel per se] uel *om. P* | personam] causa inde non secuta *add. P* 9 intuendum — causa] intuenda est causa quę *P* | quę] *om. P* 10 Cessatio — suadet] *in marg. add. P*[2] | quidem] enim *P* 12 proficiscendum] caput *add. B* 15 ut] *om. P* | sum] sit *P*[2] (*in litura*) 17 me] *om. B* | ex] *PB* uel *T* 22 intelligenda *P* | est et] et *om. P* 24 autem] fortuito *add. P*

IV, 4. Rubr.: rubr. C. IV, 6. **2.** LL. 9 pr., 14 D. h. t. XII, 4. **4.** *10*: L. 3 § 2 D. h. t. *10—14*: L. 5 pr. D. h. t. *14—18*: L. 1 § 1, L. 2 D. h. t. **5.** *18—19*: L. 1 pr., L. 5 pr., §§ 3, 4 D. h. t. *20—21*: L. 5 § 1 D. h. t. *22—24*: L. 3 § 5 D. h. t. *24—27*: L. 5 § 4 D. h. t. **6.** *27—3*: L. 12 D. h. t. V. supra IV, 3 § 5.

IV, 4. 4. Quest. XXII, 3.

actione ea quę dicta sunt in condictione indebiti: ueluti id ipsum quod profectum est uel tantumdem, habita etiam ratione naturalium accessionum. quandoque autem euenit, ut non id ipsum quod datum est, set aliud repetatur. nam si X tibi dederim, ut Stichum emeres et manumitteres, et post emptionem, ante ‖ manumissionem tamen, f 20 c 2.
penitui, pro X que dedi Stichus michi restituendus [*est*]. item si ob causam liberaui te quę secuta non est, condicam a te, uel ut statim soluas, si pura obligatio fuit, uel ut in obligatione te reponas, si condicionalis uel in diem fuit obligatio: in eadem enim die uel conditione obligatio restauranda est. Iudicis quoque offitium simile 7
est superiori actioni.

DE CONDICTIONE OB TVRPEM CAVSAM. V.

Regulariter prolatum est dat*i* ob causam ea secuta repetitionem 1
cessare. euenit tamen in casu, ut etiam si secuta sit, repetitio detur, cum ca[*u*]sa turpis sit: quare condictio ei qui ob t[*ur*]pem causam dedit competit. hoc ita, si in eo nulla eius turpitudo deprehendatur, ueluti si dedit ob recipiendum depositum: licet enim reddere depositum honestum sit, tamen pecunia accepta hoc reddere turpe est. si autem et eius turpitudo qui dedit deprehenditur, cessat repetitio: in pari enim causa melior conditio possidentis est. si tantum promisit, exceptio datur. item si dantis tantum turpitudo interueniat, ut si meretrici dedit, similiter non repetitur. si quis uero in adulterio uel in furto deprehensus pretium ob se redimendum dedit, licet origo rei turpis fuit, condictio tamen cessat, quamuis pretor restitutionem indulget. Aduersus eum qui accepit competit. Similiter quidem 2. 3
hic quem ad modum in iam dictis actionibus tantumdem uel id

---

2 etiam] *om. P* 4 dedi *B* 5, 6 tamen penitui] *TB* me penituit *P* 6 dedisti *B* | Stichus] *om. B* | est] *PB* 9, 10 in eandem enim diem uel in condictionem *P* 10 restituenda *P* 13 Regulariter] Generaliter *P* | dati] *P* datum *TB* 15 causa *PB* casu *T*[1] casa *T*[2] 16 depreenditur *P* 19 qui dedit] quidem *B* 20 tantum] tamen *PB* 22 uero] *om. P* 24 origo] eius *add. P* 25 competit] *om. P* 26 id] *om. B*

3—6: L. 5 § 2 D. h. t. *6—10*: L. 10 D. h. t., L. 43 D. de iure dot. XXIII, 3, L. 9 § 7 D. quod met. c. IV, 2.

IV, 5. Rubr.: rubr. C. IV, 7. **1.** *13—18*: L. 1 § 1 — L. 2 § 1, L. 4 § 2, L. 9 pr. D. h. t. XII, 5, LL. 4, 6 C. h. t. *19—20*: L. 3, L. 4 § 1 D. h. t., L. 2 C. h. t. *20—21*: L. 8 D. h. t., LL. 1, 5 C. h. t. *21—22*: L. 4 § 3 D. h. t. *22—25*: L. 4 pr. D. h. t., L. 7 § 1 D. quod met. c. IV, 2.

IV, 5. 1. *22—25*: **Quest. XXIII, 9, 10.**

ipsum quod datum fuit uenit, siue corporale siue incorporale fuit.
4 accessiones quoque naturales, non etiam ciuiles ueniunt. Cum et hec stricti iuris sit, iudicis officium idem est.

VI. DE CONDICTIONE FVRTIVA. ℞.

1 Condictio rei furtiuę [et] irregularis est, quę parem malefitio causam habet, licet ex malefitio non sit. in qua turpitudo eius qui subtraxit uertitur, rationabiliter condictioni supradictę supponitur. in qua intuendum est, ex qua causa nascatur, et cui et in quem com-
f 20 c 3. petat, et quid in ‖ ea ueniat, et quid iudex in hac actione possit.
2 Nascitur quidem ex rei peruentione. siue enim iuste siue iniuste res mea ad te peruenit, equum est [*te*] teneri non subfragante tibi iusta causa ex qua eam retinere debeas. contractatio similiter iusta et iniusta fieri potest, et tamen semper ad restituendum teneris. et quia ex iniusta causa contrectasti, ueluti furando, condictione ad rei restitutionem teneris, quę non ex malefitio est, set ab eo causam et nomen sumit: aliud enim est ipsa materia, aliud quod ex materia conficitur. malefitium quippe speciali ratione punitur, scilicet furti actione in duplum uel in quadruplum. hęc autem condictio quę ab eo causam habet, respectu rei tantum datur et nullatenus naturam habet earum actionum que sunt ex malefitio. in heredem enim datur in solidum, et si nichil ad eum peruenit. item in patrem seu in dominum de peculio redditur. seruus quoque si in seruitute contractauit et manumissus sit, condictione non tenetur, licet furti teneatur, quia hę actiones quę ex delictis oriuntur caput secuntur. furtiua autem condictio caput non sequitur, ergo non [*est*] ex malefitio. set immo naturam earum actionum quę sunt ex contractu uel quasi habet: heę enim in peculium redduntur et in manumissum non red-

---

1 uenit] *om. B* 4 furtiue rei *P* 5 et] *om. P* 10 rei] furtiuę *add. P* 11 peruenit] *TP²B* perueniat *P¹* | te] *PB*; enim *add. B* | tibi] *om. P* 18 uel in quadruplum] *in marg. add. T²* 23 sit] fuerit *P* 25 est] *P*; *om. TB* 26 immo] *TP²B* nec *P¹* 27, 1 redduntur] *om. P*

---

3. *2*: L. 4 C. h. t.

IV, 6. Rubr.: rubr. C. IV, 8. **2.** *10—17*: L. 1 § 3 D. de cond. sine causa XII, 7, L. 66 D. de cond. indeb. XII, 6, L. 4 D. h. t. XIII, 1. *17—20*: § 19 Inst. de obl. quae ex del. IV, 1. *20—21*: L. 9 D. h. t. *21—22*: L. 4 D. h. t., L. 3 § 12 D. de pec. XV, 1, L. 30 pr. D. de act. empti vend. XIX, 1. *22—25*: L. 15 D. h. t.

IV, 6. 1. Quest. XXIV, 18 in f.

duntur. licet quidem non proprie ex contractu uel quasi seu ex
malefitio uel quasi nascatur, tamen ex proprio quodam iure et ex
uariis figuris causarum nascitur, quem ad modum fere omnes con-
di[*c*]tiones ex lege. Soli quidem domino uel eius heredi competit: 3
incerti uero in eius defectu creditori datur. In eum competit qui 4
subripuit uel in eius heredem. in eum uero qui opem tantum tulit
non datur, licet furti nec manifesti tantum teneatur: numquam enim
ea condictione alius tenetur quam qui furtum fecit aut heres eius.
pater tamen item dominus in eo quod in peculium peruenit tenetur. ‖
si plures furtum fecerint, in solidum condictione tenentur, set uno *f 20 c. 4.*
soluente liberantur et ceteri, quod non eueniret, si ex malefitio esset:
quod enim unus prestat ceteros non releuat, cum sit poena. Resti- 5
tutio ipsius rei item naturales accessiones ueniunt. damna quoque
ob rem eam domino illata resarcienda sunt, ueluti si seruus sub-
reptus heres institutus defunctus sit: nam pretium hereditatis domino
resarcitur. item si res deteriorata sit uel etiam extincta: fures enim
item raptores semper in mora sunt, et mora trahit ad se periculum,
nisi purgata sit oblatione uel nouatione. Perpetua quidem est, et 6
iudex ex offitio suo idem hic potest quod et in cęt[*er*]is condic-
tionibus.

DE CONDICTIONE EX LEGE. ℞. VII.

Ex lege condictio similiter irregularis est, ideoque adnectitur. Totiens quidem competit, quotiens noua lege obligatio inducitur nec ea lege cauetur, qua actione *intendendum* sit: tunc [*enim*] ex lege agendum est. Cui et contra quem competat, item quid in ea ueniat, a lege qua inuenta est diffinitum est.

---

1 proprie] inproprie *B* 7 manifesti] in *add. B* 9 tenentur *B* 11 et] *om. P* 14 sarcienda *B* 15 pretium] *TP*²*B* dampnum *P*¹ 16 item — enim] *om. B* | etiam] *om. P* 18 oblatione] obliuione *T*¹ 19 hic] *om. B* | et] *om. P* 20 condictionibus] An ueritati preiudicet, uidendum est generaliter *add. B* 22 ideoque superiori aduectitur congruenter *P* ideoque superiori congruenter nectitur *B* 23 quidem] enim *B* | competit quotiens] *om. B* 24 intendendum] *B* intuendum *T* agendum *P* | enim] *P*; *om. TB* | ex] *om. P* 25 contra] in *P*

1—4: L. 1 pr. D. de obl. et act. XLIV, 7. **3.** LL. 1, 11 D. h. t.; L. 12 § 2 D. h. t. **4.** *5—8*: L. 5, 6 D. h. t. *9*: v. supra § 2. *10—12*: L. 1 C. h. t. **5.** *12—13*: L. 8 pr., § 2 D. h. t. *13—16*: L. 3 D. h. t. *16—18*: L. 8 pr., § 1, L. 16, L. 20 D. h. t., L. 1 C. de his quae vi II, 19, L. 1 § 35, L. 19 D. de vi XLIII, 16; L. 17 D. h. t.

IV, 7. Rubr.: rubr. C. IV, 9 (D. XIII, 2). L. un. D. h. t.

VIII. DE CONDICTIONE SINE CAVSA.

1 Per singulas species de condictionibus tractatum est. condictio
autem sine causa, quem ad modum et certi condictio, quodam modo
generalis est, et ideo in fine ponitur. competit enim hec condictio,
ubi et alię condictiones competunt, et ibi ubi nulla alia actio seu
condictio datur: si enim indebitum soluisti, et sine causa condicere
2 potes, cum causa nulla fuit. Sine causa quidem dicitur quę omnino
nulla fuit, ut si spe numerationis cauisti, uel quę fuit finita est, ut
in cirographo post solutionem, uel si ab initio iusta causa fuit et
postea ad non iustam causam redit, *ut* si rem comodasti et ea sub-
repta exstimationem consecutus si*s* et postea res ea ad te peruenit:
nam ad iniustam causam redit, ut et rem et pretium habeas, ideoque ‖
f. 21 c. 1. condictione teneris. item si causa fuit iure tamen improbata, ueluti
si uir uxori donauit uel contra, uel si ex re mea quid percepisti
uel ad te aliquid peruenit. equum quippe est, ut quicquid alterius
3 apud alium sine causa deprehenditur, ut reuocetur. Competit hec
condictio ei cuius res ad alium sine causa peruenit uel ex cuius re
aliquid sine causa perceptum est, contra eum ad quem peruenit uel
4 qui aliquid ex alieno sine causa percepit. Venit quidem in hac
actione, siue corporale siue incorporale fuit, quod peruenit. si corpus,
uel id ipsum uel tantumdem repetitur, habita etiam fructuum ratione.
si incorporale emissum fuit, ut obligatio, incerti condictione consequi
potest ut liberetur. qui enim sine causa obligantur, incerti con-
dictione consequi possunt ut liberentur: exceptione quoque se tueri
non ideo minus possunt. item si incorporale pretermissum fuit cum
imponi deberet, ut seruitutes, eadem condictione incerti agi potest ut
5 imponantur. Iudex quidem actioni seruire debet.

---

3 causa] uel iniusta causa *add.* *P* 5 alia] *om.* *P* | seu] uel *P* 7 poteris *P* | cum causa] si *B* 9 uel si] Scilicet *B* | et] *om.* *B* 10 redit] reddit P^1, rediit P^2B | ut] *P* ueluti *B* uel *T* 11 sis] *PB* sit *T* | ea] *om.* *PB* 12 nam] et *add.* *B* | ut et] et *om.* *B* 13 si causa] siomnia *B* 15 ad te] a te *B* 16 alterum] *P* | ut] TP^1B; *om.* P^2 | Competit] autem *add.* *P* 20 fuit] sit *B* 21 etiam] et *B* 23 possunt *B* | liberentur *B* 27 imponatur *B*

IV, 8. Rubr.: rubr. C. IV, 9 (D. XII, 7). **1.** L. 1 pr., § 1 D. h. t., L. 66 D. de cond. indeb. XII, 6 **2.** *7—8*: L. 1 § 2, L. 4 D. h. t. ict. L. 4 C. h. t. *8—9*: L. 1 § 2 D. h. t. ict. L. 2 C. h. t. *9—13*: L. 2 D. h. t. *13—15*: L. 5 § 18, L. 6 D. de don. int. vir. et ux. XXIV, 1, L. 3 C. h. t., L. 4 §§ 1, 2 D. de reb. cred. XII, 1. *15—16*: L. 66 D. de cond. ind. XII, 6. **4.** *20—21*: v. supra IV, 3 § 5. *22—25*: L. 3 D. h. t., L. 4 C. h. t., L. 3 C. de cond. indeb. IV, 5. *25—27*: L. 22 § 1 D. de cond. indeb. XII, 6.

DE CONDICTIONE TRITICARIA. ℞. IX.

Triticaria condictio similiter generalis est: omnes enim res preter 1
numeratam pecuniam, siue soli siue mobiles siue se mouentes et
etiam incorporales, peti per eam possunt. licet enim in Constitutio-
nibus nichil de ea dicatur, in Responsis tamen prudentium in fine
ponitur. Dicitur quidem triticaria quasi trituratoria. quem ad 2
modum enim omne granum seu triticum in area trituratur et utile
ab inutili separatur [*et*] ita singula grana colliguntur et in orrea
reponuntur palea abiecta: ita per hanc condictionem quicquid quo
modo debetur preter pecuniam numeratam non [*h*]abito delectu rerum
nec causarum peti potest. hoc tantum in hac condictione intuendum
est, ut id quod petitur precise debeatur, et ea res sit quę estimari
possit, *non* etiam pecunia: cum enim ipsa sit exstimatio ‖ ceterarum *f. 21 c. 2.*
rerum, exstimari non potest, et ideo hac actione non petitur. Gene- 3
raliter quidem quicquid etiam per alias condictiones exigitur, et per
hanc peti potest cessante delectu causarum ac rerum. si enim ex
causa furtiua res condicatur, etiam condictio hęc locum habet. item
si ex indebito uel ob causam datorum seu ob turpem causam siue
sine causa. heę enim non rem discernunt, set tantum causam unde
obligatio nascitur. hec autem neque causas neque res examinat,
utrum mobiles an immobiles, et utrum corporales an incorporales:
nam et usus fructus et cętere seruitutes hac actione peti possunt.
item nec in hoc habenda est differentia, utrum certum sit quod
petitur an incertum, scilicet ita ut incertum ad exstimationem reduci
possit: usus fructus enim incertum est, tamen et certum quodam
modo uidetur, ut in t. de usu fructu earum rerum quę usu con-
sumuntur, prout in responsis 'Tribus heredibus' etc̄. Quem ad modum 4
autem in ceteris condictionibus distinguitur, ne res in dominio eius

---

2 similiter] *om. B* 3 se] *om. B* 4 etiam] *om. B* 5 tamen] *om. B* 6 quidem] enim *B* 8 et] *PB* 9, 10 quocumque modo *P* 11 tantum] tamen *P* 13 possit] *om. B* | non] *PB* ū (= ut) *T* 17 etiam — hęc] et hec condicio *B* 19 re discernuntur *B* | causa *B* 22 actione] condictione *B* 23 est] *om. B* 24 scilicet] s. et (= scilicet et) *PB* 25 fructus] seruitus *B* | et certum] *om. P* 26 rerum] *om. B* 27 etc̄.] *om. B* 28 autem] et *add. B* | certis *P*

IV, 9. Rubr.: rubr. D. XIII, 3. **1.** L. 1 pr. D. h. t. **2.** *11—14*: L. 22 D. de reb. cred. XII, 1, LL. 3, 4 D. h. t. **3.** *16—17*: L. 1 § 2, L. 2 D. h. t. *22*: L. 1 pr. in f. D. h. t. *25—27*: L. 75 § 3 D. de verb. obl. XLV, 1, **L. 8 D. VII, 5.** **4.** *27—2*: L. 1 § 1 D. h. t., L. 12 in f. D. usufr. quemadm. cav. VII, 9.

IV, 9. 2. Quest. XXIV, 17. 3. Quest. XXIV, 17, 18.

sit qui pet*it*, ita et hic, nisi forte res furtiua uel alii ablata sit: regulariter enim traditum est rem suam condicere nem*inem* posse. *hoc* quidem uerum est, si respectu dominii petatur. si autem possessionis respectu agatur, etiam rem propriam quis condicere potest. possessio enim non illius est qui petit, set eius qui eam tenet. qua ratione, cum possessio petitoris non sit, iuste a possessore per hanc actionem *a*uocatur, prout in d. t. isto, si tamen dominus sit qui possessionem condicit. si uero petitor non dominium set ius in re habeat, ut in agro uectigali item e[*m*]phyteotico, hec condi[*c*]tio sine
5 delectu competit. Exstimatio quidem temporis seu loci intuenda est.
si [*de*] tempore conuenit, eius temporis exstimatio habetur. si non
conuenit, uel eius temporis quo agitur, uel quo umquam plurimi
f. 21 c. 3. fuit ex quo dari debuit. locus is spectatur ‖ de quo conuenit, uel
6 quo agitur. Iudicis quoque offitium et in hac actione regitur, cum
stricti iuris sit.

X. DE ACTIONIBVS ET OBLIGATIONIBVS.

1 De personalibus actionibus propositum est. et quędam ex his, ut dictum est, habent expressam formam personalium, et quędam non proprie personales dicuntur, ut heę quę id quod interest continent. rationabiliter quidem in medio generaliter de actionibus proponit. set quia actiones personales ex obligatione proficiscuntur, ideo de obligationibus premittit: obligatio enim mater est personalium actionum. hic uero non de omni obligatione set de ea quę ex contractu tantum

---

1 petit] *PB* petat *T* | alii] ui *scr.? cf. L. 1 in f. D. de cond. trit. XIII, 3.* 2 traditum] dictum *P* t̄ dictum *B* | neminem] *PB* nemo *T* | posse] preterquam a fure *add. B*[2] 3 hoc] *P* hic *T* hec *B* 5 tenet] retinet *B* 7 actionem] condictionem *PB* | auocatur] *P* aduocatur *TB* | prout] *TB* ut *P* | in d.] *om. P*[1] 8 ius in rem *PB* 9 de] *PB* 14 et — regitur] huic actioni seruit *PB* 16 De actionibus et accusationibus *P* 19 non proprie] inproprie *P* | heę] de quibus dicturi sumus, sicuti sunt heę *add. P* 21 quia] plereque *add. P* 23 omnibus obligationibus *B*

3—7: **L. 1 § 1, L. 2 D. h. t.** **5.** L. 22 D. de reb. cred. XII, 1, LL. 3, 4 D. h. t.

IV, 10. Rubr.: rubr. C. IV, 10.

IV, 10. 1. *17—20*: **Quest. XXIV, 1—3.** *22*: „obligatio — actionum": cf. Quest. XXIV, 6—8. Theophil. ad pr. Inst. de obl. III, 13: *μητέρες τῶν ἀγωγῶν αἱ ἐνοχαί.* Acc. gl. Superest ad pr. Inst. de act. IV, 6: — supra tractatum est de obligationibus, quarum filiae sunt actiones — —. ideo de filia post matrem ponit quasi ordine successorio. Acc. gl. Actio autem ad h. l.: — — nam obligatio est causa et mater actionis, ut ff. de proc. l. licet § ea obligatio.

descendit tractatur, licet utilitas discentium, ut aliquid generale exinde dicamus, nos compellat. Obligatio quidem est uinculum non corporale 2 set iuris, quo obstricti sumus ad aliquid dandum seu fatiendum — uel ex conuentione propria seu quod pro eodem habetur, uel etiam contra propriam uoluntatem, ut cum delinquimus seu quod pro delicto habetur. si enim paciss[*c*]eris te michi aliquid daturum facturumue, teneris accedente huic conuentioni aliqu*o* natural*i* seu ciuil*i* adminicul*o*. natur*a* quidem equum est, me tibi dante seu faciente ob id quod tu inuicem michi dare seu facere promittis te obligari et promissionem impleri. si uero conuentioni stipulatio uel scriptura subiecta est, ciuilis ratio te compellit ad id quod conuenit prestandum, etiam cessante causa naturali. item pacto seu conuentione cessante agis interdum aliquid in re mea, pro quo facto equum est ita te teneri, ac si pactum interuenisset, ueluti si tutelam uel curam meam amministrasti, uel me absente negotia mea gessisti. item si delinquis, etiam contra tuam uoluntatem poena tibi infligitur, cuius delicti nomine ex malefitio obligatus es, ueluti si subtraxisti uel rapuisti uel damnum dedisti uel ‖ iniuriam alicui intulisti. sunt uero *f. 21 c. 4.* quędam non proprie delicta set quasi, de quibus similiter obligatio nascitur, ueluti si ex tuo cęnaculo aliquid deiectum effusumue est, uel si inperitia seu alio modo litem tuam cum in magistratu esses fecisti. In his autem omnibus casibus, siue ex conuentione siue alio 3 modo obligatus sis, tam ciuilia quam pretoria iura obstringunt te ad id quod ęquum est prestandum seu soluendum. quem ad modum enim in uinculo corporali facti solutio necessaria est, ita in ciuili uinculo naturalis seu ciuilis solutio desideratur. hoc enim ligam*en* dicitur obligatio, et sicuti, cum aliquis ligatus est, uinculum illud ei liberam facultatem agendi uel non agendi tollit, ita hec iuris preceptio seu obstrictio liberam uoluntatem dandi uel non dandi aufert,

---

1 descendunt *B* | tractat *P* 1, 2 ut — dicamus] aliquid generale dicere *P* 3 obstricti sumus] astringimur *P* 6 habetur] facimus *add. P* | uel facturum *P* 7 teneris] *om. B* 7, 8 aliquo — adminiculo] *P* aliquid naturale seu ciuile adminiculum *TB* 8 natura] *B* naturale *TP* | quidem] et *add. P* 14 te] *om. B* 21 si] *om. B* 25 enim] ut *add. B* 26 ligamen] *PB* ligamur *T* 27 quis *P* 27, 28 ei liberam] *om. P* 28, 29 prescriptio *B*

---

2. *2—3*: pr. Inst. de obl. III, 13. *8—10*: L. 7 § 2 D. de pactis II, 14. *10—12*: cf. Inst. de litter. obl. III, 21, §§ 1, 2 Inst. de except. IV, 13. *12—15*: Inst. de obl. quasi ex contr. III, 27. *15—18*: pr. Inst. de obl. quae ex del. IV, 1. *18—22*: Inst. de obl. quae quasi ex del. IV, 5.

---

2. *8—10*: Quest. VII, 10.

4 cum iam precise ad dandum uel fatiendum cogit. Causę uero sunt
ex quibus naturalis iuris ratio te ad aliquid prestandum compellit.
ex his tamen obligationibus quę ciuili ratione defitiente naturali tan-
tum iure nituntur, retentio fortassis, non etiam petitio seu actio
5 datur. ciuiles autem seu pretorię obligationes pariunt actiones. In
his quidem obligationibus que ex contractu descendunt hoc intuen-
dum est, ut initio sint in uoluntate, postea uero in necessitate, et ut
fides bona in contrahendo adsit cessante dolo et fraude. et hoc
communiter in omnibus contractibus desideratur, licet in quibusdam
contractibus late pateat, ut in bone fidei contractu. fides autem est
quę ab uno promittitur et ab altero ita fieri speratur. hec quidem
promissio fieri debet cessante omni machinatione seu calliditate. si
autem deceptio re ipsa inest, quandoque tolleratur propter comuen-
tionis æquitatem, quandoque rescinditur si intollerabilis est. si uero
ex proposito, id est ex machinatione, deceptio inest, purganda est
uel iudicis offitio uel per doli exceptionem. sin autem dolus con-
f. 22 c. 1. tractui causam dedit, uel ipso iure ‖ contractus nullus est, ueluti si
bone fidei sit, uel opposita doli exceptione res[*c*]inditur, ueluti si
6 stricti iuris sit. Et hec de obligationibus. Actiones uero sunt legi-
timę persecutiones que non propria set immo publica auctoritate
exercende sunt. actio enim est ius persequendi in iuditio quod nobis
debetur. ius autem dicimus per quod intendimus rem nostram esse
uel personam nobis obstrictam ad aliquid dandum faciendumue. in
superiori casu dicitur dominium, in inferiori obligatio seu actio. et
ista duo actionibus causam prebent. et quippe equum est res qua-
rum dominia ex iustis causis nobis quęsita sunt aliis eas tenentibus
nos adiuuari. item cum persona legitime nobis obstricta est, iustum
est, ut etiam ab inuito exigamus *quod* nobis debet. et ita actionum
7 causa duplex est: aut enim in rem aut in personam sunt. et gene-
raliter semper quicquid nobis debetur non propria set publica aucto-

---

1 cogit] T^2B cogitur T^1P 2 naturalis] natura uel *B* 6 descendunt] nascuntur *B* 7 initio TP^1 in initio P^2B 11 quę] quod *P* 20 propria] ui *add.* *P* | immo] *om.* *P* 21 in] *om.* T^1 25 duo] duobus *B* | et] *om.* *B* 28 inuito] initio *P* ea *B* | quod] *P* quid *B* qui *T* | nobis] *om.* P^1 30 debetur] *om.* *B*

---

4. L. 7 pr., §§ 2, 4 D. de pact. II, 14, L. 10 D. h. t. XLIV, 7. **5.** *7—8*: L. 5 C. h. t.; L. 4 C. h. t. *10—11*: v. supra II, 3 § 3. *12—16*: v. ibid. § 14 et L. 36 D. de verb. obl. XLV, 1. *16—19*: L. 7 pr. in f. D. de dolo IV, 3, L. 36 D. de verb. obl. XLV, 1. **6.** *21—22*: pr. Inst. de act. IV, 6, L. 51 D. h. t. *22—29*: § 1 Inst. de act. IV, 6. **7.** L. 9 C. h. t., L. 13 D. quod met. c. IV, 2.

---

6. *22—24*: **Quest. XXXVIII in f.**

ritate, id est per iudicem, persequi debemus: equitati enim congruum
est, ut priuatorum lites publica auctoritate dirimantur et per magi-
stratus effectui tradantur. Verbum autem 'debendi' ita accipere debe- 8
mus: non solum ea quę per actionem, uel per alia iura quę hodie
in actiones redacta sunt, debentur, set etiam [ea] illa quę tantum
iudicis offitio nobis prestanda sunt, ueluti per restitutiones. et in
debiti uerbo distinguitur illa persecutio per quam non pecuniarium
quid exigitur, set publica uindicta desideratur. Vt autem de obliga- 9
tionibus diximus, hic modo generaliter de actionibus, set summatim,
dicit, cui directe competunt seu utiles dentur, [*et in quem directe
competunt seu utiles dentur*], et qualiter exerceri debeant. nos uero
naturam et earum causam alio in loco annuente Deo latius atque
utilius, prout res exig*it*, enodabimus. Directa quidem, quę ex 10
mente et uerbis legis descendit, si in rem agatur, domino competit,
si in personam, ei cui obligatio quęsita est. quare per ‖ singulos f. 22 c. 2.
titulos leuiter perspici potest, quibus et in quos competunt. dantur
autem utiles, quę ex mente et sententia legis descendunt, sepissime
etiam aliis personis. in rem utilis agenti Publiciana item superfitiario
et qui agrum uectigalem seu emp[*h*]yteoticarium conduxit datur. in
personam quoque utiles dantur ex uariis causis. si enim actio aliena
tibi donata seu uendita uel in solutum seu in dotem data sit et ex
his causis cessa sit, utiliter etiam tuo nomine intendere potes et
persequi non solum quod principaliter ex actione debetur, set etiam
accessiones, ueluti pignora. item si ex innominato quoque contractu
aliquid dedisti ad hoc ut actio tibi mandetur, non animo liberandi
neque gerendi negotium debitoris, eo qui mandauit ante litem con-
testatam defuncto sine herede utilis tibi tribuenda est. e contrario
uero si tu directo debeas, etiam in contrahendo non potes efficere,
ut alius tuo nomine etiam utiliter teneatur, ipso quoque uolente.
defensionem tamen tuam si uult etiam te inuito suscipere potest.

---

1 sequi *P* 5 ea] *om. PB* 9 modo] non *P* uero *B* 10 dixit *B* | dantur *P* 10, 11 et in quem — dentur] *PB* 11 competunt] *om. B* | dantur *P* | uero] autem *PB* 12 annuente Deo] *om. B* 13 exigit] *B* exigitur *T* exegerit *P* | quidem] est *add. PB* 14 mente] iure *B* | et] ex *add. P* 15 quare TP^1B que P^2 16 competunt] competant T^1P competatur *B* 22 cessa] TP^1 concessa P^2B 23 persequi] et *add. P* 24 quoque] *om. B* 27 tibi] *om. B* 28 tu] *om. B*

---

9. *11—13*: v. Comp. iur. Cod. Haenel. 1—30 (Jur. Schriften p. 134—136). **10.** *13—19*: v. supra III, 10 § 3. *20—24*: L. 2 C. h. t., L. 5 C. quando fisc. vel priv. IV, 15, LL. 7, 8, 9 C. de her. vend. IV, 38, L. 33 C. de don. VIII, 53; LL. 6, 7 C. h. t. *24—27*: L. 1 C. h. t. *27—29*: L. 3 in f. C. ne uxor pro mar. IV, 12, L. 65 D. de fideiuss. XLVI, 1? *30*: L. 23 D. de sol. XLVI, 3.

euenit quandoque, licet alius directo obligatus sit, tamen tu utiliter tenearis, ueluti si tutor tuus uel curator amministrando negotia tua tuo nomine pecuniam mutuam accipiat eamque in utilitatem tuam consumpsit: in ipsum enim offitio finito denegatur direct*a*, tu tamen ex ęquitate utili conueniendus es. eadem equitas et in quibusdam aliis speciebus obseruatur: ueluti si procurator tuus mandato tuo
11 uendidit uel creditor, re euicta utili ex empto teneris. Exercendę quidem actiones sunt non priuata persecutione, ueluti per uim, set per iudicem, prout supra dictum est.

XI. VT ACTIONES AB HEREDE INCIPIANT.

Erat antea constitutum, ut hee actiones quę defuncto non conpetierunt, heredibus eius non dari. item heę actiones quę in defunctum non conpetierunt, in heredes eius non dab*a*ntur. hodie tamen
f. 22 c. 3. hoc emendatum est, ut ‖ heredes eas actiones exercere possint quę defunctus non potuit exercere, ueluti si legatum uel promissum aliquid ei post mortem suam fuit. et contra si ab eo aliquid legatum post mortem suam fuerit uel promis[*er*]it, heredes tenentur. et hoc in omnibus contractibus post mortem conceptis receptum est.

XII. NE VXOR PRO MARITO VEL MARITVS PRO VXORE CONVENIATVR.

Ęquum quidem est alterum pro altero non teneri. set tamen propter affinitatem seu consanguinitatem personarum uidebatur quasdam personas inuicem pro se comueniri posse, ut uxor pro marito et contra, et mater pro filio. quod nequaquam admittitur.

---

4 directa] P^1 directam P^2 directo *TB* 5 eademque *B* 10 Vt actio ab herede et contra heredem incipiat *P*. *Rubrica deest in B; insequenti titulo XII. eam praescribunt TP*^{1}, *suo loco restituit P*^{2}. 12, 13 item — dabantur] *T*P^1*B*; *delevit P*^{2} 13 dabantur] *PB* dabuntur *T* 17 promiserit] *P* prosint *B* 19 uel] ne filius pro patre uel contra *add. B* | maritus pro uxore] *om. B* | uxore] uel mater pro filio *add. P. Hanc rubricam hic habet B; titulo XIV. eam praeponunt TP*^{1}, *suo loco restituit P*^{2}. 21 quidem] quippe *P* 22 propter] per *B* 23 inuicem pro se] etiam pro se inuicem *P*

1—5: LL. 1, 3 C. quando ex facto tut. V, 39. *5—7*: L. 12 § 1 D. de distr. pig. XX, 5. **11.** V. supra § 7.

IV, 11. Rubr.: rubr. C. IV, 11. L. un. C. h. t. ict. L. 11 C. de contr. stip. VIII, 37.

IV, 12. Rubr.: rubr. C. IV, 12. LL. 1—4 C. h. t.

NE FILIVS PRO PATRE VEL PATER PRO FILIO EMANCIPATO CONVENIATVR. XIII.

Item uidebatur filius pro patre uel pater pro emancipato filio conueniri debere, uel libertus pro patrono, uel seruus pro quondam domino, qui tunc seruus erat quando contrahebatur, nunc libertus effectus. quę omnia non admittuntur. pater tamen pro filio manente in potestate pretorio iure tenetur.

[*AN SERVVS EX SVO FACTO POST MANVMISSIONEM TENEATVR.*] XIV.

Alter[*um*] pro altero non teneri dictum est. nunc qualiter 1
ipse qui contraxit uel aliud egit quod pro contractu habetur nec
pro semet ipso tenetur, mutata uidelicet persona seu cond*it*ione.
Serui enim ex contractu uel quasi post manumissionem non tenen- 2
tur, nisi forte ratio comnexa fuerit, ueluti si forte in seruitute
rationes dominicas gesserint. tunc autem tenentur, non ut pre-
stent quod in seruitute gesser*int*, set ut separetur id quod gestum
est in seruitute ab eo quod amministrauerint in libertate, uel ut
rationes reddant, ita ut heredes de rebus singulis instruant et stru-
menta eis tradant. item si in seruitute ob libertatem pecuniam pacti
sunt, licet stricta ratio aliud ‖ dictet, tamen post libertatem equum f. 22 c. 4.
est eum in factum actione teneri. Ex malefitiis uero directo post 3
manumissionem tenetur. delicta enim et noxę caput sequuntur, nisi
aliquid quondam domino subtraxerint: nam tunc, siue post manu-
missi siue alienati fuerint, nec ipsi nec domini tenentur. Quamdiu 4
autem in seruitute sunt, neque ex contractibus neque ex delictis
comueniri possunt, quia seruus in ciuili iuditio interesse non potest.

1, 2 Rubr.] *deest in PB, titulo XV. praescripta conspicitur in T.* 5 domino] suo *add. B* 8, 9 Rubr.] *e Cod.* An seruus pro suo facto post manumissionem teneatur *B* An seruus ex suo facto teneatur P^2; *rubrica deest in* TP^1. 10 Alterum] *PB* 12 conditione] *P* condictione *TB*; dicendum est *add. P* 14 comnexa] cum noxa *B* 16 gesserint] *B* gesserit *T* gesserunt *P* 17 administrauit *B* 18 ita] scilicet *supra lin. add. P* | instruantur *P* instruatur *B* 18, 19 instrumenta *P* instrumentum *B* 19 tradantur *P* 22 tenentur *PB* | et] T^1PB; *expunxit* T^2 23 subtraxerit T^2 24 fuerint] sunt *B* | tenentur] nisi post manumissionem contractauit *add. P* 26 interesse] consistere *P*

IV, 13. Rubr.: rubr. C. IV, 13. LL. 1, 4, 5 C. h. t.

IV, 14. Rubr.: rubr. C. IV, 14. **2.** *13—19*: LL. 1, 2, 5 C. h. t.; L. 16 D. de neg. gest. III, 5. *19—21*: L. 3 C. h. t. **3.** *21—22*: L. 4 C. h. t. Cf. supra III, 16 § 10 in f. *22—24*: L. 6 pr. C. h. t., § 6 Inst. de nox. act. IV, 8. **4.** *24—26*: L. 4 C. h. t., LL. 6, 7 C. de iud. III, 1. Cf. supra III, 1 § 6.

in criminalibus uero causis in iuditio consistere possunt, licet domino defensio permittatur.

XV. [*QVANDO FISCVS VEL PRIVATVS DEBITORES SVI DEBITORIS CONVENIRE POTEST.*]

Quandoque ratione certa euenit, ut alter alterius nomine utiliter conueniatur. equum quidem est, ut fiscus seu priuatus comdempnato suo debitore et omnibus bonis eius exactis, cum nichil corporale est quod sine quęstione pignori capi possit, ad incorporalia, id est ad actiones, manus porrigere possit et ita debitorem sui debitoris conuenire. hoc ita, si debitoris debitorem se esse confiteatur: alioquin si infitietur, conueniendus non est. item *et* in solutum nomine dato cessante delegatione utiliter suo nomine contra sui debitoris debitorem experir*i* potest.

XVI. DE ACTIONIBVS HEREDITARIIS.

1 Defuncto eo qui tenebatur iustum est successores eius, siue ciuili siue pretorio iure succedant, teneri, et e contrario eas actiones quę defuncto competierunt eis *dari*: quę actiones hereditarię dicuntur.

2 In heredem et heredi competunt. unus quidem heres in solidum tenetur. plures uero pro partibus hereditariis tenentur, nisi unus rem obligatam possideat. tunc enim ille qui rem possidet tenetur in solidum, nec rem retinere potest, si debitum pro portione hereditaria soluere malit: pignus enim in solidum creditori tenetur, donec *f. 23 c. 1.* uniuersum debitum ei ‖ soluatur. si uero uni ex heredibus defunctus debuit, pro parte hereditaria actio confusa est, pro reliquis uero partibus aduersus coheredes agere potest, nisi nominatim defunctus cauit, ut pro parte hereditaria cont*en*tus esset: tunc enim eo adeunte

---

3, 4 Rubr.] *B* Quando fiscus uel priuatus *P*; *rubrica deest in T.* 5 alter] pro *add. B* 8 pignore *P* 10 debitoris] debitori *P* 11 et] *P* si *T*; *om. B* 13 experire *T* | poterat *B* 16 econtra *P* | hec actio *B* 17 dari] *P* dantur *T* datur *B* 19 hereditatis *B* 20 rem] hereditariam *add. P* 22 malit] *TP*² uelit *P*¹ maluerit *B* 26 contemptus *TB*

1—2: L. 2 C. de accus. IX, 2, L. 12 §§ 3, 4 D. eod. XLVIII, 2, LL. 9, 11 D. de publ. iud. XLVIII, 1.

IV, 15. Rubr.: rubr. C. IV, 15. *6—10*: L. 2 C. h. t. *10—11*: L. 3 C. h. t. *11—13*: L. 5 C. h. t. Cf. supra IV, 10 § 10.

IV, 16. Rubr.: rubr. C. IV, 16. **1.** L. 4 § 22 D. de fideic. lib. XL, 5; L. 20 § 4 D. de her. pet. V, 3, L. 2 § 8 D. de her. vend. XVIII, 4. **2.** *18—23*: L. 2 C. h. t.; L. 1 C. de luit. pign. VIII, 30. *23—25*: L. 1 C. h. t.

exceptio coheredibus datur. hereditarię autem actiones quę heredibus 3
competunt cum ipso iure diuisę sint, similiter pro partibus hereditariis heredes eas exercere possunt. Rei autem successores, ut lega- 4
tarii et fideicommissarii, personali actione non tenentur: hoc enim honus ad iuris successores reddundat.

EX DELICTIS DEFVNCTORVM IN QVANTVM HEREDES CONVENIANTVR. XVII.

Si defunctus ex contractu uel quasi obligatus fuit, qualiter 1
heredes teneantur dictum est. nunc quomodo ex delictis defunctorum heredes comueniantur supponendum est. Ex malefitiis quidem de- 2
functorum heredes non tenentur (traditum enim est ex penalibus actionibus que sunt ex malefitiis heredes non te[*ne*]ri), nisi quatenus ad eos peruenit. tunc enim tenentur, ne alieno scelere ditentur: turpia enim lucra heredibus extorquenda sunt. hoc ante litem contestatam: post litem enim contestatam in solidum tenentur.

DE CONSTITVTA PECVNIA. XVIII.

Ciuili iure alter alterius nomine non tenetur. pretorio tamen 1
iure qualiter alter pro altero constituendo teneatur, uidendum est, uel etiam pro semet ipso. Constitutio ex solo pacto fieri potest pro 2
omnibus rebus, dum tamen debitum naturale uel ciuile seu pretorium precedat. naturale est: ueluti si ex pacto tantum aliquid debeatur, ut usurę. ciuile: quod ex uerborum obligatione seu scripturę deb*etur*. pretorium: quod ex iure iurando debetur. Et constituen‖do quis 3
tenetur non solum pro se set etiam pro alio, dum tamen illius no- *f. 23 c. 2.*
mine id faciat: ceterum si suo nomine constituat se soluturum quod alius debet, non tenetur. Actio de constituta pecunia ei competit 4
uel eius heredibus cui constituit se quis soluturum. in eum uel in eius heredes datur qui se soluturum constituit. uenit autem in hac

---

7 teneantur *B* 9 conueniantur *B* 11 ex] *om. B* 11, 12 penales actiones *B* 12 malefitiis] in *add. B* | teneri] transire *B* 14 lucra] ab *add. B* | hoc ante] Hec autem *P* 19 ex] *om. P* 21 ex] TP^2B; *om.* P^1 22 debetur] *PB* debeatur *T* 25 id] *om. B* 28 datur] *om. B*

---

3. L. 6 C. fam. herc. III, 36. **4.** L. 7 C. h. t.

IV, 17. Rubr.: rubr. C. IV, 17. **2.** L. un. C. h. t. ict. § 1 Inst. de perp. et temp. IV, 12, L. 111 § 1 D. de reg. iur. L, 17.

IV, 18. Rubr.: rubr. C. IV, 18. **2.** *19—21*: § 9 Inst. de act. IV, 6, L. 14 § 3 D. h. t. XIII, 5; L. 1 §§ 6—8 D. h. t., L. 2 §§ 1—1 b C. h. t. *21—22*: L. 3 C. de usur. IV, 32. **3.** L. 1 § 8, L. 2, L. 5 §§ 2—4, L. 31 D. h. t. **4.** LL. 1, 2 C. h. t.

actione illud quod ex principali debetur non [*h*]abito delectu rerum, quod omnes res, cum pecunię appellatione contineantur, uel [*per*] hanc peti possunt. licet quidem pretoria sit, perpetua tamen est.

XIX. DE PROBATIONIBVS.

1 Quia probationum maxima ac necessaria utilitas est, ideo pre-
misso generali titulo omnium actionum de his supponitur. cumque
de his quęstio sepissime uentiletur, quis probare debeat, prout ratio
2 exigit et michi uisum fuerit, enodabo. In primis autem sciendum
est, quid sit probatio, et quę res probanda sit, et quis probare, et
3 cui, et quibus argumentis debeat. Probatio quidem est rei dubie
4 per argumenta iudici fidem faciens. Ea res probanda est quę in
questione esse potest uel debet. hoc ita, si intentioni aliquod ammi-
niculum afferat: ceterum iudex se non interponit. quedam enim res
sunt quę non possunt esse in quęstione, et si rei ueritas aliter se
habeat, cum hę res ueritati preiudicent, ueluti si iudicatum sit uel
transactum uel etiam iuratum sit. non debet esse in quęstione id
de quo conuenit inter litigantes: confessi enim pro iudicatis habentur.
5 Quęstio autem uel facti, uel nominis, uel iuris, uel boni et equi.
facti questio est, cum quęritur, an factum sit, ueluti si res ablata
sit. si autem de facto constat, ueluti rem esse ablatam, set de
f. 23 c. 3. nomine quęritur, utrum furtum seu rapina sit an ‖ aliud delictum,
nominis est quęstio. cum uero de facto et de nomine non dubitatur,
sed an ea poena ei delicto a iure inponitur, tunc questio iuris est.
si autem factum et nomen itemque ius pro constanti habeatur, an
autem ęquitas aliud quam ius strictum dictet queratur, tum boni et
6 equi est quęstio. Actori quidem probatio incumbit: usque adeo
donec intentio teneat uel tenere uideatur. tenet autem intentio, si
reus comfessus uel comuictus sit. uidetur autem tenere, si reus dicit

---

1 ex] in *B* | principali] re *add. P* 2 quod — cum] quia cum omnes res *B* | continentur *B* | per] *P*; *om. TB* 3 hac *B* | quidem] *om. B* 4 De probatione *P* 6 supponıt *P* 8 fuerit] est *P* fuit *B* 9 probanda sit] probari debet *B* 10 argumentis] fieri *add. B* | quidem] *om. P* 11 argumentum *P* 12 hoc] et hoc *P* hec *B* | aliquid *B* 14 et] etiam *PB* 15, 16 uel — sit] *in marg. add.* P^2 18 autem] *om. B* | nominis] esse debet *add. P* 25 autem] uero *P*

IV, 19. Rubr.: rubr. C. IV, 19. **4.** *13—16*: v. supra IV, 3 § 4. *16—17*: L. un. C. de confess. VII, 59. **5.** Cf. Cic. de invent. I, 8 (10, 11), 11 (14, 15). **6.** *26*: L. 20 C. h. t., L. 21 D. h. t. XXII, 3. *28—1*: L. 9 C. de exc. VIII, 35.

IV, 19. 5. Cf. Brach. IV, 14. **6.** Cf. Quest. XX.

se suscepisse, asserit tamen se soluisse. item presumptiones quan-
doque transferunt probationes. si autem de intentione constet, reus
uel excipere uel intentionem elidere debet: alioquin soluere cogitur.
reo excipiente probare debet exceptionem, quemadmodum actor probat
intentionem: reus enim in exceptione actor efficitur. Iudici quidem 7
probandum est aduersario presente uel eo habito pro presente. publica
enim persona ideo in medio posita est, ut ei fidem fac*ia*mus: aduer-
sario enim numquam fidem facere possumus. Argumenta quidem 8
sunt quę causam indicant atque ostendunt, et ideo testes et instru-
menta item inditia sub hac appellatione continentur. et generaliter
sciendum est omnia argumenta seu inditia esse recipienda preter ea
quę specialiter lege sunt reprobata, ut testimonia domestica item
instrumenta: priuata enim attestatio item adnotatio improbata sunt.
set sunt quædam quę per se fidem non fatiunt, cum aliis uero pro-
sunt, ut unus testis et instrumentum domesticum. Item in crimi- 9
nibus accusator *e*uidenter probare debet, licet et a reo probationes,
adhibitis quandoque tormentis, exiguntur.

DE TESTIBVS. ℞. ‖ XX.

Generaliter quidem de probationibus dictum est. nunc autem 1
de testibus, qui species probationum sunt, adnectendum est: quorum *f. 23 c. 4.*
auctoritas maxima habetur propter presentiam. Testes sunt qui uiua 2
uoce dicunt ea in quibus interfuerunt. testimonium uero quandoque
sollemnitas, quandoque offitium, quandoque probatio appellatur.
sollemnitas: ut cum in testamentis seu in aliis ultimis uoluntatibus
adibentur. offitium: ut cum ab eis desideratur, ut dicant ea quę
nouerunt, et ideo ex necessitate coguntur, quia quodam modo offi-
tium publicum est. probatio quidem dicitur, cum fides et depositio
ab his apud iudicem facta sit. Cum autem constet testimonium esse 3
publicum offitium, sequitur omnes esse admittendos, nisi qui ratione

---

1 accepisse *B* 7 faciemus *T* 9 et ideo] n̄ (= non) *P* 14, 15 set sunt — prosunt] *om. B* 14 per se] quidem *add. P* 16 æuidenter *T* 17 exhibitis *P* 22 in] *om. P*

1—2: L. 25 pr. D. h. t. *4—5*: L. 19 pr. D. h. t. ict. L. 1 D. de exc. XLIV, 1. **7.** L. 7 C. de edendo II, 1, L. 3 § 2 D. de test. XXII, 5, L. 5, L. 19 § 2 C. de test. IV, 20, Nov. 90 c. 9. **8.** *12—13*: L. 5 C. h. t., L. 3 C. de test. IV, 20. *14—15*: L. 5 C. cit., L. 3 C. de test. IV, 20. **9.** L. 25 C. h. t., L. 13 C. de accus. IX, 2, LL. 3, 4 C. ad L. Iul. maiest. IX, 19.

IV, 20. Rubr.: rubr. C. IV, 20. **2.** *26—27*: L. 19 C. h. t., L. 21 § 1 D. h. t. XXII, 5.

4 certa uel excusantur uel repelluntur. Hii demum excusantur qui si uellent admitterentur, inuiti tamen non coguntur, ut senes, ualitudinarii, et episcopi quique per loci religionem inde se mouere non possunt. item magistratus et milites et qui publicis actibus obstrin-
5 guntur. Qui repelluntur: quidam exceptione, quidam iudicis offitio. exceptione: ut infames, item hi qui pecunia redempti sunt. offitio iudicis quidam in totum remouentur, quidam in certis causis. item de quibusdam iudici permissum est deliberare, an reitiendi seu admittendi sunt. remouentur in totum: ut qui falsa uel uaria testimonia dixerunt, uel qui utrique parti suum auxilium prodiderunt, et ceteri qui leuiter ex Responsis et Constitutionibus colliguntur, ut liberti aduersus patronos, item liberi aduersus parentes. in certis causis: ut inpub[*e*]res in accusatione legis Iulię, item damnati publico
f. 24 c. 1. iuditio ‖ et ceteri. aduocati quoque item executores in ea causa in qua patrocinium prestiterunt repelluntur. de his iudici deliberare permissum est: ueluti, si amici sint ei pro quo testimonium dicere uelint uel inimici sint ei contra quem dicunt, utrum propter amicitiam an propter inimicitiam falsum quid dicerent uel non. item de his qui inhonestę uel inculpatę uitę sint, item egeni an locupletes sint et ceteri, uel admittantur uel reiciantur. ideoque iudex magis scire debet et potest, quanta fides habenda sit testibus, quam ulla constitutione diffiniri. et in summa hii demum admittendi sunt qui integri fructus et sensus sunt et qui debitam fidem possint prestare
6 iudici. Set cum testes admittuntur, prius iurare debent, ut dicant ea quę nouerunt: alioquin non audiuntur, nisi consentiens fama faciat fidem rei de qua queritur. item noua constitutione episcopi et presbyteri non coguntur iurare, sed iudex ad eos offitiales suos
7 mittere debet, ut in sanctis oratoriis dicant ea que nouerunt. Exhibitis itaque testibus sumptus his per eos dandi sunt qui eos euoca-
8 uerunt, et hoc insuper iudex prouidere debet. Quot testes admitti

---

1 repelluntur] extolluntur *B* 3 quique] *TP* qui *B* | per] propter *PB* 4 et qui] et *om. B* | actionibus *B* 5, 6 quidam iudicis — exceptione] *om. B* 9 sunt] sint *P* | uel] et in *B* 9, 10 testimonia] *om. B* 12 item] *om. B* 16, 17 ei — sint] *om. B* 18 an propter inimicitiam] *om. B* | quidem dicent *B* 19 sint] *TB* sunt *P* 20 et ceteri] *TB* etc̄. ut *P* | reiciantur] recipiantur *B* 22, 23 sunt qui integri] *om. B* 28 oratoriis] oraculis *B* 29, 30 uocauerunt *B*

---

4. L. 8 D. h. t., L. 7 C. de episc. I, 3. **5.** *6*: L. 3 § 5 ict. L. 3 pr. D. h. t. *9—12*: L. 16 D. h. t.; LL. 4, 5, 9 D. h. t., L. 6 C. h. t. *12—14*: L. 3 § 5 D. h. t. *14—15*: L. 25 D. h. t. *15—22*: L. 3 pr. — § 2, L. 21 § 3 D. h. t. **6.** *24—26*: L. 9 C. h. t.; L. 3 § 2 D. h. t. *26—28*: **Nov. 123 c. 7.** **7.** L. 11 C. h. t. **8.** *30—2*: L. 12 D. h. t. ict. L. 18 pr. C. h. t.; L. 1 § 1, L. 3 § 2 D. h. t.

debeant si a lege diffinitum est, tot admittantur: alioquin duo suffitiunt, nisi magnitudo rei moueat iudicem ad plures exigendos. unus uero testis nec interrogandus est, licet clarissima persona sit, nisi ratio ipsius negotii *aliis* indiciis interuenientibus moueat iudices, ut unus admittatur, forte non ut testis, sed ut aliquid adminiculum.
Sunt tamen causę in quibus omnes testes admittuntur, ut infames et 9
serui, ueluti in crimine maiestatis et peculatus: non tamen audiuntur nisi adhibitis tormentis. Depositionibus quoque testium, ‖ siue ante 10
iudicem siue apud arbitrum factę sint, credendum est, nisi falsę *f. 24 c. 2.*
redarguantur: tunc enim reprobantur. testes etiam, si de falso conuincuntur, durissime a iudice puniendi sunt et a iuditio expellendi.

DE FIDE INSTRVMENTORVM. ℞. XXI.

Item instrumenta quoque speties probationum sunt. quorum 1
auctoritas maxima est propter fidem publicam, et ideo de his supponit. Instrumentorum quidem nomine generaliter ea omnia acci- 2
piuntur que causam instruunt atque ostendunt, et ideo etiam personę hoc nomine continentur. set *hic* de his tantum instrumentis tractat *que uel* publicam fidem habent uel quę a manu propria *e*missa sunt. equum quippe est publicis instrumentis credi. publica autem instrumenta esse dicuntur que per publicas personas, id est per tabularios, confecta fore dicuntur, uel que apud iudicem in actis recepta sunt, ut depositiones testium. item instrumentis manu propria *e*missis credendum est, non autem usque adeo, ut ueritati preiudicent: si enim rei ueritas al[*i*]ter euidentissime ostendi potest, ea magis tenenda est. nam fiunt scripturę ideo, ut ea quę gesta sunt per eas facilius probentur, quia et sine his ualet quod actum est, si probari potest: ideoque uero non preiudicant. Si scriptura uitiosa appareat, ab eo 3

---

1 diffinitum est] diffinitur *B* 4 aliis] *PB* ab his *T* | iudicem *PB* 5 non ut] ut *om. B* | aliquod *B* 8 Depositionibus] omnibus *B* 10 testes] *om. B* | etiam] ut *B* | de] *om. B* | fisco *B* 11 expellendi] sunt *add. B* 13 probationis *B* 16 causam] *om. B* 17 hic] *PB* his *T* 18 que uel] *P* qui uel *B* qualia *T* | quę] *om. B* | ęmissa *T* 20 id est] *om. B* | a tabulariis *B* 21 fore] esse *P* 22 ęmissis *T* 23 preiudicetur *B* 24 aliter] *PB* | potest] possunt testes *B*

2—5: L. 9 C. h. t.; L. 4 C. h. t., L. 3 § 2 D. h. t. **9.** L. 7 pr., § 2 ad L. Iul. maiest. XLVIII, 4 ict. L. 21 § 2 D. h. t. **10.** *8—10*: L. 21 § 3 D. h. t., Nov. 90 c. 3 in f. *10—11*: L. 14 in f. C. h. t.

IV, 21. Rubr.: rubr. C. IV, 21. **2.** *15—17*: L. 1 D. h. t. XXII, 4. *17—18*: LL. 19, 20 C. h. t.? *19*: L. 5 C. de prob. IV, 19, Nov. 73 c. 7. *22—25*: L. 14 § 2 C. de contr. stip. VIII, 37. *25—27*: L. 4 D. h. t. **3.** *27—2*: L. 24 C. de prob. IV, 19 ict. L. 20 C. h. t.

in primis fides ei scripturę scilicet imponenda est qui eam protulit,
tum ex comp*ar*atione litterarum tum ex depositionibus testium, postea
uero ab eo qui stricta instantia nititur redarguere falsum. alioquin
[*si*] instrumentum sine omni uitio appareat, tunc ab eo qui falsum
4 dicit probationes exiguntur. Comparationes quidem litterarum faciendę
sunt ex instrumentis publice confectis. item ex instrumento quod
f. 24 c. 3. pro‖fertur ex archiuo publico et ex carta qua aduersarius tuus
utitur, recte petis comparationem fieri. ex cyrographis item aliis
instrumentis non publice confectis comparatio facienda non est, nisi
cyrographa subscriptionem trium testium habeant: et prius litteris
testium fides uel comparatio imponenda est. *aliter* enim comparatio
fatienda non est, licet in semet ipsum aliquis proferat cartulam con-
5 scriptam. Item uidendum, an facti ueritas propter instrumentorum
amissionem corrumpatur uel etiam in aliquo mutilatur. quod nequa-
quam admittendum est, cum etiam sine his quod gestum est ualeat,
si alias probari potest.

6 DE APOCIS ET ANTAPOCIS.

Apoca quidem est qua creditor scribit se suscepisse debitum,
uel dominus se colonum suscepisse scribit. antapoca: qua debitor
se usuras creditori soluisse profitetur, uel colonus a domino rem
7 recepisse uel pensiones ei soluisse dicit. Sunt autem quidam con-
tractus qui omnimodo scripturam desiderant, uel quia hoc a legibus
nominatim expressum est, ut in emphyteosin et in donatione ultra
quingentos solidos, uel quia contrahentes id agunt, ut non aliter
contrahant, nisi scriptura interueniat. in his hoc exigitur, ut scriptura
non solum in sceda conscripta set etiam in mundo recepta sit et a
partibus tradita seu absoluta nec non etiam subscripta sit. et etiam
a tabellionibus, si per eos confitiantur, simili modo subscribantur.
alioquin quamdiu aliquid ex his deest, penitentia locum habet, nisi
res tradita sit, uel arrę datę fuerint: tunc enim si emptor adimplere

---

1 scilicet] *om. B* 2 comparatione] *P* comprobatione *TB* 4 si] *PB* 5 quidem] *om. PB* 8 item] ex *add. P* 9 comparationem faciendam *B* | non est] *om. B* 10 et prius] ipsius *B* 11 aliter] nam aliter *P* naturaliter *TB* | enim] *om. P* 13 uidendum] est *add. PB* 15 quod] quidem *B* | gestum est] *om. B* | ualet *B* 21 recepisse] repetisse *B* 23 nominatim] *om. P* | emphiteosim *P* | donationem *B* 25 interueniente *P* 28 per eos] T^1PB per alios T^2 | confitiatur *P* | subscribatur *P*

2—5: L. 21 C. h. t. **4.** L. 20 C. h. t., Nov. 49 c. 2 §§ 1, 2 (Auth. Ad haec ad L. 20 C. cit.). **5.** LL. 1, 4, 5, 6, 7, 8, 10, 11 C. h. t. **6.** L. 46 § 5 D. de adm. tut. XXVI, 7, L. 19 C. h. t. **7.** *22—24*: L. 1 C. de emph. iure IV, 66, L. 36 § 3 C. de don. VIII, 53. *25—2*: L. 17 pr., § 2 C. h. t., pr., § 3 Inst. de empt. III, 23.

recusat, quod dedit perdat, uenditor ‖ uero cogitur eas in duplum f. 24 c. 4.
reddere. et hoc, siue emptio in scriptis siue sine scriptis fiat, uerum est.

PLVS VALERE QVOD AGITVR. XXII.

Si autem aliquid simulate in scriptis receptum est, an ueritati preiudicet, uidendum est. et regulariter traditum est plus ualere quod in rei ueritate gestum est quam quod simulate in scriptura conceptum est: scriptura enim ueritati non preiudicat, cum res alias euidenter probari potest.

DE COMMODATO. XXIII.

De contractibus qui habent expressam formam personalium 1
actionum et in quibus rei equitas principaliter spectatur superius
dictum est. nunc de contractibus qui continent id quod interest et
in quibus pacti æquitas maxime uersatur, licet quędam communia
ad superiora et ad inferiora, ut de actionibus et probationibus, pre-
missa sint, rationabiliter tamen dicendum est. Inter incertas quidem 2
actiones commodati actio precipua est, et ideo de ea premittit,
maxime cum et utilitas accipientis tantum uersetur: commodatum
enim gratia accipientis datum est. quę actio cui competat seu detur,
spectand*um* est. item contra quem competat seu detur, et quid
in ea ueniat seu ex natura contractus, seu actionis, siue iudicis
offitio. Hec autem actio ei competit qui commodauit uel eius heredi. 3
utilis datur, si alter rem tuam tuo nomine commodauit. Aduersus 4
eum competit qui commodatum accepit uel aduersus heredem eius.
in eum uero utilis datur qui non est heres set est loco heredis, ut
in bonorum possessore[*m*] et in eum cui hereditas ex fideicommisso
restituitur. Venit autem ex natura contractus rei commodatę resti- 5
tutio et etiam eius accessiones: ueluti si ancilla commodata sit et
peperit, etiam partus restituitur. ex natura actionis etiam ‖ illud 6
uenit de quo nec cogitatum fuerit inter contrahentes, [*ut pullus qui* f. 25 c. 1.

---

3 agitur] quam quod simulate scripto concipitur *add. P. Totus hic titulus deest in B.* 9 Commodati *B* 12 retinent *B* 15 tamen] *om. B* 19 spectandum] *P* spectanda *T* | spectandum — detur] *om. B* 25 possessorem] *PB* 29, 1 ut — fuerit] *P* ut pupillus qui matrem commodatam secutus fuit *B*

IV, 22. Rubr.: rubr. C. IV, 22. LL. 1, 2 C. h. t.

IV, 23. Rubr.: rubr. C. IV, 23. **2.** *17*: L. 5 § 3 D. h. t. XIII, 6. **3.** *22*: L. 8 C. ad exhib. III, 42. **4.** *24—26*: arg. L. 2 D. de poss. her. pet. V, 5, L. 3 § 2 D. de fideic. her. pet. V, 6. **5.** § 2 Inst. qu. mod. re contr. obl. III, 14, L. 38 § 10 D. de usur. XXII, 1. **6.** *28—1*: L. 5 § 9 D. h. t.

matrem commodatam consecutus fuerit]. item dolus et culpa lata
et leuis. exactissima quoque diligentia uenit, nisi sui gratia com-
modauit, ut uxori forte suę, quo honesti[*u*]s culta ad se duceretur.
item si *pretor* commodauit scenicę, uel si quis ultro commodauit
ipsi pretori: tunc enim dolus et lata culpa tantum prestantur. casus
fortuitus et uis maior item fatalitas non prestatur nisi ex pacto
speciali (hoc ita, nisi aliquid horum culpa eius interuenerit). ex
pacto enim contractus augeri naturam suam et minui possunt.
pacisci enim possunt, ut omne periculum ad commodatarium perti-
neat, et econtra, ut culpam et diligentiam non prestet. set ut ne
7 dolus prestetur, pacisci non licet. cum hoc iuditium bonę fidei sit,
iudicis offitium late patet. iubet enim rem restitui et quod ei accessit
et etiam id quod interest. et si pecunia fuit, etiam usuras prestari
faci*et*. reo non parente in restitutione, si dolo hoc faciat, per ius
iurandum in litem condempnabitur, alioquin si culpa, per iudicem
8 tantum exstimabitur. Et hoc de directa dixisse sufficiat. Contraria
uero competit aduersus eum qui commodauit. uenit autem in hac
actione: si quid impendit in re commodata, ueluti si seruum egrum
curauit uel eum funerauit, — uel si quod damnum per eum passus
est, ueluti si surripuit ei aliquid uel damnum iniuria dedit. et si
sciuit eum furem esse et non predixit, in solidum commodati tenetur:
alioquin pro noxa relinquere cogitur. item si rem uitiosam, ueluti
uas uel tignum, commodauit: si sciens, de omni detrimento tenetur.
cum autem in contraria de calculo agitur, etiam usurę ueniunt.
9 Cum personales sint, perpetue sunt.

XXIV. DE PIGNORATICIA ACTIONE.

1 Contractus qui incertum continent quidam accipi||entis gratia,
f. 25 c. 2. quidam utriusque, quidam dantis tantum gratia fiunt. commodatum
quidem accipientis tantum gratia fit: de quo supra scriptum est.

---

3 ut] *om. B* | honestius] *PB* 4 pretor] *P* (*cum Dig.*) emptor *TB* 7 hoc ita] *om. B* 8 augeri *TB* augere *P* | minui *TB* minuere *P* 10 culpa et diligentia *P* | prestetur *PB* | ut] *om. B* 11 licet] potest *P* 12 enim] *om. B* | res *P* 14 faciet *PB* faciat *T* 20 et si] ueluti si *P* 29 scriptum] dictum *B*

1—5: § 2 Inst. cit., L. 5 §§ 2, 3 D. h. t.; L. 5 § 10 D. h. t. *5—7*: § 2 Inst. cit., L. 5 § 4 D. h. t. *7—11*: L. 23 D. de reg. iur. L, 17, L. 1 § 7 D. depos. XVI, 3. **7.** *13—14*: L. 3 § 1 D. h. t., L. 32 § 2 D. de usur. XXII, 1. *14—16*: L. 68 D. de rei vind. VI, 1, L. 3 § 2 D. h. t. **8.** *16—19*: L. 18 § 2 D. h. t. *19—22*: L. 22 D. h. t. *22—23*: L. 18 § 3 D. h. t. *24*: arg. L. 37 D. de usur. XXII, 1.

IV, 24. Rubr.: rubr. C. IV, 24.

nunc de pignerati[*ti*]a actione rationabiliter supponendum est, qui
contractus utriusque gratia contrahitur et re quoque, ut commodatum.
Pignerati[*ti*]a actio directa competit debitori uel eius heredi in cre- 2
ditorem uel in heredem eius. quo autem nascatur, item quid in ea
ueniat, et quid iudicis sit offitium, spectandum est. Nascitur hec 3
actio debito soluto creditori, siue naturaliter, ut solutione, siue ciui-
liter, ut depositione, siue illud interueniat quod pro solutione habetur,
ueluti si fructus percepit ex re pignerata qui in debito compensari
possunt (uel, si minus sint, superfluum debiti restituendum est).
item damna data in re pignerata in debito computanda sunt. item
si alias factum est satis creditori, uel si pignus accepit et pecuniam
non numerauit, statim pignerati[*ti*]a nascitur. Venit quidem in hac 4
actione restitutio rei pigneratę et quod ei accessit, ut partus ancillę.
item dolus et culpa lata et leuis. (Dolus est, cum fraudulenter
aliquid in re pignorata admisit. culpa est, uel cum facit quod non
debet, uel cum omittit quod facere debet: quę negligentia dicitur.
lata culpa est non intelligere quod omnes intelligunt: quę dolo com-
par*atur*. culpa leuis est, cum forte a diligente prouideri posset et
a creditore non est prouisum.) item si quid specialiter comuenit,
et hoc prestabitur. et si res pignerata distracta est, superfluum
debiti restituendum est. uis maior, casus fortuitus et rei interitus
non prestatur, nisi ex pacto speciali uel si in his culpa eius depre-
hendatur. item pactiones initę cum creditore si seruatę non sunt,
hoc iuditio prestandę sunt. Contraria pignerati[*ti*]a creditori uel eius ‖ 5
heredi competit aduersus debitorem uel heredem eius. in primis in *f. 25 c. 3.*
ea uenit, si debitor decepit creditorem dando pignori rem alienam,
uel si malitiose quidem in re pignerata fecit, ueluti si ęs pro auro
pignerauit. item si quid in pignore necessario uel utiliter impendit,

---

4 uel] et *P* | quo] quando *PB* 5 sit] *om. B* 7 ut depositione] TP^1B ut consignatione et depositione P^2 9 sint] TP^1B sit P^2 12 quidem] ergo *B* 16 quod] quicquid *B* 17, 18 comparatur] *PB* comparantur *T* 22 uel si] TP^1B uel nisi P^2 27 quidem] quid *B* 28 in] *om. B* | pignori *B*

---

1. *1—2*: L. 5 § 2 D. comm. XIII, 6. **2.** § 4 Inst. qu. mod. re contr. obl. III, 14. **3.** *5—7*: L. 11 C. h. t. „solutione“: L. 9 § 3 D. h. t. XIII, 7. „depositione“: L. 10 C. h. t. *7—9*: LL. 2, 3, 12 C. h. t. *10*: L. 7 pr. C. h. t. *11—12*: L. 9 § 3 D. h. t. **4.** *12—14*: L. 18 §§ 1, 2, L. 22 § 2 D. h. t.; L. 13 § 1, L. 14 D. h. t., § 4 Inst. cit. *16*: cf. L. 7 § 10 in f. D. de pact. II, 14. *17—18*: L. 213 § 2 D. de verb. sign. L, 16, L. 1 § 1 D. si mensor XI, 6. *18—19*: L. 31 D. ad L. Aquil. IX, 2. *19—20*: LL. 4, 6 C. h. t., LL. 4—6 pr. D. h. t. *20—21*: L. 24 § 2, L. 42 D. h. t. *21—23*: § 4 Inst. cit., L. 6 C. h. t. **5.** *25—28*: L. 9 pr., L. 16 § 1, L. 1 § 2, L. 36 D. h. t. *28—2*: L. 8 pr., L. 25 D. h. t.

tamen moderate, ueluti si fundum coluit, uel seruum pigneratum
egrum curauit uel funerauit, — uel si seruus pigneratus aliquid ei
surripuit: tenetur enim eatenus, si sciuit debitor eum furem esse et
non predixit, ut in solidum resartiet: alioquin pro noxa relinquere
6 cogitur. Offitium iudicis in utrisque actionibus latius porrigitur,
quia bone fidei sunt. iubet enim et restitui rem pignoratam et
damnum in ea datum resarciri, si compensatum in debito non est,
remissa actione legis Aquiliȩ. item fructus percept*os*, si forte per
errorem in debito compensati non fuerunt, et si pignus pluris
distract*um* est, superfluum — etiam cum usuris — restitui faciet.
7 item in contraria omnia supradicta ex offitio suo prestanda sunt. Cum
uero personales sunt, perpetuȩ sunt.

XXV. DE EXERCITORIA ET INSTITORIA ACTIONE.

1 Pignoris contractus, ex quo pignoratitia nascitur, semper accedit
alteri obligationi. quapropter quȩdam pretoriȩ actiones que semper
accessoriȩ aliarum obligationum sunt, rationabiliter supradictȩ actioni
adnectuntur. set quedam ex his in solidum competunt, quedam non.
ideo eas premittit que [in] solidum contin*ent*, ut est exercitoria et
2 institoria. Exercitoria actio competit ei qui contraxit cum magistro
nauis aduersus exercitorem qui eum preposuit. exercitor quidem
est ad quem cotidianus quȩstus nauis pertinet. magister est cui
3 totius nauis anchora seu amministratio concessa est. Venit autem
in hac actione quicquid cum magistro gratia rei huius contractum
est. ceterum si alias cum eo contractum est, non tenetur exercitor:
f. 25 c. 4. sibi enim imputare debet qui contraxit. quȩ ‖ autem actio directo
in magistrum competit, in exercitorem pretoria datur, *ut* si magister
aliquid emit uel pecuniam mutuatus est ad armandam nauem: actio
enim ex uendito item certi condictio, quȩ directo in magistrum
competunt, utiliter, id est pretorio iure, in exercitorem dantur: quȩ
exercitoria appellatur. et eadem omnia que in directa ueniunt et in

---

4 resartiat P^2 6 enim et] et *om.* *P* 8 perceptos] *P* percepti *TB* 9 in debitum *P* 10 distractum] *PB* distractus *T* 13 actione] *om.* *B* 18 ideo] TP^1B ideoque P^2 | in] *om.* *PB* | continent] *P* continentur *TB* 23 hac] *om.* *B* 25 directo] *om.* T^1 26 ut] uel *TPB* 29 utiliter] enim *add.* *B* | datur *P*

2—5: L. 31 D. h. t. **6.** *7—8*: arg. L. 7 § 1 D. comm. XIII, 6. *10*: „etiam cum usuris": L. 6 § 1, L. 7, L. 42 D. h. t.

IV, 25. Rubr.: rubr. C. IV, 25. **2.** *19—20*: §§ 2, 2a Inst. quod cum eo IV, 7. *20—21*: § 2 Inst. cit. *21—22*: L. 1 § 1 D. de exerc. act. XIV, 1 sec. Lect. vulg. **3.** *22—25*: L. 1 §§ 7, 14 D. eod. *25—1*: L. 5 § 1 D. eod.

hac utili actione prestantur. item in hac actione non habetur 4
delectus, liber an seruus (proprius an alienus) magister fuerit, item
cuius conditionis fuerit: sibi imputaturo qui eum preposuit. si autem
filius uel seruus patris uel domini uoluntate nauem exerceat, pater
uel dominus in solidum tenetur. cum enim publica utilitas in naui-
bus spectatur, tacite pro his intercedere uidentur, et ideo in solidum
condemnantur. alioquin nomine eorum de peculio tantum tenentur.
Item institoria actio competit in eum qui tabernę seu alicui negotia- 5
tioni aliquem preposuit. ei datur qui cum institore contraxit. in
hac actione uenit quicquid gratia huius rei cuius prepositus fuerit
contractum erit. omnia uero alia quę in exercitoria dicta sunt et
in hac spectanda sunt, preterquam si filius uel seruus preposuit:
tunc enim pater uel dominus de peculio tantum tenentur. Si plures 6
nauem exerceant uel preposuerint, omnes in solidum tenentur, et
si unus soluerit, omnes liberantur. item si exercitor uel ille qui
preposuit soluerit, etiam magister uel *institor* liberatur, et [*e*] con-
uerso.

DE TRIBVTORIA ACTIONE. XXVI.

Tributoria quoque ex contractu serui uel filii in dominum uel 1
patrem redditur: de eo scilicet quod filius seruusue in merce pecu-
liari sciente patre et domino negotiatur. datur quidem ei qui in
merce peculiari contraxit. comtributio peculiarium mercium in quibus
filius seruusue negotiatur uenit. in qua actione comditio patris
itemque domini equalis est cum omnibus creditoribus, licet in ‖ actione *f. 26 c. 1.*
de peculio semper deducant quod eis debetur. set si quis ex cre-
ditoribus queratur, quasi minus eis tributum sit uel dolo factum
quo minus tribueretur, iustissime hec actio ei acommodatur. et de 2
peculio etiam actio in hoc casu datur. sed expedit agenti quando-
que agere tributoria, quandoque de peculio. tributoria: si forte quod

---

2 delectus] *PB* dilectus *T*; utrum *add. P* 3 imputaturo] T^1*PB* imputatur T^2 9 institutore *B* 10 cuius] cui *B* 16 soluerit] *om. B* | institor] *P* institutor *TB* | e] *PB* 24 itemque domini] dominiue *B* 25 deducatur *P* 28, 29 quandoque] *om. B* 29 agere] experiri *B*

---

4. *1—3*: L. 1 § 4 D. eod. *3—7*: § 2 ict. § 4 Inst. quod cum eo IV, 7, L. 2 C. h. t., L. 1 § 20 D. de exerc. act. XIV, 1. **5.** *8—11*: §§ 2, 2a Inst. quod cum eo IV, 7. *12—13*: L. 1 §§ 19, 20 D. de exerc. act. XIV, 1. **6.** *13—15*: L. 1 § 25, L. 6 § 1 D. eod., L. 13 § 2, L. 14 D. de inst. act. XIV, 3. *15—17*: L. 1 § 24 D. de exerc. act. XIV, 1.

IV, 26. Rubr.: rubr. D. XIV, 4. **1.** § 3 Inst. quod cum eo IV, 7, L. 1 pr., L. 5 §§ 6, 7, L. 7 § 2 D. h. t. **2.** § 5a Inst. quod cum eo IV, 7.

domino debetur totum peculium absorbeat. de peculio: si forte maior pars peculii in prediis uel mancipiis sit, *in* modica uero negotiatur et debitum domini non excedat. et ita ille qui agit eligere debet, prout melius sibi uidetur.

XXVII. QVOD CVM EO QVI IN ALIENA POTESTATE EST.

Si filius durante potestate contraxit, eo liberato à potestate emancipatione uel parentis deportatione seu alia ratione, ut morte parentis, et exheredatus sit uel ex modica parte heres sit, non tenetur nisi eatenus quatenus facere potest. et hoc benefitium tantum ei indulgetur, non etiam eius heredi. hoc ita, nisi contra Macedonianum contraxit: tunc enim et in ipsum et in patrem actio denegabitur.

XXVIII. DE PECVLIO SEV QVOD IVSSV VEL *DE* IN REM VERSO.

1 Ex contractu uel quasi filiorum uel seruorum parentes uel
domini [*de*] peculio tenentur. in qua actione, quid sit peculium,
item cui detur et in quem, et quid in ea ueniat, spectandum est.
2 Peculium quidem est substantia filii uel serui separata a rationibus
patris uel domini his permittentibus. item peculium dicitur pusillum
3 patrimonium, quasi parce uiuendo quesitum. Hec actio ei cui filius
seruusue ex contractu uel quasi aliquid debet datur in patrem domi-
4 numue. Venit autem in hac actione quod ex principali debetur,
quia semper est accessoria alterius obligationis, eo tamen deducto
quod patri dominoue debetur. ueluti si depositum uel commodatum
f. 26 c. 2. eis fuerit, depositi item commodati actio quantum ‖ ad substantiam
redditur in parentes uel dominos de peculio: in qua actione dolus
patris uel domini prestatur. idem et in ceteris bone fidei iuditiis.

---

1 si] *om. P* 2 uel] in *add. B* | immodica *T* | negotiatur] TP^2B negantur P^1 5 in] *om. P* | est] geritur *add. P* neg. g. *add. B* 8 ex] in *B* | sit] institutus (*pro* sit) *B* 9 eatenus] *om. B* 10 indulgetur] datur *B* | eius heredi] heredi suo *B* 13 seu — uerso] *om. B* | seu] *om. P* | uel] seu *P* | de] quod *T*; *om. P* 14 uel seruorum] *om. B* 15 de] *PB* 24 eis] ei *B* 25 uel] in *add. B*

IV, 27. Rubr.: rubr. D. XIV, 5 (C. IV, 26). *6—9*: L. 2 pr., § 1, L. 4 pr. D. h. t. *9—10*: L. 4 § 3 D. h. t. *10—12*: § 7 Inst. quod cum eo IV, 7.

IV, 28. Rubr.: rubr. C. IV, 26. **2.** L. 5 § 4 D. de pec. XV, 1; L. 5 § 3 ict. L. 39 D. eod. **3.** § 4 Inst. quod cum eo IV, 7, LL. 29, 44 D. de pec. XV, 1, L. 5 § 8, L. 41 D. de neg. gest. III, 5. **4.** *21—23*: § 4, 4c Inst. quod cum eo IV, 7 ict. L. 3 § 7 D. de pec. XV, 1. *23—26*: L. 1 § 42 D. depos. XVI, 3, L. 3 §§ 4, 5 D. comm. XIII, 6, L. 36 D. de pec. XV, 1. *26—2*: L. 11 § 2, L. 41, L. 49 § 2 D. eod., L. 12 C. h. t.

ratio debiti deducendi naturaliter spectanda est, quia ciuiliter nec
filius patri nec seruus domino debere potest. set siue ex contractu
uel quasi uel ex malefitio aliquid debeat, semper est deducendum.
item si debeat aliquid his qui in eiusdem potestate sunt, uel qui in
tutela uel cura eorum sunt, uel quorum negotia amministrat. pre-
uenisse enim pater uel dominus semper uidetur et exegisse seu sol-
uisse quod sibi debetur: nam in actione de peculio occupantis melior
comditio est. Si plures domini sint, et cum quouis eorum in soli- 5
dum agi potest, nisi separata peculia habeant. item qui seruum
bona fide possidet tenetur, et qui usum fructum in eo habet, licet
et fructuarius de peculio contra proprietarium agere possit. Tenetur 6
quidem, quoad filius seruusue in potestate est, perpetuo. his a
potestate liberatis annalis est actio, si ex ea causa de peculio agatur
quę perpetua uel annalis erat. alioquin si reddibitoria, sex mensium
erit post interitum filii uel serui, item post emancipationem uel
manumissionem seu alienationem. Et hoc, si simpliciter de peculio 7
agatur. alioquin si cum adiectione agatur, ueluti quia in rem domini
uel patris uersum est, uel quia iussu eorum contractum est, tunc
in solidum tenentur. De in rem uerso actio tunc datur, cum filius 8
uel seruus in rem patris uel domini pecuniam mutuatus fuerit et
durat uersum. alioquin [*si*] desinit esse uersum, uel quia tantum-
dem patri uel domino debeat, uel quia ab eis solutum est, non
tenentur de in rem uerso: et generaliter totiens de in rem uerso
actio competit, quotiens, si extraneus hoc fecisset, negotiorum gesto-
rum actionem haberet. in qua actione sufficit utiliter negotium esse
ceptum, licet effectus secutus non sit: ueluti si ex ea pecunia cibaria
familię emerit et forte *exusta* sint, nichilo minus de in rem uerso
tenetur. et quia una est ‖ actio qua agitur de peculio et de in rem *f. 26 c. 3.*
uerso, set diuersę condemnationes ab ea quę tantum simpliciter de
peculio est habentur. nam cum de peculio agitur quia in rem

---

4 his qui] quidem *add. P* 7, 8 meliorem conditionem (*om.* est) *B* 11 et] etiam *P* 14 si] in *add.* P^2 | re debitoria *P* 15 interitum] mortem *PB* 17 alioquin — agatur] *om.* T^1B 20 mutuatus] TP^2B numeratus P^1 21 si] *PB* 27 exusta] *P* exausta *TB* 28 quia] *TPB*; quidem *scr.*? | qua] T^2PB quę T^1

2—3: L. 9 §§ 2, 6 D. de pec. XV, 1. *3—8*: L. 9 §§ 3, 4 D. eod.; L. 10 D. eod. **5.** *8—9*: L. 27 § 8, L. 28 D. eod. *9—11*: L. 1 § 2, L. 2, L. 19 § 1 D. eod.; L. 19 § 2 D. eod. **6.** L. 1 § 1, L. 2 pr. D. quando de pec. act. XV, 2. **7.** §§ 1, 4 Inst. quod cum eo IV, 7. **8.** L. 7 § 5, L. 8 D. de in rem verso XV, 3, § 4a Inst. quod cum eo IV, 7. *21—23*: L. 10 §§ 6, 7 D. eod. *23—25*: L. 3 § 2 D. de in rem verso XV, 3. *25—28*: L. 3 §§ 7, 8 D. eod. *28—2*: § 4b Inst. quod cum eo IV, 7; L. 1 § 1 D. de in rem verso XV, 3, L. 7 C. h. t.

uersum est, in solidum fit condemnatio, et quidem perpetuo, etiam
si filius seruusue decesserit uel alias a potestate liberati fuerint.
9 Item si iussu patris uel domini contractum fuerit cum filio uel seruo,
parentes et domini in solidum et perpetuo tenentur. iussum acci-
pere debemus, siue nominatim iussit siue postea ratum habuerit.
non tamen hoc intelligendum est, si pro eis intercesseri[*n*]t ut extra-
nei: tunc ex intercessione et de peculio tenentur.

XXIX. PER QVAS PERSONAS NOBIS ACQVIRITVR.

1 Qualiter nomine supradictarum personarum honeramur, dictum
est. nunc autem quomodo nomine earum lucro affitiamur, uidendum
2 est. et ideo 'per quas personas nobis adquiritur' apponit. Quęruntur
3 nobis per alios tum ea quę facti sunt tum ea quę iuris sunt. Ea
enim quę facti sunt quęri nobis possunt per quemlibet licet extra-
neum, ueluti possessio, item interpellatio, seu denuntiatio, nec non
deprehensio: factum enim illorum nostrum uidetur. et ideo eo in-
gresso in possessionem statim nobis quęsita est, et per eam domi-
nium nobis quęritur, si ab ea separari non possit, ueluti si ille qui
tradidit dominus est. eque interpellando debitorem nostrum perpe-
tuat obligationem. item denuntiando nouum [*opus*] seu prohibendo
interdictum quod ui aut clam nobis adquirit. deprehendendo quoque
furem actionem furti manifesti nobis parat: eo enim ipso negotium
meum gerere uidetur. item pecunia[*m*] uel res quę in quantitate
consistunt dando meo nomine comdictionem certi michi parat: ego
enim breui manu per interpositam personam numerare uideor. et
ideo si aliqua obligatio numerationi accedit, ueluti pignoris datio, ‖
f. 26 c. 4. et hec directo quęritur michi noua lege. set ea quę iuris sunt non
4 possunt quęri per extraneam personam. Per filium item per ser-

5 iusserint *PB* | habuerint *PB* 6 intercesserint *PB* 11 quam personam *B* 13 quemlibet] *PB* quamlibet *T* 18 tradit *P* 19 opus] *PB* 20 interdictum] *om. B* 22 pecuniam] *PB* | res] he res P^1 has res P^2 rem *B* 23 michi] *om. B* 24 breui TP^1 debui *B* longa P^2 26, 27 non possunt] *om. B* 27 filium] uero *add. P*

9. *3—4*: § 1 Inst. quod cum eo IV, 7, L. 1 pr. D. quod iussu XV, 4, L. 5 § 2 C. ad S. C. Mac. IV, 28. *4—5*: L. 1 §§ 1, 3, 6 D. eod. *6—7*: L. 1 § 5 D. eod.

IV, 29. Rubr.: rubr. C. IV, 27. **3.** *12—15*: L. 53 D. de adq. rer. dom. XLI, 1. *15—18*: § 5 Inst. h. t. II, 9. *18—19*: L. 24 § 2 D. de usur. XXII, 1. *19—20*: L. 3 pr. D. quod vi aut clam XLIII, 24. *20—22*: L. 24 § 2 D. cit. *22—26*: L. 9 § 8 D. de reb. cred. XII, 1, **L. 3 C. h. t.** Cf. supra IV, 2 § 2. *26—27*: cit. L. 53 D. XLI, 1. **4.** pr., §§ 1, 3 Inst. h. t.

IV, 29. 3. *22—26*: **Quest. XXIX.**

uum ex omni causa nobis quęritur, siue enim naturaliter, ut tra-
ditione, seu ciuiliter, ut stipulatione, [quę] aliquid adquirant: licet
in filiis distinctio ad*m*ittatur. si enim ex re patris uel occasione
eius quid quęsitum est, in solidum ei quęritur. quod autem aliunde
quęritur, usus fructus patr*i*, proprietas filio reseruatur. set quod
per seruum adquisitum est, totum domini est: nam seruus nichil
suum habere potest. De seruo uero et libero homine bona fide 5
possesso, item de eo in quem usum fructum uel usum habemus:
quicquid ex re *nostra* uel ex operis suis quęrit, id nostrum est,
quod aliunde, domino uel sibi seu proprietario quęrit. Si communis 6
seruus est, pro dominiciṣ partibus unicuique dominorum adquirit,
excepto quod uni nominatim stipulando uel per traditionem acci-
piendo tunc ei soli queritur. si autem unus iussit et alter nomina-
tus [*est*], et causa ad eum qui iussit spectat, tunc ei qui iussit
tantum quęrit, quia iussio preualet nomination*e*. set si causa ad
eum qui iussit non pertinet, preualet nominatio. Quod autem dictum 7
est per liberam personam nichil quęri posse, directo uerum est.
set utiliter per extraneam personam, ueluti per procuratorem, potest
quęri: ueluti si procurator meus iudicatum solui stipulatus fuerit,
michi utilis ex stipulatu datur, directa ei penitus denegata.

AD SENATVS CONSVLTVM MACEDONIANVM. XXX.

Est quidam [cum] contractus de quo nec parentes nec liberi 1
tenentur, neque durante potestate neque ea finita. et [*ideo*] apponit
quęstiones habitas ad senatus consultum Macedonianum interpre-
tandum, corrigendum et supplendum. Senatus precise tantum nume- 2
rata[*m*] pecuniam mutuari filiis familias prohibuit. [*set*] si aliud filio
datum est in fraudem, ueluti frumentum, interpretandum est hoc non

2 quę] quia *B*; *om.* *P* | acquiritur *B* 5 querit *PB* | patri] *PB* patris *T* | reseruetur *P* seruatur *B* 9 nostra] *PB* mea *T* | operibus *B* 10 aliunde] uel *add.* *P* | queritur *B* 10—13 Si — queritur] *om.* *B* 12, 13 accipiendo / Tunc enim soli ei querit *P* 14 est] *P*; *om.* *TB* 15 nominatione] nominationem *T* nominationi *PB* 17—19 uerum esse — quęri] *om.* T^1 18 set utiliter] *PB* similiter *T* | per procuratorem] propter curatorem *B* 20 denegata] TP^1B denegando P^2 22 cum] *om.* *PB* 23 ideo] *P*; *om.* *TB* 25, 26 numeratam] *PB* 26 filiis] filio *P* | set] *PB* | filio] familias *add.* *PB* 27 interpretandum est] interpretantur *P* interpretatur *B*

5. § 4 Inst. h. t., L. 14 pr. D. de usu et hab. VII, 8. **6.** § 3 Inst. de stip. serv. III, 17, L. 2 C. h. t. **7.** L. 27 § 1, L. 28 D. de proc. III, 3. Cf. supra II, 7 § 11.

IV, 30. Rubr.: rubr. C. IV, 28. Cf. supra Prol. § 5. **1.** § 7 Inst. quod cum eo IV, 7. **2.** *25—1*: L. 7 § 3 D. h. t. XIV, 6.

f. 27 c. 1. ualere. item de naturali mutuo ‖ tantum intelligendum est, non
3 etiam de ciuili quod *fit* per stipulationem. Corrigendum: ut cum senatus omni modo filiis mutuari prohibuit, Constitutiones in quibusdam casibus hoc permittunt, ueluti si publice sui iuris uidebatur, uel si se sui iuris affirmauit et creditor non uana simplicitate deceptus sit, item si mutuauit filio familias alibi degenti causa studiorum, et generaliter in quibus casibus pietas patris non recusaret,
4 uel si pater ratum habuit. Supple[*n*]t: ut cum senatus de filio tantum dixit, extendunt hoc ad nepotes et pronepotes.

XXXI. AD SENATVS CONSVLTVM VELLEIANVM.

1 Subuentum est filiis familias accipientibus pecuniam mutuam per senatus consultum Macedonianum, et hoc odio creditorum. nunc rationabiliter mulieribus intercedentibus uel ali[*en*]am obligationem in se suscipientibus per senatus consultum Velleianum subueniendum
2 est, et hoc earum fauore. Constitutiones quidem quandoque interpretantur senatus consultum, quandoque corrigunt, quandoque addunt.
3 Interpretantur: ueluti cum senatus intercedentibus mulieribus uel res suas pro aliis oblig*antibus* tantum subueniat, principes tamen, etiam si muli*er* ab initio pro alio se ream constituat uel rem suam obliget in fraudem senatus consulti, subueniunt: siue enim mulieres pro aliis intercedant uel res suas obligent, siue alienas obligationes in se transferant per delegationem uel in se nouas suscipiant, auxilio
4 Velleiani iuuantur, si creditor scit eas intercedere. Corrig*unt*: ut cum senatus precise prohibuit eas intercedere, principes in quibusdam casibus hoc permittunt, ueluti cum mulier in rem suam intercedit, ueluti pro suo procuratore uel pro creditore suo uel pro uen-

---

2 fit] *PB* sit *T* | corrigunt *PB* 3 senatus] c. (= consultum) *supra lin. add. P* | omnino *P* | filiis] f. (= familias) *supra lin. add. P* 5 si] ipse *add. P* | se sui iuris] esse *add. PB* 6 degenti] agenti *B* 8 supplent] *PB* 9 et pronepotes] *om. B* 13 alienam] *PB* 15, 16 quandoque — consultum] *om. B* 17 senatus] c. *supra lin. add. P* 18 obligantibus] *PB* obligationibus *T* 19 mulier] *PB* mulieres *T* | constituant *T*[1] 20 obligat *T*[1] 23 Velleiani] s. c. *supra lin. add. P*[2] | Corrigunt] *PB* corrigitur *T* 24 senatus] c. *add. P*[2] 26 uel — suo] *om. P*[a] uel creditore *add. in marg. P*[b]

1—2: L. 3 § 3 D. h. t. **3.** L. 1 pr. D. h. t. ict. L. 2, L. 1, L. 5 pr., L. 7 pr. C. h. t. **4.** L. 6 § 1 C. h. t.

IV, 31. Rubr.: rubr. C. IV, 29. **1.** L. 40 pr. D. de cond. indeb. XII, 6, L. 9 § 4 D. de S. C. Mac. XIV, 6. **3.** *17—18*: L. 2 § 1 D. h. t. XVI, 1, cui ista non congruunt. *18—20*: L. 19 C. h. t., LL. 5, 7 C. h. t. *20—23*: LL. 1, 2, 4, 7, 19 C. h. t. **4.** L. 21 pr. D. h. t., LL. 3, 14 pr. D. h. t., LL. 2, 6 pr. C. h. t.

ditore hereditatis: licet enim prima fronte intercessio uideatur, tamen
re ipsa *suum* negotium mulier gerit. item si pretium pro inter-
cessione accepit, uel si creditorem decipere uoluit, siue pro dote
siue pro libertate intercessit: in omnibus his casibus cessat senatus
consultum. item ‖ si mulier renuntiauit auxilio Vel[*l*]eiani, uel se- *f. 27 c. 2.*
cundo post biennium confessa fuerit. Addunt: ueluti cum prohibent 5
mulierem intercedentem *non aliter* obligari nisi instrumento a tribus
testibus subsignato et publice confecto: si enim alias intercedunt,
ipso iure non tenentur. Quatinus autem mulieri subueniatur uiden- 6
dum est. non solum autem exceptio ei datur, set etiam si soluerit
repeti[*ti*]o competit. item res earum obligatione eximuntur, et hii
qui pro eis intercesserint, siue mandando siue constituendo, similiter
exceptione iuuantur. actio tamen pristina restituitur in priorem
debitorem, uel ex nouo utilis actio in eum pro quo se ab initio
ream constituit datur.

DE NON NVMERATA PECVNIA. XXXII.

De exceptionibus quę ex senatus consulto tum odio creditorum 1
tum fauore earum cum quibus agitur dantur dictum est. quapropter
de ea exceptione quę ex rei æquitate datur uidendum est, id est
de exceptione non numeratę pecunię. Siue enim scripsisti te susce- 2
pisse a me siue per stipulationem promisisti spe numerationis et
numeratio secuta non est, equum est exceptionem non numeratę
pecunię dari, uel incerti condictionem ad condicendam liberationem.

---

2 suum] *PB* siue *T* 6 prohibetur *B* 7 mulier *B* | non aliter] *P* nominaliter *T* aliter (*om.* non) *B* | nisi] in *add. P* 9 ipso iure] *om. B* | tenentur] obligantur *B* 11 repetitio] *PB* receptio T^1 repetio P^2; ei *add. P* 12 intercesserant *B* 13 adiuuantur *P* 14 nouo] iure *add. PB* 17 consultis *P* 18 eorum *P* | quapropter] nunc *add.* P^2 20 pecunię minime numerate *PB* 21 spe] future *add. B*

2—4: L. 23 pr. — § 1c C. h. t., LL. 5, 18 C. h. t., L. 3 § 2, L. 30 pr. D. h. t.; LL. 12, 24 C. h. t. *4—6*: L. 3 pr. C. quando mulier V, 35, Nov. 118 c. 5; L. 22 C. h. t. **5.** L. 23 §§ 2, 3 C. h. t. **6.** *10—11*: LL. 8, 14, 16, 18, 20 C. h. t., L. 25 § 1, L. 30 D. h. t.; L. 40 pr. D. de cond. indeb. XII, 6, L. 9 C. h. t. *11—13*: LL. 5, 7 C. h. t., L. 32 §§ 1, 2 D. h. t.; L. 14 C. h. t., L. 16 § 1 D. h. t., L. 7 § 1 D. de exc. XLIV, 1. *13—15*: L. 8 §§ 7, 9, L. 1 § 2 D. h. t., L. 16 C. h. t.; L. 8 § 14 D. h. t.

IV, 32. Rubr.: rubr. C. IV, 30. **1.** *19—20*: § 2 Inst. de except. IV, 13. **2.** *20—23*: § 2 Inst. cit., LL. 3, 7 C. h. t., L. 4 C. de cond. ex lege IV, 9.

IV, 32. 2. Quest. VII, 10.

ciuilis quidem causa ita demum efficax est ad aliquem obligandum,
si causa naturalis uel precedat [*uel insit*] uel subsequatur. precedit:
ueluti cum numeratio facta fuit et postea in stipulationem uel in
cyrographum ea quantitas redacta sit. *inest*: ueluti cum eo tempore
quo stipulatio contrahitur uel cirographum conficitur numeratio in
continenti facta sit. sequitur causa naturalis: ueluti cum stipulatio
uel cirographum spe numerationis factum sit et postea alio tempore
3 numeratio secuta fuerit. Opposita quidem hac exceptione ille qui
dicit se numerasse compellitur quidem ad numerationis probationem.
hoc ideo quia reus excipiendo negat: qui enim factum negat pro-
batio eius nulla est. set hoc non est perpetuum. in[*tra*] biennium
enim creditor ad probationem compellitur, uel si intra biennium
f. 27 c. 3. exceptio perpetua[*ta*] sit, uel si minor debitor sit. alioquin ‖ biennio
transacto precise debitor compellitur ad solutionem, nisi malit in se
suscipere probationem, quia numeratio numquam intercessit. alias
enim absurdum foret eum condemnari, cum et in hoc casu et doli
seu in factum exceptiones competant, quę perpetuę sunt, et insuper
incerti condictio ad condicendam liberationem perpetuo competit:
cui enim datur actio, multo magis eidem de eadem re exceptio
danda est, ut in Responsis continetur. et quia presumitur tam ex
scriptura quam ex cursu temporis creditor numerasse, ideo post
biennium a probatione exhoneratur. set quia presumptioni adeo
standum est, donec contrarium ostendatur, debitore ergo probante
numerationem non interuenisse perpetuo exceptio admittenda est,
4 ut in comstitutione illa reperitur 'Generaliter sanccimus'. Item si
quis scripsit se suscepisse pecuniam uel aliam rem sibi debitam,
cum non suscepit, infra XXX dies potest opponere exceptionem non
solutę pecunię neque ei redditę. set in quibusdam contractibus

---

2 uel insit] *PB* 3 fuerit *PB* | uel in] in *om. P* 4 inest] *PB* item *T* 6 subsequitur *B* 11 intra] *P* inter *B* 12 enim — biennium] *om. B* 13 perpetuata sit] *P* perpetua sit *T* perpetua fit *B* 15 quia] quod *PB* 17 sunt] sint *P* 18 condictio] uel sine causa *in marg. add.* P^2 | liberationem] TP^1B cirographum P^2 19, 20 cui — continetur] *in marg. add.* T^2; *om.* T^1PB 20 et] *om. B* 21 et ideo *B* 22 a] *om. B* 28 ei] rei *B*; *om. P*

1—8: L. 7 § 2 D. de pact. II, 14. **3.** *8—9*: L. 3 C. h. t. *10—11*: L. 10 C. h. t. *11—13*: LL. 3, 10 C. h. t., L. 14 §§ 4—6 C. h. t., L. 5 pr. C. in qu. caus. in int. rest. II, 40. *13—14*: L. 8 § 2 C. h. t. *18*: L. 7 C. h. t. *19—20*: **L. 1 § 4 in f. D. de superf. XLIII, 18.** *25*: **L. 13 C. h. t.** **4.** *25—28*: L. 14 § 2 C. h. t. *28—2*: L. 14 § 1 C. h. t.

---

3. Cf. Quest. XX, 2.

omnino exceptio non datur, ut in eo qui scripsit se recepisse depositum uel functiones publicas. presumitur enim solutionem creditori factam esse tum [*ex*] scriptura *cum* excursu temporis, *tum* ex scriptura tantum, ut in deposito. set tamen permittitur creditori uel ei qui deposuit, si euidentissime probare uelit solutionem non esse factam uel depositum non esse redditum, repetere quod sibi debetur: iniquum foret enim per scripturam carere proprio debito inspecta ratione etiam supradicta.

DE COMPENSATIONIBVS. XXXIII.

Item compensationes quoque, non solum exceptiones, elidunt 1
intentiones — uel in totum uel pro parte. ideo de his subicit. in
quibus intuendum est, quid sit compensatio, item qualiter a[*d*]mittatur, in quibus actionibus, ex quibus causis. Compensatio quidem 2
est debiti et crediti inter se contributio. æquum quippe est unumquemque debitorem eundemque creditorem remouere suum creditorem, si paratus est compensare. remouentur autem quandoque in totum, quandoque pro parte. in totum: si quantitates pares sint. si autem dispares, ueluti si cum C forte debeas et idem creditor L tibi debeat, pro parte reliqua condemnandus es. equius quippe est non soluere quam solutum repetere, et ideo ex quo ‖ tempore inter se deberi *f. 27 c. 4.*
cepit, cursus usurarum ab utroque latere inhibetur quoad concurrentes quantitates. permittitur autem tibi compensare uel quod ab eo tibi debetur uel quod ipse ei debet pro quo intercessisti. quod autem alii debet, etiam si ille cui debetur uelit ut tibi compensetur, non *es* audiendus. Admittuntur autem omnes compensationes ipso 3
iure, non exceptione, ut antea: statim enim lege hoc faciente, cum quantitates ab utraque parte debentur, admissa est compensatio, et ideo si postea ab altera parte soluatur, non prius debitum petitur quod compensatione sublatum est, sed ut indebitum quod solutum

---

3 ex] *PB* | cum] tum *TPB* | tum] *PB* tunc *T* 7 per] propter *PB* | proprium debitum *B* 8 inspecta] quoque *add. P* 11 subiecit *B* 12 est] *om. B* | 12, 13 admittatur] *PB* 13 et ex *PB* 15 eundemque creditorem] *expunctum in P* 18 cum] tu *add. PB* 19 es] est *P* | equissimum *PB* | non] tam *add.* P^2B 20 debere *P* 21 ceperint *PB* 23, 24 quod autem] TP^1B qui autem P^2 25 es] *PB* est *T* 26 per exceptionem *P* | ut antea] *om. B* 29 sublatum est] postea *add.* P^2 | ut] *om. B*

IV, 33. Rubr.: rubr. C. IV, 31. **2.** *13—14*: L. 1 D. h. t. XVI, 2. *14—19*: L. 2 D. h. t., § 39 Inst. de act. IV, 6. *19—20*: L. 3 D. h. t. *20—22*: L. 11 D. h. t., LL. 4, 5 C. h. t. *22—23*: LL. 4, 5 D. h. t. *23—25*: L. 9 C. h. t., L. 18 § 1 D. h. t. **3.** § 30 Inst. de act. IV, 6, L. 14 pr. C. h. t.; L. 10 § 1 D. h. t.

4 est repetitur. In omnibus actionibus, siue in rem siue in personam, siue bone fidéi siue stricti iuris, compensationes ipso iure admittuntur, excepta actione depositi, in qua, licet quantitas ab utraque parte debeatur, tamen compensatio non admittitur, ei prius restituendo qui prius hoc fieri postulauit, postremo quod alii debetur
5 soluendo. In actionibus quidem delectus non *habetur*, in causis uero seu rebus quę ex actionibus debentur admittenda est differentia. si enim quantitas ex una parte debetur et [*ex*] altera species, compensatio eo inuito cui species debetur non admittitur. item qui possessionem alienam perperam occupant, et si ad extimationem teneantur amissa forte possessione, tamen eo inuito cui debetur compensatio non admittitur.

XXXIV. DE VSVRIS.

1 De actionis imminutione [*h*]actenus dictum est. nunc de eius augmento dicendum est. idcirco de usuris annectit, usure enim principale debitum augent. [*Vsure quidem ab usu nomen sumunt*]: equum quippe est, ut cum pecunia mea usus est, aliquam exinde utilitatem
2 percipere ualeam, que usura appellatur. In usuris spectandum est,
3 qualiter admittantur, item qui earum modus sit. Admittuntur usurę tum in bone fidei contractibus tum in str*i*ctis iuditiis. item aliter in pecunia
4 numerata, aliter in specie. In contractibus bone fidei ueniunt usurę tum
5 ex mora, tum a fructuum perceptione. Mora fit quandoque ex ‖ inter-
f. 28 c. 1. pellatione, ut si creditor uel aliquis nomine eius debitorem interpellauit ut solueret et ille sine causa solutionem renuit, quandoque ex persona, ueluti si minori aliquid debeatur: re enim ipsa, id est sine omni interpellatione, debitor i*n* mora est, et hoc fauore minoris etatis. et hoc euenit non solum in bone fidei iuditiis, set etiam in
6 legatis et fideicommissis, quia et ibi usurę ex mora ueniunt. mora

---

1 omnibus] his *add. B* 2 iuris] fuerint *add.* P^2 3 quantitates *PB* 4 debeantur *PB* | prius] uidelicet *add. PB* 6—8 soluendo — debetur] *om.* T^1 6 habetur] *P* habeatur *B* debetur *T* 7 seu] in *add. PB* | ex] *om. B* 8 et ex] *B* et *T* ex *P* 10 occupauerit *P* occupatur *B* | et] etiam *P* | teneatur *B* 14, 15 dictum — augmento] *om. B* 16 Vsure — sumunt] *PB* 18 ualeam] *om. B* 19 quis *B* 20 in strictis] *PB* instructis *T*; iuris *add.* P^2 21 speciebus *P* 22 a] ex *P* 26 immora *T*

---

4. L. 14 pr., § 1 in f. C. h. t., § 30 Inst. cit., L. 11 C. depos. IV, 34. **5.** *9—12*: L. 14 § 2 C. h. t.

IV, 34. Rubr.: rubr. C. IV, 32. **1.** *16—18*: L. 26 pr. D. de cond. indeb. XII, 6, L. 8 D. in quib. caus. pign. XX, 2. **5.** *22—24*: L. 32 pr. D. h. t. XXII, 1. *24—28*: L. 3 C. in quib. caus. in int. rest. II, 40.

autem quandoque gignit usuras, quandoque perpetuat obligationem, quandoque trahit ad se periculum. usuras gignit: ut supra in bone fidei iuditiis et in legatis et fideicommissis. perpetuat obligationem: ueluti cum species debetur et debitor interpellatus non soluit, cum nullam iustam causam solutionis retinendę habeat: licet enim species interempta sit, obligatio tamen perpetuatur, cum alioquin interitu speciei liberatur. periculum ad se trahit: ut in re suprepta uel ui rapta: fures enim et raptores semper *in* mora sunt, et ideo, si res intereat, eis perit. Vsurę a fructuum perceptione prestantur: ueluti 7 cum emptor ex possessione sibi tradita fructus percepit et pretium nondum solutum est: equum enim est, cum emptor ex re empta utilitatem percepit, ut uenditori pretium cum usuris soluat. Set hec 8 omnia iudicis offitio fatienda sunt: usurę enim in [*bonę*] fidei iuditiis non ex obligatione, set immo iudicis offitio spectato more ciuitatis uel regionis applicantur, ita tamen ut modum a lege impositum non excedant. In strictis iuditiis usurę prestantur, ut in mutua 9 pecunia, tum ex stipulatione, tum ex pacto, ut ex pignoris retentione, cum nominatim pignus pro usuris obstrictum est. set siue ex stipulatione siue ex pacto usure debeantur, semper certę esse debent, et si supra modum licitum promissę sunt cohartantur. si autem usurę illicitę solutę sint, in sorte[*m*] computantur, et si sors iam soluta erat, usurę ut indebitę repetuntur. ex pacto solutę, licet peti non poterant, tamen repeti non possunt, nisi ultra modum illicitę date sunt. In ‖ speciebus fenor*i* datis, ueluti uino oleo frumento, 10 etiam pacto usque ad tantumdem usurę seu addi[*ta*]menta debentur. *f. 28 c. 2.* Vsurarum uero modus spectandus est ex personarum delectu. illustres 11 enim trientes usuras postulare possunt, negotiatores besses usuras, ceteri semisses. in traiectitia pecunia quę periculo creditoris mutuo

4 ueluti] ut *B* 7 liberaretur *P* liberetur *B* 8 immora *T* 9 a] *om. B* 11 solutum est] soluit *P* 13 bonę] *PB* 14, 15 ciuitatis uel] *om. P*[1]; *supra lin. add. P*[2] 16 strictis] iuris *in marg. add. P*[2] | mutua] *T*[1]*PB* mutuata *T*[2] 17 ut ex] scilicet *B* 19 stipulatu *PB* 21 sortem] *PB* 23, 24 illicitę *TB* licitum *P* 24 fenori] *PB* fenore *T* 25 tantumdem] trientem *B* | additamenta *PB* 27 postulare] stipulari *P* | usuras] *om. P* 28 traiecticiam pecuniam *P*[2] | periculo] *TP*[1]*B* pro peculio *P*[2]

6. *2—3*: L. 32 § 2 D. h. t., L. 3 C. cit. ict. L. 8 D. h. t. *3—7*: L. 23 D. de verb. obl. XLV, 1. *7—9*: L. 20 D. de cond. furt. XIII, 1, L. 1 C. de his quae vi II, 19. Cf. supra IV, 6 § 5. **7.** L. 2 C. h. t., L. 13 § 20 D. de act. empti vend. XIX, 1, L. 5 C. eod. IV, 49. **8.** *12—16*: L. 49 § 1 D. eod. XIX, 1, L. 54 pr. D. loc. XIX, 2; L. 1 pr. D. h. t. **9.** *16—18*: LL. 3, 4, 21, 22 C. h. t. *18—22*: L. 26 § 2 in f. — § 4 C. h. t.; L. 18 C. h. t., L. 26 pr. D. de cond. indeb. XII, 6. *22—25*: L. 3 C. h. t. **10.** L. 11, L. 23, L. 26 § 2 C. h. t. **11.** *27—2*: L. 26 § 2 C. h. t.

data est, usque ad centesimas usuras stipulari permissum est. idem
est et in speciebus fenori datis. et hoc euenit tum propter periculum, tum propter incerti pretii rationem. item ex causa iudicati
post quadrimest[*r*]e tempus usurę usque ad centesimam exiguntur.
set ultra duplum inter anni tempus usurę nulla occasione exigi
possunt, etiam si pignora pro illicitis usuris obstricta sunt: et hoc
in bone fidei iuditiis seruandum est, quamuis mos regionis aliud
12 postulet. item usurarum usurę nullatenus exigi possunt. noua autem
constitutione inspecta aliud iuris est. qui enim fructus aridos credit,
in anno pro modio octaua*m* par*tem* modii exigere potest, si pecunia, pro solido siliquam unam.

XXXV. DE DEPOSITO.

1 Superius de contractibus qui re contrahuntur [*pro*]posuit, ex quibus incertę actiones nascuntur, ut de commodato et de pignore. nunc
rationabiliter de deposito, quod dantis gratia tantum interuenit, sup-
2 ponit, licet quędam alia ratione certa interseruit. Depositum quidem
est quod causa custodię alicui datum est. ex quo contractu directa
3 et contraria *actio* oritur. Directa competit ei qui deposuit uel eius
heredi. in eum competit qui depositum suscepit uel in heredem
4 eius. Venit autem in hac actione restitutio rei depositę et quod rei
depositę accessit, ut partus ancillę et equulus qui comitabatur iumentum depositum. item dolus et lata culpa, quę dolo comparatur.
f 28 c. 3. periculum item leuis culpa non prestatur nisi ex pacto speciali. ‖ set
si hoc actum est, ne dolus malus prestetur, hoc pactum non admittitur.
5 sunt [*quidem*] quedam species depositi ex quibus in duplum agitur,
si ille qui accepit negauerit, ueluti si quis causa incendii tumultus

---

5 intra *B* 6 etiam] et *B* | hoc] etiam *add. B* 8 nullatenus] nulla arte *PB* 10 octauam partem] *PB* octaua pars *T* 10, 11 pecunia] *TPB* 12 Depositi *B* 13 proposuit] *PB* 15 deposito] quod et ipsum re contrahitur *add. P*²*B* 16 quędam] quadam *P* 18 actio] *PB* a contrario *T* 25 quidem] *PB* 26 accepit] hoc *add. B*

2—3: L. 1 C. de naut. faen. IV, 33, L. 23 C. h. t. *3—4*: L. 2 C. de usur. rei iud. VII, 54. *5—8*: L. 27 §§ 1, 2, L. 26 § 3 C. h. t.; L. 28 C. h. t. **12. Nov. 34 c. 1** (Auth. Ad haec ad L. 16 C. h. t.).

IV, 35. Rubr.: rubr. C. IV, 34. **1.** *15*: L. 5 § 2 D. comm. XIII, 6. **2.** *16—17*: L. 1 pr. D. h. t. XVI, 3. **4.** *20—22*: § 3 Inst. quib. mod. re contr. obl. III, 14; L. 1 § 24 D. h. t. ict. L. 5 § 9 D. comm. XIII, 6. *22*: L. 5 § 2 D. eod. XIII, 6, L. 1 C. h. t., L. 32 D. h. t. ict. L. 1 § 1 D. si mensor XI, 6. *23*: L. 1 C. h. t., L. 1 §§ 6, 35 D. h. t. *23—24*: L. 1 § 7 D. h. t. **5.** L. 1 §§ 1—4 D. h. t. ict. § 26 Inst. de act. IV, 6.

naufragii et cetera deposuerit: est enim equissimum, ut qui ex causis
supradictis imminente periculo depositum accepit, si ad inficiationem
peruenerit, in duplum condemnari. Cum hoc iuditium bone fidei 6
sit, iudicis offitium late patet, et ideo rem depositam et quod ei
accessit restitu*i* faciet. et si pecunia deposita usus est uel i*n* mora
est, cum interpellatus non reddidit, etiam in usuris condemnare
debet eum. Contraria depositi competit ei qui depositum suscepit 7
uel eius heredi in eum qui deposuit uel heredem eius. in hac
actione calculus uertitur, ueluti si *quid* in re deposita impensum est,
forte in seruorum cibaria, uel si quod damnum propter rem depo-
sitam passus sit, ueluti si seruus depositus aliquid ei subripuit. hec
omnia offitio iudicis etiam cum usuris prestanda sunt. Cum autem 8
personales sint, perpetuę sunt.

DE MANDAT*O*. XXXVI.

De his contractibus qui re contrahuntur dictum est. nunc de 1
his qui consensu solo perfitiuntur uidendum est. set quia depositum
semper est gratuitum, ideo mandatum rationabiliter ei adicitur, quod
offitium similiter est gratuitum. Mandatum quidem [*est*] quasi manu 2
datum, uidelicet cum id tuis manibus faciendum committo quod per
me confitiendum erat. quo suscepto, uel cito consumandum est uel
tempestiue renuntiandum. Hec accio directa competit mandatori uel 3
eius heredi contra eum qui mandatum suscepit uel heredem eius.
in hac autem actione uenit, si quid ex mandatis negotiis apud eum
residet, ueluti si mandato tuo rem tuam uendidit et pretium habet
apud se, uel si rem aliquam te mandante emit quę res apud eum
est, — uel si gesserit non ut oportuit, ‖ siue dolo malo siue culpa *f. 28 c. 4.*
aliquid fecit. culpam dicimus latam et leuem. uim maiorem et
casum fortuitum non prestat nisi ex speciali conuentione. offitio

---

1 et cetera] et c̄. *P*[1]; *expunxit P*[2]. *Cf. L. 1 § 1 D. XVI, 3.* 5 restitui] *PB* restituere *T* | immora *T* 7, 8 qui — eum] *om. T*[1] 8 uel] in *add. P* 9 quid] *P* quis *T* quidem *B* 10 cibariis *PB* 14 De mandato] *P* De mandatis *T* Mandati *B* 17 ideo] post depositum *add. P* | mandatum] post depositum *add. B* 18 est] *PB* 24 si] ex *add. PB* | tuo] *om. P* 26 gessit *PB* 27 aliquid] aliqua *B*

---

6. *5—7*: LL. 2—4 C. h. t. **7.** *8—11*: L. 23 D. h. t., L. 62 § 5 D. de furt. XLVII, 2. *12* „cum usuris": L. 18 C. de neg. gest. II, 18.

IV, 36. Rubr.: rubr. C. IV, 35. **1.** *17—18*: L. 1 § 4 D. h. t. XVII, 1, § 13 Inst. h. t. III, 26. **2.** *18—19*: Isid. Orig. V, 24 § 20. *20—21*: § 11 Inst. h. t. **3.** *23—26*: L. 20 pr. D. h. t., L. 8 § 10 D. h. t. *26—28*: L. 2 D. de neg. gest. III, 5 („quidquid vel non ut oportuit gessit"), L. 23 D. de reg. iur. L, 17, LL. 11, 13 C. h. t. ict. L. 1 C. depos. IV, 34.

iudicis comtinetur etiam, ut usuras ex pecunia quam ex mandato habet restitui iubeat, siue pecunia usus est, siue alii mutuauit et
4 usuras ab eo percepit, siue in mora fuit. Contraria mandati competit ei qui mandatum suscepit uel eius heredi in eum qui mandauit uel in heredem eius. uenit autem in hac actione quod ei abest uel abfuturum est propter mandatum. abest quod iam soluit pro eo, abfuturum est, si *propter* mandatum obligatus est. item si quod damnum ab eo passus est, et hoc resartiendum est. et etiam usurę iudicis offitio prestantur, siue mutuatus ab alio sub usuris pro eo soluit, siue solitus erat usuras accipere, siue mandator in ea reddenda moram fecit. si autem salarium promissum est, non hac actione petitur set extra ordinem, si certum fuerit: alioquin si incertum,
5 nullo modo petitur. Cum uero utreque personales sunt, perpetuo dantur.

XXXVII. PRO SOCIO.

1 Non solum mandatum set etiam societas consensu contrahitur. in qua unusquisque sustinet et mandatoris partem et eius qui suscepit mandatum: gerunt enim negotium partim proprium partim alienum, et ideo ab unoquoque ea exiguntur quę a mandatore et
2 gestore exigi solent. Societas quidem est quasi quoddam ius fraternitatis: fratres enim tum omnia tum quędam sepissime inter se sortiri et conferre solent. in societatem enim semper collatio pecunię
3 uel operis desideratur. Qualiter autem societas contrahatur, et retineatur, seu dissoluatur, spectandum est, et quę actiones exinde
4 nascuntur. Consensu contrahitur, siue omnium bonorum siue alicuius rei, et hoc siue ad tempus siue in perpetuum, id est quoad uiuunt, inita sit, dum tamen ne dolo seu donationis causa fiat. retinetur

---

3 accepit *PB* 4 mandatum — qui] *om. B* 5 quod ei] *om. B* 7 propter] *PB* per *T* 8 ab] ex *B* 11 salarium] ei *add. P* 12 fuit *PB* 13 sunt] sint *P*; *om. B* 15 De contractu et accionibus societatis *P* 16 set] uerum *PB* 18 geritur *P* 19 exiguntur] geruntur *B* 20, 21 fraternitatis] que uel totorum bonorum est uel unius rei *add. PB* 21, 22 fratres — solent] *om. B* 22 societate *PB* 26 rei] contrahatur *add. PB* 27 donationis] dationis *P*

1—3: L. 10 § 3 D. h. t. **4.** *3—4*: L. 12 § 7 D. h. t. *5—7*: cit. L. 2 D. de neg. gest. III, 5 („quidquid eo nomine vel abest ei vel abfuturum est"), LL. 1, 2, 4, 6, 18 C. h. t., L. 45 pr., §§ 2—5 D. h. t. *7—8*: L. 26 §§ 6, 7 D. h. t. *8—11*: L. 12 § 9 D. h. t. *11—13*: L. 1 C. h. t., L. 7 D. h. t.

IV, 37. Rubr.: rubr. C. IV, 37. **2.** *20—22*: L. 63 pr. in f. D. h. t. XVII, 2; L. 52 § 6 D. h. t. *22—23*: L. 1 C. h. t. **4.** *25—27*: pr. Inst. de consensu obl. III, 22 ict. pr. Inst. h. t. III, 25, L. 1 pr. D. h. t.; L. 3 § 3, L. 5 § 1 in f. D. h. t. *27—2*: L. 5 C. h. t., § 4 Inst. h. t.

quoque consensu: nam ‖ adeo societas durat, donec comsensus par- *f. 29 c. 1.*
tium integer perseuerat. dissoluitur consensu, item morte, publica-
tione. consensu: ueluti renuntiatione, nemo enim inuitus in soci[*e*]-
tate detineri compellitur. si autem iusta causa renuntiationis inter-
ueniat, sine poena hoc fieri potest. alioquin cum poena, ueluti si
in hoc renuntiauit sotietati, ut hereditate ei obu[*en*]iente solus lucrum
faceret. compellitur enim lucrum communicare, [*dampnum autem
non communicabit: is autem cui renuntiatum est, si quod lucrum
acciderit ei post renuntiationem, non communicabit, dampnum
communicabit*]. item si ante tempus renuntiauit, tenetur in id quod
interest. Ex hoc contractu pro sotio accio nascitur, quę ab utraque 5
parte directa est. hec accio sotio uel heredi eius competit aduersus
sotium uel heredem eius. In hoc iuditio imprimis uenit, ut ea 6
quę[que] inter eos comuen*erunt* seruentur. si de partibus nichil
conuenit, æquales partes sunt in lucro et in damno. facta autem
conuentione partium omnimodo seruanda est, etsi dispares sint, nisi
comuentio leonina *sit*. item dolus et culpa lata et leuis uenit. et
si unus ex sotietate aliquid perceperit, hoc iuditio prestare debet.
item si unus aliquid impendit in sotietate uel [h]abest ei propter
sotietatem, hac actione resartiendum est. lucrum uero hoc iuditio
communicandum est, et etiam incommoda communicanda sunt. Iudicis 7
offitium, cum in hoc iuditio exuberans fides desideretur, latissime
porrigitur. ideoque utrosque ad collationem compellet et ad lucra
communicanda et ad dampna resartienda. et si unus ex sotiis pecu-
nia communi usus est uel i*n* mora fuit, ad usuras prestandas eum
coget. item si sub condi*t*ione aliquid sotietati debetur, cautionibus

---

4 compellitur] uoluntarius enim semper est iste contractus et necessarius *add. P* 6 hereditatem *PB* | ei] sibi P^2 | obuenientem *P* 6, 7 lucrifaceret *PB* 7 enim] *om. B*; hoc *add. P* 7—10 dampnum — communicabit] *PB* 8 quod] quid ei *B* 9 acciderit] P^2B accedit P^1 | ei] *om. B* 12 uel] et *B* 14 quę] *PB* | comuenerunt] *PB* comuenit *T* 17 sit *PB* fit *T* 18 percepit *PB* 19 aliquod *P* 20 uero] et incommodum *add. B* 21 communicandum — incommoda] *om. B* | etiam] *om. P* 23 porrigitur] patet *B* 24 sarcienda *B* 25 inmora *T* 26 condictione *T*

2—3: L. 4 § 1 D. h. t., §§ 4, 5, 7 Inst. h. t. *3—4*: L. 63 § 10 in f. D. h. t. *4—5*: LL. 14—16 pr., L. 65 § 6 in f. D. h. t. *5—10*: § 4 Inst. h. t., L. 65 § 3 D. h. t. *10—11*: L. 65 §§ 5, 6 D. h. t. **6.** *13—14*: L. 6 in f. C. h. t. *14—17*: § 1 Inst. h. t., L. 29 § 2 D. h. t. *17*: L. 52 §§ 2, 3 D. h. t., § 9 Inst. h. t. *17—18*: L. 38 § 1, L. 60 pr. D. h. t *19—20*: L. 52 § 15, L. 67 § 2 D. h. t., L. 52 § 4, L. 60 § 1, L. 61 D. h. t. *20—21*: L. 52 § 4 in f. D. h. t. **7.** *21—23*: L. 3 C. h. t. *23*. „ad collationem": L. 52 § 16 D. h. t. *24—26*: L. 1 § 1, L. 32 § 2 D. de usur. XXII, 1, L. 60 pr. D. h. t. *26—1*: L. 27 D. h. t.

interpositis rem expediet. et cum sotius non debeat condemnari
sotio nisi in id quod facere potest, de reliquo per cautionem similiter
rem explicare debet. item ad offitium eius spectat, ut dolus et
8 neglegentia ab utraque parte commissa compensentur. Perpetuam
esse hanc actionem nemo dubitat. ‖

XXXVIII. DE CONTRAHENDA E[*M*]PTIONE ET VENDITIONE.

1 Emptio quoque item uenditio consensu contrahitur. ex qua
f. 29 c. 2. causa dominium non pro parte, ut in societate, set in solidum trans-
fertur, si ille qui tradidit dominus est. in quo contractu, quia fre-
quentissimus est, quedam specialia, quedam omnium contractuum
communia spectanda sunt. hic enim intuendum est, qualiter emptio
2 contrahatur. Contrahitur enim solo consensu habita pretii conuen-
tione, nisi emptio in scriptis contrahatur: tunc enim necesse est, ut
scriptura completa et in mundum recepta sit. pretium certum esse
debet et in pecunia numerata, et hoc siue emptio pura siue con-
ditionalis sit, item siue proprio arbitrio siue alieno pretium diffinitum
sit: alioquin sine pretio nulla est emptio. item rei proprie non con-
trahitur emptio nisi respectu possessionis, uel eius rei que non est:
si autem futura est, ut partus ancillę et fructus futuri, recte emuntur.
3 et hec sunt propria. Si res alibi constitute sunt, emptio contrahi
potest, si personę heę sint quę consentire poss*unt*: nam furiosi et
quorum consensus nullus est uel semiplenus contrahere prohibentur.

XXXIX. DE HEREDITATE VEL ACTIONE VENDITA.

1 De contractibus tractatum est. nunc de rebus quę in con-
tractibus uertuntur dicendum est. distrahi enim possunt non solum
res corporales set etiam incorporales, ut hereditas uel actiones, ideoque
2 'de hereditate uel actione uendita' supponit. Cum hereditas distra-
hitur, ille qui uendit heredem se *fore prestare* debet, non etiam se

---

1 expositis *B* 2 relicto *B* 4 compensetur *P* 9 tradidit] *TP*[1]*B* tradit *P*[2] 12 enim] *om. B* 18 eius] proprie *in marg. add. P*[2] 21 sunt *B* | possunt] *PB* possint *T* 24 tractandum *B* 25 enim] quidem *P* 26 uel] et *PB* 28 uendidit *P* | fore prestare] *PB* forte putare *T*

1—3: L. 63 pr., § 4 D. h. t. *3—4*: L. 10 pr. D. de comp. XVI, 2.
IV, 38. Rubr.: rubr. C. IV, 38. **1.** pr. Inst. de cons. obl. III, 22; L. 11 § 2 D. de act. empti vend. XIX, 1. **2.** *12—14*: pr. Inst. h. t. III, 23. V. supra IV, 21 § 7. *14—17*: §§ 1, 2 Inst. h. t. *17—19*: L. 16 pr., L. 34 § 4 D. h. t. XVIII, 1; L. 15 pr. D. h. t.; L. 8 pr. D. h. t. **3.** LL. 1, 2 C. h. t.
IV, 39. Rubr.: rubr. C. IV, 39.

dominum esse rerum hereditariarum. ideoque si uniuersitas euicta est, *e*uictio prestanda est, in rebus singulis euictio non prestatur, nisi specia‖liter promissa sit. commoda uero et incommoda ad emp- *f. 29 c. 3.* torem pertinent, quia in hereditate lucrum et damnum continetur. et ideo per cautiones res inter eos expediri solet, ut heres, quicquid ex hereditate ad se peruenerit, hoc emptori prestet, si quid uero incommodi sustinuerit, hoc ab emptore ei prestetur. uenditor enim adhuc heres permanet et ideo creditoribus et legatariis et libertate donatis satis facere cogitur, et quicquid ex hac causa impenditur, uel ex uendito uel negotiorum gestorum ab emptore exigere potest. acciones hereditarie emptori directo competunt, si mandate sunt, eo effecto procuratore in rem suam. his non mandatis utiles dantur. Actionis uenditor prestare debet se creditorem esse, et quidem sine **3** exceptione, non ut etiam soluendo sit, nisi et hoc nominatim dictum sit. mandatis emptori actionibus experiri potest directo: alioquin utiles dantur. et hoc uerum est, siue in rem siue in personam sint. si autem pignora pro his obstricta fuerint, et eorum persecutio utiliter dabitur emptori.

QVĘ RES NON POSSVNT VENDI, ET QVI VENDERE VETANTVR. **XL.**

Sunt uero res quę ratione certa uenire non possunt, et sunt **1** personę que uendere uel emere uetantur: ut uestimenta imperialia et frumentum quod militibus tribuitur. item arma militibus necessaria barbaris nulla *ratione* sunt distrahenda uel alias prebenda, quia comuenit eos telis indigere, ne ualidiores effitiantur. e[*u*]nuchi

2 æuictio *T* 6 peruenit *B* 7 sustinuit *P* 7, 8 hoc — heres] *om.* P^1; hoc ab emptore ei prestetur. is enim adhuc uenditor *in marg.* P^2 9 et] ideo *add.* *PB* | hac] *om.* *B* 10 exigi *B* 14 et hoc] *om.* T^1 19, 20 Que res possunt emi et qui uendere uel emere uetantur *P* Que res uenire possunt et que uendi uel emi uetantur *B* 24 ratione] *PB* idem *T* | alias] TP^1B aliis P^2

2. *1—3*: L. 13 D. h. t. XVIII, 4, L. 1 C. de evict. VIII, 44. *3—4*: L. 2 § 9 D. h. t. *5—7*: L. 2 pr., L. 21 D. h. t., L. 2 C. h. t. ict. § 6 Inst. de fideic. hered. II, 23 („si vero totam hereditatem restituerit, emptae et venditae hereditatis stipulationes interponebantur"), L. 37 pr. D. de pec. XV, 1. *7—10*: L. 2 C. h. t., L. 2 §§ 11, 16, 17 D. h. t. *11—12*: L. 5 C. h. t. **3.** *13—15*: LL. 4, 5 D. h. t. *15—16*: LL. 7—9 C. h. t. *16—18*: LL. 6, 23 pr. D. h. t., LL. 6, 7 C. de obl. et act. IV, 10. Cf. supra IV, 10 § 10.

IV, 40. Rubr.: rubr. C. IV, 40. **1.** *22—23*: LL. 1—4 C. h. t. *23—3*: L. 2 C. quae res exportari IV, 41, LL. 1, 2 C. de eunuchis IV, 42.

quoque in imperio Romano fatiendi non sunt nec distrahendi. si uero a barbaris facti sunt, uendi et emi possunt. hęc omnia si
2 facta sunt contra interdictum, multis pęnis puniuntur. Item ea quę in bonis nostris non sunt, ueluti liberi nostri, distrahi non possunt, nisi pater ea inopia constrictus sit, ut se alere non possit: tunc enim causa uictus liberos distrahere possunt. si tamen pretium ab eo uel ab alio reddatur, in pristinam causam restituitur. alioquin ‖
f. 29 c. 4. emptor interim habet facultatem retinendi seruitium eius.

XLI. DE RESCINDENDA VENDITIONE.

1 Contracta uenditione ratione certa euenit, ut altera parte nolente res[c]indatur. siue enim metu, siue dolo contracta sit, siue intollerabilis deceptio re ipsa insit, siue pactum impletum non sit, uen-
2 ditio res[c]ind*i*tur. item propter ius ciuile res[c]inditur. Propter metum: ueluti si metus mortis aut cruciatus corporis uel illud quod pro eodem habetur intercessit: tunc enim proposita quod metus causa accio[*ne*] reuocatur res metu ablata ab omni posses[*s*]ore, tamen
3 pretio restituto. Si dolo facta sit et dolus dedit causam contractui, res[c]inditur, ueluti cum alias uenditurus non erat. si autem incidenter, offitio iudicis purgari debet deceptio, etiam si unius nummi sit. set aduersus eum tantum agitur qui dolo fecit, non etiam contra eum qui possidet: cum enim dominus fuit, dominium transferre potuit. set hoc quęritur, quare dominium transferatur, cum uenditio dolo *i*nita nulla sit. tamen hoc ideo euenit, quia putauit se obligatum esse, ut indebito soluto: transfertur enim et ibi dominium,
4 quia se debere putauit. Propter intollerabilem deceptionem res[c]inditur: ueluti si minus dimidia iusti pretii distracta sit: tunc enim offitio iudicis res[c]inditur uel quod deest iusto pretio restituitur,

---

1 quoque] nec fatiendi *add. P* nec *add. B* | in] *om. B* | fatiendi] *om. P* | non] *om. PB* | nec distrahendi] *om.* T^1 2—4 hęc — possunt] *om.* T^1 3 multis] diuersisque *add. PB* 5 ea] in ea *PB* | constitutus *P* 6, 7 si — restituitur] ita tamen ut quoquo tempore pater uel ipse qui distractus est uel alius pro eo offerat mancipium uel precium quod potest ualere, restituatur in pristinam causam *PB* 8 habeat *P* | optinendi *PB* 10 nolente] *om. B* 11 siue dolo] *om. B* 13 rescinditur] *P* resindatur *TB* 16 accione] *PB* 22 hoc] hic *P* 23 inita] *PB* unita *T* | uenit *B*

---

2. LL. 1, 2 C. de patr. qui filios IV, 43.
IV, 41. Rubr.: rubr. C. IV, 44. **2.** LL. 1, 8 C. h. t., L. 3 C. de his quae vi II, 19. Cf. supra II, 10 §§ 2, 4. **3.** *17—18*: L. 7 pr. in f. D. de dolo IV, 3, L. 5 pr., L. 8 C. h. t. Cf. supra IV, 10 § 5 in f. *18—20*: L. 13 § 4 D. de act. empti vend. XIX, 1. *20—21*: L. 10 C. h. t. **4.** L. 2, L. 8 in f. C. h. t.

electione uidelicet emptori concessa. Propter comuentionem: ueluti 5
si res certa lege distracta sit alias non uenditurus. tunc enim conditione non impleta res[*c*]inditur: alioquin in id quod interest agitur.
Ratione ciuili res[*c*]inditur: ueluti cum res alterius ab offitialibus 6
nomine fisci distrahitur non recte subastata nec iusto pretio set gratiose uendita. item si hii qui negotia publica gerebant furtim res proprias dist*ra*xerint: tunc uenditio res[*c*]inditur pretio non restituto. palatini quoque ‖ si rem emerint a priuatis, rem restituere debent *f. 30 c. 1.*
pretio amisso.

QVANDO LICET AB EMPTIONE DISCEDERE. XLII.

Resoluitur uenditio etiam utraque parte uolente. si res integra uel secuta non sit, solo consensu, [*quia quęcumque consensu contrahuntur contrario consensu*] *dis*soluuntur. alioquin re tradita uel pretio soluto etiam pro parte non res[*c*]indit emptionem solus consensus, nisi actus similis prioris interueniat. set si arrę datę sunt, ita ut non fiant pretii par*s*, ueluti si anulus arre datus sit, sine causa repetitur. alioquin si [*ut*] par*s* pretii datę sunt, non resoluitur solo consensu, nisi factum simile prioris intercedat.

SI OB PVPLICAS PENSITATIONES VENDIDERIT. XLIII.

Venditiones factę ob tributorum cessationes ita demum ratę 1
sunt, si auctoritate presidis precedente interueniente subastatione et iusto pretio, cessante omni gratia, facte sunt. alioquin rescinditur presente emptore. Item si predia uendita uel alias data sint, sine 2
censu et reliquis non possunt distrahi, etiam si emptor et uenditor in contrarium pacti sunt, quia omnes pro his agris quos possident

---

2 uenditurus] TP^2 uenditur P^1 uenditus *B* 6 negotia] munera *PB* 7 distraxerint] *PB* distincxerint *T* 10 recedere *P* 11, 12 si res secuta uel integra non sit *P* si res secuta non sit uel integra *B* 12, 13 quia — contrario consensu] *PB* 12 quęcumque] *P* ea que *B* 13 dissoluuntur *PB* absoluuntur *T* 14 emptionem] TP^1B actionem P^2 15 interueniat] retro agens uenditionem *add. P* 16 pars] *PB* | partem *T* | arre] nomine *add. P* 17 ut] *PB* | pars] *PB* partes *T* 18 prioris] posterioris *B* 19 Si publicas possessiones liceat uendi *P* Si propter puplicas pensitationes uen. ce. (= uenditio celebrata) fuerit *B* 22 rescinduntur *P* 23 alias] aliter T^1

---

5. L. 6 C. de pact. int. empt. IV, 54, L. 14 C. h. t. **6.** *4—6*: L. 16 C. h. t. *6—7*: L. 17 C. h. t. ict. L. 5 C. qui bon. ced. VII, 71. *8—9*: L. 18 C. h. t.

IV, 42. Rubr.: rubr. C. IV, 45. LL. 1, 2 C. h. t.

IV, 43. Rubr.: rubr. C. IV, 46. **1.** LL. 2, 3 C. h. t. **2.** LL. 2, 3 C. sine censu vel rel. IV, 47.

sciant se prestare solitam pensitationem nec contrariis pactionibus adiuuentur.

XLIV. DE PERICVLO ET COMMODO REI VENDITĘ.

1 Inito contractu emptionis et uenditionis ad quem commodum
2 seu periculum spectat, uidendum est. Perfecta quidem uenditione
habita pretii comuentione, si species distracta est conditione non
adiecta, periculum statim ad emptorem spectat, cum nichil est quod
uenditori imputari possit. item econtra commodum ad eum pertinet,
si res melior effecta sit: ubi enim periculum est, ibi et commodum
f. 30 c. 2. collocandum est. sin autem con‖ditionalis est, periculum ad uendi-
3 torem pertinet. Set si quantitas distracta est, ueluti uino oleo frumento et cetera quę in quantitate consistunt, nondum emptio perfecta est quantum ad periculum, nisi admetiatur seu pendatur uel adnumeretur siue etiam degustetur. gustus tamen etiam ad hoc proficit, ut liceat probare uel improbare uenditionem. ea probata si emptor in mora est quominus recipiat, licet uenditori uel per corbem effundere u[*i*]num, postquam uasa fuerint necessaria, uel mercedes uasorum accipere, quod magis laudandum est. si uero emptor dolo uenditoris *in* mora sit, hoc ei non obest. si autem quantitas ut species distracta sit, idem dicimus de periculo quod in certis rebus dictum est. generaliter enim traditum est, quotiens emptio pura est, periculum emptoris esse, nisi res ex priori uitio interempta sit, uel si uenditor non suscepit in se periculum ex pacto speciali.

XLV. DE ACTIONIBVS EMPTI ET VENDITI. ℞.

1 Emptione quidem contracta quę actiones exinde proficiscantur,
2 uidendum est. Duę personę sunt: una emptoris altera uenditoris.

---

1 prestare] debere *in marg. add.* P^2 | pensitationem] TP^1 pensionem P^2B 5 spectet P | uenditione] T^1PB uenditio est T^2 9 commodum] lucrum PB 12, 13 facta B 13 pendatur] TP^1B appendatur P^2 15 uenditionem] TP^1B uenditorem P^2 16 uel] *om.* P^1 17 uinum] PB | mercedem B 19 immora T 21 traditum] dictum B 26 spectandum PB | alia P

IV, 44. Rubr.: rubr. C. IV, 48. **2.** *5—10*: § 3 Inst. de empt. III, 23, LL. 1, 4—6 C. h. t. *10—11*: L. 8 pr. D. h. t. XVIII, 6, L. 10 § 5 D. de iure dot. XXIII, 3 ict. L. 35 § 5 in f. D. de contr. empt. XVIII, 1, L. 2 pr., L. 5 C. h. t., L. 5 D. h. t., L. 35 § 7 D. de contr. empt. XVIII, 1. **3.** *11—14*: L. 35 § 5 D. cit., L. 2 pr., § 2 C. h. t., L. 1 pr. D. h. t. *14—15*: L. 34 § 4 D. de contr. empt. XVIII, 1. *15—18*: L. 1 §§ 4, 5 D. h. t. *18—19*: L. 5 D. h. t. *19—21*: L. 35 §§ 5, 6 D. de cont. empt. XVIII, 1, L. 2 § 2 C. h. t., L. 4 § 1 D. h. t. *21—23*: L. 7 pr. D. h. t. ict. L. 6 C. h. t., L. 1 pr. D. h. t.

IV, 45. Rubr.: rubr. C. IV, 49.

item duo pacta sunt: unum de re emenda pro pretio dando, alterum
de pretio accipiendo pro re distracta. et quemadmodum personę et
pacta diuersă sunt, ita acciones diuersę sunt: una ex empto, altera
ex uendito. Accio quidem ex empto competit emptori uel eius 3
heredi in uenditorem uel eius heredem. Venit in hac actione im- 4
primis traditio ipsius rei, licet non precise: eo tamen non tradente
in id quod interest condemnatur. item si quid specialiter comuenit,
et hoc prestandum est. accessiones et damna data in re uendita
dolo seu culpa uenditoris prestanda sunt. item quędam ueniunt quę
neque dicta neque cogitata sunt inter contrahentes, ut ap[*p*]enditia
et ea quę ins*er*ta et inclusa sunt ediffitio. in animalibus quoque
morbum et uitium pre‖standum est, item esse ut oportet, bibere ut *f. 30 c. 3.*
oportet, et quędam abesse, ut furem, fugitiuum erronemque non esse
noxa quoque solutum esse. et certa alia prestanda sunt, nisi ex
pacto speciali remissa sint, ut tamen pactum ambiguum uenditori
obsit. item de eo quod circa rem uenditam adesse uel abesse asse-
uerauerit tenetur, licet differenter: sciens enim de omnibus detrimentis
tenetur, ignorans quanto minoris empturus esset, si emptor scisset.
Offitio iudicis ea omnia quę supra dicta sunt prestantur et quedam 5
alia, ueluti ut de euictione caueatur, et ut seruitutes impositę remit-
tantur, cum imponi non debeant. Ex uendito competit uenditori uel 6
eius heredi contra emptorem uel heredem eius. Imprimis ex natura 7
contractus pretium uenit, et si quid nominatim dictum est accedere
pretio. ex natura actionis quedam ueniunt quę cogitata non sunt,
ut *ruta* cęsa et fructus qui ante uenditionem percepti erant, ut

---

5 uel] iu *add. PB* 11 et ea] et *om. B* | insorta *PB* insita *T* | in *om. B* 12 morbum] *TB* moribus P^1 morbus P^2 | ut oportet] *om. P* 14 certa] cetera *P* 15 pactum] *om.* T^1 16, 17 asseuerauit P^1 assuouerat P^2 19 ea] et ea *PB* 24 cogitata] cognita *B* 25 ruta] *P* rupta *TB*; et *add. PB* | fructus] si *B*

---

3. L. 11 pr. D. h. t. XIX, 1. **4.** *5—7*: L. 11 § 2 D. h. t.; L. 1 pr. D. h. t., L. 4 C. h. t., L. 17 pr. in f. C. de fide instr. IV, 21. *7—8*: L. 11 § 1 D. h. t. *8—9*: LL. 13, 16 C. h. t., L. 13 § 10 D. h. t.; §§ 3, 3a Inst. de empt. III, 23, L. 23 D. de reg. iur. L, 17, L. 13 § 16 D. h. t. *10—11*: L. 13 § 31 — L. 18 D. h. t. *11—14*: L. 11 §§ 4, 7, 8 D. h. t., L. 14 C. h. t. *15—16*: L. 39 D. de pact. II, 14. *16—18*: L. 13 pr., § 1, § 3 (?) D. h. t. **5.** *20—21*: L. 37 pr., § 1 D. de evict. XXI, 2; L. 8 § 1 D. h. t. **6.** L. 13 § 19 D. h. t. **7.** *22—24*: L. 13 § 20 D. h. t.; L. 79 D. de contr. empt. XVIII, 1, L. 6 § 1, L. 13 § 23, L. 21 § 4 D. h. t. *24—2*: L. 17 § 6 D. h. t.; L. 2 § 2 C. h. t.; L. 13 § 22 D. h. t., L. 16 C. h. t.

IV, 45. 4. *5—7*: **Quest. XXIV, 1, 2.**

emptor eos restituat, cum uenditioni non accesserunt, et de eo quod in rem distractam inpensum est. item ut seruitutes uenditori inponere liceat, cum in uenditione recepit seruitutem. quandoque tantum ad resoluendam uenditionem competit, ex pacto scilicet, ueluti cum contemplatione certę rei fundus distractus est alias non distrac-
8 turus. Iudicis offitium in utraque actione latissime patet, quia et ea quę in contractu et que in actione sunt per eum quoque prestanda sunt. item quę neque in contractu neque in obligatione sunt offitio eius applicantur, ut usurę: et hoc uel ex mora uel ex perceptione fructuum fatiendum est. item si aliqua deceptio interfuit, siue re ipsa siue ex proposito, per offitium eius in melius restituen-
9 dum est. Quin autem perpetuę sint, nullatenus dubitandum est.

XLVI. SI QVIS ALTERI VEL SIBI SVB ALTERIVS NOMINE VEL ALIENA *PECVNIA* EMERIT. ‖

1 Euenit quandoque, ut quis alteri non sibi emat, uel forte sibi
f. 30 c. 4. sub alterius nomine, uel ex aliena pecunia. de quibus omnibus
2 uidendum est quid iuris sit. Generaliter enim traditum est alteri pacisci neminem posse. ergo nec emere alteri potest, et ideo ex contractu nulla nascitur obligatio, quia [*sibi*] cui potuit noluit et alteri cui uoluit non potuit. tamen ille cui prius a domino tradita est possessio, habetur potior in detinendo dominio, licet contractus non
3 legitimus sit. quod et in aliis contractibus iuris est. Cum autem quis sibi emerit, licet sub alterius nomine, nichil sibi preiudicat, siue nomen uxoris siue alterius cuiuslibet instrumento insertum sit, quia
4 plus ualet quod agitur quam quod simulate concipitur. Qui uero ex aliena pecunia comparat, non ei queritur cuius nummi fuere, set ei
5 qui comparauit. Per epistulam item per nuntium, eo prestante ministerium suum, quin emptio contrahatur, dubitari non oportet.

---

1 uenditoni P^1 uenditori P^2 2 re distracta *PB* 3 recepit] recipit *B* reperit P^1 excepit P^2 3, 4 tantum] tamen P^1 enim P^2 5 incerte *B* 5, 6 distractus *B* 6, 7 latissime — actione] *om.* P^1, *in marg. add.* P^2 13 aliena] alterius *B* 14 pecunia] *P* persona *T* p. *B* 16 nomine] *om. B* | ex] *om. P* 17 enim] quidem *PB* 18 ex] eo *B* 19 sibi] P^2B si P^1 | et] *om. P* 19, 20 noluit — potuit] *om. B* 20 prior *P* 25 ualet quod] uere *in marg. add.* P^2 | concipitur] *om.* P^1; concepitur P^2 26 cuius] *om. B* | fuerint *P*

2—3: L. 8 pr. D. h. t. *3—6*: L. 6 C. h. t.; L. 6 C. de pact. int. empt. IV, 54. Cf. supra IV, 41 § 5. **8.** *9—10*: L. 5 C. h. t., L. 13 § 20 D. h. t. Cf. supra IV, 34 § 7. *10—12*: v. supra IV, 41 §§ 3, 4.

IV, 46. Rubr.: rubr. C. IV, 50. **2.** *17—18*: v. supra II, 3 § 9. *18—22*: L. 6 § 3 C. h. t. **3.** L. 6 § 2 C. h. t. **4.** L. 8 C. h. t. **5.** § 2 Inst. de cons. obl. III, 22.

DE REBVS ALIENIS NON ALIENANDIS. XLVII.

Quemadmodum uerum est quod alteri nemo emere potest, nisi 1
ministerium suum tantum prestet, ita uerum est quod alter res alie-
nas nec uendere nec alienare potest, nisi offitio distrahendi hoc
fatiat, ut creditor item tutor cur*at*or nec non etiam procurator.
offitiales quoque iudicis ex iudic*is* preceptione legitima subastatione
interueniente distrahere possunt. si autem quis alias res alienas
uendiderit seu alienauerit, alienatio non tenet, et ideo a possidente
uendicari potest, nisi res usucapta uel prescripta sit: alioquin tunc
et contractum ratum habere deb*et* et ab eo ‖ qui alienauit pretium *f. 31 c. 1.*
negotiorum gestorum actione petendum est. set si ille qui uendidit
dominus postea effectus est, confirmatur alienatio. item si uenditor[*i*]
rei dominus heres extiterit: repellitur enim exceptione. Item alie- 2
natio rei propriȩ quandoque est prohibita lege hoc prohibente, ut in
fundo dotali. item si testator uel contrahentis pactio hoc prohibeat.
In alienationis quidem uerbo continetur non solum dominii trans- 3
latio, sed nec pignoris datio nec manumissio nec usus fructus nec
seruit[*ut*]ium impositio. emphiteosis quoque similiter est prohibita.

DE COMMVNIVM RERVM ALIENATIONE. XLVIII.

Alienatio quoque rei partim propriȩ partim alienȩ eodem modo 1
inhibita est, quantum ad alterius partem attinet. si enim res com-
munis distracta est, pro parte ab eo qui uenditioni non consensit
uendicari potest, nisi usucapio uel prescriptio obstet. cum enim ille
qui emit non ut socius possidet, rationabiliter prescribere et usu-
capere potest: quo facto socius cogitur ratam alienationem habere et

---

4 uendere nec] aliter *add.* P^2B | nisi] ex *add.* *PB* | hoc] id *PB* 5 curator] *PB* coactor T^1 curactor T^2 | etiam] et *PB* 6 iudicis] *PB* iudicium T^1 iudcium T^2 7 alias] alius *P* 10 debet] *PB* deberet *T* 12 uenditori] *PB* 13 enim] TP^1B; *expunxit* P^2 17 sed nec] set etiam *P* set nec etiam *B* | nec] *om.* *P* | nec] *om.* *P* | nec] non *add.* *P* 18 seruitutum *PB* | emphiteosim *B* 20 rei partim] partim *om.* P^1 21, 22 communis] *om.* P^1

IV, 47. Rubr.: rubr. C. IV, 51. **1.** *4—5*: L. 6 C. h. t. *6—7*: LL. 2, 3 C. si propt. publ. pens. IV, 46. Cf. supra IV, 43 § 1. *7—11*: LL. 1, 2, 5 C. h. t. ict. L. 1 C. de comm. rer. alien. IV, 52. *11—13*: L. 3 C. h. t., L. 1 pr., § 1 D. de exc. rei vend. XXI, 3. **2.** pr. Inst. quib. alien. lic. II, 8, L. 7 D. h. t. **3.** L. 7 C. cit.

IV, 48. Rubr.: rubr. C. IV, 52. **1.** *21—1*: L. 1 C. h. t.

IV, 48. 1. *23—25*: **Quest. XXXIV.**

2 pretii partem negotiorum gestorum accione a socio petere. Euenit quandoque ex priuilegio speciali, ut in solidum res communis distrahi possit et socio pretii partem prestari, ueluti si fiscus soliditatem
3 distrahat. *Æ*uicta quidem re quę distracta est, siue in solidum siue pro parte, euictio semper prestanda est, siue promissa fuit siue non, nisi ex speciali pacto remissa fuit: tunc enim pretium restituendum est.

XLIX. REM ALIENAM GERENTIBVS NON INTERDICI.

Videbatur quidem his qui amministrationem alienarum rerum
f. 31 c. 2. gerunt alienationem esse prohibitam, ‖ ut tutoribus et curatoribus et cet., quod non *ad*mittitur. tamen si distrahunt, res cum suo honere transeunt.

L. DE PACTIS INTER EMPTOREM ET VENDITOREM COMPOSITIS. ℞.

1 Sepissime euenire solet, ut in uenditione quedam pacta ex natura contractus interponantur. de quibus specialiter edicit. ex his quidem duo sunt precipua, ut in diem adiectio et lex commissoria.
2 Si autem in continenti inita sunt, id est in ingressu contractus, siue ex parte emptoris siue ex parte uenditoris, et ad agendum prosunt et defendendum: ea uero quę ex interuallo facta sunt, ad exceptionem tantum profitiunt. set ex his agi potest uel prescriptis uerbis ex pacto uel accione ex contractu secundum formam pacti: ueluti si quis uendidit fundum ea lege, ut quandocumque uel intra certum tempus ipse uel heres eius pretium restitueret, fundum reciperet, agi potest uel ex uendito secundum formam conuentionis uel prescriptis
3 uerbis. idem est ex parte emptoris. Generaliter quidem omnes

---

2 res] *om. B* 3 partem] conuenit *add.* P^2 4 æuicta *T* 5 fuerit *PB* 6 fuerit *PB* | pretium] tantum *add. P* 8 interdici] rerum suarum alienationem *add. PB* 11 ammittitur *T* | tamen] ceterum *P* 15, 16 extra naturam *P* 16 edicit] TP^1B hic dicit P^2 20 et defendendum] *om.* T^1; et ad defendendum *P* | uero] autem *B* 21 tantum] inde *B* 23 quandocumque] T^2B quandoque T^1 si quandoque *P* 24 ipse] uel ipse *P* | restitueret] et *add. P* 24—26 agi — uerbis] *om. B* 26 est] et *add. P*

---

2. L. 2 C. h. t. **3.** L. 1 D. de evict. XXI, 2, L. 6 C. eod. VIII, 44, L. 11 § 18 D. de act. empti vend. XIX, 1.

IV, 49. Rubr.: rubr. C. IV, 53. L. un. C. h. t.

IV, 50. Rubr.: rubr. C. IV, 54. **2.** *18—22*: L. 7 § 5 D. de pactis II, 14, L. 72 pr. D. de contr. empt. XVIII, 1. Cf. supra II, 3 § 11. *22—26*: L. 2 C. h. t. **3.** L. 8 C. h. t. Cf. supra II, 3 § 10.

comuentiones initę inter emptorem et uenditorem seruandę sunt, nisi posteriori pacto uitiatę sunt. In diem adiectio tunc *fit*, cum quis 4
uendit pure eo adiecto, ut si intra diem certum melior conditio allata fuerit, ab emptore abeatur et res ad uenditorem redeat, nisi prior emptor malit adicere posteriori adiectioni, quod ei licet. adici autem pretio oportet ita, ut utilitas uenditoris semper spectetur. quo facto emptio quodam modo sub conditione resoluitur. quę conditio ita demum admittenda est, si hoc uenditori placuerit. alioquin licet sequi primam quasi meliorem, quia hoc pro eo inuentum est et ‖ ideo ad eius lesionem retorquendum non est. resoluta emptione res *f. 31 c. 3.*
distracta etiam cum fructibus restituenda est, licet posteriorem emptorem sequi non debeat. Item in lege quoque commissoria specialis 5
ratio spectatur. quę ita fit: 'Fundus Tusculanus esto emptus aureis tot, et si inter diem pretium solutum non sit, ut res inempta fiat et pars pretii *a*mittatur'. ideoque fructus medio tempore percepti ad emptorem spectant. die transacta [*uendicatio*] uenditori competit, si res consumpta sine dolo emptoris [*non*] sit, uel si malit pretium cum usuris petere, hoc ei permittitur. facta electione postea ex penitentia ei uariare non est permissum.

℞. SI SERVVS EXPORTANDVS VENEAT. LI.

In mancipiorum uenditione seu alienatione quedam specialia 1
interponuntur, de quibus specialiter dicit. Si enim seruus sub ea 2
lege distractus sit ut exportetur, pactum seruandum est, nisi ab eo qui inposuit remissum sit. set si contra uenditionem mancipium in

---

2 fit] *PB* sit *T* 4 emptore] *T*P^2*B* emptione P^1 5 addicere *B* | licet] optet (*int.* oportet) *add. B* | adicitur *P* addiciantur *B* | autem] *om. B* 6 oportet] *om.* T^1*PB* 8 licet] ei *add. P* 11, 12 emptorem] *T*P^2*B* debitorem P^1 13 esto] tibi *add. P* 14 intra *P* | diem] reliquum *add.* T^1*PB* | et] *om. B* 15 amittatur P^2 admittatur *T*P^1*B* | in medio *P* 16 uendicatio] *PB* | competit] ac si emptio facta non esset *add. PB* 16, 17 si res — sit] *om.* P^2*B* 17 non P^1 21 specialia] pacta *add. P* 22 specialiter] *om. B* 24 si] *om. B* | uenditionem] conuentionem *P*

---

4. *2—5*: L. 1 D. de in diem add. XVIII, 2 ict. L. 2 § 4 D. pro empt. XLI, 4, LL. 7, 8 D. XVIII, 2. *5—6*: L. 5 D. XVIII, 2. *6—7*: L. 2 § 4 D. cit. ict. L. 2 pr. D. XVIII, 2. *7—10*: L. 9 D. XVIII, 2. *10—12*: L. 6, L. 16 D. XVIII, 2. **5.** *13—15*: L. 2 ict. L. 4 § 1, L. 6 pr. D. de lege comm. XVIII, 3. *16—17*: L. 4 § 1 D. cit. *17—19*: L. 3 C. h. t., L. 4 pr. D. XVIII, 3; L. 2 D. XVIII, 3; L. 3, L. 4 § 2, L. 7 D. XVIII, 3, L. 4 C. h. t.

IV, 51. Rubr.: rubr. C. IV, 55. **2.** *22—24*: L. 1 D. h. t. XVIII, 7. *24—4*: L. 2 C. h. t.

locis prohibitis moretur, uidendum est, an uenditor seruauit manus iniectionem, quia, si hoc factum est, licet ei manus inicere. alioquin poenam petere potest, et *homo* in publicum petitur. hoc ita, si uoluntate emptoris in locis prohibitis inuenitur, dum tamen, si a municipio prohibitus sit, nec Romam ueniat, quia qui non potest uti minoribus, non est permissus frui maioribus. si uero ante quam in prohibitis [*locis*] ueniat manumissus sit et postea contra legem fecit, homo
3 in fisc*um* committitur. Item mancipiorum prostitutio solet pacto prohiberi ne fiat. quę pactio modis omnibus admittitur et postea remitti
f. 31 c. 4. non potest ab eo ‖ qui hanc legem inposuit. et si per plures personas emptio ambulauerit, eadem conditio semper durat. quo facto, si uenditor reseruauit sibi manus iniectionem, *ab*ducere eam potest. alioquin in libertatem uendicatur, et effic*i*tur libertina uenditoris, nisi tunc, cum ipse uenditor uel prostituit post manus iniectionem uel prostitutioni consensit: nam tunc ut indigno eripitur ei ius patronatus. et in summa ne quid in fraudem sub alio uelamine fatiendum est, ut ancilla prostituatur.

LII. SI SERVVS ITA ALIENATVR, VT MANVMITTATVR.

1 Item in mancipiorum alienationem pactum interponi solet, ut ea manumittantur uel non. de qua conuentione similiter dicendum est.
2 Si quidem mancipium sub ea lege alienatum sit ut manumittatur: si tempus adiectum est, eo transacto, si manumissus non est, succedit constitutio diui Marci et Commodi et facit eum liberum. et ideo si ille qui accepit poenam promisit, si manumissus non esset, tamen non tenetur, cum constitutio succedit et liberum eum facit, emptore

---

1 seruauit] reseruauit sibi *PB* 2 factum] pactum *B* 3 homo] *PB* h̄ (= hoc) *T* 4 inuenitur] uenerit *PB* 5 municipio] $T^2 P^2 B$ mancipio $T^1 P^1$ 6 permissus] permissum $P^1 B$ ei permissum P^2 7 locis] *PB* 8 fiscum] *PB* fiscus *T* | committitur] $T^1 PB$ mittitur T^2 11 emptio] emptorum *PB* | eadem] tamen *add.* $P^2 B$ 12 abducere] *PB* adducere *P* 13 effitiuntur T^1 effititur T^2 14 tunc] ut *add. B* | uel] *om.* T^1 | prostituit] promittit *B* 18 Si mancipium ita alienatur ut manumittatur uel contra *P* Si mancipium ita fuerit alienatum ne manumittatur *B* 19 alienationem] *TB* alienatione *P* 21 ea] *om. B* 25 successit *PB* | eum] esse *B*

4—6: L. 5 C. h. t. *6—8*: L. 1 pr., § 1 C. h. t. **3.** *8—12*: L. 1 C. si manc. ita ven. ne prost. IV, 56 ict. L. 56 D. de cont. empt. XVIII, 1. *13—16*: L. 10 § 1 D. de in ius voc. II, 4. *16—17*: L. 3 C. IV, 56.

IV, 52. Rubr.: rubr. C. IV, 57. **2.** *21—23*: LL. 1—4 C. h. t. *23—1*: L. 6 C. h. t.; L. 10 pr. D. de in ius voc. II, 4.

ius patronatus optinente. Econtra si id actum sit ne manumitteretur, 3
et poena promissa est, tamen si de facto manumissio facta est, neque
libertas competit neque poena peti potest, nisi nominatim de actu
manumissionis cogitatum fuit, non etiam de effectu: tunc etiam liber-
tate non competente poena petitur.

DE EDILICIIS ACTIONIBVS. LIII.

Iubent etiam ediles quedam pacta [etiam] in mancipiorum seu 1
aliorum animalium uenditione interponi, de quibus ediles locuntur
et etiam actiones reddunt, ‖ siue interposita sint siue non. et ideo *f. 32 c. 1.*
de actionibus ediliciis apponit. ex quibus quandoque reddibitio datur,
quandoque quanto minoris agitur. Aiunt ediles, ut in mancipiis 2
distraendis item in aliis animalibus specialiter de morbo et uitio
repromittatur, item ut quod dictum uel promissum est prestetur.
'morbum' quidem *dicimus* corporis impedimentum qui ad usum *a na-* 3
tura promissum corpus inhabile facit. 'uitium' uero animi est: set
tamen aliter in homine, aliter in animali. in homine: ut fugitiuus
et erro. in animali: ut iumenta pauida et calcitrosa et ea quę sine
causa turbantur. non tamen edilitię actiones de omni morbo et uitio
locuntur, set de his nominatim quę in Responsis notantur: de ceteris
uero ex empto agendum est. Redibitoria actio emptori datur uel 4
heredi eius in uenditorem uel heredem eius. tenetur quidem uen-
ditor, siue sciuit siue ignorauit, quia scire debuerit: differenter
tamen. nam si sciuit et reticuit, de omnibus detrimentis tenetur:
alioquin quanto minoris emptor emisset, si scisset. uenit autem in 5
hac accione redibitio rei uendite et restitutio pretii et quod accessit

---

1 sit] fuit *P* | ne] ut *B* 2 manumissio] *B* manumissionis *T* manumissoris *P*[1] manumissor *P*[2] 4 manumissionis] manumittentis *PB* | effectu] benefitii *add. P* 7 Iubent] enim *add. B. Consonat dehinc, solis libri V. titulis I.—VI. exceptis, Rogerii Summa Codicis edita a Palmerio* (= *R*) *secundum codicem Tubingensem* (= *Tub.*). | etiam in] etiam *om. PBR* 8 aliorum] *om. B* 10 apponitur *P* 13 promittatur *B* 14 dicimus] *PB* dñs (= dominus *pro* dm̃s) *T* 14, 15 a natura] *PBR* adantur *T*[1]; *deleuit T*[2] 15 promissum] *TB* permissum *PR* 16 alias *P* | alias *P* 19 his] omnibus *add. P* 20 actio] *om. P*[1] 21 uel] et *B* 22 debuit *PR*

---

3. L. 5 pr., § 1 C. h. t. ict. L. 6 pr. D. de serv. export. XVIII, 7.

IV, 53. Rubr.: rubr. C. IV, 58. **2.** L. 1 § 1 D. h. t. XXI, 1. **3.** *14—15*: L. 1 § 7 ict. § 8 D. h. t. *15—18*: L. 1 § 10, L. 4 §§ 1, 3, L. 43 pr. D. h. t. *18—20*: L. 4 § 4 D. h. t. **4.** *21—22*: L. 1 § 2 D. h. t. *22—24*: L. 1 C. h. t., L. 13 pr., § 1 D. de act. empti vend. XIX, 1. Cf. supra IV, 45 § 4. **5.** *24—2*: L. 27, L. 29 § 2, 3 D. h. t.

pretio. item damna data per seruum: set de his eatenus tenetur,
ut aut damnum resartiat aut corpus pro noxa relinquat. item econtra
emptor uenditori tenetur, [set] si seruus deterior facto emptoris
sit uel familię eius seu procuratoris, item de eo quod accessit seruo
uel quod per eum adquisitum fuerit non ex re emptoris neque ex
operis serui. *tamen* offitio iudicis hec omnia explicanda sunt infra
sex menses utiles post contractam emptionem. his transactis agi
potest quanto minoris empturus esset, si hec omnia scisset, inter
utilem annum. si uero res distracta sine iudice ex consensu utriusque
6 partis redibita est, in factum de pretio agendum est. ‖ Item ex pacto
f. 32 c. 2. fit redibitio per accionem in factum infra LX dies, ueluti si com-
7 uenit, ut, si emptori displiceret, eam redderet. In animalibus quidem
principaliter editilię actiones locum habent. per interpretationem
quoque etiam [*in*] inmobilibus competunt, ueluti si fundus in quo
8 pestibiles erbę erant distractus sit. Hec omnia ita demum uera
sunt, si emptor ignorauit. alioquin si s[*c*]iuit, certiorari non debuit,
quia non uidetur deceptus qui scit. item si uenditor pactus est, ne
de morbo *seu* uitio teneatur, actiones cessant: nam remittentibus suas
actiones non est dandus regressus in uenditorem, nisi tunc cum
uenditor sciuit et reticuit. ad ea [*enim*] que uenditor nouit et sciuit
exceptio non prodest, quia [*doli*] replicatione repellitur, set [*ad*]
ea tantum exceptio prodest quę ignorauit uenditor et nota habere
9 non potuit. Sciendum est in uenditione item in permutatione
ædilitias actiones locum habere, in donatione uero non, nisi specia-
liter promissum sit.

---

1 eatenus] *TB* actenus *P*¹*R* hactenus *P*² 2 ut aut] aut *om. B* 3 set] *om. PBR* 3, 4 deterior — sit] *TB* deterioratus sit emptoris opera (facto emptoris *R*) *PR* 4 uel] facto *add. R* 5 fuerit] sit *P* 6 operibus *B* | tamen] ł in (= uel in) *T*; *om. B*; Hec tamen omnia *PR* | hec] tamen *add. B* | explicanda *TB* expedienda *PR* | infra *TB* intra *PR* 8 quanti *B* | inter] *TB* intra *PR* 11 per] *om. B* | XL *P* 12 displicuisset *PR* 14 quoque — inmobilibus] et immobilibus quoque *P* et in immobilibus *R* | in] *BR* 15 pestibiles herba erit *P* pestibilis herba erat *R* 16 sciuit] *TP*²*BR* sunt *P*¹ 17 sciuit *P* 18 seu *PBR* set *T* | actiones] heę actiones *P* 20 enim] *PBR* 21 doli] *PBR* | ad] *PBR* 24 ædilities *T*¹ ædilitie *T*²

2—6: L. 1 § 1, L. 23 pr., § 9, L. 24, L. 31 § 4 ict. L. 30 § 1 in f. D. h. t. *6—9*: L. 19 § 6 D. h. t. *9—10*: L. 31 §§ 17, 18 D. h. t. **6.** L. 31 § 22 D. h. t., L. 4 pr. C. h. t. **7.** L. 4 § 1 C. h. t., L. 49 D. h. t. **8.** *15—17*: L. 1 § 6, L. 14 § 10, L. 48 § 4 D. h. t. *17—22*: L. 14 § 9 D. h. t. **9.** L. 63 ict. L. 19 § 5 D. h. t.; L. 62 D. h. t.

DE PERMVTATIONIBVS. LIV.

De contractibus nominatis dictum est, ex quibus etiam incertę 1
actiones nascuntur. rationabiliter nunc de innominatis, ex quibus
similiter incertę actiones dantur, adnectendum est. set quia permu-
tationis contractus precipuus est inter ceteros innominatos contractus,
ideo de permutatione premittit, ex qua prescriptis uerbis actio nasci-
tur. set quia hec actio non solum ex hoc contractu, set etiam ex
omnibus innominatis ‖ competit, ideo generaliter 'de prescriptis uerbis f. 32 c. 3.
actione' apponit. iuris consulti tamen in Responsis prudentium etiam
de in factum actione locuntur. quapropter [*etiam nos propter*] affini-
tatem iam dicte actionis, iuris consultorum etiam ordinem secuti, de ea
in hoc tract[*at*]u apponimus. nunc de permutatione quidem specialiter
et postea de *reliquis* singulis disseramus. Permutatio quidem materiam 2
emptioni dedit, quia in initio non ita nummi erant ut nunc. et ideo
percussa forma publica inuenta est pecunia, cuius estimatio fere com-
munis est. et ideo premisso speciali tractatu ad[*d*]itur generalis.
Permutatio est, cum rem do ut aliam accipiam, non tamen sub 3
estimatione quantitatis: tunc enim emptio foret. contrahitur datione,
non etiam solo consensu. dando enim obligas me ad fidem tibi [re]-
seruandam: uel ad hoc ut dem quod conuen*it*, uel, si malis, ut id
quod dedisti restituam quasi causa data causa non secuta. si autem
dedi et euictum est, etiam prescriptis uerbis de [*e*]uictione teneor,
uel ad red[*d*]endum quod accepi condi[*c*]tione. item si seruum dedi
ob permutationem, uel si forte aliud animal, ea omnia et hic pre-

---

1 De rerum permutationibus *P* De rerum permutatione et prescriptis uerbis (accione *add. R*) *BR* 2 etiam] *om. PR* 4 actiones] *om. P* | dantur — est] nascuntur adnectit *P* 5 innominatos contractus] contractus *om. PR* 6 actio] *om.* P^1 7 hoc] *om. P* 8 omnibus] *om. B* | nominatis *B* 9 actione] *om.* P^1 | etiam *om. B* 10 etiam nos propter] *PBR* 11 consecuti *P* 12 tractatu] *PB* | quidem] *om. PBR* 13 reliquis] *PBR* rebus *T* | discernemus *P* 16 additur] *R* aditur T^2 adiuuatur T^1 adicitur *PB* 17 aliam] speciem aliam P^2 18 tunc enim] nam tunc *P* 18, 19 datione autem rei non solo consensu contrahitur *P* 19, 20 seruandam] *PBR* 20, 21 uel ad hoc — secuta] *TBR* qua non seruata agi potest prescriptis uerbis ut stetur placitis, uel repeti quod datum est potest condictione ob causam quasi causa non secuta *P* 20 conuenit] *BR* conueni *T* 22 etiam] *om. P* | euictione] *PBR* 24 si] *om. PBR*

IV, 54. Rubr.: rubr. D. XIX, 4 (C. IV, 64). **2.** L. 1 pr. D. de contr. empt. XVIII, 1. **3.** *17—18*: L. 1 § 1 D. eod., LL. 5, 7 C. h. t.; L. 1 C. h. t. *18—19*: L. 1 § 2 D. h. t., L. 3 C. h. t. *19—21*: L. 4 § 1, L. 5 C. h. t., L. 1 § 4 D. h. t. *21—23*: L. 1 C. h. t., L. 1 § 1 D. h. t. *23—4*: L. 2 D. h. t. ict. L. 19 § 5 D. de aedil. ed. XXI, 1. Cf. supra IV, 53 § 9.

standa sunt quę in uenditione mancipiorum et aliorum animalium prestari solent. ideoque seruum fugitiuum non esse et noxa solutum prestandum est. animalia quoque sana esse et esse ut oport*et* et
4 bibere prestanda sunt. In hac autem actione id quod interest uenit. cumque bone fidei sit, iudicis offitium late patet. et perpetuam
f. 32 c. 4. quidem eam esse ‖ nemo dubitat.

LV. DE PRESCRIPTIS VERBIS. ℞.

1 Explicito permutationum tractatu ad prescriptis uerbis nunc
2 transeundum est. Solitum quidem erat apud antiquos, ut hii qui aliquid petere uolebant ad collegia pontificum irent et ab eis actiones inpetrarent. qui prescribebant eis certa uerba, si contractus uel quasi esset, quę nullo modo mutari poterant, et ita prescriptis uerbis actiones dabantur. si autem malefitium uel quasi esset, in factum a pretore dabatur. hodie tamen inpetratio et sollemnitas illa sublata est, et certę et nominatę actiones inuentę sunt. set quia natura rerum receptum est, ut plures sint res quam uocabula, ideo cum innominatę actiones et contractus uel quasi existunt quorum appellationes iure ciuili deficiunt, ad prescriptis uerbis decurrendum, quę etiam in factum appellantur. omnis enim prescriptis uerbis et in
3 factum dicitur, non tamen conuertitur. Hec autem actio ex his contractibus nasci solet: aut enim do ut des, aut do ut fatias, aut
4 fatio ut des, aut facio ut facias. Si enim rem do ut pecuniam uel aliud sub estimatione pecunię accipiam, emptio est. si autem rem

---

1 et aliorum] *om. B* 2 noxa] noxis furtisque *P* | solutum] esse *add.* P^2BR 3, 4 et esse — bibere] bibere (et *add.* P^2) esse, ut oportet *P* et esse bibere, ut oportet *R* 3 oporteat *T* 4 prestanda sunt] *TB* prestandum est *R*; *om. P* | autem] *om. P* 5, 6 cumque — dubitat] *TBR* Iudicis officium late patet, quia bonę fidei et perpetua est. *P* 6 dubitat.] M. *sequitur in B* 7 uerbis] actione *add. B* actionum *add. P* 8 ad] de *B* ad de *R* | nunc] actionem P^2 (*in litura*) 10, 11 ad — inpetrarent] a collegio pontificum impetrabant acciones *P* 10 irent] *om. B* 12 esset] contractus essent *P* | ita] ideo *P* 13 accio *P* | dabantur] dicebantur P^1 dicebatur P^2 17 innominatę] nominate *PB* nomina et *R* | quasi] contractus *add. P* 18 decurrendum] est *add. PR* 19 appellatur P^1 | omnis] actionis *B* | enim] actio *add.* P^2 | et] *om. PBR* 21 aut do] uel do *P* 21, 22 aut fatio — facias] uel fatio ut fatias uel fatio ut des *P* 22 enim] *om. P*

---

4. *4*: L. 1 § 4 D. h. t., L. 5 § 1 D. de praecr. verb. XIX, 5. *5*: L. 2 C. h. t., § 28 Inst. de act. IV, 6.

IV, 55. Rubr.: rubr. D. XIX, 5 (C. IV, 64). **2.** *9—13*: L. 2 § 6 D. de orig. iur. I, 2. *15—19*: L. 1 pr., LL. 2—4 D. h. t. **3.** L. 5 pr. D. h. t. **4.** *23—4*: L. 5 § 1 D. h. t.

do ut rem accipiam, quandoque est permutatio, quandoque in gene-
rali nomine permanet. ex quo contractu prescriptis uerbis actio ad
fidem seruandam datur, uel id ad repetendum quod datum est con-
di[*c*]tio: quod in nominatis contractibus non euenit. si enim rem
uendidi et tradidi, licet pretium non soluatur, non tamen possum agere
ad repetendum quod dedi, licet ob causam datum fuit, id est ob pre-
tium, [*set ex uendito agam ad pretium*] et usuras eius persequendas. Si 5
autem rem do ut fatias, quandoque locati[*o*] est, ueluti si ‖ X dem ut *f. 33 c. 1.*
pingas uel domum facias. si autem persona ea est que operas suas
locare non solet, uel factum tale est quod locari non possit, ueluti manu-
missio, prescriptis uerbis agendum est, ut id quod conuen*it* faciat aut
quod interest prestetur, uel condictio ad repetendum conuenit. Si 6
feci ut dares et cessas in da[*n*]do, regulariter quidem ciuilis actio non
datur, set de dolo agitur. set si [h]abest facienti et adest ei qui factum
fieri postulauit, prescriptis uerbis actio datur: ueluti si tu heres insti-
tutus eras ut Stichum manumitterem, ego manumisi ut dares et tu
cessas, equum est [*te*] teneri prescriptis uerbis, cum michi absit seruus
per manumissionem et tibi adest hereditas conditione impleta. Si autem 7
feci ut faceres, ueluti exegi a tuo emptore Romę ut a meo Carta-
gine exigas, quodammodo mandatum est, sine quo peccunia alieno
nomine exigi non potest. set quia ex pacto contractus excedere et
minuere naturam suam possunt et hoc quodammodo gratuitum offi-

---

1, 2 quandoque est — permanet] in generali nomine permutatio est P^1 quandoque in generali nomine permanet, quandoque permutatio est P^2 2 contractu] *om.* P^1 3, 4 uel id — condictio] uel condictio competit ad repetendum quod datum est *P* uel ad id repetendum quod datum est conditio competit *R* 4 si enim] nam si *P* 5 tamen] *om. B* 6 data *B* 7 set — pretium] *PR* | autem] *om. P* 8 locatio est] locatione P^1 9 autem] quidem *P* | soleat *P* 10 potest *B* 11 id] *om. P* | conuenit] *PR* conueniat *TB* | aut] uel *P* 12 prestetur] spectetur P^1 | conuenit] *TB* competit *R* erit *P* | Si] uero *add. PR* 13 des *P* | et] tu *add. BR* | in dando] dare *P* 13, 14 regulariter — de] *om.* P^1 14 agitur] cum michi abest et tibi non adest: ueluti (si *add.* P^2) manumisi ancillam quam contubernio habebas ut dares michi seruum, tu cessas dare, de dolo agendum est *add. P* 15 tu] *om. B* 16 ut] ego *add. P* | Stichum] *om.* P^1 | manumisi] uero feci *P* | ut dares] *om.* P^1 | et] *om. P* 17 te] *BR*; *om. TP* 18 adsit *PR* | conditione impleta] *TR* per conditionem impletam *P* predicatione expleta *B* 19 emptore] debitore *BR* 22 inminuere *P* | potest *P* | et hoc] hic *P* et hic *R*

4—7: L. 1 C. de act. empti vend. IV, 49, L. 2 § 2 C. quando lic. ab empt. rec. IV, 45. **5.** L. 5 § 2 D. h. t. **6.** *12—14*: L. 5 § 3 D. h. t. **7.** L. 5 § 4 D. h. t.

IV, 55. 6. Quest. X, 2. Cf. Acc. glo. Quod si faciam ad L. 5 D. de praescr. verb. XIX, 5.

8 cium non est, prescriptis uerbis actio danda est. Contractus tamen ita innominati semper similitudinem habent cum nominatis contractibus, et ideo ea fere solent uenire quę in nominato contractu cuius similitudinem habent ueniunt. ueluti commodau*i* *tibi* bouem per X dies ut tuum michi inuicem per tot dares, et meus bos apud te periit: similis est locationi et ideo in hac prescriptis uerbis actione ea omnia ueniunt que in locatione prestari solent. in hoc autem differunt contractus innominati a nominatis, quod, si maleficium uel dolus in his admittatur, agendum est tantum actione eius maleficii nomine prodita uel [*de*] dolo, si in specialem formam maleficii non cadit: at in nominatis agi potest uel actione ex contractu, in qua maleficium uel dolus punitur, uel speciali actione nomine eius male-
9 ficii prodita. Quare autem hec actio semper incerta appellatur, uidendum est. [*et*] hoc ideo, quia ex incerto contractu seu ex incerta obligatione semper nascitur, uel quia id quod interest semper continet. permittitur autem iudici incertum existimare et ad certum deducere, quia semper certę rei uel causę sententia ferenda est, licet hec actio stricti iuris sit, quare actioni seruire debet. est tamen casus ut bone fidei sit, ueluti in permutatione et cum res estimata uendenda datur certo pretio, ueluti ut C eam distraas et, si plus habere potueris, tibi habeas.

---

1 prescriptis — est] ideo prescriptis uerbis datur accio *P* 2 ita] *om. PR* | innominati] nominatim *B* 2—4 cum — habent] *om.* T^1 2, 3 contractibus] *om. P* 3 solent uenire] ueniunt in eis *P* | in nominato] *om. B* 4 ueniunt] *om. P* | ueluti] si *add. PR* | commodaui tibi] *PR* commodauit̄ *T* commodaui (*om.* tibi) *B* 5 tot] totidem *P* 8 nominati ab innominatis *P* | maleficium] nominatum *add. P* 9 committatur *P* | tantum] *om. R* 10 de] *PBR* 11 agi potest] agitur *P* 12 eius] ipsius *P* 13 actio] *om. B* 14 et] *PB*; *om. TR* | seu ex] ex *om. P* 15 semper nascitur] semper *om. P* | semper] *om.* P^1 16 autem] tamen *BR* | incertum] *om. B* | estimare *PB* extimare *R* 16, 17 reducere *P* 17 licet] *om. P* 18 sit — debet] est. ideo ei seruire iudex debet *P* | est] sunt *R* 19 casus] causa *B* | casus — ueluti] aliquando bonę fidei, ut *P* 21 habere potueris] habebis *P*; ut *add. B* | tibi] *om. R*

---

8. *1—4*: L. 5 § 4 in f. D. h. t. *4—7*: L. 17 § 3 D. h. t. *7—13*: L. 17 § 2 D. h. t. **9.** *13*: L. 6, L. 8 in f., L. 9, L. 16 pr. D. h. t., L. 6 C. h. t. *16—17*: § 32 Inst. de act. IV, 6. *17—21*: § 28 Inst. de act. IV, 6; L. 1 pr. D. de aestimat. XIX, 3 ict. L. 13 pr. D. h. t.

---

9. Cf. Quest. XXIV, 3, 5.

DE IN FACTVM ACTIONE. LVI.

De in factum quoque actione rationabiliter est disserendum. 1
datur enim et ibi ubi supradicta actio competit et ibi ubi [*ea*] non
competit, ueluti ex maleficio uel quasi, maxime cum maleficium in
proprium nomen [*non*] cadit. si enim per lasciuiam pecora mea ‖ *f. 33 c. 2.*
abegisti et alius rapuit, in factum teneris. item si ex cenaculo
aliquid deiectum effusumue est, in factum actio datur. Cuius actio- 2
nis tenor in multis et uariis iuris articulis sepissime est admissus:
datur enim et in defectu legis Aquilię. nam [*in*] his dampnis que
lege Aquilia non tenentur in eius supplementum in factum actio
datur, in qua et ea omnia prestantur quę in lege Aquilia ueniunt:
ueluti si misericordia ductus seruum compeditum soluisti, uel occa-
sionem mortis prestitisti, uel pecora mea fame necasti. et genera-
liter quotiens factum interuenit ex quo actio danda sit et equitas
subest quare actio dari debeat, in factum danda est, ueluti si patro-
nus [*dolo*] fecit: datur enim in factum liberto. idem in exceptione
est, si stricta ratione exceptio deficiat et causa et equitas subsit
quare exceptio danda sit, ut utilis exceptio in factum detur.

DE LOCATO. LVII.

Quia eo modo hisdemque rationibus contrahitur locatio quo 1
et emptio, nunc de locatione tractandum est. contrahitur enim
[*solo*] consensu habita conuentione mercedis. quid autem sit locatio,
item cui competat et in quem, et quid in ea ueniat, item quid
iudicis sit officium, spectandum est. Locatio quidem est, cum usum 2

---

2 quoque] *om. P* | non inrationabiliter *B* 3 enim et] et *om. P* | ea] *PBR* 4 quasi] et tunc *add. P* 5 non] *PBR* 6 factum] accione *add. P* | ex] tuo *add.* $P^b R$ 8 sepissime est admissus] admittitur sepe *P* 9 et] *om. P* | in] *PBR* | que] a *add. P* 12 dissoluisti *P* 15 subest] TP^2BR suadet P^1 | debeat] nec apparet quo nomine actionis agatur *in marg. add. B* | in] et in P^1 utilis in P^2R 16 dolo] *PBR* | enim] *om.* P^1 16, 17 Idem est in exceptionibus *P* 17 exceptio] accio P^1 18 ut] *om. PR* | datur *PR* 19 De locato et conducto *PR* Locati et conducti *B* 20 eo] *TB* eodem *PR* | eisdemque *P* 21 et] *om. BR* | nunc — est] ideo continuo de his apponit *P* | tractandum] dicendum *R* 22 solo] *PBR* 23 item quid] spectandum est, et quod *P* 24 spectandum est] *hic om. P*

IV, 56. Rubr.: rubr. D. XIX, 5. **1.** *2—4*: L. 1 ict. L. 2 D. h. t. *6—7*: L. 1 § 4 D. de his qui effud. IX, 3. **2.** *9—13*: v. supra III, 13 § 6. *13—15*: L. 11 D. h. t. *15—16*: L. 11 D. de dolo IV, 3. Cf. supra II, 11 § 1. *16—18*: L. 21 D. h. t.

IV, 57. Rubr.: rubr. C. IV, 65. **1.** *20—22*: LL. 1, 2 pr. D. h. t. XIX, 2.

3 rei meę uel operas meas pro mercede tibi do. Hec actio locatori
herediue eius competit in eum qui conduxit uel heredem eius: et
4 hoc, siue perpetua siue temporalis fuit. Veniunt autem in hac
actione quędam ex natura contractus, quedam iure actionis. ex
natura contractus ea prestanda sunt quę nominatim inter contra-
hentes conuenerunt, scilicet ut merces prestetur et finito usu res
restituatur. et si aliquid aliud specialiter conuenit, et hoc inprimis
prestandum est, ueluti si instrumentum estimatum uel seruum acce-
pit et instrumentum extinctum uel seruus mortuus sit: tunc enim
5 colonus ad pretium prestandum tenetur. ex actionis natura et supra-
dicta ueniunt et quedam alia que neque dicta neque cogitata sunt
inter contrahentes, ueluti ut dolus et culpa lata et leuis et diligentia
quoque prestetur. item custodia etiam in eo quod rei locatę accessit
prestanda est, licet dictum non fuit. uis maior et casus fortuitus
non prestatur nisi ex conuentione speciali. dampna quoque ab eo
siue ab alio propter inimicitiam coloni illata eadem actione ueniunt.
item *si* male uersatus est in re locata, et hoc prestatur: inmo etiam
f. 33 c. 3. sine pena expelli potest. ‖ quod euenit et, si per continuum bienium
pensiones non soluantur, aut si dominus propriis usibus eam neces-
sariam esse probauerit, aut si necessario domum reficere maluerit,
6 remissis tamen pensionibus. Ex conducto actio conductori here-
diue eius competit in locatorem eiusue heredem. in qua similiter
spectandum est, quid ex natura contractus seu actionis prestandum
7 sit. in hac actione ex natura contractus uenit, ut ea omnia quę
inter contrahentes acta sunt prestentur, inprimis ut conductori frui
liceat et usus rei secundum conuentionem ei prestetur, et ut instru-

1 tibi do] *TP* cedo *B* trado *R* | Hec actio] *om.* P^1 2 uel] in *add.* *B* 2, 3 et hoc] *om.* *P* 3 temporalis fuit] ad tempus sit *P* 5 ea] omnia *add.* *P* 6 usu] TP^2BR tempore P^1 7 restituantur *P* | aliquid] *TR* quid *PB* 8 prestandum] spectandum *B* 10 et] *om.* *P* 11 neque dicta] *om.* *B* 13 quoque *om.* *P* 14 fuit] *TR* sit *PB* 15 nisi ex speciali pacto non prestantur *P* 16 inimicitias *BR* | illata] data *P*; in *add.* *PR* 17 si] P^2BR siue *T* sine P^1 18 et] *om.* *P* 20 necessario] *om.* *P* | uoluerit *P* 21, 22 Accio ex conducto competit conductori herediue eius in locatorem heredemue eius. *P* 23 prestandum sit] prestetur *P* 24, 25 quę — prestentur] prestentur de quibus inter contrahentes conuenit *P* 26 et ut] et *om.* *P*

3. pr. Inst. h. t. III, 24. **4.** *4—7*: L. 9 § 6 D. h. t., LL. 16, 17, 25, 33 C. h. t. *8—10*: L. 3, L. 54 § 2 D. h. t. **5.** *12—13*: L. 23 D. de reg. iur. L, 17, § 5 Inst. h. t. *13—14*: L. 19 § 2 D. h. t. *14—15*: L. 28 C. h. t., L. 9 § 2 D. h. t. *15—16*: L. 9 § 3, L. 11 § 2 D. h. t., L. 25 § 4 D. h. t.. *17—18*: L. 25 § 3, L. 54 § 1 in f. D. h. t., L. 3 in f. C. h. t. *18—21*: L. 54 § 1, L. 56 D. h. t., L. 3 C. h. t., L. 30 pr., L. 35 pr. D. h. t. **6.** L. 15 pr. D. h. t. **7.** *25—2*: L. 15 § 1 D. h. t.; L. 19 § 2 D. h. t.

menta fundi et ea omnia quę conductori accedere dicta sunt ei preste[*n*]tur. ueniunt quidem ex natura actionis quedam, licet [*nec*] 8
dicta nec cogitata sint, ueluti ut finita cond*uc*tione et solutis pensionibus res a colono illatę item inductę a domino restituantur. item si quid ui abstulit, eodem iudicio restituere *debet.* et quod in re locata necessario seu utiliter inpe[*n*]dit, et hoc ei restituendum est. et si uis maior uel alia iusta causa, ueluti uredo uel alia ster*i*litas, omnes fructus tuler*it*, et hoc dominus prestare debet, uidelicet ut eatenus exhoneret colonum a prestatione mercedis, nisi ster*i*litas probabitur repensata cum ubertate precedentium seu subsequentium annorum: quo casu, et si remissa pensio fuit, licet sub nomine donationis, tamen postea repeti potest. et generaliter ea omnia quę moris et consuetudinis sunt, ab utraque parte prestanda sunt. et hoc de eo colono qui ad pecuniam conduxit: ceterum partiarius lucrum et dampnum cum domino partiri debet. item quandoque ex conducto agitur ad hoc ut ex conductione liberetur, ueluti si res locata donata uel legata ei sit: et hoc speciale. in summa quoque dolus et culpa prestatur. Iudicis officium late por- 9
rigitur in utraque actione, cum bone fidei sint. interponitur enim tum pro locatore, tum pro conductore. pro locat*ore*: iubendo restitui rem locatam et dampna in ea data resarciri facta cessione legis Aquilie, et ut merces — etiam cum usuris post moram — prest*etur*: licet [*enim*] usurę in bone fidei iudiciis neque i[*n*] actione neque in obligatione sint, set tamen iudicis offitio applicantur. pro conductore: *ueluti* ut usus rei uel id quod interest prestetur, et ut compensationes inter eos admittantur, et ut omnia supradicta prestentur,

1 conductioni *P* | ei] *om. P* 2 prestentur] *BR* prestantur *P* | quidem] autem *P* | nec] neque *R*; *om. TP* 2, 3 nec dicta nec] *om. B* 3 nec] neque *R* | cogitata] et dicta non *add. B* | sunt *P* | conductione] *PBR* conditione *T* 4 restituuntur *P* 5 debet] *PBR* dr̄ ēt *T* | in] ipsa *add. B* 7 alia] *TR* aliqua *P* ulla *B* 8 sterelitas *T* | tulerit] *PR* tulerunt *T* utiliter *B* 8, 9 uidelicet ut eatenus] *TR* eatenus uidelicet ut *P* uidelicet eatenus ut *B* 10 sterelitas *T* 14 eo] *om. B* 15 partiarius] colonus *add. PR* 16 quandoque] quoque *P* | ex] *om. P* 17 speciale] est *add. PR* 20 pro locatore] *PR* pro locatione *T*; *om. B* | iubendo] ei *add. PBR* 22 prestetur] *PB* prenstentur *T* prestentur *R* 23 enim] *PR*; *om. TB* | in] *PBR* 24 set] si *B*; *om. PR* 25 ueluti] *PBR* enim *T* | interest] ei *add. B*

8. *3—4*: L. 1 pr., § 1 D. de migr. XLIII, 32. *5—7*: L. 55 § 1 D. h. t. *7—9*: L. 15 § 2 D. h. t. *9—12*: L. 15 § 4 D. h. t., L. 8 C. h. t. *12—14*: LL. 8, 19 C. h. t. ict. L. 31 § 20 D. de aed. ed. XXI, 1. *15*: L. 25 § 6 D. h. t. *16—17*: L. 9 § 6, L. 10 D. h. t. *17—18*: L. 28 C. h. t. **9.** *20—24*: L. 25 § 5, L. 43 D. h. t.; L. 17 C. h. t., L. 17 § 4 D. de usur. XXII, 1. Cf. supra IV, 34 § 8. *24—26*: L. 15 § 8 D. h. t.

10 et si quid aliud ex bona fide inter eos exigatur. Quin perpetue
sint, nullatenus dubita[*n*]dum est.

LVIII. DE IVRE ENPHITEOTICO.

1 Est et contractus meliorationis qui uidebatur quibusdam loca-
f. 33 c. 4. tio, quibusdam alienatio, ‖ quorum neutrum admittitur. ideoque his
premissis cum quibus similitudinem habet, iustissime de iure emphi-
2 te*o*tici contractus adicitur. In quo specta[*n*]dum, quid sit emphiteo-
sim, item qualiter contrahatur, et quid sibi inuicem prestare debeant,
3 et quę actiones exinde proficiscantur. Greco quidem uocabulo
emphiteosim melioratio appellatur, ideoque emphiteosim contractus
4 meliorationis dicitur. Contrahitur consensu utriusque partis, scriptura
tamen ex necessitate semper interueniente et in principali contractu
5 et in aliis pactis ex natura contractus ibidem interponendis. Domi-
nus emphiteoticarium in possessionem admittere debet, eo tamen
prius prestante pretium seu pensiones quas se prestaturum conuenit:
quo non faciente, domino permittitur rem retinere quasi iure pigno-
ris, donec uniuersum quod [*ei*] debetur soluatur. si autem tradit
et emphyteoticarius per continuum triennium pensiones non soluerit
uel apocas tributorum solutorum non reddit, sine pena expelli potest.
6 Si quid autem de periculo uel de pensionum solutione uel de
reiectione seu de *em*ponem*a*te uel alienatione sui iuris pacti sunt
inter se, hoc inprimis tenendum est. pacto deficiente particulare
periculum ad emph*i*teoticarium, totius rei interitus ad dominum
redundat, non solutis pensionibus uel apocis non red[*d*]itis per trien-

1 ex — exigatur] bona fides exigat inter eos *P* 1, 2 Quin — est] quas perpetuas esse non dubitatur *P* 3 De iure emphiteosis *P* 4 et] *TR*; *om. PB* | contractus] etiam *add. P* 6 iustissime] merito *P* 6, 7 emphiteontici *T* 7 spectandum] est *add. PBR* 7, 8 emphiteosim] *TB* emphiteosis *R* emphiotesis *P* (*in litura*) 9 quidem] *om. P* 10 emphiteosim] *TB* emphiteosis *PR* | emphiteosim] *TB* emphiteosis *R* emph̄ *P* 11 dicitur] et *add. P* 12 ex necessitate] necessario *P* 14 emphiteocarium P^1 emphiteotecarium P^2 15 prius] *om.* P^1 | se prestaturum] prestari *P* 16 quo] id *add. PR* | rem] *om.* P^1 17 ei] *PBR* | si] sin *PBR* | tradiderit *P* 18 emphiteocarius P^1 emphiteotecarius P^2 | continuum] *om.* P^1 19 uel] etiam *B* | redderit *P* reddat *R* 21 de] *om. P* | emponemate] *P* reponemete T^1 contraponemeta T^2 emponemata *BR* 23 emphiteoticarium] P^1R emphinteoticarium *T* emphiteocarium *B*

IV, 58. Rubr.: rubr. C. IV, 66. **1.** L. 1 C. h. t., § 3 Inst. de locat. III, 24. **4.** L. 1, L. 2 pr., L. 3 pr. C. h. t. **5.** L. 2 §§ 1, 2 C. h. t. ict. L. 13 § 8 D. de act. empti vend. XIX, 1. **6.** *20—22*: L. 1, L. 2 pr., L. 3 pr. C. h. t. *22—1*: L. 1 C. h. t.; L. 2 § 1 C. h. t.

IV, 58. 3. Cf. Lib. de verb. leg. 51, Expos. term. in App. Petri I, 32. **4.** Cf. Quest. XXXVII.

nium, iure reici potest. Alienatio emponematis uel sui iuris ita 7 facienda est, ut domino denuntietur, et si accipere maluerit, ei danda est. eo non accipiente uel non iustum pretium dante, post duos menses pretium quod ab alio re uera accipere potest domino manifestetur, et si dare uoluerit, ei detur. alioquin admittere emptorem meliorationis *in* pos*ses*sionem debet, accipiente ab eo quinquagesimam partem pretii. possessio enim procul dubio apud dominum est (ciuiliter enim, id est animo, per se possidet, naturaliter autem, id est corpore, per emphiteoticarium possidet, quia factum suum domini est: is enim possidet cuius nomine possidetur), quia, si emphiteoticarius possideret per se, possessionem tradere posset, quod non admittitur: domino uero permissum est et ignorante et absente emphyteoticario dominium transferre et possessionem tradere. Ex 8 hoc contractu, antequam e[*m*]phiteoticarius in possessionem recipiatur, condi[*c*]tio ex noua lege datur, ut in possessionem admittatur. postquam uero admissus est, [*utilis*] ei in rem datur quemadmodum superficiario et ei qui conduxit agrum uectigal*em*, et hec aduersus quemlibet possessorem, uerum etiam ‖ aduersus dominum, si pensiones *f. 34 c. 1.* soluerit. si autem pacta intra naturam contractus interposita in continenti fuerint, prescriptis uerbis agendum est uel de iteranda emphiteosim, uel ut in perpetuum uel usque ad certas personas extendatur. item quandoque pacisci solent quatenus dandum sit pro eius iteratione: quę omnia seruanda sunt. Quin autem contractus iste 9 stricti iuris sit, nullatenus dubitandum est, et ideo iudex actioni seruire debet. Set hec quidem omnia in priuatis emphit*eo*sis dicta 10 sunt: in ecclesiasticis uero alie rationes seruantur.

---

1 iure] *om.* P^1 3 post] per *P* 4 accipi *P* 5 maluerit *B* 6 in possessionem] *PB* compensasionem *T* | accipiens *P* 7 enim] *om.* P^1 8 id est] *om. B* | per se] *om.* P^1 8, 9 naturaliter — possidet] per emph̄. naturaliter id est corpore possidet *P* 11 emphiteotecarius *P* emphiteocarius *B* | per se possessionem] *om.* P^1 12 est et] est etiam *PR* 13 emphiteotecario *P* | et — tradere] *om.* P^1 14 emphiteotecarius *P* emphiteocarius *B* 15 ex — admittatur] *in marg. inf. add. P* 16 utilis *PBR* 17 uectigalem] *PBR* uectigalium *T* | hec] *T* hoc *PBR*; non solum *add. P* | aduersus] uerum *add. P* 19 intra] extra *PR* | interposita] sunt *add. P* 20 fuerint] *om. P* | reiteranda *PR* 20, 21 emphiteosim] *TB* emphiteosi *PR* 21 usque] ut usque *P* 22 solet *P* 23 reiteratione *PBR* | Quin] quod *B* 23—25 Quin — debet] Iudex accioni seruire debet, cum stricti iuris sit iste contractus. *P* 25 quidem] *om. B* | emphiteosis] emphitn̄sis *T* emphiteosibus *PR* emphiteosim *B*

---

7. L. 3 §§ 1—5 C. h. t. **8.** *13—15*: **L. 3 § 3 C. h. t.** *15—19*: L. 1 § 1, L. 2 D. si ager vect. VI, 3. Cf. supra III, 10 § 3. *19—20*: v. supra II, 3 § 11. *20—23*: § 3 Inst. de loc. III, 24, L. 1 C. h. t., L. 32 pr. C. de loc. IV, 65, L. 3 D. si ager vect. VI, 3, Nov. 7 c. 3 pr. **10.** Nov. 7 c. 3, 7, Nov. 120 c. 1, 5, 6, 8, 11.

EXPLICIT IIII. LIBER. INCIPIT V.

I. DE SPONSALI*BVS* ET ARRIS [*SPONSALICIIS*] *ET* PROXENETICIS. CONST'. GRECA.

1 Satis compendiose satisque dilucide de contractibus seu de his societatibus pertractatum est in quibus res pecuniaria uertitur. nunc de his in quibus non quid pecuniarium principaliter spectatur, set personę ipsę inter se sub quadam ratione societatis copulantur seu coniunguntur. matrimonium enim est societas: diuini et humani iuris communicatio. ideoque de nuptiis rationabiliter adnectendum est. set antequam ad sollempnitatem seu ritum ipsarum perueniamus, iustissime preparatoria nuptiarum seu contractus pecuniar*ii* qui ipsarum gratia fiunt premittuntur, scilicet de sponsalibus et arris sponsalitiis et proxeneticis, item de simplicibus donationibus quę fiunt inter sponsum et sponsam seu de donationibus ante nuptias inmo
2 propter nuptias. Proxenete placitatores dicuntur qui conditionem maris et femine quęrunt. quibus hodie extra ordinem ius dicitur, et cum proxenetica iure licito peti possunt ac salarium eis a presidibus constituitur, prout in Responsis prudentium continetur. Constitutiones enim de his nichil edicunt, cum in grecis tantum constitutionibus hoc repperiatur.

II. DE SPONSALIBVS. ℞.

1 Sponsalia quidem a spondendo dicta sunt. mentio enim sunt et repromissio futurarum nuptiarum. moris quidem erat inuicem

---

1 Explicit IIII. liber] *om. PB* | Incipit liber V. *PB* 2, 3 Rubr.] *cf. § 1 et rubr. Cod. V, 1.* De sponsaliciis et arris etiam proxeneticis c̅st' greca *T* De sponsalibus et arris. et prosceneticis *P* De sponsalibus et arris sponsaliciis *B* 4 dilucideque satis *P* 5 pertractatum] dictum *P* 6 non quid pecuniarium] pecunia non *P* 8 est] *om. P* | societatis P^2 9 communicatio] est *add. P* 10 ipsarum] nuptiarum *add. P* 10, 11 perueniamus — nuptiarum] *om. B* 11 preparatoria] earum *add. P* | pecuniarii] *B* pecuniarum *T* 13 prosceneticis P^2 15 placitatores] *TP* placitores *B* 16 hodie] et *add. B* 17 et] *TPB* 18 constitui *P* 19 enim] uero *P* | edicunt] TP^2 dicunt P^1 dicit *B* 20 hec reperiantur *P* hoc recipiatur *B* 21 De simplicibus donationibus inter sponsum et sponsam *P. Deest rubrica, hoc titulo quasi parte prioris occurrente, in B.* 22 sunt] *om. B*

V, 1. Rubr.: rubr. C. V, 1. **1.** *8—9:* L. 52 D. de re iud. XLII, 1, L. 1 D. de act. rer. amot. XXV, 2; L. 1 D. de ritu nupt. XXIII, 2. **2.** *16—18:* LL. 1, 3 D. de proxenet. L, 14. *18—20:* L. 6 C. h. t.

V, 2 Rubr.: rubr. D. XXIII, 1. **1.** LL. 1, 2 D. h. t.

stipulari futuros maritos seu futuras uxores. Qualiter autem spon- 2
salia contrahantur, seu retineantur, item quomodo solu*a*ntur, uiden-
dum est. Contrahuntur quidem consensu tam ipsorum quam eorum 3
quorum in potestate sunt, cum tamen eius etatis sint ut consentire
possint: etas enim septem annorum in sponsalibus prefinita est.
parentes *uero* soli sine consensu liberorum sponsalia eorum nomine
quos ‖ in potestate habent contrah*ere* non possunt. liberi autem semper *f. 34 c. 2.*
consentire uidentur, nisi contradicant expressim. set filia debet
patri semper consentire, nisi turpem uel ignominiosum ei eligat, cum
electio seu patris conuentio ipsius mulieris uel tutoris seu curatoris
arbitrio preferatur. inter easdem fere personas que nuptias contra-
here non possunt, sponsalia prohibita sunt. Retinentur consensu. 4
Dissoluuntur morte, renuntiatione, misso repudio scilicet adiecta 5
libelli sollempnitate his uerbis: ‘conditione tua non utar’. distra-
huntur autem quandoque sine pena, quandoque cum pena. sine
pena: ueluti si ex iusta causa renuntiatio missa est (quę in Consti-
tutionibus continentur), uel cum minor mater familias nuptura erat.
alias uero factę renuntiationi, id est sine causa, pena inponitur:
ueluti si sponsus uel pars eius sine causa repudium miserit, ut arras
ab eo uel eius parte datas amittat. (Arrę quidem sponsalicię sunt
que a sponso eiusue parte sponsę eiusue parti dantur: in cuius
locum hodie pignora ab utraque parte dantur.) si uero sponsa uel
eius pars hoc sine causa fecerit, arras in duplum restituere debent,
nisi forte de his in triplum uel quadruplum restituendis conuenit:
quod enim olim lege permissum erat, nunc pacto fieri conceditur.
alię uero penę nec stipulatione nec alia obligatione inponi possunt,
cum matrimonia et in contrahendo et retinendo et dissoluendo libera

---

2 soluantur] *PB* soluentur *T* 3 tam eorum quam ipsorum *P* 4 cum] dum *PB* 6 uero] *PB* ñ (= non) *T* 7 contrahere] *PB* contrahi *T* 8 consentire] patri *add. P*[1], *delevit P*[2] 9 semper] *om. B* | ei] pater *add. P* | elegit *B* 10 conuentio] conuictio *B* | uel] seu *P* | seu] uel *P* 16 in] *om. PB* 17 continentur] inuenitur *P* | uel — erat] *delevit P*[2] | nupta *P*[1] 18 uero] sine causa *add. P* | id — causa] *om.* T^1*P* | penam imponit *B* 21 que] quod *B* | sponsę — parti] *om. P* | datur *B* 23 hoc sine causa] *om. P*[1] | debet *PB* 24 uel] in *add. P* 27 et in] et *om. P* | et retinendo] et *om. P*

---

3. *3—4*: L. 4 pr., L. 7 § 1 D. h. t. ict. L 2 D. de ritu nupt. XXIII, 2, pr. Inst. de nupt. I, 10. *4—5*: L. 14 D. h. t. *6—8*: L. 11, L. 12 pr., L. 13 D. h. t. *8—11*: L. 12 § 1 D. h. t. ict. L. 4 § 1 C. h. t. *11—12*: LL. 15, 16 D. h. t. **5.** *13—14*: L. 3 C. h. t., L. 2 §§ 1, 2 D. de divort. XXIV, 2. *15—17*: L. 5 §§ 2—4 C. h. t.; L. 5 pr. C. h. t. *18—25*: L. 5 pr., § 1, § 5 C. h. t. *26—1*: L. 5 § 6 C. h. t., L. 134 pr. D. de verb. obl. XLV, 1.

6 esse debeant. sunt enim personę quę nec in simplum eas recuperare possunt, si mulier uel pars eius non putet ea esse reddenda, uel[*uti*] si presides uel personę ad eum pertinentes subiectarum iurisdiction*i* sponsal*ia* contraxerint.

III. DE DONATIONIBVS INTER SPONSVM ET SPONSAM.

1 Nunc de simplicibus donationibus inter sponsum et sponsam edisserendum est. quę antea indistincte admittebantur, nisi conditionibus adiectis factę essent. hodie uero delectus in his habendus est. tacite enim in his donationibus illud inesse uidetur, ut ita demum ualeant, si matrimonium contractum fuit. alias enim quod inter eos donatum est ab utraque parte quasi ob causam datum causa non secuta repetitur, nisi pars que dederit causam non con-
f. 34 c. 3. trahendi matrimo||nii prebuit: tunc enim et que accepit reddet et que dedit non repetit. si uero osculum interuenit, tunc sponsa quę accepit pro parte dimidia retinet, pro reliqua parte restituat, quod autem dedit in totum recuperare debet, — nisi ipsa causam non contrahendi matrimonii prebuit. hec omnia secundum distinctionem Constantiniane constitutionis intelligenda sunt. antiquę enim constitutiones ad hanc formam redigendę sunt, ut ita demum donationes inter sponsum et sponsam facte ualeant, si matrimonium contractum fuerit uel si expressim actum inter eos fuerit, ut donatio ualeat, siu*e* matrimonium contrahatur siue non, quod etiam ex personis et ex re intelligendum est. set et quandoque etiam quod ob simplicem donationem promissum est contracto matrimonio peti potest, nisi tunc [*cum*] uxor fefellit maritum in dotem: tunc enim doli exceptio obstat.

2 De donatione uero ante nuptias, quę magis propter nuptias dicenda est, ita tractandum est, ut naturam eius simpliciter spectemus et

---

1 personę] *om.* T^1 | eas] ea *P*; *om. B* 3 ueluti] *P* uel *TB* | preses *P* 4 iurisdictioni sponsalia] *PB* iurisdictionis sponsalicia *T* 5 De donationibus ante nuptias et propter nuptias et spō. *P* De donationibus propter nuptias et sponsalitiis *B* 7 edisserendum] dicendum *P* 10 fuerit *PB* 12 dedit *PB* 13 que] quod *PB* 14 que] quod *PB* | repetet *P* repeteret *B* | quę] quod *B* 15 reteneat *P* | restituet *B* 16 debet] poterit *B* | nisi] et *add. B* 17 prebuit] dedit *P* | diffinitionem *P* 21 uel si] nisi *P* | expressim] ita *B* | fuerit] est *P* 22 siuæ *T* 23 ex rebus *P* | et] *om. P* | etiam] *om. P* 25 cum] *PB* | obstat.] *Rubrica* De donatione ante nuptias et propter nuptias et f'. n. (spon. *leg.*) *sequitur in P.*

---

6. L. un. C. si rector prov. V, 2.

V, 3. Rubr.: rubr. C. V, 3. **1.** *7—14*: L. 15 C. h. t. *14—18*: **L. 16 C. h. t.** *18—23*: LL. 8, 9, 11 C. h. t. *23—25*: L. 3 C. h. t. ict. L. 4 C. h. t.

postea quid ex nouis constitutionibus additum est sumatim intue-
amur. Propter nuptias quidem donatio a marito uel eius parte datur 3
mulieri eiusue parti, siue ante matrimonium hoc, siue postea hoc
fiat. licet antea semper ante nuptias fieri debe[*re*]t, augeri tamen ex
lege Iustiniani et constante matrimonio poterat. nunc autem et fieri
et [*augeri etiam*] contractis nuptiis potest, et ideo propter nuptias tantum
appellatur, quia propter matrimonium fit et tacitam habet conditionem, ut
nuptiis non secutis nullius momenti *sit*. cum et fieri constante matri-
monio possit, multo magis et insinuari potest, licet hodie ex noua
constitutione donatio propter nuptias specialis contractus sit et in-
sinuationem non desideret. Pacta quidem si fiant, exequari debe[*n*]t 4
pactionibus dotis, ut pacta in partibus paria fiant, inmo et in quan-
titate, cu[*m*] donatio propter nuptias sine dote fieri non potest. item dos
propter nuptias donationes meretur, ita ut in quantitate et in partibus
paria fiant, ne negotiatiue ‖ sese circumueniant: omnia enim ad equali- *f. 34 c. 4.*
tatis rationem redigenda sunt, et in his constituendis et augendis
nec non et diminuendis, dum tamen ne in fraudem filiorum prioris
matrimonii diminuantur. pro inequalitatibus et pactionibus disparibus
factis semper maior pars ad minorem deducitur, ita ut uterque mi-
norem partem lucretur. Pro donatione uero tali in rem actio et 5
dissoluto matrimonio datur, nisi uxor eiusue pars maritum circum-
ueniunt in dote danda. set que minus dedit quam promisit, pro
quantitate dotis datę et ipsa recipit, quę autem nichil dedit nichil
recipit.

DE RITV NVPTIARVM. IV.

Preparatoria explicita sunt. nunc de ritu ac celebritate ipsa- 1
rum nuptiarum sermo habendus est. Nuptię quidem a nubendo 2

---

1 post quod *P* | hoc] *om. PB* | post *P* | id *B* 4 debeat P^2 debebat *B* solebat P^1 5 iustini P^1 6 augeri etiam] *PB* | tantum] tamen ante nuptias *P* 7 quia] et *add. B* 8 sit] *PB* fit *T* 9 ex] *om. P* 11 debent] *PB* 12 pacta] *om.* P^1 12, 13 inmo — quantitate] *om. B* 13 cum donatio] *P* cudonatio T^2 cudempnatio T^1 condempnatio *B* 14 donationem *P* 15 fiant] sint *P* | negatiue T^1 17 et] *om. P* 19 maiorem partem *P* | deducitur] deduci oportet *P* 21, 22 circumuenerit *P* circumuenitur *B* 22 que] quod *B* 23 quę] quod *B* 25 De nuptiis et ritu nuptiarum *B*

---

3. *2—8*: L. 19 pr., § 1, L. 20 pr. — § 7 C. h. t. *8—9*: L. 20 § 8 C. h. t. *9—11*: **Nov. 119 c. 1** (Auth. Eo decursum ad L. 20 C. h. t.). **4.** LL. 9, 10 C. de pact. conv. V, 14, L. 20 § 7 C. h. t., Nov. 97 c. 1, 2 ict. Nov. 91 c. 2 (Auth. Dos data ad L. 20 C. h. t.), L. 19 § 3 C. h. t. **5.** *20—24*: Nov. 61 c. 1 § 1 (Auth. Permissa ad L. 20 C. h. t.); Nov. 2 c. 5.

V, 4. Rubr.: rubr. D. XXIII, 2 (C. V, 4).

dictę sunt. sunt autem nuptię seu matrimonium maris et feminę
coniunctio, cum quadam ratione societatis diuini et humani iuris
3 perpetua communicatio. Nuptię uero quedam prohibentur, quędam
permittuntur. prohibentur: natura, ut inter minores *XII* uel *XIIII*
annorum. item ratione sanguin*is*, ut inter as[*c*]endentes et de-
scendentes: et hoc usque in infinitum. ex latere uero est quedam
prohibitio non tanta, ut inter fratrem et sororem (etiam adoptiuos)
etc̄. ratione quoque affinitatis seu honestatis prohibentur, ut inter
uitricum et priuign*a*m, et nurum et socerum etc̄. honestatis: ueluti
inter patrem et sponsam filii et contra. item inhibentur senatus
consultis, ut inter tutorem et pupillam, et curatorem et adultam,
liberosque eorum. legibus etiam, ut Iulia et Pa*p*ia inter senatorem
et libertam, et libertum et filiam senatoris. mandatis quoque, ut
inter presides et subiectas eorum iurisdictioni. item constitutionibus,
ut inter te et eam quam de sacro fonte suscepisti et feminas Deo
dedicatas. sunt autem nuptię et alias prohibitę seu inutiles, que
leuiter notari possunt tam ex constitutione quam ex Responsis pru-
4 dentium. In his quidem quę per‖missę sunt, sollempnitas deside-
5 ratur in contrahendis et retinendis et dissoluendis. Contrahuntur
f. 35 c. 1. consensu nubentium et eorum quorum in potestate sunt, nisi forte
parentes mente capti uel furiosi sunt: tunc enim presides nec non
episcopi presentibus curatoribus et cognatis eorum interuenire solent
et eorum arbitrio dos et donatio constituenda est pro facultatibus et
dignitate furiosi. item et alias presides interponunt se, ueluti cum
puella destituta est patris auxilio et inter tutores seu curatores et
cognatos discordia est de futuro marito eligendo, [*et ea*] cultu uerecundię

3, 4 prohibentur quędam permittuntur] *om.* P^1 4 XII uel XIIII] *PB* XIII. uel IIII. *T* 5 item] quadam *add.* *P* | sanguinis] *PB* sanguinitatis *T* 6 et hoc] *om.* P^1 | uero est] *om.* P^1 7 non] licet non *P* 8 etc̄.] *Rubrica* De incestis nuptiis *sequitur perperam in B.* 9 priuignam] *P* priuignum *TB* 10 contra] econtra *P* 12 etiam] *om.* *P* | Papia] *PB* pagia *T*; ut *add.* *P* 14 subiectas] personas *add.* *P* 16 et] *om.* *B* | alie *B* 17 constitutionibus *B* 25 seu] et *B* 26 discordia] dissensio *B* | et ea] *P* ea *B* | uerecundię] plena *add.* P^1, *expunxit* P^2

---

2. *1—3*: L. 1 D. h. t. Cf. supra V, 1 § 1. **3.** *4—5*: pr. Inst. h. t. I, 10 ict. pr. Inst. quib. mod. tut. fin. I, 22. *5—8*: §§ 1—5 Inst. h. t. *8—10*: §§ 6—9 Inst. h. t. *10—12*: L. 59, L. 64 § 1, L. 36, L. 66 D. h. t. *12—13*: L. 44 pr., L. 23 D. h. t. *13—14*: L. un. C. si rector prov. V, 2 ict. LL. 63, 65 D. h. t. *14—16*: L. 26 § 2 C. h. t., Nov. 5 c. 8, Nov. 22 c. 5. **5.** *19—24*: L. 2 D. h. t., L. 12 C. h. t.; L. 25 §§ 3, 4 C. h. t. *24—3*: L. 1, L. 20 § 1 C. h. t.; L. 12 § 1 D. de sponsal. XXIII, 1, L. 11 D. h. t.

non exprimit propriam uoluntatem, quod ei permittitur, dum tamen
contra destinationem paternam non facit, cum ab initio patri con-
sensit: alioquin inuita non cogitur. cum liberi *inuiti non* coguntur
ad nuptias contrahendas, consentire semper uidentur, nisi expressim
contradicant. *In nuptiis* tamen scriptura seu pompa item dos non 6
desideratur: non enim dotibus set affectu matrimonia copulantur,
cetera uero argumenta seu appenditia sunt contractarum nuptiarum.
sunt autem persone que ad confectionem instrumentorum coguntur,
ut senatores et illustres: ceteri affectu solo contrahunt matrimonia.
Item consensu retinentur, etiam si parentes postea dissentire uelint, 7
nisi iustam causam dissociandi habeant. Distrahuntur similiter con- 8
sensu misso libello. quod et pater facere potest in cuius potestate
est iusta causa interueniente, et si filia reconciliare patre inuito
uelit, dotem amittet et pater ea non consentiente dotem repetere
potest, quia in contrahendis et in reconciliandis matrimoniis parentes
consentire debent: alioquin iniustum erit matrimonium.

DE INCESTIS NVPTIIS. V.

De nuptiis generaliter dictum est. modo de incestis et alias 1
quolibet modo inutilibus. 'Incestę' nuptię dicuntur non castę, ut 2
inter eos qui ratione sanguinis coniunguntur, 'nefarię' uero proprie
dici possunt quę inter ascendentes et descendentes contrahuntur, [his]
de quibus fandum non est, ‖ licet promiscue ponantur. qualiter- f. 35 c. 2.
cumque autem alias prohibitę sunt, 'inutiles' dicuntur. Quibus 3
autem penis afficiantur tam antiquo quam nouo iure qui illicitas
nuptias contrahunt, uidendum est. incestas enim contrahentis nup-
tias pęna est tam confiscatio dotis quam ceterorum, exilium, item
cinguli si quo potitus fuit spoliatio, et etiam, si uilis persona sit,

1 propriam uoluntatem non exprimente *B* 2 faciat *PB* 3 inuiti non] *PB* non inuiti *T* 5 In nuptiis tamen] Inuitus tamen *T*; *om. PB* 6 affectibus *B* 15 et — matrimoniis] matrimoniis et reconciliandis *P* 17 incestis] et inutilibus *add. PB* 18 alias] aliis *P* 21 his] *om. PB*; scilicet *scr.*? 22, 23 qualitercumque — dicuntur] Inutiles quoque qualitercumque alias prohibite sunt dicuntur. *P* 25 enim] *om. P* 27 potitus fuit] petitus fuit *B* petitur P^1 potitur P^2 | et] *om. B*

3—5: L. 11, L. 12 pr. D. de sponsal. XXIII, 1. **6.** *5—7*: L. 22 ict. L. 13 C. h. t., L. 11 pr. C. de repud. V, 17. *8—9*: Nov. 117 c. 4 (Auth. Maximis ad L. 23 C. h. t.). **7.** L. 5 pr. C. de repud. V, 17. **8.** *11—12*: L. 8 pr. C. eod. *12—16*: L. 5 pr. C. cit.; L. 7 C. h. t.

V, 5. Rubr.: rubr. C. V, 5. **2.** *19—22*: L. 39 § 1, L. 56 D. de ritu nupt. XXIII, 2; § 1 Inst. de nupt. I, 10. **3.** Nov. 12 c. 1, 2 (Auth. Incestas ad L. 6 C. h. t.).

uerberatio: femina quoque legem sciens talia peccante eidem pęnę subiuganda. substantia qua priuatur liberis sui iuris factis, si quos habet legitimos, applicatur: quibus non existentibus fisco queritur. set a liberis pater est alendus.

VI. DE SECVNDIS NVPTIIS.

1 De secundis nuptiis tractandum est, in quibus et supradictę
2 sollempnitates necessarie sunt. In his enim duo, id est nimia festinatio et affectio liberorum prioris matrimonii non seruata, puniuntur. nuptię secundę intelligendę sunt, et si tertię et quartę seu ulteriores sint: ad differentiam enim precedentium semper secundę dicuntur.
3 Festinatio nimia ipso iure infamiam irrogat et factionem testamenti aufert, et neque dare neque accipere possunt nisi a certis personis, cum tempus luctus, id est annum, non serua[*n*]t, et omnia quę qualitercumque de bonis prioris mariti acceperint ammittunt per inmaturum matrimonium. eisdem penis nunc afficitur et ea que parit infra tempus luctus, cum certum sit sobolem hanc ex defuncto non existere: non enim leges proditę sunt luxuriantibus, inmo caste
4 uiuentibus. Propter non seruatam affectionem liberorum in donatione propter nuptias deserit eam proprietas, etiam si ab alio pro marito data fuerit, item quicquid a priore marito quolibet titulo consecuta fuerit, siue inter uiuos siue in ultima uoluntate, usufructu tamen ei concesso. etiam quod ex successione filii lucrata fuerit amittit quantum ad proprietatem, usu fructu sibi reseruato. set in his hoc uerum est quę ex bonis patris ad filium peruenerunt: in rebus aliunde
f. 35 c. 3. quesitis ab intestato et [*ex*] testa‖mento ut quilibet extraneus succedit. item si omnes filii prioris matrimonii sobole non relicta decesserint, redit ad matrem dominium, in quantum acquiritur ex pacto non existentium liberorum. item maritus propter secundas nuptias similiter amittit dotis dominium et aliorum datorum seu relictorum a

---

1 legem — peccante] talia peccantem (peccans P^2) legem sciente (sciens P^2) *P* 13 annus *P* | seruatur *P* seruauerint *B* 14 mariti] TP^1 matrimonii P^2 15 nunc] *om.* *PB* 21 uoluntate] amittit *add.* *P* 22 et etiam *B* 23 fructu] tamen *add.* *P* 24 in] suis *add.* *P* 25 ex] *PB* | succedit] et hoc noua constitutione *add.* *P* 27 in] *om.* *PB* 29 seu relictorum *om.* *B*

V, 6. Rubr.: rubr. C. V, 9. **2.** *9—10*: L. 6 pr. C. h. t. **3.** *11—15*: LL. 1, 2 C. h. t., Nov. 22 c. 22. *15—18*: Nov. 39 c. 2 § 1 (Auth. Eisdem ad L. 1 C. h. t.). **4.** *18—22*: L. 3 pr., § 1 C. h. t., Nov. 22 c. 23. *22—25*: Nov. 22 c. 46 § 2. *26—28*: Nov. 22 c. 26. *28—1*: L. 5 pr. C. h. t., Nov. 22 c. 23.

priore uxore, usufructu et hic parentibus inpertito. que omnia uera sunt non solum in patre, set et auo et proauo, item auia et proauia, bonis tamen parentum pro his rebus liberis obstrictis. que res si extant, mortuo patre uendicari ab omni possessore possunt: si enim consumptę sunt, ab heredibus eius condici. hoc autem permittitur liberis, siue alterutrius siue neutrius parentis hereditatem adierint, eo tantum adiecto, ut liberi qui ex eo matrimonio sunt sponsalicias largitates suorum parentum semper precipuas accipiant. *et* hoc ita intelligendum est, cum parentibus concessum erat ex pacto dotem et donationem retinere. quod seruandum est et si culpa alterutrius matrimonium non morte set diuortio dissolutum fuerit: quo casu dos et donatio ex lege amittitur, et ideo hic postea secundis nuptiis contractis liberis similiter ex eo matrimonio reseruanda sunt. Item et aliis penis afficiuntur, quod uxor secundo marito uel maritus 5
secundę uxori neque in dotem neque propter nuptias donatione nec etiam alio quolibet titulo uel inter uiuos uel in ultima uoluntate plus dare possunt uel derelinquere, quam dederit uni ex filiis prioris matrimonii cui minor portio data seu derelicta fuerit. quod autem plus datum seu derelictum fuerit, noua constitutione inspecta his tantum liberis conceditur qui ex priori matrimonio sunt, cum his tantum iniuria illata sit. hoc, si ingrati non extiterint: alioquin si hac occasione accepta ingratitudinem parentibus intulerint, et ab hoc beneficio excluduntur. Matri uero seu patri seruanti fidem priori 6
thoro etiam proprietas concessa est: quod noua constitutione pro numero liberorum coartatum est.

DE DOTIS PROMISSIONE. ‖ VII.

Dos quidem et in primo et in secundo matrimonio datur seu 1
promittitur. ideo 'de dotis promissione et nuda pollicitatione' apponit. *f. 35 c. 4.*

---

2 et auo et proauo] etiam auo et matre *P* 3 parentum] parentibus *P*[1] 4 patre] parente *P* 5 condici] possunt *add. P* 7 tantum] tamen *P* 8 percipiant *B* 9 et] *PB* ex *T* | ita] *om. P* 10, 11 alterius *P* 12 casu] et *add. B* | hic] et sic *B* 13 matrimonio] matri omnia *P*[1] 15 propter] in propter *P* | donationem *P* 17 relinquere *PB* 18 portio] pars *B* | relicta *PB* 19 relictum *B* 20 tantum] *om. P*[1] 21 existunt *P* 22 et] *om. B* | ab] *om. P* 25 coartandum *P*[1] 26 promissione] et nuda pollicitatione *add. BR*

1—2: Nov. 127 c. 3, L. 6 § 3, L. 10 § 4 C. h. t., Nov. 22 c. 27. *3—8*: L. 6 § 9 C. h. t.; L. 5 § 2, L. 6 § 11, L. 8 § 1 C. h. t.; Nov. 98 c. 1. *10—13*: Nov. 22 c. 15 pr., Nov. 117 c. 8 pr., c. 9 pr. **5.** *14—18*: L. 6 pr. — § 3 C. h. t. *18—23*: **Nov. 22 c. 27** ict. L. 9 C. h. t., L. 10 C. h. t. **6.** L. 6 § 10, L. 8 § 1 C. h. t.; **Nov. 127 c. 3.**
V, 7. Rubr.: rubr. C. V, 11.

2 Promittitur dos per stipulationem. pollicitatio uero est solius offe-
rentis promissum: quo casu prescriptis uerbis accione peti poterat.
hodie uero in omni dotis conuentione tacita stipulatio intelligitur, et
ideo omnes dotes ex stipulatu peti possunt. et hoc uerum est, siue
3 a muliere siue ab alio pro muliere dos promittatur. Pater tamen
cogitur, item mater in casu: paternum enim officium est dotare
filiam, mater uero si heretica sit cogitur. ceterę personę ex uolun-
tate hoc faciunt, dum tamen de suo qui dotem promisit semper eam
dotare debeat. et hoc ita, si certa species uel quantitas promissa
sit uel arbitratu boni uiri se dotem daturum promisit: specie tamen
uel quantitate non adiecta item arbitrio cessante promissio nulla est.
4 Et datio item promissio ita demum ualet, si matrimonium de facto
et iure constet.

VIII. DE IVRE DOTIVM.

1 Data dote seu promissa, siue ab ipsa muliere siue ab alio pro
ea, siue ipsi marito siue patri [*eius*], quid iuris in ea maritus habeat,
2 rationabiliter spectandum est. Dos est quę a muliere eiusue parte
marito partiue eius datur seu promittitur propter honus matrimonii,
3 ea tamen destinatione, ut semper apud maritum sit. Datur quidem
dos quandoque estimata, quandoque inestimata. set siue estimata
siue inestimata, si res tradite sunt marito uel alii pro eo, dominium
transf*ertur*, si dominus est ille qui tradit: alioquin conditio prescri-
4 bendi seu usu capiendi — uitio rei cessante — paratur. fructus
quidem et omnis utilitas ad maritum pro honere matrimonii pertinet.

---

1 Promittitur] autem *add. P* 2 promissio *PR* 3 stipulatio] inesse *add. PBR* 7 ceterę] uero *add. P* 8 promittit *BR* 13 constet.] qui autem dotem promisit de suo soluere debet, et si pater sit, debito naturali in sua causa manente. idem est et si de bonis suis et uxoris promisit, nisi forte inopia fatigetur. quod et in propter nuptias donatione iuris est. *add. P* 16 eius] *PBR* 16, 17 quid — muliere] *om.* T^1 18 partiue eius] *TP* eiusue parti *R* eius patri *B* 22 transfertur] *PBR* transferetur *T* | tradidit *P*

---

2. *1—2* „pollicitatio — promissum": L. 3 pr. D. de pollicit. L, 12. *2—5*: L. 6 C. h. t. ict. L. un. §§ 1b—1d C. de rei uxor. act. V, 13. Cf. Azo S. C. V, 11 § 6 in f. **3.** *5—7*: L. 19 D. de ritu nupt. XXIII, 2, L. 7 § 2 in f. C. h. t., L. 14 C. de iure dot. V, 12 ict. L. 19 § 3 C. de haeret. I, 5. *8—9*: L. 7 §§ 2—4 C. h. t. *9—11*: LL. 1, 3 C. h. t. **4.** L. 3 D. de iure dot. XXIII, 3, L. 20 § 2 C. de donat. ante nupt. V, 3.

V, 8. Rubr.: rubr. C. V, 12. **2.** L. 1 D. h. t. XXIII, 3 ict. L. 76 in f. D. h. t., L. 20 C. h. t. **3.** *20—22*: § 41 Inst. de rer. div. II, 1, L. 23 C. h. t., L. 75 in f. D. h. t. *22—23*: L. un. C. de usuc. pro dote VII, 28, pr., § 4 Inst. de usuc. II, 7. **4.** *23—24*: L. 20 C. h. t., L. 7 pr. D. h. t., L. un. § 9b C. de rei ux. act. V, 13.

in estimatis omne commodum et periculum ad eum pertinet, et ideo
ut emptor eas alienare potest, etsi *predia* sint, et ideo his euictis ex
empto de euictione agere potest. si autem inestimatę res euicte
sunt, ex stipulatu uel condictione, si pollicitatio intercessit, agi potest:
alioquin de dolo, nisi a muliere interpositus sit. in rebus non exti-
matis dolum et culpam et diligentiam prestare debet. alioquin si
aliter res pereunt, periculum ad mulierem spectat, et ideo si ancillę
dota‖les peper[*er*]int, partus ad mulierem pertinet, et quod mancipia *f. 36 c. 1.*
dotalia quesierint mulieris est, nisi ex re mariti uel ex oper*is* suis
questum fecerint: ea enim omnia ad maritum pertinent. cum operas
enim ei prestare debeant, exhibitio quoque ipsorum ad eum spectat.
manumittere quoque [et] mancipia dotalia, si soluendo sit, potest. item 5
res dotales in pecuniam conuertere et pecuniam in rebus potest, si
utilitas dotis hoc expostulat et gerendo negotium dotis hoc faciat.
alioquin si suo nomine ex pecunia dotali aliquid emerit, dotale non
efficitur et ideo ad eum tantum pertinet, licet ad restitutionem pecunię
teneatur. predia quidem dotalia, lege Iulia prohibente, maritus alie- 6
nare non potest. licet [*enim*] in dominium eius res transeant iure ciuili,
naturali tamen ratione in domin[*i*]o mulieris sunt euidenter, unde
conueniens est in prediis inestimatis alienationem esse prohibitam.
Sine traditione uero dos constituitur, si mulieri maritus C debeat et 7
ipsa dotis constituendę causa eum liberet, uel si speci*em* debeat, ueluti
Stichum, et conuenit ut pro X eum retineat. Constante quidem 8
matrimonio semper apud maritum esse debet, nisi ad inopiam deuol-
uatur: tunc enim ex lege Iustiniani ab eo repetitur, dum tamen
eius utilitas in usu mariti et mulieris expendatur.

---

1 omne] *om.* T^1 | et periculum] et incommodum *B*; *om.* T^1R 2 predia] *PBR* presidia *T* 7 ideo] contra *PBR* 8 pepererint] P^b peperint TP^aBR | pertinent *B* 9 mariti uel] maritali *P*; uel *add.* P^2 | operis] *PR* operibus *TB* 10 enim] *om. B* 12 et] *om. PBR* 13 rebus] *TPBR*; res *scr.*? 18 enim] *PBR* 19 naturali *PBR* ratione T^1 rationali T^2 | tamen ratione] *om. B* | in] et in *PR* | dominio] *PBR* | sunt euidenter] esse uidentur *P* 21 uero] *om. B* 22 speciem] *BR* species TP^1 specie P^2 25 eo] ea *PBR* 26 eius] *om.* P^1

1—3: L. un. § 9c C. eod., LL. 5, 10 C. h. t.; L. un. § 15c C. de rei ux. act. V, 13, L. 11 D. de fundo dot. XXIII, 5; L. 1 § 1 C. h. t. *3—5*: L. 1 pr., § 2 C. h. t. *5—6*: L. 17 pr. D. h. t., L. 66 pr. D. sol. matr. XXIV, 3. *6—10*: L. 10 §§ 1, 2, L. 69 § 9 D. h. t., L. un. § 9a C. de rei ux. act. V, 13. *10—11*: LL. 12, 15 D. de imp. in res dot. XXV, 1. **5.** *12*: L. 21 D. de manumission. XL, 1. *13—14*: LL. 26, 27, 32 D. h. t., L. 21 D. de pact. dot. XXIII, 4. *15—17*: L. 12 C. h. t. **6.** *17—20*: pr. Inst. quib. alien. II, 8 ict. L. 30 pr. C. h. t., L. un. §§ 15—15c C. de rei ux. act. V, 13. **7.** L. 41 § 2, L. 25 D. h. t. **8. L. 29 C. h. t.**

IX. DE REI VXORIÆ ACTIONE.

1 Dictum est de dote constituenda et quid iuris in ea maritus
habeat. nunc autem non solum de ea constituenda, set etiam qualiter maritus eam tacita stipulatione interposita petere possit, dicen-
2 dum est. Itaque sublata rei uxorie actione omnes dotes petuntur
actione ex stipulatu, siue insit stipulatio siue non, siue etiam inutiliter interposita sit. et hoc uerum est, siue a muliere siue ab alio pro ea dos promittatur: semper enim ex nouo tacita stipulatio inest, constante tamen matrimonio tam de facto quam de iure. in qua actione non solum id quod in dote[*m*] promissum est uenit, set etiam usurę promissę. sin autem in conuentione deductę non sunt, tamen usurę post biennium peti possunt, si dos in pecunia uel in auro sit. item si in aliis rebus mobilibus constet, similiter accessiones post predictum tempus prestantur. tacita quoque ipotheca
3 huic accioni coheret. item bone fidei est. ‖ Pro dote quoque resti-
f. 36 c. 2. tuenda mulieri partiue eius ex stipulatu actio tacita et bone fidei similiter comparata est. matrimonio non contracto, quod dotis causa datum est translato dominio condici*tur*, alioquin uendicatur. extraneus quoque dando dotem qui sibi pactus uel stipulatus est dotem reddi, communi iure repetere potest, siue contractum matrimonium sit siue non. quod semper necesse est fieri in persona extranei: alias enim, maxime et pro his dotibus que ab extraneis dantur,
4 tacita stipulatio mulieri introducta est. Cui autem hec actio competat, etiam in quem, item quid in ea ueniat, et quid iudicis sit
5 officium, spectandum est. Mulieri uel eius parenti defertur hec actio.
nam cum dos profecticia est, id est siue ex re parentis uel ex occasione eius proficiscatur, ipsi competit actio, exercenda tamen uolun-

---

1 uxorie] *PBR* uxoria *T* | actione] et in ex stipulatu transfusa *add. B* 6 etiam] *om. P* 8 nouo] *TP²BR* noua *P¹*; et *add. B* 9 tamen] *om. B* 10 dotem] *PBR* | permissum *P* 11 conuentione] *TPB* conuentionem *R* 15 fidei est.] *Reliqua huius tituli in titulo* Soluto matrimonio rel. *occurrunt in BR; v. infra annot. crit. ad tit. XIII.* 17 matrimonio] uero *add. PBR* 18 condicitur] *PBR* conciditur *T¹* condiciditur *T²* 21 persona] *TP* personam *BR* 23—25 Cui — est] *om. BR* 25 Mulieri] quidem *add. B* | parenti] parti *P¹* | defertur] competit *BR* 26 id est] *om. B* | parentis] *TP* patris *BR* | ex] *om. BR* 27 competit] hec *add. P*

V, 9. Rubr.: rubr. C. V, 13. **2.** *5—7*: L. un. §§ 1—1d C. h. t. Cf. supra V, 7 §§ 2, 4. *11—14*: L. 31 §§ 5—8 C. de iure dot. V, 12. *14—15*: L. un. §§ 1b—2 C. h. t. **3.** *15—17*: L. un. §§ 1—2 C. h. t. *17—18*: L. 7 § 3 D. de iure dot. XXIII, 3. *18—23*: L. un. §§ 13—13c C. h. t. **5.** *25—2*: L. 2 § 1 D. sol. matr. XXIV, 3 ict. L. 5 pr. — § 2 D. de iure dot. XXIII, 3; L. 7 C. de nupt. V, 4. Cf. supra V, 4 § 8.

tate filię nisi tunc cum filia sine consensu patris reconciliauit matrimonium: tunc enim et inuita filia soli patri competit. alias autem uel expressus consensus filię desideratur, uel pater ratam petitionem filiam habituram cauere debet. si uero interim filia sui iuris effecta sit, ei uel eius heredi in solidum competit. item si aduenticia sit et extraneus non sibi pactus est, tunc et ab initio ei soli defertur. ad heredes uero patris transit filia non existente uel eius sobole.
Aduersus maritum competit, siue per se siue per alium dotem acce- 6
perit. item in parentes mariti quorum in potestate est, si ipsi dotem acceperint: quo casu et heredes eorum teneri procul dubio est.
Veniunt autem in ea accione, si dos inestimata est, res inmobiles 7
statim, *et non tantum* fructus ante matrimonium percept*i* set etiam postea, habita tamen ratione eius partis an[*n*]i pro qua matrimonium stetit. item illud quod in fructu non est restituendum [*est*], ut ea quę per alluuionem accesser*unt*. item ancillę dotales et partus earum, et quicquid non ex re mariti neque ex operis suis quesierunt. res uero mobiles seu se mouentes et si quid in quantitate debetur, intra annum ea omnia restituenda sunt: alioquin facta exstimatione usurę ex tertia parte centesimę currunt. si uero dos estimata fuit, estimatio tantum debetur. item si quantitas fuit, in tantumdem obligatur. ‖ si autem res euictę fuerint, quod mulier pro euictione marito *f. 36 c. 3.*
prestiterit hoc restituendum est. quod si id quod uir uxori debeat, in dotem retentum est, cum usuris ante matrimonium debitis restituendum est, si debitum usurarium fuit: alioquin ex natura huius accionis usurę post annum ueniunt. sepissime autem euenit, ut in 8
rebus inestimatis prestatio uel prorsus tollatur uel minuatur. si enim res dotales sine dolo et culpa mariti extinctę uel deteriores factę

6 et ab] et *om. P* 7 heredem *P* 8 Aduersus] Hec accio aduersus *P*
11 ea] *TB* hac *PR* 12 et non tantum] *PBR* non tantum et *T* | percepti] *P* perceptos *TBR* 13 quo *P* 14 est] *BR*; *om. TP* 15 accesserunt] *PBR* accesserint *T*
16 operibus *B* 17 seu se] uel sese *P* 18 ea omnia] *om. BR* | restituantur *P* | alioquin] uero *add. P* | exstimatione] si ea non reddantur *add. P* 21 euicta fuerit *P*
27 dotales] *om.* P^{1}

2—4: L. 2 § 2 D. sol. matr. XXIV, 3, L. un. §§ 14, 14a C. h. t. *4—5*: L. un. §§ 11, 14, 14a ict. § 4 C. h. t. *5—6*: L. un. §§ 13—13b C. h. t. *7*: L. un. § 13c ict. § 4 C. h. t.? **6.** L. 22 § 12, L. 46 D. sol. matr. XXIV, 3, L. 9 C. eod. V, 18. **7.** *11—14*: L. un. § 7a C. h. t., L. 6 D. sol. matr. XXIV, 3, L. un. §§ 9b, 9c C. h. t. *14—16*: L. 4 D. de iure dot. XXIII, 3, L. 69 § 9 D. eod., L. un. § 9a C. h. t. *16—19*: L. 7 §§ 7a, 7b C. h. t. *19—21*: L. 10 C. de iure dot. V, 12, L. 10 pr. D. eod.; L. 42 D. eod. *21—22*: L. 16 D. eod. *22—25*: L. 77 D. eod. ict. L. un. § 7b C. h. t. **8.** *26—3*: L. 17 pr. D. de iure dot. XXIII, 3, L. 66 pr. D. sol. matr. XXIV, 3. Cf. supra V, 8 § 4.

sunt, non tenetur, cum maritus dolum et culpam et diligentiam tantum in his prestare debeat, fatalitatem autem non prestat nisi ex pacto speciali. set si dos ab extraneo iussu mulieris marito promittatur, eius est periculum, maxime si debitor mulieris promissor fuit, uel si post debitum nouauit. quapropter euenit, ut interdum solidum, interdum nichil uel etiam minus restituatur, cum maritus non conueniatur nisi quatenus facere potest, nisi dolo malo suam diminuit substantiam, uel cum necessarię inpensę ipso iure minuunt dotem, tacita tamen ypotheca in hac accione semper locum
9 habente. Officium uero iudicis, cum hec actio bone fidei sit, late patet. usurę enim post moram officio eius applicantur. item cautiones prestantur uel de dote suo tempore restituenda, uel si ad meliorem fortunam peruenerit solidum restitu[*tu*]rum. eo tamen non cauente statim et in solidum condempnatur, habita uidelicet estimatione temporis. item si nolente muliere seruum dotalem maritus manumisit, ut hereditatem eius liberti et quod ex oper*is* eius consecutus fuerit caueat se restitu[*tu*]rum. item seruitutes rerum dotalium quę ob id amissę sunt officio eius inponendę sunt.

X. DE PACTIS CONVENTIS.

1 Premisso tractatu ipsi[*u*]s dotis et propter nuptias donationis rationabiliter natura pactorum quę in his incidenter interponuntur
2 intuenda est. Pacta enim dotalia quandoque communi iure, quandoque speciali nituntur. communi iure: ueluti si pater uel alius quis dotem dando in inicio rei suę legem inponere quam uelit possit,
f. 36 c. 4. data autem hac dote ad‖eo mulieri quesita est, ut nec etiam pater paciscendo contra uoluntatem eius ei preiudicare possit, quemadmodum e conuerso pactum filię patri non obstat. speciali uero ratione

---

3, 4 marito — si] *om. B* 4 mulieris] *om. B* 5 post] postea *PBR* | debitum] T^1 *PBR* debitor T^2 7 conueniatur nisi] *om. B* | quatenus] in id quod *B* | suam] *om. P* 13 fortunam] statum *P* | restiturum *TP* 16 operis] *PR* operibus *TB* 17 restiturum *TPB* 18 omisse *P* 19 conuentis] tam super dote quam ante nuptias donatione *add. P* dotalibus *add. B* tam super dote etc. *add. R* 20 ipsius] *PBR* 24 in] *om. B* 25 hac] iam *PB* 27 e] et e *P*

3—5: LL. 33, 35 D. de iure dot. XXIII, 3. *5—10*: § 37 Inst. de act. IV, 6, L. un. § 7, § 5c C. h. t., L. 5 D. de inpens. in res dot. XXV, 1; L. un. §§ 1b—1d C. h. t. **9.** *11*: L. un. § 7b C. h. t. v. „usuras — — ex bona fide introducendas". *11—15*: L. 24 § 2 D. sol. matr. XXIV, 3, L. un. § 7 in f. C. h. t. *15—17*: L. 61 ict. L. 24 § 4 D. sol. matr. XXIV, 3.

V, 10. Rubr.: rubr. C. V, 14. **2.** *23—27*: LL. 7, 20 § 1 D. h. t. XXIII, 4.

censentur, ueluti si mulier ius quod lege naturę dotis prestitum est
pacto suo *de*stituere uelit, maxime in eo casu ubi soli mulieri resti-
tutio datur: quod pactum non admittitur, ueluti si paciscatur dolum
tantum non etiam culpam in rebus dotalibus prestari: non enim ideo
minus diligentia et culpa prestanda est. Quamuis autem ex iure 3
periculum ad maritum pertinet, ex conuentione tamen transferri
potest in muliere[*m*]: *nam* et dotis permutatio ita recte ex con-
uentione fit, ut pecunia in specie[*m*] et species in pecunia[*m*] con-
uertatur, prout superius dictum est, intercedente utilitate mulieris.
item fiunt quedam transmutandę dotis causa, ueluti si hoc actum est,
ut non res principales set fructus earum in dote sint. Estimatio quoque 4
earum *re*rum que in dotem datę sunt per conuentionem inminui
potest, ueluti si mulier paciscatur, ut tanto minus in dotem habeat
quanto maritus res dotales estimatas sine dolo et culpa sua uendi-
derit. Item maritus ius persequendę dotis per pactum potest dete- 5
riorare, et ut fructus dotis uxor ad se suosque exhibendos habeat.
Pacta autem retentionis inita in casum mortis seu diuortii ita obstant 6
mulieri, si maritus in donatione propter nuptias hec eadem adiecit:
iubentur enim in quantitate et in partibus paria esse, secundum quod
iam a nobis relatum est. et si disparia facta sunt, maiora ad minora
reducuntur, ita ut uterque minorem partem lucretur. sin uero uxor
minus quam promisit dedit, pro quantitate datę partis et ipsa ex
antiferna lucrabitur. item quę nichil ex dote dedit, nichil omnino
ex donatione percipiet, quia et si maritus scripsit se dotem accepisse
quę e[*i*] numerata non est, tamen exceptio non numeratę dotis ad-
hibita distinctione ei queretur.

---

1 censetur] *PR* | dotis] *om. B* | prestitum] *TR* prestitutum *PB* 2 destituere] *R* restituere *T* destruere *PB* 5 minor *B* 7 muliorem nam] *PBR* muliere etiam *T* 8 speciem] *PBR* | et] uel *PR* | pecuniam] *PBR* 9 pront] ut *P* 12 rearum *T* 16 ut] *om. PR* 19 et in] et *om. B*; in *om. P* 20 relatum] dictum *P* | et] *om. B* | facta] *om. B* 22, 23 pro — dedit] *om. B* 24 ex donatione] *om. B* 25 ei] *PBR* 26 queretur] competit *PBR*

3—5: L. 6 D. h. t. **3.** *5—7*: L. 6 D. cit. *7—9*: v. supra V, 8 § 5. *10—11*: L. 4 D. h. t. **4.** L. 12 § 4 D. h. t. **5.** LL. 14—17 D. h. t.; L. 4 in f. D. h. t. **6.** *17—21*: L. 2 D. h. t. ict. LL. 9, 10 C. h. t., Nov. 97 c. 1. Cf. supra V, 3 § 4. *21—24*: Nov. 2 c. 5. Cf. supra V, 3 § 5. *24—26*: L. 3 C. de dote cauta et non num. V, 15, Nov. 100 c. 2.

XI. DE DONATIONIBVS INTER VIRVM ET VXOREM ET A PARENTIBVS.

1 De contractibus qui nuptiarum gratia fiunt dictum est. nunc
de his qui propter matrimonium prohibentur dicendum est. donationes
f. 37 c. 1. enim simplices inter uirum et uxorem ‖ prohibitę sunt: nam hę non
fiunt propter nuptias, set gratia nuptiarum prohibentur. set quia
etiam inter patrem et filium ratione potestatis similiter interdictę
sunt, ideo et de his apponit, et qualiter rati habitione utręque con-
2 firmentur. Maritus et uxor et hi in quorum potestate sunt inuicem
inter se donare prohibentur, ut consoceri, item hi*i* qui in eorumdem
potestate sunt constituti. desideratur quidem, ut uere matrimonium
de iure et de facto sit: alioquin tenet donatio. set ea quandoque
utiliter reuocatur, ueluti si libertus filiam senatoris duxerit et donatio
inter eos facta fuerit: nam et ea reuocatur, ne melioris conditionis
3 sint delinquentes quam hii qui legitima contrahunt matrimonia. De
personis uero inter quas donationes prohibitę sunt dictum est. nunc
qualiter reuocentur, item quatenus, et in quo casu permissę sunt, et
4 qualiter ex postfacto conualescant, uidendum est. Si enim corpus
donatum est, ius quidem dominii non transfertur, set apud donantem
remanet ideoque uendicari potest: quod enim uxor uiro uel uir
uxori donauit pro possessore possidetur. si autem quantitas est, si
extat, et hec uendicatur, si autem consumpta est, ex iniusta causa
condicitur. sin autem aliquid donationis causa inter eos promissum
est, uel exceptio datur seu (quod melius est) ipso iure denegatur
5 actio. Eatenus tantum reuocantur, quatenus persona que accepit
locupletior et ille qui dedit pauperior est. et ideo si maritus rem
alienam uxori donauit eaque usucapta est, licet illa locupletior sit,

---

1 donationibus] *TB* donatione *PR* | uirum] maritum *P* 1, 2 et a parentibus] *om. BR*; in liberos factis et de rati abitione *add. P* 10 donare] donatione *B* | hii] *PBR* his *T* 12 et de] de *om. PR* | set] et *add. PB* 18 uidendum] dicendum *BR* | enim] *om. P* 19 ius] dominium *BR* | dominii] *om. BR* | non] *om. B* | set] *om. B* 20 manet *B* | uel] quod *add. BR* 21 donauerit *PB* 22 iniusta] iusta *P* 24 uel] *om. P* 25 actio] *om. B* | tamen reuocatur *PR*

V, 11. Rubr.: rubr. C. V, 16. **1.** *5—6*: L. 20 § 4 in f. C. de don. ante nupt. V, 3. **2.** *9—11*: L. 1, L. 3 §§ 4, 6, L. 26 § 1, L. 32 § 16 D. h. t. XXIV, 1, L. 4 C. h. t. *11—15*: L. 3 § 1 D. h. t. **4.** *18—20*: L. 3 § 10, L. 5 § 18 D. h. t., L. un. § 5a C. de rei ux. act. V, 13. *20—21*: L. 13 § 1 D. de her. pet. V, 3. *21—23*: L. 3 § 11, L. 5 § 18, L. 6 D. h. t. *23—25*: L. 33 pr. D. h. t. **5.** *25—1*: L. 5 § 8 D. h. t.; L. 25 D. h. t.

cum ille pauperior non est, non reuocatur. nec enim tamquam inter infestos et maliuolos hoc ius tractandum est, set ad bonum et equum redigendum est, et ne occasione maritalis amoris inuicem se spoliarent. ideoque prohibitum est, ut nec per interpositam personam
inter se donent. Dignitatis quidem causa permittitur inter eos do- 6
natio, item menstrui et annui uictus causa, scilicet ad exhibitionem sui et suorum, nec non et causa sepulturę ac etiam unguentorum. item seruum manumissionis causa inter se donare possunt. mortis
quoque causa donatio permissa est. Confirmantur autem donationes 7
morte, siue inter se donauerint coniuges, siue parentes liberis. et
hoc || uerum est, siue expressim siue tacite ratihabitio facta est: omnis f. 37 c. 2.
enim ratihabitio retro redigitur et confirmat ea quę ab initio gesta fuerunt eatenus quatenus tempore mortis dare uel relinquere possunt. ideoque uim relicti habent, et lex Falcidia et senatus consultum in his locum habet. set si pater meus uxori meę donauit, cum breui manu pater michi donare uidetur et ego uxori, non morte eius set mea donatio confirmatur. quod euenit *et* si non naturaliter set ob pęnam mortuus sit. sin autem ille qui accepit premoriatur semper infecta est donatio, uel si quod indicium reuocare uolentis
appareat. Receptum tamen est, ut inperator et augusta inter se 8
donare possunt.

DE REPVDIIS ET IVDICIO DE MORIBVS SVBLATO. XII.

Qualiter sponsalia item matrimonium contrahantur dissertum est. 1
nunc quomodo repudio seu diuortio dissoluantur edisserendum est.
Repudium quidem fit proprie inter sponsum et sponsam, misso tamen 2

---

1 non reuocatur] non *om. B* 3, 4 et ne — spoliarent] hoc ideo ne capti amore inuicem se exspoliarent *P* 4 ideo *BR* 6 uictus] *om. PBR* | scilicet] *TR* si *P* secunda *B* 7 non et] ceterorum et *add. P* 8 donare] dare *B* 9 causa] *om. B* 11 est siue] siue *om. B* 13 eatenus] tamen *add. PBR* 17 et] *P* ut *TBR* 19 infecta] *TB* imperfecta *PR* | iuditium *PR* 21 possint *PR* 22 De diuortiis et de repudiis (*omissis reliquis*) *B* 23 matrimonia *PR* 24 disserendum *P* dicendum *BR*

1—4: L. 28 § 2, L. 31 § 7, L. 1 D. h. t. *4—5*: L. 3 § 9 D. h. t. **6.** *5—6*: LL. 40—42 D. h. t. *6—7*: L. 15 pr. D. h. t., L. 11 C. h. t. *7*: L. 5 § 8, L. 7 § 1 D. h. t. *8*: L. 22 C. h. t., L. 7 § 9 D. h. t. *8—9*: L. 9 § 2 D. h. t. **7.** *9—14*: L. 32 § 2 D. h. t., LL. 3, 10, 25 C. h. t. *14—15*: L. 32 § 1 in f. D. h. t., L. 12 C. ad L. Falc. VI, 50. *15—17*: L. 32 § 16 D. h. t.? *17—18*: L. 24 § 1 C. h. t. *18—20*: L. 32 § 14 D. h. t., L. 6 pr., L. 18 C. h. t.; L. 32 § 5 D. h. t., L. 12, L. 15 § 1, L. 18 C. h. t. **8.** L. 26 C. h. t.

V, 12. Rubr.: rubr. C. V, 17. **2.** L. 2 pr. — § 2 D. h. t. XXIV, 2 ict. L. 101 § 1 D. de verb. sign. L, 16.

libello: 'conditione tua non utar'. diuortium autem inter uirum et
uxorem fit his uerbis: 'res tuas tibi habeto'. diuortium enim a
d[*i*]uersitate mentium dictum est, quia in diuersas partes eunt qui
3 dissentiunt. Et quidem fit quandoque cum causa iusta, quandoque
cum causa iniusta, quandoque sine causa. si enim iusta causa inter-
ueniat, sine pena hoc fieri permissum est: alioquin cum pena. quę
sint iustę causę facilius tam ex Constitutionibus inperialibus, siue ex
ueteribus siue nouis, quam ex Responsis prudentium colligi potest.
4 si autem sine causa matrimonium dissolutum est, uel altera persona
prebuit causam distrahendi, tunc pęna inponitur. uiro quidem per-
missum est lucrari dotem, si culpa mulieris matrimonium dissolutum
est. econtra si maritus prestitit causam distrahendi matrimonii, do-
nationes propter nuptias lucrari mulieri permittitur. sin autem matri-
monium sine dote et propter nuptias donatione est, tunc maritus uel
uxor qui quęue causam disidii prebuit, in quartam partem proprię
substantię puniatur. hoc ita, si habeant patrimonium usque ad CCCC
libras auri: alioquin si hanc quantitatem excesserit, in C libras auri
f. 37 c. 3. tantum dampnificabitur. si autem bona gratia ‖ dissoluatur matrimo-
nium, uel forte uir seu mulier ad solitariam uitam migrauerit, tunc
5 ab utraque parte dos et donatio restituatur. Mulier uero etiam
annum expectare debet propter seminis confusionem. si uero mulier
6 culpam prestitit, tunc etiam quinquennium expectandum est. In
confectione uero libelli etiam sollempnitas desideratur, ut VII testes
adsint, puberes quidem, non etiam liberti.

XIII. SOLVTO MATRIMONIO QVEMADMODVM DOS PETATVR.

De matrimonio siue morte siue diuortio dissoluto satis est dictum. nunc qualiter dos dissoluto matrimonio repetatur tractandum

---

1 autem] *om. P* 2 tua *PB* | habeto] abeo *P*; *om. B* 4, 5 quandoque — iniusta] *om. PBR* 7 facilius] facile *BR*; *om. P* 8 siue] ex *add. P* 12 matrimonii] *TR* matrimonium *PB* 15 proprię] *om. BR* 16 substantie] sue *add. BR* | hec *PR* 17 excessit P^1 excesserint P^2 | auri] *om. BR* 18 tantum] *om.* BP^1R 19 uel] *deleuit* T^2 20 ad utramque partem *P* 21 seminis] sanguinis *PBR* | effusionem *B* 26 dissoluto] *om. B*

---

3. *6—8*: LL. 7, 8, 10, 11 C. h. t., Nov. 22 c. 5—7, 14, 15, Nov. 117 c. 8—12.
4. *9—18*: L. 8 §§ 4—5, L. 11 §§ 1a, 1b, 2a C. h. t. *18—20*: Nov. 22 c. 5—7, 14.
5. *20—21*: Nov. 22 c. 16 pr. *21—22*: L. 8 § 4 C. h. t., Nov. 22 c. 15 § 3.
9. L. 9 D. h. t.

V, 13. Rubr.: rubr. C. V, 18.

est. ideoque cui et in quem competat, et item quid in ea ueniat, et quid sit iudicis officium, conpendiose exponendum.

RERVM AMOTARVM. XIV.

Qualiter dos restituatur matrimonio soluto expositum est. nunc 1
autem si res gratia diuortii ammotę sunt uel a marito uel ab uxore,
quomodo actione rerum amotarum repetantur, exponendum est. Rerum 2
amotarum actio marito seu socero uel eius heredi competit in uxorem
uel eius heredem, quatenus tamen ad eum peruenerit: iniquum enim
uidebatur eam furti teneri, quia quadam ratione societatis domina
uidetur, et ideo introduct*a* est, ne turpis actio in mulierem detur.
item si maritus rem uxoris ex eadem causa amouit, mulieri uel
eius heredi d*a*tur in maritum uel eius heredem secundum quod
dictum est. Veniunt in hac actione res amotę et fructus earum, 3
item, si non extant uel si nolit restituere, estimatio earum, admisso
iure iurando in litem. habetur enim ratio dampni et in id quod
postea res creuit etiam eius quod interest. item qui rerum amotarum agit si uelit *rem in* ius iurandum dimittere, cogitur pars aduersa iurare nichil se diuortii causa [*a*]mouisse, eo tamen prius de
calumpnia iurante. compensatio quoque in hac actione admittitur,
si quantitas amota sit, uel si species ad estimationem reducantur.
Competit quidem actio dissoluto matrimonio siue morte siue diuor- 4
tio: constante matrimonio enim turpes actiones inter coniuges non dantur. oritur enim ex delicto, rei tamen persecutionem continet,

---

1 et item] et *om. BR*; item *om. P* 2 quod *PR* | exponendum] de re uxoria accione expositum est. parag̃. (parag̃. *expunxit* P^2) pro dote enim restituenda (est *add.* P^2) mulieri partiue eius etc̄. *P* *Cf. supra V, 9 §§ 3 sqq., quae quasi pars nostri tituli uocem* exponendum *excipiunt in BR.* 3 De accionibus rerum amotarum soluto matrimonio *P* 4 dissoluto *P* | est] *om. B* 8—10 uel — introducta est] *om.* T^a, *add. in marg.* T^b 8 uel] et *B* | peruenit *PR* 9 societatis] uite *add. R* 10 introducta] P^1BR introductum TP^2 | est] rerum amotarum accio *add. PBR* 12 datur] *PBR* dantur *T* 13 est] rerum amotarum actio *add. BR* | Veniunt] autem *add. P* 14 earum] uenit *add. PBR* 16 creuit] et *add. PBR* 17 rem in] in rem *T* res in *PBR* 18 amouisse] *PBR* 20 sit] et si quantitas similiter in dote sit *add. P* | reducatur *PR* 21 quidem] hec *add. PR*

V, 14. Rubr.: rubr. C. V, 21. **2.** *6—8*: L. 6 pr., §§ 2, 3 D. h. t. XXV, 2 ict. L. 3 C. h. t. *8—10*: LL. 1, 2 D. h. t. *11—13*: L. 6 § 1, L. 7 D. h. t., L. 2 C. h. t. **3.** *13—15*: L. 17 § 2, L. 21 § 4 D. h. t., L. 3 C. h. t.; L. 8 § 1, L. 17 § 2 D. h. t. *15—16*: L. 21 § 3, L. 29 D. h. t. *16—19*: L. 11 § 1 D. h. t. *19—20*: L. 7 D. h. t., L. 1 pr. C. h. t. **4.** *21—23*: L. 25 D. h. t., L. 2 C. h. t. *23—1*: L. 21 § 5 D. h. t.; L. 6 § 5, L. 17 § 2, L. 26 D. h. t.

ideoque perpetua et in solidum. datur hac ex causa etiam condictio. f. 37 c. 4. ideoque si filia familias ammouit, in pecu‖lium datur, quatenus locupletior est uel dolo patris factum est quominus perueniret. idem dicendum est et si filius familias amouit. Spectat quidem ad iudicis officium, ut redintegrato matrimonio iudicium soluatur.

XV. DE FVNDO DOTALI.

Fundus dotalis, qui proprie inestimatus est, nec alienari nec obligari potest· a marito, nec etiam muliere consentiente: et hoc lege Iulia prohibente. alienatio tamen necessaria *per*missa est, uel si maritus ad diuisionem prouocatus fuerit.

XVI. DIVORTIO FACTO APVD QVEM LIBERI MANERE DEBEANT.

Diuortio facto si liberi maior*es* trimo sunt, apud patrem morari debent: alioquin si minores sint, apud matrem. iudici tamen permissum est, ut [h]is estimare possit, cum quo melius morari possint.

XVII. DE ALENDIS LIBERIS A PARENTIBVS.

1 Alendi quidem sunt liberi a parentibus et agnoscendi. unusquisque enim sobolem suam nutriat, siue in potestate sint siue emancipati. quare mater etiam uulgo quesitos alere debebit. iudex quidem parentes cogere debet ad alendos liberos pro modo facultatum, nisi hoc *renuant* ex iusta causa, et captis seu distractis pigno-

---

1 Ideoque perpetuo (ideo perpetua *R*) et in solidum datur ex hac causa etiam condictio (condictione *P*[1]) *PR* 3 factum est] enim uidebatur eam furti teneri. quia quadam ratione societatis domina uideretur. et ideo introductum est *add. T; cf. supra § 2.* | perueniret] *om. BR* 4 et] *om. BR* | familias] *om. BR* | quidem] autem *PB*; *om. R* 8 marito] uel sponso *add. P* 9 permissa] *PBR* promissa *T* | uel] *TR* ut *P*; *om. B* 11 manere] morari *R* morari uel educari *PB* 13 facto] uel *add. B* | maiores] *PBR* maioris *T* | trimo] *TP* trimis *B*; *om. R* 15 his] *om. P* 16 Rubr.] *deest in B* 18 enim] quidem *P* | nutriat] nutrire debet *PBR* 19 quesitum *P* | debet *P* 20 alendos] et agnoscendos (cognoscendos *B*) *add. PBR* 21 renuant] *BR*· renuat *P* renuntiant *T*

2—4: L. 3 § 4, L. 4, L. 5 D. h. t., L. 6 § 1 D. h. t. **5.** L. 30 D. h. t.

V, 15. Rubr.: rubr. C. V, 23. *7—9*: pr. Inst. quib. alien. II, 8. Cf. supra V, 8 § 6. *9—10*: L. 1 pr. D. h. t. XXIII, 5, L. 2 C. h. t.

V, 16. Rubr.: rubr. C. V, 24. *13—14*: L. 9 C. de patria pot. VIII, 46. *14—15*: L. un. C. h. t.

V, 17. Rubr.: rubr. C. V, 25. **1.** *17—19*: L. 5 pr., §§ 1—3, 6, 8 D. h. t. XXV, 3; L. 5 § 4 D. h. t. *19—1*: L. 4 C. h. t., L. 5 §§ 7, 10, 11 D. h. t.

ribus cohercere. parentes *hic* intelliguntur omnes per uirilem sexum
ascendentes. Econtra si liberi in ea causa sint ut alere parentes 2
possint, similiter a iudice compellendi sunt et etiam puniendi. De 3
plano quoque hoc iudici expedire permissum est.

DE CONCVBINIS ET NATVRALIBVS LIBERIS. XVIII.

Matrimoniorum tractatus explicitus est, ex quibus liberi nas- 1
cuntur qui a parentibus alendi sunt. nunc de *concubinis*, [*ex*] *quibus*
quandoque liberi nascuntur qui similiter a parentibus alendi sunt,
cum ex concubin*a* que unica et in domo fuit nati sunt. item qua-
liter naturales sui et in potestate fieri possint. Permissum est quidem 2
concubinam unicam et in domo habere, maxime propriam libertam
uel alienam, et ideo hic crimen stupri cessat. Naturales autem sui 3
et in potestate efficiuntur, si curię dantur. item si cum matre
eorum legitimum matrimonium contractum fuerit, dotalibus tamen
instrumentis compositis: quo casu et hii qui ante nati fuerint et
posteriores legitimi et in potestate ‖ fiunt. item ex constitutione *f. 38 c. 1.*
noua qui legitimos liberos non habeat set naturales tantum ex huius-
modi licita consuetudine, potest eos efficere legitimos etiam cessante
matrimonio, modo precibus principi porrectis, et hoc, siue mulier
iam defuncta sit siue sese occultet siue deliquit, uel qualitercum-
que uenire prohibeatur, uel matrimonium inpediatur, forte sacer-
dotio. item cessantibus legitimis, si naturales scribat in testamento
heredes et adiciat eos uelle fore legitimos, permittitur, dum tamen
post illius mortem principi testamentum ostendant et ab eo suppli-
cent, ut inperiali et legis dono successionem optineant. filiis tamen
in omnibus his casibus patri consentientibus: alioquin inuiti non

1 hic] *PBR* hii *T* 5 liberis] et matribus eorum *add. P* legitimis factis *add. B* 7 concubinis ex quibus] *PBR* quibus concubinis *T* 8 liberi] *om.* P[1] 9 concubina] *PBR* concubinis *T* 10 fieri possint] effitiuntur *P* | quidem] *om. P* 11 et] *om. B* 12 hic] *om. P* 13 efficiuntur] fieri possunt *P* | tradantur *PBR* 14 legitime *P* 15 antea *PBR* 16 fiunt] sunt *P* 18 eos] *om. B* 19 modo] *om. PBR* 23 eos uelle] se uelle eos *BR* 24 ostendatur] *PR*

1—2: L. 8 D. h. t. **2.** L. 5 pr., §§ 1, 2, 10, 11, 13 D. h. t., LL. 1, 2 C. h. t. **3.** L. 5 § 8 D. h. t.?

V, 18. Rubr.: rubr. C. V, 26. **1.** *8—9*: Nov. 18 c. 5 ict. Nov. 89 c. 12 § 6. **2.** Nov. 18 c. 5, L. 1 pr., L. 3 D. de concub. XXV, 7. **3.** *12—13*: § 13 Inst. de nupt. I, 10, L. 3 C. h. t. V, 27, Nov. 89 c. 2. *13—16*: § 13 Inst. cit., LL. 10, 11 C. h. t., Nov. 89 c. 8. *16—22*: **Nov. 74 c. 1, 2 pr.,** Nov. 89 c. 9. *22—25*: Nov. 74 c. 2 § 1, Nov. 89 c. 10. *25—1*: Nov. 89 c. 11.

coguntur. item hii qui ex ancilla nati fuerint, et libertatem ac ius
suorum habent, *si* cum matre eorum dotalia instrumenta contracta
fuerint: set hoc ei tantum permittitur qui legitimos non habet. iura
tamen id agunt, ut omnes ex legitimo matrimonio querant suc-
cessores: iniusta enim libidinum desideria nullo modo a iure
4 approbantur, inmo inprob*antur*. Nunc de nat[*ur*]alium successione.
5 Permissum est parentibus totam suam substantiam in liberos naturales
in testamento relinquere uel inter uiuos donare liberis legitimis non
existentibus. si autem parentes eius extant quibus legitima portio
debetur, ea eis relicta quicquid residuum est in naturales trans-
mittere seu relinquere potest. intestato uero parente naturali de-
functo, deficiente prole legitima item uxore legitime copulata, existen-
tibus naturalibus ex co[*n*]cubina que unica et in domo fuerit et ex
affectu indubitato copulata, in duas paternę substantię uncias suc-
cedunt una cum matre si extat partiendas, pro uirili tamen portione.
qui et a parentibus et a f*r*atribus legitimis si extarent alendi sunt
arbitratu boni uiri, uel a coniuge uel ab extraneis si heredes insti-
tuti sunt. econtra isti, si in ea causa sunt et opus est, *parem*
immo debitam parentibus reuerentiam prestant tam in alimentis
6 quam in successionibus. Hii uero qui ex dampnato et illicito coitu
f. 38 c. 2. seu ex effusa concupiscentia ‖ sunt, ab omni prorsus beneficio exclu-
duntur: quin nec etiam alendi sunt, cum a iure ciuili inprobati
7 sunt. De nepotibus uero naturalibus sancitum est, ut in uniuersum
admittantur ad auorum successiones legitima prole non existente.

XIX. DE TVTELIS, ET QVI TVTORES DARI POSSVNT, ET QVALITER AMMINISTRARE VEL CONVENIR*I* DEBEANT.

1 [*De contractibus huc usque dissertum est*]. nunc de quasi
contractibus edisserendum est. et inter quasi contractus tutelę

1 fuerint] sunt *P* 2 si] *PBR* siue *T* 3 set] et *PBR* | eis *P* | habent *P* 6 inprobantur] inprobentur *T* prohibentur *PBR* | naturalium] *PBR* 8 in] *om. BR* | uel] et *B* 9 eius] eis *BR* | extant] non extant *P*² 15 partiendas] partecipandas *BR* 16 et] etiam *PBR* | affatribus *T* | extent *P*² 17 boni uiri] hominum *B* 18 parem] *P*²*BR* prestare *TP*¹ 19 immo] *om. R* 21 confusa *P* 22 quin] qui *PBR* | etiam] *om. P* 25, 26 Rubr.] *TR* De tutoribus qui dari tutores possunt. et qui amministrare debeant *P* De testamentaria tutela *B* 25 et] *om. R* | et] *om. R* 26 conueniri] *R* conuenire *T* 27 De — est] *PBR* 28 disserendum *PR* dicendum *B* | in quasi contractibus *P*

1—3: Nov. 18 c. 11. **5.** *7—11*: Nov. 89 c. 12 § 3. *11—15*: Nov. 89 c. 12 § 4. *16—18*: Nov. 89 c. 12 § 6. *18—20*: Nov. 89 c. 13. **6.** Nov. 89 c. 15 ict. c. 12 § 5. **7.** L. 12 § 2 C. h. t.
V, 19: C. V, 28—70. **1.** *28—1*: § 2 Inst. de obl. quasi ex contr. III, 27.

tractatus est precipuus. ideo de tutelis apponit, uel quia de nup-
tiis dictum est, ex quibus legitimi filii nascuntur, quibus paren-
tes tutores dare possunt. Tutela quidem est ius ac potestas in 2
homine libero ad eum tuendum qui propter etatem se sua defen-
dere non potest iure ciuili data ac permissa. Qualiter autem 3
tutores dentur, item qui dari possint, et quomodo ad amministra-
tionem compellantur, et qua actione conueniantur, summotenus
uideamus. Pupillis tutores *a* parentibus q[*u*]orum in potestate sunt 4
testamento dantur. item si parentes in tutoribus dandis cessauerint,
leges succedunt et agnatos ad tutelam uocant. item patronos et
liberos eorum atque parentes, si inpuberes manumiserunt uel eman-
cipau*erunt*. hodie tamen nouis constitutionibus et agnati et cognati
tam ad tutelam quam ad successionem sine del*e*ctu admittuntur, ut
qui proximiori gradu sunt tam ad lucrum quam ad honus admittan-
tur. item deficientibus testamentariis et legitimis a iudice tutores
dandi sunt, qui datiui appellantur. equum quippe est, ut iudices
seu magistratus prouideant his qui in ea causa sunt, ut se sua tueri
non possunt, et ideo tutores et curatores pupillis et adultis dare
debent. Dari autem possunt tam pater familias quam filius, dum- 5
modo perfectę etatis sint et sanę mentis. item neque muti neque
surdi esse debent. Compelluntur quidem ad amministrationem et 6
satis dationem tam tutores quam curatores captis pignoribus, nisi ex
iusta causa excusati fuerint, bonis uidelicet omnibus pro amministra-
tione tacite obligatis pupillis et adultis. Tutores autem tutelę actione 7
conue||niuntur, curatores utili negotiorum gestorum. ueniunt in his *f. 38 c. 3.*
actionibus ea omnia que ex bonis pupilli uel adulti apud tutores

---

1—3 uel — possunt] *om. BR* 4 homine] capite *PBR* | sua] *om. PBR* 5 non potest] nequit *PBR* | autem] *om. P* 8 apparentibus *T* 9 dantur in testamento *BR* 11 atque] item *BR* | manumiserint *P* manumissi sint *B* 11, 12 emancipauerunt] *R* emancipauerint *TPB* 12 et agnati] et *om. P* 13 delictu *T* 14 qui] in *add. PBR* 17 se] et *add. PBR* 18 possint *PR* | et curatores] *om.* P^1 19 filius] familias *add. BR* 24 et] uel *B* 25 ueniunt] quidem *add. PBR* 26, 1 tutorem uel curatorem *P*

---

2. L. 1 pr. D. de tut. XXVI, 1, § 1 Inst. eod. I, 13. **4.** *8—9*: § 3 Inst. eod. *9—12*: pr. Inst. de leg. adgnat. tut. I, 15, Inst. de leg. patron. tut. I, 17, Inst. de legit. parent. tut. I, 18. *12—15*: **Nov. 118 c. 5.** *15—19*: Inst. de Atil. tut. I, 20, L. 5 § 2 C. de legit. tut. V, 30 ict. L. 7 D. rem. pup. XLVI, 6. **5.** L. 7 D. de tut. XXVI, 1, § 13 Inst. de excus. I, 25, L. 1 §§ 2, 3, L. 11, L. 17 D. de tut. XXVI, 1. **6.** L. 3 C. de suspect. V, 43, § 3 Inst. de satisd. tut. I, 24, Inst. de excus. tut. I, 25; L. 20 C. de adm. tut. V, 37, Nov. 118 c. 5 in f. **7.** *24—25*: § 2 Inst. de obl. quasi ex contr. III, 27, L. 17 C. de neg. gest. II, 18, L. 7 C. arb. tut. V, 51. *25—1*: L. 9 C. eod., L. 1 § 1 D. de fidei. et nom. XXVII, 7.

uel curatores resident, item si ges[*s*]erint non ut oportuit. tenentur
enim de gestis et de gerendis, et quicquid dolo seu culpa in his
admissum est prestant, de ui maiori et casu fortuit*o* non tenentur.
heredi et in heredes dantur, etiam de eo quod dolose factum fuit.
officium uero iudicis in his actionibus, cum bone fidei sint, late
8 patet. ideo etiam usurę applicantur. Econtra tutores uel curatores
contrarias actiones habent contra pupillos et adultos de eo quod eis
abest uel abfuturum est propter aministrationem, nisi in directo
iudicio compensatio facta uel reprobata fuit: quę actiones similiter
9 bonę fidei et perpetuę sunt. Possunt autem plura dici de tutoribus
et curatoribus. set cum hodie fere neque dantur neque petuntur et
usus e*o*rum minime frequentatur, ideo hec co[*m*]pendiose dicta suffi-
ciant: ex lectione enim tam Constitutionum quam Responsis pruden-
10 tium ea omnia apertissime colligi possunt. Et quia curatores non
solum minoribus dantur set etiam his qui propter furorem seu propter
alias causas sibi sufficere non possunt, ideo 'de curatore furiosi et
11 prodigi' adicitur. Agnati quidem ad curam furiosi et prodigi ex lege
uocantur. his deficientibus a iudice dandi sunt curatores, qui data
satisdatione prestare sacramentum debent se omnia cum utilitate
furiosi acturos et neque utilia pretermissuros neque inutilia admis-
suros: quod nunc constitutione noua in omni curatore uerum est.
non tamen ideo a ratiociniis excusantur, et insuper inuentarium cum
omni subtilitate conscribere debent et ita res cum omni diligentia
aministrare, dum predia sine decreto non alienent.

---

2 enim] *om. P* | in his] *om. B* 3 fortuitu *T* 6 applicantur.] *Rubr.* De contrario iudicio *sequitur in BR.* 10 Possent *P* 12 eorum] *PBR* earum *T* 14 possunt.] *Rubr.* De curatore furiosi (uel prodigi *add. R*) *sequitur in BR.* 15 seu propter] uel *P* 17 adicit *P* additur *R* | et prodigi] *om. PBR* 20, 21 neque inutilia admissuros] *om. B* 21 nunc] ex *add. PBR* 24 dum] ut *P*²

1—3: L. 1 pr. D. de tut. XXVII, 3, L. 7 C. arb. tut. V, 51, L. 23 D. de reg. iur. L, 17. *4*: L. 1 §§ 16, 17 D. de tutelae XXVII, 3, LL. 1—4 C. de her. tut. V, 54; L. 1 pr., L. 4 pr., § 1 D. de fidei. et nom. XXVII, 7. *6*: L. 2 C. de usur. pup. V, 56. **8.** § 2 Inst. de obl. quasi ex contr. III, 27, L. 1 pr., §§ 2, 4 D. de contr. tut. XXVII, 4. **11.** *17—18*: L. 7 § 6 C. de curat. fur. XXVII, 10, § 3 Inst. de curator. I, 23. *18—21*: L. 7 §§ 6a—6c ict. § 5 C. eod.; Nov. 72 c. 8 (Auth. Quod nunc generale ad L. 7 C. cit.). *22—24*: L. 7 § 5a C. eod.; L. 2 C. eod.

DE PREDIIS VEL ALIIS REBVS MINORVM NON ALIENANDIS VEL OBLIGANDIS. XX.

Qualiter tutores et curatores minorum res administrare debeant, 1
diligenter tractatum est. nunc quomodo alienatio uel suppositio prę-
diorum uel aliarum rerum sine decreto prohibita est non solum in
minoribus set etiam ‖ in furiosis, dicendum est. Predia autem tam 2
urbana quam rustica item suburbana seu mancipia, nec non ea quę f. 38 c. 4.
inter mobilia computantur, sine decreto nec a tutore seu curatore
alienari possunt. in hoc uerbo non solum uenditio set etiam per-
mutatio et in solutum datio et ceter*e* alienationis seu suppositionis
species continentur. quare nec per enphiteosin alii concedere potest
nec usum fructum seu aliam seruitutem constituere nec ad iudicium
communi diuidendo sotium prouocare, licet ipse a maiori socio pro-
uocari possit. sin autem ius aliquod in predium habeat, ueluti si
enphi[*teo*]ticum uel uectigale [*sit*], idem iuris est. quod admittitur in
fundo bona fide possesso, uel pignori obligato inpe[*t*]rato eo ab eo uel
a patre minoris ut iure dominii possidere ei liceat. [*quod euenit et
si causa dampni infecti seu legatorum iussi sunt possidere*], quo
in casu dominium per longam possessionem capere possunt. et in
summa nichil distrahere possunt preter quę seruando seruari non
possint, ut fructus et uestes detritas et superuacua animalia. De- 3
cretum autem a quo et qualiter interponendum sit, uidendum est.
pretores enim seu presides decretum per se interponere debent, non
etiam alii mandare possunt. ita uero decretum interponendum est,
si causa subest iusta, ueluti ęs alienum, maxime usurar*ium*. set h*i*c

---

1 uel] et *PR* | minorum] sine decreto *add. R* | non] et non *P* 2 alienandis] alienis *P* | uel obligandis] *om. PB* 9 in] *om. P* 10 cetere] P^2*R* ceteras *TB* ceteris P^1 | alienationes *PB* 11 emphiteosim *PR* 13 ipse] *om. B* 14 ius] *om. B* 15 emphiteoticum *PBR* | sit] *PBR* 16, 17 impetrato eo (uel *add.* P^2) a patre minoris uel ab eo ut *P* 17 ei] eis *PB* 17, 18 quod — possidere] *PBR* 17 et] etiam *P* 18 si] ex *add. P* | sunt] fuerint *P* 20 preter] ea *add. PBR* 21 possunt *PBR* 24 alii] hoc *add. PR* 25 et maxime *P* | usurarium] *BR* usurarum *TP* | hic] P^2 hoc *TBR*; *om.* P^1

V, 20. Rubr.: rubr. C. V, 71. **2.** *6—9*: L. 1 § 1 D. h. t. XXVII, 9, L. 22 pr. — § 4 C. de adm. tut. V, 37. *9—14*: LL. 4, 15 C. h. t., L. 3 § 5 D. h. t. ict. L 7 C. de reb. alien. non alien. IV, 51; L. 17 C. h. t. ict. L. 1 § 2 in f., L. 7 pr. D. h. t. *14—15*: L. 13 C. h. t., L. 3 § 4 D. h. t. *15—19*: L. 5 § 2 D. h. t.; L. 5 § 3 D. h. t. ict. L. 15 § 16 D. de damno inf. XXXIX, 2. *19—21*: L. 28 § 5, L. 22 §§ 6, 7 C. de adm. tut. V, 37, L. 4 C. quando decr. op. V, 72. **3.** *23—24*: L. 1 § 2 D. h. t., LL. 1, 6 C. h. t. ict. L. 1 pr. D. de off. eius cui mand. I, 21. *24—25*: LL. 6, 12 C. h. t., L. 5 § 14 ict. § 9 D. h. t. *25—4*: L. 5 § 9 D. h. t.

in primis examinandum est istud, an aliunde soluere pecuniam de-
bitam possit ex pecunia, siue in numerato siue in *nominibus* minor
eam habeat (dum tamen exactio facilis sit), siue fructus forte reconditos
habeat, siue redditus seu obuentiones ei debeantur. item requiren-
dum est, an aliȩ res mobiles seu se mouentes sint preter inmobilia,
ut ex pretio earum creditori satis fieri possit. his non extantibus,
tunc predia distrahi permittendum est creditore urguente uel usuris
crescentibus. item spectare debet, utrum distrahere an pignorare
permittat, et si distrahendum putat, hoc arbitrandum est, ne magna
possessio pro paruo debito uenundetur. quapropter minores posses-
siones et minus utiliores permittendum est ut distrahantur, prout
melius minori expedir*e* prospexerit. et insuper requirere debet eum
f. 39 c. 1. qui se instruat de ‖ facultatibus minoris, siue libertos fideles siue
parentes siue alios necessarios uel extraneos qui rerum minorum
notitiam habeant, uel forte omnibus his deficientibus rationes edendȩ
sunt, ut ex his ueritas comprobetur. et in summa hoc curare debet,
ut pecunia accepta creditoribus soluatur, et constituere debet eum
per quem hoc sollicite agatur, ne minor decipiatur. sin autem aliter
facta est alienatio, nullius momenti est nec decreti interpositio tenet.
set et si decretum adhibita solempnitate interpositum est et minor
lesus est, restituitur *in integrum*. donationes tamen nec cum de-
creto a minore, nisi propter nuptias uel in causam dotis, fier*i* pos-
4 *sunt*. Set si alienatio a minore uel cum tutore uel curatore seu
cum decreto non legitime interposito facta sit et pecuniam minor
saluam habeat aut in utilitatem eius uersa sit et rem seu ius suum
cum fructibus uendicet, doli mali exceptione repellitur, nisi pecu-
5 niam cum usuris restituat. Alioquin tamen res minorum inmobiles
et sine decreto alienari possunt, ueluti cum a parente seu testatore

1 illud *BR* 2 ex pecunia] T^2; *om.* T^1*PBR* | in numerato] T^2*BR* ex numerato T^1; in *om. P* | in nominibus] *P* (?) *R* in omnibus *T* in minoribus *B* 3, 4 dum — habeat] *om. BR* 8 distrahatur *B* 9 putat] et *add. B* 11 utiliores] *T* (*cum Dig.*) utiles *PBR* 12 expedire] *PBR* expediri *T* 18 hoc] *om. BR* 20 set et] et *om. B* 21 in integrum] *PBR* mm (= matrimonium *pro* in int.) *T* 22 nisi] in *add. P* | nuptias] donatio *add. P* donationes *add. R* 22, 23 fieri possunt] *PBR* fieret potest *T* 23 tutore uel] cum *add. P* 25 aut] ideo *add. B* 28 a parente] hoc a patre *P*

4—12: L. 5 § 10 D. h. t. *12—16*: L. 5 § 11 D. h. t. *16—18*: L. 5 § 13 D. h. t. *18—19*: L. 1 § 2, L. 5 § 15 D. h. t., L. 6 C. h. t. *20—21*: L. 11 § 1 C. h. t. *21—23*: L. 3 § 2 C. si maior factus sine decr. V, 74 ict. L. 22 § 1 C. de adm. tut. V, 37. **4.** L. 13 § 1 D. h. t., LL. 14, 16 C. h. t. **5.** *28—2*: L. 3 C. quando decreto V, 72, L. 1 § 2, L. 5 § 7 D. h. t.

cui minor heres est iussum fuerit, et cum tradidit rem a defuncto
uenditam. item creditor alienare potest possessionem a patre minoris
sibi nexam: uel si extraneo successit, idem iuris est. Sin autem ab 6
alio res minoris distracta est, a bona fide accipiente prescribi X uel
XX potest currente post legitimum tempus. item si res a minore
uel curatore eius alienatę sunt et maior effectus ratum habeat tacite
seu expressim, ex postfacto confirmatur alienatio. tacite: ueluti si
minor distraxit uel ex alio contractu non gratuito alienauit et quin-
quennium post XXV annos preterierit, uel si donatio fuit et per X
uel XX annos post perfectam etatem tacuerit: tunc enim alienatio
confirmatur. Set si a curatore predium minoris distractum sit et in 7
ea causa pignora rei proprię curatoris obligata sint, licet alienatio
non ualet, tamen, cum contractus naturaliter tenet, pignoris obligatio
admittitur.

EXPLICIT L. V. INCIPIT VI.

DE SERVIS FVGITIVIS ET LIBERTIS. ‖ I.

Tractatus tutorum et curatorum explicitus est. quorum culpa 1
seu neglegentia uel nimia asperitate serui minorum fugiunt, cuius f. 39 c. 2.
rei nomine non solum supradictis actionibus tenentur, set etiam
specialis actio nomine huius delicti proposita est. et ideo generaliter
de fugitiuis et furtis et seruo corrupto apponitur, et quia et si aliter
contractauerint res minorum quam ratio amministrationis postulat,
et his actionibus tenentur. item alia affinitate superiori tractatui
adnectitur. propositum est quidem de quasi contractibus, et relicta
maximeque testamentarię successiones inter quasi contractus compu-

---

2 uenditam] uel si specialiter ius uenditionis a principe impetrauit *add. PBR* 3 sibi nexam] *TB* sibi pignori nexam *P*; *om. R* | uel — est] *TP* uel ab alio cui minor successit sibi pignori nexam *BR* 4, 5 X uel XX] = decennio uel uicennio; annis *add. PBR* | currente] currentibus *PBR* | legitimum] tamen *add. B* autem *add. R* 9 si] forte *add. PBR* 13 ualet] TP^1BR ualeat P^2 15 Explicit L. V.] *TPR*; *om. B* | incipit] liber *add. B* 16 seruis] *om. P* | et libertis] *om. PBR* 20 prodita *BR* 21 de furtis *P* | et quia] et *om. PBR* 25 maximeque] maxime *BR* 25, 1 inter — successiones] *om.* P^1

2—3: L. 1 § 2 in f. D. h. t., L. 2 C. si adv. vend. pign. II, 28. **6.** *3—5*: LL. 1, 4 C. si quis ignorans V, 73 ict. L. 3 § 2 in f. C. si maior factus sine decr. V, 74. *5—7*: L. 2 C. si maior factus ratum II, 45. *7—11*: L. 3 C. si maior factus sine decr. V, 74. **7.** L. 9 § 1 C. h. t. Cf. supra I, 14 § 7 in f.

VI, 1. Rubr.: rubr. C. VI, 1.

tantur: ea ratione de his edisserendum est. set quia successiones
pretorio et ciuili iure deferuntur, premittit pretorias. et hereditates
libertorum patrono pretorio iure debentur, ac propterea liberti fugiunt,
ne operas inpositas prestent et ut patroni a debita successione defrau-
dentur: quapropter de libertis fugitiuis ac seruis, siue ciuitatum siue
2 priuatorum sint, edicit. Fugitiui sunt qui eo animo se subtrahunt
dominis, ne cum his morentur. fugere est cum tractatu aliquo
latere: facti enim et animi est fugere, et ideo postquam fugere
ceperit, etsi peniteat, non desiit penitentia tali facto esse nocens.
3 Pęna inponitur receptatoribus et his qui ad hoc eos corruperint.
recipere intelligitur qui factum sciuit, id est eum fugitiuum esse, et
eo animo celauit ne eum domino reddat: quo casu et furti tenetur.
item tenetur nisi infra XX dies in publicum detulerit, ut eum cum
pari alio restituat uel XX solidos pro unoquoque domino representet:
quæ pęna ei inponitur et si bis uel ter eum receperit. hoc uerum
4 est, nisi callide a domino missus fuerit. Si autem dominus uelit
fugitiuos requirere, officio presidis hoc permittitur et prohibenti apud
se requirere pena inponitur. siue enim in cęsaris uel senatoris uel
priuatorum predia sunt, hoc permittendum est.

II. DE FVRTIS ET SERVO CORRVPTO.

1 Sed euenit, ut fugitiui non solum se subtrahant set etiam res
dominorum, nomine quarum rerum furti actio datur. ideo genera-
2 liter de furtis tractat. Fur||tum quidem est rei contractatio fraudo-
f. 39 c. 3. losa lucri faciendi causa: uel gratia ipsius rei intercipiendę uel usus
intercipiendi uel possessionis. res enim semper contractatur siue

---

1 disserendum *PR* 2 premittit] *om. BR* | pretorie *R* | et] *om. B* 3 libertorum] et *add. P²* 4 a] *om. PR* 7 tractatu] contractatu *B* 8 latitare *PBR* 9 desinit *B* desit *R* 10 corruperint] recuperauerint *B* 12 celat *P* | et] *om. P* 13 XXX *P* | detulerit] *PBR* detulerint *T* 14 XX] *BR* X *TP* 15 receperit] *BR* reciperit *T* recipiat *P* 17 presidis] iudicis *BR* | hoc] ei *add. PBR* 19 predia] *TPB* predio *R* | sint *BR* 20 seruis corruptis *R* 21 Sed] quia *add. PR* 22 datur] prodita est *BR* 23, 24 fraudulosa *P* 24 intercipiende uel usus] *om. B* 25 intercipiendi] *om P¹* | contractatur] *TR* tractatur *PB*

---

2. L. 17 §§ 1—3 D. de aed. ed. XXI, 1. **3.** *10*: L. 1 pr. D. de servo corr. XI, 3. *11—12*: L. 1 § 2, L. 5 pr. D. eod. ict. L. 1 pr. D. h. t. XI, 4. *13—16*: L. 4 C. h. t. ict. L. 1 § 1 D. h. t. **4.** L. 2 C. h. t., L. 1 § 2, L. 3 D. h. t.

VI, 2. Rubr.: rubr. C. VI, 2. **2.** *23—25*: L. 1 § 3 D. h. t. XLVII, 2.

VI, 2. 2. Cf. App. Petri I, 6a (Jur. Schriften p. 153).

propter rem siue propter usum uel possessionem intercipiendam, cum
aliud nisi corpus contractari non potest, et ideo quod contract[*at*]um
est duplicatur seu quadruplatur, nisi in casu aliud dictum sit. Lucrum 3
enim intelligitur et si alii donauerit, quia species lucri est ex alieno
largiri et debitorem beneficii sibi constitu*ere*, uel si causa libidinis
alienam ancillam non meretricem surripuit. Contrectatio intelligitur 4
non solum si corpus baiuletur, set etiam si seruum apud se detinuit,
uel si equum alienum coegerit in equam suam, uel si per aliam rem
aliam contractauit, ut in fetu uel ansa, uel rem depositam seu com-
modatam reposcenti non reddidit nulla iusta causa retinendi inter-
ueniente, uel etiam si aliter quam accepit usus est. quod in re
propria admittitur, ueluti si debitor rem creditori pignoratam sub-
trahit, uel cum forte alius aliquod ius retinendi habeat. Euenit 5
quandoque, ut furti actio cesset, licet domino inuito fiat contractatio,
ueluti si filius uel seruus uel uxor subtraxerit: furtum enim, licet
furti non tenentur, faciunt. In furto quidem spectandum est per- 6
sonam facientis, ut affectum delinquendi habeat, et eius cui furtum
factum est: quem ad modum enim non est furtum, nisi sit persona
doli tamen capax quę faciat, ita non *fit* furtum, nisi sit cui inuito
contractetur. et ideo hereditati furtum non fit, nisi ea res sit in
qua usus fructus alienus est, uel pignerata uel commodata a defuncto
fuerat: quibus casibus et heres furti agere potest, alias autem in
defectu actionis furti crimen expilatę hereditatis succedit. inuitus
debitor uidetur qui soluit ei qui se creditorem simulabat, cum con-
scius erat nichil omnino sibi deberi: quo casu accipiendo furtum
facit. item procurator qui ab amin[*i*]stratione prohibitus est et pecu-

---

2 tractari *B* | contractatum] *P* tractatum *BR* 3 duplatur *BR* 5 constituere] *PBR* constitui *T* 6 Contrectatio] contrectare *BR* 8, 9 uel si equum — ansa] *om. BR* 10 non] *om. B* 11 quod] et *add.* P^2*R* 12 pignoratam] obligatam *R* 16 furti] *om. P* | tenentur] furtum *add. P* 16, 17 persona *P* | delinquentis *B* 19 fit] *PB* sit *TR* | cui inuito] persona qua inuita res *P*

2—3: L. 50 pr. D. h. t. **3.** *3—6*: L. 55 § 1 D. h. t.; L. 83 § 2 D. h. t. **4.** *7*: L. 6 C. h. t., L. 48 § 3 D. h. t. *8*: L. 52 § 20 D. h. t. *8—9*: L. 48 § 5, L. 21 § 4 D. h. t. *9—11*: L. 1 § 2, L. 68 pr. D. h. t. ict. L. 20, L. 47 D. de adq. poss. XLI, 2; § 6 Inst. de obl. quae ex del. IV, 1, L. 40, L. 77 pr. D. h. t. *11—13*: L. 12 § 2, L. 19 § 6, L. 20 pr., LL. 80, 88 D. h. t.; L. 15 §§ 1, 2, L. 60 D. h. t. **5.** § 12 Inst. IV, 1, L. 17 pr., L. 52 pr. — § 2 D. h. t. **6.** *16—17*: § 7 Inst. IV, 1; L. 52 § 20, L. 54 pr. D. h. t. *18—20*: L. 23 D. h. t., § 18 Inst. IV, 1; § 8 Inst. IV, 1, L. 46 § 8 D. h. t. *20—23*: L. 14 § 14, LL. 69—71 D. h. t.; L. 2 D. expilatae hered. XLVII, 19. *23—26*: L. 43 pr. D. h. t. *26—2*: L. 81 § 5 D. h. t. ict. L. 12 § 2, L. 34 § 3, L. 38 § 1 D. de solut. XLVI, 3.

niam [*a*] debitore accepit eo ignorante, creditori furtum facit, cum
7 debitor ex iusta ignorantia liberatus sit. Deprehensio seu illud quod
pro deprehensione habetur furem manifestum facit, non tantum si
res ei ablata sit, set etiam si ab eo proiecta est: licet enim aufugit ‖
f. 39 c. 4. cum uisus sit, ita ut non facile deprehendi possit, tamen fur mani-
festus est. ‘deprehensum’ accipiendum est: siue ab eo cui furtum
factum est siue ab alio qui re ipsa eius negotium gessit. hoc tamen,
an[*te*]quam perferat rem eo loco quo destinauit in ipsa die cum re
furtiua permanere. et ideo licet ipse postea cum re subtracta fur
deprehendatur, manifestus non est, cum prima tantum contractatio
spectatur, ne ex contractatione assidua sepius furtum committatur,
nisi ex prima causa furti actio deficiat, ueluti si seruus domino
8 surripiat et manumissus postea contractauerit. Tenetur et ille qui
opem et consilium dedit ad furtum faciendum. opem fert qui mi-
nisterium atque adiutorium ad res subtrahendas prestat, consilium
autem qui dolo malo persuadet atque inpellit ac consilio instruit
quem ad modum furtum fiat, licet non sui lucri causa, ueluti si gratia
inimicitiarum hoc fecit. et [*hoc*] ita, si furtum *fit* etiam ab eo qui
furti non tenetur, ueluti ab uxore uel filio uel seruo: licet enim h*ii*
furti non teneantur, tamen hii qui opem et consilium dederunt
9 tenentur. Huc usque ratio facti exposita est. nunc iuris inspectio
10 edisserenda est. Contrac[*ta*]ta res ita ut dictum est furtiua *fit*, et
ideo nec emi a sciente nec usucapi a bonę fidei possessore potest,
nisi in potestate domini reuersa sit, nisi ipse dominus supri-
11 puit. Furti accio ei competit cuius interest uel eius heredi: item in
furem et in eum qui dolo opem et consilium furi ad furtum facien-
dum dedit. i[*n*]teresse eius uidetur qui dampnum passurus est, non

---

1 a] *PBR* 5 ita] *om. P* | non] *om. P* 7 factum] *om. B* 8 loci *B* | in] *om. B* 9 furtiua] et ipsa die *add. B* | ipse] T^2 ipsa T^1; *om. PBR* 11 ne] nec *P* 13 surripuit *P* | postea] *om.* P^1 | contractauit *PR* 16 autem] dat *add. PR* 18 hoc] *PBR* | ita] etiam *add. R* | fit] *PBR* sit *T* | etiam] *om. BR* 19 hii] *PB* he *T*; *om. R* 20 hii] *om. B* 22 Contracta *TB* | res] re *PBR* | est] *om.* P^1B; ut *add.* P^2 | fit] *BR* sit *TP* 24 potestate] *TPB* potestatem *R* | dominus] eam *add. PR* 25 item] *om. PBR* 26 furi] *om. PBR*

---

7. *2—6*: L. 3 pr., L. 7 §§ 1, 2 D. h. t. *6—7*: L. 3 § 1, L. 7 § 3 D. h. t. ict. L. 24 § 2 D. de usur. XXII, 1. Cf. supra IV, 29 § 3. *7—10*: L. 3 § 2 — L. 5 D. h. t. *10—13*: L. 6 ict. L. 17 § 1 D. h. t. **8.** *13—14*: § 11 Inst. IV, 1. *14—18*: L. 50 § 3 ict. §§ 1, 2 D. h. t. *18—21*: L. 36 § 1, L. 52 pr. D. h. t. **10.** *22—23*: L. 34 § 3 D. de contr. empt. XVIII, 1. *24—25*: §§ 2, 3, 8 Inst. de usuc. II, 6; L. 20 § 1 D. h. t., L. 4 § 21 D. de usurp. XLI, 3. **11.** *25—27*: § 13 Inst. IV, 1, L. 10 D. h. t., L. 1 § 1 D. de priv. del. XLVII, 1; § 11 Inst. IV, 1. *27—2*: L. 72 § 1, L. 11, L. 77 § 1 D. h. t.; L. 12 § 1, L. 14 § 3 D. h. t.

qui lucrum facturus est, dum tamen ex honesta causa intersit: nemo enim ex dolo suo sibi parat furti actionem. domino igitur semper datur, nisi tunc cum eius nichil interest rem non perire. item bonę fidei possessori et usufructuario. item creditori et colono *qui* nummis colit, quia quam statim fructus separati sunt fiunt eius. Qua- **12**
druplum rei seu duplum in hac actione uenit. estimanda quidem res est non ex eo quod interest set ex uero rei pretio, spectanda tamen ratione temporis quanti res plurimi fuit postquam subtracta fuit. estimantur etiam causę rei coherentes, ueluti si res sub pęna promissa est uel instrumentum subreptum sit. idem in liber*is* subreptis quod interest prestatur, et cum aliquid ex re contractata separatur, ut in lance rasa et in uino ‖ seu in aceruo frumenti: tunc *f. 40 c. 1.*
enim quod ablatum est estimatur. hec autem actio cum inter dominum et alium diuiditur, ueluti inter debitorem et creditorem, item inter proprietarium et fructuarium, item inter dominum et bone fidei possessorem: domino quidem estimatio ipsius proprietatis, bonę fidei possessori quanti eius interest possessionem habere prestatur, usufructuario sui iuris estimatio. creditore uero agente quandoque quod sibi debetur tantum estimatur, et tunc credito tenus agit, quandoque tota res, ueluti cum periculum ad eum pertinet: quo casu domino negatur. his personis deficientibus uel etiam non agentibus, tunc in solidum domino competit facta ipsius corporis estimatione, maxime cum nichil aliud intersit. comunis quidem estimatio non singularis facienda est, ut supra dictum est, et ideo non quod interest set uerum rei pretium duplatur uel quadruplatur. Euenit autem quando- **13**
que, ut sepius eiusdem rei nomine furti actio competat, ueluti si res ad dominum reuersa sit et iterum ab eodem *contractata* fuerit:

---

1 honesta] *T*P^1 iusta *BR* iniusta P^2 4 qui] *PBR* quia *T* 7 ex] *om. BR* | uerum rei pretium *BR* | spectanda] quidem res *add. B* 8 fuit] *T*P^1 fuerit P^2*B* fuerint *R* | surrepta *BR* 9 fuit] fuerit *PB* sunt *R* 10 idem] item *PR* et *B* | liberis] *PBR* libertis *T* 16, 17 domino — possessori] *om. B* 21 denegatur *PBR* 25 duplicatur *P* 27 contractata] *BR* contracta *P* contacta *T*

2—3: §§ 13, 15 Inst. IV, 1, L. 14 pr., § 1, L. 81 pr. D. h. t. *3—4*: § 15 Inst. IV, 1, L. 12 § 1, L. 75 D. h. t.; L. 46 § 1 D. h. t. *4—5*: § 14 Inst. IV, 1, L. 12 § 2 D. h. t.; L. 14 § 2, L. 26 § 1, L. 83 § 1 D. h. t. **12.** *5—6*: §§ 5, 19 Inst. IV, 1. *6—9*: L. 50 pr. D. h. t. *9—10*: L. 81 § 1, L. 68 § 1, L. 27 pr. D. h. t. *10—11*: § 9 Inst. IV, 1 ict. § 1 in f. Inst. de obl. quae quasi ex del. IV, 5, L. 3 D. si quadrup. IX, 1, L. 7 pr. D. ad L. Aquil. IX, 2. Cf. Acc. glo. Palam est ad L. 14 § 13 D. h. t. *11—13*: L. 21 pr., § 5, L. 22 § 2 D. h. t. *13—18*: L. 75, L. 46 § 1 D. h. t. *18—21*: L. 88, L. 14 § 6, L. 15 pr. D. h. t. *21—22*: L. 14 § 6 in f. D. h. t. **13.** *26—1*: L. 46 § 9, L. 57 pr. D. h. t.; L. 14 § 4, L. 77 § 1 D. h. t.

si uero ab alio, non furi set ipsi domino datur. quod euenit ut alia actio detur, et si persona domini mutata sit. e conuerso sunt casus, ut furti actio etiam furto facto non nascatur, ueluti si a liberto uel seruo siue merce*n*ario uel cliente admissum sit. econtra que nata est deficit, ut si falso procuratori solutum sit et dominus ratum habeat. item si maiorem penam, criminalem puta, fur passus sit, eliditur furti actio, uel si res commodata suprepta sit et dominus commodati actionem elegit: tunc enim a furti actione ex[*c*]eptione
14 repellitur. Officium iudicis non late patet, quia hęc actio stricti iuris sit, et ideo factum tantum examinare debet et de eo pronuntiare, non etiam penam inponere, cum a lege inposita pena sit. set hoc tantum proferre debet, utrum fur sit et an manifestus seu nec
15 manifestus sit. rei tamen estimatio ei permissa est. Preter hanc actionem personalis actio rei ipsius nomine datur, [*id est*] condictio furtiua, quę et in heredem furis competit. item uendicatio et ad exibendum etiam aduersus quemlibet possessorem datur. condictio tamen aduersus eum qui opem et consilium dedit non competit, nisi res ad
16 eum uenit. Set hę demum personę furtum facere et opem ac consilium prebere possunt quę doli capaces sunt et animum delinquendi habent. ideo furiosus et pupillus non tenentur, nisi proximus pubertati sit.

III. DE OPERIS LIBERTORVM. ||

1 Liberti, ut dictum est, subtrahunt se, ne patronis operas inpo-
f. 40 c. 2. sitas prestent. qua de causa de operis libertorum apponendum est.
2 Operę quidem sunt diurnum officium. alię tamen sunt officiales, alię fabriles. officiales sunt que in officio solo et obsequio consistunt. fabriles sunt quę in artificio et pecunię prestatione constant, ut
3 pictorię etc̄. Quis imponere operas possit et cui, item qualiter imponantur seu debeantur, et quomodo exigantur, nec non qualiter

---

1 alia] *TBR* alii *P* 3 facto] *om. T*[1] 4 mercennario *T* 6 utputa (*om. P*[1]) criminalem *P* 7 elidit furti actionem *B* 11 penam] *om. B* | pena] *om. PBR* 12 tantum] *om. BR* | seu] et seu *P* an *B* 14 id est] *PBR* 18 peruenit *PBR* 20 et ideo *PBR* 25 tamen sunt] sunt *om. PR*

1—2: L. 57 pr., L. 47 D. h. t. *2—4*: L. 90 D. h. t. *4—6*: L. 81 § 5 in f. D. h. t. *6—9*: L. 57 § 1 D. h. t.; L. 72 pr. D. h. t. **15.** *13—16*: § 19 Inst. IV, 1, L. 1 pr. D. de priv. del. XLVII, 1. *16—18*: L. 6 D. de cond. furt. XIII, 1. Cf. supra IV, 6 § 4. **16.** L. 23 D. h. t., § 18 Inst. IV, 1. Cf. supra § 6.

VI, 3. Rubr.: rubr. C. VI, 3. **2.** *25—28*: L. 1 D. h. t. XXXVIII, 1; L. 26 § 12 D. de cond. indeb. XII, 6, LL. 6, 9 D. h. t.

liberti a prestatione earum liberentur, intuendum est. Patronis qui 4
gratuitam libertatem prestant facultas inponendi datur. hi[*s*] uero
qui debitam dant non hoc permittitur, cum neque operas inponere
neque ut ingratum libertum accusare possint. Liberto, non etiam 5
seruo, operę inponi possunt, dum tamen si suis nummis emptus et
manumissus est, ei non inponantur, set his demum quibus libertas
gratuita prestita est. Inponuntur fabriles post manumissionem siue 6
per stipulationem siue per ius iurandum: libertum enim esse oportet
qui iurat, et quidem presente patrono iurandum est. debentur uero
officiales, etsi inpositę non sunt, etiam ab his qui debitam accipiunt
libertatem. fabriles autem nullo modo debentur, nisi imponantur,
dum tamen libertatis onerandę causa hoc non fiat propter quem
metum quiduis precipiente patrono sustineat: nam in hoc casu uel
exceptio datur uel ipso iure denegantur actiones. ideoque et societas
inter patronum et libertum ex honerandę libertatis causa inita ipso
iure nullius momenti sit. Patroni autem et eorum liberi operas a 7
libertis exigent, dummodo post tempus quo edi debeant. tacite qui-
dem inest spatium temporis intra quod prestari possint relictoque
t[*em*]poris spatio quod ad curam corporis necessarium sit: quo casu
statim committitur stipulatio, cum patronus operas poposcerit, siue
hoc adiectum sit in stipulationem siue non. liberis quidem patro-
norum semper operę prestandę sunt, siue hoc expressum sit siue
non, dummodo per se parentibus heredes existant. fabriles quidem
operę per se edendę sunt, uel etiam preteritę ad estimationem pecunię
rediguntur: quo casu et, si indebitę prestitę sunt, repetuntur. quod
in officialibus non optinet, quia natura libertus eas debet et ideo
repeti non possunt. ad estimationem autem pecunię non rediguntur,
item pretium pro his deberi ‖ non potest, nisi extra ordinem id fiat *f. 40 c. 3.*
patrono uerg*en*te ad inopiam. Liberantur autem liberti a prestatione 8

2 his] *PBR* 5 si] *om. P* 7 prestita] imposita *BR* 15 exhonerandę *T* honerande *PBR* | inita] inhibita P^2 18 inest] interest P^2 (*in litura*) | relictoque] *TB* relicto quoque *P* relicto quidem *R* 21 stipulatione *PR* 29 uergente] *PB* urguente T^1 uerguente T^2R

4. L. 7 § 4, L. 13 pr., § 1 D. h. t., L. 29 pr. D. de bon. libert. XXXVIII, 2, LL. 2, 3, 5 C. h. t., L. 1 C. de libert. et eor. lib. VI, 7. **5.** L. 7 pr. D. h. t.; L. 8 C. h. t. **6.** *7—9*: L. 44 pr. D. de liber. causa XL, 12, L. 7 pr., § 2 D. h. t. *9—11*: L. 26 § 12 D. de cond. indeb. XII, 6, L. 5 C. h. t. *12—16*: L. 1 §§ 5—7 D. quar. rer. actio XLIV, 5, L. 32, L. 36 D. h. t. **7.** *16—17*: L. 3 § 1, L. 13 § 2 D. h. t. *17—19*: L. 24 ict. L. 22 § 2 D. h. t. *19—21*: L. 22 pr. D. h. t. *21—23*: L. 22 § 1 D. eod. *23—27*: L. 7 pr. C. h. t., L. 25 § 3, L. 26 D. h. t., L. 26 § 12 D. de cond. indeb. XII, 6, L. 3 C. h. t. *28—29*: L. 1 C. h. t. **8.** *29—2*: Nov. 78 c. 2.

operarum uel ex concessione patroni, ueluti si ius patronatus remiserit, uel etiam ex lege, ueluti si duos liberos uel eodem tempore uel diuersis temporibus in potestate habuerit. item si libertus ualitudine inpediatur, remittitur ei necessitas prestandarum operarum, uel si liberta uoluntate patroni aut iure nupta est, aut si ad eam dignitatem peruenerit, ut inconueniens sit patrono prestare operas, item si maior sit L annis.

IV. DE BONIS LIBERTORVM ET IVRE PATRONATVS.

1 Item uidendum, quomodo patroni ad bona libertorum admittan-
2 tur, et de patronatus iure. Equissimum uisum est, ut patroni et patronę itemque liber*i* eorum ad successionem libertorum et libertarum tam pretorio quam ciuili iure admittantur liberto seu liberta sine filiis decedente: his enim existentibus repelluntur patroni, nisi exheredati fuerint. ideoque si libertus testatus decessit, iubetur patrono seu liberis eius tertiam partem suorum bonorum relinquere: quod si non fecerit, datur eis bonorum possessio contra tabulas usque ad tertiam partem bonorum liberti. sin autem intestati decesserint, uel filii ab eis instituti abstinuerint se, in solidum patroni eorumque liberi uocantur per constitutionem que de iure patronatus facta est. item parentes patroni et patronę similiter admittuntur. agnati quoque item cognati patroni et patronę simili modo per eandem constitutio-
3 nem uocantur. Et hoc uerum est de his patronis qui integrum ius patronatus habent nec suo facto, ueluti ius patronatus remittendo, nec aliquo maleficio hoc ius amiserunt, ueluti si iterum petierint libertum in seruitutem uel capitis eum accusauerint. item et hii ab hoc beneficio excluduntur quibus ut indignis ius patronatus aufertur. quod euenit et si liberti a principe natalibus restituti fuerint: tunc enim loco ingenuorum habentur. quod non optinet, si ius anu*l*orum aureorum impetrauerint: tunc enim patroni etiam ad successionem

---

2 ex] *om. P* 3 potestatem habuerint *P* 6 prestare] suas *add. B* 7 LX *P* 8 De iure patronatus et de bonis libertorum *R* | et] de *add. P* 9 uidendum] est *add. PR* 11 liberi] *PBR* liberos *T* 14 decesserit *PBR* 18 instituti] intestati *B* 25 uel — accusauerint] *om. B* 29 etiam] *om. PBR*

2—3: L. 7 § 1 C. h. t., L. 37 pr. — § 2 D. h. t. *3—4*: L. 15 pr., L. 17, L. 34 D. h. t. *5*: L. 48 pr. D. h. t. *5—7*: L. 34 in f., L. 35 D. h. t.

VI, 4. Rubr.: rubr. C. VI, 4. **2.** pr., §§ 1, 3 Inst. de succ. libert. III, 7. **3.** *23*: L. 3 C. h. t., Nov. 78 c. 2. *24—25*: L. 14 pr. D. h. t. XXXVIII, 2. *25—26*: L. 3 § 4 C. h. t. *27—1*: L. 3 pr., § 1 D. h. t. ict. L. 2 C. de iure aur. anul. VI, 8.

admittuntur. Ius autem patronatus ad omnes liberos patroni equaliter pertinet, nisi forte patroni uni ex liberis quem in potestate habent libertum assignauerint: tunc enim ille solus ius patronatus habebit cui assignatus est. 4 Si autem in fra[*u*]dem patroni legitima 5 portio a libertis alienata ‖ fuerit, per Caluisianam seu per Fa*u*ianam *f. 40 c. 4.* reuocatur, nisi forte patronus quod alienatum est ratum habuerit.

DE OBSEQVIIS PATRONIS PRESTANDIS. V.

Obsequia quoque a libertis patronis seu liberis eorum prestanda sunt. ideoque famosę actiones nec inpetrata uenia contra eos instituendæ sunt, item illud quod famam patroni sugillet, ut [*in*] integrum restitutio: set in locum earum in factum actio uerb*is* temperanda *datur*, ut nulla doli mentio in ea habeatur. ea propter ex omnibus causis ex quibus inter eos actio competit, eatenus patroni condempnantur quatenus facere possunt. et quemlibet fideiussorem accipere debent. item nullam iniuriam, etiam si in alias personas leuissima foret, nullamque ingrat[*it*]udinem similiter in eos inferre debent, nec ius iurandum de calumpnia exigere [ac ne ullam ingratitudinem facere]. quod quidem si fecerint, ut ingrati punientur: quę accusatio etiam per procuratorem exerceri potest. persona enim parentis et patroni semper honesta et sancta uideri liberis et libertis debet ideoque obsequia et omnem reuerentiam his prestare debent.

DE BONORVM POSSESSIONIBVS. VI.

Pretorio quidem iure libertorum successiones patronis deferuntur. 1
quapropter de bonorum pos[*s*]essionibus generaliter apponitur. ideoque

2 patronus *PBR* 3 habet *PBR* | assignauerit *P* assignauit *R* 5 seu per Fauianam] *om. R* | per] *om. P* | Fauianam] *PB* fanianam *T* 7 obsequiis] a libertis *add. B* | patrono *R* 10 in] *PBR* 11 uerbis] *PR* (*cum Dig.*) uerba *TB* 11, 12 temperanda] reparanda *P*¹ 12 datur] *PBR* sunt *T* 17, 18 ac — facere] *om. PBR* 18 quidem] *om. P* 20 honesta — libertis] honeste (et *add. P*) a (*om. B*) liberis et libertis prospici *PBR* 21 et omnem] ac *P* act̄ *B* accionum *R* 22 Qui admitti ad bonorum possessionem possunt uel intra que tempora *B* 24 apponit *PBR*

4. pr. Inst. de adsign. libert. III, 8. **5.** L. 1 pr., § 3, L. 2 D. si quid in fraud. patr. XXXVIII, 5, L. 38 § 4 D. de usur. XXII, 1, LL. 1, 2 C. si in fraud. patr. VI, 5.

VI, 5. Rubr.: rubr. C. VI, 6. *8—9*: L. 5 C. h. t. *9—11*: L. 1 C. h. t., L. 2, L. 5 § 1 — L. 7 pr., §§ 2, 4 D. h. t. XXXVII, 15. *11—12*: L. 11 D. de dolo IV, 3. Cf. supra II, 11 § 1. *12—14*: L. 7 § 1 D. h. t. *15—17*: L. 2 C. de libert. et eor. lib. VI, 7; L. 7 § 3 D. h. t., L. 16, L. 34 § 4 D. de iureiur. XII, 2. *18—19*: cit. L. 2 C. VI, 7; L. 4 D. h. t. *19—21*: L. 9 D. h. t., Nov. 78 c. 2 pr.

VI, 6. Rubr.: rubr. D. XXXVII, 1 (Inst. III, 9).

qui ad bonorum possessionem et intra quod tempus possint admitti
2 uidendum est. Bonorum quidem possessio iuris nomen est et plu-
rali[*ta*]tem et uniuersitatem bonorum significat: successio enim est
in uniuersum ius quod defunctus habuit. ideoque in omnibus uice
heredum bonorum possessores habentur, et comoda et incommoda
ea petita ad eos pertinent, et dominium rerum in omnibus his bonis
que defuncti fuerunt eis attribuit, siue in corporibus siue actionibus
consistant. hereditas enim et bonorum possessio iuris intellectum
habent, magis quam corporis possessio. itaque etiam sic bonorum
possessio recte diffinitur: ius persequendi ac retinendi patrimonii seu
3 rei quę cuiusque cum moritur fuit. Bonorum possessionum auxilium
duplex est: datur enim quandoque contra uoluntatem, quandoque
secundum uoluntatem defunctorum. item et ab intestato siue haben-
tibus ius legitimum siue non. bonorum enim possessiones inspecta
equitatis ratione dantur: quandoque enim confirmant ius ciuile,
4 quandoque inpu||gnant, quandoque sup[*p*]lent. ex testamento 'secun-
f. 41 c. 1. dum tabulas' quę signis septem testium signatę sunt uel 'secundum
nuncupationem': quę scriptis heredibus datur. item est et alia quę
contra uoluntatem datur, quę 'contra tabulas' appellatur: quę liberis
preteri[*ti*]s, id est neque heredibus institutis neque ut oportet ex-
5 heredatis, [*datur*]. pretor ab intestato pollicetur: 'unde liberi', quę
liberis suis et emancipatis datur, nec non et 'unde legitimi', ex qua
agnati uocantur, item 'unde cognati', ex qua parte sola naturalis
cognatio seu communis natio spectatur. uir quoque et uxor sibi
inuicem succedunt, cum parentes et descendentes deficiunt, item
defi[*ci*]entibus agnatis et cognatis bonorum possessione 'unde uir et
uxor' eis comodata. set ex noua constitutione, si coniunx premoriens

---

1, 2 possessionem — quidem] *om.* P^1 1 possessiones *P* | possunt *P* 2 possessio] *om. B* 4 in uniuersum] et uniuersum *B* 5 bonorum possessores] bone fidei possessiones P^2 | et comoda] et *om. P* 6—16 ad eos pertinent — quandoque inpu] *Haec omnia, repetita ab altera manu, iterum leguntur in T f. 41 c. 1.* 7 siue] in *add. PR* 8 existant *P* 9 corporum *PBR* | possessio] *om.* P^1 18 scriptis] institutis *PBR* | dantur *B* 19 appellatur] eo quod ex defuncti uoluntate non est *add. P* | quę TP^1BR quam P^2 21 datur] *om. TPBR* 26, 27 uir et uxor] *om.* P^1 27 accomodata *BR* acomodatur *P*

2—4: L. 119 D. de verb. sign. L, 16, L. 3 pr. D. h. t. XXXVII, 1 ict. L. 24 D. de verb. sign. L, 16. *4—8*: LL. 1, 2 D. h. t. *8—9*: L. 3 § 1 D. h. t. *9—11*: L. 3 § 2 D. h. t. **3.** *11—14*: L. 6 § 1 D. h. t. *15—16*: § 1 Inst. h. t. **4.** § 3 Inst. h. t., L. 2 C. de bon. poss. sec. tab. VI, 11, § 3 Inst. de exhered. lib. II, 13. **5.** L. 1 § 1 D. si tab. test. nullae XXXVIII, 6. *21—24*: § 3 Inst. h. t.; L. 1 pr., § 1 D. unde cogn. XXXVIII, 8. *24—27*: L. un. C. unde vir et uxor VI, 18. *27—3*: **Nov. 53 c. 6, Nov. 117 c. 5** (Auth. Praeterea ad L. un. C. cit.).

locuples sit, superstes autem inopia laborat, in quartam a[*d*]mittitur,
si duo uel tres liberi eius fuerint: sin autem plures, pro numero
liberorum admittitur. Est et bonorum possessio extraordinaria, quę 6
datur his qui ex legibus uel senatus consultis seu ex constitutionibus
aut qualitercumque su[*c*]cedunt, dum tamen omnes qui quolibet modo
succedere possunt, sublata differentia sexus, agnationis et cognationis,
item potestatis et emancipationis, iure ciuili ad successionem admit-
tantur. In bonorum possessione petenda liberis et parentibus annuum 7
spatium datur, ceteris C dierum utilium. in qua successione partes
non petentium petentibus accresscunt. item priore cessante seu aliqua
ratione excluso sequentes ex edicto successorio a[*d*]mit[*t*]untur. In 8
hac successione hoc desideratur, ut apud quemlibet iudicem petatur
bonorum possessio.

DE COLLATIONIBVS. VII.

Qualiter quis pretorio iure ad successionem uocetur diligenter 1
enodatum est. nunc autem qualiter ab eodem pretore ad honus
collationis coartantur pertractan‖dum est. ideoque quid sit collatio, *f. 41 c. 2.*
item quis conferre debeat et cui, quę res, in qua successione con-
ferre cogatur, et quatenus seu qualiter quid conferre cogatur, uiden-
dum est. Collatio quidem est ius quo res non hereditaria in here- 2
ditate[*m*] redigitur — uel expressim uel per computationem. Eman- 3
cipati suis conferunt ea quę ex bonis patris per emancipationem
consecuti sunt, uel ea omnia que patri quesita essent, si emancipatio
facta non esset, et tempore mortis patris in bonis eius fuerunt, eo
deducto quod ab his aliis debetur. set hoc ita demum, si sui ex
interuentu emancipati *inco*modo afficiuntur: alioquin si nichil suis
ablatum est, collatio cessat. sui emancipatis non conferunt. item
sui inter se nichil conferunt nisi dotem et propter nuptias donatio-
nem, et si quid aliud expressim lege dictum sit, ut simplex donatio,

---

2 sint *B* 3 extra ordinem *P* 8 et parentibus] *om. P*[1] 12 hoc] *om. BR* 17 coartetur tractandum *P* 18 cui] et *add. PR* | quam rem *PBR* 18, 19 conferre cogatur] *om. PBR* 19 quid] quis *PBR* 20 est] *om. B* 20, 21 hereditatem] *PBR* | computationem] interpretationem *PBR* 24 eius] *TPBR*; eorum *scr.*? 26 incomodo] *PBR* (*cum Dig.*) iniquo modo (*pro* inquomodo) *T* 29 sit] est *PR*

---

6. § 8 Inst. h. t. **7.** §§ 9—11 Inst. h. t. **8.** L. 9 C. qui adm. ad bon. poss. VI, 9.

VI, 7. Rubr.: rubr. C. VI, 20. **3.** *21—25*: L. 1 pr., L. 3 §§ 3, 4 D. h. t. XXXVII, 6, L. 17 in f., L. 21, L. 6 C. h. t. *25—27*: L. 1 § 5 D. h. t. *27—2*: LL. 3, 8, 12, 17, L. 19 § 3, L. 20 § 3 C. h. t.

quando ab altera parte dos seu propter nuptias donatio conf*ertur*,
quamuis alias hec donatio non confertur, nisi sub ea lege data sit.
liberi qui neque sui neque emancipati sunt suis et emancipatis con-
ferunt dotem et donationem propter nuptias a substantia eius pro-
fecta de cuius bonis agitur: quod obtinebat cum imm*inu*tione tertię
4 partis, quę inm*inu*tio nouo iure coartata est. Que res conferri
debeant, per singulas species dictum est: emancipati ea omnia que
ex bonis patris uel quę patri quesita forent, sui dotem et propter
nuptias donationem item in casu simplicem donationem. quod dictum
est fundum filię familias a patre donatum in diuisione uenire et
precipuum ei non adiudicari, sic intelligendum est, cum neque in
eam futurum iudicium contulit neque pure donauit, im[*m*]o in pecu-
lium fundum ei habere permisit, prout ab iuris consultis in t. de
5 rei uendicatione responsum est. In successione intestati collatio erit
facienda. set hodie ex constitutione noua tam ex testamento quam
ab intestato et inter omnes liberos qui quolibet iure succedunt, nisi
specialiter a parente prohibitum est, collatio est facienda ex omnibus
iam dictis causis, uidelicet ut in tantum conferant quantum tempore
mortis parentis in bonis habent uel dolo fecerint quo minus haberent,
illis tamen exceptis quę aliis debent. quod honus in heredes quoque
eorum ab utraque parte transit. h*ii* uero qui extero iure ex uolun-
tate aliquid capiunt, non etiam iure uniuersitatis succedunt, ad colla-
6 tionem non cohar||tantur. Eatenus pretor seu ius ciuile eos ad colla-
f. 41 c. 3. tionem co[*m*]pellit, ut his qui conferre renuunt, commodum seu
7 actiones hereditarię denegentur. Ita collatio est facienda, ut si res
quę conferendę sunt apud eos sint, in diuisione ueniant. alioquin
si apud alium sint, ueluti dos apud maritum, eatenus minus ex por-

1 quando] quandoque *P*[2] | confertur] *PBR* conferunt *T* 5 imminutione] *PBR* immunitione *T* 6 inmunitio *T* 10 diuisione] *TP* diuisionem *BR* 11 abiudicari *P*[2] 12 dotauit *P*[1] 14 erit] erat *PR* 18 iam] ante *P* 21 eorum] *om. P* | hii] *PBR* his *T* 21, 22 qui ex uoluntate uel extero iure *P* 24 renuerint *PB* 26 diuisionem *B*

3—6: L. 19 C. h. t., Nov. 18 c. 4. **4.** *9—11*: L. 13 C. h. t. *13—14*: **L. 65 § 1 D. de rei vind. VI, 1. 5.** *14—15*: L. 1 C. h. t. *15—17*: **Nov. 18 c. 6.** *18—20*: L. 6, L. 12 pr. C. h. t., L. 1 § 23 D. h. t. *20—21*: L. 19 § 3 C. h. t., L. 14 C. h. t., L. 1 § 8 D. h. t. *21—23*: L. 1 §§ 6, 7 D. h. t. **6.** LL. 11, 12 pr., 14 C. h. t., L. 1 §§ 10, 13 D. h. t. **7.** *25—26*: L. 8 C. h. t., L. 1 § 11 D. h. t. *26—2*: L. 5 C. h. t.

VI, 7. 4. *9—14*: cf. Quest. XVI, 2. Vid. et Acc. glo. Postulas ad L. 13 C. de coll. VI, 20.

tione hereditatis sumere debet quatinus dos est, co[*m*]putata dote in portione hereditaria. hoc ita, si maritus soluendo est, uel si mulieri imputari possit, cur marito ad inopiam uergente dotem constante matrimonio ex lege Iustiniani non repetiit: alioquin solam actionem licet inanem confer[*r*]e debet, prout constitutio noua dicit.

DE TESTAMENTO MILITVM. VIII.

Successiones pretorio iure prout dictum est deferuntur. item 1
et collationes eodem iure fiunt. *qua* de causa de hereditatibus iure
ciuili defferendis dicendum est. Hereditates quidem deferuntur tam 2
ex testamento quam [*ab*] intestato, et prima causa est testamentarię
successionis. ideoque de testamentis premittendum est. et quedam
testamenta iure singulari nituntur, quędam iure communi adhibitis
sollempnitatibus confi[*ci*]untur. ea ratione ea quę priuilegiis gaudent
ut militaria in initio tractantur. Testamenta militaria sunt quę a 3
militibus facta sunt. milites enim erant qui iurabant se non euitaturos mortem propter salutem rei publicę. ęquum quippe erat eos
inmunes esse a iure communi seu a sollempnitatibus, cum cotidie
pro re publica certabant. Testamenta eorum admittuntur, siue cum 4
scriptura siue non scriptura fiant, siue testes adsint siue non, dum
tamen hoc constare debet eos testar*i* uelle. qualitercumque enim uoluntas eorum inueniatur, rata est, etiam cessantibus omnibus sollempnitatibus: et hoc ex principum constitutionibus. set hoc eatenus eis permissum est, quatenus in militia constituti sunt. quod conceditur etiam filiis familias militibus. dimissis enim a militia hoc priuilegium non datur, immo iure communi testamentum facere debent. factum uero in militia intra annum post missionem ualet.

---

1 debent *P* | computanda *B* 3 cur] cum *PR* 6 militis *PR* 8 qua] *PBR* quia *T* 10 ab] *PBR* 13 conficiuntur] *TPB* constituuntur *R* | ea quę] ea *om.* *P* 14 ut militaria] *om.* *B* | pertractantur *BR* pertractat *P* 19 non scriptura] non scripta *T* sine scriptura *PB* non (*om.* scriptura) *R* 20 constare] *TBR* constante *P*[1] consistere *P*[2] | debet] possit *PBR* | testare *T*

2—5: **Nov. 97 c. 6** (Auth. Quod locum ad L. 5 C. cit.).

VI, 8. Rubr.: rubr. C. VI, 21. **3.** Veget. de re milit. II, 5 in f. **4.** *18—22*: pr., § 1 Inst. h. t. II, 11, L. 1 pr., L. 24 D. h. t. XXIX, 1, L. 1 in f., L. 3 pr., L. 15 C. h. t. *22—23*: § 3 Inst. h. t. *23—24*: pr. Inst. h. t., pr. Inst. quib. non est perm. test. fac. II, 12. *24—26*: § 3 Inst. h. t.

IX. QVI TESTAMENTVM FACERE POSSVNT VEL NON.

1 Nunc de testamentis in quibus sollempnitates desiderantur. in
quibus ratio personarum quę testamentum condere poss*unt* uel non,
2 spectandum est. Omnes enim personę testamentum facere possunt
nisi hę que specialiter prohibentur. in initio quędam natura, quędam
casu, quędam propter turpitudinem suam, quędam ratione potestatis
prohibentur. natura: ut pupilli et pupillę (masculi usque ad XIIII.,
femine usque ad XII.). casu: ut furiosi, mente capti. item muti et
surdi: [*s*]et quandoque hoc a principe eis permitti potest, uel si
litterati sint. item ceci prohibentur nisi secundum obseruationem
constitutionis Iustini. propter turpitudinem: ut hi qui muliebria sui
corporis passi sunt et quos leges inprobos et intestabiles uocant.
item ob carmen famosum dampnati et qui maximam uel mediam
cap[*i*]tis diminutionem passi sunt.' ratione potestatis: ut filii uel
serui qui in potestate parentum sunt uel dominorum. quod etiam
prohibitum est his qui de statu suo dubitant uel errant. idem et in
3 seruis pęnę iuris est. Et in summa hoc spectandum est, ut is qui
testatur integritatem mentis habeat, licet corporis ualitudo interueniat.
4 Ceteris uero personis, quibus prohibitum non est, permissum uidetur.

X. DE TESTAMENTIS, ET QVEMADMODVM ORDINENTVR.

1 Inspecta inprimitus ratione personę, an is qui testatur testa-
menti factionem habeat, sequenti loco querendum est, an secundum
iuris ciuilis regulas testamentum factum sit. quapropter ratio ordi-
2 nandorum testamentorum intuenda est. Testamentum est uoluntatis

---

3 testamenta *B* | facere *R* | possunt] *PBR* possint *T* 4 spectandum] *T*P^2*R* spectanda P^1*B* 4, 5 quędam] quidam *BR* 7, 8 masculi — XII] *om. BR* 8 XII] annos *add. P* | furiosi] et *add. P* 9 set] *PBR* | uel] *TBR* (*cf. L. 10 §§ 1, 5 C. VI, 22*) ueluti *P* 11 constitutionis] *om. BR* | Iustiniani *BR* iustinianę *P* 16 uel] et *P* 19 Ceteris — uidetur] *om. BR* | quibus] specialiter *add. P* 20 De testamentis ordinandis *PB* De testamentis et quemadmodum testamenta ordinentur *R* 21 inprimitus] primitus *P*; *om. BR*

VI, 9. Rubr.: rubr. C. VI, 22. **2.** *7—8*: L. 5 D. h. t. XXVIII, 1. *8—10*: L. 16 § 1, L. 17 D. h. t.; L. 6 § 1, L. 7 D. h. t., L. 10 pr., §§ 1, 5 C. h. t. *10—11*: § 4 Inst. quib. non est perm. II, 12, **L. 8 C. h. t.** *11—12*: L. 26 D. h. t. *13—14*: L. 18 § 1 D. h. t., L. 21 pr. D. de test. XXII, 5; L. 8 D. h. t. *14—15*: L. 6 pr., L. 16 pr., L. 19, L. 20 § 7 D. h. t. *15—16*: L. 15 D. h. t.; L. 8 § 4 D. h. t. **3.** L. 2 D. h. t.

VI, 10. Rubr.: rubr. C. VI, 23. **1.** L. 4 D. h. t. XXVIII, 1. **2.** *24—2*: L. 1 D. h. t. „elogium": L. 8 § 1 b, L. 9 C. qui fac. test. VI, 22, L. 29 §§ 2, 6 C. h. t. „supremum iudicium": L. 20 § 3 D. fam. herc. X, 2.

nostrę iusta sente[*n*]tia de eo quod quisque post mortem suam fieri
uelit: quod et elogium seu suppremum iudicium dicitur. cum in eo
hereditas maxime directo transmittitur, *eius* caput ac fundamentum
heredis institutio est. cętera enim quę in testamento asscribi solita
sunt apendicia fiunt: quę siue inserta sint siue non, non tamen plus
uel minus testamentum dicitur. ideoque et hoc maxime spectandum
est, an is qui heres scriptus est testamenti factionem habeat. Mani- **3**
festatio autem uoluntatis seu dispositio huiusmodi non qualiscumque
fieri debet, set mul‖tę sollempnitates desiderantur, maxime cum in *f. 42 c. 1*
scriptura conficitur: et hoc ideo, ne falsitas in elogiis committatur.
Forma seu sollempnitas talis est, ut septem testes adsint, his exceptis **4**
qui specialiter lege prohibentur. conditio seu prohibitio testium tem-
pore consignandi testamenti, non etiam tempore mortis spectatur, et
ideo nichil nocet, si quid certis postea cont*ig*erit. et eorum quidem
presentia exigitur uno eodemque tempore et loco, ut nullo alio actu
interueniente testamentum initium et finem accipiat, et ita per testes
mentis manifestatio seu notificatio fiat. Set hec uoluntas quandoque **5**
in scriptis redigitur, quandoque memorię testium testantis dispositio
committitur. cum autem in scriptura recipitur, quandoque nota sunt
eis ea omnia que in scriptura continentur, quandoque hoc tantum
eis notum est quod hęc scriptura testa*menti* sit, licet ea quę in eo
scripta sunt ignorent: quod testamentum non ideo minus ualet, cum
testator noluit omnibus suam uoluntatem manifestare. subscriptiones
autem et signacula omnium testium in huiusmodi scripturę co[*n*]-
summationem necessarię sunt. item testatoris subscriptio, in qua nomen
uel nomina heredum manifestare debet, nisi forte propria manu tota
testamenti series scripta sit et *hoc* nominatim expresserit. alioquin

---

1 quisque] quis *PR*; *om. B* 2 et] *om. BR* 3 eius] cuius *TPBR* | capitulum *B* 5 fiunt] *TB* sunt *PR* 6 ideo *P* 9 in] per *PR*; *om. B* 10 scripturam *PR* 11 talis] *om. B* 13 et] hoc *add. P* 14 certis] eis *PR* eius *B* | contigerit] *P* contingerit *TB* contingit *R* 15 presentia] sententia *B* | exigitur] *om. B* | eodem *BR* 16 testamentum] et *add. P* | testes] VII *add. P* 19 recipitur] redigitur *P* (*in litura*) 20 ea] *om. PR* 21 testamenti] *P* testantis *TBR* 22 cum] quod *PBR* 24 omnium] *om. BR* | huiusmodi] huius *PBR* 24, 25 consummatione *BR* 27 hoc] *PBR* hęc *T*

2—4: § 34 Inst. de legat. II, 20. *4—6*: L. 1 § 3 D. de her. inst. XXVIII, 5. *6—7*: § 4 Inst. de her. qual. II, 19. **3.** L. 29 § 2 C. h. t. **4.** *11—12*: §§ 3, 6 Inst. h. t. II, 10, L. 21 pr. C. h. t. *12—14*: L. 22 § 1 D. h. t. XXVIII, 1. *14—17*: L. 21 pr., §§ 2, 4, L. 28 pr. — § 5 C. h. t., L. 21 § 3 D. h. t. **5.** *19—23*: L. 21 pr. C. h. t. ict. L. 8 § 1b C. qui fac. test. VI, 22. *23—27*: §§ 3, 4 Inst. h. t., L. 21 pr. — § 3, L. 28 § 6, L. 29 C. h. t. *27—2*: **L. 29 §§ 4, 6 C. h. t.,** § 4 Inst. h. t.

eo non interueniente testes istud in suis subscriptionibus exprimere
debent, prout in constitutione noua expressum est. anu*l*o quidem
tam[*en*] caracter*e*m habenti *signandum* est testamentum, siue ipsa
materia siue illud in quo testamentum inuolutum est signa inpressa
sinit. scribi uero potest testamentum uel a testatore uel a tabellione
seu ab alio quolibet scriptore, etiam si seruus sit, dum tamen sol-
6 lempnitates adsint: set hoc heredi non permittitur. Quando autem
sine scriptura conficitur, idem numerus exigitur, et ea de causa euo-
candi sunt et quia, etsi ob aliam causam collecti fuerint, tamen ante
certiorandi sunt huiusmodi ordinationi adhibitos esse, et ut sine
scriptis testetur testator edicat. quo facto uiua uoce et per se suam
uoluntatem recte exprimere debet et ita suam nuncupationem memorię
f. 42 c. 2. testium tantum commi‖ttere. quod testamentum iure ciuili perfectum
7 est. Item et hoc desideratur, ut si testator liberos seu parentes habeat
quibus debita seu legitima portio relinquenda est, ut eos heredes
instituat uel exheredet nominatim iusta ex causa et causas exereda-
tionis testamento inserat: et a scripto herede probandę sunt. alioquin
quantum ad institutiones testamentum euacuatum est, libertates uero
et cetera que in eo relicta sunt ualent. et hoc per nouam constitu-
tionem optinet. antiquo enim iure definitum est, ut testamentum in
quo sui scripti non sunt uel exheredati, ipso iure nullius momenti
sit. pretor tamen, siue sui siue emancipati preteriti sunt, bonorum
possessionem contra tabulas dat, solis liberis et parentibus ex eo
8 testamento legatis prestandis. Est et aliud testamentum quod ante

---

1 illud *BR* 2 in] *om. PBR* | anullo *T* 3 tamen] *P* tantum *R*; *om. B* | caracterem] *PR* caracteram *T* caractaram *B* | signandum] *PBR* significandum *T* 4 materia] signetur *add. PBR* | illud] illi *P*; *om. BR* 5 sinit] sunt *P* sint *R* 6 seu] uel *BR* | ab] *om. B* | alio] *om. BR* | quolibet] aliquod *B* | etiam] et *PBR* 7 Quando] Quandoque *P* 8 numerus] *TP*[2]*R* iuris *P*[1]*B* 8, 9 uocandi *P* 9 et] *om. PR* | fuerint] fuerunt *BR* sunt *P* 10 huiusmodi] huius *B*; se *add. P*[2] 11 facto] palam *add. BR* 16 iusta ex causa] *om. PBR* | causam *PBR* 17 et] que *PBR* | probandę sunt] probari debet *PBR* 18 institutionem *P* 22 bonorum] bone fidei *B* 24 ante] apud *P*

2—5: L. 22 § 5 D. h. t., L. 21 pr. C. h. t., § 5 Inst. h. t. *5—7*: L. 21 pr., L. 29 § 7 C. h. t., L. 28 D. h. t.; L. 1 D. de his quae pro non scriptis XXXIV, 8, LL. 1, 3 C. de his qui sibi adscrib. IX, 23. **6.** *7—11*: § 14 Inst. h. t., L. 21 § 4 C. h. t.; L. 21 § 2 D. h. t.; L. 8 pr. C. qui fac. test. VI, 22. *11—14*: § 14 Inst. h. t., L. 21 § 4, L. 29 § 6 C. h. t. **7.** *14—20*: **Nov. 115 c. 3, 4.** Cf. supra III, 7 § 5. *20—22*: pr. Inst. de exher. lib. II, 13. *22—23*: § 3 Inst. eod. *23—24*: L. 1 pr. D. de legat. praest. XXXVII, 5. **8.** *24—3*: L. 19 C. h. t.

VI, 10. 8. Cf. Petr. II, 31 in f. (Lib. iur. Tub. 111), IV, 10 (Lib. iur. Tub. 67).

imperatorem conficitur, in quo sollempnitates non *d*esiderantur. sufficit enim ibi presentia principis et certorum magistratuum: hoc enim pro solle[*m*]pnitate habetur. item si ex speciali priuilegio persone seu certis locis hoc remissum est. hec autem sollempnitas quibusdam remittitur, ut rusticanis qui in eo loco sunt ubi inliterati homines sunt et ubi ciuilis scientia est incognita: antiqua enim rusticorum consuetudo uicem legis optinet. VII uel V tamen testes exiguntur, dum tamen si literati adsint, pro ignorantibus literas suscribant et post mortem testatoris iurati deponant. Testamentum quoque recte **9**
factum rumpitur seu ad irritum deuocatur, ut secundo testamento perfecto, seu testatore capite diminuto. item si decennii tempus transactum sit post confectionem testamenti et uoluntas mutata fuerit et euidentissime per tres testes ostendatur, aut si in secundo testamento succedentes ab intestato scripti fuerint, cum extranei in primo testamento instituti erant: nam et tunc prius testamentum euacuandum est, si secunda immo suprema uoluntas cum V testium depositione approbetur. item ordinatio perfecti testamenti in scriptis redacta eliditur, si *linum* incisum seu signacula contraria testatoris uoluntate remota fuerint. etiam post testatoris mortem testamen‖tum *f. 42 c. 3.*
uitiatur seu rescinditur, si insinuatio incongrue facta fuerit, quia et in his quoque aperiendis sollempnitas desideratur.

DE HEREDIBVS INSTITVENDIS, ET QVĘ PERSONĘ INSTITVANTVR. **XI.**

Dissertum est rationabiliter, quę in persona eius qui testatur **1**
spectanda sint. nunc consequenter, que in persona eius qui instituitur intuenda sint, edisserendum est. siue enim uoluntas talis sit qualis supradictum est, siue omnes iam dicte sollemnitates adsint, non tamen admittitur, nisi personę delectus habeatur. Persona enim **2**
heredis que instituitur testamenti factionem habere debet, ad hoc

---

1 dæsiderantur *T* 2 imperatoris *BR* | ceterorum *PBR* 5 eo] *om. P* 7 VII uel V] V *P* quandoque *BR* 10 uocatur *P* | ut] in *P* 13 testes] *TP²BR* dies *P¹* 14 scripti fuerint] heredes *add. P²* 15 tunc et prius *P* et prius tunc *R* 15, 16 euacuandum est] *om. B* 18 linum] *PBR* lignum *T* 19 remota] reuocata *P²* 22, 23 et — instituantur] *om. R* 23 institui non possunt *P* institui possint *B* 26 disserendum *P* uidendum *BR* 29 que] qui *PR*

3—9: L. 31 C. h. t. **9.** *9—11*: pr., § 2, § 4 Inst. quib. mod. test. inf. II, 17. *11—13*: L. 27 C. h. t. *13—17*: L. 21 §§ 5, 5a C. h. t. *17—19*: L. 30 C. h. t. *19—21*: L. 18 in f., L. 23 in f. C. h. t. ict. L. 2 C. quemadm. aper. test. VI, 32.

VI, 11. Rubr.: rubr. C. VI, 24. **2.** *28—3*: § 4 Inst. de her. qual. II, 19.

uidelicet ut ex testamento alterius capere possit. et ideo filius et seruus et furiosus heredes institui possunt, licet testamentum facere non possunt. sunt autem personę que omnino seu generaliter capere prohibentur, ut hii qui ciuitatem amiserunt. sunt persone que prohibentur, set ex propinquorum testamentis usque ad tertium gradum capere possunt, ut mulieres que secundo nubunt infra tempus luctus. item sunt personę que usque ad certum modum capere [*possunt*],
3 ut liberi naturales. Euenit tamen quandoque, ut ille qui instituit et ille qui institutus est factionem testamenti habeat, set tamen institutio deficiat, ueluti si ut filium uel ut fratrem qui non sit filius uel frater, uel ut liberum qui seruus est heredem instituat non institu[*tu*]rus, si rei ueritatem sciret: uoluntas enim errantis nulla est, et ideo institutio non iniusta dicitur, immo nulla, uerba enim manifeste sententię nullo modo preiudicant. set cum de uoluntate dubitatur, ut lib*ro* Institut*ionum*, ibi aliquid medium colligitur, scilicet cum uoluntas incerta est, ut su[*b*]stitutus in partem admittatur, uidelicet in quadrantem, ut in digestis isto t. si enim in o[*b*]scuro testatoris uoluntas sit nec aliquo indicio *aperte* declarari potest, tunc ex ipsius iuris interpretatione dirimitur sumptis aliunde coniecturis. tum ex interpretatione uerborum tum iudicis arbitrio hoc ad indagandum permit[*t*]itur: nam defun[*c*]ti uoluntas in estimatione iudicis est.
4 Euenit quandoque, ut heres scriptus ad legatariorum ius ‖ redigatur,
f. 42 c. 4. ueluti si certis rebus cont*en*tus esse iussus sit. quo casu actiones hereditarię neque ei neque in eum competunt, ideoque neque agere aduersus *debitores* neque conueniri a creditoribus hereditatis potest: set iudex in familię herciscundę iudicio hoc adiudicare ei debet et ita ut his cont*en*tus sit.

3, 4 que — persone] *om. R* 4, 5 ut — prohibentur] *om. P* 7 possunt] *PBR* 9 habeant *P* habent *R* 10 ueluti si ut] si instituat *B* | uel ut] ueluti *B* | sit] *om. P* 11 libertum *P* 13 iniusta] iusta *PBR* | dicitur] uidetur *B* 15 ut] in *add. PBR* | libro Institutionum] *PBR* liber institutis *T* 17 digestis] d't. *T* | isto t.] t. e. *P*; ℞. Si pater *add. PBR* 18 iudicio *PR* | aperte] *P* a parte *BR* apatre *T* 19 dirimuntur *P* | tunc *B* 20 hoc] hęc *T*[1] | ad indagandum] *om. T*[1] 23 contemptus *T* 25 debitores] *PBR* creditores *T* | hereditariis *BR* 26 et] *om. BR* 27 contemptus *TPBR*

3—4: L. 1 C. h. t. *4—6*: Nov. 22 c. 22. Cf. supra V, 6 § 3. *7—8*: Nov. 89 c. 12 § 2. **3.** *8—14*: LL. 4, 7 C. h. t., L. 3 pr., § 1 C. h. t. ict. L. 8 C. de iur. et facti ign. I, 18. *14—17*: L. 3 § 2 C. h. t., **§ 4 Inst. de vulg. subst. II, 15, L. 41 D. h. t. XXVIII, 5. 4.** *22—25*: L. 13 C. h. t. *26—27*: L. 35 pr. D. h. t.

DE INSTITVTIONIBVS VEL SVBSTITVTIONIBVS VEL RESTITVTIONIBVS SVB CONDITIONE FACTIS. XII.

Institutiones autem item su[*b*]stitutiones seu restitutiones quan- 1
doque pure fiunt, quandoque ex die uel ad diem (quo casu adiectio
diei pro non scripta seu pro superuacua habetur), quandoque sub
cond*it*ione. dicimus autem conditiones que tendunt se ad esse et
non esse. Conditiones quidem quędam potestatiuę, quedam mixtę, 2
quędam casuales sunt. item quędam inpossibiles, quędam probrosę
seu contra bonos mores fiunt. Potestatiua est quę in heredis potestate 3
est. ideoque omnes heredes, tam suï quam extranei, huic cond*it*ioni
parere debent: alioquin et filius submouetur, falcidia tamen retenta.
Casuales sunt que ex insidiis fortunę uel ex facto alterius pendent. 4
ideoque liberis non nocent, nisi in eius defectu exheredati sunt, qu*a*
de causa patrem familias intestatum efficiunt. extraneis [*uero*] nocent,
ideoque ut conditio impleatur exspectandum est. Mixtę sunt que 5
partim ex potestate, partim ex insidiis fortunę pend*ent*, ueluti 'si
ancillę filio nupserit'. in eo quidem quod potestatiua est, si per
heredem stat quo minus impleatur, etiam liberis nocet, si uero casus
o[*b*]stet, liberis non preiudicat, cum pro impleta habeatur, set extra-
neos prorsus excludit, cum conditionis euent*us* deficiat. optinet
quandoque, ut etiam conditio alio modo impleatur, non quo defunctus
dixit, [*et*] tamen pro impleta habetur, ueluti si mater filios sub con-
ditione emancipationis heredes instituit et interim pater mortuus uel
deportatus sit uel alias liberi sui iuris facti fuerint. Inpossibiles 6

---

1 uel] siue *P* | uel] seu *B*; *om. P* 2 restitutionibus] *om. P* 5 seu pro superuacua] *om. BR* 6 condictione *T* | et] uel *BR* 7, 8 quedam casuales. quedam mixte *PR* 8 sunt] *om. PBR* 9 fiunt] sunt P^2*BR*; *om.* P^1 | potestatiua] autem *add. P* 10 condictioni *T* 11 et] etiam *PR*; *om. B* | falcidia] legitimaue *add.* P^2*R* 13 defectum *R* defunctum *B* 14 qua] *PBR* quę *T* | uero] *PBR* 16 pendent] *PBR* pendunt *T* 17 ancillę] T^1 ancilli T^2 antilli *PB* ancilla *R* 19 liberis] *om. P* | set] et *P*; *om. BR* 20 euentus] *PBR* euentum *T* 22 et] *PBR* | habeatur *PR* | filium *PBR* 23 heredem *PBR* 23, 24 seu deputatus *P*

VI, 12. Rubr.: rubr. C. VI, 25. **1.** *3—6*: § 9 Inst. de hered. inst. II, 14. *6—7*: LL. 37—39 D. de reb. cred. XII, 1, L. 120 in f. D. de verb. obl. XLV, 1, L. 9 § 1 D. de nov. XLVI, 2, § 11 Inst. de inut. stip. III, 19. **2.** *7—8*: L. un. § 7 C. de cad. toll. VI, 51. **3.** L. un. § 7 C. cit.; L. 4 pr. D. de her. inst. XXVIII, 5 ict. L. 32 C. de inoff. test. III, 28. **4.** L. un. § 7 C. cit.; LL. 4, 5 D. de her. inst. XXVIII, 5, L. 28 D. h. t. XXVIII, 7. **5.** *15—17*: L. un. § 7 C. cit. *17—19*: L. 1 C. h. t. *19—20*: L. 4 C. de cond. insert. VI, 46, L. 23 § 2 D. ad L. Aquil. IX, 2. *20—24*: L. 3 C. h. t. **6.** *24—2*: § 11 Inst. de inut. stip. III, 19 ict. L. 137 § 6 D. de verb. obl. XLV, 1.

conditiones sunt quibus natura uel etiam ius inpedimento est quo f. 43 c. 1. minus inplea[*n*]tur. ideoque tam in *in*stitutionibus quam ‖ in legatis nec non fideicommissis seu libertatibus pro non scriptis habentur: et hoc tam in liberis quam in extraneis uerum est. probrosę seu contra bonos [*mores*] fiunt quę etiam a legibus interdictę sunt, ueluti si filia heres instituta sit, si a marito diuerterit, uel si homicidium uel incendium uel aliquod inprobatum fecerit: ea enim omnia similiter respuuntur. item ea quę sub conditione iuris iurandi relinqu*untur* contra bonos mores sunt et a pretore inprobantur, ideoque relicta ualent, etsi ius iurandum non prestatur, nisi libertas sub ea conditione relicta sit: tunc enim ius iurandum prestandum est. hec autem uera sunt, si conditiones inpossibiles uel alias prohibitę in eorum personis quibus relinquitur inpositę sunt. sin autem in eorum personis a quibus relinquitur apositę sunt, nec conditiones inplendę nec relicta prestanda sunt.

7 Conditiones quoque expressę quandoque alio modo intelligendę sunt quam uerba sonent, ut in illa constitutione 'si fili*us* me*us* absque testamento uel sine liberis decesserit': lex enim non facit locum su[*b*]stitutioni, si alterum tantum eueniat. item similiter su[*b*]stitutionem expressam uerbis excludit in eadem constitutione, ueluti si pater filium rogauerit, ut post mortem suam hereditatem restitueret: liberis enim legitimis uel naturalibus existentibus, usque ad eum modum quo eis relinqui permissum est su[*b*]stitutionem excludunt. quod optinet per nouam constitutionem, si filius rogatus hereditatem restituere 'si sine liberis decesserit' [et] ad monasterium uel aliquem uenerabilem locum se et sua postea transtulerit et in eodem statu perseuerauerit: tunc enim, cum Deum sibi quodam modo heredem elegit, equum est restitutionem cessare: quod euidenter in constitutione expressum est.

---

2 inpleantur] *PBR* | institutionibus] *PB* constitutionibus *T* stipulationibus *R* 5 mores] *PBR* | fiunt] *TB* sunt *PR* 6 sit] fuit *B* | diuerteret *P* 7 aliquid *PBR* 8 item — relinquuntur] *om. B* 10 prestetur *PBR* 13 relinquuntur *P* 13, 14 sin — sunt] *om.* P^1B 14 imposite sunt relinquuntur P^2 17 filius meus] *PBR* filiis meis *T* 22 relinquere *P* 24 rogatur *R* | si] *om. P* | et] *TPBR* 25 uel] ad *add.* P^2BR 26 statu] habitu *PR* | tunc enim] *om. BR* 27 heredem] *om. BR* | restitutionem] seu substitutionem *add. PBR* 28 constitutione] noua *add. PB*

2—4: § 10 Inst. de her. inst. II, 14. *4—8*: LL. 9, 14, 15 D. h. t. *8—11*: L. 8 D. h. t., L. 12 D. de manum. test. XL, 4. *11—15*: L. un. § 1 C. de his quae poenae VI, 41, § 36 in f. Inst. de legat. II, 20. **7.** *15—23*: **L. 7 C. h. t.,** L. 30 C. de fideic. VI, 42, L. 102 D. de cond. et dem. XXXV, 1. *23—28*: **Nov. 123 c. 37.** Cf. Acc. glo. Sed et hoc ad h. l.

DE IMPVBERVM ET ALIIS SVBSTITVTIONIBVS. XIII.

Substitutiones quidem fiunt directe tam uulgariter quam pupil- 1
lariter. uulgaris est que uulgo tam maioribus et minoribus fieri potest.
pupillaris est que pupillis tantum facienda est, licet ad exemplum eius
mente captis quoddam simile introductum sit. est et fideicommissaria,
que usque ad mortem non insp||ecta certa etate porrigitur. In omni- 2
bus tamen mens et uoluntas testatoris inspicitur, siue expressa siue *f. 43 c. 2.*
tacita sit. tacite enim quedam ex ipsius legis interpretatione colli-
guntur, quędam iudici ut hoc examinet committuntur. si enim in
institutione expresse sunt partes, hę institutiones inuicem facte esse
intelleguntur. item su[*b*]stitutio pupillaris sub uulgari expressa in-
telligitur, ueluti 'si heres non erit': eo casu et si heres erit et intra
pubertatem decesserit, su[*b*]stitutus ex pupillari fit heres, maxime
cum su[*b*]stituti eiusdem conditionis sunt. porrigitur enim usque ad
tempus pubertatis, nisi ratio con*iunc*tissimę personę eam excludat
uel euidenter contraria uoluntas ostendatur. si enim matris persona
interueniat quæ ex senatus consulto succedit, in preiudicium eius
neque tacita neque compendiosa admittitur, nisi forte ex uoluntate
priuilegiate personę, ut militis, hoc eueniat, uel si manifeste probetur
paternam uoluntatem eam fuisse, ut mater nichil ex bonis eius seu
filii haberet, maxime cum instituti et su[*b*]stituti filii et eiusdem
conditionis fuerunt: quod colligitur ex constitutione illa quę dicit
matrem admittendam ad lu[*c*]tuosam filii successionem, quia uoluntas
patris ea fuit, cum et partem successionis ei dereliquit. et ideo
tacita su[*b*]stitutio contra matrem non admittitur: alioquin si paterna
uoluntas matri euidentissime repugnet, dicimus eam non admitten-
dam. Et cum uulgaris su[*b*]stitutio, ueluti 'si heres non erit', mani- 3
festa est, *ad*ita hereditate expirat. pupillaris, ueluti 'si heres erit et

---

1 impuberibus *P* 2 directe fiunt *PR* 3 et] quam *PR* 4 est] *om. B* | eius et in *add. PR* 5 sit] est *PBR* 6 inspecta] etiam spectata *P* 7 inspicitur] *om. PBR* 8 sit] spectanda est *add. PBR* | tacita *P* 9 quędam] etiam *add. P* | in] *om. PB* 10, 11 hę — intelleguntur] eedem et in substitutione inuicem inter eos facte intelliguntur *PBR* 12 eo] quo *PR* | eo — erit] *om. B* | inter *B* 14 substituti] instituti *PBR* 15 coniunctissimę] *PBR* conuictissimę *T* 16 matris] patris *B* 21 habeat *P* | cum] filii *add. BR* | filii] *om. BR* | et] *om. PBR* 22 quę dicit] *om.* T^1 24 partem] sue *add. PR* 27 Et] Set *PR* 28 addita TP^1B

VI, 13. Rubr.: rubr. C. VI, 26. **1.** *4—5*: L. 9 C. h. t. **2.** *9—10*: L. 1 ict. L. 2 C. h. t. *10—16*: L. 4 ict. L. 10 C. h. t. *16—27*: **L. 10 C. de inst. vel subst. VI, 25** ict. L. 2, L. 8 C. h. t. **3.** *27—28*: L. 5 C. h. t. *28—1*: L. 14 D. h. t. XXVIII, 6, § 8 Inst. de pup. subst. II, 16.

intra pubertatem decesserit', pupillo pubescente finitur. compendiosa autem, ueluti 'si heres erit et decesserit' (quod *et* infra pupillarem etatem euenire potest et postea), quantum ad pupillarem pupillo pubescente expirat, quantum ad fideicommissariam usque ad tempus
f. 43 c. 3. mortis prorogatur: diffe‖renter tamen su[*b*]stitutus admittitur. si enim infra pubertatem *de*ces[*s*]erit, in toto su[*b*]stitutus admittitur, etiam quod aliunde pupillo adquisitum fuit: sin uero postea, ex su[*b*]stitutione fideicommissaria quarta retinetur. sin autem ex institutione hereditas non est a*di*ta, substitutus, ac si institutus esset, admittitur, quando et partes coheredum repudiantium etiam eo inuito ei accrescunt.
4 Set pupillaris duplicem causam habet. si enim pupillus non adiit hereditatem patris, substitutus fit heres ipsi patri, si autem adiit et intra pubertatem decesserit, substitutus *fit* heres ipsi filio, etiam in his que aliunde ei obuenerunt: quod foret et si filium exheredasset. parentibus enim permissum est in quorum potestate liberi sunt, ut testamentum eis faciant, cum fili*i* eius etatis sunt, ut sibi testamentum facere non possunt: masculi usque ad XIIII., feminę usque ad XII. postea uero per fideicommissum eis substituere possunt, de qua inferius compendiose dicendum est.

XIV. DE NECESSARIIS SERVIS HEREDI[*BV*]S INSTITVENDIS VEL SVB[*S*]TITVENDIS.

1 De heredum institutione huc usque dictum est. set ex his quidam necessarii sunt, quidam sui et necessarii, quidam extranei.
2 hic tamen de seruis necessariis *tantum apponit.* Permissum quidem est, et in fraudem creditorum, seruum necessarium heredem scribere, etsi soluendo non sit, dum tamen pignori obligatus non sit. cum enim alius heres domino extiturus non est, ęquum est ut saltim

---

1 inter p. e. d. (= puberem etatem decesserit) *P* 2 quod et] *BR* quod (*om.* et) *P* quod etiam *T* 6 decesserit] *PBR* disceserit *T* | totum *PBR* | etiam] in eo *add. PBR* 7 quesitum fuerit *P* | uero] autem *PBR* 8 fideicommissaria — institutione] *om.* T^1 9 addita TP^1B 10 ei] *om. B* 11 Set] et *B*; *om. PR* 13 fit] *PBR* sit *T* 16 filii] *PBR* filiis *T* 17 masculis P^2 | XIIII] annos *add. PR* 18 XII] annos *add. P* 20 necessariis] et *add. BR* | heredibus] *PBR* 21 uel substituendis] *om. BR* 24 tamen] tantum *add. P* | tantum apponit] *BR* apponit tantum *T*

1—8: L. 8 § 2 C. h. t., §§ 8, 9 Inst. de pup. subst. II, 16 ict. § 7 Inst. de fideic. her. II, 23. *10—11*: L. 6 C. h. t. **4.** *11—17*: pr., § 4 Inst. de pup. subst. II, 16. *17—19*: §§ 8, 9 Inst. eod.

VI, 14. Rubr.: rubr. C. VI, 27. **1.** pr. Inst. de her. qual. II, 19. **2.** *24—1*: § 1 Inst. qui qu. ex caus. man. I, 6, L. 1 C. h. t.

seruum suum heredem habeat. et hoc uerum est, siue cum libertate siue sine libertate eum heredem instituat, quia ex ipsa sua institutione et libertatem habebit. quod euenit et si sub libertorum nomine heredes scripti sunt. sin autem alicui legatus sit et postea hereditas ei et sine libertate relinquatur, hereditatem et libertatem eum habiturum palam est. item si sub conditione heres institutus est, si conditio potestatiua est, omnimodo implenda est: alioquin [si] sua culpa et hereditatem et libertatem *a*mitteret. sin uero casualis, libertas quidem ei competit, hereditas uel ad sub‖stitutum uel legitimum *f. 43 c. 4.*
defertur. necessarii uero dicuntur, quia siue uelint siue nolint omni- 3
modo heredes sunt, etsi in prima parte testamenti libertatem et in alia hereditatem consecutus sit. set hoc necesse est, ut utrumque ex domini testamento habeat: alioquin si inter uiuos libertatem et in domini testamento hereditatem, non fit necessarius. dum tamen, si coactus adiit, ut potius nomine serui bona a creditoribus possideantur et distrahantur et inter eos diuidantur (et hoc ideo ne defunctus iniurietur), quod a seruo postea quesitum est a creditoribus non inquietetur. Sui uero et neces[*s*]arii ipso iure etiam ignorantes 4
et si nolint her[*ede*]s fiunt. pretor eis tamen facultatem abstinendi dat, ne dampnosa hereditate honerentur. In extraneis hoc deside- 5
ratur, ut testamenti factionem habeant et animum adeundę successionis: de quibus plenius inferius tractandum est.

DE LIBERIS PRETERITIS VEL EXHEREDATIS. ℞. XV.

Hactenus de heredibus instituendis. nunc de liberis exhere- 1
dandis. si enim liberi, maxime qui in potestat*e* sunt, neque heredes instituti neque [*ex*]heredati sunt, ipso iure nullum est testamentum.

---

2 eum] *om. PBR* 3 etiam libertatem *B* 5 ei et] ei etsi *R*; et *om. P* 7 si sua] sine *B* sua (*om.* si) *PR* 8 admitteret *T* amittet *BR* amittit *P* 9 substitutum uel] ad *add. P* 10 uero] ideo *PBR* 14 in] *om. P* | testamento] habeat *add.* T^1 17 iniurietur] iniuria affitiatur *PBR*; et *add. PR* 19 heredes] *PBR* 23 uel] et *P* 24, 25 exheredandis] heredandis T^1; uel preteritis loquitur *add. PBR* 25 potestatæ *T* 26 exheredati] *PBR*

1—3: § 2 Inst. qui qu. ex caus. I, 6, L. 5 § 1b C. h. t. *3—4*: L. 2 C. h. t. *4—6*: L. 5 §§ 3, 3a C. h. t. *6—10*: L. 6 C. h. t. *10—12*: § 1 Inst. de her. qual. II, 19, L. 4 C. h. t. *12—14*: § 1 Inst. de her. inst. II, 14. *14—18*: § 1 Inst. de her. qual. II, 19 ict. § 1 Inst. qui qu. ex caus. man. I, 6. **4.** § 2 Inst. de her. qual. II, 19, § 3 Inst. de her. quae ab int. III, 1. **5.** §§ 4, 5 Inst. de her. qual. II, 19.

VI, 15. Rubr.: rubr. C. VI, 28. **1.** pr., § 5 Inst. h. t. II, 13 ict. Nov. 115 c. 3 in f.

2 Exheredandi quidem sunt nominatim tam a patre quam ab auo paterno filii tam masculi quam feminę. quod et in his uerum est *qui* ex uirili semine descendunt, antiqua differentia sublata. mater et auus maternus possunt preterire, et eorum pretericio pro exheredatione habetur. nominatim exheredantur, cum proprium nomen uel illud quod pro eodem habetur adicitur: quod intelligitur et si alienum
3 a sua substantia filium esse dicat. Hodie tamen ex constitutione noua remota omn*i* differentia parentes omnes coguntur suos liberos heredes instituere et hereditario titulo debitam portionem eis relinquere uel exheredare, causa tamen ingratitudinis inserta: alioquin quantum ad institutionem testamentum deficit, in ceteris uero perseuerat. causę uero ingratitudinis ex quibus parentes suos liberos exheredare possunt XIIII sunt, prout noua constitutione expressum est. econtra [*hee*] ex quibus liberi suos parentes exheredare possunt ‖
f. 44 c. 1. septenario numero continentur. quod et in postumis heredibus instituendis seruandum est. exhereditari uero permissum non est, ideoque, si preter[*it*]i sint, ualet quidem testamentum, set agnatione posthumi eodem modo infirmatur: hoc ita, si perfecte natus sit, ut quantum ad institutiones deficiat.

XVI. DE IVRE DELIBERANDI ET ADEVNDA VEL ADQVIRENDA HEREDITATE.

1 Heredibus institutis permissum est ut se immisceant uel hereditatem adeant, nisi tempus ad deliberandum petieri[*n*]t. ideoque 'de
2 iure deliberandi et de adquirenda seu adeunda hereditate' adicit. Si enim aliquis quocumque grad*u* institutus est cum supradictis sollempnitatibus nec postea aliquo modo uitiata sit, oportet uoluntatem tam suorum quam extraneorum heredum ad hereditatem adquirendam,

---

2 et] *om. P* 3 qui] *PBR* quod *T* | uirili semine] masculis *PBR* | mater] autem *add. P* 4, 5 heredatione *T*[1] 6 illud] aliud *B* 8 omni] *PBR* omnis *T* 11 institutiones *BR* 14 hee] *PBR* 15 septenario] .VII. *P* | et] *om. P* 16 exheredari *BR* | non] *expunctum in T*; *om. R* 17 preteriti] *PBR* 20, 21 *Rubr.* De iure deliberandi uel de adeunda hereditate *ad marginem pusillis litterulis indicata a miniatore praetermissa est in P.* 20 et] de *add. BR* 20, 21 uel — hereditate] *om. R* 21 hereditate] *om. B* 22 uel] ad *add. P* 23 petierint] *P* petierunt *R* petierit *TB* 25 gradu] *PBR* gradus *T* 26 uiciatum *P*

---

2. *1—3*: pr., § 5 Inst. cit. *3—5*: § 7 Inst. h. t. *5—6*. § 1 Inst. h. t. *6—7*: L. 3 C. h. t. **3.** *7—15*: **Nov. 115 c. 3, 4.** Cf. supra III, 7 § 5, VI, 10 § 7. *15—19*: § 1 Inst. h. t., LL. 1—3 C. de post. her. inst. VI, 29.

VI, 16. Rubr.: rubr. C. VI, 30. **1.** Cf. § 5 Inst. de her. qual. II, 19.

licet differenter, adhiberi. sui enim licet ignorantes ipso iure heredes
fiant, tamen ad hoc ut immisceant se uel plene adquirant, animus
seu eorum actus spectatur. extranei autem adeundo hereditatem ad-
quir*unt*: quę ex uoluntate sola fit, siue uerbis siue re hoc osten-
datur, ueluti si pro hereditaria parte debitum paternum seu heredi-
tarium soluat. Si quidem institutio sollempniter facta est nec in 3
aliquo uitiata est, scriptis heredibus iure ciuili hereditas defertur,
pretorio uero iure secundum tabulas uel secundum nuncupatione[*m*]
bonorum poss[*ess*]io datur. set euenit quandoque, ut ex testamento
bonorum possessio tantum, non etiam ciuili iure hereditas deferatur,
ueluti si testamentum testatore capite deminuto irritum factum est.
In bonorum uero possessione querenda uoluntas cum sollempnitate 4
Constantinianę legis desideratur, licet sola uoluntate repudiar*i* possit.
si autem filio familias bonorum possessio delata sit, et paternus con-
sensus necessarius est, quem ad modum pupillo tutoris auctoritas
uel iudicis hoc ipsum cognoscentis: quod enim deest pupillo per
tutorem, suppletur pretoria auctoritate. infanti uero seu simili per-
sonę etiam uoluntate alterius queritur. quotiens autem quis partem
petit, partes non petentium etiam ei inuito eodem iure accrescunt.
et hoc pretorio iure. Ciuili uero ‖ iure, prout dictum est, suis ipso 5
iure queritur, quamuis ignorent, in extraneis aditio est necessaria *f. 44 c. 2.*
ad acquirendum secundum distinctiones supradictas. set in filiis
familias patris consensus exigitur, licet, patre dissentiente, finita
potestate, uel ea durante per nouam constitutionem pleno iure pro
herede gerere potest et sibi adquirere. si pu[*pi*]lli adeant, tutore
auctore uel pretore hoc faciendum est. si uero infantes sint, patre
non existente tutores nomine e*o*rum hoc facere possunt. set si pater
adhuc uiuit et hereditas infanti delata sit, eo uiuente uel mortuo

---

1 adhibeam *B* adhibeatur *R* 3, 4 adquirunt] *PBR* adquirant *T* 6 soluatur *P* 13 repudiari] *PBR* repudiare *T* 16 cognoscentis] necessaria est *add. PBR* | deest] per etatem *add.* *T*¹*PBR* 19 petiit *P* | etiam — accrescunt] petenti eo etiam inuito accrescunt *PBR* 22 distinctiones] dictiones *T*¹ 25 gerere] agere *PBR* | pupilli *P*²*BR* pulli *TP*¹ 27 eorum] *PBR* earum *T*

---

2. *1—3*: v. L. 22 §§ 1a—2 C. h. t, § 5 Inst. cit. *3—6*: §§ 5, 7 Inst. de her. qual. II, 19, L. 2 C. h. t. **3.** *8—9*: v. supra VI, 6 § 4. *9—11*: § 6 Inst. quib. mod. test. infirm. II, 17. **4.** *12—13*: **L. 9 C. qui admitti VI, 9.** *14—15*: L. 1 C. eod. ict. L. 18 § 4 C. h. t. *15—17*: L. 7 § 1 C. qui admitti VI, 9, L. 18 § 4 C. h. t. *17—18*: L. 3 C. qui admitti VI, 9, L. 18 pr., § 2 C. h. t. *18—19*: L. un. C. quando non pet. part. VI, 10. **5.** *22—25*: LL. 4, 11, 18 § 4 C. h. t.; L. 15 C. h. t., **L. 8 §§ 1, 1b, 1c C. de bon. quae lib. VI, 61.** *25—26*: L. 18 § 4 C. h. t. *26—1*: L. 18 pr. — § 3 C. h. t.

6 hereditatem eorum nomine adire possunt. Spectandum tamen est,
ut si plures instituti sunt et quidam ex his repudient, ut eorum
portiones adeuntibus etiam inuitis accrescant. item capiendo quod
in prima parte testamenti relictum est, etiam quod in secunda uel
tertia seu quod ex substitutione pupillari datum est accipere cogun-
7 tur, uel omnia relinquere. Ergo secundum omnes has distinctiones
hereditas queritur. set quidam indubitate inmiscent se uel adeunt.
unde sequitur omnia commoda et incommoda hereditaria ad eos
transire, ideoque omnibus creditoribus hereditariis in solidum sub-
positi sunt: adeundo enim quodam modo contrahere uidentur, ideo-
que obligant se. item econtra qui non titubanti animo abstinent
sese uel repudiant, statim ab omni commodo et incommodo alieni
sunt. his autem qui de emolumento successionis querendo dubitant,
dupl*ex* uia eis tributa est: uel ex noua constitutione obseruata eius
sollempnitate sine dampno succedere, uel deliberationem petere et
ita ueteri grauamini se subponere. ex constitutione noua inuenta-
rium facere debent tabulario testibusque adhibitis, et si presentes
sunt, infra tres menses, si absentes, intra annum conficere debent:
postea autem hoc non permittitur. quo facto et qua solle[*m*]pnitate
seruata non conueniuntur nisi quatenus in hereditate inuentum est,
f. 44 c. 3. seu quatenus res hereditarię ualent. ‖ sin uero deliberatione[*m*] se-
cundum antiquum ius petere maluerint, tunc et inuentarium efficere
debent, nisi intra stat[*ut*]um tempus repudient, [*et*] omnibus hone-
ribus hereditariis subiacebunt. inuentario uero non confecto, hoc
expensum sue neglegentię ferent quod legis Falcidię commod*o* non
8 utentur: inmo et legatariis in solidum obstricti erunt. Intra quod

---

1 nomine] *TP*[2]*BR* iure *P*[1] 2 his] ipsis *P* 4 quod in] in *om. P* | uel] *om. P*[1]; in *add. P* 6 Ergo] *om. P* 10 quodam modo] *om. B* 11 astinent *T*[1] 13 successionis querendo] *om. PBR* 14 duplex] *PBR* duplici *T* | eis *om. PBR* | noua] iustiniani *T*[1]*R* iustiniana *P* institutione *B* 16 ex] ex iustiniani *PR* et institutione *B* | noua] nō iustiniani *T*[1]; *om. PBR* 17 testibus. quod adhibitis *P*[1]; quod adhibitis *expunxit P*[2] 18 sint *PBR* | infra tres] intra IIII *P* 19 et qua] *om. PBR* | sollempnitateque *PBR* 21 res — ualent] *TR*; res *om. B*; hereditas ualet *P* | deliberationem] *PBR* 23 statutum] *PBR* | et] *PR* in *B* 25 sue] *T*[b]*PR* seu *T*[a] siue *B* | referent *B* | commodo] *PBR* commode *T*

---

6. *1—3*: L. 6 C. de impub. et al. subst. VI, 26, L. un. §§ 10a, 10b C. de cad. toll. VI, 51, L. 53 § 1 D. h. t. XXIX, 2. *3—6*: L. 20 C. h. t. **7.** *7—11*: L. 22 § 1a C. h. t. ict. § 5 Inst. de obl. quasi ex contr. III, 27. *11—13*: L. 22 § 1b C. h. t. *13—16*: § 6 Inst. de hered. qual. II, 19. *16—26*: **L. 22 §§ 2—4, 12, 14—14c C. h. t.;** Nov. 1 c. 2 §§ 1, 2. **8.** *26—3*: L. 9 C. h. t.

tempus hereditas quęrenda sit, hoc a lege prefinitum non est, nisi
creditores uel alii quorum interest instent: alioquin qui non repu-
diauit semper adire potest. creditoribus uero uel aliis instantibus
certum tempus, scilicet annuum, prefinitum est, uel etiam a iudice
statuendum est, intra quod debet adire uel repudiare, dum tamen
creditores circa temporalem prescriptionem preiudicium non patiantur.
Hereditate uero non adita, ad successores quod minime adquisitum 9
est non transmittitur. deliberatione tamen petita hoc ius ad succes-
sores intra annum transmittunt.

DE ABSTINENDA VEL REPVDIANDA HEREDITATE. XVII.

De adquirenda hereditate dictum est. nunc de ea abstinenda 1
uel repudianda dicendum est. 'Inmiscere' uel 'abstinere' proprie 2
suorum est, 'adire' et 'repudiare' extraneorum est. sui quidem
abstinere, extranei qui non adierint repudiare sola animi destinatione
poss*unt*. sicut enim hereditas sola uoluntate queritur, ita contraria
uoluntate amittitur, dum tamen hereditas iam quesita repudiari non
possit. presumitur quoque adquisitio, ut in eo qui domum uel res
paternas utitur: quo casu ab eo abstentio probanda est. Postquam 3
autem quis hereditatem repudiauit, frustra ad eam regressum habere
conabitur. permissum tamen suis est infra certum tempus rebus
nondum distractis, triennio uidelicet instante, res hereditarias recu-
perare et suam abdicationem reuocare.

---

1 quęrenda] pretenda (petenda *leg.*) *P* petenda *R* 2 instent: alioquin qui non] T^1*PBR* alioquin inst̄. (= institutus) qui T^2 4 annuum] T^1*PBR* annum T^2 5 quod] tempus *add. P* | tamen] *om. P* 7 successiones T^2*B* 9 intra] et intra *B* et inter *P* | transmittunt] *TB* transmittitur *PR* 10 De repudianda uel (et *R*) abstinenda hereditate *PR* 12 uel repudianda] et repudianda *P* | uel] et *BR* 15 possunt] *PBR* possint *T* 17, 18 domum uel res paternas] *TB* domo uel re paterna (rebus paternis *R*) *PR* 18 astentio T^1 abstinentia *P*

3—5: L. 9 C. cit., L. 5, L. 6 pr. D. de interrog. in iure XI, 1, L. 1 §§ 1, 2, L. 5 pr. D. de iure delib. XXVIII, 8, L. 23 § 2 D. de her. inst. XXVIII, 5. „certum tempus, scilicet annuum, prefinitum est": L. 19 C. h. t. **9.** *7—8*: L. 7 C. h. t. *8—9*: L. 19 C. h. t.

VI, 17. Rubr.: rubr. C. VI, 31. **2.** *12—13*: § 5 Inst. de her. qual. II, 19, L. 4 C. h. t. *13—17*: § 7 in f. Inst. de her. qual. II, 19 ict. L. 89 D. de legat. I.; L. 4 C. h. t. *17—18*: L. 1 C. h. t. **3.** *18—20*: L. 4 C. h. t.; § 7 in f. Inst. cit. *20—22*: L. 6 C. h. t.

XVIII. QVEMADMODVM TESTAMENTA [*APERIANTVR*], INSPICIANTVR ET DESCRIBANTVR.

1 Voluntas seu paternum testamentum uel aliud quid ad testa-
mentum pertinens, ut codicilli, in publicum ea omnia proferenda ‖
f. 44 c. 4. sunt, ut fides eorum in publicum proferatur et insinuetur. quem
ad modum autem aperiantur, inspiciantur et describantur, uidendum
2 est. Ad iudicis quidem officium spectat, ut testamentum seu alia
uoluntas proferatur et in publicum 'reci*t*etur. et eosdem uel alios
testes adesse faci*at*, *ut* testamentum iterum resignetur: quod eo per-
mittente faciendum est, eo tamen pro tribunali petente cuius interest
et de calumnia iurante, quo facto et facultatem inspiciendi et descri-
3 bendi faciet. Officium autem publicandi ac insinuandi seu inspiciendi
in ciu[*i*]tate magistri census est, in prouintiis ad iudices quorum
4 interest redundat. Codicilli quoque cum eadem *ob*seruatione publi-
candi item aperiendi sunt.

XIX. DE EDICTO DIVI ADRIANI TOLLENDO, ET QVEM [*AD MODVM*] SCRIPTVS HERES IN POSSESSIONEM MITTATVR.

Sublato edicto diui Adriani, a testamento aperto nichil aliud restat, nisi ut scriptus heres in possessionem mittatur. set cum queritur inter inst[*it*]utum et substitutum, prima quidem fronte institutus in possessionem mittendus est. heredes quoque script*i* legitimis preponuntur, dum modo legitimum testamentum ostendant, ideoque priori loco ut potiores a iudice in possessione[*m*] admittuntur. sin uero ex pari causa similis contradictio oriatur, uel ex alia uoluntate seu ex alio testamento, tunc necessarium est causam utriusque uentilari et ei possessionem adquiri qui meliorem causam ex

---

1, 2 Quomodo aperiantur testamenta *P* 1 aperiantur] *BR* 2 inspiciantur et describantur] *om. B* 5 publico *P* 6 describantur] quomodo scribantur *P* 8 reticetur *T* 9 faciat ut] *PBR* faciant. in *T* | quod] et *add. PBR* 10 petente] TP^2BR sedente P^1 11 calumpnia T^2 11, 12 conscribendi *B* 12 fatiat *PBR* 14 obseruatione] *PBR* diseruatione *T* 15 itemque *P* 16, 17 Quemadmodum scriptus heres in possessionem mittatur et de edicto diui Adriani tollendo *R* | ad modum] *om. TB* 18 a] ac *BR* 21 scripti] *PBR* scriptis *T* 22 hostendatur *BR* 23 possessionem] *PR* 25 est] *om. B*

VI, 18. Rubr.: rubr. C. VI, 32. **1.** LL. 1, 2 C. h. t., L. 2 § 2, L. 11 D. h. t. XXIX, 3. **2.** *7—8*: L. 1 C. h. t., LL. 4, 5 D. h. t. *8—12*: LL. 2, 3 C. h. t., LL. 4—7 D. h. t. **3.** LL. 18, 23 C. de testam. VI, 23, LL. 2, 3 C. h. t. **4.** L. 4 C. h. t.

VI, 19. Rubr.: rubr. C. VI, 33. *19—21*: L. 1 C. h. t. *21—24*: L. 2, L. 3 pr. C. h. t. *24—3*: L. 3 §§ 1—4 C. h. t.

legibus habere uis*us* fuerit, siue qui iam missus est siue qui rationabiliter contradicit, nisi forte ei temporis ratio interueniat quę posset principalem causam excludere, scilicet XXX annorum curricula.

SI ALIQVIS ALIQVEM TESTARI PROHIBVERIT, ET QVIBVS HEREDITAS AVFERTVR. XX.

Licet superius dictum sit, ut scriptus heres in possessione[*m*] 1
mittatur, tamen quandoque euenit, ut commodum hereditatis et ei qui heres factus sit auferatur ut indigno: forte si testator contra suam uoluntatem aliquem scripsit heredem quem non scriberet, si liberi arbitrii foret. e conuerso si ille qui ex lege ad successionem admissurus esset, defunctum prohibuit ne testamentum ordinaret.
item si mortem defunc‖ti adita hereditate uindicare per iudicem ne- 2
glexerit: et hoc ita, si maior annis erat et necis uindicta possibilis *f. 45 c. 1.*
erat, nec ille qui fecisset in hocculto foret. siue testamentum falsum 3
heres scriptus dixerit et in causam usque ad finem p[*er*]seuerauerit et contrariam sententiam sustinuerit, siue inoffitiosum et non optinuerit: utrobique enim id quod ei in testamento relictum est aufe-
retur. idem est, si testator eum quem heredem instituerat suam 4
uoluntatem non mereri postea declarauerit, aut si dolo scripti seu legitimi defunctus interemptus fuerit: omnibus enim his casibus hereditas cum suis accessionibus fisco uendicatur, licet mero iure heredes
extiterint. ea enim que ut indignis auferuntur semper fisco appli- 5
cantur, nisi nominatim dictum sit cui accedant. set ea tantum quę heredibus relicta fuerunt. ceterum libertatibus [*et*] legatis in eo testamento datis non preiudicant, cum nec mora facta in nece defuncti u*i*ndicanda his obesse possit.

---

1 uisus] *P* uisū *T* iussus *BR* 2 contradixit *P* | ei] ea *PBR* 4, 5 Si quis aliquam (!) testari prohibuerit uel coegerit *P* Si quis aliquem testari prohibuit *R* De his quibus ut indignis aufertur, hereditas *B* 6 possessionem] *PBR* 7 et] *om. PBR* 10 foret] uel *add. BR* | ex lege] *om. B* 11 admissurus] *TPBR* | ordinaret.] *Rubr.* De iis quibus ut indignis hereditas aufertur *sequitur in R.* 12 per iudicem] *om. P*[1] 13 necis] cui necis *P* 17, 18 aufertur *PBR* 19 declamauerit *P*[2] | seu] aut *P* 20 fuerit] sit *P* 21 suis] etiam *add. PBR* 22 semper] *om. PR* 24 et] *PBR* | in] *om. B* 26 uindicanda] *PBR* uendicanda *T*

VI, 20. Rubr.: rubr. C. VI, 34, 35. **1.** *8—10*: L. 1 C. VI, 34. *10—11*: L. 2 C. eod., L. 1 pr. D. si quis aliq. XXIX, 6. **2.** LL. 6, 7, 9 C. VI, 35. **3.** L. 8 C. VI, 35, L. 8 § 14 D. de inoff. test. V, 2. **4.** L. 4, L. 10 § 1 C. h. t., L. 3 D. de his quae ut ind. XXXIV, 9, L. 7 § 4 D. de bonis damn. XLVIII, 20. *20—22*: L. 8 § 14 D. cit. **5.** *24—26*: L. 11 C. VI, 35.

XXI. ℞. DE CODICILLIS.

1 Quem ad modum uniuersitas directo relinquatur dictum est.
nunc autem quomodo per obliquum relinqui possit, ueluti in codi-
2 cillis, dicendum. Codicillus enim ad differentiam testamenti paruus
codex appellatur. in quibus et numerus testium quem ad modum
in testamentis definitus est, licet pauciores, id est V, desiderantur.
siue in scriptis fiant, testes suas subscriptiones seu subnotationes
accommodare debent, siue per nuncupationes codicilli fiant, in sola
memoria testium uoluntas relinquenda est. differunt quidem a testa-
mento, quod institutio et exheredatio quidem in testamentis fit, in
codicillis autem hereditas neque dari neque adimi directo potest.
per fidei commissum uero legitimum uel scriptum heredem rogare
potest, ut uel totam uel partem hereditatis restituat. unde sequitur
3 minorem codicillorum obseruationem esse quam testamentorum. Set
hoc desideratur ut defuncti uoluntas ea sit, ut codicillos conficere
f. 45 c. 2. uoluisset, ‖ non etiam cum directo aliquid relinquere uoluit. quod
euenit, si nominatim hoc dixerit quod faceret codicillos, uel si testa-
mentum fecit et in eo adiecit, ut pro codicillis ualeret seu uim codi-
cillorum optineret. sin autem de hereditate directo transmittenda
cogitauit, hoc proprie est uelle testamentum facere, non codicillos,
et ideo quod uoluit non fecit, quod potuit noluit. quando autem in
testamento hoc adiectum est ut pro codicillis seu iure fidei commissi
ualeat, quod in eo relictum est si quis ex eo testamento directo
petere instituerit, postea ad fidei commissi petitionem aspirare non
poterit. [*in*] initio enim electionis potestas permittitur, post electionem
autem alterius aditum sibi proclusisse certum est. in parentibus
tamen et liberis usque ad quartum gradum item in agnatis et cogna-
tis usque ad tertium hoc permissum est, ut postea uariare seu eligere
possint, si scripti heredes uel nuncupati fuerint in eo testamento in

---

2 directo] testamento *add. P* 4 dicendum] est *add. PR* 5 quibus] quo *P* 6 testamento *P* 8 nuncupationem *PR* 9 est] *om. B* 12, 13 per — potest] *om. B* 12 legitimus uel scriptus heres rogari *PR* 13 totam] hereditatem *add. PR* 15, 16 ea — quod] *om. B* 16 uoluisset] quod euenit, si nominatim dixerit quod faceret codicillos *in marg. add.* P^2 22 adiectum] additum *P* 25 in] *PBR* 26 proclusisse] TP^1B proclusisse P^2R

VI, 21. Rubr.: rubr. C. VI, 36. **2.** *5—9*: L. 8 § 3 C. h. t., L. 21 §§ 5, 5a, L. 28 § 6 C. de testam. VI, 23. *9—14*: § 2 Inst. h. t. II, 25 ict. §§ 2, 10 Inst. de fideic. her. II, 23. **3.** *14—21*: L. 8 § 1a C. h. t., L. 1 D. h. t. XXIX, 7. *21—4*: L. 8 pr., §§ 1, 1a in f., 2 C. h. t.

quo hoc adiectum est ut pro codicillis ualeret. et hoc ita tam uarie: longe enim aliud est lucrum non capere et debitum amittere, ideoque hi sibi non preiudicant, cum ad debitam successionem uocantur. In omni quidem ultima uoluntate V testes rogati uel for- 4
tuitu eodem tempore adesse debent, dum tamen si in scriptis fiant, testes per se uel per alios subscribant.

℞. DE LEGATIS. XXII.

De uniuersitate in testamentis seu in aliis ultimis uoluntatibus 1
directo seu per obliquum relinquenda dictum est. nunc de specialibus relictis ibidem relinquendis dicendum est. et inter specialia relicta legatum est precip*u*um: ideo 'de legatis' aponit. Legatum 2
quidem est donatio quedam, licet non pura, a defuncto relicta et ab herede prestanda. In legatis spectandum est: persona legantis, 3
item persona eius cui legatur, nec non et res, item utrum pure an in diem uel sub co[*n*]ditione, et an uoluntatis questio interueniat, et quomodo legatum ‖ deficiat seu ad irritum decidat, et quę actiones *f. 45 c. 3.*
exinde competant. Persona legantis ea esse debet quę factionem 4
testamenti per dispositionem habeat et ut alias su*a* disponere possit, dum tamen bona soluendo sint. Persona quoque eius cui 5
legatur similiter testamenti factionem, saltim ut capere possit, habere debet. Res quidem que legantur eiusmodi esse debent, ut in bonis 6
sint uel futurę fiant, siue proprię siue heredis siue alienę sint. ideoque quę a dominio seu exemptę sunt a commertio legari non pos[*s*]unt, ut res sacre et religiosę [et campum Martium item basilicas et templa] nec non quę publico usui destinata sunt. set si res aliena legata sit, ita demum debetur, si defunctus sciebat rem alienam esse: alioquin si ignorabat, non ualet, nisi forte proximę personę reliquit, ut uxori uel alii cui non minus legaturus esset, etsi scisset alienum.

---

1 et] *om. PBR* 2 longe enim] quia longe *PBR* 4, 5 rogati uel fortuitu] *om. BR* | fortuiti *P* 8 ultimis] *om. B* 11 precipuum] *PBR* principium T^1 precipium T^2 | ideoque *PR* 14 cui] res *add. B* 16 recidat *PR* 18 et] *om. P* | sua] *P* suas *TR* suam *B* | disponere] dispositionem *B*; res *add. R* 20 ut capere possit] per captionem *PBR* 23 a commertio exemptę sunt *PR* 24, 25 et campum — templa] *om. PBR* 25 destinatę *P* 28 non minus] *om. BR* | etiam si *PBR*

---

4. L. 8 § 3 C. h. t. ict. L. 31 § 4 C. de testam. VI, 23.

VI, 22. Rubr.: rubr. C. VI, 37. **2.** § 1 Inst. h. t. II, 20. **4.** L. 2 ict. L. 1 D. de legat. I. (XXX.), L. 15 C. h. t. **5.** § 24 Inst. h. t. **6.** *21—25*: §§ 4, 7 Inst. h. t. *25—28*: § 4 Inst. h. t. ict. L. 10 C. h. t.

item tam res corporales quam incorporales legari possunt, ideoque
7 et actiones. Si pure uel in diem certam aliquid relictum est, statim
a morte testatoris cedit dies, id est incipit deberi, ideoque petitio
huius legati parenti et domino datur, ad heredem quoque transmit-
titur. si uero sub conditione uel die incerta, post conditionis uel
8 diei euentum incipit deberi. Et hec omnia ita uera sunt, si uolun-
tas testantis seu legantis certa sit. alioquin si de ipsa uoluntate
queritur, cum hoc sepissime eueniat, uel de demonstratione eius seu
conditione uel econtra de uoluntatis mutatione (cum et legatum adimi
potest): si probationes in prontu sunt in talibus questionibus, inpri-
mitus hę admittuntur. quibus deficientibus legum conditores in
quibusdam casibus uoluntatem de qua queritur interpretantur tu[*m*]
propter presumptionem tum propter uestigia uerborum. ubi autem
interpretatio legitima cessat, iudici committitur uoluntatis examinatio
et expeditio. cum queritur de uoluntate mutata, is qui dicit, id est
9 heres, uoluntatem mutatam esse probare debet. Set cum legantis
f. 45 c. 4. uoluntas certa aparet et iure subnixa est nec mutata, uale‖re quidem
constat, nisi aliqua ratione deficiat uel propter personam tam legan-
tis quam legatarii, uel eius a quo legatur. legantis: ut in eo qui
soluendo non est. legatarii: ut quod relictum est seruo in testa-
mento non manumisso. a quo legatur: ueluti si aliquid relictum
est a su[*b*]stituto exheredati filii. ratione quoque rei deficit, ut si
id quod legatur tibi tuum sit. item ad irritum legatum quod ab
initio ualidum fuit ex postfacto recidit, ueluti si defunctus ademit
uel aliquid fecit per quod mutasse uoluntatem uideatur, uel si lega-
tarius testamentum celauit, uel si rem sibi legatam subtrahat, uel si
10 pater rem filię legatam se uiuente postea in dotem dedit. Set cum
legatum omnimodo ualidum est ratione ei undique opitulante, parit

1 ideo *B* 2 et] *om. PBR* | certum *P* | relictum] legatum *B* 3 id est] et *BR* 5 die incerta] in die certa *P* incerta die *R* 6 Et] *om. P* 8 de] *om. P* 10, 11 primitus *P* 16 esse] eam *add. P* 20, 21 in testamento seruo *PBR* 24 recedit *P* 27 postea] pro ea *BR* 28 omnimodo] *om. BR* | ei] rei *B*

1—2: § 21 Inst. h. t. **7.** *2—3*: L. un. § 1c in f., § 5 C. de cad. toll. VI, 51 ict. L. 213 D. de verb. sign. L, 16. *3—5*: L. 5 § 7, L. 14 § 3 D. quando dies leg. ced. XXXVI, 2, L. 5 pr. D. eod. *5—6*: L. un. § 7 C. de cad. toll. VI, 51, L. 5 § 2 D. quando dies leg. ced. XXXVI, 2. **8.** *10—11*: L. 16 § 1 C. de fideic. VI, 42. *13—15*: L. 7 C. eod. *15—16*: L. 22 D. de prob. XXII, 3. **9.** *19—20*: L. 15 C. h. t. *20—21*: L. 4 C. h. t. *21—22*: L. 24 C. h. t. *22—23*: § 10 Inst. h. t. *23—25*: pr. Inst. de adempt. legat. II, 21, § 12 Inst. h. t. ict. L. 3 C. h. t. *25—27*: L. 25 C. h. t.; L. 5 C. h. t.; L. 11 C. h. t. **10.** *27—3*: L. 1 § 1 C. comm. de legat. VI, 43, § 2 Inst. h. t.

quidem actionem personalem ex testamento proficiscentem, quę legatario competit uel eius parenti seu domino item eius heredi, si dies semel cessit. in heredem quidem ex quasi contractu obligatum competit, nec liberatur propter hereditatis uenditionem. in rem quoque actio, si res mortui fuit, legatario datur. si autem nomina legata fuerint, utiles actiones legatario suo nomine dantur. ypothecaria etiam in res mortui ei experiri permittitur. si autem liberatio uel res que aput eum est legata est, multo magis exceptionem et retentionem ei competere dicimus.

DE VERBORVM SIGNIFICATIONE. XXIII.

Cum legata uel quędam alia relinqu[*u*]ntur, euenit, ut uerba 1
seu res relictę plura significent seu co[*n*]tineant. quapropter 'de uer-
borum et rerum significatione' aponit, licet in prudentium Responsis
latius et utilius de hoc tractatum reperiatur. Si enim fundus 'in- 2
structus' uel 'cum instrumento' legatus fuerit, principes manifeste
diffiniunt, quę hac appellatione contineantur, scilicet ut ea omnia
que in fundo inducta perpetuo essent non causa temporis seu
custodie, uel siue ut pater familias ibi eis uteretur siue ut fundus
esset instructior, hac denotatione relicta uideantur. Item si testator ‖ 3
'cautionem' prestare iussit, non satisdationem, non fideiussionem *f. 46 c. 1.*
neque pignoris dationem intelligendum est, set tantum nudam pro-
missionem, quę fit per stipulationem. Si autem 'ille uel ille' heres 4
scriptus est, uel 'illi aut illi' legatum datum est uel libertas uel
tutela relicta est, omnes ad hereditatem pariter, omnes ad legatum,
omnes ad libertatem, omnesque ad officium tutelę ęqua lance uocan-
tur, ut hic disiunctiones pro coniunctione apertissime positę uidean-
tur. Si uero res uni ita relicta est: 'illam aut illam rem do lego' 5
uel 'iure fideicommissi relinquo', tunc heredis electio est, utram

---

7 ei] *om.* P^1R 10 verborum] et rerum *add.* *B* 11 uel] etiam *add.* *P* 14 et utilius] *om.* *B* 17 inducta] ut *add.* *PR* | perpetuo] ibi *add.* *P* 18 uel] *om.* *PR* | ibi] *om.* *P* 19 demonstratione *P* | si] *om.* *B* 20 prestari *BR* | non fideiussionem] neque fideiussionem *P* 25 omnesque] omnes *PBR* 27 relicte sunt *PB* | rem] *om.* *PR* 28 electio est utram] electione inter ut *P*

3—4: § 5 Inst. de obl. quasi ex contr. III, 27; L. 2 C. h. t. *4—5*: L. 1 §§ 1, 4 C. comm. de legat. VI, 43, § 2 Inst. h. t. *5—6*: L. 18 C. h. t. *6—7*: L. 1 §§ 1-5 C. comm. de legat. VI, 43. *7—9*: L. 3 § 3, L. 22 D. de lib. leg. XXXIV, 3.

VI, 23. Rubr.: rubr. C. VI, 38. **2.** LL. 1, 2 C. h. t. **3.** L. 3 C. h. t. **4.** L. 4 pr. — § 1c C. h. t. **5.** L. 4 §§ 2, 3 C. h. t. ict. § 33d Inst. de act. IV, 6, L. 34 § 6 D. de contr. empt. XVIII, 1. Cf. Acc. gl. Incorrupta ad L. 4 § 2 C. h. t.

prestare malit, quem ad modum et in contractibus promissoris arbi-
6 trium est, quid prestare malit. Preterea si 'familie' aliquid relictum est, quę persorę sub hoc nomine contineantur, manifeste a Co[*n*]stitutionibus diffinitum est, licet alias familię nomen equiuocum sit. 'familia' enim et pro substantia ponitur, ut 'super familia mea ita ius esto', ponitur et pro personis, ut in edilitio edicto, et de hominibus coactis sub t. ui bonorum raptorum, item et si a familia furtum factum esse dicetur, nec non et de familia publicanorum. quapropter serui quoque et filii et omnes qui in familia sunt quandoque continentur. ideoque et liberti et gener et nurus hoc nomine cum quadam uidelicet distinctione significantur.

XXIV. SI OMISSA SIT CAVSA TESTAMENTI. ℞.

Adita quoque ex testamento hereditate, relicta directo petuntur. si uero in fraudem relictorum causa testamenti omissa sit, utilis quandoque actio datur, siue aduersus substitutum siue aduersus eum qui ab intestato successit: et hoc, cum ipsi fraudem cum herede scripto participauerint. item et ipse heres scriptus tenetur a quo legatum relictum est, siue accepta peccunia aditionem omisit siue idem ipse ab intestato omissa causa testamenti adiit, nisi forte ex necessitate hoc fecit. datur quidem et hic utilis actio, et heredi similiter et falcidię retentio competit.

XXV. DE INDICTA VIDVITATE ET LEGE IVLIA MISCELLA TOLLENDA.

1 Relinquitur aliquid in testamento uel ‖ in alia ultima uoluntate
f. 46 c. 2. etiam indicta uiduitate, siue iure legati siue fidei commis[*s*]i, propter

---

5 et] *om. P* 6 personis] liberis *add. R* | in] *om. B*; titulo de *add. PBR* 7 sub] et sub *PR* 8 et] etiam *P* 10 libertini *P* | generi *PR* 15 quandoque] *TP*¹*B*; *om. P*²*R* 16 succedit *P* 20 et heredi] et *expunxit P*² 21 et] *om. P*²*R* 22 et — Miscella] in feminis et M̄. *P* 25 etiam] *om. PBR*

---

6. L. 5 C. h. t. *5—6*: L. 5 pr., § 3 C. cit., L. 195 § 1 ict. L. 120 D. de verb. sign. L, 16. *6*: **L. 1 § 1 D. de aed. ed. XXI, 1** ict. L. 25 § 2 D. eod. *7*: **L. 2 § 14 D. vi bon. rapt. XLVII, 8.** *7—9*: tit. D. si familia furtum fecisse dicetur XLVII, 6, L. 1 pr., § 5 D. de publican. XXXIX, 4.

VI, 24. Rubr.: rubr. C. VI, 39. *14—17*: L. 1 C. h. t., L. 4 pr., L. 27 § 2 D. h. t. XXIX, 4. *17—20*: L. 1 pr., § 9, L. 2 pr., L. 3, L. 4 § 1 D. h. t. ict. L. 2 § 1 C. h. t. *20—21*: L. 18 § 1 D. h. t.

VI, 25. Rubr.: rubr. C. VI, 40.

quę relicta lex Iulia miscella introducta est. de qua non admittenda,
immo tollenda tam in feminis quam in maribus edicit. Cum enim 2
a coniuge quid indicta uiduitate relinquitur, spreta interminatione
et iuratoria cautione intermissa debetur licet secundis nuptiis initis:
liberis ex priore matrimonio extantibus proprietatem ammittet re-
seruanda[*m*] filiis prioris matrimonii. noua tamen constitutione hoc 3
adiectum est, ut quod a quolibet sub ea condicione relictum est
ne secundas nuptias ineat, eius quidem petitio infra annum prorogatur, nisi forte interim spes nuptiarum deficiat, capere uero postea cum cautione permissum est rei cum fructibus restituendę si contra factum fuerit, nisi forte cautio a defuncto remissa fuerit. si res inmobilis sit, iuratoria cautio prestanda est cum ypotheca suarum rerum. pro re mobili, persona idonea constituta, eadem cautio facienda est. si uero minus locuples sit, etiam fideius[*s*]*or* exig*itur*. set si non potest *eum dare,* supradicta cautio cum iure iurando et ypothecis prestabitur. *contractis* tamen secundis nuptiis res data uendicatur, ac si data non esset.

DE HIS QVĘ [*PENE*] NOMINE TESTAMENTO VEL CODICILLIS RELINQVVNTVR. XXVI.

Siue hereditas siue legatum siue fidei commissum relictum est 1
nomine penę ei imponendę a quo relinquitur, uel ademptum uel translatum est, ualet, nisi forte inpossibilis sit de natura uel de iure seu alias prob[*r*]osa: tunc enim nec conditio implebitur nec quod
relictum est prestabitur. quod autem dictum est inpossibil*em* con- 2
dit*ionem* in legatis et fidei commissis pro non scripta haberi et relicta deberi, ac si conditio ascripta non esset, tunc uerum est, cum conditio in persona eius cui relictum est inposita est. sin autem ei a quo relinquitur inposita fuit, cum inpossibilis est uel probrosa, tunc nec conditio implenda est nec relicta prestanda sunt. ‖

---

1 miscellia *P* 2 maribus] masculis *P* 3 interminatione] *T*P^2*BR* interpretatione P^1 4 cautione] de non nubendo *add. R* | initis] inhibitis *P* 5, 6 reseruata P^1*BR* re seruata P^2 13 facienda] prestanda P^2 14 locuplex *BR* | fideiussor exigitur] *P* fideiussorem exigi *TBR* 15 eum dare] *PBR* euadere *T* | ypotheca *PBR* 16 contractis] *PBR* ceteris *T* | nuptiis] *om. B* 18 pene] *PBR* | nomine] in *add. P* 18, 19 testamento uel codicillis] *om. B* 19 codicillis] a quo *R* 21 ei] *om. P* | imponendę] cumponendę P^2 24, 25 inpossibilem conditionem] *PBR* inpossibilis conditio *T*

---

2. L. 2, L. 3 pr., § 1 C. h. t. **3. Nov. 22 c. 44 pr.** — **§ 6** (Auth. Cui relictum ad L. 2 C. h. t.).

VI, 26. Rubr.: rubr. C. VI, 41. **1.** L. un. C. h. t., § 36 Inst. de legat. II, 20. **2.** V. supra VI, 12 § 6.

f. 46
c. 3.

XXVII. ℞. DE FIDEICOMMISSIS.

1 [*S*]upra de legatis. nunc de fidei commissis edicendum est, in
2 quibus et ea que in legatis spectar*i* diximus intuenda sunt. Fidei
commissa quidem a fide nomen et substantiam acceperunt, quia a
3 fide heredum pendent. Personarum ratio tam eius qui fidei com-
missum reliquid quam eius cui relinquitur, item rei, prout in
legatis ediximus, spectatur. quod autem in fidei commissis speciale
4 est, illud separatim intuendum est. Fidei commissa enim ex qualibet
ultima uoluntate debentur, quin immo etiam [*ex*] solo nutu et sine
scriptura et testium sollempni[*ta*]te, dum modo res in ius iurandum
heredis demittatur, fideicommissario prius iurante de calu[*m*]pnia.
ex uoluntate quoque non legitima, si ab herede aprobata sit, fidei
5 commissa conualescunt. Si uero sollempniter petatur fidei commissum,
tunc et de uoluntate constare debet et eam esse ultimam et per-
fectam. si autem testamentum inualidum est uel alia uoluntas in-
perfecta est, non debetur, nisi legitimus heres scriptus est, [*maxime*]
cum ex testamento hereditas a*d*ita non est uel adiri non potest, nisi
forte hoc adiectum est, ut a quolibet successore, etiam qui iure
intestati successerit, ea omnia dentur seu prestentur. set si de uolun-
tate questio est, arbitrio iudicis committenda est, licet quandoque et
a lege uoluntas incerta distinguatur uel aliter quam uerba sonent
interpretetur, ueluti si a patre filius heres institutus rogatus sit post
mortem suam omnia alii restituere: tunc enim liberis ex eo pro-
genitis fideicommissi restitutio cessat, siue legitimi siue naturales
6 sint, usque ad eum modum qui his relinqui potest. Euenit quan-
doque, ut quędam fidei commissis affinia ponantur, ueluti cum sub-
stitutio pupillaris uerbis fidei commissi confirmata est hoc modo: 'si
heres erit et decesserit', non hoc adiecto: 'siue intra pubertatem siue
7 postea decesserit'. Quędam alia dicuntur communia non tantum in

---

2 dicendum *BR* 3 spectari] *PBR* spectare *T* 6 reliquid] *TB* reliquit *P* relinquit *R* 7 diximus *PB* | spectamus *R* 9 ex] *PBR* 11 dimittatur P^2R 15 uoluntas] sollempnitas *PBR* 16 maxime] *PBR* 17 cum] *om.* T^1 | addita *T* 18 adiectum] additum *P* 21 sonent] T^1PBR sonant T^2 25 his] eis *PB* 28 hoc *om. PR* 29 et quedam *P*

VI, 27. Rubr.: rubr. C. VI, 42. **2.** § 12 Inst. de fideic. her. II, 23. **4.** *8—11*: L. 22, L. 32 C. h. t., § 12 Inst. cit. *12—13*: LL. 2, 23 C. h. t. **5.** *13—15*: L. 32 § 1 C. h. t. *15—16*: L. 1 pr. D. si quis om. c. test. XXIX, 4? *17—19*: L. 29 C. h. t. *19—20*: L. 7 C. h. t. *22—25*: L. 30 C. h. t., L. 102 D. de cond. et dem. XXXV, 1, L. 7 §§ 1—3 C. de inst. vel subst. VI, 25. Cf. supra VI, 12 § 7. **6.** L. 5 C. h. t., L. 8 § 2 C. de impub. et de al. subst. V, 26. Cf. supra VI, 13 § 3.

fidei commissis set etiam in aliis iuris articulis, ut est renuntiatio
proprii iuris: ueluti si con‖sentias in alienatione rei tibi per fidei f. 46 o. 4.
commissum relictę, cessat quidem persecutio quę competeret, si non consensisses. item si fidei commissum ante diem uel in solidum restituas, plenam enim fidem exhibes, uel si forte repudies, exceptione enim doli mali submouendus es.

COMMVNIA DE LEGATIS ET FIDEI COMMISSIS ET [*DE*] IN REM MISSIONE TOLLENDA. XXVIII.

Circa legata et fidei commissa specialia quędam communia sunt. 1
si uero uniuersitas per fidei commissum relinquitur, de ea separatim
infra apponendum est. In rem autem missio, quę antea in legatis 2
et fidei commissis erat, sublata est, item uendicationis differentia et dampn[*a*]tionis ac preceptionis seu sinendi modo similiter reiecta est, una natura in omnibus legatis et fidei commissis indulta. quicquid enim legatum est et fidei commissum et e conuerso, et quod amplius est in legatis quam in fidei commissis, et hoc eis accrescat, ut omnia fideicomissa sint hodie in necessitate, quem ad modum et legata, licet ab initio in uoluntate erant. item quod pinguius et humanius in fidei commissis est, hoc et legatis ex fidei commissorum natura adiciendum est, ut etiam ex non perfecta uoluntate legata debeantur,
ueluti ex codicillis uel alia qualibet ultima uoluntate. Ex omnibus 3
enim legatis et fidei commissis in rem actiones et personales item ypothecarie dantur. in rem actio competit, si res mortui erat quę relicta est, personalis, siue heredis siue alterius erat res quę relicta est: compellitur enim uel rem ipsam dare uel eius extimationem soluere. hypothecaria in bonis mortui datur in tantum in quantum personalis actio competit. et hoc uerum est, siue ab herede siue a legatario siue a fideicommissario siue a libertate donato siue ab eo qui ex mortis causa donatione aliquid accepit fidei commissum

---

6 submouendum *B* | est *BR* 7, 8 et de — tollenda] *om. BR* 7 de] *P* (*cum Cod.*) 12, 13 item — reiecta est] *om. B* 14, 15 indulta — commissum] *om. B* | nam quicquid *P* 15 commissum] est *add. P* 16 quam — eis] et hoc (*om. B*) fideicommissis *PBR* | accrescit *R* 24, 25 personalis — est] *om. B*

---

7. *2—4*: L. 11 C. h. t. *4—6*: L. 12 C. h. t.; L. 26 C. h. t.

VI, 28. Rubr.: rubr. C. VI, 43. **2.** *11—14*: L. 1 pr., § 1 C. h. t., § 2 Inst. de legat. II, 20. *14—21*: L. 2 §§ 1—3 C. h. t.; § 3 Inst. II, 20. **3.** L 1 §§ 1, 4, L. 2 § 1 C. h. t., § 2 in f. Inst. II, 20. *23—26*: § 4 Inst. II, 20. *26—1*: L. 1 §§ 4, 5 C. h. t. ict. L. 9 C. de fideic. VI, 42. At v. L. 94 § 3, L. 95 D. de legat. I. (XXX.).

relictum est: ab omnibus enim istis fidei commissa relinqui possunt.
4 Si optio seruorum uel aliarum rerum duobus uel pluribus hominibus
iure legati uel fidei commissi relicta fuerit, uel uni *et* pluribus here-
dibus relictis is cui relicta fuerit decessit, antea quidem deficiebat,
nunc autem admissum est, dum tamen sorte res dirimatur et ei electio
detur quem sors pretulerit, eo tamen prestante ceteris partem pretii.
si autem ipsi heredi electio data est, quid prestare malit, et heres
f. 47 c. 1. dum superest hoc non fecerit, electio ad legatarium reuertitur, ‖ dum
5 tamen rem medię estimationis eligat. Ea quidem quę pure uel in
die certa relicta uel aliis restitui iussa sunt, alienari uel obligari seu
manumitti prohibita sunt. item et ea quę sub conditione et die
incerta relicta seu restitui iussa sunt, similiter alienari ab eo a
quo relicta sunt interdictum est. et [*si*] contra uetitum factum fuerit,
cum suo onere res transeunt et qui fecerit pęnę subicitur nisi in
casibus quibus hoc noua constitutione permissum est.

XXIX. ℞. DE FALSA CAVSA ADIECTA LEGATO VEL FIDEI COMMISSO.

1. 2 Falsa causa adiecta in his relictis uidendum est an noceat. Si enim demonstratiue causa, non conditionaliter enuntiata est, non obstat, dum tamen in ipso relicto quid quale quantumue sit quod relinquitur significetur, ueluti 'C quę in dotem data fuerunt' uel 'quę instrumento dotis scripta sunt': quę debentur, etsi data non fuerunt. at si conditionaliter causa adiecta est, ita demum debetur, si res ita sese habeat: alioquin ea deficiente deficit et relictum.

---

1 fidei commissum *PBR* | potest *PBR* 2, 3 hominibus — pluribus] *om. P* 3 et] uel *TBR* 4 is cui] et (omnibus legati iure uel fidei commissi relicta. uel uni uel pluribus fuerint. et *add. in margine superiore* P^2) is cui *P* | fuerit] fuerint P^2; et *add.* P^1 | decesserit *PBR* 10 diem certam *PBR* 11—13 item — sunt] *om.* P^1 12 seu] alii *add. P* 13 interdictum] prohibitum *PR* | si] *PBR* 14 onere] honore *P* 16 legatis *B* 16, 17 uel fidei commisso *om. B* 19 enumerata *B* 20 tamen] modo *PR* 21 uel] et *B* | quę] in *add. B* 22 conscripta *P* 23 debetur] *om. B* 24 deficit et] deficiet *P*

---

4. *2—6*: L. 3 pr., § 1 C. h. t., § 23 Inst. II, 20. *7—9*: L. 3 §§ 1a, 1b C. h. t. ict. L. 11 § 1 D. de legat. II. (XXXI.). **7.** *9—15*: L. 3 §§ 2—4 C. h. t.; **Nov. 39 c. 1.**

VI, 29. Rubr.: rubr. C. VI, 44. **2.** *18—22*: L. 17 pr. — § 2 D. de cond. et dem. XXXV, 1, LL. 3, 5 C. h. t. *22—24*: L. 17 § 3 D. XXXV, 1, § 31 in f. Inst. de legat. II, 20.

DE HIS QVĘ SVB MODO LEGATIS VEL FIDEICOMISSIS RELINQVVNTVR. XXX.

Si sub modo aliquid relinquatur, statim quidem debetur, set modo non inpleto utiliter res uendicatur, nisi modus pro inpleto habeatur, quod tunc euenit, cum per eum non stat qui hoc inplere iussus est, quo minus inpleatur. at illi quoque in cuius persona modus inplendus erat actio ex fidei commisso omnifariam datur, et insuper exceptio quoque ei datur, ueluti si sub hoc modo aliquid reliquit ei ueluti ut ne a debitore suo peteret.

DE CONDITIONIBVS INSERTIS TAM LEGATIS QVAM FIDEI COMISSIS. XXXI.

Quod autem sub conditione relictum est ita demum debetur, si 1
conditio inpleta fuerit: tunc enim dies eius cedit. quare defitiente conditione casu, deficit et relictum, multo magis si per eum stat quo minus impleatur, nisi forte conditio inpossibilis uel iure inprobata sit: tunc enim pro non scripta habetur tam in hereditatibus quam in legatis et fidei commissis nec non et libertatibus. Si autem de 2
uoluntate ibi quęratur, hoc faciendum est quod sepissime dictum est. uoluntatis enim quę||stio maxime in arbitrio iudicis committenda est, *f. 47 c. 2.*
ut ipse ex presumptionibus et ex *in*diciis eam estimet, licet quandoque et a lege estimetur. si enim libertas sub conditione relicta est et casu fortuito impedita est, speciali ratione quidem uoluntate interpretata libertas prestanda est, sicut ex Iustiniani interpretatione in V. libro Constitutionum habita euidenter apparet. Conditio uero 3
probrosa seu inprobata et hic sperni potest, ueluti ut diuertatur uel

---

1 legatis] legata *R* (*cum Cod.*); *om. PB* 1, 2 uel fideicomissis] uel sub conditione *B*; *om. P* | uel — relinquuntur] etc. *R* 4 utiliter — inpleto] *om. B* 5 eueniet *P* 7 impletus *B* 8 quoque] *om. PB* | ei] *om. P* 9 ei] *om. PB* | ut] *om.* P^1*R* 10, 11 De condicionibus legatis insertis *P* 10 tam] in *add. R* | quam] in *add. R* 13 eius] *om. P* 14 casu] casuali *P* 17 nec non] *om. PR* 18, 19 hoc — committenda est] *TR* in arbitrio iudicis questio illa committenda est *PB* 20 et ex] ex *om. P* | indiciis] *PBR* iudiciis *T* 21 et a] ea *P* 23 Iustiniani] iusta *BR* 24 V.] *TPBR*; *at libri VI. est constitutio.*

VI, 30. Rubr.: rubr. C. VI, 45. *3—6*: L. 7 D. de ann. leg. XXXIII, 1? L. 21 § 3 D. eod. ict. L. 1 C. h. t. *6—9*: L. 2 C. h. t.

VI, 31. Rubr.: rubr. C. VI, 46. **1.** *12—13*: L. 5 § 2 D. quando dies legat. XXXVI, 2. *13—15*: LL. 3, 4 C. h. t. *15—17*: v. supra VI, 12 § 6. **2.** *21—24*: **L. 6 C. h. t. 3.** *24—1*: v. supra VI, 12 § 6.

non, uel si quid sub iuris iurandi conditione relictum est. non tamen forma iuris publici seu pretorii quę eidem conditioni connexa est, ideo renuenda est, quod uoluntati defuncti optemperatum non est, ueluti ut cautio legatorum seu fidei commissorum in diem uel sub conditione relictorum seruandorum causa secundum pretoriam iuris-
4 dictionem prestetur. An persona cui sub conditione relictum est
5 capere possit, tempore inplendę conditionis spectandum est. Sin autem
plures personę eandem conditionem inplere iussę fuerint, omnes eam adimplere compelluntur. alioquin qui eam inpleuerint ad lucrum admittuntur, qui uero renuerint repelluntur.

XXXII. DE VSVRIS ET FRVCTIBVS [*LEGATORVM*].

Vsure quoque et fructus in legatis et fidei commissis etiam ex die morę prestandi sunt, licet raro hoc eueniat, ut mora non procedente ad iudicem perueniatur, nisi forte falcidię ratio interueniat. post litis enim contestationem uel etiam post moram usurę et fructus et omnes utilitates prestandę sunt. et hoc uerum est, siue per in rem siue personalem agatur.

XXXIII. DE INCERTIS PERSONIS CONST'. GRECA. AD TREBELLIANVM.

1 Dictum antea erat incertis personis nichil relinqui posse. set
nunc greca co[*n*]stitutione effectum est, ut etiam his legari et per fidei commissum relinqui possit, prout tenor in libro Institutionum
2 relatus declarat. Cum autem per fidei commissum quandoque uni-
uersitas, quandoque res singulę relinqu[*u*]ntur, et Trebellianum senatus consultum in his locum habeat, ideo apponit constitutiones habitas
3 ad eius senatus consulti interpretationem. In quo senatus consulto

1 est] uel non *in marg. add.* P[2] | non] nisi *P* 3 obtemperandum *P*[2] 5 derelictorum *P* 7 implete *PB* 8 fuerint] et *add. B* 11 legatorum] *PBR*; uel fidei commissorum *add. B* 12 etiam] *om. P* 13 prestanda *P* 14 perueniant *BR* 17 rem] accionem *add. P* | siue] per *add. B* 18, 19 Rubr.] Ad Trebellianum *P* Ad senatus consultum Trebellianum *R* De incertis personis et ad Senatus consultum Trebellianum *B* 20 derelinqui *P* 22 prout] eius *add. P*

1—6: L. 2 C. h. t. **4.** L. 60 § 4 D. de her. inst. XXVIII, 5. **5.** L. 7 C. h. t. **VI, 32. Rubr.:** rubr. C. VI, 47. *12—14*: L. 3 C. in quib. caus. in int. rest. II, 40, L. 8 D. de usur. XXII, 1, L. 78 § 2 D. de legat. II. (XXXI.); L. 2 C. h. t. *15—17*: LL. 1, 4 C. h. t. ict. L. 3 C. cit.

VI, 33. Rubr.: rubr. C. VI, 48, 49. **1. §§ 25—27 Inst. de legat. II, 20.** **3.** *26—3*: § 2 Inst. h. t. II, 23 ict. L. 2 pr. C. comm. de legat. VI, 43.

spectan‖dum est, utrum defuncti uoluntas ea fuerit quibuscumque *f. 47 c. 3.*
uerbis seu indiciis signata seu demonstrata, ut uniuersitas in totum
seu pro parte restituatur, licet et tacite quandoque hęc uoluntas
presumi soleat, ut euenit in substituto, cum et tacite fidei commissum
ab eo repetitum uideatur. Rogari quidem potest tam scriptus heres 4
quam legitimus, ut restituat, et hoc etiam sine scriptura fieri potest,
et pure seu in diem uel sub conditione uel post mortem fieri permissum est. quę uoluntas et inter liberos admittitur adhibita solle[*m*]pnitate nouę constitutionis, dum tamen quartę retentio his detur,
nisi tamen sponte maluerint totum restituere, uel cum coacti adierint.
sunt autem casus qui noua constitutione continentur, in quibus quarte
retentio locum non habet, [*ueluti*] si defunctus iussit in captiuorum
redemptionem uniuersa bona sua restitui. Antequam hereditas resti- 5
tuatur, et agere et conueniri actionibus hereditariis potest. post
restitutionem uero hereditarię actiones utiliter pro parte restituta
transeunt, et pro eadem parte Trebelliani exceptio heredi datur, pro
parte uero retenta directo actiones et apud heredem remanent et in
heredem dantur. sin autem nondum hereditate restituta in solidum
creditoribus soluit, eo minus restituere cogitur, et si solidum restituer*it*, a fideicommissario pro dodrante poterit repetere quod soluit.
emolumentum enim simul cum honere in restitutione transit: relictorum itaque et ęris alieni prestatio pro nouem unciis ad fideicommissarium spectat, pro quadrante apud heredem remanet. sin autem
heres coactus suspectam hereditatem restituat, actiones in solidum
transeunt et emolumentum in integrum similiter ad fideicommissarium
pertinet, nec heredi eius qui coactus adiit quartam retinere permittitur. item in tribus casibus actiones in totum ad fideicommissarium pertinent, ex quibus lege noua translatio actionum subpleta
est, ueluti cum heres cui restitutio inposita est dolo malo seu per
contumaciam affu‖it, siue morte preuentus fuerit nullo successore *f. 47 c. 4.*

---

2 signata seu] *om. PBR* 7 mortem] suam *add. P* 10 coactus adierit *P*[1] coacti restituerint *P*[2]*BR* 11 in] *om. PB* 12 ueluti] *PBR* 16, 17 Trebelliani — parte] *om. B* 17 directe *P* 19, 20 restituerit] *PB* restituitur *TR* 20 dodrante] quidem *add. R* 21 simul] simił *P* 26 eius] *TPBR* | qui] hereditatem *add. P* 29 per] propter *P* 30 abfuerit *PR*

3—5: L. 4 C. h. t. VI, 49. **4.** *5—8*: LL. 3, 5 C. h. t., § 10 Inst. h. t.; § 2 in f. Inst. h. t., L. 6 pr. C. h. t. *8—10*: **Nov. 115 c. 3** ict. L. 6 C. h. t.? L. 1 § 19 D. h. t. XXXVI, 1, L. 15 § 4 D. h. t. *11—13*: **Nov. 108 c. 1?** **5.** *13—18*: L. 28 § 7 D. h. t., L. 1 § 2 D. h. t., §§ 4, 7, 8, 9 Inst. h. t. *18—23*: LL. 1, 2 C. h. t. *23—27*: § 7 in f. Inst. h. t., L. 4, L. 15 § 4, L. 28 §§ 2, 14 D. h. t. *27—3*: L. 7 §§ 1b, 1c C. h. t.

relicto, siue a primo fideicommissario in secundum translatio cele-
brari iussa est: in his enim casibus utiles actiones ipso iure trans-
6 feruntur. Set cum parentes onerant liberos tali restitutione, fructus
seu redditus in quartam, immo in legitimam quę noua constitutione
in liberis seu parentibus pro numero liberorum aucta est, imputare
non coguntur, nec etiam satisdare, nisi parentes nominatim satisdare
precep*erint.* in extraneis autem heredibus fructus, maxime post
7 moram, uel cum testator hoc iusserit, in quartam imputantur. Euenit
autem quandoque, ut expressa restitutio ex legum interpretatione
cesset, ueluti si parens iusserit filio post mortem suam hereditatem
restituere: liberis enim ei existentibus restitutio excluditur. item si
rogatus filius ad monasterium se contulerit uel ad alium uenerabilem
locum, substitutio, cum Deum quodam modo heredem sibi elegit, ex
noua constitutione procul dubio cessat.

XXXIV. AD LEGEM FALCIDIAM. ℞.

1 Trebelliani tractatus, qui fideicomissis maxime uniuersitatis
modum inponit, explicitus est. nunc Falcidię ratio, quę legatis modum
2 inponit, edisserenda est. Competit quidem falcidię retentio omnibus
heredibus et eorum successoribus, nec non et ei qui uicem heredis
optinet, ueluti fisco qui ut indigno aufert hereditatem. et aduersus
omnes datur qui legata uel alia similia relicta capiunt, ut donationes
causa mortis: siue enim res siue pecunia relicta est, semper falcidia
in his locum habeat, cum nec temporis ratio hanc inminuere possit.
3 Modus autem retentionis talis est, ut heres dodrantem in relictis
4 distribuat, quadrantem quidem apud se retineat. In liberis uero et
parentibus et in omnibus qui de inofficioso quęri possunt, noua
constitutione falcidia immo legitima aucta est. si enim tres uel IIII
sint, triens, si uero plures sint, semis eis quoquo relicti titulo debe-
5 tur, dum tamen equaliter inter eos diuidatur. Omnia quidem legata

---

5 seu] et *PR* 6 parens *B* 7 preceperint] *PR* precepit *TB* 8 iusserit] *TR* iussit *PB* 10 iussit *PBR* | filio] suo *add. P* 11 ei] *om. P* 20 qui] quando *P* 23 habet *PR* | ratio] *om. P* 26 officioso *P*[2]

---

6. *3—7*: L. 6 pr. — § 2 C. h. t. ict. **Nov. 18 c. 1.** *7—8*: L. 6 § 3 ict. pr. C. h. t., L. 19 pr., § 1, L. 23 § 2 D. h. t. **7.** V. supra VI, 12 § 7, VI, 27 § 5.

VI, 34. Rubr.: rubr. C. VI, 50. **2.** *18—19*: pr., § 1 Inst. h. t. II, 22, L. 18 pr. D. h. t. XXXV, 2, L. 6 C. quando dies legat. VI, 53, L. 10 C. h. t. *19—20*: L. 3 § 5 D. ad SC. Treb. XXXVI, 1. *20—23*: pr., § 1 Inst. h. t., § 4 Inst. de fideic. hered. II, 23, LL. 5, 12 C. h. t. *23*: § 2 Inst. h. t. **3.** pr., §§ 1, 3 Inst. h. t. **4. Nov. 18 c. 1.** Cf. supra III, 7 § 6. **5.** *29—1*: L. 2 C. h. t.

immo relicta ad falcidię repletionem reuocantur. pro rata tamen
quantitate uniuscuiusque relicti heres quartam seu legitimam dedu-
cere seu detrahere debet, nec ulla relicta aliquo priuilegio excusantur,
etiam si in ‖ operibus conficiendis relicta sunt, dum tamen si quędam *f. 48 c. 1.*
in solidum prestitit, ex aliis quod omissum est non supplebit. Non 6
solum autem secundum quod dictum est retentio datur, set etiam,
si per facti ignorantiam solutum est, repetitio competit. In inponenda 7
tamen falcidię ratione funeris inpensa ante omnia deducenda est,
item omni ęre alieno deducto, etiam quod ipsi heredi debebatur, si
eam hereditatem non adisset. si ergo ęs alienum absorbet omnes
fines hereditarios, relicta pro nichilo habentur, dum tamen debitis
solutis si aliquid superest, prius pretia seruorum manumissorum
prestentur: libertates enim inminuunt falcidiam. In testamento uero 8
militis legis Falcidię ratio cessat. item etiam communi ratione in-
hibetur, si heres pro fide testatoris inplenda solidum prestiterit, uel
si de solido soluendo cautionem fecerit. noua tamen constitutione,
si heres subtiliter agnoscens substantię mensuram quibusdam solidum
soluerit et integram fidem testatori seruauit, non ei permittitur ex
reliquis relictis retinere, set immo uniuersa prestat. item si testator
expressim designauerit non uelle heredem retinere falcidiam, ratio
eius cessat legis. similiter quoque falcidię retentio nullum locum
sibi uendicat, si heres inuentarium non confecerit.

DE CADVCIS TOLLENDIS. XXXV.

De relictis tam per uniuersitatem quam etiam in rebus si[*n*]- 1
gulis dictum est. et quia ea omnia antea contingebat certis ex causis
deficere, et ita caduca ad fiscum deferebantur, ideo de his non ad-
mittendis, immo tollendis apponit. Caducum quidem est deficiens 2

---

5 prestiterit *PB* 9 heredi] hereditati *B* | deberetur *PR* 13 inminuunt] non minuunt *P* 14, 15 inhibentur *PBR* 18 soluit *BR* 19 uniuersa] in solidum *add. P* | prestare *PR* 21 legis cessat *PBR* 24 De derelictis *P* | etiam] *om. P* 25 ex] *om. P* 27 immo] nec *add. P* | est] *om. P*

1—3: § 3 Inst. h. t., L. 73 § 5 D. h. t. *3—5*: L. 6 §§ 1, 2 C. h. t. **6.** L. 9 C. h. t. **7.** § 3 Inst. h. t. ict. L. 1 § 19 D. h. t., L. 6 pr. C. h. t. *10—11*: § 1 Inst. de sing. reb. per fideic. II, 24 verb. „hoc solum observandum est, ne plus quisquam rogetur alicui restituere quam ipse ex testamento ceperit: nam quod amplius est inutiliter relinquitur.“ *11—13*: L. 32 § 4, L. 36 § 2, L. 39 D. h. t. ict. L. 7 C. qui manumitt. non poss. VII, 11. **8.** *13—14*: L. 7 C. h. t., L. 12 C. de test. mil. VI, 21. *14—16*: L. 19 C. h. t. *16—19*: **Nov. 1 c. 3.** *19—22*: Nov. 1 c. 2 § 2.

VI, 35. Rubr.: rubr. C. VI, 51. **1.** *25—27*: L. un. pr. — § 1c, § 14a C. h. t. **2.** L. un. §§ 2, 2a C. h. t.

relictum. et omnia genera relictorum deficere posse constat. et ea tripliciter deficiebant: aut enim pro non scripto, aut in causam caduci, aut caduca erant. quę relinquebantur personis ante testamentum mortuis, ea pro non scripto erant. si autem uiuo testatore hii quibus aliquid relictum erat, post testamentum ab hac luce subtrahebantur, uel uiuente testatore conditi*o* sub qua relictum erat defici*ebat*: quod in causam caduci uocabatur. uel si post mortem testatoris deces-‖
f. 48 c. 2. serit uel conditio sub qua relictum erat defecerit: quod expressim
3 caducum appellabatur. Si quidem hereditas ex asse deficiat, omni substituto cessante ea ad legitimos seu ab intestato uenientes defertur. sin uero substitutus adest, omnimodo hereditatis pars que deficit ad eum deuoluitur. eo non inuento omnimodo ad omnes coheredes pertinet, si adsunt, pro hereditaria portione, cum plures sunt et omnes coniuncti uel omnes disiuncti fuerunt. si autem multi fuerint et quidam coniuncti quidam disiuncti scripti fuerunt: si pars alicuius coniuncti deficiat, ad solos coniunctos spectat, set si pars disiuncti deficiat, ad omnes tam coniunctos quam disiunctos equaliter pertinet, etsi quis eam partem noluerit. non enim alicui, postquam semel heres factus est, permittitur aliam uel alias partes postea iure institutionis uel substitutionis exinde sibi delatas repudiare, immo inuitus
4 eam uel eas accipere cogitur. Legatum quoque personę ante testamentum premortuę relictum, quod ita deficit, ad substitutos seu coniunctos, si adsunt, primo defertur, in defectu apud eum a quo relictum est residet. onus tamen ad eos non pertinet nisi perraro, forte cum iussus erat testatorem sepelire uel funeris inpensas facere. set si facto testamento ante mortem testatoris persona cui relictum erat decesserit, supradictis personis, cum suo tamen onere, defertur. et

---

6 conditio] *PBR* conditione *T* | deficiebat] *PR* defecerit *B* deficiente *T* | quod] *om. PR* 7, 8 in causam — quod] *om. B* 7 uocabantur *P* 8 expressum *P* 10 uenientibus *PR* 15 coniunctim *BR* | quidam disiuncti] *om. B* | disiunctim *R* | fuerint *PR* 18 etsi] etiam si *PBR* 24 perraro forte] pro rato. forte *P* 25 funeris] in funus *PB* 26 erat] est *P*

---

3. *9—10*: L. un. § 13 C. h. t. *11—12*: L. un. §§ 3, 3a, 4 C. h. t. *12—14*: L. un. § 10a C. h. t. *14—17*: L. un. §§ 10c, 10d C. h. t. *18—21*: L. un. § 10b C. h. t. **4.** *21—24*: L. un. §§ 3, 3a C. h. t. *24—25*: cf. in Ms. Berol. 275 glo. ad L. un. C. h. t. v. nullo gravamine: „nisi in funere faciendo uel in alio pietatis officio"; Azo Lect. ad L. un. C. h. t. v. Nisi perraro: „Quidam dixerunt: quando iussus fueras funeris impensas facere. sed hoc l. non probatur"; Acc. glo. Perraro ad L. un. § 3 C. h. t.: — — „Idem dicunt de legato dato alicui, ut faciat impensam funeris: quod tamen non inuenitur lege expressum." *26—27*: L. un. § 4 C. h. t.

si a pluribus heredibus relictum fuerat, pro ea parte apud unum-
quemque residet pro qua unusquisque prestaturus erat: si equaliter
a pluribus, pro uirili portione apud eos remanet. Si quid pure uel 5
in diem certam relictum est alicui et is post testatoris mortem de-
cesserit, non hoc deficit. nam cum hereditas statim adiri poss*it*, siue
ex asse siue ex parte heres institutus sit, non exspectata, ut antea,
apertura tabularum, et dies legatorum seu fidei commissorum conti-
nuo cedit, id est incipit deberi, ut etiam transmitti possit ad heredes.
set hereditas, nisi adita sit, transmitti non possit, nisi in liberorum
personis, de quibus Theodosiana constitutio loquitur. usus fructus
quidem exceptus est, ‖ item quod seruo in eodem testamento manu- *f. 48 c. 3.*
misso legatur, et quę ab eodem seruo aliis legantur. quod uero
co[*n*]ditionaliter uel in diem incertam relictum est, persona cui relic-
tum est ante euentum conditionis uel diei decedente deficit. quod
optinet et si conditio ad irritum decidat. ea igitur omnia ad sub-
stitutum seu coniunctum pertinent unum pluresue, uolentibus scilicet.
hoc ita uerum est, si testatoris sermo coniunctus *erat*. cum enim
*dis*iunctus erat et unus in eius acquisitione cessat, non ideo alteri
quicquam accreuisse uidetur, set immo solidum sibi ab initio assig-
natum percepisse. quapropter ex consequentia *colligitur* honus alii
iniunctum ad eum non spectare, nisi testator hoc expressim dixit.
nec ea tamen ratione unusquisque in solidum sibi hoc relictum uen-
dicare potest, cum ceteri in eius acquisitione concurrunt. hoc ita,
nisi testator aliud nominatim disposuit. si autem honus in faciendo
consistat, et hoc a lucrante omnimodo adinplendum est, nisi tale
factum sit quod certę personę impositum sit et ab alio impleri non
possit. Quę [*autem*] alias dicta sunt: 'quę indignis auferuntur fisco 6
applicantur', prout antiquę leges edicunt, ita seruentur intacta, siue
in nostrum errarium siue ad certas personas perueniant.

---

5 possit] *PBR* possint *T* 8 ut etiam] et ut P^1 etiam ut P^2 et *R* 13 incertam] certam *B* 17 erat] *PBR* esset *T* 18 disiunctus] *PR* (*cum Cod.*) coniunctus *TB* 20 colligitur] *R* obligatur *TPB* 25 constat *P* 26 interpositum *P* 27 autem] *PBR* | quę] ut *add. P* 29 erarium P^2R

1—3: L. un. § 8 C. h. t. **5.** *3—12*: L. un. §§ 5—6b C. h. t. *12—17*: L. un. § 7 ict. §§ 11, 11a C. h. t. *17—24*: L. un. §§ 11b—11g C. h. t. *24—27*: L. un. §§ 9b, 9c C. h. t. **6.** L. un. § 12 C. h. t. Cf. supra VI, 20 § 5.

XXXVI. DE HIS QVI ANTE APERTAS TABVLAS HEREDITATEM TRANSMITTVNT.

Antea dictum erat ante apertas tabulas non posse hereditatem transmitti, quod supradicta constitutione inmutatum est. nunc dicendum est, quę personę et ante aditionem transmittere possunt, Theodosiana lege ita interpretata per legem iam dictam, ut liberi a parentibus heredes instituti et ante quam adeant, in suos tantum liberos, non etiam in extraneos transmittant. de legato autem liberis relicto potest quęri, an transmittatur, cum eius dies apud eos nondum cesserat. quod tamen de conditionali nunc dicendum est: in aliis legatis dies a morte testatoris cedit.

XXXVII. QVANDO DIES LEGATI VEL FIDEICOMMISSI CEDIT.

Dictum est dies legatorum et fidei commissorum a morte testatoris cedere: quod uerum est, ubi pure uel in die certa relictum est. f. 48 c. 4. cum autem ad tempus certę etatis aliquid ‖ relictum est, defuncti uoluntas exquirenda est, an solutionem in tempus prorogare uoluit, an in diem incertam fidei commissum constituere: quo casu instar conditionis habet. in co[*n*]ditionalibus enim relictis, quamdiu pendet conditio, dies non cedit: eueniente conditione dies cedit, etiamsi ignoret, ideoque si postea decedat is cui relictum est, petitionem ad heredes transmittit. quod euenit et si conditio pro inpleta habeatur. aliud est, si non ex ipso testamento set aliunde conditio suspendatur, ueluti si id quod futurum est legetur, ut fructus futuri et partus Aret*h*usę. quod uero in die certa relictum est, dies statim cedit et debetur, licet solutio in tempus prorogata sit: longe enim aliud est diem cedere, aliud diem uenire, hic autem dies statim cedit set non-

---

9 transmittant *P* | eos] eum *PR* 10 tamen] *TPB* tantum *R* 12 legati] legatis *P* | uel fideicommissi] *om. PR* 13 et] seu *P* uel *R* 14 diem certam *PBR* | est] *om. B* 15 ad] ante $P^{2}B$; *om.* P^{1} 17 casu] et *add. P* 20 ideoque] et *add. P* 21 heredem *P* 24 aretrusę *T* | diem certam *PR* | est] *om. B* 25 solutio] condictio *B* 26 aliud] est *add. P*

VI, 36. Rubr.: rubr. C. VI, 52. *3—4*: **L. un. §§ 1c, 5 C. de cad. toll. VI, 51.** *4—8*: **L. un. C. h. t.** ict. **L. un. § 5 C. de cad. toll. VI, 51.** *8—10*: L. un. C. h. t. *10—11*: L. un. §§ 5, 6b, 7 C. de cad. toll. VI, 51.

VI, 37. Rubr.: rubr. C. VI, 53. *15—18*: L. 5 C. h. t., L. 26 § 1 D. h. t. XXXVI, 2; L. 3 C. h. t., L. 49 pr., §§ 2, 3 D. de legat. I. *18—21*: L. un. § 7 C. de cad. toll. VI, 51, L. 5 § 2 D. h. t.; L. 5 § 5 D. h. t. *22—24*: L. 25 § 1 D. h. t., L. 1 § 3 D. de cond. et dem. XXXV, 1. *24—1*: L. 21 pr. D. h. t., L. 1 § 1 D. de cond. et dem. XXXV, 1.

dum uenit. si autem quid per singulos annos uel menses relictum est, hic ab initio cuiusque anni uel mensis dies cedit et peti potest. in hoc enim casu plura relicta sunt per diuersa tempora distributa, ibi uero unum relictum est cuius petitio in certum tempus prorogata est. quod euenire potest et si unius legati solutio a testatore per diuersa tempora fieri iussa est. hoc forte ideo, ne heres ad solutionem coartetur, testator prospexit.

VT IN POSSESSIONEM LEGATORVM SERVANDORVM CAVSA MITTATVR, ET QVANDO SATISDARE DEBENT. XXXVIII.

Euenit quandoque, ut legata et fidei commissa sub conditione uel in diem relinquantur, seu alias presens relictum moram habeat. quorum nomine satisdatio prestanda est, ut die seu conditione eueniente relicta prestentur: qua non prestita h*ii* quibus relictum est in possessionem legatorum uel fidei commissorum seruandorum causa mittuntur. hoc ita, si non per calumpniam satisdatio exigatur, quod summatim iudici examinare permissum est. qua cessante omnimodo satisdatio prestanda est, nisi forte a testatore remissa sit. herede uero per neglegentiam fortassis cautionem omittente legatarius et fideicommissarius in possessionem mittendus est, non ut possideat, set ut in possessi‖one causa legatorum seruandorum uel custodię sit, *P. f. 80a v. 9.* dum per hoc heres a possessione non deiciatur, set ut metu perpetue custodie citius caueatur: legatarius enim pro pignore eas retinet quoad sibi cautum fiat. petitio tamen legati die uel conditione eueniente non ideo ei denegatur. legatarii uero et fideicommissarii in possessionem hereditariarum rerum uel que dolo esse desierint mittendi sunt. quandoque etiam in res proprias ipsius hered*i*s missio facienda est sex mensibus transactis non prestita satisdatione iudice rite adito.

---

1 quid] quod *P* 2 cuiuscumque *B* 7 coartaretur *P* 8 legatorum] uel fideicomissorum *add. B* 9 et — debent] *om. B* | debeatur *R* 11 uel in diem] *om. P*[1] 13 quibus non prestitis *P* | hii *PBR* his *T* 18 et] uel *P* 20 possessi] *Reliqua libri VI. (quae unius folii spatio continebantur) desunt in T, transscripsi e P.* 21 dum] tamen *add. BR* 23, 24 eueniente *BR* 26 heredis] *BR* heredes *P* 27 prestita] predicta *B*

1—3: L. 10 — L. 12 § 1 D. h. t., L. 1 C. h. t. *5—7*: L. 12 § 4, L. 20 D. h. t.
VI, 38. Rubr.: rubr. C. VI, 54. *10—13*: L. 1 pr., L. 14 pr., L. 15 pr. D. h. t. XXXVI, 3. *13—15*: L. 1 § 2, L. 4, L. 5 § 28 D. h. t. *15—16*: L. 5 § 2, L. 14 § 1 D. h. t. ict. L. 1 C. h. t. *16—17*: L. 2, L. 4 § 1, L. 7 C. h. t. *19—24*: L. 5 pr. D. ut in poss. legat. XXXVI, 4, LL. 3, 5 C. h. t. *24—28*: L. 6 C. h. t., L. 5 § 16 D. ut in poss. legat. XXXVI, 4.

XXXIX. DE SVCCESSIONIBVS AB INTESTATO.

1 Causa seu tractatus successionis testamentarie explicitus est.
nunc autem articulus intestate successionis edisserendus est. iure
quidem quod antea in successione intestati introductum erat ces-
sante, nouis autem constitutionibus modus introductus secundum
2 differentias infra positas tenendus est. Omnes enim intestatorum suc-
cessiones his tribus gradibus deferuntur: aut enim ascendentes aut
descendentes aut ex latere uenientes secundum sui ordinis rationem
3 uocantur. Primo quidem loco liberi admittuntur omn*i* differentia
sublata tam sexus quam potestatis patrię. item cuiuscumque gradus
sint uocantur et omnibus siue ascendentibus uel ex latere uenienti-
bus cognatis preponuntur, licet persona defuncta in alterius sit potes-
tate. si enim persona que precedebat de medio sublata est, filii et
nepotes eius in stirpes admittuntur sine omni delectu et sine omni
diminutione, siue ex masculino siue ex feminino genere sunt, prout
4 iam dictum est. Si autem descendentes defitiunt cum aliquis in-
testatus decesserit, ascendentes in secundo ordine uocantur. qui
omnibus ex latere uenientibus preferuntur exceptis fratribus et soro-
ribus ex utroque parente defuncto coniunctis, qui equaliter cum
parentibus admittuntur. parentes si quidem plures sint, proximiores
admittuntur siue masculi siue feminę et tam paterni quam materni.
qui equaliter ueniunt cum fratribus ex utroque parente defuncto
coniunctis: his deficientibus paterni quidem dimidiam, materni uero
dimidiam reliquam capiunt. usu fructu tamen parentibus in libero-
rum portione qui cum eis succ*e*dunt denegato. sublata quidem et
in hac successione differentia sexus et potestatis. ratio tamen nup-
tiarum secundarum differentiam inducit, maxime in matre que dimi-
diam bonorum filiis prioris matrimonii donauit propter infamiam
5 abolendam. Cum uero omnes descendentes [*et*] ascendentes defitiunt
uel successionem renuunt, in tercio ordine successio defertur ad
fratres et sorores qui ex utroque parente defuncto coniuncti fuere et
ad filios eorum fratrum: hii enim et hic in locum sui patris in
stirpes succedunt. hii etenim fratrem defuncti ex uno tantum pa-

7 ascendentes aut] *om. B* 9 omni] *BR* omnia *P* 11 uel] siue *BR* 16 est] *om. B* 25 succendunt *P* 29 descendentes et ascendentes] *BR*; descendentes et *om. P*[1]; uel descendentes *in marg. P*[2] 33 etenim] enim et *R* enim *B*

VI, 39. Rubr.: rubr. Inst. III, 1 (C. VI, 55—58). **1, 2. Nov. 118 praef.** **3.** Nov. 118 c. 1. **4.** *16—26*: Nov. 118 c. 2. *26—27*: v. supra V, 6 § 4. *27—29*: L. 4 C. ad SC. Tertull. VI, 56. **5.** Nov. 118 c. 3 pr.

rente coniunctum, licet in tercio gradu sint, excludunt: multo magis
ergo et patruum defuncti. sin autem parentes defuncto succedunt,
filii premortui fratris nichil iuris habent. defitientibus fratribus item
filii[*s*] fratrum qui ex utroque parente defuncto coniuncti erant,
uocantur fratres et sorores, et eorum filii in stirpes uidelicet, qui ex
uno parente tantum defuncto contingunt, qui et patruum defuncti
excludunt. Quibus cessantibus omnes cognati ad hereditatem uocan- 6
tur secundum sui gradus ordinem, ut qui proximior est in gradu
potior in successione habeatur. si uero plures eiusdem gradus in-
ueniantur, pariter admittuntur, successione inter eos in capita diui-
denda. cessante tamen uno uel pluribus ex his qui eiusdem gradus
sunt, portio eorum ceteris accrescit. item primo gradu defitiente
sequens ex edicto successorio admittitur. omni differentia seu uarie- 7
tate exclusa tam masculorum quam feminarum, item siue ex persona
uirilis sexus siue feminini defunct*o* iungebantur, ratione quoque
potestatis et emancipationis item agnationis et cogn*a*tionis prorsus
sublata, dum tamen hoc in illis personis que recte et uniuersalis
fidei sunt admitt*atur*. heretici uero et qui a recta fide deuiant ab
hoc benefitio excluduntur, deferenda eorum successione prout noua
constitutione expressum est. Si qui uero casus sunt ‖ qui commutent 8
aliqua speciali ratione ea que diximus, et hic admittatur, illo tamen *P. f. 80b.*
inspecto ut quicumque ad pupilli successionem uocantur, sublata
differentia agnatorum et cognatorum, idem et ad honus tutelę admit-
tuntur, uel si qua causa excusationis eis competat, saltim intra
annum tutores eis petere et ad satisdationem compellere uel suspectos
remouere et alios idoneos in locum eorum petere debent, ut negli-
gentia puniatur. alioquin stricta ratione ab eorum successione, si
in pupillari etate mortui fuerint, excluduntur, maxime ibi ubi tutores
dantur et petuntur: alioquin ex equitate aliud dicendum est hodie.
Mater quidem ex Tertulliano ad filiorum successionem uocatur, filii 9

4 filiis] *BR* 6 defunctum *R* 8 proximior] potior *B* prior *R* | est] *om. BR* 12 eorum] *om. B* 15 defuncto] *BR* defuncta *P* 16 et cognationis] *R* et cognitionis *P*; *om. B* 18 admittatur] *B* admittantur *PR* 19 hoc] omni *B* 21 hic] hoc *R* 23, 24 admittantur *BR* 25 eis] P^1BR eius P^2 26 debent ut] *om. BR* 27 puniatur] debeant *add. B*

6. *7—11*: Nov. 118 c. 3 § 1. *11—13*: § 10 Inst. de bon. poss. III, 9. Cf. § 4 Inst. de SC. Orphit. III, 4, § 7 Inst. de legit. adgnat. succ. III, 2. **7.** *13—17*: Nov. 118 c. 4. *17—20*: Nov. 118 c. 6. Cf. supra I, 5 § 3. **8.** *21—24*: Nov. 118 c. 5. *24—29*: § 6 Inst. de SC. Tert. III, 3, L. 2 § 2, L. 4 § 3 D. qui pet. tut. XXVI, 6, L. 10 C. de legit. her. VI, 58. *29*: arg. L. 4 § 1 D. qui pet. tut. XXVI, 6. Cf. supra V, 19 § 9. **9.** *29—1*: § 2 Inst. de SC. Tert. III, 3, pr. Inst. de SC. Orph. III, 4.

uero ex Orphitiano. auia quoque et nepotes inuicem ex constitutionibus succedunt, legitimi quidem seu agnati ex lege antiqua. que hodie differentie ex noua constitutione [*ins*]pecta non sunt admittendę.

XL. COMMVNIA DE SVCCESSIONIBVS.

Communia quidem omnium successionum tam ex testa[*men*]to quam ab intestato rationabiliter in fine ponuntur. in quibus et ius ciuile et ius pretorium spectatur secundum uarias et diuersas differentias que antea cum multiplicitatibus deferebantur. nouo autem iure inspecto, prout superius relatum est, multa quidem uaria et diuersa multisque superfluitatibus innodata resecata sunt, maxime differentia cognatorum et agnatorum, cum hodie omnes pariter suc[*c*]edant. item bonorum possessionis petende ratio ex necessitate spectanda non est, cum omnibus qui qualitercumque succedunt ex lege successio defertur et ideo illa petitio nunc necessaria non est, cum iuris ciuilis accio cessante iure pretorio omnibus conpetit.

XLI. DE BONIS MATERNIS ET MATERNI [*GENERIS*].

1 Bona materna et que ex materno genere ueniunt communi
ratione ad liberos deuoluuntur: in quibus et parentes in quorum
potestate sunt aliquod ius habent. cum et par ratio in rebus ex
matrimonio quesitis liberis uel aliter non ex re patris neque occa-
2 sione eius uertitur, ideo [*et*] de his apponit. Quod filius manens in
potestate ex bonis parentis uel ex eius occasione querit, id totum
patri queritur, prout iure antiquo constitutum est. set cum filii
familias hereditatem nouo iure transmit[*t*]ere possunt, rationabiliter
3 tractandum est, que habere possint ad hoc ut transferant. Antea
uero constitutum erat, ut omnia patri quererentur preter castrensia.

---

3 hodie] *om. B* | ex] *om. BR* | inspecta] *BR* 5 testamento] *BR* 7, 8 differentias] significationes *P*² 13 omnibus] his *add. B* 14 successio] eis *add. R* 15 competat *BR* 16 generis] *BR*; etc. *add. R* 21 et] *BR* | manens in] manente *B* manente in *R* 24 possint *BR* 24, 25 rationabiliter — possint] *om. B* 26 quererent *B*

1—2: L. 9 § 1, L. 11, L. 12 C. de suis et legit. VI, 55; pr. Inst. de legit. adgnat. succ. III, 2. *2—3*: **Nov. 118.**

VI, 40. Rubr.: rubr. C. VI, 59.

VI, 41. Rubr.: rubr. C. VI, 60. **1.** *17—19*: L. 1 pr., L. 2 C. h. t. *19—21*: v. rubr. C. VI, 61. **2.** *21—23*: § 1 Inst. per quas. pers. II, 9. *23—25*: Nov. 118 c. 1. **3.** § 1 Inst. cit.

quod hodie in profecticiis admittitur: nulla enim inuidia est, quod ex re uel occasione patris quesitum est hoc ad eum reuerti. Ad- 4
uenticia uero seu aliunde quesita, ut bona materna uel que ex materno genere quesita sunt seu ex materna linea, proprietas filiis queritur usu fructu patri concesso, quod [*et*] in aliunde aduenticia optinet, dum tamen a patre non alienentur neque obligentur. quod si factum fuerit, mortuo patre uel finita potestate non obstante temporis prescriptione uendicatio filiis datur seu ex bonis patris resartiendum est, maxime cum bona patris eis obligata sunt ex quo gerere cepit. a ratiociniis quoque seu ab aliis cautionibus excusat eum paterna reuerentia. eo tamen commodum usus fructus percipiente, simul et honus redundat ad eum. ideoque omnem diligentiam in rebus gerendis ac tuendis prestare debet. negotia uero si qua sunt, suis sumptibus intendere et excipere deb*et*: habet enim in his legitimam agendi personam, adhibito etiam filii consensu, dum tamen eius eta[*ti*]s sit ut consentire possit. quapropter si hereditas filio delata sit et pater eam admittat, eius periculum est et in [h]ere alieno soluendo et in relictis prestandis. propter quas causas, si aliunde solui non potest, uenditio etiam et obligatio rerum ei permissa est, dum tamen res onerosę seu qualitercumque dampnosę uendantur, precio filio seruando uel in res necessarias erogando.
Sunt autem casus in quibus nullo modo patri usus fructus queritur, 5
ut in causa castrensi uel quasi. item quod filio datum uel relictum est sub ea lege ne ad patrem usus fructus perueniat, et quod ex fratris sororisue hereditate cui una cum patre succedit ad eum pertinet, quod noua constitutione expressum est: quod enim filius habet, si eum mori contigerit, liberis ex eo non existentibus ad parentes et fratres ex utroque parente coniunctos transmittit. Quoad uero 6
filius uixerit, in his rebus in quibus usus fructus patri quesitus est neque alienatio neque pignoris obligatio cessante patris uoluntate

---

4 seu] que *add. BR* 5 et] *BR* 7 patre] parente *BR* 9 eis] eius *BR* 14 debet] *BR* debent *P* 16 etatis] *BR* 18 prestandis] parandis (*pro* prandis) *P* 23 quod] si *B* 25 successit *B* 26 est] *om. B*

---

4. *2—5*: L. 1 pr., L. 2 C. VI, 60. *5—6*: L. 1, L. 4 pr., L. 6 § 1 C. VI, 61, § 1 in f. Inst. per quas pers. II, 9. *6—9*: L. 1 § 1 in f., § 2, L. 2 C. VI, 60, L. 4 pr., § 3, L. 6 § 2, L. 8 § 5 C. VI, 61. *9—10*: L. 8 §§ 3, 4 C. de sec. nupt. V, 9 ict. L. 6 § 4 C. VI, 61. *10—12*: L. 6 § 2, L. 8 § 4d C. VI, 61. *12—13*: L. 1 § 1 C. VI, 60. *13—16*: L. 1 § 1 C. VI, 60, L. 8 § 3 C. VI, 61. *16—21*: L. 8 §§ 4—4c, 5 in f. C. VI, 61. **5.** *22—23*: L. 6 § 1b C. VI, 60. *23—24*: Nov. 117 c. 1 pr. (Auth. Excipitur ad L. 6 C. VI, 61). *24—26*: **Nov. 118 c. 2** (Auth. Item hereditas ibid.). *26—1*: L. 8 § 5a C. VI, 61.

permissa est. testari quoque filios familias prohibitum est, dum
tamen mortis causa patre consentiente donare possint. in castrensi
7 uero peculio et quasi sine delectu ea omnia permissa sunt. Si uero
pater eas res usque ad mortem suam filium tenere uoluerit, tacite
uidetur ius suum filio remittere et diurnam donationem in filium
celebrare, ideoque coheredes eius in illam accid*unt* neque rei eius
8 peticionem habent. Sin autem pater in acquisitione filii dissentiat,
maxime in his que eius consensum desiderant, ut in hereditatis
aditione, potest filius et sine eius uoluntate, immo etiam eo inuito,
hereditatem adire, omnimodo nullo lucro neque dampno ad patrem
redundante, pater tamen cogitur in causis agendis filio consentire.
quo casu minori curator ad res hereditarias amministrandas a iudice
dandus est. set si filius hereditatis aditionem recuset, potest pater
eam adire, etiam si ex castrensi causa filio delata sit, ita ut omne
P. f. 81a. commodum et incommodum ad patrem spectet,‖[et] nullo dampno ad
filium redundante, dum tamen si minor filius sit, utrobique in integrum restitutio non denegetur. filio uero infantia seu dementia
laborante pater omni modo acquisitionem nomine eius celebret: quod
ei pleno iure queritur, *si* quandoque filius restitutionem desideret, cum
ei displiceat quod pater egit. quod ei permittitur et si pater eam
9 repudiauit. Si filius emancipatus fuerit et matri seu auie uel proauie
successerit, uirilis portio in usu fructu manumissori eidemque
patri datur.

XLII. DE HEREDITATIBVS DECVRIONVM.

Decurionum uero et nauic*u*lariorum seu co*o*rtalium militum
nec non et fabricensium successio certis modis defertur. ideoque

---

1 filios] filius *B* filio *R* | familias] *om. R* 2 possit *BR* 3 quasi] castrensi *add. BR* 5, 6 in filium — accidunt] *om. B* 6 in illam accidunt] *om. R* | accidunt] accid'ē *P* 10 omni modo] omnino *R*; *om. B* | nullo] omnino *add. B* 11 patri *B* | filius *B* 12 minori] P^1 minorem *B* si minori P^2 si minor est *R* 14 ex] *om. B* 15 et nullo] et *om. BR* 17 infantia] infamia *B* insania *R* 18 celebrat *BR* 19 si] nisi *PBR* 19, 20 cum — egit] *om. BR* 21 Sed si filii emancipati sint *BR* 22 successerint *BR* 24 decurionum] et nauiculariorum *add. B* etc. *add. R* 25 nauiculariorum] *BR* nauiculorum P^1 nauiciliarorum P^2 | coortalium] *R* coartalium *P* cohortantium talium *B*

1: pr. Inst. quib. non est perm. II, 12. Cf. supra VI, 9 § 2. *1—2*: L. 7 § 4 D. de don. XXXIX, 5, L. 25 § 1 D. de mort. c. don. XXXIX, 6. *2—3*: pr. Inst. quib. non est perm. II, 12, § 6 Inst. de mil. test. II, 11, L. 15 D. de mort. c. don. XXXIX, 6. **7.** L. 6 § 2c C. VI, 61. **8.** *7—17*: L. 8 §§ 1—2, 6c C. VI, 61. *17—21*: L. 8 §§ 6, 6b C. VI, 61 ict. L. 18 pr. C. de iure delib. VI, 30, L. 7 pr. C. de curat. fur. V, 70. **9.** L. 3 C. VI, 60.

VI, 42. Rubr.: rubr. C. VI, 62. *25—3*: LL. 1—5 C. h. t.

de eorum hereditate specialiter apponit. si enim sine testamento et liberis et aliis successoribus decesserint, eorum hereditas non ad fiscum set ad co[*r*]pus suum defertur. quod et in clericis iuris est, ut bona eorum ad uenerabilia loca deuoluantur. ‖

EXPLICIT L. VI. INCIPIT VII. *f. 49 c. 1.*

DE VINDICTA LIBERTATE ET APVD CONCILIVM. I.

De relictis generaliter huc usque pertractatum est. sunt autem 1
quedam species relictorum quę priuilegiis gaudent, ut libertates: de quibus rationabiliter in alio libro dicendum est. occasione uero accepta a relictis apponit etiam de datis. et inter ceteras libertates precipua est quę apud concilium datur. ideo 'de uindicta libertate et apud concilium manumissione' premittit. Vindicta libertas erat 2
que per iudicem seu per pretorem ipsius uirga adhibita inponebatur. uendicabat enim eum in libertatem adiectis solemnibus uerbis, [*his scilicet*]: 'Aio hunc hominem esse liberum more quiritum': que hodie non desidera[*n*]tur. uel quia inprimitus in persona Vindicis Vitelliorum serui prestita fuit. Apud eum qui legis actionem habet, 3
siue generaliter siue specialiter concessa est, uindicta libertas tribui potest, coram eo pro tribunali uel alias residente seu transeunte, dum tamen per se uel per suos liberos hoc faciat. per alium uero, etiam maritum, hoc fieri non permittitur, quia manumissio in patrimonii amministratione non continetur. set ceteri modi dandę libertatis per alium expediri possunt. Quidam vero ex uoluntate hoc 4

---

1 de eorum] *BR* decorum *P* 3 suum] P^1B sui nominis *R* sui numis P^2 5 Explicit L. VI.] *om. PB* | Incipit] l. *add. PB* 6 uindicta] et *add. P* | et — concilium] *om. PBR* 8 libertas *P* 9 dicendum] edicendum *PBR* 10 libertates] libertatis causas P^1 | quę] ea que *PB* 12 premittit] *TR* apponit *PB* 14 eum] *om. P* 14, 15 his scilicet] *BR* his *P* 16 inprimis *PBR* 17 prestita] preterita P^2 19 coram] *om. PBR* | eo] sedente *add. P* 20 tamen] ipse *add. BR* 21 etiam] nec per *P* nec et per *B* | non] *om. PB*

3—4: L. 20 pr. C. de episc. I, 3, Nov. 131 c. 13 in f.
VII, 1. Rubr.: rubr. C. VII, 1. **2.** *12—16*: Boet. ad Cic. Top. 10? *16—17*: L. 2 § 24 D. de orig. iur. I, 2. **3.** *17—20*: L. 3 ict. L. 2 pr. D. de off. procons. I, 16, LL. 7, 8 D. h. t. XL, 2; L. 4 pr., L. 10, L. 22 D. h. t. *20—22*: L. 3 C. h. t.; L. 17 D. de curat. fur. XXVII, 10. *22—23*: L. 1 § 3 C. comm. de manumiss. VII, 15.

VII, 1. 2. Cf. glo. Colon. 13 (Institutionenglossen des Gualcausus p. 94).

faciunt, quidam ex necessitate, ut minores XX annis. hii enim non alias manumittunt nisi apud concilium et approbata iusta causa manumissionis, cui etiam contradici potest, que tamen probata, etsi falsa sit, non *retractatur.* heę tamen causę ex affectione honesta, non ex turpi causa [*descendere*] debent: que leuiter tam [*in*] Institutionibus quam in Responsis prudentium denotantur. in ultima uero uoluntate, ex quo testari possunt, et libertates relinquunt antiqua lege cessante: quod ex noua constitutione introductum est.

II. DE TESTAMENTARIA MANVMISSIONE.

1 Nunc de libertatibus directo in testamento relinquendis: in
[*alia*] enim ultima uoluntate directę libertates non relinquuntur.
2 Directa ‖ libertas est quę ab ipso testatore datur, et non ab alio eum
f. 49 c. 2. testator manumitti uoluit. ideoque libertus appellatur orcinus. que
quidem uires ex testamento habet seu ex eo conualescit. ideo si
testamentum aliqua ratione deficiat uel ex eo hereditas non adeatur,
simul et libertates deficiunt. quod euenit et si rei memoria post
3 mortem damnetur. Hoc autem intuendum est, ut saltim ab uno ex
heredibus adeatur hereditas: statim enim libertates competunt, si
modo pure relictę sunt. nec illud libertatibus preiudicat, si hereditas
adita est et postea speciali iure rescindatur, ueluti restitutione: *et*
tunc enim libertates ualent. quod optinet et si insti[*tu*]tus in fraudem libertatum cum substituto uel legitimo colludat: his enim sub-
4 uenitur fauore constitutionum. Item si sub conditione libertates
relictę sunt, nullo modo [*per*] heredis factum uitiari uel impedimentum his afferri potest, quin eueniente conditione antiqua causa in-

---

1 XXV P^2 2 alias] aliter *PBR* 4 retractatur] *PBR* recitatur *T* 5 ex] *om. PB* | descendere] *PBR* | in] *PR* 5, 6 Institutionibus] institutis *B* constitutionibus *P* 6 quam in] in *om. B* 9 manumissione] libertate *B* 11 alia] alias *B*; *om. TPR* 12 eum] cum *P* 13 uelit *PR* 14 ideoque *PR* 20 addita *T* 20, 21 Tunc enim et *TP* tunc enim *BR* 22 uel legitimo] *om. PB* 23 constitutionis *P* 24 per] *PBR*

---

4. *1—4*: § 4 Inst. qui quib. ex caus. I, 6 ict. L. 4 § 2, L. 6, L. 11, L. 15 pr. D. h. t.; L. 9 § 1 in f. D. h. t., § 6 Inst. I, 6. *4—5*: L. 16 pr. D. h. t. *5—6*: § 5 Inst. I, 6, L. 9 pr., LL. 11—16, L. 20 D. h. t. *6—8*: **Nov. 119 c. 2** (Auth. Sed hodie ad L. 4 C. qui manum. non poss. VII, 11).

VII, 2. Rubr.: rubr. C. VII, 2. **1.** L. 43 D. h. t. XL, 4. **2.** *12—13*: § 2 Inst. de sing. reb. per fideic. II, 24. *13—17*: L. 23 pr. D. h. t., L. 2 C. h. t. **3.** *17—19*: L. 23 § 1 D. h. t. *19—21*: L. 3 C. h. t. *21—23*: L. 12 § 2 C. h. t. **4.** *23—1*: L. 13 C. h. t., L. 2 pr. D. de statulib. XL, 7.

specta cum effectu omni modo compet*ant*: iura enim statu liberorum per heredem duriora fieri minime possunt, ideoque si per heredem steterit quominus impleatur, pro impleta habetur. ideoque si alteri[*us*] intererat eam impl*eri*, ueluti si alteri iussus erat dare, et per heredem factum est quominus daret, in factum accione heres ei tenetur.
In summa hoc quidem animaduertendum est, utrum testator fuerit 5
in ea causa, ut directam libertatem posset et uellet dare. si enim serui alieni sint, etsi heredis, tamen directa libertas ei[*s*] prestari non potest: hoc enim desideratur, ut testatoris [*serui sint*] et tempore condendi testamenti et tempore mortis, item et ne mancipium eius conditionis sit, ut ad libertatem peruenire non poss*it*, et ne dominus minor XX annis sit: quę distinctio hodie ex noua constitutione non admittitur. In fraudem quoque creditorum non recte d*a*tur, 6
quamuis heres institutus soluendo sit. Istud quidem necesse est, ut 7
et uoluntas testatoris duret. si enim libertates datę ademptę sunt, cum uoluntas mutata sit, pro non datis habentur cessante uoluntate. quod euenit et si conditio sub qua libertates relictę sunt deficiat. unde sepissime uoluntatis emergit questio, utrum in eo quod a testatore appositum est, ut condi‖tio esset cogitauerit, an tempus prestandę f. 49 c. 3.
libertatis seu soluendę ab eo statutum est. quapropter cum res obscura sit, in ea interpretatione procliuiores pro libertate esse debemus: in ambiguis enim semper pro libertatibus faciendum est seu respondendum. Modo uero apposito necesse est ad hoc ut libertas 8
competat, uel ut impleatur uel pro impleto habeatur, ueluti si liberi esse iussi fuerint ut administrationis rationem reddant: licet enim alias manumissus ex ante gesto non teneatur, tamen *hic* ex bona

---

1 competant] *P* competunt *T* 2 per heredem] *om. P* 3 habetur] *TB* habere P^1 habeatur P^2R | ideoque] et ideo P^2BR | alterius] *PBR* 4 impleri] *PBR* impletam *T* 6 quidem] *om. P* 7 posset] et posset *PBR* 8 eis] *PBR* 9 serui sint] *PBR* 10 mancipia *PBR* 11 sint *PBR* | possint *TPBR* 12 hodie] *om. B* 13 datur] *R* dantur *TPB* 14 Illud *PB* 17 relictę] date *R* 18 in eo] tempus *PBR* 19 impositum *P* | ut — cogitauerit] *om. B* 19, 20 an — statutum est] TP^1R an prorogande libertatis causa id statuerit P^2B 22, 23 faciendum — respondendum] faciendum est *R* respondendum est *PB* 24 ueluti] *TR* puta *PB* 25 amministrationem rationis P^1 26 hic] *R* hoc *TPB*

1—3: L. 33 D. eod.; L. 3 §§ 1, 3 D. eod. *3—5*: L. 3 § 4 D. eod. **5.** *7—9*: L. 9 C. h. t. *9—10*: L. 35 D. h. t., § 2 Inst. cit. *10—11*: L. 9 D. de manum. XL, 1. *11—13*: §§ 4, 7 Inst. qui quib. ex caus. I, 6, **Nov. 119 c. 2.** **6.** L. 5 C. h. t. **7.** *15—17*: L. 10 § 1 D. h. t.; L. 45, L. 61 § 1 D. h. t. *18—22*: L. 16 D. h. t., L. 19 D. de statulib. XL, 7. *22—23*: L. 179 D. de reg. iur. L, 17. **8.** L. 4 § 1 C. h. t. ict. L. 82 D. de cond. et dem. XXXV, 1, L 37 D. de fideic. lib. XL, 5.

fide que domino utilis sit rationem reddere et reliqua soluere nec non ea que malo consilio amota sunt restituere debet, dum tamen de peculio soluat. ideoque si per heredem stat quominus rationem accipiat, arbiter a iudice de rationibus excutiendis accipiendus est, et si liber a rationibus inuentus fuerit, pro eo habendus est, ac si puram libertatem accepisset: quo casu mod*us* [*pro*] impleto habetur.
9 Euenit autem quandoque speciali ratione, ut si libertates relictę sunt et omnis successio deficiat, gratia libertatis conseruandę permittatur uel seruo testatoris, siue ei libertas relicta est siue non, uel etiam extraneo adire hereditatem et ita per iudicem addici sibi bona ex constitutione diui Marci, facta satisdatione de solido creditoribus soluendo et de libertatibus his dandis quibus testator uoluerit. et ea ratione libertates cum effectu competunt secundum distinctionem nostrę constitutionis et formam quam super his diuulgauimus.

III. DE FIDEICOMMISSARIIS LIBERTATIBVS.

1 Explicito tractatu earum libertatum que directo relinquuntur,
rationabiliter [autem] fideicommissarie libertates apponuntur, quę non
a testatore set ab herede seu ab alio qui rogatus est prestandę sunt.
2 In libertatibus fideicomissariis spectandum est, quis eas relinquere
et cui possit, et a quibus, item ex qua uoluntate debea[*n*]tur, et
3 quomodo ad eas prestandas compellatur. Hi demum qui factionem
testamenti per testationem habent eas relinquere possunt, dum tamen
minor XX annis eas relinquere non possit nisi his quorum causa
apud concilium probari possit: quod noua constitutione immutatum
f. 49 c. 4. est, ut ex quo testari possunt et liber‖tates relinquant cessante iure

---

1 que] que a *BR* 3 peculio] periculo P^1 4 de] pro *PBR* 6 modus pro] *PBR* modo *T* 8 deficiat] ut *add. PB* 9 relicta est] TP^1R competit P^2B | etiam] *om. PB* 13 competant *P* 13, 14 secundum — diuulgauimus] secundum formam et distinctionem nostre constitutionis (quam super his promulgauimus *add. R*) *BR* secundum formam et distinctionem iustiniane constitutionis *P* 17 autem] *om. PBR* | libertates] *om. PB* 19 libertatibus] enim *add. PBR* 21 compellatur] TP^1 compellantur P^2BR | demum] *TR* quidem *PB* 22—24 dum — possit] nisi minores XX et VIII (P^1 XX et VII P^2 XXV *BR*) annis sint. qui tantum causa apud concilium probata (aprobata *P*) relinquere possunt *PBR* 25—2 cessante — possint] *om. PBR*

---

9. L. 15 pr., §§ 1b, 5 C. h. t., pr., §§ 1, 3, 7 Inst. de eo cui libertatis c. bona addic. III, 11.

VII, 3. Rubr.: rubr. C. VII, 4. **3.** *21—22*: L. 24 pr. D. h. t. XL, 5. Cf. supra VI, 27 § 3, VI, 22 § 4. *22—1*: L. 5 C. h. t. ict. § 4 Inst. qui quib. ex caus. I, 6; **Nov. 119 c. 2.**

antiquo. Adicitur et ibi quibus fidei commisse libertates iure relinqui 4
possint. omnibus quidem, etiam his qui in utero sunt, recte dari
possunt, dum tamen ne hii sint qui ad libertatem uenire prohibentur.
[*et*] non solum propriis et heredis, set etiam alienis seruis iure
relinquitur, et hii qui rogati sunt, ad redemptionem et manumissionem [*compelluntur*], si modo dominus eos uendat: alioquin non
compellitur, si nichil ex defuncti [*uoluntate*] percepit, set tamen
libertas non statim intercidit, set quoquo tempore fuerit occasio
redimendi serui prestetur. Ab heredibus et legatariis et a fideico- 5
missariis item ab his qui mortis causa donationem accipiunt uel qui
omnino aliquid ex uoluntate defuncti capiunt [*libertas recte relinquitur*], siue de testatoris seruo siue de proprio eorum siue de alieno.
ideo si agnouerint quod sibi relictum est, omni modo ad manumissionem tenentur tam de seruis defuncti quam de propriis. si alieni
sint, et ad redemptionem et manumissionem secundum distinctionem
iam dictam compelluntur. Non tantum ex testamento, uerum etiam 6
ex codicillis seu ex qualibet ultima uoluntate, ut ex epistula, fideicommissarie libertates debentur. spectatur et hic ea uoluntas que
durat, quem ad modum et in directis libertatibus, uerbi gratia ut in
eo *qui* s[*er*]uum tutorem dederit: per hoc enim etiam libertatem per
fidei commissum ei reliquisse uidetur, cum uoluntas ea fuit in qua
directa libertas relinqui non potuit. *set* ex testamento ita demum
debentur, si ab instituto adeatur hereditas, uel si pretio accepto
aditionem pretermisit, uel si a legitimo quoque hoc petitum est.

---

4 et] *PBR* | solum] *TB* tantum *PR* | iure] libertas *add. PB* 5—9 et hii — prestetur] *om. PBR* 6 compelluntur] *v. infra § 5 in f.* 7 uoluntate] *v. infra § 5.* 9 heredibus] enim *add. PB* | a] *om. PBR* 10 uel qui] qui *om. B* 11, 12 libertas recte relinquitur] *PB*; *om. TR* 12 siue — alieno] *TR*; *om. PB* 13 ideo] ideoque *R* et ideo *PB* 13, 14 si — propriis] *TR* si quod sibi relictum est agnouerint, tam de propriis quam de testatoris seruis manumittendis omnimodo tenentur *PB* 14—16 si — compelluntur] Si autem alieni sint, si eos dominus uendere uelit, ad redemptionem et manumissionem (ad manumissionem et redemptionem *P*; secundum distinctionem dictam *add. R*) compelluntur (libertas prestetur *add. R*). Set si eos uendere nolit, non statim quidem libertas intercidit, set quocumque (quoquo *BR*) tempore serui redimendi occasio fuerit, libertas prestetur (*om. hic R*) *PBR* 19 uerbi gratia] *TR*; *om. PB* 20 qui *PBR* quod *T* | dedit *PBR* 22 libertas] ei *add. P* | set *PBR* Si *T* 23 instituto] intestato *B* 24 pretermissit *T*

---

4. *2—3*: L. 14 C. h. t.; L. 9 D. de manumiss. XL, 1. *4—9*: § 2 Inst. de sing. reb. per fideic. II, 24, L. 6 C. h. t. **5.** *9—12*: § 2 Inst. cit., L. 16 §§ 3, 4 C. h. t. Cf. supra VI, 28 § 3 in f. *13—16*: L. 13 C. h. t., L. 22 pr., L. 24 § 12 D. h. t. **6.** *16—18*: L. 43 D. de manum. test. XL, 4. *20—22*: L. 10 C. h. t. ict. L. 32 § 2 D. de test. tut. XXVI, 2. *22—24*: L. 1 C. h. t.

etiam ab intestato talis rogatio iuxta communem rationem fidei com-
7 missorum admittitur. ideoque approbata ea rogatione inprimitus spectandum est, ut ille qui rogatus [*est*] eum manumittat seu eum in libertatem morari patiatur, multo magis ergo et si permittat: quo
8 facto ius patronatus sibi acquirit, cum libertum eum habeat. mora uero facta in prestanda libertate ancillę, qui ex ea interim nascuntur ingenui sunt. hoc ita, si libertas ab ea petita est. set si in rem mora facta est, id est ex quo die peti potuit [et] petita non
f. 50 c. 1. est, siue per ignauiam ‖ *uel* timiditatem eorum quibus relinquitur siue per sui iuris ignorantiam uel dignitatem eorum a quibus relicta est: tunc matri tradendi sunt ad manumittendum. quod euenit et si studio heredis effect*um* est, ut ancilla adhuc pariat, forte dum tardius adiit hereditatem, et ideo qui ex ancilla nati sunt serui eius fiant. dicimus eos manumittendos non ab eo, set matri tradendi sunt, ut ab ea manumittantur et potius liberti matris fiant: quos enim in-
9 dignus est heres seruos habere, nec libertos quidem habebit. sin autem conditionaliter [*libertas*] relicta est, similiter et hic ut in superiori [*casu*] spectandum est, ut conditio inpleatur. tempore uero posit*o* equaliter ut supradiximus distinctio adhibenda est, utrum hoc cogi*tatum* fuit ut conditio esset, an tempus soluendę libertatis
10 adiecit. quod cum obscurum est, pro libertate faciendum est. Coguntur ad libertates prestandas hii qui rogati sunt uel in eorum loc*um* successerint etsi iure emptionis, pretore eos compellente, si presentes sint. proinde si absentes sint, a pretore euocandi sunt: qui si adesse noluerint et causa cognita pronuntiatum est his libertatem deberi,

---

2 inprimitus] *TR* inprimis *PB* | est] *PBR* 4 libertate] *PBR* 7 hoc] autem *add. PBR* 8 rem] *TPBR* | et] *om. BR* 9 uel] *PBR* et *T* | timiditatem] *T*P^2*BR* temeritatem P^1 10 per] *TB* propter *PR* 11 tradendi] prestandi *B* 12 effectum] *BR* effectus *T* hoc factum *P* 14, 15 dicimus — fiant] quo etiam casu non manumittentur abenno (ab eo set *leg.*) matri tradendi sunt, ut (ab *ins.*) ea manumittantur et ut potius liberti matris fiant P^1 quo etiam casu potius liberti matris fiant (fiunt *R*) P^2*BR* 17 libertas] *PBR* 18 casu] *PBR* 19 apposito] *PBR* apposite *T* | equaliter] *om. PB* | distinctio] destinatio *P* 19—21 utrum — adiecit] id est utrum conditionem an tempus soluendę libertatis adicere uoluit (uoluerit adicere *R*; dę — uoluit *om. B*) *PBR* 20 cogi tantum *T* 21 quod — facien] *om. B* 22 uel] qui *add. PBR* | locum] *PBR* loco *T* 23 succedunt *P* 24 sint. proinde si] sunt. sin autem *PBR* | qui] quod *P*

1—2: L. 2 D. h. t. **7.** § 2 Inst. cit., L. 4 C. h. t., L. 7 C. h. t. **8.** *5—11*: L. 3 in f. C. h. t., L. 13, L. 26 § 1 D. h. t. *11—16*: L. 53 D. h. t. **9.** L. 4 § 5 D. h. t., L. 3, L. 9 C. h. t. Cf. supra VII, 2 § 7. **10.** *21—24*: L. 23 §§ 1, 3, L. 24 § 21, L. 25, L. 28 pr. D. h. t., L. 11 § 1 C. h. t. *24—2*: L. 26 §§ 7, 9—11 D. h. t.

ex Rubriano senatus consulto liberi fiunt, ac si directo manumissi essent. quod ita admittendum est, si latitant: alioquin si ex iusta causa absunt uel pupilli sunt, ius patronatus non *a*mittunt. qua de causa si *quidam* latitent, quidam uero ex iusta causa absunt, uel quidam presentes uel infantes sunt: hii tantum qui ex iusta causa absunt uel presentes uel infantes sunt libertum eum habebunt. si autem de seruo [*non*] hereditario manumit[*t*]endo rogatus quis sit et latitet, Emiliano senatus consulto locus est. si uero ex iusta causa absit qui fideicommissariam libertatem debet et hoc a pretore pronuntiatum est, perinde esse at[*que*] si ut oportet manumissus esset, Damusiano senatus consulto cautum est. abesse autem uidetur qui pro tribunali abest. quod uerum est non tantum in heredibus set etiam in omnibus quicumque fideicomissariam libertatem debent. ut autem presides in prouinciis cognoscant, Artificuliano senatus consulto expressum est, etsi heres non sit eiusdem prouinciȩ. multiplici ergo iure principalibus personis in fideicommissaria libertate prestanda subuenitur, cum et petere libertatem possint tam ab herede seu ab aliis a quibus relicta est quam ab his qui in eorum locum successerint ‖ siue iure emptionis siue ex alia [*causa*], cum et quan- *f. 50 c. 2.*
doque secundum supradictas rationes per iudicem seu pretorem quasi directam libertatem consequi possunt.

DE LATINA LIBERTATE TOLLENDA ET PER CERTOS MODOS IN CIVITATE[*M ROMANAM TRANSFVSA*]. IV.

Lege Fufia Caninia sublata item dediticiis sublatis consequenter 1
et Latini liberti tollendi sunt, adiectis etiam quibusdam modis per
quos an*te*a Latini fiebant, ex quibus nunc ciues Romani fiunt. De- 2

---

1 Rubriano] lubriano P^2 2 ita] demum *add.* *P* | latitent] *PBR* | ex] *om.* *PR* 3 admittunt *TPBR* 4 quidam] P^2BR quidem TP^1 5 presentes] sunt *add.* *P* 7 non] *PBR* 10 esse] *TB* est *PR* | atque] *PBR* | esset] quod *add.* *PBR* 11 Damusiano] *TBR* damasiano *P* 14 Artificuliano] *TBR* (*cf. Azo S. C. VII, 4 § 9*) artificialio *P* 17 petere] quidem *add.* *PBR* 18 relictum *PR* 19 causa] *PBR* 20 rationes] etiam *add.* *PBR* | seu] per *add.* *P* 21 possunt] *TB* possint *PR* 22, 23 Rubr.] *ex Cod. suppleta.* De latina libertate tollenda *BR* De latinis libertis. et lege fusia caninia tollenda *P* 24 fusia *PBR* 26 anata *T*

2—3: L. 28 § 5, L. 30 § 3 D. h. t. *3—6*: L. 1, L. 22 § 1, L. 28 § 3 D. h. t. *6—8*: L. 28 § 4 D. h. t. *8—13*: L. 51 §§ 4—6 D. h. t. *14—15*: L. 51 § 7 D. h. t.

VII, 4. Rubr.: rubr. C. VII, 6. **1.** Cf. L. un. C. de lege Fufia Caninia toll. VII, 3, L. un. C. de dedit. libert. toll. VII, 5.

diticii quidem erant qui sine conditione Romanis sese dedebant et
quandiu uiuebant serui erant, in morte uero in libertatem eripie-
bantur. Latini autem quamdiu uiuebant liberi erant, in morte uero
et ipsi et bona eorum in seruitutem uendicabantur. quę omnia ex
multis superfluitatibus introducta fuerunt et ideo merito exspiraue-
3 runt. Modi uero per quos Latini fiebant olim, qui nunc ciues Roma-
4 nos faciu[*n*]t hi sunt. permissum quidem est, ut ex uoluntate domini
per manumissionem libertas seruis dari possit, ueluti per epistulam
que, siue ab ipso manumissore siue a tabulario scribatur, V testium
solemnitatem et subscriptionem desiderat: quo facto et uiuente pa-
trono libertas competit. quod optinet et si inter amicos quis liber-
tatem prestet, ut et ibi numerus V testium adiciatur et his presen-
tibus [*suam uoluntatem*] edicat seu etiam apud acta scriptura
testium seu publicarum personarum litteris interuenientibus compre-
hendatur. quibus in casibus contemplatione quodam modo ultimę
5 uoluntatis dari libertas quasi ex codicillis uidetur. item si [*quis*]
publice seruum languentem a sua domo reiecerit nec in xenonem
eum mittendo nec aliud adiutorium ei prestando solitaque salaria ei
denegando: quo casu libertas ex necessitate ei contingit, iure patro-
6 natus non reseruato. quod euenit et si ancilla alienata fuerit ita ne
prostituatur, et postea emptor seu etiam uenditor prostituit ad quem
reseruata manus iniectione red*iit*: nam et hic ius patronatus amittitur
uenditore prostituente. si uero ab emptore prostituta fuerit, uen-
7 ditorem habebit patronum. cessante quoque manumissione ex qua-
dam uoluntate libertas seruo competit, ueluti si superatus sit in
f. 50 c. 3. liberali iudicio et pretium sui uel ‖ per se uel per alium uictori
8 prestiterit, amisso etiam hic iure patronatus. quod optinet et si
dominus instrumentum ex quo seruitus ostendebatur quinque testibus
9 presentibus deleat uel delendum ipsi mancipio [*det*]. item similiter

1 debebant *B* dabant *PR* 2 mortem *P* 3 mortem *P* 4 et ipsi] et *om.* *P* | eorum] sua *P* 5 fuerunt] *TBR* erant *P* 6, 7 romani fiunt *BR* 12 testium] quandoque *add.* *BR* | suam uoluntatem] *PBR* 13 acta] quę *add.* *PBR* | scriptura] *TBR* scripta P^1 scripturam P^2 16 quis] *PBR* | de domo sua *P* 18 eum] *TR* seruum *PB* | salaria] *TP* solatia *BR* 19 quo casu] *TR*; *om.* *PB* 20 non] *TR* ei minime *PB* 21 etiam] *TR*; *om.* *PB* 22 rediit] *PB* redierit *T* 23, 24 uenditor (uenditore *B*) habebit ius patronatus *BR* 25 ueluti] puta *B* | sit] seruus *add.* *PBR* 26 sui uel] serui uel *BR* siue *P* 27 etiam] et *PBR* 28 quinque] uel P^1 .V. P^2 ut *B* 29 det] *PBR*

2. *3—4*: L. un. § 1b C. h. t., § 4 Inst. de succ. libertin. III, 7. **4.** L. un. §§ 1c, 2 C. h. t. **5.** L. un. §§ 3, 3a C. h. t. **6.** L. un. § 4 C. h. t. Cf. supra IV, 51 § 3. **7.** L. un. § 8 C. h. t. **8.** L. un. §§ 11, 11a C. h. t. **9.** L. un. § 5 C. h. t.

ex uoluntate domini libertas competit, si mancipium pilleatum funus
domini testatore seu herede uolente antecedat. ad hec et si quis 10
ancillam suam libero homini dotatam [*credenti liberam*] in matri-
monio collocauerit, seu alias nuptam ignoranti ac si libera esset
tradidit, seu sciens eam duci ex studio taceat, [*dominium eius amittit*]:
quo facto eripitur ad ingenuitatem. idem et in seruo iuris est.
euenit quoque idem et si seruum suum apud acta suum filium 11
nominauerit. Accidit quandoque, ut ius uoluntati manumittentis 12
obuiet, non [*in*] ipsius libertatis prestatione set in modo ibidem
adiecto. licet enim adiciat *eum* uelle Latinum fieri, tamen non ideo
minus ciuis Romanus [*efficitur*]. Item similiter quandoque euenit, 13
ut is qui manumittitur alterius libertus efficiatur, ueluti cum statu
liber ab herede extraneo ante euentum conditionis manumittitur:
nam post conditionis euentum orcinus libertus fit et ius patronatus
liberis cognatis datur. In omnibus tamen supradictis casibus quon- 14
dam dominis ius patronatus seruatur, nisi ubi specialiter eis dene-
gatum est, ut in languidis eiectis [*seu*] prostitutis. item et si pretium
uictori in liberali iudicio solutum est: in eo enim et ius patronatus
quondam domino eripitur.

DE COMMVNI SERVO MANVMISSO. V.

Mancipium quidem alienum manumittere nemo potest. quod obtineb*at* et si partim proprium, partim alienum esset. hodie tamen fauore libertatis admissum est, ut quis seruum communem socio seu sociis partes pretii offerendo secundum modum a lege diffinitum manumittere possit, eo eisque non accipientibus offerendo [*per*] publicas

---

3 ancillam — liberam] *R* ancillam suam dotatam libero homini credenti liberam *B* dotatam suam (suam *om.* P^1) ancillam credenti liberam libero homini *P* 3, 4 coniugium *B* 4, 5 seu — tradidit] *om. PBR* 5 seu] aut *P* | dominium eius amittit] *PBR* 6 quo facto — ingenuitatem] *TR* eaque ad ingenuitatem rapitur *PB* | idem — est] *TPR* Idem dicitur de seruo *B* 7 quoque] quandoque *PBR* | seruum suum] suum *om. BR* | suum filium] suum *om. P* 9 in] P^2*B*; *om.* *T*P^1*R* 10 eum] *PBR* ei *T* 11 efficitur] *PBR* | similiter] *T*P^1*R*; *om.* P^2*B* 17 seu] *PBR* 19 quondam] *PBR* quandoque *T* 22 obtinebat] *PBR* obtinebit *T* 24 partem *PBR* 25 eo] *om. P* | accipientibus] pretium *add. P* | per] *PBR* 25, 1 publicas personas *TBR* publicam personam P^2 omnia P^1

---

10. L. un. § 9 C. h. t., Nov. 22 c. 11 (Auth. Ad hoc. ad L. un. § 6 C. h. t.). **11.** L. un. § 10 C. h. t. **12.** L. un. § 6 C. h. t. **13.** L. un. § 7 C. h. t. **14.** L. un. § 11a in f. ict. §§ 3a, 4, 8 C. h. t.

VII, 5. Rubr.: rubr. C. VII, 7. *21—9*: L. 1 C. h. t. ict. L. 19 § 1 C. de usur. IV, 32.

personas ac consignando et deponendo, maxime in edes sacras uel ubi competens iudex iusserit. set quemadmodum socii ad distractionem coguntur, ita ille qui redemit eo[*dem*] quidem iure ad manu- f. 50 c. 4. missionem cogitur, dum tamen ‖ peculium inter omnes pro *portione* dominii *diuidatur*, patronatus uidelicet iure ei qui manumisit reseruato. ceteri autem [*uno*] uolente manumittere [*si idem*] facere uelint, audiendi non sunt, eo quidem qui primitus hoc dixit admittendo. aliis tamen similiter insistentibus et optentu libert[*at*]is idem pollicentibus, omnes per iudicem sine pretio coguntur manumittere. quod euenit et si quis partem quam in communi seruo habet ei [qui] legauerit. nam tunc et heres eius compellitur partem pretii socio prestare seu sociis et sic e*u*m manumittere, his non accipientibus consignando et deponendo.

VI. DE SERVO PIGNORI DATO MANVMISSO.

Communis serui manumissio nisi cum solemnitate recepta non est. item serui pignorati admissa manumissio [*non*] est, nisi ab honere obligationis liberatus [*sit*] uel consentiente creditore hoc fiat: tunc enim libertas competit. set hoc uerum est in his qui ex speciali conuentione obligati sunt, uel ex pecunia pupilli a tutore redempti sunt (nam et hii manumitti non possunt). sin uero ex generali conuentione *uel* etiam tacita, ut inuecta et illata, seu ex priuilegio fiscali mancipia obstr*i*cta sunt, manumissio [*non*] impeditur, nisi euidenter in fraude[*m*] fisci seu creditorum hoc factum ostendatur.

VII. DE SERVIS REI PVBLICE MANVMITTENDIS.

Serui quoque rei publice manumitti possunt decurionum ordine suum decretum prestante ac preside consentiente. ita enim ab iugo

---

1 ac] *om. P* 2 ubi] deponi *add. P*² | iudex] deponi *add. B* 3 eodem] *P*²*BR* eo *TP*¹ | quidem] *TP*² quod *P*¹; *om. BR* 4 omnes] eos *PBR* | portione] *PBR* orcino *T* 5 diuidatur] *PBR* uideatur *T* 6 uno] *PBR* | si — uelint] si se idem facere uelle dicant *PBR* 7 quidem] *om. P*²*BR* 10 partem] suam *add. P* | qui] seruo *B*; *om. PR* 11 tunc et] et tunc *PBR* 12 eum] *PBR* eam *T* | hisque *PBR* 13 consignare et deponere *PBR* 14 De seruo manumisso pignori dato *P* 16 non] *PB* 17 sit] *PBR* 21 uel] *PBR* set *T* 22 fisci *B* | obstructa *T* | non] *PBR* 23 fraudem] *P* fraude *TBR* 24 Rubr.] *deest in PB*

9—13: L. 2 C. h. t.

VII, 6. Rubr.: rubr. C. VII, 8. *16—18*: LL. 1, 4, 5 C. h. t. *18—20*: L. 3 in f., L. 6 C. h. t. *20—23*: LL. 2, 3 C. h. t., L. 9 D. in quib. caus. pign. XX, 2.

VII, 7. Rubr.: rubr. C. VII, 9. LL. 1, 2 C. h. t.

seruitutis liberatur, dum tamen uicarium pro se det: quo facto libertus rei publicę erit et honorem ei prestare debet.

DE HIS QVI A NON DOMINO MANVMISSI SVNT. VIII.

Serui quidem a dominis suis manumitti sole[*n*]t. sin autem 1
a non dominis, quid iuris sit uidendum est. Si enim domino con- 2
sentiente manumittis, obtingit libertas. item si postea ratum habeat
et pretium eligat, ualet libertas, et in id quod interest domino eius
tenetur. at si uendidisti seu donasti uel alias contraxisti et nondum
tradidisti, eo non obstante, cum [*in*] dominio tuo sit, competit libertas.
set si apud principem alienum seruum manumittas, pene constitutionis
Constantiniane sub[*iacebis, seruo domino proprio protinus restituendo*].

QVI MANVMITTERE NON POSSVNT, ET NE IN FRAVDEM CREDITORVM MANVMITTATVR. ℞. IX.

[*E*] conuerso euenit, ut quis proprium seruum iure manumit- 1
tere non possit, uidelicet cum aut dominus ‖ ei dare libertatem pro- *f. 51 c. 1.*
hibeatur, aut ille cui libertas imponitur eam capere non sinitur.
Prohibetur autem dominus, si minor sit annis XX, manumittere, nisi 2
apud concilium [*manumittat iusta*] manu[*mi*]ssionis causa approbata
uel in ultima uoluntate eam relinqu*at*: ex quo enim testari possunt,
et libertates relinquunt ex constitutione noua, iure antiquo cessante.
item debitores in fraudem creditorum manumittere prohibentur. hoc 3
ita, si creditores re et consilio fraudantur. si autem per fideicomissum relicta est, ex euentu solo prepeditur. permissum tamen est

---

1 liberantur *P* | dent *PBR* 1, 2 liberti *P* 2 erunt *PB* | ei] *om. P* | debent *PB* 3 a non] non a *PR* | manumittuntur *P* 5 dominis] manumittantur *add. P* 6 manumittis] *TBR* manumittitur *P* 7 pretium] eius *add. P* 8 tenetur] teneris *scr.?* 11, 12 subiacebis — restituendo] *PBR* 13, 14 Rubr.] *in ima columna post vocem* dominus *quasi pars contextus atramento scripta occurrit in T.* Qui manumitti possunt *P* 15 E] *PBR* | conuersio *P* 16 aut] *om. P* ut *B* 17 capere non sinitur] accipere impeditur *PBR* 18 manumittere] *om. B* 19 manumittat iusta] *PB*; *om. TR* | probata *B* 20 relinquat] *PB* relinquant *T* reliquerit *R* 23 fraudentur *PBR*

VII, 8. Rubr.: rubr. C. VII, 10. **2.** *5—6*: L. 6 C. h. t. ict. § 4 Inst. qui quib. ex caus. I, 6 et L. 1 § 3 C. comm. de manumiss. VII, 15. *6—8*: L. 1 C. h. t. *8—9*: LL. 2, 3 C. h. t. *10—12*: **L. 7 § 1 C. h. t.**

VII, 9. Rubr.: rubr. C. VII, 11. **2.** V. supra VII, 1 § 4. **3.** *22—23*: pr. Inst. h. t. I, 6, L. 1 C. h. t. *23—24*: L. 7 C. h. t. *24—3*: § 1 Inst. h. t.

ei qui alium heredem non habet saltim unum seruum [*heredem necessarium*] in fraudem creditorum instituere, ut potius bona nomine serui quam *defuncti* distrahantur. sin autem fisci debitor manumisit, et in libertatem per decennium morat*us* fuerit, libertas non potest reuocari. [*libertas quidem data*] populo cogente uel clamante similiter inpeditur.

X. QVI NON POSSVNT AD LIBERTATEM PERVENIRE.

Dampnati quidem a iudice ita ut [*in*] perpetuis uinculis morentur, cum per sententiam seruitutis conditio geminata sit, ad libertatem produci non possunt. item serui sub ea lege alienati uel relicti in [*ul*]tima uoluntate *ne* manumittantur, ad libertatem uenire non possunt, ea tamen distinctione ad[*mittenda*], ut si *propter* usum fili*o*rum necessarium manumitti [*uel uenire*] noluit, liberis mortuis et hec prohibitio finita uidetur. si uero male merit*is* perpetuę seruitutis penam irrogauit, nec per suppositam personam ad libertatem peruenire possunt.

XI. PRO QVIBVS CAVSIS SERVI LIBERTATEM ACCIPIANT.

Euenit quandoque, ut econtra libertas pro premio seruis detur etiam cessante domini uoluntate, ueluti [*h*]is qui cedem domini uindicant, item qui [*militie*] desertores nec non adulterinę monetę uiolatores seu uirgin*um* raptores in publicum detulerint, dum tamen pretium in casu eorum domini accipiant a fisco.

1, 2 heredem necessarium] *PB* heredem *R* 3 defuncti] *PBR* diffinitis *T* 4 moratus] *PBR* morata *T* 5 libertas quidem data] *PBR* | seu acclamante *PBR* 6 inpeditur.] Inpeditur quis libertatem accipere, ueluti si manumissor ea lege emit eum ne manumitteret. *add. PBR* 8 Dampnati] *PBR* Rapti *T* | in] *PBR* 10 produci] *TBR* perduci *P* | ea] *om.* P^2 11 ne] *PR* non *T* | peruenire *PBR* 12 admittenda] *PR* adibita *B* | propter] *PBR* preter *T* 13 filiorum] *PBR* filiarum *T* | uel uenire] *PBR* | noluit] *TR* nolit P^1 uetuit P^2B 14 uideatur *PBR* | uero] ut *add. P* | meritis] *PBR* meritus *T* 17 Quibus ex causis seruis (!) premio libertatem adquirunt *P* Pro quibus causis serui pro premio accipiunt libertatem *BR* 18 econtra] *TPR* etiam *P* 20 militie] *PBR* 21 uirginum] *PBR* uirginis *T* 22 pretium in casu] in his casibus pretium *PBR*

3—5: L. 16 § 3 D. qui et a quib. manum. XL, 9. *5—6*: L. 17 pr. D. eod.

VII, 10. Rubr.: rubr. C. VII, 12. *8—10*: L. 1 pr. C. h. t. *10—16*: L. 5 pr. C. si manc. ita fuerit. alien. IV, 57, L. 2 C. h. t. Cf. supra IV, 52 § 3.

VII, 11. Rubr.: rubr. C. VII, 13. LL. 1—4 C. h. t.

DE INGENVIS MANVMISSIS. XII.

Cum serui *in* libertatem perducuntur, quid iuris sit explicitum 1
est. set cum ingenui manumittuntur, an ingenuitati preiudicet inspiciendum ‖ est. Sepissime quidem constit[*ut*]um est manumissionem 2
ingenuitat*i* non obesse, et ideo cum de facto manumittuntur, suos *f. 51 c. 2.*
na*ta*les repetere non prohibentur, dum tamen que de domo manumissoris habent ibi relinquant: ea enim que ut libertis seu ut filiis dantur seu relinquuntur, cum liberti aut filii non sint, non debentur et, si data sint, quasi sine causa repetuntur. Data quidem sententia 3
pro ma*tri*s ingenuitate et liberi suam ingenuitatem probare possunt. econtra si libertina pronuntiatur, non prodest liberis ad ingenuitatis probationem, nisi ostenderint post matris manumissionem se editos esse.

COMMVNIA DE MANVMISSIONIBVS. XIII.

Per singulas species de manumissionibus dictum est. nunc 1
communia de omnibus tam datis quam relictis edicendum est. Dando 2
quidem manumissionem seu relinquendo propriis seruis libertatem prest*o*, licet [et] alius in eo usum fructum habeat, dum tamen iuri eorum nichil preiudicetur. e conuerso ille qui usum fructum habet manumittendo gratiam proprietario facit quasi remittendo usum fructum. si autem gratiam ipsi seruo faciat, tunc iudex in quiete eum tueatur et non compellet eum seruire proprietario, quamdiu fructua-

1 De ingenuorum manumissione *P* 2 in] *PR* ad *B* per *T* | deducuntur *R* 3 set] nunc *B* | preiudicet] *TP*¹*R* preiudicetur *P*²*B* 3, 4 inspiciendum] *TPR* uidendum *B* 5 ingenuitati] *PBR* ingenuitate *T* 6 natales] *PR* naturales *TB* | que] ea que *PBR* 10 matris] *PBR* mater *T* 11 econtra] *TPR* et e contrario *B* | pronuntietur *PBR* 12 ostenderint] *TR* ostendant *P* hostendent *B* 15—17 nunc — relinquendo] nunc manumissionum communia. Inter uinos quidem seu in ultima uoluntate *B* 16 de omnibus tam datis] *TR* manumissionum tam de dotis datis *P* | est] inter uiuos quidem seu in ultima uoluntate *add. P* 17 quidem] *TP*¹*R*; *om. P*² 18 presto] *P* presta *T* prestare *BR* | et] *om. PBR* | alius] *TBR* alii sint qui *P* | eo] *TBR* eis *P* | habeat] habet *BR* habeant *P* 18—21 dum — usum fructum] *TP*¹*R* proprietarii gratia manumittant (manumittatur *B*). usum fructum quem in eo habebant remittunt (habebat, remittit *B*) *illorum omnium loco P*²*B* 21 si autem] Sin uero *B* 22 tueatur] tuetur *P*¹ tuebitur *P*²*BR* | et — seruire] nec *B*

VII, 12. Rubr.: rubr. C. VII, 14. **2.** *4—6*: § 1 Inst. de ingen. I, 4. *6—9*: L. 1 C. h. t., L. 32 D. de lib. causa XL, 12. **3.** L. 3 C. h. t.; L. 9 C. h. t.

VII, 13. Rubr.: rubr. C. VII, 15. **2.** L. 1 §§ 1—2a C. h. t.

3 rius uiuit uel capite minutus non est. Item et manumittere possumus per nos et per *alios* prestando nobis ministerium manumittendo, ut per liberos nostros, siue in potestate siue emancipati *sunt*, non habito delectu in modo manumissionis, siue apud iudicem siue [*in*] sanctis ecclesiis siue secundum alium modum legitimum, prout man-
4 dat[*or*] maluerit. In etate quoque eius qui manumittitur, siue inter uiuos siue in ultima uoluntate, item siue directo siue [*per*] fidei commissum manumittatur, delectus non habetur, cum et hii qui in utero sunt manumitti possunt, ut solem cum libertate respicia[*n*]t.
5 Item in etate manumissoris distinctio non admittitur, postquam eius etatis est ut manumittere [*possit*], *id est maior* XX annis: minori enim non permittitur nisi causa cognita et apud concilium approbata iusta causa manumissionis. quod admittitur et si per fidei commis-
6 sum rogatus sit manumittere. *Sin* autem ancillam suam in habitu
f. 51 c. 3. concubinę usque in diem uitę ‖ suę habuerit et ex ea liberos sustulerit et neque inter uiuos neque in ultima uoluntate ea[*m*] uel eos alii reliquerit nominatim, set immo taciturnitate eos preterierit, statim post mortem domini in libertate[*m*] eripiuntur.

XIV. DE LIBERALI CAVSA. ℞.

1 Explicitus tractatus omnium manumissionum, item et communia. rationabiliter liberalis causa adnectitur, in qua leges multis modis libertatibus fauent: libertas enim omnibus rebus fauorabilior est,
2 ideoque in obscuris pro liberta[*te*] faciendum est. Liberale quidem negotium est, siue quis ex libertate petat aliquem in seruitutem, siue ex possessione seruitutis quis proclamet se in libertatem asserendo se ingenuum [*uel*] libertum esse. sin autem pro ingenuo se gerat

---

1 est] fuerit seruire compelletur *B* | et] *om. PBR* 2 alios] *PBR* auos *T* | prestando — manumittendo] *TR*; *om. PB* 3 emancipatis (*pro* emancipati s̄) *T* emancipati sint *PB* 4 in] *PBR* 5 secundum] per *B* | modum legitimum] modum *om. B* legitimum *om. P*; manumissio procedat *add. PB* 5, 6 mandator] *PBR* 6 maluerit] *TR* uoluerit *PB* 7 item] *om. B* | per] *PBR* 9 respiciant] *PBR* 11 possit] *PBR* | id est maior] *PBR* uel minor *T* | XX] *TP²BR* duodecim *P¹* 12 concilium] *TP²BR* conscilium *P¹* 14 Sin] *PBR* Siue *T* 17 alii — eos] *om. B* | immo] *TP¹R*; *om. P²* 18 libertatem] *PBR* 20 Explicito tractatu *PBR* 23 ideoque] et ideo *PB* 23, 24 faciendum — libertate] *om. B* 26 uel] *PBR*

---

3. L. 1 § 3 C. h. t. **4.** L. 2 C. h. t. ict. L. 14 C. de fideic. libert. VII, 4. **5.** V. supra VII, 1 § 4. *13—14*: L. 5 C. de fideic. libert. VII, 4. **6.** L. 3 C. h. t.
VII, 14. Rubr.: rubr. C. VII, 16. **1.** Cf. supra VII, 2 § 7 in f. **2.** *23—3*: LL. 21, 40 C. h. t., LL. 3, 4 C. ubi causa status III, 22.

et quis eum suum libertum esse dicat, et contra si pro liberto ab
aliquo detineatur et ipse [*in*] ingenuitatem quodammodo et i[*n*] pre-
iudiciali iudicio se uendicet, similiter liberalis causa est. set cum
de possessione questio est, utrum pro seruo possideatur an pro libero
se gerat, conceptione et origine ipsius inspecta, apud quem possessio
sine dolo malo deprehenditur is possessor estimari debet. ad quod
probandum etiam ipsa mancipia torquenda sunt. Hoc iudicium in 3
rem accione ab utraque parte proponenda exercetur. que p*eti*tio et
preiudiciali iudicio instituitur. in quo iudicio quedam communia,
quedam specialia intuenda sunt. commune est, ut alter actor, alter
reus, et ut qui agit probet. speciale est, ut et absente actore secun-
dum libertatem pronuntiari possit, item ut, ab alio si pro seruo
possideatur, ut et eo inuito qui seruus dicitur in libertatem procla-
mari potest. et hoc permissum est tam cognatis quam patronis seu
aliis omnibus: libertati enim fauere omnibus concessum est. item
ordinata liberali causa interim pro libero habetur tam ad hoc nego-
tium quam ad cetera alia peragenda seu inchoanda, siue inten*d*endo
siue excipiendo. istud quoque speciale est, ut si in actis profiteatur
se seruum esse, uel etiam si propria manu se scribat seruum esse,
non tamen ei libertatis defensio denegatur. Cum uero [*quis*] intendit 4
aliquem seruum suum esse, merito et communi ratione causam quę
seruum faciat allegare debet seu probare. item econtra qui ex ser-
uitute in libertatem se uendicat, causę quę ingenuum uel libertum
faciunt, ante idoneis causis ex||aminatis atque discussis, *ostendende* f. 51 c. 4.
sunt. nec non et si exceptionem quę pro libertate faciat, opponere
uelit, et eam similiter probare debet, ueluti si defunctus cuius heres

1 dicat] *TB* asserat *PR* | et contra] econtra *P* et e contrario *BR* 2 deti-neatur] *TB* retineatur *PR* | in] *PR*; *om. TP* 5 gerat] et *add. P* | ipsius] eius *P* 8 accione] proposita *add. PR* | proponenda] *om. PR* | exercendum est *PR* | petitio] *PBR* pretio *T* | et] in *add. P* 11 et] *om. P* 12 ut] *om. BR* 13 et] etiam *PBR* 14 possit *PBR* 14 cognatis] agnatis P^1 15 concessum] *TB* permissum *PR* 17 cetera] *TBR* omnia *P* | siue] in *add. P* | intentendo *T* 18 siue] in *add. P* | istud] *TB* illud *PR* 19 uel — esse] *om. BR* | se scribat] conscribat *P* | esse] se esse *P* 20 quis] *PBR* 21 causas *B* 22 faciant *B* 24 ostendende] *PBR* exa-minandę *T* 25 facit *PBR*

3—6: L. 7 § 5 D. h. t. XL, 12? **3.** L. 1 C. ubi causa status III, 22, L. 4 C. h. t., § 13 Inst. de action. IV, 6. *11—12*: L. 4 C. h. t. *12—15*: LL. 1—5 D. h. t., L. 19 C. h. t. *15—18*: L. 14 C. h. t., L. 24 pr. D. h. t. *18—20*: LL. 6, 22, 24 C. h. t. **4.** *20—25*: L. 21 in f. D. de prob. XXII, 3 ict. LL. 8 in f., 14 D. eod., L. 15 in f. C. eod. IV, 19, L. 5 § 2 C. h. t. *25—1*: L. 19 pr. D. de prob. XXII, 3.

est is qui in seruitutem petit eum [qui] manum*isit*. item et si exceptionem quinquennii opponat. in summa: causę que pro libertate faciunt item et quę contra libertatem, cum allegantur et in questionem deducuntur, ab eo qui dicit probandę sunt. ideo non solum personarum set etiam argumentorum habetur ratio, et quę idonea sunt ad fidem faciendam diligenter examinanda sunt, dum tamen is qui de libertate sua probare non cogitur, ultro si uelit — *a*ctore maxime in probatione deficiente — ingenuitatem suam probare, audiatur.

5 Nunc autem restat, ut ad quem finem liberalis causa perueniat dispiciamus. in eo enim fere ius commune spectatur, cum et hodie altera quoque parte absente status causa dirimi [non] possit, et qui quęstionem patitur matris conditionem sequitur, maxime qui in litem natus est. qui uero ante litem motam, omnes suo nomine in questionem uocantur. item et ab hac sententia appellari potest et secundum ius commune causę appellationis tractantur, dum tamen si duo iudices diuersas sententias dederint, pro libertate constitutum optineat. set et si duo petant hominem apud diuersos iudices et unus pro libertate alter contra libertatem s[*e*]ntentiam dixerit, coguntur quidem consentire, dum tamen et si dissenserint libertas conseruetur, parte uidelicet pretii uictori prestanda.

XV. DE ASSERTIONE.

1 Assertores quidem [*antea*] in liberali causa ab utraque parte admittebantur, qui eos in libertatem asserebant, cum non erat permissum seruos in iudicium consistere. set cum hodie ordinata liberali causa pro liberis interim habeantur, permissum est, tam pro hac causa

---

1 qui] *TBR*; *om. P* | manumisit] *PB* manumisserit *R* manumittit *T* 2 summa] quoque *add. P* 5 et] *om.* P^2 6 sunt] est sunt P^1 est P^2 7 uelit] ingenuitatem probare *add. B* | actore] *PBR* auctore *T* 8 in probatione] *om. B* | ingenuitatem suam probare] *om. B* 10 eo] ea *B* | spectatur] *TB* spectandum est *PR* | hodie] etiam *add. P* 11 non] *om. PBR* 12 patiuntur *P* | sequuntur *P* | litem] *TPB* lite *R* 13 natus est] *TB* nati erunt *PR* 14 item et] et *om. P* 15 duo] sunt *add. P* 16 iudices] et *add. P* 19 et si] si P^2 20 scilicet *P* | prestita uictori *P* 21 De assertione tollenda *PBR* 22 antea] *PBR*; in libertatem *add. P* 24 seruo *P*

1—2: LL. 2, 4, 5 C. ne de statu def. VII, 21. *6—8*: L. 39 pr. D. h. t., L. 14 in f. D. de prob. XXII, 3. **5.** *10—11*: L. 13 C. de iud. III, 1 ict. L. 40 C. h. t.; cf. L. 27 § 1 D. h. t. *11—14*: L. 42 C. h. t. *14—15*: L. 1 pr. C. de assert. toll. VII, 17. *15—16*: L. 38 pr. D. de re iud. XLII, 1. *17—20*: L. 30 D. h. t.

VII, 15. Rubr.: rubr. C. VII, 17. **1.** *22—24*: L. 2 § 1 C. h. t., Liv. III, 44—47.

quam etiam pro reliquis, eis litigare, et per procuratorem. et ideo
de assertione non admittenda set tollenda apponit. Litig*are* quidem 2
per se et [*per*] procuratorem possunt hii qui ex libertate in serui-
tutem petuntur. qui autem ex seruitute in libertatem se proclamant
procuratorem ad liberale iudicium dare non possunt: ad cętera uero
omnia negotia indistincte eis procuratorem dare permissum est. ces-
santibus nunc retractationibus quę antea occasione assertorum fiebant,
cum hodie prouocare permissum ‖ sit: qua non procedente rebus *f. 52 c. 1.*
iudicatis standum est. sin autem qui in libertatem se proclamat lite
pendente decesserit, cogitur uenditor probare se seruum uendidisse:
alioquin de euictione tenetur. si uero decesserit qui pro libero se
gerebat, propter peculium et partus sententia necessaria est.

QVIBVS AD LIBERTATEM PROCLAMARE NON LICET. XVI.

Sunt personę quibus proclamatio in libertatem prohibita est, 1
et hoc ideo quia ciuili iure uel libertas ei competens eripitur uel
debita denegatur. Si enim maior XX annis ad pretium participan- 2
dum se uenire passus est et pretium participauit, is ad libertatem
proclamare prohibetur: si autem simpliciter se uenundari passus est,
libertatis proclamatio ei non denegatur. Item qui ex familiis latro- 3
num sunt, cum ex auctoritate imperiali uel fiscali serui facti sunt,
in libertatem proclamare prohibentur. His quoque quibus libertas 4
per fidei commissum relicta seu alias debita est, similiter denegatur
libertatis petitio, si maiores XX annis ad pretium participandum se
uenundari passi sunt, ne melioris conditionis sint quam ingenui essent
uel libertatem iam consecuti. hoc autem ita demum, si is qui emit
eorum conditionem ignoret: scientis enim conditionem liberum non

---

1 et per] etiam per *PBR* 2 Litigare] *PBR* litigata est *T* 3 et per] *PBR* 4 proclamat *P* 5 potest *P* 6 ei *P* 9 qui] is qui *PBR* 11 uero] autem is *P* uero etiam is *B* uero is *R* 12 gerebat] et tunc *add. PBR* 13 Qui *B* | licet] possunt et de rebus eorum *B* 15 ei] *TBR* eis *P* | uel] et *B* 17 uenumdari *B* | participauit is] participatus est *P* 19 familia *P* 22 alias] *TP* alia *B* aliis *R* | debita] data *P*² | similiter] eis *add. PR* 24 quam] si *add. PR* | iam] *om. P* 26 ignoret — conditionem] *om. B* | scientis enim conditionem] Sciendum est quod siue *R* 26—10 liberum — eidem] *om. R*

---

2. *2—5*: L. 1 pr. C. h. t. *5—6*: L. 33 § 1 D. de proc. III, 3. *6—9*: L. 1 pr. C. h. t. *9—11*: L. 2 §§ 2, 3 C. h. t. *11—12*: L. 1 § 1 C. h. t.

VII, 16. Rubr.: rubr. C. VII, 18. **2.** L. 1 pr. C. h. t., L. 1 pr. D. h. t. XL, 13, L. 7 pr., § 1 D. de lib. causa XL, 12. **3.** L. 2 C. h. t. **4.** *21—25*: L. 1 § 1 C. h. t., L. 4 D. h. t. *25—1*: L. 4 D. cit., L. 7 § 2 D. de lib. causa XL, 12.

posse seruum fieri certum est. si uero sine pretii participatione uenundari se passi sunt, licet in libertatem se proclamare possint, propter calliditatem tamen suam, cum emptorem deceperint, pretorio iure in duplum pretii in factum actione tenentur. De bonis autem [*eorum*] qui ad libertatem proclamare non prohibentur ratio talis est, ut heę res de quibus controuersia non est quin eius sint qui se dominum dicit, statim cessante omni mora ei restituantur. ea uero de quibus per negationem questio est per cautionem conseruanda sunt et in tuto apud sequestrum deponenda sunt, ut sententia pro libertate data ea que aliunde ei prouenerunt eidem ingenuo seu liberto deputentur: que uero ut seruo dominus largitus est et que ex furtiuis compendiis capta ac parata sunt, domino restituenda sunt. item ratio rerum ab eo gestarum domino reddenda est.

XVII. DE ORDINE COGNITIONVM. ℞.

1 Status causa quandoque principaliter, quandoque incidenter
f. 52 c. 2. agitur. et ideo cum quo ordine ‖ cognitio liberalis causæ procedere
2 debeat intuendum est. Si enim petis a me centum et dico te meum seruum esse, causa liberalis, cum preiudicialis sit, precedere debet. cum autem simpliciter liberalis causa proponitur, secundum ordinem
3 supradictum lis dirimenda est. Causa preiudicialis quandoque propter personam eius cum quo agitur prorogatur, ueluti si pupillo statu[*s*] questio seu generis moueatur: difertur enim usque ad tempus pubertatis, nisi forte pupillo expediat rem statim finiri. quandoque propter iudicis personam, ueluti si apud pedaneum causa status moueatur: incidenter enim [in] eam examinare po*test*, non etiam de ea pronuntiare. pronuntiando tamen de hereditate secundum eum prodest ei ad libertatis uictoriam, quoniam non de ea set de hereditate pronuntiat. sed si e c[*on*]uerso, non ita. si autem dico te seruum

---

5 eorum] *PB* 7 restituantur] restituant *B* restituende sunt *P* 9 tuto] totum *B* 10 ei] *om. B* | eidem] *TB* ei *P* 11 seruus domino *B* 12 reddenda *P* 15 quando *P* | quando *P* 25 in] *om. PBR* | potest] *PBR* possunt *T* 28, 1 te — meum] te non meum seruum set alienum *P*; non meum *om. B*

1—4: L. 14 pr., § 1, L. 18 — L. 20 §§ 2, 4, L. 21 pr., L. 22 pr. D. eod. **5.** L. 3 C. h. t. ict. L. 1 § 1 C. de assert. toll. VII, 17, L. 34 D. de lib. causa XL, 12.

VII, 17. Rubr.: rubr. C. VII, 19. **2.** *17—18*: L. 5 C. h. t. *19—20*: vid. supra III, 2. **3.** *20—23*: L. 27 pr. D. de lib. causa XL, 12. *23—26*: L. 2 § 1 C. de ped. iud. III, 3, L. 6 C. ubi causa status III, 22; L. 1 C. de ord. iud. III, 8. Cf. supra III, 6 § 11. *26—28*: L. 2 C. h. t. ict. L. 1 C. de ord. iud. III, 8. *28—4*: L. 4 § 1 C. h. t.

alienum non meum, et ideo te ab accusatione quam intendis quandoque excludo. quapropter et hic incidens questio iure precedit, ita tamen ut iudex inspiciat, utrum accusatio induci debeat, an propter hoc euanescat. In summa: *ubi* status questio interuenit, siue in **4**
ciuili siue in criminali causa, ea prius decidenda est, cum aliarum rerum *cognitio* aliter plene haberi non potest. ubicumque tamen causa liberalis mouetur, si ei qui seruus dicitur aliquid a domino [si] a*b*reptum esse proponatur: si ex seruitute in libertatem se proclamat, ante causa status dirimenda est, et ideo si pro libertate sententia dicta est, tunc direptarum rerum audientia admittenda est. sin autem te in possessione libertatis constituto aliquis in seruitutem petierit et ea occasione res tuas rapuerit, satis dante te prius omnia tibi restituenda sunt. cessante uero satisdatione ea omnia sequestranda sunt usque in euentum litis, dum tamen alimonia ei ex his et sumptus litis subministrentur pro arbitrio iudicis, cum alia facultas ei non suppetit. si uero ante motam questionem res tibi a*b*reptę fuerint et questio status ideo opponitur, ut earum ‖ restitutio proro- *f. 52 c. 3.*
getur, statim quidem res tibi restituendę sunt, causa autem liberalis postea secundum iuris ordinem exercenda est. Queri quidem hic **5**
solet, quare 'de ordine cognitionum' hic apposuit, cum superius 'de iudiciorum ordine' dixit. solutio: hic quantum ad liberalem causam adtinet, ibi uero quantum ad omnia iudicia tam ciuilia quam criminalia pertinet generaliter ordinem exposuit, inter que et liberalia comprehensa fuerunt.

DE COLLVSIONE DETEGENDA. **XVIII.**

Generaliter quidem proditum est, ne quis conditionem suam celet: quod senatus consulto effectum est. ideoque, ne nimia indulgentia dominos seu patronos inquinaret, hoc secutus prohibet et 'de collusione detegenda' apponit. si enim quis seruum suum in inge-

---

1, 2 quandoque] *om. PBR* 2 quapropter] *om. PBR* | iure] mea *P* 4 ubi] *PBR* uiri *T* 6 cognitio] *PBR* congregatio *T* | tamen] enim *PBR* 7 a domino] *om. P* 8 si] *om. PBR* | abreptum] *PBR* arreptum *T* | esse] *om. PBR* 16 arreptę *T* 17 proponitur *P* | earum] rerum *add. BR* 18 causa autem] et causa *PBR* 21 dixit] *TB* edixit *PR* | solutio] *om. BR* 22 iudicia] *om. P* | ciuilia] *om.* P^1 23 inter que] utraque *B* 28 secutus] senatus *PBR*

---

4. *4—6*: LL. 1—6 C. h. t. *6—10*: L. 7 pr., § 1 C. h. t. *11—16*: L. 7 §§ 2—3 C. h. t. *16—19*: L. 7 § 4 C. h. t.

VII, 18. Rubr.: rubr. C. VII, 20. *26—3*: L. 1 D. h. t. XL, 16.

nuitatem se proclamare et sententiam pro libertate dari passus est, dominium quidem amittit, et seruus efficitur eius qui probauit hoc per collusionem factum esse. si uero libertus erat, et passus est ingenuum pronuntiari, similiter iste libertus efficitur eius qui collusionem detexit, ideoque pro patrono ille habebitur, eo in penam amittente ius patronatus cuius libertus fuit. cum autem plures ad collusionem detegendam ueniant, causa cognita iudici estimari permissum est, quis magis admitti debeat.

XIX. NE DE STATV DEFVNCTORVM POST QVINQVENNIVM QVĘRATVR.

1 De statu defunctorum secundario queri potest: quod post quin-
quennium admissum non est. qui enim ut ciuis Romanus in diem
mortis communi opinione uixit, ita ut uel nullam sui status contro-
uersiam pateretur, uel apud non competentem iudicem lis mota est,
uel si longo silentio questio, desistente eo qui eam mouit, sopita
est: quo tempore transacto nulla questio ei inferenda est, etiam si
de uiui statu queratur, cum preiudicium mortuo ante quinquennium
fiat. item nec de bonis querendum est, cum nummaria questio
2 et[*iam*] quinquennii prescriptione tollatur. Econtra post quinquennium
in honestiorem causam iudicari potest, ueluti si pro seruo quis mortis
tempore habitus ingenuus uel libertus pronuntietur. sin autem in-
genuus pronuntiatus est, nec intra quinquennium ea questio retractari
3 potest. Set hec prescriptio ‖ etiam pupillis opponitur.

f. 52
c. 4.

XX. DE LONGI TEMPORIS PRESCRIPTIONE QVĘ PRO LIBERTATE, NON ADVERSVS LIBERTATEM OPPONITVR.

1 Item uiui quoque statum constat ex prescriptione temporali esse intuendum, ut diui principes sepissime sanxerunt. prescriptio

---

5, 6 ideoque — fuit] *om. B* 9, 10 De statu defunctorum quod post quinquennium non queratur *P* 10 agatur *B* 19 etiam] *P* et *TBR* 22 pronuntiatus] *TPR* probatus *B* 23 Set hec] *TP* hoc enim *B* nec *R* 24, 25 que — opponitur] *om. P* 25 opponitur] *om. B* 26 constat] *om. B* 27 intuendum] *TP* tuendum *BR* | ut — sanxerunt] *TP*¹*R*; *om. P*²*B*

3—6: L. 4 D. h. t. *6—8*: L. 5 § 1 D. h. t.

VII, 19. Rubr.: rubr. C. VII, 21. **1.** *11—12*: L. 1 pr. D. h. t. XL, 15. *12—18*: L. 4 pr. C. h. t. ict. L. 7 C. h. t., L. 2 § 2 D. h. t.; L. 1 § 2 D. h. t. *18—19*: L. 4 D. h. t. **2.** *19—21*: L. 1 § 4, L. 3 D. h. t. *21—23*: L. 1 § 3 D. h. t. **3.** L. 6 pr. C. h. t., L. 2 § 1 D. h. t.

VII, 20. Rubr.: rubr. C. VII, 22. **1.** LL. 1, 2 C. h. t.

enim XX annorum pro libertate eatenus facit, ut et ciuem Romanum
eum faciat. hoc ita, si in possessione libertatis bona fide per XX
annos continuos sine controuersia permanserit, iusto initio precedente,
hoc est si iusta ratione putauit se liberum esse. non tamen illud
exigitur ut titulum habeat, set sine dolo malo in possessione liber-
tatis eum fuisse sufficit. Contra libertatem autem nulla prescriptio 2
opponitur temporalis.

DE PECVLIO [*EIVS*] QVI LIBERTATEM MERVIT. XXI.

Qui autem ad libertatem perducitur, si inter uiuos manumitta- 1
tur, tacite [*ei*] peculium concessum intelligitur, nisi expressim adima-
tur. si uero in ultima uoluntate libertas relinquatur, specialis peculii
concessio necessaria est: alioquin tacite ademptum intelligitur. Se- 2
natus consultum Claudianum merito tollendum est, quia contra liber-
tatem seu ingenuitatem introductum erat. Item illud ius quod ex 3
nudo iure quiritum introductum erat similiter antiquandum est, ut
omnes equaliter in suis rebus d[*omi*]nium habeant.

DE VSVCAPIONE PRO EMPTIONE VEL TRANSACTIONE. ℞. XXII.

Temporis prescriptio seu usucapio etiam in aliis causis prodesse 1
solet. ideoque cum de iure intendendi dictum est, rationabiliter
earum defensiones proponendę sunt. et inter eas usucapio est pre-
cipua, quare de usucapione apponit. In quibus spectandum est, 2
quid sit usucapio, item quis usucapere possit, et quę res, et ex qua
causa, seu quanto tempore usucapio currat. quo autem iure intro-
ducta sit, dubitandum non est. ciuilis enim iuris dono usucapio in-

---

2 XX] *TPR* XXX *B* 4 est] *TPB* ita *R* | si] *om. B* 5 possessionem *P*² 6 suffitiat *P* | nulla] temporis *add. PR* 7 temporalis] *om. PR* 8 eius] *PBR* | libertatem meruit] *TBR* ad libertatem producitur *P* 9 autem] *om. PBR* | producitur *PBR* 10 ei] *PBR* | expressim] expressum *P* 10, 11 admittatur *P* 12 intelligitur.] *Rubrica* De senatus consulto claudiano tollendo *sequitur in P* 14 seu ingenuitatem] *om. BR* 17, 18 De usucapione (usucapionibus *R*) generaliter *PR* De usucapionibus *B* 20 dictum est] huc usque dictum sit *PBR* 21 earum] *BR* eorum *TP* 22 usucapione] *TB* usucapionibus *PR* 25 ciuilis — dono] *TBR* ciuili enim iure *P*

---

2. L. 3 C. h. t.

VII, 21. Rubr.: rubr. C. VII, 23. **1.** L. un. C. h. t. **2.** L. un. C. de SC. Claud. toll. VII, 24. **3.** L. un. C. de nudo ex iure quir. toll. VII, 25.

VII, 22. Rubr.: rubr. C. VII, 26. **2.** *25—5*: pr. Inst. h. t. II, 6 ict. L. 1 D. h. t. XLI, 3.

troducta est, ne d[*omi*]nia rerum essent in incerto. cum enim
sepissime euenit, ut res a non domino bona fide et iusto titulo tradatur, unde sequitur d[*omi*]nium naturali iure translatum non esse,
consequenter iure ciuili receptum fuit, ut *per* usum rem alienam
3 [*ex*] iusta causa quis suam faciat. Vnde usucapio quidem est adiectio
seu dominii acquisitio per continuationem possessionis temporis lege
4 definiti. Hę demum personę usucapere possunt quę ciuiliter possident.
f. 53 c. 1. ideoque pater familias, ‖ item filius familias — maxime ex castrensi
causa quesitum — usu capere potest. pupillus uero, si tutore auctore uel cum ipse animum possidendi habeat si possidere ceperit, nec non et furiosus, si ante furorem possessionem nactus est, usu capiet. impletur enim usu capio ex temporis continuatione, siue per eundem siue per diuersas personas res possideatur. coniunguntur enim tempora inter emptorem et uenditorem et ceteros qui in locum alterius ex iusta causa succedunt: usucapio enim cepta recte completur a successore, si ex ea causa succedat ex qua dominium transire solet. in heredibus uero eatenus speciale est, ut etiam [*si*] heres sciat rem alienam esse, usucapio tamen cepta a defuncto initio inspecto implebitur. item et uacuum tempus ante aditam hereditatem et ante adeptam possessionem procedit heredi ad usucapionem, si medio tempore a nullo possessa sit: et hoc ideo, quia tempora con-
5 tinuantur inter heredem et defunctum. In rebus quidem mobilibus
usucapio hodie recepta est, licet antea promiscue utebantur. excipiuntur res sacrę et religiose, item fiscales, seu publice, uel etiam pupillares. furtiue quoque seu ui possesse presidique contra legem Iuliam repetundarum donate, quamuis alius ab eis bona fide postea acceperit, usucapi tamen non possunt nisi uitio purgato. liberum quoque hominem nec si bona fide accipia[*mus*], usu capere possumus.

4 acceptum *P* | per] *PBR* propter *T* 5 ex] *PB*; *om.* *TR* 7 definita *B* | ciuiliter] similiter P^1 9 possunt *P* 10 habet *PBR* | si] *om.* *PBR* 11 et] *om.* *P* 14 tempora] et *add.* *B* 17 solet] *TBR* liceat *P* | si] *PBR* 18 incepta *BR* 25 presidique] *TBR* presidi *P* 27 tamen] *TR*; *om.* *PB*

3. L. 3 D. h. t. **4.** *7*: L. 13 pr., L. 16 D. h. t. ict. L. 3 § 15 D. ad exhib. X, 4. *8—12*: L. 4 §§ 1—3 D. h. t. *13—17*: § 13 Inst. h. t., L. un. §§ 3, 3a C. de usuc. transform. VII, 31, L. 11 C. de praescr. l. t. VII, 33, L. 13 §§ 6, 10, 11 D. de adq. poss. XLI, 2. *17—19*: § 12 Inst. h. t., L. 2 § 19 D. pro empt. XLI, 4. *19—22*: L. 31 § 5 ict. L. 20 D. h. t., § 12 Inst. h. t. **5.** *22—23*: L. un. C. de usuc. transf. VII, 31, pr. Inst. h. t. *23—25*: §§ 1, 9 Inst. h. t., L. 9 D. h. t., L. 48 pr. D. de adq. rer. dom. XLI, 1. *25—27*: §§ 2, 8 Inst. h. t., L. 4 § 6 D. h. t.; L. 48 pr. D. cit., L. 8 D. de L. Iulia repet. XLVIII, 11. *27—28*: § 1 Inst. h. t.

item et hec̨ res que a testatore alienari prohibite sunt usucapi non poss*unt*. Caus̨e autem iuste que usucapionem inducunt iustum 6 initium, seu *t*itulum et bonam fidem, desiderant, id est ut possessio bona fide non iuris set facti errore apprehensa sit: error enim iuris in usucapione negatur prodesse. tamen in usucapione et illud spectatur, ut et ille qui tradit bona fide eam tradat, cessante dolo, ne alienando furtum admittatur. causa seu titulus iustus necessarius est huiusmodi possessori, ut usucapio currat, ueluti emptio perfecta non simulata, item uera transactio donatio dotis datio (contracto tamen matrimonio). pro soluto quoque, si aliud pro alio consentiente creditore so‖lutum est uel ex ea causa *quid* solutum est qųe f. 53 c. 2. in proprium nomen non cadit, ut ex stipulatione uel ex indebito, usucapio contingit. pro herede etiam usucapio admissa est, cum quis forte extraneus heres est et putet rem ex hereditate esse cum non sit, uitio tamen rei cessante. in suis enim heredibus usucapio recepta non est, cum uitiorum success*ores* sunt et ideo quodammodo in his titulus non est. error tamen fals̨e caus̨e usucapionem non parit, dummodo si procuratori mandatum est, ut aliquid emeret, et ex ea causa tradat quam dominus putat ueram esse cum non sit, traditio ex ea causa facta sufficit, ut pro suo usucapere possit, cum iustissima causa erroris interueniat: quod et in aliis optinet, ut in pro legato. item pro derelicto et pro suo causam usucapionis inducunt, ut in partu [*ancill̨e*] furtiųe bona fide empt̨e seu ex alio titulo posses̨se: ex qua enim causa usucaperem matrem si furtiua non esset, ex eadem causa partum conceptum et editum apud me

---

1, 2 usucapi non possunt] *om.* P^1 2 possunt] *PBR* possumus *T* 3 uitulum *T* 5 tamen] *om. PBR* 11 uel] si *add. PBR* | quid] quidem *T* quod *P* qua *BR* 14 putet] *TBR* putat *P* 15 enim] *om. BR* 16 successores] *PBR* successiones *T* 18 aliquid] *TP* rem aliquam *BR* 19 causa] rem *add. PBR* 20 facta] *TP* falsa *BR* 23 ancill̨e] *PBR*

1—2: L. 2 C. h. t. **6.** *2—3*: „Caus̨e iuste": pr. Inst. h. t., § 4 Inst. de action. IV, 6. „iustum initium": L. 3 C. comm. de usuc. VII, 30, L. un. § 3 C. de usuc. transf. VII, 31. *3—5*: L. 31 pr. D. h. t., L. 2 § 15 D. pro empt. XLI, 4. *5—7*: § 3 Inst. h. t., LL. 1, 7 C. h. t. *7—10*: § 11 Inst. h. t., L. 4 C. de usuc. pro her. VII, 29, L. 8 C. h. t., L. 3 C. de usuc. pro don. VII, 27; L. 2 § 2 D. pro empt. XLI, 4, L. 1 pr. D. pro don. XLI, 6, L. 1 §§ 2 in f. — 4 D. pro dote XLI, 9. *10—13*: L. 46, L. 48 D. h. t., L. 2 pr. D. pro empt. XLI, 4. *13—15*: L. 3 D. pro her. XLI, 5. *15—17*: LL. 1, 2 C. de usuc. pro her. VII, 28 ict. L. 11 D. de lib. et post. XXVIII, 2. *17—18*: § 11 Inst. h. t. *18—21*: L. 11 D. pro empt. XLI, 4, L. 5 D. pro suo XLI, 10. *21—22*: L. 4 § 1 D. eod. XLI, 10. *22—1*: L. 4 D. pro derel. XLI, 7; L. 3 C. h. t., L. 4 pr. D. pro suo XLI, 10.

7 usucapere possum. In usucapione hoc commune est, ut usucapio sine possessione non contingat, et ut quis sibi bona fide et iusto 8 titulo possideat. Tempus usucapioni prefinitum triennium est, et *quidem* continuum. sufficit quidem in initio possessionem bona fide adeptam esse: ex posteriore enim scientia seu ex litis contestatione 9 non interrumpitur. Differentia uero mancipi et nec mancipi sublata est, cum in rebus mobilibus et se mouentibus tantum hodie receptā [est] usucapio est. in rebus autem immobilibus et in his que inter immobilia computantur longa possessio X uel XX annorum introducta est.

XXIII. DE ADQVIRENDA ET RETINENDA POSSESSIONE.

1 Vsu capionis articulus explicitus est. nunc possessionis ratio edisserenda est. et quia neque usucapio neque longa prescriptio sine possessione contingit, ideo igitur in medio de possessione apponit, cum et naturalis iuris dominium ab apprehensione possessionis 2 originem traxit. Circa possessionis acquisitionem multę et uarię differentię tam facti quam iuris a diligente animaduertende sunt. quapropter rogatus immo coactus a nostris sociis (cum sepius hoc *f. 53 c. 3.* eis a me promissum erat, ueluti ab inuito ‖ extorserunt, ut possessionis tractatum diligentissime exponerem, cum etiam Constitutiones imperiales et Responsa prudentium uarias et diuersas rationes, immo etiam obscuras inter se referre uidentur) michi meęque scientię negotium altissimum iniunctum ualdeque obscurum tam naturali quam ciuili ratione permixtum pro mea paruitate satisfacere legitimis ad-3 hibitis rationibus non differam. Inprimitus quidem quid sit possessio,

---

3 usucapioni] usucapi P^1 usucapionis P^2BR 4 quidem] *PBR* quod *T* 6 nec] *TPR* ne P^2; *om.* P^1 7 cum] *om.* P^1 7, 8 hodie — immobilibus] *om.* P^1 11 De possessione adquirenda retinenda et amittenda *R* 12 nunc possessionis] *om. B* 13 edisserenda] *TBR* disserenda *P*; uero *add. B* | longa] *om. P* 14 ideo] et ideo *B* | igitur] *om. PBR* 15—25 cum — differam] *desunt in B* 15 et] etiam *P* 17 a diligente] *om. R* 19 eis] *om. PR* | ueluti] *TR* uel *P* 20 etiam] et *P* | imperiales] *om. P* 21 uarie] *R* | diuerse] *PR* | rationes] sunt *add. R* | immo] *om. P* 22 etiam] et *P* | obscure P^2R obscurare P^1 | michi] et michi *P* 24 ratione] *TR* iure *P* | permixtum] esse *add. R* 25 rationibus] amplius *add. R* | In primis *PBR*

---

7. LL. 1, 3 C. comm. de usuc. VII, 30. **8.** L. un. §§ 2—3a C. de usuc. transf. VII, 31. „ex litis contestatione“: L. 2 § 21 D. pro empt. XLI, 4, L. 18 D. de rei vind. VI, 1. **9.** L. un. § 5 C. de usuc. transf. VII, 31 ict. pr. — § 2 ibid., pr. Inst. h. t.

VII, 23. Rubr.: rubr. C. VII, 32. **1.** *15—16*: L. 1 § 1 D. h. t. XLI, 2.

item quomodo acquiratur, et qualiter retineatur, item quando *a*mit-
tatur, intuendum est. Possessio est pedum quasi positio seu assessio, 4
cum corpus corpori incumbit seu naturaliter assidet: quod interpre-
tatione iuris ciuilis latius porrigitur. Possessionem acquirere est 5
incipere possidere. in qua causa factum et ius spectatur. factum
scilicet nostrum uel eorum qui nostram uicem optinent. set factum
differenter accipimus in rebus mobilibus seu se mouentibus, item
aliter in inmobilibus. res quidem mobiles seu se mouentes manu
capiuntur seu sub custodia nostra tenentur. immobiles uero per
quandam similitudinem accipiuntur, ut in aliqua parte fundi quis
ingrediens occupando glebam uel aliquam particulam hac mente et
cogitatione, ut totum fundum usque ad terminos possidere uelit,
acquirit possessionem. hoc ita, si fundus sit contiguus: quod in
diuersis non optinet. animus seu affectio spectatur possidentis, ut 6
intelligat, quid possideat et qualiter corpori insistat, ea affectione ut
possidere uelit. si enim dormienti anulum in manu ponas aut
furioso rem tradas, non possidet affectione cessante. naturaliter
enim possides, cum animo et corpore tuo uel alieno qui uicem tui
optinet corpus teneas seu assistas affectione possidendi tibi: quod
late patet quantum ad causas ciuilis iuris attinet et in acquirenda
possessione et in retinenda, dum tamen scias quid possideas et
quatenus et ex qua causa. Corporalia quidem proprie, siue per te 7
siue per alium, possides. nam quicumque prestat tibi ministerium
suum (quo casu suum factum tuum uidetur), acquiris per eum pos-
sessionem, id est incipis per eum possidere, etsi possessio actualiter
sub manibus tuis non peruenerit. multo magis ergo per alium
retines. incorporalia uero proprie possi‖deri non possunt, set quasi f. 53 c. 4.

---

1 item quando] *TP* et quando *R* et quomodo *B* 1, 2 amittatur] *PBR* admittatur *T* 3 naturaliter] $TP^{2}R$; *om.* $P^{1}B$ 10 ut — quis] *om. B* | ut] si *add. P* | quis *om. P* 11 aliquam] *TBR* aliam *P* 12, 13 uelit acquirit] *TR* uelim acquiro *PB* 13 contiguus] *TP* continuus *BR* 18 possides] possidetur a te *PBR* | cum — tuo] cum et (*om. BR*) corpore et animo tuo *PBR* 19 seu assistas] *TR*; *om. PB* 21 retinenda] intuendum *add. BR* | dum] *om. B* 22, 23 Corporalia — possides] *TPB*; *om. R.* Corpus quidem est (*om. R*) quod possides siue per te siue per alium. *add. PR* 23 quicumque] cum quis *B* 26 peruenit *BR* 27 uero] *om. BR*

---

4. L. 1 pr. D. h. t. **5.** *4—5*: L. 1 § 2 ict. § 3 D. h. t. *8—9*: L. 1 § 1, L. 3, L. 5 § 1, § 7 D. de adq. rer. dom. XLI, 1, L. 3 § 3 in f., § 13, L. 18 § 2, L. 47, L. 51 D. h. t. *9—13*: L. 3 § 1 D. h. t. *13—14*: L. 43 pr. D. h. t. **6.** *16—17*: L. 1 § 3 D. h. t. *17—19*: L. 3 § 12 D. h. t. **7.** *22—23*: L. 3 pr. D. h. t. *23—26*: L. 1 § 20, L. 18 pr. D. h. t. Cf. supra IV, 29 § 3. *27—1*: L. 4 § 26 D. de usurp. XLI, 3; L. 23 § 2 D. ex quib. caus. mai. IV, 6, L. 10 pr. D. si serv. vind. VIII, 5, L. 3 § 17 D. de vi XLIII, 16.

8 possessio ex iuris ciuilis interpretatione in his recepta est. Acquiris
posses[*s*]ionem per filium quoque et seruum ex causa peculiari, iusta
uidelicet, etiam ignorans: alias autem scientia desideratur. pupilli
quoque et furiosi etiam ex his causis per seruum possessionem
acquirunt, dum tamen, si pupillus sis, tutore auctore incipias possidere: alias quidem etsi corpore adeptus est possessionem, licet iam
affectus semiplenus sit, tantum ex constitutione quęsita uidetur.
item per procuratorem tutorem et generaliter quicumque tuo nomine
et tua uoluntate ac te sciente possessionem adeptus est prestando
tibi ministerium, ut supradictum est, tu possides, etiam si seruus
alienus sit, siue a te possideatur siue non, dum modo animum pos-
9 sidendi tibi habeat et ille qui tradit tuo nomine tradat. Ex interpretatione autem iuris ciuilis [et] non semper necesse est corpore et
actu apprehendere possessionem, set quandoque oculis et affectu rem
tuę custodię subici[*s*], quo facto possessio quodam genere animi
metita seu longa manu tibi tradita et a te apprehensa uidetur: quod
in columnis et marmoribus ceterisque que propter magnitudinem
10 sui moueri non possunt, idem in aceruo iuris est. Alias autem
possessio a te incipit, alias ab alio priore possessore in te transfertur,
cum et possessio tribus modis tibi acquiratur: aut enim occupatione,
11 aut accessione, aut translatione. Per occupationem uacuam seu que
a nemine detinetur acquiris possessionem: quo casu a te incipit et
omnino, siue nullius fuit siue alienam ua*ca*ntem occupas. cum enim
quod nullius est natura possessionem occupas, etiam [et] ex ea causa

---

3 etiam] *TB* et *PR* | alias] *TP*¹*BR* aliter *P*² | pupillis *PBR* 4 furiosis] *PBR* 4, 5 possessio acquiritur *ṖBR* 5 si — sis] *om. B* | incipias] pupillus incipiat *B* 6 alias] aliter *P*² | quidem etsi] autem possessio si *B* | est] esset *R* es *B* sis *P* | possessionem] *om. B* | iam] animi *PBR* 9 ac] aut *BR* 11 dum modo] si tantummodo *BR* 13 ciuilis] *om. B* 15 subicis] *BR* subici *TP* 15, 16 quodam — seu] *TR*; *om. PB* 16 apprehensa] possessa *B* 17 et marmoribus] *om. B* 18 idem in aceruo] *TR*; *om. PB* | alias autem] *TR* Item alias *PB* 19 possessore] possessio *P* 20 enim] *om. P* 22 a te incipit] *TB* a te accipitur *R* a re incipitur *P* 23 uacuantem *T* | occupas] tibi etiam dominium acquiritur *add. B* 23, 24 cum — occupas] *om. P* 23 enim] *TBR*; eius *scr.*? 24 quod] que *BR* | possessionem] *om. B* 24—2 etiam — possides] *om. B* 24, 1 ex ea causa — causam] *om. R*

---

8. *1—3*: L. 1 § 5 ict. L. 24, L. 3 § 12 D. h. t. *3—6*: L. 1 § 5 ict. L. 1 §§ 2, 11, 13 D. h. t. *6—7*: **L. 3 C. h. t.** *8—10*: L. 1 § 20, L. 3 § 12, L. 42 § 1 D. h. t. *10—12*: L. 1 §§ 6, 8, 19, L. 34 § 2 D. h. t. ict. L. 13 D. de donat. XXXIX, 5. **9.** L. 1 § 21, L. 18 § 2, L. 51 D. h. t., L. 79 D. de solut. XLVI, 3. **11.** *22—23*: L. 37 § 1 D. de usurp. XLI, 3, L. 11 C. unde vi VIII, 4 ict. L. 6 § 1, L. 25 § 2, L. 46 D. h. t.? *23—2*: L. 1 § 1 D. h. t. L. 1 § 1, L. 3 pr., § 1 D. de adq. rer. dom. XLI, 1, L. 1 § 21 in f. D. h. t., L. 2 D. pro suo XLI, 10.

tibi dominium acquiritur: cum enim iustam causam possidendi habes,
pro suo possides, ut in feris bestiis [*et*] lapillis in litore inuentis.
item si quod alicuius est nullius putes al*i*qu*a* iusta opinione de-
ceptus, et ita eius possessionem apprehendis, dominium quidem tibi
non acquiritur, set tamen iuste possidere incipis pro suo possidendo.
Per accessionem autem [*rei tuę a te possessę*] tibi acquiritur possessio, 12
et hoc duobus modis fit. quandoque enim ita accedit, ut accessio
et per se possideatur, ut partus ancillę bona fide emptę quamuis
furtiue, item fructus bona fide percepti: ea etiam pro suo possidere
et usu capere potes. quandoque tale est, ut non per se set cum
unitate maioris rei cui accessit possideas, ut in eo quod per allu-
uionem agro tuo adiectum est: in his enim et titulus principalis rei
spectatur, ut iusta possessio sit et pro suo usucapere poss*i*s. alioquin
si uitiose rem principalem ‖ possides, et in accessione illud uitium *f. 54 c. 1.*
incurrit. Ab alio uero in te possessio transfertur, siue ipse in te 13
possessionem transferat per se uel per alium, ut per procuratorem,
siue te ingredi, uel detinere quod apud te est permittat, ueluti rem
commodatam uel depositam. transfertur quidem ab alio in te pos- 14
sessio quandoque uolente, quandoque inuito, quandoque ignorante.
a uolente possessio in te transfertur multis uariisque ex causis tam 15
nominatis quam innominatis, ut ex causa emptionis et transactionis
seu stipulationis uel in solutum dationis nec non ex causa donationis.
in eo autem quod tibi detinere permissum est, licet corporaliter
possessio non transferatur, cum apud te erat naturaliter, tamen
causa mutatur et tibi incipis ciuiliter possidere. ab inuito possessio 16
in te transf*ertur* quandoque iuste, quandoque iniuste. iusta quidem
possessio est, cum auctoritate iudicis iussus fueris possidere, licet
scias alienam: ex qua causa quandoque usu capere tibi permissum

---

2 suo] tuo P^2 | et] *PBR* | lapidibus *BR* | litore] maris *add. BR* 3 item] set *B* | aliqua] *PBR* alia qui *T* 5, 6 set — acquiritur] *om. B* 6 Per — possessio] Acquiritur autem tibi possessio per accessionem rei tuę a te possesse *PR* 7 et] set *R* 9 fructus] *om. B* 13 possis] P^1 possit TP^2BR 19 uolente] T^1BR te uolente T^2 uolente te *P* 22 ex] etiam *PBR* 24 non] *om. B* 25 ciuiliter] *om. BR* | possidere] Cum autem *add. BR* | possessio] *om. B* 26 transfertur] P^2BR transferetur *T* transferatur P^1 27 iussus fueris] incipis *P* 28 tibi] *om. P*

3—5: L. 1 pr. D. eod. XLI, 10. **12.** *7—10*: L. 2, L. 4 pr. D. eod. XLI, 10. *10—15*: L. 30 pr. D. h. t., L. 23 § 5 D. de rei vind. VI, 1? **13.** „siue — procuratorem“: L. 3 § 9, L. 18 § 2, L. 33 D. h. t. „ingredi“: L. 34 pr., L. 52 § 2 D. h. t. „detinere — depositam“: L. 3 § 20 D. h. t., L. 62 pr. D. de evict. XXI, 2. **15.** *20—22*: L. 3 § 21 D. h. t. *23—25*: L. 3 § 20 D. h. t. **16.** *25—1*: L. 11, L. 30 § 2 D. h. t.; L. 3 § 23 in f. D. h. t.

est, ut cum ex causa damni infecti iussus sis possidere. iniuste
uero in te possessio transit, ut si per uim possessionem ingressus
fueris, uel si ab uxore donatum accepisti: quo casu pro possessore
17 possides. ignorantis autem possessio in te transfertur, ueluti per
eum qui nomine eius possidebat, ut colonus. [*set*] cum hoc scias et
futuram controuersiam metuas, etiam clam possides: alioquin si putas
18 eum sibi possidere et eam accipias, non ita. Quatenus autem possi-
deas, utrum totum an partem diuisam seu indiuisam usque ad con-
tiguos terminos, spectandum est tum ex facto tum etiam ex animi
19 affectione, et hoc, siue per te siue per alium possides. Consequenter
uero ex qua causa possideas spectandum est. causam dicimus iustam
et iniustam, prout iam incidenter in quibusdam locis relatum est.
[*si enim occupatione*] seu accessione uel perceptione nec non tradi-
tione cepisti possessionem, iustam causam hab*es*, uel si pretor
iussit te possidere. ideoque si traditio fiat ex iusto titulo, ueluti
emptionis donationis transactionisque uel permutationis etcet., etiam
usu capere poteris, cum ea possessio iure ciuili approbata sit. in-
iusta causa est ut uiolenta, clandestina, seu precaria possessio que
non uoluntate domini nititur. item si uxori donasti, cum pro pos-
20 sessore possideat, uitiose possidet. In summa est naturalis possessio,
est et ciuilis. naturalis possessio probata est et inprobata est. idem
et in ciuili. naturalis probata est que quandoque dominium prestat,
ut in his que occupatione seu captione nostra fiunt, quandoque ‖
f. 54 c. 2. naturalem detentionem, ut in rebus locatis seu commodatis. nam et
in his ciuilis causa desideratur, id est affectio possidendi: colonus
[*enim*] et animo naturalem possessionem retinet, ut in responso

1 causa] *om. B* | infecti] inperfecti P^2 3 uxore] tibi *add. BR* 5 possidet *PBR* | set] *P* et *BR* 7 sibi] *om. PBR* 9 etiam] *om. PBR* | animi] tui *add. BR* 10 possideas *PBR* 11 spectandum] *TP* tractandum *BR* 12 prout (ut *R*) — relatum est] *TR*; *om. PB* 13 si enim occupatione] *PBR* 14 possessionem] possidere *PBR* | habes] *PBR* habeas *T* | uel] *TP* ueluti *BR* 16 transactionisque] *TR* seu transactionis *PB* 17 iure *TB* a iure *PR* | sit] fuerit *B* 20 est] *om. P* 21 est et] est *om. P* | inprobata est] est *om. BR* 21, 22 idem — probata est] *om.* T^1 22 naturalis] possessio *add. P* 23 fiunt TP^2 fuerit P^1BR 26 enim] *PBR*

1—3: L. 17 pr. D. h. t., L. 1 § 9, L. 3 pr. D. uti poss. XLIII, 17. *3—4*: L. 16 D. h. t. **17.** L. 5, L. 12 pr. C. h. t. ict. L. 6 pr. D. h. t. **18.** L. 3 § 1, L. 26, L. 43 pr. D. h. t. **19.** *14—15*: L. 11 D. h. t. *15—17*: § 4 Inst. de action. IV, 6. Cf. supra VII, 22 § 6. *17—19*: L. 3 pr., L. 2 ict. L. 1 § 9 D. uti possid. XLIII, 17, LL. 17, 19 D. de prec. XLIII, 26 ict. L. 13 § 1 D. de Publ. act. VI, 2, L. 22 § 1 D. de noxal. act. IX, 4. *19—20*: L. 16 D. h. t., L. 13 pr. D. de her. pet. V, 3. **20.** *25—1*: **L. 31 D. h. t.**

'Si colonus non deserendę possessionis causa'. quod et in uiolenta
seu clandestina possessione iuris est: nam et hę possessiones animo
acquiruntur precedente corporali actu et retinentur, licet hęc ciuilis
causa inprobata sit. quod et in marito et uxore iuris est. ciuilis
probata est quę quandoque dominium attribuit, quandoque iustam
causam usucapiendi seu prescribendi prestat titulo iusto precedente.
Ita in possessione acquirenda maxime factum et ius late spectatur. **21**
Nunc de ea retinenda. retines quidem possessionem et per te et **22**
per alium, ut per colonum, et hoc amplius quod etiam ibi solus
animus sufficit: licet enim possessio solo animo acquiri non possit,
solo tamen animo retineri potest. constat enim te possidere, quam-
diu expulsus non sis, nec suspiceris te posse repelli, nec tua uolun-
tate siue spontanea siue coacta possessionem deseruisti: quod in
furioso et pupillo locum non habet. ex hoc apparet hanc possessionem
iuris esse quę solo animo retinetur, dum tamen *o*rigin[*al*]em a
naturali seu corporali detentione causa[*m*] habeat: retines enim
possessionem, quamdiu non amittis. quamuis alius corpore in
possessione sit, potior tamen est tua ciuilis possessio quam illius
naturalis detentio, et ideo superior es interdicto uti possidetis, quia
retinere possessionem nichil aliud est quam non amittere. item amit-
tere possessionem est non retinere. quapropter cum de ea acquirenda
uel retinenda dictum sit, modo rationabiliter de ea amittenda di-
cendum est. In amittenda quoque possessione affectio eius qui **23**
possidet intuenda est, ideoque si nolueris possidere, statim amittis
possessionem: quod maxime uerum est in ea que solo animo re-
tinetur. si enim et corpore *pos*sides, et actus corporalis desideratur
cum aliquo ostentamento: ut enim animo et corpore possessio que-
ritur, ita cum utrumque in contrarium agitur, amittitur possessio.

---

1 causa] exisset de fundo *add. PR* 3 precedente — actu] *om. B* | hęc] et hec *P* 8 Nunc] sicut *B* | et per te] et *om. B* 9 ut per] per *om. B* | quod] *TPR*; *om. B* 11 possidere] tam diu *add. PBR* 12 te posse] *TBR* posse P^1 posse te P^2 13 in] et in *PBR* 14 ex] et ex *B* 15 originalem] *R* orriginem *T* origo eius *PB* 16 causam] *PBR* 17, 18 quamdiu — possessio] *om. B* 17 quamuis] enim *add. R* 19 naturalis] *TPB* corporalis *R* 21—23 quapropter — est] *om. B* 23 quoque] *TB* etiam *R*; *om. P* | possessione] et *add. PR* 25, 26 retinetur] *TR* tenetur *PB* 26 possides] presides *T* 28 possessio] *om. PBR*

---

22. *9—10*: L. 3 § 6 D. h. t., § 5 Inst. de interd. IV, 15 ict. L. 31 D. cit. *10—11*: § 5 Inst. cit. *11—14*: L. 3 § 9 D. h. t.; L. 3 § 8, L. 7, L. 25 § 2 D. h. t.; LL. 27, 29 D. h. t. *17—19*: L. 3 § 7 D. h. t. **23.** *23—25*: L. 3 § 6 D. h. t. *26—28*: L. 8 D. h. t.

24 Possessionem quidem multis modis amittis: quandoque te uolente,
inuito quandoque, ignorante quandoque. ex uoluntate tua amittis
possessionem, ueluti si mortuum inferas in locum tuum: loca enim
religiosa et sacra non poteris possidere, etsi uelis eum pro priuato
f. 54 c. 3. tenere contempta religione, quemadmodum ‖ nec liberum hominem.
iterum si seruum manumisisti, uel si quod mobile est in aliam
speciem transtulisti, puta ex lana uestimentum fecisti, uel si ex
aliqua causa id quod possidebas in alium tran[*s*]tulisti, ueluti ex
emptione uel ex ceteris causis tam nominatis quam innominatis.
25 inuito te possessionem amittis, ueluti si te non cauente pretor iussit
aduersarium possidere, uel si per uim uel clam possessio tibi a*b*repta
est, uel si uinctus in eadem possessione detentus fuisti, uel ab
26 hostibus captus. te quoque ignorante possessio amittitur, ueluti si is
qui tuo nomine possidebat alii possessionem cesserit, ut colonus uel
inquilinus uel commodatarius uel depositarius. ideo quod corpore,
uel animo tuo tantum possides, retines possessionem, etiam si alius
corpore ingressus fuerit, nisi expulsus sis, uel suspiceris te posse repelli,
aut si reuertentem [*te*] non a[*d*]mittat. eius uero quod per seruum uel
colonum possides, quam statim quis ingressus fuerit, possessionem
amittis et te ignorante, dum tamen si colonus tuus alii possessionem
tuam tradidit, cum ipse non possideat, nec usu capere nec [*pre*]-
scribere poterit, cum ipse auctor eius possessionis quam non habuit fieri

---

1 quidem — modis] etiam *B* | te uolente] uoluntate *B* 1, 2 uolente — ex] *om. R* 2 quandoque te (*om. B*) inuito, quandoque ignorante *PB* 4 poteris possidere] possunt possideri. maxime a sciente *PBR* 4, 5 etsi — hominem] *om. B* 4 eum pro priuato] *TP* pro priuatis ea *R* 5 nec] *om. P* | hominem] neminem possides *R* 6 iterum] item *BR* 7 puta] *TB* ueluti *PR* 10 si] cum *P* 11 uel clam] aut clam *PBR* | abrepta] *P* arrepta *TBR* 12 uel si *TP*[1]*B* ueluti si *P*[2] 13 possessionem amittis *P* 15 ideo — uel] *TR* et hec (in hoc *B*) est differentia. quod (in *add. B*) eius quod (qui *B*) *PB* 16 possessionem] *om. B* 17 corpore] possessionem *add. R* 18 te] *PBR* | admittat] *PR* amittatur *P*; retines possessionem *add. PB* | uero] *om. R* | quod] qui *P*[1]*B* 18, 19 per — possides] serui uel coloni uel quilibet alteri qui corpore possident *R* 18 uel] per *add. P* 19 colonum] uel cuiuslibet alterius corpore *add. P*[1] | quam] cum *B* | quis] *TB* alius *P* alter *R* 20 amittis] possessionem *add. P* | et] etiam *P* | ignorante] *Reliqua huius tituli desunt in B, recta linea ad marginem interiorem ducta syllabas* ua — cat *iungente pro supervacuis notantur in P.* 21, 22 prescribere] *PR* 22 huius *P* | habuerit *P*

---

24. *1*: L. 30 § 1 D. h. t. *2—5*: L. 30 § 1 D. cit. *6—7*: L. 30 § 4 D. h. t. *7—9*: L. 3 § 9 D. h. t. **25.** *10—11*: L. 30 § 2 D. h. t. *11—12*: L. 15 D. h. t. *12—13*: L. 1 § 47 D. de vi XLIII, 16, L. 23 § 1 D. h. t. **26.** *13—15*: L. 3 § 8, L. 25 § 1, L. 40 § 1, L. 44 § 2 D. h. t., L. 33 § 4 D. de usurp. XLI, 3. *15—18*: L. 3 § 7, L. 6 § 1, L. 7, L. 25 § 2 D. h. t. *18—20*: L. 44 § 2 D. h. t. *20—1*: L. 7 C. h. t.

non possit. ideoque si malignati fuerint uel neglegenter possessionem perdiderint uel alii dederint, cum tu dominus per eos acquisiuisti possessionem, nullum tibi preiudicium faciunt quantum ad hoc quod non sit possessio quesita: amissam quidem postea negare non possumus, et ideo ius recuperandę possessionis tibi datur, quod pro eo accipiendum est ac si possideas. quod de eo etiam dictum est qui
per uim deiectus est. Cumque de possessione acquirenda seu reti- 27
nenda item amittenda multa et uaria nec non diuersa tibi retuli tam circa facti quam iuris inspectionem (possessio enim plurimum facti habet, maxime in ea acquirenda. quod autem plurimum ex iure habet, hoc uerum est quantum ad hoc ut iusta sit uel ut usucapionem uel prescriptionem pariat, uel quantum ad retinendam): et hec omnia edixi, prout in Constitutionibus et Responsis prudentium continentur, pro indagatione meę paruitatis. si quid autem minus dictum est uel semiplenum inuenias, humanę inbecillitati potius asscribas.

DE PRESCRIPTIONE LONGI TEMPORIS X VEL XX ANNORVM. ℞. XXIV.

Longa quoque prescriptio similiter sine possessione non pro- 1
cedit, et ideo de ea inserto tractatu possessionis rationabiliter adnectit. f. 54 c. 4.
Et in hac ‖ prescriptione persona et res, item ex qua causa, seu 2
quanto tempore currat, intuendum est. Hę quidem personę quę 3
usucapere possunt possunt et prescribere. Res quidem immobiles et 4
quę inter immobilia computantur, ut mancipia rustica, prescribi possunt, dum tamen res sacre et religiose et publice non sint, item ui possessę, item res immobilis presidi donata contra legem Iuliam

---

2 prodiderint *T*[1] prodiderunt *R* | uel alii dederint] *om. PR* 5 datur] *TR* traditur *P* 8 et] *TR*; *om. P* 10 autem] dicitur *add. PR* | plurimum] *om. P* 13 edixi] *TR* dixi *P* 14 indagatione] *TP*[2] indignatione *P*[1] 17, 18 De longa (longi *R*) temporis prescriptione *PR* De prescriptione XXX uel XL annorum *B* 20 et ideo] ideoque *R* ideo sequenter *P* et ideo consequenter *B* | inserto — rationabiliter] *om. B* | adnectit] *TB* edicit *PR* 21, 22 Et in — intuendum est] *om. B* 21 persona] *TP*[1] personas *P*[2] persone *R* 22 Hę quidem] *om. R* 23 quidem] *om. B* | et] *om. B* 26 immobiles *BR* | donatę *PBR*

1—6: L. 12 C. h. t. *6—7*: L. 17 pr. D. h. t. **27.** *9—12*: L. 49 pr., § 1 D. h. t. **VII, 24. Rubr.:** rubr. C. VII, 33. **3.** V. supra VII, 22 § 4. **4.** *23—25*: pr. Inst. de usuc. II, 6, L. 12 § 4 C. h. t., L. 3 D. de div. temp. praescr. XLIV, 3, L. 8 C. h. t. ict. L. 2 C. in quib. caus. cess. l. t. praescr. VII, 34. *25—1*: § 1 Inst. II, 6, L. 9 D. de usurp. XLI, 3; §§ 2, 3 Inst. II, 6, L. 48 pr. in f. D. de adq. rer. dom. XLI, 1.

5 repetundarum. Causę uero quę longi temporis prescriptione[*m*] inducunt iustum titulum et bonam fidem desiderant, ueluti emptionem permutationem etc̄. fides bona est, ut putet rem dantis esse uel eum ius alienandi habere, ut procurator item creditor. spectatur ex parte accipientis, non etiam dantis. error enim facti non iuris admittitur: iuris enim ignorantia negatur prodesse, facti uero prodest. male fidei autem possessore alienante inspecta noua constitutione ita demum prescriptio longi temporis procedit, si uerus rei dominus sciat alienationem factam et ius suum: alioquin XXX annorum curricula expectantur.
6 Qui autem suprascripta ratione possessionem adeptus est eamque ceptam legitimo tempore continuat, longi temporis prescriptione defendi potest. tempus quidem inter presentes, id est in eadem prouincia, decennium est, inter absentes uicennium. set ex noua constitutione, si ex decennio quibusdam annis presens quibusdam absens fuit, totidem anni ei adiciuntur quot ex decennio absens fuit.
7 Continuantur quidem tempora inter heredem et defunctum, etsi heres sciat rem alienam esse, cum defunctus iustum initium habuit, dum tamen et uacuum tempus heredi procedat ad prescriptionem, si medio tempore a nullo possessa est. inter emptorem quoque et ceteros successores coniunguntur tempora. hoc tamen ita, si emptor uel alius bona[*m*] fide[*m*] amplectatur: alioquin si ipse emptor sciat alienam, licet auctor suam esse putet, non currit prescriptio.
8 Interrumpitur quidem prescriptio quandoque naturaliter, ut si de possessione ceciderit, quandoque ciuiliter, ut litis contestatione: licet enim possessor corpore teneat, super iure tamen possessionis

---

2 emptionem] et *add. PR* 3 permutationem] nec non etiam (*om. R*) transactionis causam uel (*om. P*) in solutum dationis item donationis *add. PR* | est] *TR* id est *B*; *om. P* | ut] si *add. P* 4 eum] a quo accepit *add. P* | ut — creditor] *TR* ut procuratorem item creditorem *P*; *om. B* 5 enim] *om. B* 6 uero] ignorantia *add. PR* 10 spectantur *P* 13 id est] scilicet *PB* | id est — prouincia] *om. R* 14 presens] *om. R* 15 quibusdam absens] quibus absens *R*; *om. B* | anni ei] *TB* ei alii anni *PR* 17 etsi] *TBR* etiam si *P* 18 habuerit *BR* habuerat *P* 21 bonam fidem] *PBR*

---

5. *1—3*: L. un. §§ 3, 3a C. de usuc. transf. VII, 31, LL. 2, 4, 5, 9, 11, 12 § 3b C. h. t. *3—4*: L. 109 D. de verb. sign. L, 16; L. un. § 3 C. de usuc. transf. VII, 31. *5—6*: L. 31 pr. D. XLI, 3, L. 2 § 15 D. pro empt. XLI, 4; L. 4 D. de iur. et facti ignor. XXII, 6. *7—10*: **Nov. 119 c. 7** (Auth. Malae fidei ad L. 1 C. h. t.) **6.** *12—13*: L. 12 C. h. t. *14—16*: **Nov. 119 c. 8** (Auth. Quodsi quis ad L. 1 C. h. t.). **7.** *16—19*: § 12 Inst. II, 6; L. 31 § 5 ict. L. 20 D. XLI, 3. *19—23*: § 13 Inst. II, 6, L. un. § 3 C. de usuc. transf. VII, 31, L. 11 C. h. t. ict. L. 2 § 17 D. pro empt. XLI, 4. **8.** *23—24*: L. 5 D. XLI, 3. *24—1*: L. 10 C. h. t. ict. L. 10 C. de adq. poss. VII, 32.

uacillat et dubitat, et ideo interrupta est prescriptio. quapropter controu[*er*]sia forte sopita licet ex nouo [*X*] uel XX anni postea emerserint, tamen ‖ ad pariendam prescriptionem non prosunt. aliud *f. 55 c. 1.* est dicendum, cum naturaliter interrupta est possessio, scilicet cum corporaliter ceciderit de possessione quis. licet enim nondum preteritum tempus completum sit ideoque prescriptio ad irritum recidit, tamen si postea noui X uel XX anni intercesserint, prescriptionem pariunt, nisi ante quam possessionem recuperauerit, sciuit rem alienam esse. tunc enim cessat prescriptio, quia inicium secunde possessionis uitiosum est. Ex huiusmodi autem causa non solum possi- 9
denti datur defensio, set etiam *a*genti in rem competit actio, quamuis hec prescriptio priori domino prorsus dominium non auferat.

IN QVIBVS CAVSIS CESSAT LONGI TEMPORIS PRESCRIPTIO. ℞. XXV.

Dictum est generaliter de longi temporis prescriptione. nunc 1
qualiter ratione rei cesset intuendum est. Prescriptio quidem cessat 2
propter causam, quę uel nulla *uel* non idonea est, seu propter rem, quia mobilis est (in his enim usu capio locum habet), seu propter acciones, quia personales sunt uel mixtę (hę enim spatiis XXX annorum clauduntur). hec autem prescriptio competit aduersum in rem actionem tam directam quam utilem [magis comparata est]. si uero ypothecaria aduersus extraneos qui iustam [*causam*] habent agatur, et ei longi temporis prescriptio opponitur.

QVIBVS NON OBICIATVR LONGI TEMPORIS PRESCRIPTIO. ℞. XXVI.

Rei ratione qualiter cesset prescriptio explicitum est. nunc 1
quomodo ratione personę cum effectu non obiciatur expediendum est.

2 forte] *om. P* | X] *PBR* 4, 5 scilicet cum corporaliter] *om. R* 7 intercesserunt *PBR* 8 recuperauerint *P* | sciat *BR* sciant *P* 11 etiam] *om. B* | argenti *T* | in rem] *T*P^1*BR* iure P^2 17 causam — propter] *om. R* | nulla] est *add. P* | uel] *PB* tibi *T* 19 permixte *P* 20 competit] magis *add. BR* | aduersus *PBR* 21 magis — est] *om. PBR* 22 causam] *PBR* 24 obicitur *PBR*

1—3: L. 1 § 1 C. h. t. *3—10*: L. 15 § 2 D. XLI, 3, L. 7 § 4 D. pro empt. XLI, 4. **9.** LL. 3, 5, 11 in f. C. h. t., L. 8 pr. C. de praescr. XXX v. XL ann. VII, 39.

VII, 25. Rubr.: rubr. C. VII, 34. **2.** *16—17*: L. 5 C. h. t.? *17—18*: L. 2 C. h. t. *18—20*: L. 1 §§ 1c, 1d C. de ann. exc. VII, 40. *20—21*: L. 12 §§ 1, 3a C. de praescr. l. t. VII, 33, L. 8 pr. C. de praescr. XXX v. XL ann. VII, 39. *21—23*: LL. 1, 2 C. adv. credit. VII, 36.

VII, 26. Rubr.: rubr. C. VII, 35.

2 Si enim apud hostes uel in uinculis fuisti et res tu*a* ab aliquo ex iusta causa possessa est, prescribi quidem potest, set per in integrum restitutionem rescinditur. quod generaliter uerum est in omnibus qui sine dolo malo ex necessitate non uoluntate absunt. item si mi*n*or XXV annorum es, non obicitur tibi, cum ea post perfectam etatem incipit currere. dum tamen ea tempora que citra expeditionis necessitatem uel finita iusta absentia intercesserunt uel in tuis edibus uel in aliis locis, cum non ex necessitate set ex uoluntate detinebaris, tibi non opitulentur.

XXVII. DE PRESCRIPTIONE QVADRIENNII. ℞.

1 Prescriptio quidem quadriennii pro fisco et aduersus fiscum in-
2 troducta est. Cum enim bona uacantia a fisco uendicantur, si qua-
driennium continuum elapsum fuerit, quocumque possidente et ‖
f. 55 c. 2. qualitercumque possideat, ex eo tempore ex quo in rei ueritate bona
uacare ceperunt (non ex hominum opinione) deficiente omni succes-
sione, quadriennii prescriptio opponitur delatori. item fiscus a peti-
3 tione summouetur, si princeps alicui ea bona donauit. Sin uero
fiscus aut imperator seu augusta tradat rem alienam ut propriam
alicui bona fide accipienti et ex iusto titulo, siue per se siue per
procuratorem uel rationalem rerum suarum hoc faciat, [*ille quidem*
qui accepit statim] securus est ex Zenonis constitutione, cessante
quinquennii prescriptione que ex edicto diui Mar*ci* introducta erat.
siue enim conueniatur uel a domino uel ab eo qui ypothece iure
rem uendicat, siue aduersus alios possidentes agat, utrobique uincet.
aduersus fiscum autem siue aduersus domos uenerabiles datur pristino

---

1 tua] P^2BR tuas TP^1 4 non] et non *B* et non ex *PR* 5 mitior *T* | XXX *B* | annis *P* 6 citra] extra P^1 7 tuis] TP^1BR tuendis P^2 8 set ex] ex *om. B* 9 opitulantur *B* 13 et] uel P^1R 13, 14 et — possideat] *om.* P^2B 14 bona] fide *add. B* 15, 16 successione] successore quidem *P* 17 ea] *om. BR* | bona] fide *add.* P^1 19 bona — titulo] *om. B* 20 rerum — faciat] *om. B* 20, 21 ille — statim] *PBR* | 20 quidem] *om. B* 21 qui] P^2R quia P^1 quid *B* 22 quadriennii *BR* | martii *T* 23 enim] quis *add. P* 24 alium possidentem *P* | uincet.] set *add. R* si *add. P* 25 autem] *om. PR* | siue] uel *P* | aduersus] *TB* contra *PR* | datur] *om. B*

---

2. *1—3*: L. 6 C. h. t. *3—4*: L. 2 § 1, L. 4 C. h. t. ict. L. 1 § 1 D. ex quib. caus. mai. IV, 6. Cf. supra II, 14 § 1. *4—6*: L. 3 C. h. t. *6—9*: L. 8 C. h. t.

VII, 27. Rubr.: rubr. C. VII, 37. **2.** L. 1 C. h. t. ict. L. 1 § 2 D. de iure fisci XLIX, 14. **3.** *17—3*: **L. 2 C. h. t.,** L. 3 C. h. t., § 14 Inst. de usuc. II, 6.

domino uel creditori inter quadriennium accio. quo transacto nec ille qui accepit bona fide et ex iustis causis inquietandus est, nec erarium, nec auguste domus. sin autem aliquis sciens rem alienam esse et ex nulla iusta causa a fisco uel a principe accipiat, nulla ratione se tueri potest quo minus rem restituat cum omni causa, ne inde iniuriarum sumatur occasio a quo iura initium sumpserunt. alteri [*enim*] damnosa nec iuri contraria inpetranda sunt nec indulgenda sunt, quia rescripta per fraudem elicita seu *contra ius* uel alii damnosa modis omnibus refellenda sunt. et ideo errant qui dicunt principem res alienas auferre posse et alii sine causa dare: ex quo forense et celeste ius contrarium clamat.

NE REI DOMINICĘ VEL TEMPLORVM VENDICATIO TEMPORIS EXCEPTIONE SVMMOVEATVR. XXVIII.

Imperator uel fiscus seu etiam templa diuina res suas uel ius suum uendicent remota omni temporis prescriptione. hoc eis conceditur, ne facile seu temporis occasione res proprias amittant. set et de censu non minuendo idem iuris est. siue enim census per XL annos solut*us* non est, [uel] siue nouella professio est facta, rei publice non preiudicat.

1 intra *PBR* 1—11 accio — clamat] si quam habet rationem integram (actionem, integra *leg.*) eius reseruatur persecutio. hoc autem uerum est, siue imperator siue qui accipit sciant rem alienam esse siuenit (siue non *leg.*). merito enim omnia nostra facimus, cum a nobis omnis (cum ea nobis summa *leg.*) impertitur auctoritas: nam et agitur ueteram (agri ueteranis *leg.*) assignantur. agnorum (ac uerum *leg.*?) dicimus quandoque non iusto, quandoque etiam nullo precio assignato, imperatoris auctoritate quod alias iniquum esset ad ius et equitatem redigente. *B* 6 occasio] accio P^1 7 enim *PR* 8, 9 qui — sunt] *om. R* 8 quia] qua P^2 | contra ius] *P* contrarius *T* 10 rem alienam *R* | sine] iusta *add. PR* 11 clamant *R* 12, 13 Rubr.] *insequenti titulo praescripta legitur in B* 13 temporis — summoueatur] temporis prescriptione tollatur *BR*; *om. P* 15 uendicent] *om. B* | prescriptione] uendicant *add. B* 15, 16 hoc eis conceditur] *om. B* | concedatur *PR* 16 seu] *TR*; *om. PB* | proprias] suas *B* | set et] Idem et *B* 17 idem — est] dicitur *B* | XL] *TR* X uel XX *PB* 18 solutum *T* | uel] *om. PBR*

7—9: LL. 3, 7 C. de prec. imp. off. I, 19, LL. 2, 4 C. si contra ius I, 22.
VII, 28. Rubr.: rubr. C. VII, 38. *14—16*: L. 1 C. h. t. *16—19*: L. 3 § 1 C. h. t. ict. L. 6 C. de praescr. XXX v. XL ann. VII, 39.

XXIX. DE PRESCRIPTIONE XXX VEL XL ANNORVM. ℞.

1 De his temporalibus [*prescriptionibus*] in quibus iust*us* titul*us*
f. 55 c. 3. et fides bona desideratur dictum est, et que fauore possidentis ‖ com-
petunt. nunc de his que odio seu neglegentia agentium uel propter
2 uitam seu finem actionum introductę sunt dicendum est. In pre-
scriptione XXX annorum non id agitur, ut fauore possidentis quis
rem suam uel ius suum amittat, *set* — quod melius est — [*ut*] excep-
tione submoueatur *et* propter finem communem personalium immo
fere omnium actionum. personales enim actiones XXX annorum
spatiis clauduntur. sola ypothecaria usque ad XL annos extenditur
aduersus debitorem uel eius heredes. uidetur enim debitor possidere,
etiam si alii creditori eandem rem pignori dedit: secundus enim
[*creditor*] uiuente debitore ei possidet uel post mortem eius si *acces-
sione* ex eius persona uti uelit, et ideo per quadraginta annos se
tueri potest. inter extraneos [*uero*] bona fide possidentes X uel XX
3 annorum spatio prescriptio concluditur. Istud tantummodo spectan-
dum est, ut quis sibi possideat qualitercumque, siue iuste siue in-
iuste, non inspecto initio. quod etiam in personalibus iuris est, ut,
ex quo competere ceperint, XXX annis extinguantur, nisi legitima
seu naturalis interruptio interuenerit. sin autem quis alien*o* nomine
quolibet titulo possideat, nec ipse nec heredes eius ulla temporis
exceptione seu defensione se tueri possunt. possessio enim rei locate
seu emphiteotico iure date uel qualitercumque precario concesse
semper in suo statu remanere debet, eo solo inspecto quod possessio
ei uel cui ipse successit alieno nomine concessa fuisset. licet enim

---

1 Rubr.] *deest in B* 2 prescriptionibus] *P*; *om. TBR* | iustum titulum *T* 3, 4 competunt] dictum est *add. P* 4 nunc] *TB* modo *PR* 5 dicendum] *TB* edicendum *PR* 7 set] *PB* seu *TR* | ut] *PR*; *om. TB* 7, 8 exceptione] *om. B* 8 submouetur *B* | et] *BR* uel *TP* | communem] accionum *P* 9, 10 spatio XXX annorum *P* 11 eius] *om. B* 13 creditor] *PR*; *om. TB* 13, 14 accessione] *P* actione *T* exceptione *BR* 15 uero] *PBR* 16 prescriptio] possessio P^2; *om.* P^1*BR* | precluditur *B* 17 sibi] bona fide *add. P* 18 inspecto] *T*P^2*BR* spectando P^1 | etiam] et *PBR* 20 interueniat *BR* | aliene *T* 21 possidet *PBR*

VII, 29. Rubr.: rubr. C. VII, 39. **2.** *9—10*: L. 3 C. h. t. *10—15*: L. 7 §§ 1—2b C. h. t. *15—16*: L. 8 pr. C. h. t. **3.** *16—18*: L. 2 pr. C. h. t. *18—20*: L. 3 pr., § 1, L. 7 § 5 C. h. t., L. 1 §§ 1c, 1d C. de ann. exc. VII, 40. *20—25*: L. 2, L. 7 § 7 C. h. t. *25—3*: L. 11 D. de div. temp. praescr. XLIV, 3 ict. L. 11 C. de adq. poss. VII, 32.

VII, 29. 2. *9—15*: **De act. variet. 29, 32, 35** (Jur. Schriften p. 130 sq.).

heres ignorauerit, uitia tamen defuncti ignorantia sua non excludit
(uitia enim a maioribus contracta perdurant), et non recte defenditur,
cum exordium rei bonę fidei ratione non sit subnixum, maxime
cum nemo sibi possessionem mutare possit. quamdiu enim quis
confidit se possidere licet per alium, tam diu culpandus non est,
licet non petat. quod similiter dicendum est in his qui si uelint
agere non possunt, ut in filiis familias: ex eo enim tempore pre-
scriptio *eis* currit ex quo a patria potestate fuerint liberati. item
pupillaris etas excipitur. alias enim neque militia neque absentia
neque sexus ab huiusmodi exceptione excluditur. Si que autem 4
actiones uel si qua iura ‖ erant que qualitercumque euadere XXX *f. 55 c. 4.*
annorum exceptionem poterant, XL annorum spatio clauduntur, ut
ius offerendi, tam ex lege Anastasiana quam etiam ex aliis consti-
tutionibus. Set defensionem tantum prestat, non etiam accionem, 5
nisi possessor bonę fidei initium habuit, tunc enim et actio ei datur,
uel si per *uim* de possessione deiectus est, uel si absens possessor
ad iudicium uocatus et aduersarius in possessione consti[*tu*]tus *est*:
inter annum reuersus prestita satisdatione recuperabit possessionem,
ut quilibet possessor.

DE ANNALI VEL ALIA EXCEPTIONE. XXX.

Annalis exceptio que in contractibus ytalicis locum habebat 1
sublata est, admissis diuersis temporibus prescriptionum seu excep-
tionum: que ita demum cum effectu opponi possunt, nisi interruptio
interueniat ciuilis siue naturalis. naturaliter possessio interrumpitur, 2
cum quis de possessione qualitercumque cecidit uel deicitur. sin 3
autem ciuiliter possessio interrupta est, precipua est litis contestatio:

---

4 possessionem] *T* causam possessionis *PBR* 8 eius *T* 9 alias] aliter *P* 11 uel] et *B* | iura] natura *B* 12 annorum spatio] annis *BR* 13 etiam] *om. BR* 15 initium habuit] fuerit *PBR* 16 iñ (= inde) *T* 17 et] *om. B* | aduersario *PB* | constituto *PB* | est] et *TR*; *om. PB* 18 intra *BR* | recuperauit *BR* 20 uel alia] *om. PBR* | exceptione] ytalici contractus tollenda (*om. R*) *BR* 21 habet *B* 24 ciuilis siue naturalis] siue naturalis siue ciuilis *PBR* 25—1 sin — extenditur] *om. B* 26 precipue *P*

3—4: L. 3 § 19 D. eod. XLI, 2. *6—8*: L. 1 § 2 C. de ann. exc. VII, 40. *8—10*: L. 3 § 1a C. h. t. **4. L. 4, L. 7 § 3, L. 9 C. h. t. 5.** L. 8 §§ 1-3 C. h. t.

VII, 30. Rubr.: rubr. C. VII, 40. **1.** L. 1 pr., §§ 1b, 1c C. h. t. **2.** L. 5 D. de usurp. XLI, 3. **3.** *25—1*: L. 8 § 1 in f. D. de fideiuss. et nom. XXVII, 7, L. 10 C. de praescr. l. t. VII, 33.

que postea usque ad quadraginta annos extenditur. quod tempus ex eo numerandum est ex quo nouissima cognitio processit, seu ex quo nouissime litigatores litigare cessauerunt: tempus enim iam transactum non computatur. item conuentio per executorem temporis inducit interruptionem. nec non si ille qui rem maxime immobilem tuo nomine possidebat ad iudicium uocatus fuerit, datis indutiis te certiorato et uenire recusante, temporis interruptio introducitur. item secunda confessio, usurarum solutio personalis accionis interruptionem prestat, ut tempus prescriptionis ex die solutionis currat. quod etiam in ypothecaria detentatio ypothecę a creditore sine uiolentia facta inducit: licet enim creditor debitori possideat quantum ad usucapionem, tamen si creditor sine uitio possessionem rei sibi pignorate adeptus est, interrumpit debitoris possessionem aduersus se inchoatam. in obligatione quoque quę multas prestationes [*habet, ueluti per multos annos, soluendo per annum fit interruptio*].

XXXI. DE INTERESSE.

1 De eo quod interest sepius quesistis uiuaque uoce rogastis, qualiter in omnibus sit prestandum. rescripsimusque uobis quandoque circa rem, quandoque extra rem esse spectandum. item quandoque loco rei, quandoque loco pene succed*it*. item aliter in bonę f. 56 c. 1. fidei iu‖diciis, aliter in stricti iuris seu in arbitrariis iudiciis, aliterque in maleficiis, item aliter in lucro, aliter in dampno, aliterque

3 litigatores] tacuerunt uel *add.* *P* | litigare cessauerunt] tacuerunt *R* 4 executores *PR* 7 uenire] iure te *P*¹ | inducitur *P* 9 currat] *TP* excurrit *BR* 14 quę] *om.* *P* | permultas *R* 14, 15 habet — interruptio] *desunt in TPRB*¹, *add. in marg.* *B*² 14 habet] habens *B*² 15 interruptio.] *Titulus* De pluribus prescriptionibus *a nostro opere prorsus alienus sequitur in R.* 16 De interesse] De eo quod interest *R* (*Tub.*). *Hic titulus deest in PB; post tit. De sententiis et interlocutionibus occurrit in Tub. Exstat etiam, at corruptissimus ac mutatus, ut Dist. LXXIV. in Distinctionum collectione codicis Senensis I. H. 13 (= Sen.) edita a Palmerio in Aug. Gaudentii Bibl. iurid. medii aevi vol. II. p. 141 sqq., qua editione usus sum.* 17, 18 De eo — uobis] Interesse *Tub. Sen.* 19 esse spectandum] est expectandum *Tub.* spectandum est *Sen.* 20 succedis *T* 21 fidei iudiciis] iudiciis *om. Tub. Sen.* | iuris] iuditiis *add. Tub. Sen.* | arbitrariis iudiciis] *T Tub.* arbitris *Sen.*

1—4: L. 9 C. de praescr. XXX v. XL ann. VII, 39. *4—5*: L. 3 § 1 in f., L. 7 pr., § 5 C. eod., L. 3 §§ 1, 3 C. h. t. *5—7*: L. 2 C. ubi in rem actio III, 19. *7—9*: L. 7 § 5a, L. 8 § 4 C. de praescr. XXX v. XL ann. VII, 39. *9—14*: L. 7 § 5 C. eod. *14—15*: L. 7 § 6 C. eod.

VII, 31. Rubr.: rubr. C. VII, 47.

ex conuentione de eo habita, aliter [*ex natura accionis*] exstimandum.
Circa rem id quod interest spectatur: ueluti si uinum uel equus 2
minimo pretio distractus est, uerbi gratia X, et postea maioris pretii,
ueluti L, efficiatur, id omne prestandum est, quoniam saltim hodie
dandum est: si enim datum esset, id omne emptor habiturus esset,
ut in d. t. de acc̄. emp. et uen. l. 'Si sterilis ancilla', ideoque
omnes utilitates quę circa rem consistunt *dicimus* esse prestandas.
Extra rem: ueluti si emptor ex uino uel frumento negotiari potuit 3
uel familia eius fame necata est, uenditore moram faciente non
lucrum uel familię dampnum debet existimari, set uerum ipsius rei
pretium quę distracta est estimandum, ut in eadem l. 'Si sterilis
ancilla'. item si emptor in pretio soluendo moram adhibuit, non
lucrum quod [*ex*] negotiatione uenditor facere potuit, set usuras tan-
tum prestare debet, ut in d. t. de acc̄. emp. et uen. l. 'Iulianus
in[*ter*] eum qui' p. 'Ex *uendito*', item in titul*o* de periculo et com-
modo rei uenditę in ultima lege tituli 'Venditori'. euenit tamen
quandoque, ut etiam illud interesse quod extra rem est tam in con-
tractibus quam in maleficiis prestetur, ueluti si sciens seruum fugi-
tiuum uel furem uendidisti: teneris enim de omnibus dampnis seu
detrimentis per illum michi illatis. uel si promisi Stichum aut Pan-
philum et Stichum occidisti qui uilioris pretii erat: quia [*iam*] precise
ad Panphilum dandum teneor, teneris ad pretium eius. *hec et* alia
quam plur[*im*]a reperiuntur in exemplis infra positis. Loco rei suc- 4
cedit, ueluti si carnem uendidisti et hanc die placito non exhibuisti:
teneris enim iam non ad ipsam rem tradendam, set ad id quod
interest, [*ut*] in c. t. de acc̄. empti et uen. l. 'Si traditio rei'. uel
si domum facere in certa die promisisti, die transacta non ad eam
faciendam set ad id quod interest prestandum dampnandum est, ut

---

1 ex — accionis] *Tub. Sen.* | exstimandum] esse extimandum *Tub.* interest (interesse *leg.*) estimandum est *Sen.* 2 id — spectatur] estimatur *Sen.* 3 distrahatur *Tub.* 4 id omne] id esse *Tub.* id est enim esse *Sen.* 7 dicimus] *Sen.* dominis *T* dominus *Tub.* 11 estimandum] *om. Tub.* 13 ex] *Tub. Sen.* 14—16 Iulianus — in] *om. Tub.* 15 inter] *Dig.* | ud' *T* | tituł (= titulis) *T* 16 lege tituli] *om. Tub.* 20 illum] te *Tub.* | promisisti *Tub.* 21 iam] *Tub. Sen.* 22 teneor] *T Sen.* tenebaris *Tub.* | hec et] *Tub. Sen.* et hec *T* 23 quam plurima] *Tub.* complura *Sen.* 26 ut] *Tub. Sen.* | in] *om. Tub. Sen.* 27 in] *om. Tub. Sen.* 28 dampnandum est] condennandus est *Tub.* teneris *Sen.*

---

2. L. 21 § 3 D. XIX, 1. 3. *8—12*: **L. 21 § 3 D. cit.** *12—16*: **L. 13 §§ 19, 20 D. XIX, 1, L. 20 D. XVIII, 6.** *18—20*: L. 13 §§ 1, 2 ict. pr. D. de act. empti vend. XIX, 1. *20—22*: L. 55 D. ad L. Aquil. IX, 2. **4.** *23—26*: **L. 4 C. IV, 49** ict. L. 10 C. eod. *26—1*: **LL. 14, 124 D. de verb. obl. XLV, 1.**

5 in d. t. de stp̄. Loco pęnę: ueluti si seruum [*michi*] uendidisti quem ego sub pęna die certa alteri promisi, et te moram faciente incidi in penam, non tantum de seruo set etiam de pena quam tuo facto alii dedi teneris. item si Stichum certa die promisisti quem alteri sub pena tradendum promisi, et traditionem prorogasti et ideo f. 56 c. 2. precise in penam teneor, condempnan‖dus es non in Sticho tantum set [*et*] de pena accione ex stipulatu. duę enim fuerunt stipulationes: una certa, ueluti de dando Sticho, altera incerta, ueluti cum die certa te daturum promisisti, quę incertum continet, ut in d. de uerborum oblig̊. item et si Stichum occidisti quem similiter sub pena promisi: teneris enim de pena, ut in d. de l. Aquilia l.
6 'Proinde si seruum'. In iudiciis bonę fidei spectat[*ur*] tum ex natura contractus, tum ex natura accionis, tum etiam iudicis officio. ex natura contractus: ueluti si id quod conuenit non prestatur. ueluti si dixisti seruitutes [in] fundo uendito deb*eri set* non debeantur, ten*eris* ex empto. item si dixisti seruum artificem seu litteratum cum non sit, uel aliquid abesse, ueluti furem non esse, et adest, [l. ea que commendandi causa per hanc l. item si furem et l. iul. inter eum qui p. si uendis.] *uel* aliquid adesse [*et non adest*], ueluti seruum habere peculium cum non habet, ut in d. de contra-
7 henda emp. et in titulo de acc̄. emp. et uen. ex actionis seu obligationis natura quedam ueniunt que neque dicta neque cogitata sunt inter contrahentes, ueluti de rutis et cesis, item de insertis et in-

---

1 michi] *Tub.* 2 alteri] dare *Sen.*; tradere *add. Tub.* 3 tantum] enim *add. Tub. Sen.* 3, 4 tuo facto] *om. Tub. Sen.* 7 et] *Tub.* etiam *Sen.* 9 quę] *T Sen.* quod *Tub.* 11 promisisti *Tub. Sen.* 12 spectatur] *Tub. Sen.*; interesse *add. Tub.* 15 dixi *Tub.* dixit *Sen.* | in] *om. Tub. Sen.* | deberi set] debis. et *T* deberi et *Tub.* deberi cum *Sen.* 15, 16 deberentur *Sen.* 16 tenetur *T* | teneris ex empto] *om. Tub. Sen.* | dixi *Tub.* dixerit *Sen.* 17, 18 abesse — adest] adesse. et abest *Tub.* abesse et abest, ueluti furem non esse *Sen.* 18, 19 l. ea que — si uendis] *scr.* l. 'Ea que commendandi causa'..... l. 'Iulianus inter eum qui' *p. huius* l. 'Item si furem' [*et*] p. 'Si uend*itor*'. *Has legum paragraphorumque titulorum mox laudatorum designationes (sc. L. 43 D. XVIII, 1, L. 13 § 1 (—3), § 4 D. XIX, 1) ipsi operi alienas librarius a margine in contextum transtulit et pravo loco inseruit. Desunt in Tub. et Sen.* 19 uel] *Tub. Sen.* et *T* | adesse] *T Sen.* abesse *Tub.* | et non adest] *Sen.* et adest *Tub.* 20 ueluti] si *add. Tub.*, si dixit *add. Sen.* | habere peculium cum] *T Tub.* peculiatum cum peculium *Sen.* 21 emp.] l. ea que *add. Sen.* | et in titulo] tunc *Tub.* et *Sen.* | emp. et uen.] empti l. Iulianus *Sen.*

---

5. *1—4*: L. 6 § 1 D. de serv. export. XVIII, 7? *8—10*: **L. 114 D. XLV, 1?** *10—12*: **L. 22 pr. D. IX, 2.** 6. *15—16*: L. 6 § 6 D. de act. empti vend. XIX, 1. *16—21*: **L. 43 pr. D. XVIII, 1, L. 13 §§ 1 (—3), 4 D. XIX, 1.** 7. *23—1*: L. 13 § 31 — L. 18 D. de act. empti vend. XIX, 1.

clusis. item si locator aliquid conduct*ori abs*tulit propter locationem,
et multa alia que facile enumerari non possunt, [*que*] *omnia* ex
bono et equo presta[*n*]tur, licet de his nichil actum fuit. item aliter
sciens, aliter ignorans quod interest prestabis, ueluti si sciens animal
morbosum uendi[*di*]sti: dolo enim fecisti et ideo de omnibus detri-
mentis teneris. si uero ignorans, quanto minoris empturus essem,
si id scissem. dolus enim semper prestandus est in his iudiciis, etiam
si in contrarium pacti sint. iudicis officio omnia [*prestantur*] que 8
in contractu et in actione sunt et que neque in contractu neque in
obligatione sunt, ut usurę. et in summa hec omnia et alia similia
quam plur[*im*]a reperiuntur, ut in d. t. de contrahenda emp. et. uen.
et t. de acc̄. empti et uen., item in t. locati etc̄., que omnia similiter
prestanda sunt. In strictis iudiciis tum ratio[*ne*] temporis tum loci 9
id quod interest spectatur. post litem autem contestatam omnes
utilitates ueniunt, *set* non ultra duplum ipsius rei debent extimari,
et si aliquid promissum est immoderate propter penam, et illud est
coartandum, quia hee demum penę ‖ exigende sunt que competenti *f. 56 c. 3.*
moderatione promisse sunt. Cum uero per arbitrariam aliquid de- 10
beatur, ueluti quod certo loco promissum est, hic iudex utilitatem
utriusque exstimare debet: *ubi* prestandum est non solum [*dampnum*],
set etiam lucrum quod petitor facturus erat, si ea res ei loco suo
data fuisset, ueluti si negotiator fuit et ex mercibus negotiari potuit,
ut in d. t. de eo quod certo loco dare oportet l. 'Arbitraria actio'
p. '*In* hanc'. item in ad exibend*um* accione quod interest exsti-
matur, etiam per ius iurandum in litem in t. ad ex. l. 'Celsus

---

1 conductori abstulit] *Tub. Sen.* conductioni obtulit *T* 2 que omnia] *Tub. Sen.* cīā *T* 3 prestantur] *Tub.* prestanda sunt *Sen.* | fuit] sit *Tub. Sen.* 4 prestat *Tub. Sen.* 6 esset *Tub.* 7 scisset *Tub.* | prestandus] *T Sen.* spectandus *Tub.* 8 si in] *T Sen.*; in *om. Tub.* | sint] sunt *Tub. Sen.* | prestantur *Tub.*; *om. T Sen.* 9 sunt] ueniunt *add. Sen.* 9, 10 et que — sunt] *om. Tub. Sen.* 10, 11 ut — reperiuntur] *om. Sen.* 11 plurima *Tub.* 13 ratione] *Tub. Sen.* 14 spectatur] prestatur *Tub. Sen.* 15 set] *Tub.* et *T Sen.* 16, 17 illa est coartanda *Tub.* 18, 19 que — sunt] que competi moderatione uidentur *Sen.* 20 ubi] *Tub. Sen.* ut *T* 20, 21 non — lucrum] non solum dampnum set etiam lucrum *Sen.* non solum lucrum set etiam dampnum *Tub.* 21 erat] *T Tub.* esset *Sen.* 22 data] soluta *Sen.* 24 p. In hanc] § in hac *Sen.* per etiam hanc *T* | exibendum] *Tub. Sen.* exibendi *T* 24, 25 exstimatur] spectatur *Sen.* 25 per] post *Tub.* 25, 1 in t. — scribit] *om. Tub. Sen.*

4—7: L. 13 pr. D. eod. *7—8*: L. 23 D. de reg. iur. L, 17. **8. D. XVIII, 1, D. XIX, 1, D. XIX, 2.** **9.** *13—15*: L. 22 D. de reb. cred. XII, 1, L. 4 D. de cond. trit. XIII, 3. *15—18*: L. un. C. h. t. **10.** *18—24*: **L. 2 § 8 in f. D. XIII, 4.** *24—1*: **L. 5 (§ 2) D. X, 4.**

11 scribit' *reo* per dolum non exibente: alioquin culpa punitur. In maleficiis id quod interest prestatur et circa rem et extra rem, ut in lege Aquilia. item in [t. de] condi[*c*]tione furtiua, licet non ex maleficio sit, set ab eo causam habeat. circa rem: ueluti ipsius corporis perempti uel subtracti exstimatio et quanti retro in an[*n*]o uel in XXX diebus plurimi fuit. extra rem: ueluti causę corpori coherentes, ueluti [*si*] ex gemellis uel simphoniacis unus occisus fuerit: non enim solum pretium occisi, set quanto depretiati sunt qui supersunt prestandum est. item si heres seruus occisus uel subtractus institutus erat et ob id hereditas amissa est: pretium enim hereditatis resarciendum est, ut in d. t. de lege Aquilia et in
12 t. de con. furtiua. In lucro: ueluti in arbitrariis. lucrum enim quod petitor ex negotiatione facere potuit, si res suo loco date essent, exstimandum est. item si dolo tuo hereditatem repudiaui, teneris quantum ex ea lucrari potuissem, si adissem, ut in c. t. de
13 dolo et in d. t. eodem. In damno: ueluti si quis familię meę persuaserit, ut de possessione cederet, quo facto damnum michi accidit,
14 tenetur quidem ad id resarciendum, ut in d. t. de dolo. Ex conuentione extimatur et in bone fidei iudiciis et in strictis iudiciis. *Tub. f. 63 c. 1 v. 20.* in bone fidei, ueluti ‖ si seruum michi uendidisti et conuenit ut aliquid facerem, quod si non fecissem, penam promisi: peti enim pena potest non solum *actione* ex uendito secundum formam pacti, sed etiam accione ex stipulatu. et si ex uendito actum est, accio ex stipulatu [*doli*] exceptione repellitur. si uero actum est ex stipulatu

1 reo] *Tub. Sen.* nec *T* | punitur] ut D. ad exhibendum l. Celsus et tit. de in lite iurando *add. Sen.* 2 prestatur] spectatur *Sen.* 3 t. de] t̄. D. *Tub.* | non] *om. Tub.* 4 ueluti] si *add. Tub.* 5 subtracti] fiat *add. Tub.* | et] estimatur *add. Tub.* 7 si] *Tub. Sen.* | sinthonicis *Tub.* 12 in arbitrariis] in arbitriis *Sen.* arbitraria *Tub.* 13 ex negotiatione] *om. Sen.* | potuisset *Sen.* 13, 14 date essent] date erant *Tub.* soluta fuisset *Sen.* 15 quantum — adissem] quanti lucri ex ea fecissem *Tub.* quanti lucri ex ea habuissem si adissem *Sen.* 16 eodem] § In dampno. Si quis michi persuaserit, ut repudiem hereditatem, quasi quia non soluendo sit, tenetur quanti lucri ex ea fecissem, si adissem, ut in c. de dolo et D. t̄. ē. *add. Tub.* 17 cederet] recedat *Tub.* recederet *Sen.* 18 quidem] *T Tub.* michi *Sen.* 18, 19 conuentione] interesse *add. Tub.* 19 iudiciis] *om. Tub* | in] *om. Sen.* | strictis] stricti iuris *Tub. Sen.* | iudiciis] *om. Sen.* 20 ueluti] *Cessat dehinc T, f. 56 c. 4 uacante; reliqua huius tituli transcripsi e Tub.* 22 actione] *Sen.* autem *Tub.* 24 doli] *Sen.* (*cum Dig.*) | actum est] *om. Sen.*

11. *4—6*: **L. 21 pr., § 1, L. 27 § 5 D. ad L. Aquil. IX, 2.** *6—12*: **L. 22 § 1, L. 23 pr. D. eod., L. 3 D. de cond. furt. XIII, 1. 12.** *12—14*: cit. L. 2 § 8 D. de eo quod certo loco XIII, 4. *14—16*: **L. 7 C. II, 20, L. 9 § 1 D. IV, 3. 13. L. 31 D. IV, 3. 14.** *20—3*: **L. 28 D. XIX, 1.**

accione, ex uendito accio ipso iure sublata est, nisi quod pluris intersit me ex uendito egisse: tunc enim id quod in nouatione translatum [*non*] est iure pristino peti potest, ut d. de acc̄. emp. et uen. in strictis iuditiis, ueluti si ob causam dedi, uel donaui ut aliquid faceres et, si non fecisses, penam promisisti, teneris quidem de pena ex stipulatione tantum, uel condictione de eo repetendo quod dedi.
Ex natura accionis quod interest prestatur et in bone fidei iuditiis 15
et in aliis incertis actionibus. late quidem in bone fidei [*iudiciis*] spectandum est, etsi de eo nichil cogitatum neque actum inter contrahentes sit. in cunctis accionibus aliis non tantum late extimatur, set secundum naturam conuentionis existimandum est, ita ut ultra
duplum rei nullo modo existimetur. In eo quod interest [*que*] dixi- 16
mus, satis diligenter tractata sunt, si quis ea subtiliter [*iudicare*] maluerit.‖

QVOMODO ET QVANDO IVDEX PROFERRE SENTENTIAM DEBET. XXXII.

f. 57 c. 1.

Seruato loco et tempore ferendę sententię presentia quoque partis utriusque desideratur: ipsarum enim allegationibus meritum causę panditur. semel inchoata lite inter presentes potest etiam altero absente causa decidi, si legitime uocatus abesse perseueret. uocationis autem alia est ex ueteri *iu*re forma, alia est ex constitutione noua. ex edicto enim peremptorio, siue unum sit pro omnibus siue premissis aliis dirigatur, sententia dici potest, cum absens habetur pro contumaci. si autem uere sit contumax, tres denuntiationes ad uicem peremptorii conualescunt. quę sit nouę legis forma palam

1 accione] *om. Sen.* | sublata est] tollitur *Sen.* | quod] quidem *Sen.* 2 me — egisse] *om. Sen.* 3 non] *Sen.* 4 strictis] stricti iuris *Sen.* 6 stipulatione] stipulatu *Sen.* 8 in aliis incertis] ceteris aliis *Sen.* | iudiciis] *Sen.* 10 in — extimatur] In aliis autem non extimatur tam late *Sen.* 12 nullo modo] non *Sen.* 12—14 In eo — maluerit] *desunt in Sen.* 15, 16 Rubr.] *Hic titulus reliquique de septimo libro desunt in B, in fine operis post tit. Ad legem Iuliam maiestatis occurrunt in P.* 16 debet] *TR* debeat *P*; et (*om. R*) presentibus partibus uel una tantum (una absente *R*) *add. PR* 19 semel] tamen *add. PR* | potest] *om. R* 20 decidi] debet *add. R* | uocationum *P*² 21 ueteris *PR* | iure] uere *T* iuris *PR* 23 adici *P* 25 peremptorii] edicti *add. P*

15. L. un. C. h. t.

VII, 32. Rubr.: rubr. C. VII, 43. *17—19*: L. 2 C. si per uim VIII, 5. *19—20*: L. 11 ict. L. 7 C. h. t. *22—24*: L. 8 C. h. t. *24—25*: L. 9 C. h. t. *25—1*: **L. 13 C. de iud. III, 1.** V. supra III, 1 § 10.

est. cessante uero solemnitate, quod aduersus absentem statuitur, ipso iure uiribus caret. preterea singulari iure contra minorem absentem nec defensum lata sententia nulla est habenda. si uero hoc maior patiatur, in integrum restitutione forsan euitabit sententiam.

XXXIII. DE SENTENTIIS EX PERICVLO RECITANDIS.

Debet iudex sententiam diffinitiuam prius formatam scriptis inserere et sic publice officio presente per se ipsum ex scripto recitare (exceptis illustribus, [*quibus*] licet etiam per ministros eam recitare), per eundem iudicem neque mutandam nec corrig*endam* nisi perraro.

XXXIV. DE SENTENTIIS ET INTERLOCVTIONIBVS OMNIVM IVDICVM.

1 Quem in agendo iudicem habes, hunc et aduersus te necesse est obserues. [*in*] ipsa autem re sibi delegata, set et [*in*] alia ad ipsam pertinente iudicare quis potest, satisque est in libertate tunc temporis eum morari, licet postea seruus deprehendatur. taliter aduertes, sitne competens iudex qui sent[*ent*]iam dicit. item opus est, ut in eam personam dicatur in quam dicenda est: que scilicet in
2 iudicio sit et iure possit inesse. hec circa personas. Circa rem primum uide, an intentio et contradictio conflictum et questionem iudici cognoscendam decidendamque proposuer*it*, et ea questio non sola facti set et iuris ratione constiterit: quod dici non potest de
3 questione per sententiam decisa. Dehinc dispice, ut sententia reum uel iuxta [*intentionem condempnet uel iuxta*] contradictionem absol-

---

1 quod] que *P* 4 in — sententiam] restituitur forsitan *P* 5 ex periculo] et scripto *P* 6 formatam] in *add. P* 8 quibus] *PR* 9 neque] non quod *P* | mutanda *P* | corrigendam] *R* corrigenda *P* corrigere *T* 11, 12 De interlocutoria sententia *P* 14 est] ut *add. PR* | in] *PR* | in] *PR* 15 quis] quidem *P* 19 inesse] esse *PR* 20 uide] *TR* uidendum (est *add.* P^2) *P* 21 proposuerit] *PR* proposuerunt *T* 22 sola] *TR* solum *P* | et] *om. PR* 23 ut] *TR* utrum *P* 24 iusta intentione condempnet uel iusta contradictione *PR*

1—2: L. 7 C. h. t. *2—3*: L. 4 C. si adv. rem iud. II, 26, L. 6 C. h. t. *3—4*: L. 10 C. h. t.

VII, 33. Rubr.: rubr. C. VII, 44. L. 2 C. h. t. ict. L. 6 C. de sent. et interl. VII, 45.

VII, 34. Rubr.: rubr. C. VII, 45. **1.** *13—14*: L. 14 C. h. t. *14—15*: L. 1 C. si a non comp. iud. VII, 48. *15—16*: L. 2, C. h. t., L. 3 D. de off. praet. I, 14. *18—19*: L. 6 C. de iud. III, 1. **2.** *22—23*: L. 1 C. quando provoc. nec. VII, 64. **3.** *23—1*: L. 3 C. h. t.; L. 74 pr. D. de iud. V, 1, L. 19 § 1 D. de recept. IV, 8.

uat: ita plene ut nichil ‖ controuersię sit residuum. unde consequens f. 57 c. 2.
est, ut et pecunię in condemnationem deductę quantitas certa per
sententiam uel exprimatur, uel intelligatur quia referat se ad aliquid
certum, ut, si petieris X, iudex ita pronuntiet: 'Solue quod petitum
est'. Saluo autem iure tam scripto quam non scripto statuere debet: 4
contra ius enim lata sententia statim infirma est, quemadmodum
iniqua per appellationem infirmari potest. equitas enim partim iure
comprehensa est, ut illud: estimationem eius quod interest in his
quę naturę uel quantitatis certę sunt duplum egredi non debere,
partim autem iudici statuenda permittitur, ut iam dicta exstimatio in
casibus incertis. Accessiones autem rei petitę precipue contestata 5
lite computandas, item litis expensas in sententiam deduci et uictori
debere prestari uulgo notum est. Taliter ergo cum antecedit quod 6
oportet et in pronuntiando abest atque adest quod iuris postulat
ratio, statutum adeo tenet, ut neque ab ipso qui statuit nec ab eius
successore ualeat rescindi.

DE RE IVDICATA. XXXV.

Deinde si partes adquieuerint, siue legitimi temporis silentio 1
siue consensu manifesto, sententia transit in nomen rei iudicatę: cui
standum est eatenus, ut actori qui obtinuit actio, et reo qui uicit
exceptio tribuatur. Si autem condemnatus sit reus siue confessus, 2
indutias habet quadrimenstres. *aliquando* tamen hoc tempus iudex
pro[*ro*]gat, uel e contrario infra terminum eius sententiam exsequitur.
his casibus cessantibus oportet reum infra statu[*tu*]m spatium soluere:
alioquin [*iudicati*] in factum actio, quę nouatione perempta non est,

---

1 unde] et *add. P* 2 condempnatione *PR* 3 sententias *P* | se ad] sese debere *P* 6 statim] *om. R* 8 illud] illam *R* | quod] cuius *P* 9 natura uel quantitate certa *P* 10 statuere P^2 13 cum] et *add. P* 14 et pronuntiando P^1 et proprium nuntiando P^2 | quod iuris] qui ius P^2; *om.* P^1 15 ratio] *om.* P^1R 21 Si] Siue *PR* 22 aliquando] alioquin *TPR* 24 statutum] *PR* | tempus *P* 25 iudicati] *PR* 25, 1 que — executionem] *om.* P^1

1—5: § 32 Inst. de act. IV, 6, L. 3 C. de sent. quae sine certa quant. VII, 46. **4.** *5*: pr. Inst. de off. iud. IV, 17. *6—7*: L. 2 C. quando prov. nec. VII, 64; L. 1 pr. D. de appell. XLIX, 1. *7—11*: L. un. C. de sent. quae pro eo quod int. VII, 47. **5.** LL. 2, 3 C. de fruct. et litis exp. VII, 51, L. 13 § 6 C. de iud. III, 1. **6.** L. 1 C. sent. resc. non posse VII, 50.

VII, 35. Rubr.: rubr. C. VII, 52. **1.** LL. 5, 1 C. h. t. ict. L. 1 D. h. t. XLII, 1. **2.** *21—22*: L. 2, L. 3 pr., § 3 C. de usur. rei iud. VII, 54. *22—23*: L. 2, L. 4 § 5 D. h. t. *24—1*: LL. 2, 9 C. de exsec. rei iud. VII, 53 ict. L. 3 §§ 1, 2 C. de usur. rei iud. VII, 54.

3 apud suum iudicem proposita meretur executionem. Capitur enim
pignori primo quidem res mobilis, ea deficiente immobilis, in istarum
defectum actio. huius ergo pignoris distractione satisfit rei iudicatę.
si non inueniatur emptor, mittitur uictor in pignoris possessionem,
sicut et eo casu quo per in rem actionem obtinuisti, ad ipsius cor-
poris quod petitum est restitutionem executoris opera indulgetur.
periculum quoque restituendę rei post hanc moram reum spectat,
cuius etiam fructus computantur. proinde si pecunia sit in condem-
natione, usurę centesimę iam accedunt rei iudicatę: prior enim con-
f. 57 c. 3. tractus ac‖tione iudicati nouatur, et ita cessant usure priores.

XXXVI. SI PLVRES VNA SENTENTIA CONDEMNATI FVERINT.

1 Eatenus tamen rei iudicate statur, ut ex pluribus una senten-
tia sinpliciter condemnatis quisque teneatur in uirilem dumtaxat
portionem, nec inter alios iudicata res aliis prosit uel obsit. set
hoc distinctionem recipit. ecce enim ea de re cuius actio uel
defensio primum tibi competit sequentem agere pateris: nocebit tibi
quod aduersus ipsum fuerit iudicatum, ut si debitor experiri patiatur
2 creditorem de pignoris proprietate. Nec uero quelibet uox iudicis
eiusmodi continet auctoritatem, uelut comminatio, set ea sola quę
supradictis clauditur finibus, quoniam et ab ipsa receditur, si iudex
eam protulit secutus ea testimonia uel instrumenta quę post reperta
fuerint falsa: cum enim de falso nondum sit quęsitum, potest hec
questio solutione quoque facta uentilari, ut reuelato falso repetitio
permittatur.

XXXVII. DE APELLATIONIBVS.

Licet appellare non tantum ipsi uicto, set et alii cuius interest, ut domino procuratore uicto, item uenditori, si uictus sit e[*m*]ptor.

---

2 ea] eadem *P* 2, 3 istorum defectu *P* 6 exsecutionis P^2R 9, 10 contractus actione] contractione P^1 contractus P^2 11 condemnati fuerint] condempnentur *P* condemnati sunt et quibus res iudicata non nocet *R* 13 quisque] quasi *P* 15 enim] si *add. PR* | ea de] *TP* de eadem *R* 19 huiusmodi *P* 21 eam] ei *P* 25 De apellationibus] et consultationibus *add. R* et resp̃ *add. P*

---

3. LL. 2, 9 C. de exsec. rei iud. VII, 53 ict. L. 15 § 2 D. h. t. *4*: L. 15 § 3 D. h. t. *5—6*: L. 68 D. de rei vind. VI, 1. *7—8*: L. 7 C. de exs. rei iud. VII, 53. *8—10*: LL. 2, 3 C. de usur. rei iud. VII, 54.

VII, 36. Rubr.: rubr. C. VII, 55. **1.** *12—14*: LL. 1, 2 C. h. t.; L. 2 C. quib. res iud. non noc. VII, 56. *14—18*: L. 63 D. de rei iud. XLII, 1. **2.** *18—20*: LL. 4, 6 C. commin. epist. VII, 57. *20—24*: LL. 1—4 C. si ex fals. instr. VII, 58.

VII, 37. Rubr.: rubr. C. VII, 62. *26—27*: L. 4 §§ 2, 3 D. h. t. XLIX, 1.

et ipso quidem die apud acta satis est uoce appellare. si hoc non fecerit, ad libellos apellationis dandos prefinitum est tempus, id est decem dierum. facta autem apellatione omnia in eodem statu esse debent, donec iudex maior tempore statuto sententiam approbet uel corrigat, quamuis nonnunquam bene lata sententia per hoc in peius reformetur.

QVANDO PROVOCARE NON EST NECESSE. XXXVIII.

Non est opus prouocatione, si iure lata sententia non tenet, 1
ut si contra ius sit pronuntiatum, aut eo pro constanti habito quod apud ordinarium iudicem pendet in questione, uel iudex aliter quam ei iure permittatur iudicet, seu uenalem mercede corruptus sententiam proferat, uel si quo alio modo sit irritum quod statuit. sicut autem illis in casibus appellatio cessat propter rem, id est ipsam sententiam, sic interdum cessat propter personam quę uolens appellare non auditur, ut in criminibus designatis conuicti confessique, uel contumaciter absentes, uel ab *executione* prouocantes: quod non permittitur, nisi modum executor excedat. Interdum iure interposita 2
prouocatio ‖ post euanescit, ut si criminaliter condemnatus appellet *f. 57 c. 4.*
et ita decedat crimenque morte extinguatur. sunt tamen casus, ubi morte finitur causa quantum ad personam, set de bonis superest questio. Interdum ex contrario non appellatur, iure tamen appella- 3
tionis res agitabitur, ut si per uim iudicis terreatur qui uult appellare atque super hoc contestationem publice inter dies legitimos interponat. idem est, si te cessante consors litis appellat et optinet, cum utriusque sit una nulla facti separatione distincta causa. Aliquando 4
causa ipsa non eius est momenti, ut appellatio debeat admitti, ut de possessione momentaria.

---

2 appellatorios *R* | id est] *om. P* 6 formetur *P* 7 necesse non est et quorum appellationes non suscipiantur *R* 8 lata] *om. PR* 11 uenali *P* 12 protulit *P* 13 autem] *om. P* | in] *om. PR* 14 cessat] *om. P* 16 executione] *PR* excusatione *T* 18 post] postea *P* 19 crimen quoque *P* 21 Interdum ex contrario] Item contrario *P* 22 agitatur *R* | iudicis] *om. P* 24, 25 cum — una] cum utrique una accio sit *P* 25 facti] facta P^1 | Aliquando] TP^1 alioquin P^2R 26 ipsa] *om. R* 27 momentanea] *PR*

1—3: L. 5 § 4 D. h. t., Nov. 23 c. 1. *3—5*: L. un. pr., § 1 D. nihil innov. appell. interpos. XLIX, 7, L. 3 C. h. t., Nov. 134 c. 3 in f. *5—6*: L. 1 pr. D. h. t.

VII, 38. Rubr.: rubr. C. VII, 64. **1.** *8*: L. 2 C. h. t. *9—10*: L. 3 C. h. t. *10—11*: L. 5 C. h. t. *11—12*: L. 7 C. h. t. *15*: L. 2 C. quor. appell. non recip. VII, 65. *16—17*: L. 1 C. eod.; L. 5 pr. C. eod. **2.** L. 3 C. si pend. appell. VII, 66. **3.** *21—24*: L. 2 § 1 C. de his qui per met. iud. VII, 67. *24—25*: LL. 1, 2 C. si unus ex plur. appell. VII, 68. **4.** L. un. C. si moment. poss. VII, 69.

XXXIX. QVI BONIS CEDERE POSSVNT.

1 Cedere bonis siue in iure siue extra ius potes, ante quam debitum agnoscas uel condemneris uel in iure confitearis, professioque uoluntatis sola sufficit. set ante rerum distractionem, si te defendere paratus sis, non carebis bonis tuis. non autem *honorum* seu munerum nomine potest admitti cessio, set propter creditores. prodest autem ad hoc ne traharis in carcerem, non ut etiam libereris, nisi creditores solidum consequantur. set quamuis in reliquum permaneas obligatus, exceptio tamen tuetur te, etiam aduersus alios qui tecum ante cessionem contraxerunt, donec acquisieris idoneum emolumentum quod merito iudicem moueat. nec uero prodest hec cessio creditoribus ad rerum possessionem iustam, set ad uenditionem.

2 Alia est a principe postulata cessio, qua permittitur creditoribus electio uel indutias quinquennii dare (si[*ne*] prescriptionis preiudicio), uel cessionem accipere.

XL. DE BONIS AVCTORITATE IVDICIS POSSIDENDIS.

1 Est quedam in possessione[*m*] missio rei seruande causa prodita: scilicet ei qui uel creditorem se probat uel iure in rem agit. mittitur autem in bona defuncti que uacant nec agnoscuntur a fisco, in bona uiui qui neque a se ipso defenditur nec ab alio.

2 Ex hac missione creditor nec dominium adhipiscitur nec possessionem, set ius dumtaxat pignoris. et quidem uno *impetrante* uidetur pretor non soli petenti set creditoribus et in rem permittere possessionem. proinde ceteri postea superuenientes eodem beneficio communicabunt, *f. 58 c. 1.* ita tamen ut intra statutum ‖ tempus de suo iure docentes expensas

2 bonis] in bonis *P* | iure] ius *P* 3 ignoscas *P* 5 honorum] *R* (*cum Cod.*) bonorum *T* honerum *P* 6 set] *om. P* | creditorem *P* 7 traharis] detraharis *R* tradaris *P* 8 creditores] in *add. P* 9 exceptione tamen tueris te *P* | etiam] *om. P* 11 uero] *om. P* 14 sine] *P*; *om. R* 16 possidendis] seu uenumdandis *add. R* 17 possessionem] *PR* | conseruandę *P* 18 scilicet ei] ei P^1 ei soli P^2 20 bona] etiam *add. P* 22 impetrante] *PR* interpretante *T* 23 soli] solum *P* | set] ceteris *add. P* 24 eiusdem beneficii *P*

VII, 39. Rubr.: rubr. C. VII, 71. **1.** *2—3*: L. 9 D. h. t. XLII, 3; L. 8 D. h. t. *3—4*: L. 6 C. h. t. *4—5*: L. 3 D. h. t. *5—6*: L. 5 C. h. t. *7—8*: L. 1 C. h. t. *8—9*: L. 7 in f. C. h. t. *9—11*: L. 3 C. de bon. auct. iud. VII, 72, LL. 4, 7 D. h. t. *11—12*: L. 4 C. h. t. **2.** L. 8 C. h. t.

VII, 40. Rubr.: rubr. C. VII, 72. **1.** *18* „qui uel creditorem se probat“: L. 10 § 1 C. h. t.? L. 7 § 14 D. quib. ex caus. in poss. XLII, 4. „uel iure in rem agit“: L. 7 § 16 D. eod. *19—20*: L. 5 C. h. t.; L. 2, L. 5 § 3 D. XLII, 4. **2.** *20—22*: L. 8 C. h. t. *22—23*: L. 12 pr. D. h. t. XLII, 5. *24—1*: L. 10 § 1 C. h. t.

ei qui possessionem inpetrauit pro rata resarciant. Sunt autem 3 quorum bona possideri quidem, non tamen et uendi possunt, ut pupillus, furiosus, ab hostibus captus, causa rei publice sine dolo malo absens, sicut econtra de bonis latitantis promittitur ea possideri uendique. et multa eiusmodi sub his titulis in Digestis interpretata reperies, quis uidelicet posses[*s*]ionem seu uenditionem rerum [*uel inpetret uel patiatur*].

[*DE PRIVILEGIIS CREDITORVM.*] XLI.

Creditorum causa distinguitur. primo quidem hypothecarum iure. in rebus enim possidendis et uendendis hypothecarii preponuntur cirografariis, et inter ipsos hypothecarios alter alteri postponitur. deinde cum nulla est hypothecę mentio, quidam habent in exigendo personalium actionum priuilegia, non ex tempore set ex causa magis extimanda. et quidem alii propter personam, ut pupillus similesque, alii propter causam, ut est in funeraria inpensa, in eo quod creditum est in refectionem domus seu nauis, cum etiam in emendis rebus alter antecedat alterum.

DE SEPARATIONIBVS. XLII.

Separatione quoque distinguuntur, ut ecce tu quidem Ticium habes debitorem, ego uero Seium, et ita Seio defuncto Ticius existit heres patiturque uenditionem: possum ego beneficio pretoris inpetrare Seii bona separari, quibus michi satisfiat. set ita demum, si fidem heredis nondum secutus sim, nec ita bona sunt confusa, ut iam separari nequeant, tempusque quinquennii nondum transierit.

---

1 autem] quidam *add. P* 2 tamen] *om. P* | et] etiam *P*; *om. R* 3 pupillus] et *add. P* 4 permittitur *PR* 5 huiusmodi *P* | sub — Digestis] sub inde *P* 6 uenditionem seu possessionem *P* 7 uel — patiatur] *R* patiatur uel impetret *P* 8 Rubr.] *PR* 11 hypothecarios] responsis potior est iure qui precedit tempore *add. R* 11, 12 preponitur *P* 14 magis] *om. P* 15 pupilli *P* 16 refectione] *PR* 18 De distinctionibus separationum *P* 19 Separationes *P* 20 Seio] quidem *add. P* | existit] extitit *R* ei existat *P* 23 sim] sum *PR* | sint *P*

---

3. *1—4*: L. 6 §§ 1, 2, L. 7 § 9 D. XLII, 4, L. 39 § 1 D. h. t. *4—5*: L. 7 § 1 D. XLII, 4. *5—7*: **D. XLII, 4, 5.**

VII, 41. Rubr.: rubr. C. VII, 73, 74. *9—12*: L. 6 § 1 C. de bon. auct. iud. VII, 72. *14—15*: L. 19 § 1 — L. 22 pr. D. de reb. auct. iud. XLII, 5. *15*: L. 17 pr. D. eod. *16—17*: L. 24 § 1, L. 26, L. 34 D. eod.

VII, 42. Rubr.: rubr. D. XLII, 6 (C. VII, 72). *19—22*: L. 1 § 1 D. h. t. *22—24*: L. 1 §§ 10—13 D. h. t.

tibi uero non permittitur Titii bona separare a bonis Seii, quoniam potuit debitor tuus hereditatem adeundo facere tuam conditionem deteriorem. inpetrata autem separatione si quid ex hereditate me dimisso superest, tu poteris ad hoc superfluum admitti. set si quid ex bonis heredis tibi repleto supersit, michi concedendum non est, quia semel ab heredis persona recessi. interpretatio autem presentis articuli subtilius latiusque declarat, qui et in quibus bonis i[*n*]petrent separationem.

XLIII. [*DE REVOCANDIS QVE IN FRAVDEM ALIENATA SVNT.*]

Excussis bonis nec sufficientibus, si quid in fraudem creditorum debitor inuenitur alienasse, datur eis ad hoc reuocandum in factum actio: non si quid omisit quod adquiri potuit, set si quid fecit uel non fecit quo magis habere desinat quod habuit, et ita patrimonium diminuit. tenetur hac actione emptor qui sciens fraudis particeps fuit. is uero cui donatum est, etiam ignorans tenetur quatenus ex eo locupletior inuenitur. fraudator quoque, licet ex ante gesto post *f. 58 c. 2.* bonorum uenditionem non conueniatur, ‖ hac actione tenetur, si quid disperdidit quod aliunde recuperari non potest, in quantum scilicet facere potest uel dolo fecit quo minus possit, potius ipsius pena spectanda quam actionis emolumento.

EXPLICIT L. VII. INCIPIT VIII.

I. DE INTERDICTIS. ℞.

1 Supra principaliter de iure ciuili tam ad agendum quam ad defendendum, seu cum quo ordine iudicia exerceantur, et quomodo

---

1 non] nondum *P* | quoniam] cum *R* 4 hoc] in *add. P* 5 est] erit *P* 6 quia] quod P^1 9 Rubr.] *PR* | alienatę sunt *P* alienantur *R* 12 non si quid] uel si non si̥ quit P^1 quod (*expunctis ceteris*) P^2 | quod adquiri] qui acquirere *P* 12, 13 uel non fecit] *om. PR* 13 desineret *P* | habuerit *P* | patrimonium] suum *add. P* 14 actione] emptione P^2 15 donatum] datum *P* 20 spectanda] est *add. R* | emolumento] TP^1 emolumentum P^2R. Explicit hic summa codicis. *sequitur in P* 21 Explicit — VIII.] Incipit liber VIII. *PB*; *om. R* 23 Supra] *TPB* In superiori quidem parte sacrarum constitutionum *R*

1—3: L. 1 § 2 D. h. t. *3—6*: L. 1 § 17, L. 5 D. h. t.

VII, 43. Rubr.: rubr. C. VII, 75. *10—12*: LL. 1, 2, 5 C. h. t. *12—14*: L. 3 § 1 — L. 6 § 2 D. h. t. XLII, 8. *14—16*: L. 5 C. h. t., L. 10 § 2, L. 6 § 11 D. h. t. *16—20*: L. 25 § 7 D. h. t., L. 6 C. h. t.

VIII, 1. Rubr.: rubr. C. VIII, 1.

cognoscendum item examinandum seu pronuntiandum sit, et qualiter
negotia executioni mandentur, seu cum qua forma iurisdictio contra
absentes proferatur, satis aperte satisque dilucide et compendiose
relatum est. nunc uero de iure pretorio principaliter, licet supra in
quibusdam locis incidenter de eo dictum sit, pertractandum est. et
inter cetera iura pretoria interdicta sunt precipua, ideoque de his
premittendum fuit. uel: quia hii qui in possessionem rerum debi-
toris missi sunt, per interdictum a pretore tuentur ne uis fiat eis,
ideo accepta in specie occasione generaliter tractat de omnibus inter-
dictis. Erant autem antea interdicta formulę et conceptiones seu 2
solemnitates uerborum, que nunc sublate sunt. hodie tamen equitas
illa que olim per interdicta exercebatur, [*utilibus seu in factum
accionibus extraordinariis redditur*]. Interdicta uero quedam diuini, 3
quedam humani iuris causa proposita sunt. de rebus diuinis: ut ne
quid in loco sacro religiosoue fiat, et si factum fuerit ut restituatur.
ea que humani iuris causa redduntur uel ad publicam utilitatem
pertinent, uel ad priuatam. publica: ut de locis publicis, item de
uiis nec non de fluminibus publicis, ne quid in his fiat, et si factum
fuerit ut restituatur. priuata: uel de uniuersitate, ut quorum bono-
rum, uel de rebus singulis, ut interdictum unde ui et uti possidetis.
Et quedam sunt sui iuris tuendi causa, ut de liberis et libertis 4
exibendis, quedam sui officii tuendi causa, ut de libero homine exi-
bendo (interest enim omnium ne liberi homines detineantur a quo-
quam), quedam sui rei familiaris tuende causa: que sunt uel adhi-
piscende uel retinendę uel recuperandę possessionis causa. adhi-
piscende: ut quorum bonorum, quorum legatorum, item Saluianum.
retinendę: ut uti possidetis et utrobi. recuperandę: unde ui, et quod
ui aut clam, item precarium. ‖ Item quedam sunt prohibitoria, que- 5
dam exibitoria, quedam restitutoria. et in summa quedam simplicia, *f. 58 c. 3.*

---

1 item] et *add. B* 3 satisque] satis *P* | et] satisque *PBR* 6 ideo *P* 7 fuit] *TB* est *PR* 8 eis] qui in possessionem rerum debitoris missi sunt *add. R* 10 antea] omnia *B* 10, 11 seu solemnitates] *om. B* 11 hodie] ut ea *B* 12 illa] *om. B* 12, 13 utilibus seu (extraordinariis *add. R*) in factum accionibus extraordinariis (*om. BR*) redditur (reddatur *B*) *PBR* . 17 publica] puplicam P^2; *om.* P^1 18 his] eis *P* 24 tuende] P^2B tuendi *TR* tuenda P^1 | que sunt uel] Quedam *P* 25 possessionis causa] *om. B* 26 quorum legatorum] quorumque legatorum *P* 28, 29 quedam restitutoria quedam exhibitoria *PR*

---

1. *7—8*: L. 3 pr., § 2, L. 4 pr. D. ne vis fiat ei qui in poss. XLIII, 4. **2.** pr., § 8 Inst. h. t. IV, 15, L. 3 in f., L. 4 C. h. t. **3, 4.** L. 1 pr., L. 2 §§ 1—3 D. h. t. XLIII, 1. **5.** *28—29*: L. 1 § 1 D. h. t., § 1 Inst. h. t. *29—1*: L. 2 pr. D. h. t., § 7 Inst. h. t.

6 quedam duplicia sunt. Continent autem omnia interdicta maxime
causam possessionis. ideoque si causa proprietatis concurrat, prius
possessionis questio dirimenda est, ut postea ab eo qui de possessione
uictus est probationes de proprietate exigantur. et quemadmodum
7 in iure ciuili actor rei forum sequi debet, ita et in interdictis. Item
si sententia interdicti in aliquo casu manifesta sit, et in ceteris similibus porrigenda est: iudex enim ad similia et hic procedere debet et ita ius dicere. ut ecce: si arbor inpendeat alienis edibus et dominus eam excidere non uult, permittit pretor ei cuius edes sunt eam stirpitus excidere lignaque *sibi* habere, et ne uis ei succidenti fiat prohibet. item si arbor fundo alieno inpendeat et dominus eam usque ad XV pedes non coerceat, permittitur ei cuius fundus est hoc facere, id est ramos usque ad eam altitudinem cohercere et ligna sibi habere, et quominus ei facienti uis fiat interdicit. idem ergo si radices uicino noceant, ut similiter ei subueniatur et ut arbor radicitus ex[*c*]idatur, interdicit.

II. QVORVM BONORVM.

1 Premisso generali tractatu nunc per singulas species de inter-
2 dictis dicendum est. Est enim interdictum quorum bonorum: quod
adipiscende possessionis est et de uniuersitate proponitur. competit quidem heredi uel bonorum possess*ori*, et in eum qui possidet corpora hereditaria pro herede uel pro possessore uel dolo malo fecit quominus possideret. ueniunt omnia que defunctus tempore mortis possedit, et fere ea omnia que ueniunt in hereditatis petitionem, dum tamen iura non ueniant: debitores enim hereditarii hoc interdicto non conueniuntur. petita autem bonorum possessione non statim per hoc interdictum rerum hereditariarum restitutio facienda

---

1 maxime] *om. P* 6 et in] et *om. P* 8 et ita] ita et *P* | impendet *PBR* 10 sibi] *PBR* Ī (= sunt) *T* 11 prohibet] *om.* P^1 12 XV] IX *B* | coerceat] coartauerit *P* 14 interdicit] interdictum est *BR* intercedit *P* | idem] est *add. P* 16 excidatur] extirpetur *R* | interdicit] *om. PR* 19 enim] autem *BR* 21 quidem] uero *P*; *om. BR* | possessioni *T* 22 uel pro possessore] *om. B* | dolo] de dolo *B* 24 petitione *B*

---

6. *1—2*: pr. Inst. h. t. *2—4*: L. 3 C. h. t. *4—5*: L. 2 C. h. t. **7.** *5—8*: L. 1 C. h. t. *8—11*: L. 1 pr., § 2 D. de arbor. caed. XLIII, 27. *11—14*: L. 1 § 7 D. eod. *14—16*: L. 1 C. h. t.

VIII, 2. Rubr.: rubr. C. VIII, 2. **2.** *19—20*: L. 1 § 1 D. h. t. XLIII, 2, § 3 Inst. de interd. IV, 15. *20—21*: L. 1 C. h. t. *21—23*: LL. 2, 3 C. h. t., L. 1 pr. D. h. t. *23—26*: L. 2 C. h. t., L. 2 D. h. t. *26—2*: L. 1 C. h. t.

est, nisi illud factum probetur per quod quis ad successionem ciuili uel pretorio iure admittatur.

QVORVM LEGATORVM. III.

Quorum legatorum et ipsum adipiscende possessionis est, licet singularum rerum, ideoque *superiori* adnectitur. datur quidem hoc interdictum heredi uel eius successori, maxime cum satis dedit ‖ uel *f. 58 c. 4.* per eum non stat quo minus satis det, aduersus legatarium uel eius heredem de eo quod legati nomine petere debuit, cum in possessione sine uoluntate heredis *sit* nec eo postea ratum habente, uel dolo fecit quo minus possideret. item et ille tenetur qui in possessione legatorum seruandorum causa a iudice missus est, postquam satis datum ei est uel per eum factum est quo minus satis detur.

VNDE VI. ℞. IV.

Qualiter possessio adhipiscatur superioribus interdictis expositum 1
est. nunc uero qualiter possessio ui amissa recuperetur dicendum
est. In hoc interdicto, cui et in quem detur, et quid in eo ueniat 2
et quanto tempore, spectandum est. Deiecto competit. deicitur 3
enim qui possidet, siue naturaliter siue ciuiliter, siue per se siue per alium. ei uero qui ministerium suum alteri prestat non datur, ut colono. fructuario item superficiario et ei qui non ad modicum tempus conduxit, cum perpetuam causam habeat, denegandum non est. similiter ei qui *cl*am uel precario possidet datur. forsitan quidem et hoc ad initium referendum: uitiosa enim possessio

---

5 superiori] *PBR* supponi *T* | adnectitur] et sollempnitates (sollempnitas *leg.*) istorum uerborum in edicto posita fuit: 'Quorum legatorum possessio a te non ex uoluntate heredis occupata est, id ei restituas'. *add.* *P*[1]; *expunxit* *P*[2] 7 stetit *P* | daret *P* 8 quod] qui *P* 9 sit] *P* fit *T* esset *BR* 10 retinetur *P* | possessione] *TPBR* 12 ei] *om.* *PBR* 15 nunc uero] modo *BR* | tractandum *R* 17 tempore] duret *add.* *P* 18 enim] autem *BR* 20 fructuario] uero *add.* *P* 21 habeat] habent *P* habet *BR* 22 qui clam] *PBR* quidam *T* 23 referendum] est *add.* *PBR*

VIII, 3. Rubr.: rubr. C. VIII, 3. *4*: L. 1 § 2 D. h. t. XLIII, 3. *5—6*: L. 1 §§ 2, 3 D. h. t. *6—7*: L. 1 §§ 16, 17, L. 2 § 1 D. h. t. *7—10*: L. 1 §§ 2, 7, 10, 11, 14 D. h. t. *10—12*: L. 1 § 9, L. 2 § 4 D. h. t.

VIII, 4. Rubr.: rubr. C. VIII, 4. **1.** L. 2 § 3 D. de interd. XLIII, 1, § 6 Inst. eod. IV, 15. **3.** *17—19*: L. 1 §§ 1, 9, 22 D. h. t. XLIII, 16. *19—20*: L. 1 §§ 10, 22, L. 20 D. h. t. *20—22*: L. 3 § 13, L. 1 § 5 D. h. t., L. 1 § 3 in f. D. de superfic. XLIII, 18 (L. 15 § 1 D. qui satisd. cog. II, 8?). *22*: § 6 Inst. de interd. IV, 15. *23—1*: L. 53 D. de adq. poss. XLI, 2.

aduersus extraneos prodesse solet. set cum ille qui precario possidet
dominum non admittit, mutare sibi causam possessionis exinde ui-
detur, uel, quod magis est, incipere possidere et dominum repellere.
ideo etiam aduersus dominum ei datur, si ab eo postea expulsus
fuerit. indifferenter quidem et si uitiose possideat, ad interdictum
4 admittitur qui armis deiectus est. In eum datur qui [*d*]eiecit, siue
per se siue per alium, item et in eum qui dolo fecit. uerba enim
edicti ad hoc pertinent: 'Vnde tu illum ui deiecisti, *aut* familia tua
deiecit, uel aliquis tuo nomine et te sciente ratum habuisti, id illi
restituas'. qui autem per alium deiecit tenetur: nec tamen ille
excusatur, licet forte alium mandatorem habuerit, *uterque* [*enim*]
tenetur, et uno soluente alter non liberatur. factum autem deiectionis
inspecta ipsius possessionis diuersitate uarie considerandum est, puta
si possidentem tantum animo quis postea reuertentem eum non ad-
mittat uel in ipso itinere eum retineat et ita illius possessionem
f. 59 c. 1. occupet, uel si quis corpore suo uel alieno possideat et aliquis || eum
corpori incumbentem corporaliter expellat aut eo effugato corpus
5 occupet aut ui[*n*]cto corpore retineat. Venit principaliter in hoc
interdicto restitutio rei inmobilis cum omni causa [*dampni*] dati.
res uero mobiles seu se mouentes que in fundo uel edibus erant
secundario eodem interdicto restituuntur, et[*si*] postea interierint,
licet de [*h*]is ui bo[*no*]rum raptorum et furti actio item furtiua con-
di[*c*]tio competat. item fructus quos percepit seu percipere potuit et
quos uetus posses[*s*]or percipere potuis[*s*]et si ei possidere licuisset,
ex die factę uiolentie prestantur. item omnes utilitates cum omni

---

3 possidere] possessionem *B* 3—5 et — fuerit] *om.* P^1 4 ideo etiam] ideoque *PBR* | dominum] ipsum *add. R* 5 fuerit] *TP* fuit *B* est *R* | et] etiam *P* | si *om. B* 6 deiecit] *PBR* 7 et] *om. BR* | eum] datur *add. BR* 8—10 Vnde — restituas] *om. B* 8 tu] tū *P* | ui] *om. R* | aut] *R* (*cum Dig.*) et *T* uel *P* 9 te] *om. PR* | sciente] sciens *P* sciente uel *R* | id] id et *P* quoad *R* 10 deicit *P* | tamen] enim *P* 11 uterque] *BR* utique TP^1 utrique P^2 | enim] *PBR* | tenentur P^2 12 autem] ipsius *add. PBR* 13 uarie] nomine P^1 16 uel si] *TB* item si *PR* 17 corpori] *TBR* corpore *P* 18 uincto] *PBR* | corpore] possessore *PR* possessionem *B* | retineat] aut forte imperando per eum uictus (P^1 inuitum P^2 uinctum *R*) possessionem retineat *add. PR* 19 dampni] *PBR* 20 se] *om. P* 21 restituentur *P* | etsi] *PBR* | interirent *P* 23 seu] uel *P* 24 uotus *T*

1—5: LL. 12, 18 pr. D. h. t. ict. L. 10 C. h. t., § 6 Inst. de interd. IV, 15. *5—6*: L. 14 D. h. t. **4.** *6—7*: L. 1 §§ 11, 12, 14, L. 3 § 12 D. h. t. *7—10*: L. 1 pr. D. h. t. ict. L. 1 §§ 11—15 D. h. t., Cic. pro Tull. 19 (44), pro Caec. 28 (80), 30 (88). *10—12*: L. 1 § 13 D. h. t. ict. L. 13 § 14 D. de her. pet. V, 3. *13—16*: L. 1 § 24 D. h. t. *16—18*: L. 1 §§ 22, 28, 29, 47 D. h. t. **5.** *18—23*: L. 1 §§ 31—35 ict. § 6 D. h. t. *23—1*: L. 1 §§ 40, 41 D. h. t., L. 4 C. h. t.

causa [*dampni*] dati extimantur. Inter utilem quidem annum datur. 6
de eo autem quod ad eum peruenit perpetuo competit. peruenisse
quidem uidetur, si ui possidere cepit. quod non admittitur, si per
uim retinuit possessionem suam: permittitur enim recte possidenti
cum inculpatę tutelę moderatione uim illatam propulsare: eum enim
qui cum armis uenit possumus armis repellere. et hoc in tantum
uerum [*est*], ut etiam possessionem iam ui ablatam in continenti,
scilicet in eadem concertatione, recuperare permissum sit. quo casu
non tam deicere uidetur quam in pristinam causam reuerti. Pertinet 7
hoc interdictum ad uim atrocem tantum. atrox quidem uis intelli-
gitur, cum quis animo uel corpore possidens armis uel sine armis
atrociter deicitur. si alias quis deiectus sit cum qualitercumque
possidebat, eo casu interdicto cessante supplent Constitutiones et
condictiones reddunt. si enim quis sua auctoritate id quod apud 8
alium qualitercumque est occupet, uiolentus uidetur sine iudice occu-
pando. uis enim est et tunc, quotiens quis id quod sibi debetur
non per iudicem reposcit. ideo 'Si quis in tantam' etc̄. locum habet
et hanc temeritatem punit, siue rem mobilem siue immobilem, siue
propriam siue alienam quis usurpet. qua pęna afficiuntur et hi qui
alieno nomine possident, si restitutionem rei sine iusta causa recu-
sant donec contrariam sententiam reportent. item si aliquis sua 9
auctoritate uacuam possessionem occupet quę ab alio neque animo
neque corpore possidetur, forte propter negligentiam uel incuriam
seu ignorantiam domini uel quia longo tempore abfuit uel sine
herede ‖ decessit, tenetur *ex* constitutione ea iurisdictione generali *f. 59 c. 2.*
que ueteribus legibus contra inuasores prodita est. predones enim
sunt qui res alienas uel possession*es* occupant, et ideo accepta

1 dampni] *PBR* | Intra *P* 4 enim] autem *BR* 5 cum — propulsare] *TB* uiolentiam illatam propulsare habita moderatione inculpate tutele *PR* 6 cum] *om. B* | in tantum] adeo *R* 7 est] *PBR* 8 sit] nec (non *R*) ex interuallo *add.* P^1R 9 Pertinet] quidem *add. PBR* 12 si] si autem *BR* sin autem *P* 13 eo] quo *PR*; eo in *B* | complent *P* 14 reddunt] et (*om. P*) in his casibus quibus interdictum deficiebat *add. PR* 15 est] *om.* P^1 | usurpet *P* 17 Ideoque *B* | in tantam] intra *P* 20 rei] eius *BR*; suę *add. P* | siue] *om.* P^1 21 donec] per iudicem *add. PBR* 24 seu] uel *P* 25 decesserit *PBR* | et *T* 27 possessiones] *PBR* possessionem *T*

6. *1—2*: L. 1 pr., § 39, L. 3 § 1 D. h. t., L. 4 D. de interd. XLIII, 1. *2—3*: L. 1 § 28 D. h. t. *4—5*: L. 1 C. h. t. *5—6*: L. 3 § 9 D. h. t. *6—9*: L. 17 D. h. t. **7.** *9—12*: L. 1 § 3 D. h. t. *12—14*: § 6 Inst. de interd. IV, 15, § 1 Inst. vi bon. rapt. IV, 2. **8.** *14—16*: L. 11 C. h. t. *16—17*: L. 13 D. quod. met. c. IV, 2. *17—19*: **L. 7 C. h. t.** ict. § 1 Inst. vi bon. rapt. IV, 2. *19—21*: L. 10 C. h. t. **9.** *21—3*: **L. 11 C. h. t.**

occasione in specie generaliter legislationem profert qua sine delectu
omnes predones tenet et punit. quod enim ab alio qualitercumque
tenetur, alius sine ui inuadere non potest, licet in predictis casibus
lex Constanti[*ni*]ana uiolentię penam remouebat 'Inuasor locorum' etc̄.
10 Sin autem quis principalis rescripti uel iudicis sententie occasione
alienam possessionem perturbet cessante legitima citatione, penam
11 constitutionum non euadet. insuper, etsi absenti deiecto interdictum
competat, datur tamen certis personis — et etiam seruis — qui eius
nomine possideba[*n*]t momentarie possessionis repetitio, et etiam
cessante mandato. hoc ideo ne restitutio differatur, dum tamen pro-
prietatis negotium iustis et legitimis personis reseruetur.

V. [*VTI POSSIDETIS.*]

1 In superiori tractatu qualiter aduersus uiolentiam iam admissam
subueniatur explicitum est. nunc autem quomodo aduersus futuram
2 uim ne fiat prouisum est tractandum est. Prohibet enim pretor uim
fieri possidenti: 'Vti enim fundum uel hedes de quibus agitur nec
ui nec clam nec precario ab aduersario possidetis, quo minus ita
possideatis uim fieri ueto'. si autem ab alio uitiose possides [*non*]
ab aduersario, hoc interdicto uinc*es*: quantum enim ad extraneos
3 iusta uidetur. Id quis persequitur hoc interdicto ne inquietetur dum
constet eum possidere, etsi ab alio uitiose possideat. siue enim in
iudicio, cum de proprietate litigatur, aduersarius possessionis contro-
uersiam faciat, siue extra iudicium, quo minus liberam possessionem
relinquat, ueluti si possidentem edificare uel alias uti prohibeat,
obtinet, maxime aduersus eum qui omnino non possidet uel qui *ab*

---

1 generalem *PBR* | qua] que *PBR* 4 constantiniana] *PBR* | locorum] pena *add. P* 5 quis] fretus *add. PBR* | uel] et *B* 7 constitutionum] *om.* T^1 | euadet] Si per uim uel alio etc. *add. R* 8 tamen] enim *P* | certis] ceteris *P* | et] *om. P* | etiam] *om. B* 9 petitio *BR* | et] *om. BR* 11 seruetur *B* 12 Rubr.] *R* Vti possidetis non perturbetur *P* Si per uim uel alio modo absentis perturbata sit possesio *T*; *om. B* 15 enim] *om. P* 16—20 Vti — uidetur] *om. BR* 16 quibus de agitur *P* 18 possides] possidetis *P* | non] *P* 19 uinces] *P* uincet *T* 20 Id] et id *PBR* 21 etsi] tametsi *PR* 24 relinquat] *PBR* requirant *T* 25, 1 uel — possidet] *om. B* | ab eo] *PR* habet *T*

3—4: **L. 5 C. h. t. 10.** *5—7*: **LL. 1, 2 C. si per vim VIII, 5.** *7—11*: L. 1 C. eod.

VIII, 5. Rubr.: rubr. C. VIII, 6. **2.** *16—18*: L. 1 pr. D. h. t. XLIII, 17, L. un. C. h. t. *18—20*: L. 1 § 9, L. 2 D. h. t. ict. L. 53 D. de adq. poss. XLI, 2. **3.** *20—21*: L. 1 § 4 ict. § 9 D. h. t. *21—25*: L. 1 § 3, L. 3 § 2 D. h. t. *25—3*: L. 1 § 9, L. 3 pr. D. h. t.

eo uitiose possidet. qui enim ab aduersario ui possidet, hoc interdicto inferior est: potior est enim illius ciuilis possessio quam aduersarii naturalis detencio. si uero non [*ab*] aduersario, neuter uincet. Facienda quidem condempnatio est quanti actoris interest posses[*s*]io- 4
ne[*m*] retinere: ‖ nam longe diuersum est pretium rei a posses[*s*]ionis *f. 59 c. 3.*
pretio. ideoque et fructuario et inter fructuarios et eum qui usum tantum habet datur, dum tamen condemnatio in id *quod* eorum inter*est* fiat. Superficiario uero proprium interdictum de superficiebus 5
propositum est, licet in rem actio utilis a pretore ei detur: quo interdicto secundum legem locationis tuetur eum aduersus omnes, dum tamen ab aduersario non ui non clam nec precario possideat, et etiam aduersus dominum, si tamen solarium ei solutum fuerit. condemnatio uero facienda est quanti interfuit [*eius*] liberam superficiem possidere. in rem uero actio ita demum ei datur, si non ad modicum tempus conduxit. quod generaliter in omnibus spectata similitudine dicendum est, quotiens enim quis ad longum tempus uel in perpetuum conducit, maxime cum pactum de *reiteratione* factum est, quo casu perpetua uidetur quemadmodum emphiteosin. ideoque et in hoc casu utilis actio in rem et interdictum a pretore reddendum est. interdicta quoque ad exemplum trahuntur. superficiarius quidem apellatur qui in alieno solo superficiem certa pensione conductam habet.

DE TABVLIS EXHIBENDIS. VI.

Ei competit interdictum de tabulis exibendis cui aliquid in testamento uel in aliis tabulis relictum est. de omni scriptura que quolibet modo ad testamentum pertinet datur, siue inane siue non

---

1 hoc] in hoc *P*[1] 2 potior] prior *P* 3 ab] *PBR* | neutrum *B* 4 condempnatio est] condempnatione *P* 6 ideoque et] ideo *P* 7 quidem *T* | eorum] *om. BR* 8 interesse *T* 11 aduersariis *P* | nec] non *PBR* 12 salarium *P* 13 eius] *PBR* 17 reiteratione] *PBR* retentione *T* 18 emphiteosin] *TBR* et emphiteosis *P* 19 ideoque et] et ideo *PR* 20 exempla *PR* 25 omni] enim *add. PBR*

---

4. *4—6*: L. 3 § 11 D. h. t. *6—8*: L. 4 D. h. t. **5.** *8—9*: L. 1 pr., § 1 D. de superfic. XLIII, 18. *9—12*: L. 1 §§ 1, 2 D. eod. ict. L. 15 D. qui pot. in pign. XX, 4, L. 1 § 1, L. 2 D. si ag. vectig. VI, 3. *13—14*: L. 1 § 2 in f. D. XLIII, 18 ict. L. 3 § 11 D. uti poss. XLIII, 17. *14—15*: L. 1 § 3 D. XLIII, 18. *16—20*: L. 1 § 1 — L. 3 D. si ager vect. VI, 3, L. 1 C. de interd. VIII, 1. Cf. supra VIII, 1 § 7. *20—22*: L. 73 § 1, L. 74 D. de rei vind. VI, 1.

VIII, 6. Rubr.: rubr. C. VIII, 7. *24—25*: L. 3 § 10 D. h. t. XLIII, 5. *25—1*: L. 1 §§ 2—5 D. h. t.

supremum uel forte falsum uel in aliquo uitio subiectum dicatur. in eum redditur qui potest exhibere uel dolo fecit quo minus [*exhiberet*]. exhibere quidem est extra secretum habere et copiam apprehend*endę* materię facere. item et heredi et in heredem datur. condempnatio autem quanti interest facienda est. ideoque si scriptus heres agat, extimatio ipsius hereditatis fit, et si lega[*ta*]rius, in ascriptam summam, etsi sub conditione relictum sit, statim condemnabitur ipso relicto extimando, dum tamen hanc penam contumacie ferat.

VII. DE LIBER*O* [*HOMINE*] EXHIBEND*O*.

1 Item de libero homine exhibendo interdictum redditur. Hoc
interdictum omnibus hominibus competit: interest enim omnium
f. 59 c. 4. libertati fauere, et ne liberi homines detine‖antur a quoqua[*m*] inuiti.
nam et mulieres et pupill*i* maxime pro cognatis suis sollicitat*i* ad-
mittuntur, dum tamen hi remoueantur q[*u*]os magis calumniari seu
colludere uerisimile est. si enim plures sunt qui agere uelint, pretor
2 idoneiorem eligere debet. Aduersus eum datur qui dolo malo retinet.
set si iustam causam retentionis habet, cessat hoc interdictum, ut si
filium quem habet in potestate uel eum quem ab hostibus redemit
retineat uinculo pignoris nondum soluto: si enim pretium offeratur
uel semel remisit, interdictum datur. et eo *non* exhibente in litis
existimationem condemnationem sufferre debet: quo casu sepissime
3 conueniendus est, eodem *sine* exceptione, uel alio agente. Hoc in-

---

1 in] *om. PB* | alicui *P* 2, 3 exhiberet] *R* possit *P*; *om. TB* | quidem] autem *PR* 3, 4 apprehendendę] *PBR* apprehendere *T*; rei uel *add. R* 4 item et] et *om. PBR* 5 ideo *P* 6 legatarius] *PBR* 6, 7 in ascriptam] in scriptura *P* in scripturam *BR* 10 Rubr.] *BR* De libero homine exhibere *P* De liberis exhibendis *T* 11 redditur] Ait enim pretor: 'Quem liberum quis dolo retinet, eum exhibeat'. *add. P* 12 hominibus] *om. BR* | enim] *om. BR* 14 pupilla *T* | sollicitatis *TRP*[2] sollicita *P*[1] sollicitatos *B* sollicitі *Dig.* 18 hoc] *om. PBR* 19 redimit *P* 20 nondum] pretio *add. P* | absoluto *BR* 21 remisit] *TP*[1] remiserit *P*[2]*R* me misit *B* | datur] Exhibere autem est extra secretum habere et copiam recedenti prestare. *add. P* | nōe·(= nomine) *T* 22 sepius *P* 23 sine] *P* siue *TB* | uel] seu *P*

2—3: L. 1 pr., L. 3 §§ 2, 6 D. h. t. *3—4*: L. 3 § 8 D. de hom. lib. exhib. XLIII, 29 ict. L. 3 § 8 D. h. t. *4*: L. un. C. h. t., L. 3 § 16 D. h. t. *5—9*: L. 3 §§ 11—14 D. h. t.

VIII, 7. Rubr.: rubr. D. XLIII, 29 (C. VIII, 8). **1.** *11—13*: L. 3 § 9 ict. L. 1 § 1 D. h. t. *14—17*: L. 3 §§ 11, 10, 12 D. h. t. **2.** *17*: L. 1 pr. D. h. t. *18—21*: L. 3 §§ 2, 3 D. h. t. *21—23*: L. 3 § 13 D. h. t. **3.** L. 3 § 15, L. 4 § 2 D. h. t.

terdictum perpetuum est: nulla enim ratione temporis tollitur, nam nullo tempore liber homo a quoquam inuitus detineri debet. Exhi- 4
bitorium est et sui officii tuendi causa.

DE LIBERIS EXHIBENDIS SEV DEDVCENDIS. VIII.

Sui iuris tuendi causa parentibus in quorum potestate sunt 1
liberi datur interdictum de liberis exhibendis seu ducendis aduersus eum apud quem filius filiaue est uel dolo malo fecit quo minus esset. matri tamen exceptio datur, si forte apud eam ex iustissima causa filius sit, ueluti si minor trimo sit. [*item et marito subuenitur apud quem filia familias sit.*] alię uero causę retinendi non admittuntur. Facta exhibitione pretor reddit interdictum ne uis fiat 2
quo minus eum ducat. hoc ita, cum aliquis eum interdicto defendat. ceterum si filius magis apud se quam apud alium sit et contendat se sui iuris esse, interdictum cessat et notio pretoris succedit, nisi forte filius hereditatem adiit: quo casu patri permittitur tam de filio ducendo quam de hereditate interdicto experiri, et hoc euenit propter hereditatis causam. sin uero pupillus sit de quo agitur, alia[*s*] questio usque ad tempus pubertatis prorogatur, alias statim dirimitur. et hoc perpendendum est tum ex personis eorum inter quos controuersia sit, tum ex genere cause. spectandum enim est, utrum is qui patrem se dicit note prudentie fideique explorate sit, an uero humilis et calumniator sit, et ita ‖ litis cognitio uel differenda uel *f. 60 c. 1.*
representanda est. set si filius sua sponte apud aliquem sit, cessat interdictum, cum magis apud se quam apud eum [*esse*] uideatur.

---

2 retineri *PBR* 4 seu deducendis] *om. PBR* 6 ducendis] dicendis P^1 de ducendis P^2 7 fecit] *TP* factum est *BR* 8 esset] Pretor enim dicit: 'Qui queue in potestate Litii (!) Titii est, si is eaue apud te est uel dolo malo factum est, exhibeas'. *add. P*; *cf. L. 1 pr. D. XLIII, 30.* | Set tamen matri *PBR* 9, 10 item — sit] *PBR* 11 fiat] ei *add. PBR* 13 filius] .f. *add. P* 14 cessat] *om. B* 19 est] *om. B* 20 sit] est *P* 21 dicit] et *add. P* 23 representanda] *BR* (*cum Dig.*) presentanda *P* reprehendenda *T* | sua] *om.* P^1*BR* 24 esse] *PBR*

---

4. L. 1 pr. D. h. t., L. 2 § 1 D. de interd. XLIII, 1.

VIII, 8. Rubr.: rubr. C. VIII, 8 (D. XLIII, 30). **1.** L. 2 § 1 D. de interd. XLIII, 1 ict. L. 1 § 1 D. h. t. *5—8*: L. 1 pr. D. h. t. *8—10*: L. 1 §§ 2, 3 D. h. t. ict. L. 9 C. de patria pot. VIII, 46; L. 1 § 5, L. 2 D. h. t. **2.** *11—12*: L. 3 pr., § 1 D. h. t. *12—14*: L. 3 § 3 D. h. t. *14—17*: L. 4 D. h. t. *17—23*: L. 3 § 4 D. h. t. *23—24*: L. 5 D. h. t.

IX. DE SALVIANO INTERDICTO.

Saluianum interdictum adipiscende possessionis est: quod domino fundi seu loca*tori* pro pensionibus de inuectis et illatis datur que pignoris iure tenentur, et ob hoc ut possessionem e*o*rum adipiscatur. item creditori datur. conductor seu heres eius tenetur. item debitor et qui ab eo causam [*habet*], ueluti si alius creditor forte rem teneat. qui autem a conductore emerint uel qui alias eam tenent, utile interdictum in eos datur.

X. DE PRECARIO. ℞.

1 Precarium est quod precibus petenti utendum conceditur [*tam diu quam diu is qui concessit patitur*]: ex hac tantum causa quod
2 preces adhibitę sunt. Competit hoc interdictum uolenti reuocare precarium, scilicet ei qui hoc concessit uel eius heredi: equum quippe
3 est aliquem tam diu *mea* liberalitate uti quam diu uolu*ero*. In eum qui precario habet uel in heredes eius datur. precarium habere uidetur qui possessionem uel corporis uel iuris adeptus est uel ut sibi possidere uel tenere liceat, siue ipse siue alius per eum rogauerit, ueluti si procurator eo mandante uel ratum habente rogauerit. is tenetur heresue eius qui habet precarium siue dolo fecit quo minus [*haberet*]. ex dolo tamen defuncti heres quatenus ad eum peruenit tenetur. licet enim precarium ad heredem non transeat, tamen precarium interdictum in eum datur, prout in Constitutionibus et Re-
4 sponsis prudentum continetur. Compellitur quis eatenus ut rem

---

2 est] causa est introductum *P* 3 locationi *T* | pensionibus] soluendis *add. BR* 4 eorum] *BR* earum *TP* 6 habet] *PBR* 7 conductore] creditore *PBR* | emerit *P* | eam] eas *BR* 8 tenet *PB* 10, 11 tam diu — patitur] *PBR* 14 mea] *PBR* mera *T* | uoluero] *P* uolo *BR* uoluent *T*; et insuper habet summam equitatem, ut hactenus quis fruatur nostro benefitio quam diu uelimus *add. P* 15 precario] precarium *PBR* | uel] et *P* | heredem *PR* 16 est] *om. B* 17—19 siue — precarium] *TP*[2]*BR*; *pro quibus omnibus nihil nisi* uel heres eius *P*[1] 17 alius] qui *add. BR* 20 haberet] *PR*; *om. TB* 22 prout in] in *om. P*

VIII, 9. Rubr.: rubr. D. XLIII, 33 (C. VIII, 9). *2*: L. 2 § 3 D. de interd. XLIII, 1, § 3 in f. Inst. eod. IV, 15. *2—6*: § 3 in f. Inst. cit. ict. L. 5 C. de locato IV, 65, L. 7 C. in quib. caus. pign. tac. contr. VIII, 14; L. 1 C. h. t. *6—7*: L. 1 § 1 D. h. t. *7—8*: L. 1 C. h. t. ict. L. 1 pr. D. h. t.

VIII, 10. Rubr.: rubr. D. XLIII, 26 (C. VIII, 9). **1.** L. 1 pr., L. 2 § 3 D. h. t. **2.** L. 2 § 2, L. 8 § 1, L. 12 § 1 D. h. t. **3.** *14—15*: L. 4 § 2, L. 8 § 8 D. h. t., L. 2 C. h. t. *15—18*: L. 2 § 3, L. 6 § 1 D. h. t. *18—21*: L. 2 pr., L. 8 §§ 3, 8 D. h. t. *21—23*: L. 12 § 1 D. h. t.; **L. 2 C. h. t., L. 8 § 8 D. h. t.** **4.** *23—1*: L. 8 § 4 D. h. t.

omnimodo in pristinam causam restituat. siue hoc rogauerit ut morari sibi in fundo liceat, non ut etiam possideret, ad restitutionem tamen tenetur, quem ad modum fructuarius et colonus, siue ut possidere sibi liceret rogauit, quo casu possidet, dum tamen et penes dominum ciuilis, id est animi, possessio perseueret. eo non restituente in id quod *a*ctoris interest condemnandus est, dum tamen ut in restitutione dolus et lata culpa ueniat. post moram uero, immo post editum interdictum et leuis culpa [lata] et omnis utilitas prestatur. Precaria quidem possessio iusta est, quoad nititur uoluntate 5
domini. sin autem contra domini uoluntatem rem ‖ retineat, statim *f. 60 c. 2.*
uitiosa est et iniusta, et exinde fructus et omnes utilitates ueniunt. quapropter et si usque ad diffinitiuam sententiam sine causa resistendum duxerit, in duplum ex noua constitutione condemnatur. Ex 6
hac causa etiam prescriptis uerbis actio datur, id est *c*um nominatim in precario id actum est ut res reddatur.

QVOD VI AVT CLAM. XI.

Est et alia possessio quę similiter uitiosa est, id est clandestina, 1
de qua et interdictum redditur. et licet in Constitutionibus nichil de eo dictum sit, nos tamen iurisconsultorum grati*a* qui de eo in Responsis prudentium latius proferunt, rationabiliter precario interdicto, quod restitutorium est et de uitiosa possessione datur, adiungimus. Pretor *enim* ait: 'Quod ui aut clam fecisti restituas'. ui 2
enim fecisse uideris, si contra quam prohibitus es fecisti, uel id egisti quo minus prohiberi posses, puta periculum [id] aduersario denuntiando. prohibitus autem intelligeris quolibet prohibentis actu, id est dicendo se prohibere, uel manu[*m*] opponendo, lapillumue

---

1 rogauit *BR* 2 possideat *BR* 6 auctoris *T* 8 leuis] T^1*PBR*; *delevit* T^2 | lata] *om. PBR* | omnis] causa seu *add.* P^1*BR* 10 teneat *BR* 14 hac] quidem *add. PBR* | tum *T* 17 et] *om. BR* 18 et] etiam *R*; *om. B* | et licet] et *om. P* 19 gratiarum *T* | qui de eo] de eo quod *P* 20 proferatur *P* | rationabiliter] naturaliter *B* 21, 22 et — adiungimus] *om. B* | apponimus *PR* 22 enim] *PBR* id *T* 23 enim] autem *PBR* 24 id] *om. PB* 26 manum] *PB*

1—3: L. 6 § 2 D. h. t. *3—5*: L. 15 § 4 D. h. t. *5—9*: L. 8 §§ 4, 6 D. h. t. **5.** *9—10*: L. 13 § 1 D. de Publ. act. VI, 2, L. 22 § 1 D. de noxal. act. IX, 4, L. 7 § 4 D. comm. div. X, 3. Cf. supra VII, 23 § 19 s. fin. *10—11*: L. 1 § 9, L. 2 D. uti poss. XLIII, 17, L. 17 D. h. t., L. 8 § 6 D. h. t. *12—13*: **L. 10 C. h. t., L. 33 C. de locato IV, 65.** **6.** L. 2 § 2 in f., L. 19 § 2 D. h. t.

VIII, 11. Rubr.: rubr. D. XLIII, 24. **2.** *22*: L. 1 pr. D. h. t. *22—1*: L. 20 pr., § 1 D. h. t.

iactando. et hoc ita uerum est, siue per se faciat siue per alium,
ut per seruum filium procuratoremue, uel etiam per liberam perso-
nam: *nam* generaliter quicumque *meo* [*nomine*] prohibuit, ego pro-
hibuisse uideor. quo casu non tam [*facto*] prohibentis quam tuo
delinquentis michi queritur [*accio*], et per hoc interdictum non tam
michi adquiritur quam ius meum conseruatur. clam fecisse seu
possidere uideris, si furtiue ingressus es possessionem et aduersario
celasti neque ei denuntiasti, si modo timuisti eius controuersiam aut
timere debuisti aut intellexisti eum prohibiturum aut *intelligere* de-
3 buisti, ne sint melioris conditionis stulti quam periti. Hoc inter-
dictum ei competit cuius interest opus factum uel possessionem fur-
tiue abreptam *non* esse, hoc est domino uel bone fidei possessori
uel *usufructuario* atque superfic*iario* seu colono, etsi filius *familias*
4 sit. In eum datur *qui* opus [*clam*] factum uel possessionem clam
ablatam habet. siue enim tu fecisti aut aliquis tuorum aut tuo iussu
uel te ratum habente, teneris. item si alius fecerit sine tuo iussu
et tu possides opus factum, teneberis, licet differenter: ad hoc uide-
f. 60 c. 3. licet ut pacientiam tollendi operis tantum prestes, ille qui fecit ‖ ut
inpensas. qui autem fecit et possidet, et patientiam et inpensas
5 tollendi operis prestare debet. Venit in hoc *interdicto* quodcumque
ui aut clam factum est [*ut restituatur*, *et ut omne quod interest*]
prestetur, quod et per iusiurandum in litem extimatur: per omnia
enim officio iudicis eadem condi*ti*o actoris esse debet que futura
esset, si opus factum non esset. ideoque et dominii quoque, non
solum possessionis ratio habenda est, si dominium uel possessio
propter hoc amissa est: competit enim et de possessione clandestina
recuperanda, ut t. communi diuidendo. quapropter seruitutes quoque

---

3 nunc] *T* | meo] in eo *T* | nomine] *PBR* 4 facto] *PBR* 5 accio] *PBR* | non] *om. B* | tam] *TB* tamen *P* ita *R* 6 quam ius] *TP*[1] quamuis *P*[2]*BR* | conseruetur *B* 7 es] in *add. PB* | et aduersario] *TPR* si non *B* 9 intelligere] *PBR* timere *T* 12 obreptam *P* | non] *PBR* omni *T* | uel] et *B* 13 usuario fructu *T* | super ficũo *T* | etsi] et *B* | filio *B* | familias] *PR* famulus *T*; *om. B* 14 quia *T* | clam] *PBR* 15 tu] ui *add. BR* 16 fecit] *PBR* 18 tantum prestes] *om. B*; et *add. R* | ut] *om. R* 20 interdicto] *PBR* edicto *T* 21 ut — interest] *PBR* 22 et per] et *om. PBR* 23 condictio *T* 24 esset] *PBR* est. et *T* | et] *om. P* 27 ut] in d. *add. PB* | diuidundo *P*[2]*BR* di. *P*[1]

1—6: L. 3 pr., L. 13 § 1 D. h. t. Cf. supra IV, 29 § 3. *6—10*: L. 6 pr. D. de adq. poss. XLI, 2, L. 3 § 7 — L. 4 D. h. t. **3.** L. 11 §§ 10, 14, L. 12—13 § 1, L. 19 D. h. t. **4.** *14—15*: L. 15 pr. D. h. t. *15—16*: L. 5 §§ 8, 14, L. 13 § 6 D. h. t. *16—17*: L. 15 pr. D. h. t. *17—20*: L. 16 § 2 D. h. t. **5.** *20—26*: L. 1 pr., § 1, L. 11 § 5, L. 15 §§ 7—9 D. h. t. *26—27*: **L. 7 § 5 in f. D. comm. div. X, 3.** *27—2*: L. 15 § 8, L. 21 § 3 D. h. t.

ob id amisse ac omnes hutilitates nec non omnia da[*m*]pna data
restituenda sunt. sin autem alia actione id quod interest pre-
stitum fuerit, interdictum cessat. Seruorum quoque nomine noxale 6
iudicium redditur. si enim uelit dominus inpensam et patientiam
tollendi operis prestare et insuper quod interest, noxios retineb*it*:
alioquin noxe eos dedere oportet et insuper patientiam prestare.
Officio iudicis ea quoque continentur, ut pristina causa actori 7
restituatur.

DE EDIFICIIS PRIVATIS. XII.

De iure pretorio propositum est. et priuati ad refectionem edificiorum per pretorem coguntur, ideoque 'de edificiis priuatis' apponit. pretor enim priuatos ad propriorum edificiorum refectionem compellere solet. hoc ideo, ne adspectus ciuitatis deformetur. prohibet etiam senatus ne edificia negotiandi animo demoliantur, pena emptori inposita ut duplum pretii fisco inferre cogatur. uenditori pena inponitur ut irrita fiat uenditio, pretio tamen ab eo repetendo. si commune sit edificium et socius sumptus ad refectionem eius detractat, permittitur hoc uolenti reficere.

℞. DE PIGNORIBVS. XIII.

Qualiter priuat*i* ad edificiorum suorum seu oper*um* publicorum 1
refectionem etiam captis pignoribus coherceantur dictum est. ideo-
que tam ea occasione accepta *quam* pretorii pignoris causa *inspecta*
generaliter 'de pignoribus' proponit. in quibus spectandum est, quo-
modo pignus accipiatur, et qualiter pignus contrah*a*tur, et quibus

---

1 omisse] *P* | ac omnes] accessiones *B* 4 inpensas *P* 5, 6 operis — patientiam] *om.* P^1 5 retinebit] *PBR* retinebam *T* 6 dedere] dare *BR* | prestare] debet *add. P* 11 ideoque] ideo *PR* 14 animo] causa *PBR* 15 ut] in *PB* | pretii] quod *add. PB* 16 fiat] *PBR* 17 eius] facere *add.* P^1*BR* 20 priuatim *T* | suorum] propriorum *PBR* | opertum *T* 21 captis] *om. BR* 21, 22 ideo *P* 22 quę *T* | inspecta] *PBR* accepta *T* 24 et qualiter — contrahatur] *om. B* | pignus] obligatio *PR* | contrahatur] *PR* contrahitur *T*

2—3: L. 15 § 12 D. h. t. **6.** L. 7 § 1 D. h. t. **7.** L. 21 pr. D. h. t.

VIII, 12. Rubr.: rubr. C. VIII, 10. *12—13*: L. 7 D. de off. praes. I, 18, L. 8 § 1 C. h. t. *13—16*: L. 2 C. h. t., L. 52 D. de contr. empt. XVIII, 1. *16—18*: LL. 4, 5 C. h. t.

VIII, 13. Rubr.: rubr. C. VIII, 13.

2 modis dissoluatur, item que actiones exinde proficiscantur. Appella-
f. 60 c. 4. tione quidem pignoris et ypotheca continetur. inter ‖ pignus enim
et ypothecam tantum nominis sonus, non quantum ad actionem
ypothecariam differt. alias autem pignus proprie dicitur quod cre-
ditori traditur, quasi a pugno. ypotheca uero est quę sola conuen-
3 tione creditori tenetur. Contrahitur pignus conuentione sola, et hoc
ita, siue scriptura interueniat siue non. et hoc quantum ad rei ob-
ligationem. de obligatione uero persone satis diligenter supra in
quarto libro exposuimus. conuentio accipienda est non solum ex-
pressa set etiam tacita. item conuentio tum generalis, tum specialis.
item pretorio iure pignus contrahitur, set tunc demum, cum uentum
4 fuerit in possessionem. Dissoluitur quandoque ipso iure, ueluti
remissione, quandoque exceptione, ueluti si iudicatum est uel iuratum
pignus non teneri: tunc [*enim*] exceptio rei iudicate et iurisiurandi
5 datur. Ypoth*ec*aria quidem actio seu quasi Seruiana datur, quę in
rem sunt, creditori uidelicet — uel eius heredi — qui sibi pactus,
licet peccunia alterius profecta sit, in eum qui possidet, siue debitor
siue alius possideat, uel qui dolo fecit quo minus possideret: tenetur
enim ut rem pignoratam restituat uel ut debitum soluat. in debito
autem computatur et id quod in ipsum pignus necessario uel utiliter
inpensum est. occupata autem possessione a creditore (non pro suo
libitu, set uel debitore permittente uel iudicis auctoritate) custodire
debet rem pignoratam, ideoque et dolum et culpam et diligentiam
prestare in ea[*m*] rem debet. uis maior item casus fortuitus non

---

1 soluantur *B* | proficiscuntur *P* 2 enim] *om. P* 8 supra] *om. PBR* 9 exposuimus] *TB* tractatum est *PR* 13 si] *om. B* 14 enim] *PBR* 15 ypotheticaria *T* | quę] *om. B* 16 sunt] *om.* B^2 | uidelicet] *om.* P^2 | sibi] TP^2R sunt P^1 fuit *B* | pactus] pacti P^1; est *add.* P^2R 17, 18 siue — possideret] *om.* P^1 20 et] etiam *PBR*

---

2. *1—4*: § 7 Inst. de action. IV, 6 ict. L. 5 § 1 D. h. t. XX, 1. *4—6*: § 7 Inst. cit. ict. L. 238 § 2 D. de verb. sign. L, 16. **3.** *6—8*: L. 1 pr. D. de pign. act. XIII, 7, L. 4 D. h. t. *8—9*: v. supra IV, 24. *9—10*: L. 3 C. in quib. caus. pign. tac. VIII, 14, L. 3, L. 4 pr., L. 6 D. eod. XX, 2. *10*: L. 2 C. h. t., LL. 1, 9 C. quae res pign. VIII, 16. *11—12*: L. 26 D. de pign. act. XIII, 7. **4.** *12—13*: L. 4 ict. L. 2 in f. C. de rem. pign. VIII, 25. *13—15*: L. 5 § 3, L. 13 D. quib. mod. pign. XX, 6 ict. L. 40 D. de iureiur. XII, 2. **5.** *15—17*: §§ 7, 31 Inst. de act. IV, 6, L. 17 D. h. t. ict. L. 20 C. h. t., L. 16 C. h. t. *17—19*: L. 16 § 3 D. h. t. ict. L. 15 C. h. t., L. 12 C. de distr. pign. VIII, 27. *19—21*: L. 8 pr., § 5 D. de pign. act. XIII, 7, L. 6 C. h. t. *21—1*: L. 11 C. de pign. act. IV, 24, L. 3 C. h. t.; L. 13 § 1, L. 14 D. de pign. act. XIII, 7, L. 19 C. h. t., § 4 Inst. quib. mod. re contr. obl. III, 14.

prestatur nisi ex pacto speciali. R*e* autem pignori obligat*a* creditori, 6
rei obligatio contingit conseruato debitori iure dominii, dum tamen
hoc creditori non preiudicet. ideoque si debitor rem pignoratam
alienauerit, cum suo honere transit ad accipientem, dum tamen noua
constitutione inspecta primo loco debitor heresue eius conueniatur,
si presens est et soluendo: alioquin in possessorem licet extraneum
redditur. debitore uero seu herede eius possidente creditori electio
datur, utrum per personale[*m*] an per ypothecariam *ius suum* exsequi
malit. Sunt autem inspectiones tum commune[*s*], tum etiam diuerse 7
circa pignorum obligationes: que omnia per singulos titulos constitutionibus acomod*atis* apertissime denotantur.

IN QVIBVS CAVSIS PIGNVS TACITE CONTRAHITVR. R. ‖ XIV.

Euenit sepissime, prout superius dictum est, ut pignus tacite 1
contrahatur. re enim principali obligata etiam accessiones obligantur, *P.f. 88b v. 38.*
ut partus et fructus rei pignoratę. Tacitum pignus inducitur tum 2
propter fauorem tum propter odium persone, tum propter ipsam
causam. Bona eorum qui censentur item *qui cum* fisco contrahunt 3
tacite obligantur, et hoc fisci priuilegio. fauore quoque personarum
bona tutorum et curatorum pupillis et adultis obstricta sunt. In 4
odium uero bona eius obligantur qui eam duxit uxorem que contra
sacramentum suscepta tutela filiorum ad secundas ‖ nuptias aspirauit. *P.f. 89a.*
Ratione cause, ut bona mariti propter dotem restituendam, item 5
bona mulieris uel eius qui dotem promisit pro dote prestanda ipso
iure tenentur. item bona paterna seu materna pro nuptialibus lucris
liberis obligata sunt. inducta quoque et illata in domum seu fundum
conductum similiter tacite pro *pensionibus* obligantur.

---

1 rem *T* | obligatam *T* 4 alienauit *PBR* | honore *P*[1] 5 uel eius heres *PR* uel heres eius *B* 8 iussum *T* 9 maluerit *P* 10 obligationem *PR* 11 acomoditas *T* 12 In] Ex *P* | contrahitur] contrahatur *P*. *Desunt dehinc in T quae spatio unius folii continebantur; transcripsi e P.* 14 enim] ut dictum *add. P*[1] 17 eorum] enim *B* | qui cum] *BR* quicumque *P* 20 duxerit *P*[2] 21 aspirauerit *P*[2] 22, 23 restituendam — dotem] *om. B* 25 obstricta *R* 26 pensionibus] *BR* pensationibus *P*

---

6. *1—4*: L. 12 C. de distr. pign. VIII, 27, L. 15 C. h. t., L. 18 § 2 D. de pign. act. XIII, 7. *4—9*: **Nov. 4 c. 2** ict. L. 24 C. h. t.

VIII, 14. Rubr.: rubr. C. VIII, 14. **1.** *13—14*: v. supra VIII, 13 § 3. *14—15*: L. 29 § 1 D. de pign. XX, 1, L. 1 C. de partu pign. VIII, 24, L. 3 C. h. t. **3.** *17—18*: LL. 1, 2 C. h. t. *18—19*: L. 20 C. de adm. tut. V, 37. **4.** L. 6 C. h. t. **5.** *22—24*: L. un. § 1b C. de rei ux. act. V, 13. *24—25*: L. 6 § 9, L. 8 § 3 C. de sec. nupt. V, 9. *25—26*: L. 7 C. h. t., LL. 6, 7 D. h. t. XX, 2, L. 5 C. de loc. IV, 65.

XV. SI ALIENA RES PIGNORI DATA SIT.

Regulariter traditum est ea demum obligari que quis de bonis suis facit obnoxia. ideoque res alienas alter obligare non potest nisi domino permittente uel si ex officio hoc faciat, ut tutor uel curator accipiendo pecuniam in rem pupilli. tunc enim si pecunia in rem eius uersa est et res mobiles pignorate sunt, tenentur: inmobilia uero sine decreto non obligantur. si tamen alienam rem aliquis michi pignori det et pecuniam in rem eius uerterit, utilis exceptio michi danda est, quoad pecunia soluatur. sin autem postea in bonis obligantis esse ceperit, ueluti pignoraticia, id est ypothecaria, in rem datur. quod euenit et si dominus rei successit ei qui pignori rem supposuit: sufficit enim dominum eundem esse qui pecuniam debet

XVI. QVĘ RES PIGNORI OBLIGARI POSSIT VEL NON.

Contrahitur quidem pignus in rebus propriis domini uoluntate. seu consensu, prout dictum est. consensu enim pignoris obligationem contrahi leges clamant, et hoc uerum est, siue specialiter quid certum obligetur, siue generaliter omnia bona que quis habet et que habiturus est obliget. dando enim instrumenta prediorum pignori presumitur et de ipsis agris obligandis cogitasse. et contra, licet ex uerbis omnia obligasse presum[*i*]t[*ur*], tamen quedam tacite excipiuntur que in generali obligatione non continentur, ut filii naturales et alumpni item concubina et cetere res quas neminem credibile est specialiter pignori daturum fuisse. item omnia que ad culturam agri pertinent, ut boues et serui aratorii et cetera instrumenta ad id pertinentia. que nec etiam per officiales pignori capienda sunt, licet omnia bona iussu magistratuum obligata sunt, dum tamen pignus

---

2 Generaliter *B* 5 pupilli] uel adulti *add. R* 8 uertit *B* uertat *R* 10 ueluti] utilis *BR* 12 posuit *BR* | qui] et *add. BR* 13 possunt *BR* | uel non] *om. B*; et qualiter pignus (*om. B*) contrahatur *add. BR* 15 prout — est] *om.* P^1 | obligatio *B* 16 contrahitur *B* | leges clamant] *om. B* 17 et que] queque *BR* 19 prediis *R* | E contra *BR* 20 presumitur] *BR* 21 et] *om. BR* 24 et serui] et *om. BR* | aratra *R* 26 omnia] P^1 cetera P^2BR

VIII, 15. Rubr.: rubr. C. VIII, 15. *2—3*: L. 6 C. h. t. *3—4*: L. 20 pr. D. de pign. act. XIII, 7, L. 1 C. h. t. *4—7*: LL. 3, 7 C. h. t. ict. L. 2 pr., L. 5 §§ 10, 13, L. 13 § 1 D. de reb. eor. XXVII, 9. *7—9*: L. 1 C. h. t. *9—11*: L. 5 C. h. t. *11—12*: L. 22 D. de pign. XX, 1 ict. L. 41 D. de pign. act. XIII, 7.

VIII, 16. Rubr.: rubr. C. VIII, 16. *15—18*: LL. 2, 9 C. h. t. *18—19*: L. 2 C. h. t. *19—23*: LL. 6—8 D. de pign. XX, 1, L. 1 C. h. t. *23—25*: L. 8 ict. L. 7 C. h. t. *25—1*: L. 15 § 2 D. de re iud. XLII, 1 ict. L. 26 § 1 D. de pign. act. XIII, 7.

iudiciale ita demum sit obstrictum, si uentum fuerit in possessionem. item contra, etsi quedam res specialiter pignori date sunt, non tamen tenentur, ut religiose et liberi homines, qui nec etiam a parente obligari possunt: quin etiam pena afficitur qui sciens accepit.

QVI POTIORES IN PIGNORE HABEANTVR. XVII.

Euenit quandoque ut eadem res duobus iure pignoris obligetur 1
et alter ratione certa alteri preponatur. quod fit tum ratione temporis, tum ex causa. Siue enim conuentionale siue pretorium pignus 2
sit, potior est iure qui preuenit tempore. preuenisse autem uidetur non qui prior de pignor[*e*] conuenit set qui ante peccuniam numerauit. et ideo secundo seu posteriori permissum est ut soluendo priori debitum confirmet sibi pignus. quod in re publica seu fiscali obseruatur. Ex causa dos preponitur etiam aliis creditoribus tempore 3
anterioribus. mulier enim in repetenda dote semper in pignoribus omnibus creditoribus anteponenda est, etsi temporis ratione potiores sint, nisi [*et*] alia dos ab eadem substantia debeatur: tunc enim priuilegium temporis durat. item ille qui ad rem emendam peccuniam credidit et nominatim pactus est ut ea res pignori sibi sit, potior habetur quam hii qui ratione temporis secundum conuentionem priores sunt. qui autem peccuniam in refectione edifitii seu nauis specialiter ad hoc crediderit, sine dubio priuilegium exigendi hab*et*. item pupilli, si ex eorum peccunia aliquid emptum est et quorum peccunia res salue sunt.

DE HIS QVI IN PRIORVM CREDITORVM LOCO SVCCEDVNT. XVIII.

Permissum quidem est ut quis in locum prioris creditoris 1
succedere possit. quod qualiter eueniat intuendum est. Si enim 2

---

2 et] *om. BR* 5 Rubr.] *deest in B* 6 Euenit] accidit *PR* 9 est] enim *add. B* 14, 15 mulier — est] *om. B* 16 et] *BR* 18 sibi] *om. BR* 21 crediderit] tradidit *B* | habet] *R* habent *PB* 24, 25 Rubr.] *deest in B*

2—4: L. 21 C. de sacros. eccl. I, 2, LL. 3, 6 C. h. t., L. 5 D. h. t. XX, 3.

VIII, 17. Rubr.: rubr. C. VIII, 17. **2.** *8—9*: LL. 2, 3 C. h. t. *9—11*: L. 8 C. h. t. ict. L. 11 pr. D. h. t. XX, 4. *11—13*: LL. 1, 5, 8 C. h. t., L. 22 C. de pign. VIII, 13, L. 4 C. de his qui in prior. VIII, 18. **3.** *13—17*: L. 12 §§ 4—7 C. h. t. *17—20*: L. 7 C. h. t. *20—22*: L. 1 D. in quib. caus. pign. XX, 2, LL. 5, 6 pr. D. h. t. ict. Nov. 97 c. 3 in. *22—23*: L. 7 pr. D. h. t.

VIII, 18. Rubr.: rubr. C. VIII, 18. **2.** *27—5*: L. 1 pr. C. h. t., L. 12 § 8 D. qui pot. in pign. XX, 4; L. 2 pr. C. h. t. ict. L. 3 C. de privil. fisci VII, 73.

tua pecunia prior creditor dimissus est, in locum eius succ*edis*, et hoc ita, siue cum debitori pecuniam crederes hoc pactus es ut locum prioris obtineas cui ex tua pecunia solutum est, siue ipsi creditori peccuniam soluisti sub eadem conditione ut in te ius suum transferat. et ideo in locum eius successisti per omnia, etiam si aliud actum est: forte si prior de uendendo pignore conuenit, etiam si posterior in contrarium egit, tamen ex persona prioris uendere ei permittitur: sepe enim quod quis ex sua persona non habet, hoc per alium consequi potest.

XIX. SI ANTIQVIOR CREDITOR PIGNVS VENDIDERIT.

1 Potiori seu antiquiori permittitur uendere pignus, et ideo, siue principaliter potior sis siue per cessionem in te factam, uendere potes. quare causa posterioris creditoris perempta uendere ea non prohiberis, nisi secundus offerre paratus sit quod tibi debetur: offerendo enim priori debitum et retentio eius si possidet et uendicatio
2 eius priore possidente ei datur. facta autem *uenditione* neque secundo creditori neque debitori hoc reuocare permissum est, etiam si parati sint offerre, quemadmodum nec sotius sotio prohibere potest quominus partem suam pro indiuiso pignori obliget.

XX. DE PRETORIO PIGNORE.

Omnia quidem que in bonis alterius sunt pignori obligari possunt, nisi forte specialiter aliquid exceptum sit, et ideo etiam incorporalia, ut acciones, supponi possunt, et hoc non solum ex conuen-

---

1 succedis et] *R* succedisset *B* succendis et *P* 4 eadem] *PB* ea *R* | in te ius] eius *B* 5 etiam] et *BR* 6 etiam] et *BR* 10 Rubr.] *deest in B* | uendidit *R* 12 in te] P^2*R* ante P^1 rite *B* 13 perempta] est *add. BR* | uendere ea] et a uenditione *BR* 15 enim] nisi *B* | eius] *om. R* 16 eius] etiam *R*; *om. B* | uenditione] *BR* uendicatione *P* 17 neque debitori] *om. B* 20 Rubr.] *deest in B*

5—9: L. 3 D. quae res pign. XX, 3.

VIII, 19. Rubr.: rubr. C. VIII, 19. **1.** *11—13*: LL. 1, 3 C. h. t., L. 8 C. qui potior. in pign. VIII, 17, L. 7 C. de obl. et act. IV, 10. *13—14*: L. 3 ict. L. 1 C. h. t., cit. L. 7 § 1 C. de obl. et act. IV, 10. *14—16*: L. 22 C. de pign. VIII, 13, LL. 1, 5 C. qui pot. VIII, 17 ict. L. 1 § 1 C. h. t., L. 12 pr. D. qui pot. in pign. XX, 4. **2.** *16—18*: L. 2 C. h. t., L. 6 C. qui pot. in pign. VIII, 17. *18—19*: L. un. C. si comm. res pign. VIII, 20.

VIII, 20. Rubr.: rubr. C. VIII, 21. *21—22*: L. 1 pr., L. 6, L. 34 § 2 D. de pign. XX, 1, L. 1 C. quae res pign. VIII, 16. *22—23*: L. 4 C. eod. *23—2*: L. 1 C. h. t.

tione set etiam iudicis auctoritate constitui potest. pretorium etiam pignus etiam in accionibus debitorum fieri potest, et quemadmodum accio ex conuentionali et retentio datur, eodem modo ex iudic*ia*li.

SI IN CAVSA IVDICATI PIGNVS CAPTVM SIT. ‖ XXI.

Et prout conuentional*e* distrahi ratione certa permissum est, *P. f. 89b.* eodem modo per executores pignus in causa iudicati captum distrahi concessum est. emptore non inuento uel iustum pretium non offerente creditor ut iure dominii possideat a principe inpetrare potest, uel per licitationem emere uice cuiuslibet extranei potest.

SI PIGNVS PIGNORI DATVM SIT. XXII.

Pignus quoque pignori dari posse placet, et tam diu pignus secundo creditori tenetur, quam diu utraque pecunia debetur. que si soluta est secundo creditori, si quantitas est, compensabitur, si species seu corpus, loco pignoris apud secundum creditorem est, quoad debitum ei soluatur. secundo quidem creditori etiam pignus distrahere cessante solutione permittitur.

DE REMISSIONE PIGNORIS. XXIII.

Obligatio quidem pignoris consensu contrahitur et contrario consensu resoluitur. ideoque creditor qui distrahi uel manumitti seu alias alienari rem sibi pignoratam patitur pignus amittit, nisi forte ideo consenserit, quia scit ius suum ubique durare: tunc enim cum suo honere transit. item si principalis obligatio seu accio qua

---

3 iudiciali] P^1*BR* iudicionali P^2 4 Rubr.] *om. BR hunc titulum priori iungentes.* 5 conuentionale] *BR* conuentionali *P* | certa] *om. B* 6 modo] et *add. BR* 10 Rubr.] *deest in B* 11 dare P^1 15 etiam] et *B* 17 Rubr.] *deest in B* 19 resoluitur] P^2*B* dissoluitur *R* remittitur P^1 20 alias] *om. BR* | amittit] P^1*R* dimittit P^2*B* 21 consentiat *BR* | scit] *om. BR* | durare] intelligit *add. BR* 22 honere] P^2*R* honore P^1 bone *B* | accio] transactio *B* | qua] quam *B* que *R*

2—3: L. 2 C. h. t.

VIII, 21. Rubr.: rubr. C. VIII, 22. *5—7*: L. 1, L. 2 pr. C. h. t. ict. L. 7 C. quae res pign. VIII, 16. *7—9*: L. 3, L. 2 § 1 C. h. t.

VIII, 22. Rubr.: rubr. C. VIII, 23. *11—15*: L. 1 pr. C. h. t., L. 13 § 2 D. de pign. XX, 1. *15—16*: L. 1 § 2 C. h. t.

VIII, 23. Rubr.: rubr. C. VIII, 25. *18—19*: L. 2 in f. C. h. t. *19—20*: LL. 1, 2 C. h. t. *20—22*: L. 4 § 1, L. 8 § 15 D. quib. mod. pign. v. hyp. solv. XX, 6. *22—1*: L. 5 pr. D. eod.

pignus tenebatur remissa est, et pignoris uinculum remissum uidetur. quod euenit et si cirographum redditum sit in quo pignoris obligatio continebatur: tunc enim et ius pignoris disoluitur. set si forte principalis actio per pactum inutiliter factum remissa est, dolo scilicet uel metu adhibito, tamen tunc etiam adhuc ius pignoris durat, licet quandoque eueniat ut conuentio aliqua ciuili ratione infirmetur quantum ad principalem causam, ueluti si maritus causa donationis debitum uxori remisit uel contra uxor marito: tunc ius pignoris dissoluitur, quamuis principalis obligatio teneat.

XXIV. ETIAM OB CIROGRAPHARIAM PECCVNIAM PIGNVS TENERI.

Receptum est quidem nouatione uoluntaria pignus liberari, ueluti si debitor pro se alium delegauerit. quod non euenit in necessaria nouatione, forte si debitor per sententiam condempnatus est: tunc enim pignus durat, quoad pecunia soluta sit aut eodem nomine satisfactum est. quibus cessantibus ypothecaria accio tenet, quia has conditiones habet. soluta uero pecunia pro qua pignus obstrictum fuit, etiam ob cirographariam peccuniam retentio creditori datur, donec etiam omne illud offeratur quod sine pignore debetur. quod secundo opponi non potest: nec enim cirographarium soluere debitum compellitur.

XXV. DE DISTRACTIONE PIGNORVM.

1 Debitore cessante in solutione creditori uendere pignus permit-
2 titur. quod qualiter fieri possit uidendum est. Pacto enim uel lege hoc faciendum est, dum tamen nexus pignoris teneat cum effectu,

4 actio] obligatio *BR* 5 adhibito] interueniente *BR* | tamen] *om. BR* | etiam] et *BR* 6 quandoque] quando *B* 8 tunc] enim *add. R* 8, 9 dissoluitur] dissolutum est *R* uel dissolutum est *B* 10, 11 Rubr.] *deest in B* 11 teneri] posse *add. R* 12 nouatione] quoque *add. BR* 13 alium] *om. B* 15 eodem] eo *B* 19 pignore] creditore *add. B* 22 Rubr.] *deest in B* | pignoris *R*

2—3: L. 7 C. h. t. *3—5*: L. 5 C. h. t. *5—9*: L. 1 § 1 D. quib. mod. pign. XX, 6 ict. L. 18 D. quae in fraud. cred. XLII, 8.

VIII, 24. Rubr.: rubr. C. VIII, 26. *12—13*: L. un. pr. C. h. t., L. 11 § 1 D. de pign. act. XIII, 7, L. 18 D. de novat. XLVI, 2. *13—17*: L. un. § 1 C. h. t., L. 13 § 4 D. de pign. XX, 1 ict. L. 29 D. de novat. XLVI, 2. *17—21*: L. un. §§ 2, 3 C. h. t.

VIII, 25. Rubr.: rubr. C. VIII, 27. **1.** L. 7 C. h. t. **2.** *24—1*: L. 3 § 1 C. de iure dom. impetr. VIII, 33; LL. 6, 14, 16 C. h. t.

id est uel totum debitum uel pars eius adhuc debeatur. quam diu
enim quid modicum ex debito superest, pignus debitore detractante
solutionem distrahi potest. si enim debitor omne quod debetur
soluat uel soluere paratus sit, uenditio inpeditur. quod euenit et
si creditor cum debitore pactus sit ne omnino ueneat. si uero contra
ea uenditio facta sit, non procedit alienatio. Si pactum de uendi- 3
tione intercessit, pacti tenor seruandus est. si enim conuenit ne
certo loco distrahatur, *uel ut* certa quantitate uel certis conditionibus
adiectis uenditio fiat, ea omnia ‖ custodienda sunt. pacto cessante ex *f. 61 c. 1.*
lege uenditio facienda est post biennium, missis denuntiationibus
uel si a iudice hoc inpetratum est (creditore enim possidente per
iudicem distrahendi facultatem ei inpetrare permittitur), dum tamen
creditor in uendendo sibi bona fide rem gerat et quando licet testato
debitori dicat et notum publice hoc faciat, ne quid per fraudem ad-
mitta[*tur*], et ita plus offerenti detur. si enim [*quid*] dolo seu culpa
admissum est in uendendo, cum iure uendere potest, uenditio non
rescinditur, set de superfluo directa pignoraticia creditor tenetur.
emptor quidem non tenetur, nisi fraudem participatus est: tunc enim
et ipse [tenetur] fraudatorio interdicto conuenitur, cum creditor
fraud*u*lentus soluendo non est. Facta uero uenditione dominium 4
quidem transfertur, quia hoc domini, id est debitoris, uoluntate fieri
uidetur, ipse tamen debitor non liberatur, nisi quatenus creditor ex
pignorum pretio redegit uel redigere potuit: in superfluum enim
personalis actio durat. Si autem res pignorata a debitore distracta 5
sit, uenditio quidem seu alienatio ualet, cum sua tamen causa transit,
nisi creditor ius suum remittat.

---

1 id est] ut *add. BR* 4, 5 et si creditor] et si debitor *R*; *om. B* 5 debitore] creditore *R* condictione *B* | ueneat] *R* ueniat *PB* 7 ne] P^1*BR* ut P^2 8 uel ut] *B* ueluti *P* uel de *R* | uel] ueluti P^1 11 interpretatum P^2 14, 15 admittatur] *PB* amittat *R* 15 quid] *PBR* 17 rescindetur *P* | pignorantia P^1 19 tenetur] *om. PBR* | creditor] debitor *B* 20 fraudelentus *T* 22 tamen] enim *P*

1—3: L. 2 § 1 C. debitor. vend. pign. imp. VIII, 28. *3—4*: LL. 5, 8 C. h. t., L. 2 pr. C. debit. vend. pign. imp. VIII, 28. *4—5*: L. 7 C. h. t., L. 4 D. de pign. act. XIII, 7. **3.** *6—11*: L. 3 § 1 C. de iure dom. impetr. VIII, 33. *11—12*: L. 14 C. h. t. *12—15*: LL. 4, 9 C. h. t. *15—17*: L. 7 C. h. t., L. 1 pr., L. 5 C. si vend. pign. ag. VIII, 29, L. 20 C. h. t. *18—20*: L. 1 § 1, L. 4 C. eod.; arg. L. 96 pr. D. de sol. XLVI, 3. **4.** *20—22*: LL. 15, 18 C. h. t.; § 1 Inst. quib. alien. II, 8. *22—24*: L. 3 C. h. t., L. 9 § 1 D. h. t., L. 10 C. de obl. et act. IV, 10. **5.** L. 12 C. h. t.

XXVI. DEBITOREM PIGNORIS VENDITIONEM IMPEDIRE NON POSSE.

Venditionem creditoris ita d*e*mum debitor impedire potest, si omne quod debetur offerat et creditore non accipiente consignatum deponat. alioquin quandiu uel modicum quid ex [*s*]orte uel usuris debetur, distractio, licet debitor ne fiat denuntiet, non impeditur.

XXVII. ℞. SI DE VENDITO PIGNORE AGATVR.

Pignorum quidem uenditione iure facta si debitor agat, creditor heresue eius pignoraticia conueniendus est de eo quod dolo seu culpa ab eo factum est, uel si qui*d* ex pignoris pretio apud eum superest. emptor uero bone fidei non tenetur. item si per gratiam res maioris pretii minimo distracta est, et hic uenditio restituto pretio reuocatur.

XXVIII. DE LVITIONE PIGNORIS. ℞.

1 Luitio pignoris ita facienda est, ut totum debitum ex[*s*]oluatur. pignoris enim [*causa*] indiuisa est et pro parte expediri non potest. ideoque si unus ex heredibus debitoris partem suam soluerit, adhuc solidum pignus tenetur, licet a personali sit liberatus accione. econtra si un*i* ex heredibus creditoris su*a* pars soluta fuerit, tamen *f. 61 c. 2.* ceteris pignus in solidum tenetur, licet ‖ acti*o* personalis pro portione hereditaria unicuique competat. item et heres debitoris qui pignus possidet in solidum conuenitur, licet personali [*actione*] pro parte teneatur.

1, 2 Rubr.] *om. PBR hunc titulum priori iungentes.* 3 domum *T* 5 uel] ex *add. P* 7 Rubr.] *om. PBR hunc titulum prioribus continuantes.* 9 pignorantia *P*[1] 10 quid] *PBR* quis *T* 12 hic] hec *B* 15 Luitio] autem *add. PBR* 16 enim] autem *P*[2] | causa] *PBR* 17 adhuc] in *add. PB* 18 accione] *om. B* 19 uni] *PBR* unus *T* | sua] *PBR* sui *T* | pars] *om. B* | tamen] *TR* adhuc tamen *B* adhuc in *P* 20 actio] *PBR* actione *T* 21 competit *P*[1] | et] *om. PBR* 22 actione] *PBR* | teneatur.] *Rubrica* De pacto pignoris et de lege commis. in pi. subl. *sequitur in P*

VIII, 26. Rubr.: rubr. C. VIII, 28. L. 2 C. h. t.

VIII, 27. Rubr.: rubr. C. VIII, 29. *8—11*: LL. 7, 20 C. de distr. pign. VIII, 27, L. 1 pr., L. 5 C. h. t. *11—13*: L. 3 C. h. t.

VIII, 28. Rubr.: rubr. C. VIII, 30. **1.** *15—16*: L. 6 C. de distr. pign. VIII, 27, L. 2 pr. C. debitor. vend. pign. VIII, 28 ict. LL. 1, 2 C. si unus ex plur. VIII, 31. *17—18*: L. 1 ict. L. 2 C. h. t. *18—21*: L. 1 C. si unus ex plur. VIII, 31. *21—22*: L. 16 C. de distr. pign. VIII, 27, L. 2 C. si unus ex plur. VIII, 31.

Quem ad modum autem pignus ab obligatio[*n*]is nexu soluitur 2
[*luitione*], *ita* si *ea* causa propter quam datum est secuta [*non*] est, ueluti numeratio, pignus [*non*] tenetur nec in causa[*m*] pignoris cadit. ideoque uendicatio non habita questione dominii datur (quotiens enim ab aliquo causam habes, non ei debes [*questionem*] dominii referre), et insuper pignoraticia etiam nullo debito soluto ei competit.

DE IVRE DOMINII IMPETRANDO. XXIX.

Si autem creditor pignus uendere nequeat, permissum ei est ut a principe dominium inpetret, obseruata tamen forma constitutionis, que cum multis diuisionibus et differentiis introducta est: que omnia ex ipsi[*u*]s lectione apertius percipi possunt.

DE PACTIS PIGNORVM ET DE LEGE COMISSORIA. XXX.

Item sunt pacta quę extra contractus naturam in pignore in- 1
terponuntur: de quibus edicendum est. Inprimis quidem sciendum 2
est legis commiss*orie* pactum in pignoribus omnimodo esse improbatum, et ideo si in fraudem eius quid factum est nul[*l*]ius momenti est. in emptione uero admittitur. commiss*orie* legis pactum est, ut si ad diem debitor peccuniam non soluat, creditor iure dominii rem pignoratam possideat. quod non admittitur, ideoque quam diu apud creditorem residet, debitori offerendi potestas datur: quo facto directa
pignoratitia ei ad repetendum datur. Si quod autem aliud pactum 3
in pignore interpositum est, omnimodo seruandum est.

---

1 autem] *om. P* 1, 2 luitione] *PR*; *om. TB* 2 ita] *PR* item *TB* | ea] ex *T*; *om. PBR* | non] *PBR* 3 numeratio] pecunię *add. P* | non] *PBR* | causam] *PR* causa *TB* 4—6 datur — dominii] *om. B* 4, 5 quotiens] qui *PR* 5 habet *PR* | debet *PR* | questionem] *PR* 6 et] *om. P* | pignorantia P^1 | etiam] et *R*; *om.* P^1; et directa *add.* P^2 | ei] *om. B* 8 Rubr.] *in marg. add. T*; *om. PBR hunc titulum priori iungentes.* 10 a] *om. B* | forma] causa P^1 13 Rubr.] *deest in P* | et de] de *om. B* | comissoria] in p. re. *add. B* 14 sunt] *om. B* | quę] *om. B* | extra] contra *P* 15 dicendum *PR* 16 commissorie] *PBR* commissione *T* 17 et ideo] non P^1 18 commissorie] *PBR* commissione *T* 19 peccuniam] *om. B* 20 ideoque] ideo *P* 21 residet] TP^2R presidet P^1 possidet *B* 22 pignorantia *P* 23 obseruandum *P*

---

2. LL. 1, 2 C. si pign. conv. num. sec. non est VIII, 32.
VIII, 29. Rubr.: rubr. C. VIII, 33. **L. 3 C. h. t.**
VIII, 30. Rubr.: rubr. C. VIII, 34. **2.** L. 3 C. h. t.

XXXI. DE EXCEPTIONIBVS SIVE PRESCRIPTIONIBVS.

1 Ius intendendi tam ciuile quam pretorium latius explicitum
2 est. nunc ius defendendi tractandum est. Exceptiones quidem ex-
cludunt intentiones. quandoque enim reum in solidum dampnatione
eximunt, quandoque pro parte dampnatione[*m*] minuunt. exceptio
enim actorem excludit, replicatio uero reum. et est replicatio ex-
ceptionis exclusio quę actori datur. duplicationes autem, item tripli-
cationes et cetera similiter exclusiones dicuntur quę tam actori quam
3 reo ex diuersis causis dantur. In quibus spectandum est, ex quibus
[*causis*] competant, quibus prosint seu obsint, item infra quod tempus
4 dentur, et quando obiciende seu probande sint. Cause quę exceptio-
nes [*inducunt*] sunt hee: ueluti metus, dolus, item iusiurandum, nec
non res litigiosa. si enim *metu* coactus uel dolo promisisti, exceptio
[f. 61 c. 3.] quod metus causa seu ‖ doli tibi competit. item si aduersario defe-
rente iurasti te non debere, [et] exceptio [*iuris*] iurandi tibi datur.
quod optinet et si aduersarius rem de qua in iudicio tecum litigabat
[tibi] uendidit: datur enim [*tibi*] exceptio rei litigiose, si emptor petere
5 ceperit. Inter quos iuratum uel iudicatum est, iuris iurandi et rei
6 iudicate exceptiones obesse et prodesse solent. Exceptiones doli
item quę propter uim dantur perpetue sunt, licet accio doli bien-
nalis *est et* unde [*ui*] interdictum annale sit: quedam enim tempo-
7 ralia sunt ad agendum *que* perpetua sunt ad defendendum. Peremp-
torie quidem exceptiones quoquo tempore dum modo ante sententiam

---

1 De exceptione seu prescriptione *P* 2 latius] satis *BR*; *om. P* 3 ius] de iure *R* | tractandum] exponendum *B* 6 actorem] actionem P^2 | reum] adiuuat *in marg. add.* P^2 8 et cetera] *PBR* et ceterarum *T* 10 causis] *PBR* | seu] uel *PR* | infra] inter *P* intra *R* 11 sint] *om. P* 12 inducunt] *PBR* 13 res] *om. B* | metu] *PBR* dolo *T* 14, 15 deferente] TP^1B defendende P^2 inferente *R* 15 et] *om. PBR* | iuris iurandi] *PBR* 17 tibi] *om. PBR* | tibi] *PBR* 19 doli] mali *add.* P^2 20 datur *B* 21 est et] *PR* esset *T* et (*om.* est) *B* | ui] *PBR* | quedam] que *P* 22 que] *BR* quedam *T* | que — defendendum] eadem (ad *add.* P^2) excipiendum (defendendum P^2) sunt perpetua (s. perp. *om.* P^1) *P* 22, 23 per emptionem *T* 23 modo] tamen *PR*

VIII, 31. Rubr.: rubr. C. VIII, 35. **2.** *3—4*: L. 2 pr. D. h. t. XLIV, 1. *4—5*: L. 22 pr. D. h. t. *5—7*: L. 2 §§ 1, 2 D. h. t. *7—9*: L. 2 § 3 D. h. t. **4.** *13—14*: § 1 Inst. h. t. IV, 13. *14—15*: § 4 Inst. h. t. *16—18*: L. 2 C. de litig. VIII, 36 ict. L. 1 § 2 D. quae res pign. XX, 3, L. 1 § 1 D. de litig. XLIV, 6. Gai. IV, 117a? **5.** L. 2 C. h. t., L. 10 D. h. t. ict. L. 2 C. quib. res iud. VII, 56, L. 3 § 3 in f. D. de iureiur. XII, 2. **6.** L. 6 C. h. t., L. 5 § 6 D. de doli exc. XLIV, 4, L. 5 C. h. t. **7.** *22—1*: L. 8 C. h. t., L. 2 pr. C. sent. resc. non posse VII, 50; L. 12 C. h. t.

obici possunt, dilat*orie* autem in initio oppon[*end*]e sunt. probande
quidem sunt intentione probata, si de ea queritur: [uel] alioquin *si*
constat de intencione, statim exceptiones probande sunt. quibus pro-
batis absolutio facienda est, nisi per replicationes elidantur. quę 8
dantur tum propter conuentionem, tum propter rei equitatem. prius
enim pactum per posterius non ipso *iure*, set per replicationem eli-
ditur. ex rei equitate dantur, ueluti si metu seu dolo induxisti me
ad paciscendum ne peterem: replicati*o* enim doli seu metus michi
datur. item si C michi debeas sine controuersia et non *amplius*
L dedisti, nisi de reliquis L paciscar ne petam, datur michi et hic
replicatio propter rei equitatem. Fori quoque prescriptiones in prin- 9
cipio a litigat*ori*bus opponende sunt, [et] licet et generaliter omnes
exceptiones prescriptiones dici possunt.

℞. DE LITIGIOSIS. XXXII.

Generaliter de exceptionibus dictum est. nunc de rei litigiose 1
exceptione dicendum est. Litigiosa res est de cuius dominio inter 2
petitorem et reum iudiciaria conuentione queritur aut precibus prin-
cipi oblatis et iudici insinuatis ac per eum futuro reo cogn*i*tis.
Exceptio litigiose rei opponitur ei qui sciens rem emit uel ex aliquo 3
titulo alienationis accepit ab eo qui litigium inferebat. si enim in-
stituat petere, ei obsistat exceptio. in quibus[*dam*] tamen casibus
hec alienatio et tempore litis contest*at*e permittitur, ut inter coheredes
pro diuisione rerum heredit*ariarum*, uel si de his bon*a* fid*e* trans-

---

1 obici] condici P^1 | dilatione *T* | autem] quidem *P* | opponende] P^2BR proponende P^1 2 sunt] *om. B* | uel] *om. PBR* | alioquin] nam *PBR* | si] *PBR* nisi *T* 4 per] propter *P* 6 iure] inē (*pro* iūe) *T* | per] propter *B*; *om. P* | replicatione *P* 7 datur *P* 8 replicationem *T* 9 amplius] aliis *T* al̄r *P* aliter *B* aliter quam *R* 10 de] *om. B* | petam] petantur *P* repetam *R* 12 a] *om. P* | litigatoribus] P^2BR litigationibus *T* litigatores P^1 | et] *om. PBR* | licet et] et *om. PR* 13 prescriptiones] *om.* P^1 18 cognatis *T* 19 litigiose rei] litigiosi ei *B* 21 obsistat] obstat *PBR* | quibusdam] *PBR* 22 hec] *om. BR* | contestante *T* 23 per diuisionem P^1 | hereditarum marum *T* | bonam fidem *T*

1—3: L. 9 C. h. t. *3—4*: L. 10 C. h. t. **8.** *5—7*: pr. Inst. de replic. IV, 14. *7—9*: L. 3 C. h. t. *9—11*: L. 7 C. h. t. **9.** L. 13 C. h. t.

VIII, 32. Rubr.: rubr. C. VIII, 36. **2.** Nov. 112 c. 1 in. (Auth. Litigiosa ad L. 1 C. h. t.) **3.** *19—20*: L. 2 C. h. t. ict. L. 1 § 1 D. h. t. XLIV, 6, L. 1 § 2 D. quae res pign. XX, 3. *21—1*: L. 5 § 3 C. h. t.

VIII, 31. 8. *9—11*: **Quest. VII, 2.**

actum sit, uel si in dotem seu ante nuptias donationem date sint.
f. 61 c. 4. sin ‖ autem per legatum uel fidei commissum res uel accio relicte
sunt, dubius euentus relictus uidetur, et ideo ex constitutione noua
heres rem uel *peccuniam* exigere debet et id legatario uel fideicom-
missario [*prestare, et ideo*] permissum est his iudicio adesse, ne
4 colludatur. Multatur autem emptor qui sciens emit et amissione
pretii. qui autem ex donatione accepit in extimatione tertie partis
punitur, contractu in irritum deuocando.

XXXIII. DE CONTRAHENDA STIPVLATIONE.

1 De iure petendi et defendendi satis dissertum est. nunc de re
soluta edisserendum est. est *autem* solutio ciuilis et naturalis.
ciuilis solutio fit per accepti lationem [*et delegationem*]. delegatio
uero et accepti latio fit per stipulationem. ideo de stipulatione pre-
mittit. et quia non semper *stipulatio* cum contrahitur, et commit-
2 titur, ideo de ea committenda apponit. Si quidem pure promittitur,
statim contrahitur et committitur. item quod in die[*m*] promittitur
statim debetur, set non potest peti nisi dies ueniat. quod autem
sub conditione promittitur, statim quidem concipitur stipulatio, sed
3 non committitur, nisi *post* euentum conditionis. In stipulationibus
quedam communia, quedam spetialia specta[*n*]tur. in omnibus enim
contractibus consensus desideratur et ut persone hee sint quę con-
sentire possint. hic uero non solus consensus sufficit, sed cum ad-
iectione uerborum, id est 'promittis? prómitto', adhibita tamen pre-

---

2 actiones *PBR* 3 euentus] litis *add. P* 4 rem] *om. B* | peccuniam] *PBR* per tertiam *T* 5 prestare et ideo] *PR* prestatur et ideo *B* | his] eis *B* ei *P*; *om. R* 6 et] *om. PBR* | amissione] manumissione *P*[1] 9 De contrahenda et committenda stipulatione *PBR* 10 dissertum] dictum *P* | re] *om. PBR* 11 soluta] solutione *PB* solutionibus *R* | dicendum *PBR* | autem] *PBR* ante *T* 12 solutio] *om. P* | fit] consistit *P* | accepti lationem et] *om. P* | et delegationem] *BR* delegationem *P* 13 ideo] ideoque *P* et ideo *BR* | stipulationibus *PBR* 13, 14 premittitur *P* 14 stipulatio] *PBR* constípulat *T* | cum] *om. P* | et] *om. PBR* 15 ideo] et *add. B* | quidem] *om. BR* | pure] quid *add. B* quidem *add. R* | permittitur *P*[2] 16 committitur] obligatio *add. PBR* | diem] *PBR* 18 permittitur *B* | quidem *om. P* 19 post] *P*[2]*BR* prius *T* ipse *P*[1] | conuentum *P*[1] 20 spectantur] *PR* notantur *B* 23 id est] *TP*[1] ut puta *P*[2]*BR* | tamen] utriusque *PBR*

2—6: **Nov. 112 c. 1** (Auth. Nunc si ad L. 5 C. h. t.). **4.** L. 5 pr. — § 2 C. h. t.

VIII, 33. Rubr.: rubr. C. VIII, 37. **1.** *11—12*: L. 54 D. de solut. XLVI, 3 ict. § 1 Inst. quib. mod. obl. toll. III, 29, L. 8 § 3 D. ad SC. Vell. XVI, 1. **2.** L. 213 pr. D. de verb. sign. L, 16. **3.** *20—22*: v. supra II, 3 §§ 2, 7. *22—2*: § 1 Inst. h. t. III, 15, § 12 Inst. de inutil. stip. III, 19, LL. 10, 14 § 2 C. h. t.

sentia, ceteris aliis sollempnitatibus sublatis, dum tamen sens*us* et
consens*us* et consonan*s* intellect*us* ab utraque parte interueniat.
Item factum et ius intuendum est. factum *dicimus* interrogationem 4
et promissionem, et ut animo obligandi fiat: non per iocum et non
causa demonstrandi intellectus faciendum est. in iure uero multe
sunt differentię tam in personis stipulantis quam etiam promittentis,
item et in persona eius cui acquiritur. *in re* quoque que promit-
tit[*ur*] similiter delectus habetur, item in causa ob quam promittitur,
et in accionibus quę ex hac obligatione proficiscuntur. Persona ea 5
esse debet quę neque natura neque *iure* contrahere prohibeatur.
natura: ut infantes et proxim*i* infanti et furiosi. iure: ut hii qui
ciuitatem amiserint, uel quibus commertia interdicta sunt. cetere
persone sibi stipulando adquirunt. alteri uero stipulari nemo potest
nisi [*in casu, ut*] filius patr*i*, seruus domino ([*pater enim filio do-
minus seruo*] stipul*ando* sibi adquirit). item alteri, cum interest [*nostra*],
uel cum adiectione *pene stipulari* possumus. ‖ a promittendo pupilli f. 62 c. 1.
et furiosi natura excluduntur. iure: ut hii quibus amministratio
*bon*orum interdicta est, et serui nisi ex causa pecculiari. Res quę 6
promittitur similiter ea esse debet que neque natura neque iure
proibeatur. natura: ut id quod non est, ut *y*pocentaur*us*, uel esse

1 ceteris aliis] omnibus *BR* | dum] *om. P* | tamen] *TR* modo *PB* | sensus et] sensum et *T*; *om. PBR* 2 consensus] *PBR* consensum *T* | et] que *B*; *om. R* | consonans] *P* consonantem *T* consonansque *R*; *om. B* | intellectus] *PBR* intellectum *T* | interueniat] *TP*^{2} interueniunt *B* interueniant *R* inueniatur *P*^{1} 3 dicimus] *PBR* dñs (= dominus *pro* dm̄s) *T* 4 non per] non etiam per *PR* et non per *B* | et non] uel *PBR* 5 faciendum est] *om. PBR* 6 tam] tum *B* ut *R* | personis] tam *add. BR* | etiam] *om. BR* 7 in re] *PBR* item *T* 7, 8 promittitur] *PBR* 8 similiter] etiam *add. P* | delectus] *PBR* dilectus *T* 9 obligatione] causa *P*^{1} 10 iure] *PBR* inē *T* | contrahere] *om. PBR* 11 proximi] *PBR* proximum *T* 12 amiserunt *PBR* | cetere] uero *add. P* 14 in casu ut] *PBR* | patri] *PBR* patris *T* | serui *P* 14, 15 pater — seruo] *PBR* 15 stipulando] *PBR* stipulat̄ *T* | adquirit] acquirunt *PB* | alteri] *om. PBR* | nostra] *PBR* 16 pene stipulari] stipulari pene *T* pene alteri stipulari *PBR* 17 ut] *om. P* 18 bonorum] *PBR* horum *T* | ex] in *PR* | causa] *om. P*^{1} | peculiarii *P* | Res] quoque *add. PR* 20 id] illud *P* | ypocentaurus] *P* ypocentaurum *BR* etpocen taurum *T* | uel] et *P*

4. *3—5*: pr. Inst. h. t.; L. 3 § 2 D. de obl. et act. XLIV, 7. **5.** *11*: §§ 8—10 Inst. de inut. stip. III, 19. *11—12*: L. 34 D. de verb. obl. XLV, 1? Gai. III, 93, 94? *13—16*: §§ 19, 20 Inst. de inut. stip. III, 19 ict. § 4 Inst. eod., § 1 Inst. de stip. serv. III, 17. Cf. supra II, 3 § 9. *16—18*: L. 1 § 12 D. de obl. et act. XLIV, 7, §§ 8, 9 Inst. de inut. stip. III, 19; L. 6 D. de verb. obl. XLV, 1; § 6 Inst. de inut. stip. III, 19, L. 43 D. de obl. et act. XLIV, 7 ict. L. 3 § 5, L. 47 § 1 D. de pec. XV, 1. **6.** *20—1*: § 1 Inst. de inut. stip. III, 19.

non potest, ut Stichus qui mortuus est. iure: ut res sacre et reli-
giose, etiam que publice in usu publico perpetuo sunt (*non etiam* in
patrimonio populi), item res que stipulatoris est uel *sua* futura est,
et quarum rerum commercium neque stipulator neque promissor
7 habet. Causa ob quam promittitur *natur*alis esse debet, ut uel da-
cionem seu factum contineat. et ideo quantum ad hoc ut obligatio
cum effectu teneat, causa naturalis precedere uel inesse uel subsequi
debet [ut uel dacionem]: alioquin quantum ad iuris stricti rigorem stipu-
latio tenet, sed doli mali seu in factum exceptio[*ne*] repellitur, ut t. de
doli mali et me. ex. quod admittitur et si causa fuit et finita sit uel
redit ad *non* iustam causam: nam et hic exceptio doli datur. [*hoc*]
ita [*si ideo promittat, quod se obligatum credat. si enim quis pro-
mittat, cum se obligatum non esse sciat, cum satis rationabilis
causa obligandi sit donantis uoluntas, non est necesse ut alia causa
8 naturalis ad obligationem parandam interueniat*]. Si id quod pro-
mittitur certum est uel in quantitate uel in specie, dum modo ex
ipsa promissione appareat quid quale quantumue sit, certi condictio
competit. alioquin si incertum sit, ueluti factum, [*in id*] quod inter-
est ex stipulatu, uel ut fiat, datur. hoc ita demum uerum est,
nisi sub inpossibili uel inprobata conditione promissum est: tunc
9 enim uel ipso iure denegatur accio, uel exceptione repellitur. Si
autem a condicione incipit stipulatio — uel etiam legatum —, statim

---

2 etiam que publice] et publice (et *add. P*) que *PBR* | non etiam] *BR* nec etiam *P* īt (*pro* ñ) et *T* 3 populi] *TBR* pupilli P^2; *om.* P^1; sunt *add.* P^2BR | sua] *PR* suo *B* si *T* 5 naturalis] *PBR* inter alis *T* 5, 6 ut — contineat] datio scilicet (scilicet datio *P*) seu (uel *B*) factum *PBR* 8 ut uel dacionem] *ex prava iteratione T*; *v. supra v. 5, 6.* 9 exceptione] *PBR* 9, 10 ut — ex.] ut (in *add.* P^2) d. (t. *add.* P^2) de doli m. (et m. *add.* P^2) exceptione *P* ideoque de doli mali exceptione *B*; *om. R* 10 fuit et] fuerit et *B* fuerit set *P* fuit sed *R* | est *R* | uel] et P^2 11, 12 ad non — ita si] *om.* P^1 11 ad non] *PBR* aditō (*pro* ad nō) *T* | doli] *om. P* | hoc] *PBR* 12 ita] *PBR* Item *T* 12—15 si — interueniat] *PBR* 13 non esse sciat] *BR* esse nesciat *P* 14 donantis] *BR* dandi P^1 dantis P^2 18 sit] *om. P* | ueluti] uel in P^1 | in id] *R* uel *PB* 19 uel ut fiat] accio *PBR* | datur] facta estimatione eius quod interest *add. PBR* | uerum est] *om. B*

1—4: §§ 2, 22 Inst. eod., L. 34 D. de verb. obl. XLV, 1. **7.** *4—5*: L. 7 § 2 D. de pact. II, 14. Cf. supra IV. 32 § 2. *7—10*: **L. 2 § 3 D. de doli exc. XLIV, 4.** *11—14*: L. 53 D. de reg. iur. L, 17. **8.** *14—18*: pr. Inst. h. t. ict. L. 74 D. de verb. obl. XLV, 1. *18—20*: § 11 Inst. de inut. stip. III, 19, L. 137 § 6 D. de verb. obl. XLV, 1. **9.** *20—2*: L. 115 § 2 D. de verb. obl. XLV, 1, L. 19 pr., L. 24 pr., § 1 D. quando dies legat. XXXVI, 2.

VIII, 33. 7. Quest. VII, 10. 9. Quest. IV, 1, 4, 7, 9.

tenet obligatio, [*set tamen ante moram*] soluendo quod in condicione
est conti[*n*]git liberatio. post *moram* uero precise in penam tenetur.
item qui sub pena promisit certo tempore se aliquid daturum uel
facturum, nisi ultro offerat nemine interpellante, pene prestacionem
non euitat. si uero sine temporis adiectione aliquid stipulatus fuerit
et, si contra factum fuerit, penam, tunc controuersia progressa et
lite mota committi pene stipulat[*ionem*] dicimus. Hee autem *actiones* 10
stricti iuris sunt, nisi in dote petenda uel repetenda: tunc enim ex
stipulatu accio bone fidei est. officium iudicis accioni seruit. per-
petue tamen sunt, quia personales. heredibus et in heredes dantur,
licet heredi detur ubi defuncto non comp*etit*, ueluti si defunctus ‖
post mortem suam stipulatus fuerit. item et heres tenetur ubi de- *f. 62 c. 2.*
functus nunquam conueniri potuit, uel[*uti*] si post mortem [meam]
daturum uel ipso tempore mortis se quid facturum promisit. stipu-
lationes enim concepte post mortem alterius uel pridie quam morietur
uel de facto promiss*oris* in tempore mortis collato sine dubio recepte
sunt, multis aliis inutilibus reiectis.

DE INVTILIBVS STIPVLATIONIBVS. XXXIV.

Stipulationes tamen quedam sunt [in]utiles, quedam inutiles. 1
[*inutiles*]: tum propter personam, tum propter res, [*tum*] propter disen-
sum, tum propter conditiones, tum propter absentiam, tum propter alias
diuersas causas. de personarum et rerum inspectione satis in superiori
titulo *e*lucidatum est. sin autem in corpore uel in quantitate uel
in tempore disenserint seu in conditione, oblig[*ati*]o nulla est. item

---

1 set — moram] *PBR* 2 contingit] *PBR* | moram] *PBR* mōī *T* 4 deferat *P* 5 euitat] inueniat *B* 6 factum fuerit] fecerit *P* 7 stipulationem] *PBR* | autem] *om. B* | actiones] P^2*BR* affectiones *T*P^1 8 uel] et *B* 10 quia] que P^1 | et] uel *P* | datur *B* 11 licet] et *add. P* | dentur *PR* nisi *B* | ubi] ex *B*; et *add. PR* | non] nunc P^1 | competit] *PB* competunt *R* compcut *T* 13 ueluti] *PBR* | si] se *add. R* | meam] *om. PBR* 14 uel] in *add. BR* | quid] *om. R* 15 moreretur *B* 16 promissoris] *PB* promissionis *TR* 19 tamen] autem *PR* | sunt] *om. B* | utiles *PBR* 20 inutiles] *PBR*; sunt *add.* P^2 | personas *PB* | rem *R* | tum] *PBR* 21 conditionem *P* | absentiam tum] absentiam seu etiam *PB* absentiam uel *R* 22 inspectatione *P* 23 elucidatum] *PBR* delucidatum *T*

3—5: L. 12 C. h. t. *5—7*: L. 5 § 1 C. h. t., L. 21 § 12 D. de receptis IV, 8. **10.** *7—9*: L. un. § 2 C. de rei ux. act. V, 13, § 29 Inst. de act. IV, 6. *9—10*: L. 1 § 1d C. de ann. exc. VII, 40. *10—17*: §§ 13, 15 Inst. de inut. stip. III, 19, L. 11 C. h. t.

VIII, 34. Rubr.: rubr. C. VIII, 38. **1.** *23—24*: §§ 5, 23 Inst. h. t. III, 19.

condicio inpossibilis de natura uel iure inanem stipulationis actum facit. nec non et absentia quoque promissoris et stipulatoris uerborum obligationem uiciat: *qui* enim promittit uerba interrogantis et stipulator et uerba promittentis audire debet. sunt et alie diuerse cause quę stipulationem inutilem faciunt, ueluti si alium daturum
2 facturumue promittas, aut alteri dari fieriue stipuleris. In summa ex his quedam adeo inutiles sunt que nullo modo confirmari possunt, ueluti de matrimoniis uinculo pene constringendis, item pactum de successione futura, uel si illud quod promittitur turpe est ad faciendum, ueluti furtum, homicidium, adulterium seu sacrilegium, uel quid aliud omnino inprobatum. licet enim pena eius facti nomine promissa est, tamen non ualet nec conualescere potest, et ideo ipso iure denegantur acciones. cum autem ipsa *promissio* inprobata non *est*, set causa propter quam fit turpis inuenitur, ut dolus et metus,
3 tunc accio datur, set doli uel metus exceptione repellitur. Quedam uero inutiles sunt, *que* tamen adiectione alterius confirmari possunt, ueluti si alteri stipuleris, nam pena adiecta ualet, *uel* si alteri *dari* fieriue cum tua intersit stipulatus fueris, ueluti creditori procuratoriue tuo, uel [*si*] rem pupilli uel adulescentis saluam fore a contutore uel a concuratore stipuleris. item si alterum daturum uel facturum spondeas, non obligaris. quod si effecturum te ut alter det uel faciat promittis, teneris in id quod interest ex stipulatu. item si penam promisisti.

XXXV. DE DVOBVS REIS STIPVLANDI. ℞.

1 Ex uerborum quidem obligatione sepissime euenit, ut plu[*res*]
f. 62 c. 3. rei stipulandi seu credendi ‖ nomine eiusdem obligationis sunt. item

1 actum] accionem *R* 2 non et] et *om. P* 3 qui] *PBR* quia *T* 4 et uerba] et *om. PBR* 5 stipulationes inutiles *P* 6 facturumue] quid *add.* *P*[2] | In summa] *om.* *P*[1] 7 que] quod *PR* 9 futura] factum *B* | quod] *om. B* 10 seu] *om. P* 11 aliquid] *PR* | omnimodo *P* | enim] *om. B* 13 promissio] *PBR* emissa *T* 13, 14 non est] *PBR* n̄ noīe *T* | fit] sit *P* 16 que] *PBR* quedam *T* | adiectione] exaccione *P*[1] 17 stipulæris *T* stipulatur *P* | pena — ualet] pene adiectione conualescit (conualescunt *P*) *PBR* | uel] *PBR* set *T* | dari] *PBR* dū *T* 19 si] *PBR* 20 a] *om. PB* | concuratore] *TP* curatore *BR*; tuo *add.* *P*[2] 21 obligaris] *TP*[1]*B* obligaueris *P*[2] obligaberis *R* 23 stipulandi] stipulandis *P*; et promittendi *add. R* 24, 25 plurei *T* 25 seu credendi] *om.* *P*[1] | eiusdem] eius *P*[1]*R*

1—2: § 11 Inst. h. t., L. 137 § 6 D. XLV, 1. *2—4*: § 12 ict. § 7 Inst. h. t. *5—6*: §§ 21, 4, 19 Inst. h. t. **2.** *6—13*: L. 2 C. h. t., L. 134 pr. D. XLV, 1; L. 4 C. h. t. ict. L. 61 D. XLV, 1; § 24 Inst. h. t., LL. 26, 27 D. XLV, 1. *13—15*: L. 5 C. h. t. **3.** *17—20*: §§ 19, 20 Inst. h. t. *20—23*: §§ 3, 21 Inst. h. t.
VIII, 35. Rubr.: rubr. C. VIII, 39. **1.** *24—1*: pr. Inst. h. t. III, 16.

VIII, 34. 2. Quest. XXIII, 2—5.

plures rei promittendi seu debendi in solidum fieri poss*unt*. quod
etiam ex aliis contractibus fieri potest, cum hoc nominatim actum
est, ut ex numeratione uel emptione *item* ex locatione seu como-
dato. Natura tamen earum obligati*onum* ea *est quod* omnibus soli- 2
*d*um debetur et omnes solidum pe*t*ere possunt. sed tamen si uni
sol*u*tum est, a ceteris liberatio contingit. e contrario si plures soli-
dum debent et unus soluat, liberantur [*et*] cęteri: una enim solutione
plures obligationes tolluntur. noua tamen constitutione, si presentes
sint et utrique soluendo, pro partibus conueniuntur. si autem plures
[*rei*] credendi sunt et unus litem contestatus est seu alias temporis
interruptionem fecerit, omnibus pro[*d*]est. ita et contra cum a plu-
ribus solidum debetur [*et*] aduersus unum litis contestacio seu alias
temporis interruptio introducta sit, omnibus obest.

DE FID*E*IVSSORIBVS ET MANDATORIBVS. XXXVI.

De stipulationibus, in quibus fideiussores plerumque applicari 1
solent, dictum est. nunc de fideiussoribus, qui per stipulationem
obligantur *et* in obligatione adici possunt, tractandum est. et quem-
admodum fideiussores intercedendo pro aliis tenentur, ita et manda-
tores, licet eorum obligatio precedat, et ideo [*etiam*] de his apponit.
Fideiussor quidem omni obligationi tam natural*i* quam ciuili seu 2
pretorie accedere [*potest*], dum tamen uerbis obligetur. mandator
uero consensu obligatur. Si quidem in intercessione aliquid specia- 3
liter pacti sunt, id secundum conuentionis formam seruandum est.

---

1 possunt] *PBR* 3 item] *PBR* tunc *T* 4 obligationum] obligatione *T* | est quod] *PR* est quia *B* que est *T* 4, 5 solitum *T* 5 pectere *T* 6 solutum] *PBR* solitum *T* | e contra] *PBR* 6, 7 solidum] *om. R* 7 et cęteri] *PBR* 8 tamen] autem *P* 9 sint — soluendo] utrique et soluendo sunt *B* utrique sunt et soluendo *R* 10 rei] *PBR* 11 facit *P* | ita et contra] item (et *add. R*) econtra *PR* 12 et] *PBR* 14 fidei iussoribus *T* | et mandatoribus] *om. B* 16 stipulationes *P* 17 et — est] *om. R* | et] *P* etiam *T* etenim *B* | in] omni *add. P* 18 ita] eodem modo *PR* 19 procedat *P* | et] *om. P* | etiam] *PR* ct *B* | eis *P* 20 in omni obligatione *P* | naturaliter *T* 21 pretoria *P* | accedere potest dum] *PBR* accedēdū *T* 22 quidem] *om. B*

1—4: L. 9 pr. D. h. t. XLV, 2, L. 3 C. h. t. ict. Nov. 99 c. 1 in. (Auth. Hoc ita ad L. 1 (2) C. h. t. **2.** *4—8*: § 1 Inst. h. t. ict. L. 9 § 2 in f. D. h. t., L. 44 D. de solut. XLVI, 3. *8—9*: **Nov. 99 c. 1 pr.** *9—13*: L. 4 C. h. t.

VIII, 36. Rubr.: rubr. C. VIII, 40. **2.** L. 1, L. 6 § 2, L. 8 §§ 1, 2, L. 16 § 3 D. h. t. XLVI, 1, § 1 Inst. h. t. III, 20; § 7 Inst. h. t. ict. § 1 Inst. de verb. obl. III, 15; L. 32 ict. L. 1 pr. D. mand. XVII, 1. **3.** *22—23*: L. 3 § 1 D. de adm. rer. ad civ. pert. L, 8, L. 9, L. 68 pr., § 1 D. h. t.

si uero sine adiectione, id est simpliciter, intercesserint, in omnem causam tenentur, quem ad modum et reus principalis, dum tamen si plures sint, omnes in solidum tenentur, nisi forte hoc actum est ut pro partibus obligentur. heredes quoque eorum obligatos relinquunt, dum tamen semper id agatur, ut fid*e*iussor uel mandator in tantumdem uel minus obligetur. in plus uero oblig*ari* non possunt:
4 at ut minus debeant fieri potest. Si uero intercessor uel eius heres creditori uel debitori uel utrisque etiam succedat, finitur adcessoria. iam enim non ut intercessor set ut principalis reus heres tenetur, quod principalis absorbet access*oriam*, nisi forte principalis naturalis
5 e[*r*]at: tunc enim accessoria [non] durat. Intercessorie autem obligationis liberatio contingit, *si* in persona rei principalis obligatio extincta sit: quod euenit, siue ipse reus soluat uel deleget, uel aliquid interueniat quod pro solutione habeatur. si uero reus principalis criminaliter con-
f. 62 c. 4. dempnatus sit, fisco ei succedente teneri desinit, [*et*] tamen interces||sor
6 tenetur pristino iure. Durante quoque principali obligatione eatenus *intercessoribus* subuenitur, ut non alias ad solutionem compellantur nisi cessis sibi pignoribus et personalibus accionibus, nisi fort*e* pignora in al*iud* creditori obstricta sunt: tunc enim non compellitur ea cedere,
7 nisi intercessor et illud debitum soluere [*malit*]. Item si plures sint confid*e*iussores uel mandatores et unus conueni*atur* cum cęteri soluendo sint, potest ante sententiam ex auxilio epistule inpetrare, ut pro parte in se detur accio. tamen diuisa inter eos accio, licet cęteri soluendo esse desierunt post litem contestata[*m*], non redintegratur aduersus eum qui auxilium inpetrauit. sin autem unus in solidum conuentus sit nec satis facere possit, cum nemo ex his alte-

---

1 id est] et *P* 5 fidei iussor *T* 6 obligauit *T* | potest *B* 7 debeatur *P* 9 rei *PBR* 10 quod] quia *PR* | principalis] obligatio *add. R* | accessoriam] *PBR* accessit oīa (*pro* accessoīa) *T* 11 non] *om. PBR* 12 si] *P*[2]*BR* siue *T* seu *P*[1] 14 habeatur] tunc enim (*om. P*) et (*om. PR*) fideiussor liberatur *add. PBR* 15 et] *P*[2]*BR*; *om. TP*[1] 17 intercessoribus] *PBR* successionibus *T* 18 forte] *PBR* fortiter *T* 19 aliud] *PBR* alii *T* 20 et] *om. P* | malit] *PB* uelit *R* 21 confideiussores *T* | conueniantur *T* 22 poteris *P* 23 accione *PBR* 24 desierint *PBR* 24, 25 redintegratur] accio *add. PR* 25 auxilium] epistule *add. P*[2]

1—2: L. 56 § 2 D. h. t. ict. L. 3 § 1 D. cit. *2—4*: § 4 Inst. h. t. ict. L. 51 pr. D. h. t. *4—5*: § 2 Inst. h. t. *5—7*: § 5 Inst. h. t. **4.** L. 5, L. 14, L. 21 § 3, L. 71 pr. in f. D. h. t. ict. L. 21 § 2 D. h. t. **5.** *11—14*: L. 43 D. de solut. XLVI, 3, L. 60 D. h. t., L. 4 C. h. t. *14—16*: LL. 1, 20 C. h. t. **6.** L. 2, L. 11 § 1, L. 21 C. h. t., Nov. 4 c. 1 in f. ict. L. 36 D. h. t. **7.** *20—23*: § 4 Inst. h. t., L. 10 § 1 C. h. t. *23—25*: L. 16 C. h. t., L. 51 § 4, L. 52 § 1 D. h. t. *25—1*: L. 28 pr., § 1 C. h. t.

rius electione liberetur, iure ad alios perueniendum est. Reo quoque 8
presente intercessores ex noua constitutione conueniendi *non sunt*,
nisi [*non*] soluendo in totum uel pro parte inueniatur. eo autem
absente, si [*intercessores presentes sint, iure quidem possunt con-
ueniri, iudice tamen tempus statuente, si*] hoc impetrauerint, inter
quod e[*um exhibeant inprimis*] conueniendum, intercessoribus in
subsidium reseruandis. alioquin compelluntur ad solutionem, credi-
tor*e* eis cedente acciones personales et ypothecarias. quod admittitur
absque distinctione contractuum et personarum. De exhibitione per- 9
sone si fideiussio facta est, quid iuris sit specialiter edictum est.

DE NOVATIONIBVS ET DELEGATIONIBVS. XXXVII.

Nouatione item delegatione tolluntur obligationes: soluit enim 1
et qui delegat. delegatio enim et uoluntaria nouatio semper fit per
stipulationem: ideo de his adiciendum est. Nouatio quidem a nouo 2
seu a noua obligatione nomen sumpsit. est enim nouatio transfusio
prioris obligationis in aliam obligationem seu translatio, dum modo
sequens uel ciuiliter uel nat[*ur*]aliter teneat. si[*ue*] enim a me quod
tibi debeo, siue ab alio stipuleris, dum modo inter nos hoc expres-
si[*m*] agatur, fit nouatio: qualiscumque [*enim*] fuit prior obligatio, hoc
modo tollitur et in sequentem transfertur. alias autem et prima durat et
sequens accedit, etsi expressum non est ut sine nouatione id fiat.
Et hoc de uoluntaria nouatione. necessaria uero fit per sententiam 3

---

1 perueniendum est] peruenitur *PB* | quoque] uero *BR* 2 non sunt] *PBR* sibi *T* 3 non] *PBR* 4, 5 intercessores — si] *PBR* | possunt conueniri] *P* conueniri possunt *B* conueniendi sunt *R* 5 intra *PR* 6 eum exhibeant reo inprimis conueniendo *BR* reum exhibeant. eo (reo *P*²) primo (in primo *P*²) conueniendum (conueniendo *P*²) *P*; *lacuna in T. Cf. Auth. Praesente ad L. 3 C. VIII, 41.* 7, 8 creditore] *PBR* creditorem *T* | eius *BR* 9 absque] ulla *add. PR* | et] *om. R* | personarum] et *add. P*² 9, 10 persone] *om. R* 10 specialiter] iam *PR* | dictum *PBR* | est] specialiter *add. R* 11 De nouatione et legatione *P* 14 ideoque *P* | audiendum *B* 15 transfusio] *om. PR* 16 obligationem seu translatio] transfusio (seu translatio *add. P*²) *P* translatio siue transfusio *R*; *om. B* 17 sequens *TP*¹*B* precedens *P*²*R* | siue] *PBR* 18 modo] tamen *PR* 18, 19 expressim] *P*¹*BR* expressum *P*² 19 qualitercumque *P*¹ | enim] *PBR* 20 transfunditur *PBR*

---

8. Nov. 4 c. 1 (Auth. Praesente ad L. 3 C. h. t.). **9.** LL. 1—3 D. in ius voc. ut eant II, 6, L. 26 C. h. t.

VIII, 37. Rubr.: rubr. C. VIII, 41. **1.** § 3 Inst. quib. mod. obl. toll. III, 29 ict. L. 8 § 3 D. ad SC. Vell. XVI, 1. Cf. supra VIII, 33 § 1. **2.** *14—17*: L. 1 D. h. t. XLVI, 2. *17—21*: §§ 3, 3a Inst. III, 29, L. 8 C. h. t. **3.** V. supra III, 1 § 13.

uel per litis contestationem. ex sententia iudicati accio nascitur,
que primam obligationem non ipso iure perimit set per exceptionem.
ea uero nouatio quę litis contestatione fit primam causam non mutat,
immo nouam formam a*d*icit. si enim temporalis erat, incipit esse
perpetua, item heredi et in heredes datur, etsi *antea* competitura
f. 63 c. 1. non erat, nec non et usuraria ‖ [*esse*] incipit: lite enim contestata
usure currunt, quia in contestando semper meliorem causam facimus.
4 Delegare est autem alium reum creditori dare uel ei *cui iusserit.*
cum enim quasi soluens debitorem meum uel alium *reum promittentem* pro me quod tibi debeo [*do*], hoc delegare est: quod tamen
debitore uolente faciendum est, licet uendere et acciones mandare
5 et eo inuito possimus. Est et alia delegatio quę fit per litis contestationem, cum quis iudicium suscipit [*pro me*]: quo in casu me
inuito et ignorante aliqu*o* suscipien*te* iudicium liberor.

XXXVIII. DE SOLVTIONIBVS ET LIBERATIONIBVS.

1 De generali solutione *nunc* dicendum est. et quia quandoque
liberatio et sine solutione contingit, [et] ideo et de hac a*d*icit. quemadmodum enim illigatus quis uinculo corporali tenetur, ita et in
2 ciuili uinculo, quatenus solucio interueniat. Cum enim tibi debeo,
siue ego soluam siue alius pro me, liberor, siue tibi siue ali*i* tua
uoluntate uel te ratum habente soluatur. item si seruo tuo ad hoc
constituto solui, etiam si administratio ei interdicta est me tamen

---

1 per *om. B* 4 adicit] *PBR* addicit *T* 5 antea] *PBR* aīū *T*; his (is *B*) *add.* P^2*BR* | competitura] usuraria P^1 6 nec non et] *om. P* | esse] *PBR* 7 in] *om. P* 8 est autem] autem est P^2*R*; autem *om.* P^1 | cui iusserit] *PBR* cuius sint *T* 9, 10 promittentem reum *T* 10 do] *PBR* 12 et eo] in eo *B* eo *PR* 13 pro me] *PBR* | quo] quem *B* in] *om.* P^1*R* 14 aliquo] aliquis *TPR* aliquid quo *B* | suscipiente] *B* suscipiendo *T*P^1*R* suscipit P^2 15 De solutione et liberatione *P* 16 generali] *TR* naturali *PB* | nunc] *PBR* nam *T* 17 et ideo et] ideo et *B* ideoque *P* ideo *R* | hac] ea *PR* | adicit] *P* addicit *TBR* 18 alligatus *PR* | et in] etiam *P* in *R* 19 uinculo] eatenus tenetur *add. PBR* | Cum] quod *PR* 20 alii] *PBR* aliis *T* 22 tamen] hoc *P* quoque *R*

1—2: L. 3 § 2 C. de usur. rei iud. VII, 54, § 5 Inst. de except. IV, 13. *3—7*: L. 29 D. h. t. ict. L. 9 §§ 1, 2 C. de praescr. XXX v. XL ann. VII, 39, L. 1 § 1e C. de ann. exc. VII, 40, § 1 in f. Inst. de perp. et temp. act. IV, 12, LL. 34, 35 D. de usur. XII, 1. **4.** *8*: L. 11 pr. D. h. t. *9—10*: L. 8 §§ 3—6 D. ad SC. Vell. XVI, 1. *10—12*: L. 1 C. h. t. **5.** L. 11 § 1 D. h. t. ict. L. 23 D. de solut. XLVI, 3.

VIII, 38. Rubr.: rubr. C. VIII, 42. **1.** Cf. supra IV, 10 § 3. **2.** *19—21*: pr. Inst. quib. mod. obl. toll. III, 29, LL. 4, 12 C. h. t., L. 49 D. h. t. XLVI, 3. *21—1*: L. 51 D. h. t., L. 3 C. h. t.

ignorante, ex equitate liberatio contingit. quod euenit et si iussisti me Ticio *soluere*, *deinde* uetuisti eum accipere, cum hoc ignorem. ille tamen tibi furti tenetur: condictio uero furtiua michi datur, quam tibi mandare compellor, si exceptione uti uelim. insuper et his quibus administratio iure competit, secundum legis formam solui potest, ut tutori et curatori. Oblatio quoque totius debiti cum sol- 3
lempnitate et suo loco facta pro solutione hab*etur*. compensatio etiam idem potest quod et solutio. liberatio contingit, si id quod debetur etiam ex alia obligatione soluatur. si enim conne*x*e sunt obligationes et una res in his uertitur, facta solutione ex una cetere obligationes tolluntur. ideoque si reus soluat, et intercessores liberantur, et econtra. quod euenit et si obligatio debitoris per confusionem extincta sit, siue debitor successit creditori siue credito[*r*] debitori: utrobique enim liberantur intercessores seu fideiussores, cum per confusionem quoque euanescit obligatio. item *et si* tecum paciscor ne omnino petas, exceptione perpetua liberor non solum ego set etiam fideiussores. qua de causa, si id quod debebam te recepisse professus es, adhibenda est distinctio, utrum animo remittende obligationis hoc fecisti an spe *numerationis*. si enim remisisti, petitio nulla est. si autem ‖ spe numerationis hoc factum est, *f. 63 c. 2.*
petitio durat. Si uero ex pluribus causis debeam, possum in sol- 4
uendo exprimere in quam causam soluam: in danda enim re mea rationabiliter legem dicere possum. quo facto id pro soluto erit quod dictum est. quod cum non dico, ad creditorem transit electio, dum modo sic meum negotium gerat, quemadmodum in sua[*m*] propriam causam constitueret, et in duriori causa semper accepto ferat. si autem a nullo hoc expressum est, pro iuris auctoritate ut oportet

---

2 soluēdū iñ *T* 3 uero] tamen *PR* 6 Oblatio] obligatio *P*²*B* 7 habetur] *PR* habeatur *TR* 8 et] *om. PR* | solutio] Ita enim *add. P* | liberatio] quoque ita *add. R* 9 conneue *T* 15 et si] si et *TR* si et si *B* si *P* 19 numerationis] *P*²*R* nuationis *B* remunerationis *T* mirationis *P*¹; hoc factum est *add. PR* 19, 20 si enim — factum est] *om. P*ª 20 spe] future *add. R* 21 uero] autem *PR* 26 constitueret — causa] *om. R* | duriori causa] duriorem. in causa *P*² (*in litura*)

1—4: L. 38 § 1 D. h. t. Cf. supra VI, 2 § 6 in f. *4—6*: L. 49 D. h. t. **3.** *6—7*: L. 9 C. h. t. *7—8*: L. 7 C. h. t. ict. L. 4 C. de comp. IV, 31. *8—12*: L. 38 § 2, L. 44 D. h. t., pr. Inst. quib. mod. obl. toll. III, 29. *12—15*: L. 75, L. 107 D. h. t., L. 50, L. 71 pr. D. de fideiuss. XLVI, 1, L. 2 C. h. t. *15—17*: L. 7 § 1 D. de except. XLIV, 1, L. 21 § 5 in f. D. de pact. II, 14. *17—21*: LL. 21, 6, 23 C. h. t. **4.** LL. 1—5 pr., LL. 7, 8 D. h. t., L. 1 C. h. t.

5 hoc disponendum est. Id ipsum quod debeo soluendum seu consignandum et deponendum totum: alias non liberor. te tamen uolente aliud pro alio recte soluere possum. creditore uero inuito minime, nisi propter inopiam debitoris hoc nouis constitutionibus euenit.

XXXIX. DE ACCEPTILATIONIBVS. ℞.

1 Non solum naturali set etiam ciuili ratione contingit liberatio.
2 ideoque 'de accepti lationibus' adnectit. Est quidem accepti latio imaginaria solucio quę per mutuam interrogationem fit. qu*a* contingit utri[*u*]sque liberatio seu ab eodem nexu absolutio: est enim consentaneum uerbis factam obligationem aliis uerbis posse dissolui. quapropter *receptum* est ut omnes obligationes in Aquilianam stipulationem deducantur, et ita per accept*i* [*lationem*] tollantur: quę quidem sollempniter a Gallo Aquilio composita est. alioquin etiam inutilis accepti latio quandoque utile pactum habet, et ideo exceptio pacti
3 tunc obstat, si in hoc quoque consensum est. Per accepti lationem quidem et in totum et pro parte liberatio fieri potest, dum modo pure fiat: in diem enim uel sub conditione fieri non potest.

XL. DE EVICTIONIBVS. ℞.

1 Dantur in solutum seu distra*u*ntur uel etiam permutantur res aliene uel alteri *ob*ligate, nomine quarum rerum euictio prestatur. et ideo
2 de euictionibus [*dicendum est*]. Euictio quidem in quibusdam contractibus prestanda est, siue promissa est *siue non*, ut in emption*e*, permutation*e*, item in solut*um* datione. in donatione uero ita demum, si

---

2 et] est (totum *add. P*) et *PR* | totum] *om. PBR* | alias non liberor] *om.* *P*[1]*BR* | liberabor *P*[2] 4 propter] per *P* 8 qua] *PR* quam *T* que *B* 9 utriusque] *PBR* 10 dissolui] tolli *PR* 11 receptum] *PBR* necesse *T* 12 accepti lationem] *PBR* accepta *T* 13 inutilis] utilis *P* 16, 17 dum — potest] *om. P*[1] 17 non] *om. P* 19 distraantur *T* 20 obligate] *PBR* alligate *T* 21 euictionibus] euictione *PR* | dicendum est] *PBR* 22 si uenit *T* 22, 23 emptionem permutationem *T* 23 solutum] *P*[2]*BR* soluto *T* solitum *P*[1]

---

5. *1—2*: pr. Inst. quib. mod. obl. toll. III, 29, L. 2 § 1 in f. D. de reb. cred. XII, 1, LL. 9, 16 C. h. t., LL. 6, 19 C. de usur. IV, 32. *2—3*: pr. Inst. cit., L. 17 C. h. t. *3—4*: **Nov. 4 c. 3, Nov. 120 c. 6 § 2.**

VIII, 39. Rubr.: rubr. C. VIII, 43. **2.** *7—13*: §§ 1, 2 Inst. quib. mod. obl. toll. III, 29. *13—15*: L. 19 pr. ict. L. 8 pr. D. h. t. XLVI, 4. **3.** *15—17*: § 1 in f. Inst. quib. mod. obl. toll. III, 29, LL. 9, 10 D. h. t.; LL. 4, 5 D. h. t.

VIII, 40. Rubr.: rubr. C. VIII, 44. **2.** *21—23* „emptione": L. 6 C. h. t. „permutatione": L. 29 C. h. t. „in solutum datione": L. 4 C. h. t. *23—2*: L. 2 C. h. t. ict. L. 18 § 3 D. de donat. XXXIX, 5.

nominatim per stipulationem [*promissa sit*]: ex pacto enim solo non
debetur. res autem euicta tunc uidetur, cum fere spes habendi ab-
s[*c*]isa est, siue res ipsa absit siue tantumdem. In euictionibus 3
quidem inprimis intuendum est, quid inter eos actum sit. item in
quibusdam ex natura contractus euictio debetur. sequenti loco, ‖
qualiter seu quomodo res euicta sit, item *qua* actione euictio preste- *f. 63 c. 3.*
tur, spectandum est. Conuentio seu promissio de euictione facta 4
omnimodo seruanda est. siue enim conuenit ut simplum uel duplum
uel triplum uel quadruplum prestetur, et hoc custodiendum est. item
e contrario hoc agi potest ut euictio non debeatur: quo facto in
uenditione re euicta uenditorem de utilitatibus non teneri, pretium
quidem omnimodo debet reddi. necessitas quoque denunciandi re-
mitti potest. In emptione seu permutatione ex natura contractus 5
[*e*]uictio prestatur, item *cum res* in solutum datur. set in uenditione
et permutatione agi potest, ut de euictione et etiam dupla promitta-
tur, quia ea que moris et consuetudinis sunt in *bone* fidei [*iudiciis*]
ueniunt, eoque non repromitten*te* dupli uenditor condempnatur, etiam
ante quam euincatur. [*promittere quidem debet, satisdare uero non
cogitur, nisi nominatim hoc conuenit. Siue autem directa in rem* 6
actione siue qualibet alia siue ypothecaria res euincatur,] nichil interest.
item et hoc modo uidetur res euicta, si emptor de possessione ceci-
dit et in rei petitione ideo possessor absolutus est, quia uenditor
dominus non fuit. set ita demum auctor uel heredes eius seu etiam

---

1 promissa sit] *PBR* 2, 3 abscisa] *BR* abscissa *P* 3 abscit *T* | euictione *PR* 4 item] *om. P* 6 qua] *PR* que *T* qui *B* 8 omnino *P* | duplum uel simplum *PR* 9 uel triplum] *om. B* | et] *om. PR* 10 e contrario] et e contra *P* e contra *R* contra *B* 11 uenditor de utilitate non tenetur *PR* 12 quoque] quidem *B* | denunciandi] pacto *add. PBR* 14 cum res] *PBR* res cum *T* 15 et etiam] et *om. PR* | duplum P^2 16 quia ea que] *TR* quia ea *B* quia enim P^2 que enim P^1 | bone] *PBR* hōīe (*pro* bōe) *T* | iudiciis] *PBR* 17 eoque] eo quoque *P* | repromittente] *BR* repromittenda *T* promittente *P* | dupliciter] *PR* 18—20 promittere — euincatur] *PBR* 19 hoc] *om. B* 20 alia siue] et *add. B* | res ypothecaria *P* 21 item] *PBR* . inter *T* 21, 22 cecidit] cedit P^1 ceciderit P^2 23 auctor] actor *PR* | heres *PR* | seu etiam] uel *PR*

2—3: L. 35 ict. L. 16 § 1 D. h. t. XXI, 2. **4.** *7—8*: L. 20 pr. D. h. t. *8—9*: L. 56 pr. D. h. t. *9—12*: L. 21 § 2 C. h. t.; L. 11 § 18 D. de act. empt. vend. XIX, 1. *12—13*: L. 63 pr. D. h. t. **5.** *13—14*: v. supra § 2. *14—16*: L. 37 pr. D. h. t., L. 4 in f. C. h. t., L. 2 C. de rer. permut. IV, 64. *16—17*: L. 31 § 20 D. de aedil. ed. XXI, 1. *17—18*: L. 2 D. h. t. **6.** *19—20*: L. 17, L. 34 §§ 1, 2 D. h. t., LL. 4, 20 pr., 27 C. h. t. *21—23*: L. 16 § 1, L. 29 § 1 D. h. t. *23—2*: LL. 8, 9 C. h. t., L. 53 § 1, L. 62 § 1 D. h. t.

fideiussores de euictione tenentur, si *eis ab* emptor*e* uel *ab* successor*e* eius denuntiatum est uel per eos fiat quominus denuntietur, aut si per emptorem non stet quominus denuntietur, aut si necessitas denuntiandi in uendicione remissa sit. [*item et hoc necesse est ut non iniuria iudicis neque culpa emptoris res euicta sit*] siue tota siue pars eius uel etiam aliquo*d* ius rei, ut usus fructus et seruitutes, et ideo necesse est ut presente emptore contra eum pronuntietur: iniuria enim que fit e[*m*]ptori non pertinet ad uenditorem. opus quidem est ut id ipsum quod distractum est euictum sit. ceterum si hereditas distracta est, licet singule res uendicantur, non tamen euictio debet*ur* nisi ex conuentione speciali, per quam et adici et detrai emptioni licet. pignus quoque eo nomine obligatum
7 tenetur et re euicta peti potest. Si dupla promissa sit, ex stipulatu agendum est: alioquin ex natura ex empto accionis in id quoque quod interest agendum est. ideoque etiam quod in re empta inpensum est resarciendum est, si a uendicante seruari non potuit. in permutatione autem si euict[*i*]o promissa non est, prescriptis uerbis agendum est. in sum[*m*]a quicumque de [*e*]uictione tenetur, siue heres uenditoris siue ipse uenditor postea dominium nactus, siue dominus qui per procuratorem uendidit, item fideiussor euictionis, uendicans rem suo nomine exceptione repellitur. heres uero fideiussoris, licet de euictione teneatur, suo tamen nomine a uendicatione
8 non ‖ excluditur. Re[*s*] autem euicta uidetur, cum propter ipsa[*m*]
f. 63 c. 4. euictione[*m*] emptori rem habere non licet, siue re[*m*] ipsa[*m*] restituit, siue litis eius extimationem uictus prestitit: quo casu magis ex

---

1 fideiussor *PR*; eius *add. P* | tenetur *PR* | eis ab] *B* ei ab *PR* eius ad *T* | emptorem *T* | ab] ad *T*; *om. PBR* 1, 2 successorem *T* 3 stetit *PR* | denuntiet *B* 4 uendicione] conuentione P^2 4, 5 item — sit] *PBR* 5 iniuria] *PB* incuria *R* 6 aliquod] *PR* aliquot *T* aliquid *B* 7 contra] *om. P* 9 id] *om. PR* 10 est] sit *PBR* | uendicantur] euincantur *PBR* 11 debetet *T* | et] *om. P* 12 distrahi *P* 16 uendicante] uenditore P^2 19 nactus] est *add. P* 22 nomine] iure P^2 23 Res] *PBR* | autem] tunc *add. BR* 24 rem habere] res (habere *add.* P^2) *P* habere (*om.* rem) *R* 25 siue — prestitit] *om. B*

3: L. 55 § 1, L. 56 §§ 5, 6 D. h. t. *3—4*: L. 63 pr. D. h. t. *4—7*: L. 8 in f., L. 15 C. h. t., L. 29 § 1, L. 56 § 3, L. 63 § 2 D. h. t.; L. 1, L. 49, L. 75 D. h. t. *7—8*: L. 8 C. h. t., L. 51 pr., L. 55 pr. D. h. t. *9—11*: L. 1 C. h. t. Cf. supra IV, 39 § 2. *12—13*: L. 15 C. h. t. **7.** *13—15*: LL. 8, 25 C. h. t., L. 70 D. h. t. *15—16*: LL. 9, 16 C. h. t. ict. L. 45 § 1 D. de act. empti vend. XIX, 1. *17—18*: L. 1 § 1 D. de rer. permut. XIX, 4. *18—21*: L. 17 D. h. t., L. 14, L. 11 C. h. t. *21—23*: L. 31 C. h. t. **8.** *23—1*: L. 16 § 1, L. 21 §§ 1, 2 D. h. t.

secunda emptione rem retinet. periculum quoque euictionis finitur, postquam emptor rem prescri*psit*, uel seruum manu misit, item si ante litem contestatam mortuus est.

CREDITOREM EVICTIONEM NON DEBERE. XLI.

Sunt quidam qui distrahunt, qui de euictione nec ad pretium restituendum tene[*n*]tur, ut [*creditores*] item officiales. hii enim non tenentur, nisi sponte de euictione specialiter promittant: ex necessitate enim non coguntur. item si sciant rem alienam esse uel sibi non obligatam, tenentur: hoc tamen, id est se potiores in pignore, prestare debent.

DE PATRIA POTESTATE. ℞. XLII.

De eo iure quod in patrimonio seu in bonis uertitur [*huc*] usque 1
satis diligenter expositum est. nunc autem illud ius quod non in
dominio nec in patrimonio principaliter uers*atur* pertractandum est.
ideo 'de patria potestate' adicit. Potestatem quidem patriam in liberos 2
habemus qui naturali et ciuili iure, ut ex matrimonio, quesiti sunt
uel ciuili tantum, ut adoptione. Persona uero patris semper sacra 3
ac honesta liberis uideri debet, ideoque obsequium ac omne[*m*] reuere*ntiam* his prestare debe[*n*]t. quapropter omnia que per liberos acquiruntur parentibus acquiruntur, his exceptis quę specialiter ex constitutione noua [*ex*]cepta sunt. quedam autem in totum adquiruntur, [*ut*] quę ex re patris profecta uel eius occasione sunt acquisita, quę[*dam*] dumtaxat ad usum fructum proprietate filiis concessa, ut [*in*]

---

2 prescripsit] *BR* prescripserit *P* prescribit *T* 5 qui] et quidem *B* 6 creditores] *PBR* | item] et *P* 9 non] *om.* *P*² | non tenentur *P*² | hoc] ad hoc *B* | id est] iudicio *R*; *om.* *P*² 12 seu] etiam *add.* *PR* | huc] *PBR* 13 satis] *om.* *PR* 14 uersatur] *BR* uersantur *T* tractatur *P* 15 ideo] *PR* et *TB* | adiecit *B* 17 uel] uelut *P* | adoptiui *P*; in potestate nostra sunt *in marg. add.* *P* | semper] et *add.* *R* | sacra] et sancta *add.* *PBR* 18 ac] *B* hac *T* et *PR* | ideoque] ideo pietatem et *PR* | omnem] *BR* omne *TP* 18, 19 reuerentiam] *PBR* reuereeum *T* 19 debent] *R* debet *TPB* 20 parentibus acquiruntur] ad parentes (parentis *R*) dominium pertinet (pertinent *R*) *PR* 21 excepta] *PBR* | autem] uero *PR* 21, 22 adquiruntur] perueniunt *PR* 22 ut] *PBR* | profecta] sunt *add.* *PR* 23 quędam] *PBR* | in] *PB*

1—3: L. 19 C. h. t.; L. 25 D. h. t.; L. 21 pr. D. h. t., L. 26 C. h. t.
VIII, 41. Rubr.: rubr. C. VIII, 45. LL. 1, 2 C. h. t.
VIII, 42. Rubr.: rubr. C. VIII, 46. **2.** pr. Inst. de patria pot. I, 9, pr. Inst. de adopt. I, 11. **3.** *17—19*: L. 9 D. de obseq. XXXVII, 15, Nov. 78 c. 2. Cf. supra VI, 5. *19—4*: L. 2 C. h. t., § 1 Inst. per quas pers. II, 9. Cf. supra VI, 41.

aduenticiis, administratio quarum rerum seu cura nec non et diligentia ad patrem pertinet. [*item quedam sunt que in totum ad filios pertinent*], ut castrensia et quasi castrensia, in quibus nec usus fructus patri debetur. in aliis autem supra dictis licet administratio e*i* permissa sit, non tamen alienatio concessa est. ea propter nec liber*os* alienare possunt nisi in casu, nec libertatem eis auferre, quam filii familias habent saluo iure patrie potestatis. immo parentes ex necessitate coguntur ad liberos agnoscendos, item ad alimenta eis prestanda, maxime maiori trimo, nec non ad cetera que ad usum
4 cotidiane uitę necessaria sunt exibenda. Sin autem liberi pietatem non seruata reuerentia leserint contumeliis forte parentes, quos uenerari oportet, afficiendo uel manus inpias inferendo in eos, uel subsidium uitę *si* in ea causa si[*n*]t parentibus denegando, non solum
f. 64 c. 1. more ac iure patrie ‖ potestatis castigandi sunt, set etiam iudici offerendi sunt, ut delictum ad publicam pietatem lesam pertinens pro modo admissi acrius uendicet, dicturo sententiam quam pater dici uoluerit. quod et in matrę iuris est.

XLIII. DE ADOPTIONIBVS. ℞.

1 Ciuili iure tamen liberi in potestate[*m*] rediguntur, ut adoptione. que fit duobus modis. hii enim qui in aliena potestate sunt in adoptione[*m*] dantur apud eum *ta*ntum qui plenam legis accione[*m*] habet. qui uero sui iuris sunt per principem arrogantur, dum tamen si inpubes sit, causa cognita arrogatio permittatur. exquirendum est enim, an causa honesta sit, et an expediat pupillo, et ex qua affectione hoc fiat. et insuper caueat arrogator persone publice se restituturum bona illis qui ad successionem uenturi essent, si arrogatio

---

1 et] *om. P* 1, 2 indulgentia *B* 2, 3 item — pertinent] *PBR* 3 quasi castrensia] castrensia *om. PR* 4 autem] *om. PR* 5 ei] *P*²*B* eis *TP*¹*R* | alienatio] eis *add. PR* 6 liberos] *P* liberi ea *TB*; *om. R* 10 pietate *PR* 11 seruata] uel *add. P* | reuerentiam *R* 13 si] *PBR* sic *T* | sint] *PBR* 14 more ac] nomine et *P* 15 sunt ut] sunt ad ut *P*¹, sunt ad *expunxit P*² 16 acrius] seuerius *PR* | uindicetur *P* iudicetur *R* | quam] quem *P*² | dici] *PB* dicti *T* dicere *R* 17 noluerit *R* 19 potestate *TPBR* 21 adoptionem] *PBR* | tantum] tentum *T* tamen *B* 23 impuberes sint *PR* 25 fiat] fatiat *PR*

4—5: L. 6 § 2 C. de bon. quae lib. VI, 61. *5—6*: L. 6 C. h. t., L. 1 C. de patr. qui filios IV, 43 ict. L. 2 C. eod. Cf. supra IV, 40 § 2. *7*: L. 10 C. h. t. *7—10*: L. 9 C. h. t. Cf. supra V, 17 § 1. **4.** LL. 3—5 C. h. t.

VIII, 43. Rubr.: rubr. C. VIII, 47. **1.** *20—22*: L. 2 pr., LL. 3, 4 D. h. t. I, 7. *22—1*: § 3 Inst. h. t. I, 11.

facta non fuisset. Qui autem in adoptione[*m*] dantur ex potestate 2
naturalis patris non exeunt nec in potestate[*m*] patris adopti*ui* trans-
eunt, licet ab intestato ius successionis eis tributum sit. hoc ita,
nisi naturali parenti in adoptionem dati sunt, ut auo materno, uel
paterno cum filius emancipatus est: tunc enim, cum ius naturale et
ciuile insimul concurrit, in potestate[*m*] huiusmodi adoptiui patris
transit. cum autem quis arrogatur, et ipse et liberi eius tamquam
nepotes in potestate eius subiciuntur. Sed in arrogatione et in 3
adoptione hoc spectandum est ut maior pater sit quam filius: plena
enim pubertate, id est decem et octo annis, precedere debet. pro
monstro quidem ut maior sit filius quam pater, ideoque adoptio imi-
tatur naturam. Cum autem inpubes arrogatus est, neque exheredari 4
neque emancipari debet nisi ex iusta causa. si uero aliter factum
est, arrogator iubetur quartam suorum bonorum [*ei*] relinquere preter
bona quę ad eum transtulit et que postea per eum quesita sunt. In 5
summa autem hoc intuendum est ut omnes presentes sint et consen-
tiant, tam pater quam filius.

DE EMANCIPATIONIBVS. XLIV.

Ius autem potestatis quod nuptiarum seu adoptionis sollempni-
tate constituitur emancipatione dissoluitur. quę fit non tantum re-
scripto principali set etiam iudicis auctoritate. ideoque si parens
uelit filios suos uel nepotes seu deinceps a manu sua dimittere, tri-
bunal competentis iudicis intret uel alios quoslibet magistratus quibus
hoc ius est adeat ‖ et ita suos liberos a sua potestate liberet, saluo *f. 64 c. 2.*
ei iure legitimo, licet hoc specialiter expressum *non* sit: omnis enim
emancipatio contracta fiducia hodie fit.

---

1 esset *PR* 2 adoptiui] adoptinot *T* 4 parenti] patri *P* 5 est] sit *PR* 7 liberi] filii *PR* 8 in potestate] potestati *PR* | rogatione *P* | in] *om. PB* 10 pro] cum pro *PR* 11 quidem] est *add. R* 12 exhereditari *P* 14 ei] *PBR* 15 quesita] ei acquisita *P* 18 De emancipandis filiis uel nepotibus *P* 20 constituitur] uel aliqua legitima auctoritate *add. PR* 23 iudicis] adeat uel *add. BR* | intrent *P*² | alterius cuiuslibet *P* 25 ei] omni *add. PBR* | non] *PBR* cum *T*

---

2. *1—7*: § 2 Inst. h. t. *7—8*: L. 10 § 5 C. h. t. **3.** § 4 Inst. h. t. **4.** § 3 Inst. h. t. **5.** L. 11 C. h. t.

VIII, 44. Rubr.: rubr. C. VIII, 48. *20—25*: L. 6 C. h. t. *25—26*: § 8 Inst. de legit. adgnat. succ. III, 2.

XLV. DE LIBERIS INGRATIS.

Euenit quandoque ut liberi per emancipationem a potestate liberati propter ingratitudinem in potestate[*m*] redigantur. si *enim* liberi contumaces in parentes extiterunt uel conuicium acerbissimum intulerint seu cuiuslibet atrocissime iniur[*i*]e dolore pulsauerint, dampno emancipationis mulctantur.

XLVI. DE POSTLIMINIO ET DE REDEMPTIS AB HOSTIBVS.

1 Explicatum est ius quod in liberos habemus. modo rationabiliter ius retinendi quod in redempto *n*obis competit exponendum est. sed quia tam hii qui redempti sunt quam hii qui alias redeunt postliminium habent, ideo et de postliminio reuersis premittit. 2 Qui uero aliquem ab hostibus redemit, in sua potestate eum non habet, set in pignoris causam eum quoad peccunia soluatur retinere potest, nisi qualicumque i*n*dicio id remissum sit, ueluti si ingenuam redemptam causa procreandę sobolis sibi copulauit, uel nisi forte *ei* ob suum delictum petitio denegetur, ueluti si mulierem redemptam prostituit.
3 Postliminium habent qui ab hostibus redeunt uel redempti sunt. est enim postliminium omnium que iuris sunt per captiuitatem amissorum recuperatio. lex enim Cornelia fingit eum qui captus est semper in ciuitate fuisse, ideoque in his omnibus quę iuris sunt restituitur. in his uero quę facti sunt non iuuantur: causa enim facti non continetur postlimini*o*, quia ea que facti sunt nulla constitutione iuris infecta fieri possunt. ideoque ea quę pro huiusmodi causa amissa

---

1 De ingratis liberis (mulctandis *add. P*) *PR* 3 potestatem] *PR* | enim] *PBR* id *T* 4 extiterint *PR* 5 iniurie] *PBR* 7 De postliminio reuersis et ab hostibus redeptis (! redentio *R*) *PR* De postliminio reuersis et captis ab hostibus *B* 8 Explicitum *PR* 9 redemptos *PR* | nobis] *PBR* uobis *T* 11 et] quid *R*; *om. P* | reuersis] *om. P* 13 causa *PR* 14 indicio] *PB* iudicio *TR* 15 ei] *PBR* te *T* 18, 19 postliminium — recuperatio] ius amisse rei ab extraneo recuperandę et in statum pristinum restituende seu in summa amissorum omnium post captiuitatem recuperatio *P* 18 postliminium] ius *add. R* | per] post *R* 19 recuperatio] uel ius amisse rei ab extraneo recuperande *add. R* 21 iuuatur *P* 22 postliminio] *PBR* postliminium *T* 23 pro] per *PR* | causa] casum *PR* casu *B*

VIII, 45. Rubr.: rubr. C. VIII, 49. L. un. C. h. t.

VIII, 46. Rubr.: rubr. C. VIII, 50. **2.** *11—15*: LL. 2, 13 C. h. t. *15—16*: L. 7 C. h. t. **3.** *17*: LL. 2, 5, 10, 12, 17, 19 C. h. t. *17—19*: L. 19 pr. D. h. t. XLIX, 15 ict. § 5 Inst. quib. mod. ius pot. solv. I, 12. *19—20*: L. 22 pr. D. h. t. ict. L. 1 § 1, L. 18 pr. D. ad L. Falc. XXXV, 2, L. 15 pr. D. de usurp. XLI, 3; L. 12 § 6 D. h. t. *21—23*: L. 12 § 2 D. h. t., L. 19 D. ex quib. caus. maior. IV, 6. *23—4*: L. 18 C. h. t.

sunt, si in eadem causa manent, omnimodo directa actione peti possunt. quę uero usu capta uel prescripta uel ex bonis liberatione subtracta uel non utendo amissa sunt, [*per*] rescissoriam infra utilem annum restituenda sunt.

DE INFANTIBVS EXPOSITIS LIBERIS ET *SERVIS ET DE* HIS QVI SANGVINOLENTOS NVTRIENDOS ACCEPERVNT. XLVII.

In redemptos ius retinendi habemus. unde uidebatur conue- 1
niens etiam in expositos hoc idem propter inpensas competere. quod
nisi in casu non admittitur. et ideo de expositis infantibus tam
liberis quam seruis proponit et de his qui eos nutriendos suscipiunt.
Infans ingenuus si expositus sit uel seru*u*s domini uoluntate (quo 2
casu statim in libertate[*m*] eripitur), nulli *per*mittitur eos necessitat*i*
alicuius condicionis subicere seu retinere, ueluti seruilis seu asscripti-
cię uel coloniarie, licet nominatim ‖ hoc expresserit, fort*e* occasion*e* *f. 64 c. 3.*
qualibet inpensarum. nec tamen repeticio earum locum habet, cum
propter pietatem inpensum uidetur. est tamen casus in quo repetitio
datur, puta cum quis filiam [eius] alterius ingenuam susceperit et
eam suo filio in matrimonio collocare uelit: si pater puellę hoc ren-
nuat, ad inpensarum restitucionem tenetur. Si uero infans seruilis 3
conditionis inuito uel ignorante domino expositus sit, in seruitute[*m*]
eum recte petere dominus potest, ita tamen ut inpensas refundat,
nisi ille qui recepit fur sit.

QVĘ SIT LONGA CONSVETVDO. XLVIII.

Huc usque de iure scripto. nunc de iure non scripto edisse- 1
rendum est. Que[*m*] ad modum ius scriptum auctoritate populi Ro- 2

1 permanent *P* 2 prescripta] sunt *add. P* | liberatione] alia ratione *R* 3 subtracta] subiecta P^1 incerta P^2 | per] *PBR* | ressissoriam *T* 5, 6 liberis — acceperunt] *om. PBR* 5 seruis et de] de seruis et *T*; *cf. rubr. Cod. VIII, 51.* 7 uidetur *R* 8 etiam] et *P* ut etiam *R* | competeret *R* 11 seruus] *PBR* seruis *T* 12 ꝗmittitur (*pro* ꝑmittitur) *T* | necessitati] *PBR* necessitate *T* 14 coloniarie] colonarię *P*; conditionis *add. PR* | expressum sit *PR*; hoc *add.* P^1R | forte] *PBR* fortem *T* | occasione] P^2BR occasionem *T* accione P^1 17 puta] ut puta P^2 | eius] *om. PBR* 18 in] *om. P* | matrimonium *B* | si] enim *add. PR* 18, 19 remittit *B* 20 conditionis] uel *add. PR* | seruitutem] *R* seruitute *TPB* 21 repetere *P* | restituat *P* 22 suscepit *P* 23 De longa consuetudine *B* | Quę] Quid *R* 24 scripto] tractatum est *add. PR* | nunc] non P^1; uero *add. P* 24, 25 disserendum P^2 25 modum] enim *add. PBR*

VIII, 47. Rubr.: rubr. C. VIII, 51. **2.** *11—16*: L. 3 C. h. t. *16—19*: L. 16 C. de nupt. V, 4. **3.** L. 1 C. h. t.
VIII, 48. Rubr.: rubr. C. VIII, 52. **2.** *25—4*: L. 32 D. h. t. I, 3.

mani nititur, imo eius cui a populo hoc permissum est, ita ius non
scriptum rebus ipsis et factis eodem iudicio declaratur: nichil enim
interest, populus suffragio uoluntatem suam declaret, an ipsis negotiis
cotidie ex usu et consuetudine hoc ostendit. diuturni enim mores
consensu utencium comprobati pro lege seruantur. set in hoc diffe-
runt, quod ius scriptum nisi ciuitatis Romane non admittitur, ius
autem consuetudinarium non solum urbis Rome sed etiam cuiusuis
3 oppidi recipiendum est, dum tamen iuri scripto non obuiet. Et
quemadmodum iura scripta ad similia *pro*ducenda sunt, ita et iura
consuetudinaria ad exemplum trahenda sunt, et tam ius commune
quam speciale ex consuetudine constitui potest, dum tamen illud
diligenter intuetur, ne mali mores imi*t*entur, item ne illud quod
errore et non ratione inductum est, licet consuetudine obtentum est,
recipiatur. et similiter non ratione[*m*] aut lege[*m*] uincere sciendum
est. et sicut in iure scripto equitas et iustitia premittenda est, ita
in iure non scripto semper causa seu equitas quę consuetudinem in-
4 ducat inspicienda est. Consuetudo etiam optima legum int[*er*]pres
est, nec non per consuetudinem quoque leges ipse abrogantur.

XLIX. DE DONATIONIBVS.

1 Explicito iuris scripti et non scripti tractatu 'de donationibus'
rationabiliter apponit, [*que*] tam ex usu quam ex nouo iure in obli-
2 gatione[*m*] redacte [*sunt*]. et ideo in fine de his tractat. Donatio
quidem [*est*] liberalitas ex uoluntate descendens, maxime cum ex

---

1 hoc] *om. B* 2 et] *om. B* | iudicio] inditio *P* uinculo *B* | declaratur] clauditur *B* 4 usu et] usus *P* | ostendat *PR* 9 scripta — iura] *om. P*[1] | producenda] *PBR* perducenda *T* 10 et] *om. B* 12 intueatur *PR* | imitentur] *P*[1] imittentur *T* immittentur *B* admittantur *P*[2]*R* 13 et] *om. P* | introductum *PR* | obtentum] *TP*[2]*B* obtemperatum *R* obreptum *P*[1] 14 non] ne *PR* | uincat *PR* 15 ita] etiam *add. P* 16 equitas seu causa *PR* 17 etiam] enim *P*; *om. R* | interpres] *PBR* 18 consuetudinem (consuetudines *P*) leges etiam *PR* 20 Explicito] Expleto *P*[1] Explecito *P*[2] 21 apponitur *P* | que] *PR* quia *B* 21. 22 obligationem] *PR* 22 sunt] *PBR* | et ideo] ideoque *P* | tractat] in quibus et quedam communia spectantur *add. PR*; *cf. infra § 3.* 23 est] *PBR* | ex] mera *add. R* | descendens] procedens *P*

4—5: § 9 Inst. de iure nat. I, 2. *6—8*: L. 1 C. h. t., L. 32 pr., L. 34 D. h. t.; L. 2 C. h. t., L. 33 D. h. t. **3.** *8—10*: L. 32 pr. ict. LL. 12—14 D. h. t. *12—14*: Nov. 134 c. 1 in f.; L. 39 D. h. t.; L. 2 C. h. t. *15—17*: L. 1 C. h. t. ict. L. 25 D. h. t. Cf. supra I, 14 § 7. **4.** *17*: L. 37 D. h. t. *18*: L. 32 § 1 in f. D. h. t.

VIII, 49. Rubr.: rubr. C. VIII, 53. **2.** *22—1*: L. 1 pr., L. 29 pr. D. h. t. XXXIX, 5.

munificentia sola procedit. est et donatio que cum causa fit, quę
non proprie liberalitas dicitur: quo casu negotium mixtum cum
donatione est. In quibus quedam communia specta[*n*]tur. commune 3
est quod instrumento rei donate tradito et de re quidem danda uel
tradenda act*um* uidetur. quod et in pignore optinet: datis enim in-
strumentis pignori et de ipsis ‖ rebus cogitatum esse uidetur obligandis. *f. 64 c. 4.*
[*item acciones non solum uendi et ex alio iusto titulo cedi et in-
uito debitore possunt, sed etiam donari. lex quoque in donatione
dicta seruatur quemadmodum et in aliis contractibus: quo casu ne-
gotium cum donatione mixtum uidetur.*] si *enim* quis in re sua
donand*a* legem certam dicat, maxime in tradendo, liberalitatem
quidem aliquatenus exercere uidetur et accipientem rem obligat pro
fide inplenda, unde prescriptis uerbis agi aut lege non inpleta datum
potest condici. consensu quoque et uoluntate dicitur hodie donatio
contrai. unde constat et inter absentes eam perfici poss*e*, et si usus
fructus retineatur, pro traditione habetur: quę omnia et in multis
aliis contractibus communia sunt. Qualiter autem donationes perfi- 4
ciantur uidendum est. perficiuntur quidem hodie non tantum sti-
pulatione et traditione, set etiam tunc cuṃ donator ostenderit suam
uoluntatem, siue in scriptis siue alias. cum autem donatio [*in*] script*is*
con*fi*citur, etiam in ea forma et [in] obseruantia ponitur, ut si ultra
quingentos solidos sit, insinuationem desideret. item etsi infra eam
quantitatem sit, tamen si cum scriptura fiat, in his conscribendis
nomen do[*n*]at*oris* et re[*m*] et ius notari palam oportet. nec occulte

3 In] *om. P* | communia] iura *add. PR* 4 instrumento] quidem *add. P* | uel] seu *PBR* 5 actum] *PBR* acta *T* | et] *om. P* 6 ipsis] his *B* | rebus] agris *PB*; *om. R* 7—10 item — uidetur] *RP*; *om. TB* 7 uendi] *P*¹*R* unde ui *P*² | et] sed *R* set etiam *P* | cedi *R*; *om. P* | et] *R* etiam *P* 8 sed] *R* et *P* | donari] *R* dari *P* 8, 9 in donatione dicta] *R* dicta donatione *P* 9, 10 negotium cum donatione] *R* cum donatione negotium *P* 10 enim] *R* uero *TPB* 11 donanda] *PBR* 14 et] ex *P* 15 posse] *PBR* possit *T* 17, 18 donatio perficiatur *P* 18 perficitur *P* 20 siue alias] siue non (sine *R*) scriptis *PR*; *om. B* | in scriptis] *PR* scripta *T* conscripta *B* 21 conficitur] *PBR* conuincitur *T* | etiam] et *PBR* ea] eis *P*² | in] *om. PBR* 22 infra] inter *P* | eam] *om. PBR* 23 sit] sint *B* | tamen si cum scriptura] tamen si conscripta *B* cum in scriptis *PR* | fiant *B* 24 donatoris] *PBR* doationis *T* | et] in *R*; *om. B* | rem] *PBR* | notari] *TB* (*cum Cod.*) nominari *PR*

1—3: L. 18 D. h. t. **3.** *3—5*: L. 1 C. h. t. *5—6*: L. 2 C. quae res pign. VIII, 16. *7—8*: L. 33 pr., § 1 C. h. t. *8—14*: LL. 9, 22 C. h. t., L. 3 C. de don. quae sub modo VIII, 54 ict. L. 18 D. h. t. *14—15*: § 2 Inst. h. t. II, 7. *15—16*: L. 28, L. 35 § 5 C. h. t. **4.** *18—20*: § 2 Inst. cit., L. 35 §§ 5b, 5c C. h. t. *20—22*: L. 36 § 3 ict. L. 35 § 3a C. h. t. *22—2*: L. 25 § 1 C. h. t.

seu subdole uel priuatim fieri debet, immo uel ab ipso donatore uel ab alio conscribatur. si uero ultra prefinita[*m quantita*]tem sit, acta necessario adiciantur uel in ciuitate apud magistrum census uel in prouinciis apud *ea*rum moderat*ores*. sunt tamen quedam donationes que ab actorum confectione libere et inmunes sunt, ueluti donationes imperiales factę a principe seu ab augusta, item si que fiunt a magistris militum in suos milites, et multo magis quod ob religionem seu ob captiuorum redemptione[*m*] donatum est uel ob exuste domus refectionem, dum modo in ea causa expendatur. si autem ab eadem persona in eundem plures diuersis temporibus donationes facte sunt quę *c*oad*un*ate in unum legitimam excedunt quantitatem, singulę tamen inter legitimam sint, utrum una an plures donationes intelle-
5 gende sint, a lege diffinitum est. Cessante quoque stipulatione, tam ei cui donatum est quam eius heredi, item in eum qui donauit et in eius heredem ex hac causa co[*n*]dictio ex noua lege competit. et hoc uerum est, siue res certas siue [in] parte[*m*] *sue* substantie siue totam suam substantiam donauit.

L. DE DONATIONIBVS QVE SVB MODO VEL CONDITIONE VEL EX CERTO TEMPORE CONFICIVNTVR.

1 Est pura liberalitas, que absolute donatio dicitur, est et alia que sub modo seu conditione dici potest uel certo tempore fit: de
2 qua nunc dicendum est. Do quidem tibi sub modo ut aliquid des

---

1 uel priuatim] et priuatim *B* 2 alio] pro ipso *add. P* | prefinitam quantitatem] *PBR* | sint *PBR* 4 earum] *R* eorum *TPB* | moderatores] *PBR* moderationes *T* | tamen] *om. P* 5 inmunes] *TB* absolute *PR* 6 si] *om. PBR* 7, 8 religionem seu ob] *om. R* 8 redemptionem] *PBR* | ob] *om. B* 9 modo] tamen *PR* | in ea] in ipsa *BR* 11 coadunate] *PBR* eo adiuuate *T* | in unum] *om. BR* | excedant *PBR* 12 inter] *TP*[1] intra *P*[2]*BR* | legitimam] quantitatem *add. PBR* | sint] sunt *P*[2]; *om. P*[1] 13 est] ut multe et ualide sint *add. R* actio uero que ex hac causa competit *add. in marg. P*[2] 15 conditio *P*[1] conditione *P*[2] 16 in] *om. PBR* | partem] *PBR* 17 sue] siue *TB*; *om. PR* | suam] *om. PBR* | donauit] donauerit *P*; ut ueri et non falsarii, etsi donatarii nolint, inueniantur *add. R* 18 uel conditione] *om. PR* 19 uel — tempore] *om. PBR* | constituuntur *P* 20 Est] autem *add. R* | alia] donatio *add. R* 21 seu] uel *BR*; sub *add. P* | dici potest] *om. PBR* 22 Do] *TB* Dono *PR*

2—4: L. 36 § 3 ict. L. 30 C. h. t. *4—6*: L. 34 § 1a C. h. t. *6—7*: L. 36 § 1 C. h. t. *7—9* „ob religionem": L. 34 § 1a C. h. t. ict. L. 19 C. de sacros. eccl. I, 2? „ob captiuorum redemptionem": L. 36 pr. C. h. t. „ob exuste domus refectionem": L. 36 § 2 C. h. t. *9—13*: L. 34 § 3 C. h. t. **5.** L. 35 §§ 5b, 5c, 5e C. h. t.

VIII, 50. Rubr.: rubr. C. VIII, 54. **2.** *22—4*: LL. 9, 22 C. de don. VIII, 53, L. 3 pr. C. h. t., L. 8 C. de cond. ob. caus. dat. IV, 6.

uel facias. quo casu statim ualet donatio, sed eo non inpleto dupli-
citer iura michi subueniunt: datur enim michi prescriptis uerbis
accio ‖ ut mod*us* inpleatur, uel ad repetendum quod datum est, si f. 65 c. 1.
uelim, co[*n*]dictio competit, licet etiam utilem uendicationem modo
non inpleto diui principes dandam esse sancxerunt, maxime cum
sub alimentorum modo donatio facta sit. Quod autem sub conditione 3
donatum [*est*] non ualet, nisi condi*ti*o inpleatur: agi tamen de lege
inplenda prescriptis uerbis accione, ut dictum est, poterit, licet *con*-
dictio detur. condicio quidem donationi inserenda est prius quam
donatio perficiatur: perfecta enim donatio conditiones postea non
capit. que quandoque pro impleta habetur, etiam si aliud eueniat
quam quod in condicione expressum sit, quod pro eodem habeatur,
ueluti si filio sub conditione emancipationis donatum fuerit et non
emancipatione set morte parentis sui iuris efficiatur: pro impleta
enim habetur. sin uero dono aliquid ut post certum tempus seu 4
quandoque alii restituas, et hoc tecum pactus sim, ex meo pacto
nouo iure ei datur utilis accio, licet michi et heredi meo fide non
impleta condicticia accio competat.

DE REVOCANDIS DONATIONIBVS. ℞. LI.

Ea uero que donata sunt temere reuocari [*non*] possunt: hoc 1
enim nisi certis ex causis non *conceditur*. cause autem sunt eius-
modi: si ille qui donationem accepit ingratitudinem in donatorem
intulit, forte manus inpias in eum inferendo, uel atroces iniurias
effundendo, uiteque periculum seu non leue[*m*] iacture molem sub-
stantie donatoris ex suis machinationibus ingerendo, item conditiones
inter eos siue scriptis siue sine scriptis habitas non inplendo. ex
his enim causis quod donatum est repeti potest ab eo qui donauit.
non etiam a successoribus querele exordium instituendum est: quod

---

1 quo] sub quo *B* | casu] *om. B* 3 modis *T* | uel] si cessatum est *add. in marg.* P^{2} | datum] donatum *P* 4 etiam utilem] utilem quoque *P* 7 est] *PBR* | condictio *T* 8 ut — est] *om. BR* | potest *BR* 8, 9 edictio *T* 11, 12 etiam — habeatur] *om.* P^{1} 16 aliis *PB* | meo] iusto P^{2} 17 ei] *om. BR* | michi et] *om. R* 20 non] *PBR* 21 conceditur] *PBR* condicitur *T* 21, 22 huiusmodi *PBR* 23 uel] seu *PBR* | atrocem *B* | iniurias] iniuriam *B*; in eum *add. P* 25 inferendo *P* 26 eos] initas *add. PR* | scriptis] in scriptis *BR* | habitas] initas *B*; *om. PR* 27 est] *om. B*

4—6: L. 1 C. h. t. **3.** *6—7*: L. 5 C. h. t.? *9—11*: L. 4 C. h. t. *11—15*: L. 5 C. h. t. *15—18*: L. 3 C. h. t.

VIII, 51. Rubr.: rubr. C. VIII, 55. **1.** L. 10 C. h. t.

2 enim donator non dixerit, hoc eius heredibus non permittitur. Si
uero [*mater*] in filios donatione[*m*] contulit et hii repperiantur in-
grati, reuocare quidem potest *quod* donauit, licet id solum restituere
cogantur quod tempore mote controuersiæ apud eos residet. nam
ea quę matre pacifica alienata sunt non reuocantur: habetur enim
perinde atque si in rem ageretur. his tamen matribus repetitio datur
que non secundo nupserint. si enim ad secundas ueneri[*n*]t nuptias,
non hoc eis concedimus ut ob ingratitudinem donationes reuocentur:
presumitur enim non propter iustas causas ingratitudinem introducere,
set inmo [*propter*] secundarum nuptiarum cogitacionem ad hoc ue-
nisse putabit[*ur*]. tribus tantum ex causis eis que secundo nubunt
f. 65 c. 2. datur ‖ repetitio, ueluti si apertissime filium uitę matris insidiatum
esse hostendatur, aut manus inpias intulisse probetur, aut totius
3 substantie ablacionem molitum esse declaretur. Permissum [*est*]
quidem patrono etiam cessante ingratitudine, si totam suam substan-
tiam uel eius partem libert*o*, cum liberos non haberet, donauit, li-
beris postea susceptis in totum eam reuocare. item et si libertus
cui donatum est obsequium neglexerit, eo ipso ingratus habendus
est. ideoque non tantum quod donatum est reuocatur, set etiam id
quod ex peccunia a patrono donata comparatum est uel patroni
beneficio quesitum est: ita tamen ut et hic repetitio ipsi patrono
tantum detur, non etiam eius success*ori*bus. successores enim defuncti
liberalitatem retractare non possunt, nisi a defuncto lis inchoata sit.

LII. DE MORTIS CAVSA DONATIONIBVS. ℞.

1 Cum pure uel sub conditione aliquid donatur, quod iuris sit
dictum est. cum uero mortis causa quid donatum est, quę ibi spec-
2 tanda sint edisserendum est. Mortis causa donatio est quę cogita-

---

1 donator] *om. B* 2 mater] P^2; *om. TP*[1]*BR* 3 quod] *PBR* qui *T* 4 apud eos] *om. B* 5 reuocabuntur *P* 7 uenerint] *BR* ueniunt *P* 8 donationis reuocantur *P* 10 propter] *PBR* | nuptiarum] *om. B* 11 putabitur] *P* putabuntur *PR* tribus] enim *add. PR* 12 filius *R* | insidiatus *R* | esse] *om. P* 13 hostendatur] proponatur *P* | inpias] in eam *add. P* | probetur] *om. P* 14 abolicionem *P* | est] *PBR* 15 suam] eius *P* 16 liberto] *B* libertos *T* libertis *PR* 20 donata] data *P* 21 est] *om. P* 22 eius] *om. P* successionibus *T* 24 De donationibus causa mortis *B* 25 Cum] *TB* Si *PR* | quod] *TP* quid *BR* | sit] iam *add. P* 26 donatum est] donatur *PR* 26, 27 ibi — sint] inspectanda sunt *P*

---

2. *1—7*: L. 7 C. h. t. 7—*14*: Nov. 22 c. 35 (Auth. Quod mater ad L. 7 C. h. t.). **3.** *14—17*: L. 8 C. h. t. *17—23*: L. 1 C. h. t.

VIII, 52. Rubr.: rubr. C. VIII, 56. **2.** pr. Inst. de don. II, 7, L. 1, L. 35 § 2 D. h. t. XXXIX, 6.

cione mortis fit. que eatenus differt ab illa pura et absoluta donatione, quia ibi potius uult [*h*]abere eum cui donat quam se ipsum, in [*h*]ac uero mortis causa donatione magis sibi uellet habere quam eum cui donat, magisque eum cui donat quam heredem suum. Et in 3
summa mortis causa donatio legatis fere comparatur. hæc enim a donatore tra*d*itur, legata uero ab herede petuntur, et quemadmodum legata a morte conualescunt, ita et hec donatio a morte confirmatur. item et sollempnitates ultimarum uoluntatum desiderat: quinque enim testes hic desiderantur, siue cum scriptura [*siue sine scriptura*] fiat. ideoque et lex Falcidia locum habet in [*h*]is: licet enim corporaliter de patrimonio exierunt, lege tamen in defuncti *bonis* permanserunt. quapropter et si alicui cert*a* lege donatum est, forte ut alicui post certum tempus daret, ea non inpleta ex fidei commisso ei competit accio. item nec insinuationem nec presentiam publicarum personarum desiderant, etiam si quantitate[*m*] legitimam excedant: iure enim ultime uoluntatis seruantur et omnes effect*us* sortiuntur quos liberalitates su*p*reme habent. Tres autem sunt species donationum ‖ mortis 4
causa: ueluti cum quis imminente periculo donat ita, ut statim do- *f. 65 c. 3.*
minium in capientem transferatur, licet certis ex causis repeticio ei qui donauit competat. secundo si propter mortis cogitationem det ita, ut non statim fiat accipientis, set tunc demum cum mors insequatur. tertio cum quis non propter [*presens*] periculum, sed quia quandoque se moriturum cogitat, donat: que fit *a* sano et in bon*a* ualitudin*e* posito. Sed he donationes reuocantur, si conualuerit qui 5
donauit, siue prior decesserit qui liberalitatem acceperit, siue donatorem penituerit. sin autem id actum est, ut non liceat penitere, uel ut nullo casu reuocetur quod donatum est, pactum a[*d*]mittitur,

2 quia] quod *PR* | donatur *BR* | se] semet *BR* 3 sibi] se *P* 4 donauit *PBR* | magisque — donat] et magis eum *P*²; *om. P*¹ 5 fere] *om. B* | trahitur *T* | hereditate *B* 7 a] *om. P* | et] *om. P* | hee (*om. R*) donationes *PR* | a] *om. PR* | confirmantur *PR* 8 solepnitas *P*² | desideratur *P* desiderantur *BR* 9 siue sine scriptura] *PBR* | fiant *PBR* 10 et] *om. PR* 11 exierunt] *TB* exierint *R* exit *P*¹ exeunt *P*² | hōis (= hominis) *T* 12 et] *om. PR* | certe *T* 13 post certum] preceptum *B* | daret] detur *PBR* 16 effectos *T* 17 sub preme *T* | donationis *R* 17, 18 causa mortis *P* 19 in capientem] ad accipientem *P* 22 non] *om. B* | presens] *PBR* 23 ad *T* 23, 24 bonam ualitudinem *T* 24 si] sicut *B* | siue] si *P* | accepit *P* | si *PBR* 27 admittitur] *PBR*

3. *4—5*: pr. Inst. cit. *5—6*: L. 38 D. h. t. *6—7*: L. 32 D. h. t. *8—9*: L. 4 C. h. t. *10*: L. 2 § 2 C. h. t., L. 5 C. ad L. Falc. VI, 50. *12—14*: L. 1 C. h. t. *14—17*: L. 4 C. h. t. **4.** L. 2 ict. L. 35 § 4 D. h. t. **5.** *24—26*: pr. Inst. II, 7. *26—1*: L. 13 § 1 in f., L. 27, L. 35 § 4 in f. D. h. t., Nov. 78.

6 et ideo repetitio denegatur. Repetuntur autem uel condictione uel utili in rem accion*e*. condic[*t*]io quidem ob causam seu sine causa donatori competit, etsi res prescripta seu usu capta sit ab eo qui donationem accepit. usucapi enim siue prescribi ex hoc titulo, quemadmodum ex donatione inter uiuos, potest. quoque fructus medio tempore *per*cepti similiter restituuntur. impense autem que in re donata facte sunt per doli exceptionem reseruantur.

EXPLICIT LIBER VIII. INCIPIT NONVS.

I. DE HIS QVI ACCVSARE NON POSSVNT.

1 Satis rationabiliter ius priuatum dissertum est. nunc ius publicum dulcissime seu compendiose edisserendum est. ius autem publicum tum in publica ui*n*dicta, tum in rebus quę in patrimonio uel in usu publico sunt uertitur. quapropter illud ius publicum quod in *d*elictis publicis cohercendis seu u*i*ndicandis consistit *pre*mittendum est. ad ea uero iudicia exercenda publice omnes admittuntur, non tamen si*n*e delectu. ideoque de his qui accusare non possunt inprimitus edicendum est. quo ostenso postea scire quidem facile, qui ad accusationem admittendi sint, dum tamen [minus] unusquisque
2 suo nomine non etiam alieno ad accusationem admittatur. Proibentur quidam ab accusatione propter etatem, ut pupilli, *qui*dam propter sexum, ut mulieres, quidam propter sacramentum, ut milites, quidam propter magistratum uel potestatem que gerunt. alii propter delictum suum, ut infames, quidam propter [*tur*]pem questum, ueluti

---

2 accionem *T* | seu] uel *P* 3 etsi] etiam si *PBR* 5 fructus quoque *BR* | precepti *T* | in re] *TP* in rem *R*; *om. B* 7 donatam *R* 8 Explicit — VIII.] *om. PB* | Incipit] liber *add. PB* 9 De his] *om. PBR* (*Tub.*) 12 uia dicta *T* 14 relictis *T* | seu] uel *P* | uindicandis] *P Tub.* uendicandis *T* | pretermittendum *T* 15 omnes] *om. B* 16 siue *T* 16, 17 inprimis *B Tub.* 17 dicendum *P* | scire quidem] sciendum est qui *B* disserendum (edisserendum *Tub.*) est qui *P Tub.* | qui] *om. PB Tub.* 18 ad] *om. P* | admittendi sint] admittantur *P* 18, 19 dum — admittatur] *om. P* 18 minus] *om. B Tub.* 19 Proibentur] enim *add. P Tub.* 20, 21 etatem — mulieres] sexum, ut mulieres, quidam propter etatem, ut pupilli *P* 0 quedam *TB* 22 que] quam *PB Tub.* 23 suum] *om. B Tub.* | turpem] *PB Tub.*

---

6. *1—2*: LL. 29, 30 D. h. t. *2—5*: L. 35 § 3 ict. L. 13 pr., L. 33 D. h. t. *5—6*: L. 12 D. de cond. c. d. c. n. s. XII, 4, L. 38 § 3 D. de usur. XXII, 1. *6—7*: L. 14 D. h. t.

IX, 1. Rubr.: rubr. C. IX, 1. **1.** *18—19*: L. 2 pr. C. h. t., L. 13 § 1 D. de publ. iud. XLVIII, 1, L. 15 C. de accus. et inscr. IX, 2. **2.** *19—6*: LL. 8, 9, 11 § 1 D. de accus. et inscr. XLVIII, 2.

quia duas accusati‖ones contra duos reos subscripta[*s*] habent, item f. 65 c. 4. qui ob accusandum uel non, uel ob negotium alicui faciendum nummos acceperint. quidam propter calumpnie suspitionem, ueluti qui subornati falsum testimonium dixerunt. item quidam propter suam conditionem, ueluti liberti contra patronos, item *liberi contra* parentes. frater quoque contra fratrem de magno et capitali crimine proibetur. quidam propter accusationem aduersus eos institutam in pari *uel* minori crimine: maius uero [*crimen*] merito minori prefertur. quidam uero propter paupertatem, ueluti qui minus habent quam L aureos. Sed tamen omnes he persone admittuntur, si suas suo- 3
rumque iniurias persequ*untur* mortemue parentum seu propinquorum u*i*ndic*ant*. liberi quoque item liberti querentes de facto parentis item patroni circa rem propriam et familiarem defendendam ciuiliter et cum inpetratione uenie a[*u*]diuntur, dum tamen aliquid quod famam sugillet uel cum atrocitate non dicant. Serui uero item 4
familiares prorsus repelluntur: si tamen accusatione[*m*] proposuerint, statim capitali pena feriantur. quod et in libertos optinet. excipiendum est tamen crimen maiestatis, item subrepte anonę, seu fraudati census: in his enim causis omnes personę, infames quoque, audiuntur.

[*DE ACCVSATIONIBVS ET INSCRIPTIONIBVS.*] II.

Cum que personę ad accusationem admittantur [*dictum est,* 1
nunc] cum quo ordine institui et exerceri publica iudicia debeant

---

1 quia] si *PB Tub.* | subscriptos habet *P* 2 faciendum] uel non *add. Tub.* 3 accepit *P* | calumpnie] notam uel propter calu[*m*]pnie *add. Tub.* 4 subornati] *TP*^{1} sub ornatu *P*^{2}*B* 5, 6 liberi contra parentes] *PB Tub.* liberti comparentes *T* 8 uel] *PB Tub.* et *T* | crimen] *PB Tub.* | marito *T* 10 suam *P* 11 iniuriam *P* | persequuntur] *P Tub.* persequitur *T* 12 uindicant] *Tub.* uendicantes *T* uindicantes *P* uindicantur *B* 14 inpetratione] *om. B* | uero] non *add. Tub.*^{2} 16 accusationem] *P Tub.*^{1} accusare *Tub.*^{2} | proposuerint] proposuerunt *B* proposuerit *Tub.*^{1} presumunt *P Tub.*^{2} 17 feriantur] *TPB* puniantur *Tub.* | et] *om. PB* 21 Rubr.] *P Tub.*; *om. TB* 22 Cum] Vt *B*; *om. P Tub.* 22, 23 dictum est nunc] *P*^{2}; *om. TP*^{1}*B Tub.* | cum] et cum *P*^{1} *Tub.*

6—7: LL. 13, 18 C. h. t. *7—8*: L. 19, L. 1 C. h. t. *9—10*: L. 10 D. XLVIII, 2. **3.** *10—12*: L. 11 pr. D. eod., LL. 8, 9, 10, 12, 19 C. h. t., LL. 1, 2 D. XLVIII, 2. *12—15*: L. 11 § 1 D. XLVIII, 2 ict. L. 4 § 1, L. 10 § 12 D. de in ius voc. II, 4. Cf. supra VI, 5 in. **4.** *15—17*: LL. 20, 21 C. h. t. *17—20*: L. 20 in f. C. h. t., L. 7 pr. — § 2, L. 8 D. ad L. Iul. maiest. XLVIII, 4; L. 13 D. XLVIII, 2, L. 1, L. 3 § 1 in f. D. de L. Iul. de annona XLVIII, 12, L. 53 D. de iud. V, 1.

IX, 2. Rubr.: rubr. C. IX, 2.

2 uidendum est. Inscriptiones quidem et accusationes necessarię sunt. inscriptio autem libellorum ita concipienda est, ut consules et dies et apud *quos* pretores seu presides uel proconsules premittantur: 'Gaius Seius professus est se Lutium Ticium lege Cornelia de sicariis reum facere, quod dic*it* [*eum*] in ciuitate illa — uel: in loco illo — Meuium occidisse sub mense illo et consulibus illis'. diem autem et horam inuitus non comprehendet. item in libellum *sub*şcribere debebit se professum esse hanc accusationem ad finem perduct*urum*, uel, si litteras nesciat, alius pro eo scribere debet. quod generaliter optinet in omnibus qui lege aliqua reum [*aliquem*] defe-
3 runt. Accusationes uiua uoce fieri debe[*n*]t presente accusatore et hoc *asserente* nec non et probante atque [*subscribente. facta ergo*] subscriptione fideiussor de exercenda lite ab utraque parte dand*us* est. quo non dato tam reus quam accusator in custodia publica
P. f. 94a v. 14. retinendi sunt: ‖ in pari enim causa uel forma sunt, quoad de crimine iudicetur, cum calumpniantes ad uindictam poscat similitudo supplicii. si tamen plures sint qui eundem accusent, iudex idoneiorem eligere debet adhibita cognitione cause. quod estimandum est ex personis siue ex dignitate siue ex eo quod interest siue ex etate uel moribus uel alia iusta causa, dum tamen ob idem crimen pluribus legibus reum non faciat. hec quoque omnia obseruanda sunt etiam si serui accusentur, dum tamen dominis defensio permittatur, si
4 satisdare uelint. Sin autem reus absit, cum accusator presens sit,

---

2 libellorum (liberorum *P*) autem conscriptio *PB Tub.* | concipienda] facienda *PB Tub.* | consul *P* 3 quos] *PB Tub.* quoque *T* | premittatur *Tub.* 5 quod] qui *P* | dicit *B Tub.* dicat *TP* | eum] *PB Tub.* | uel in] in *om. P* 7 comprehendat *PB Tub.* 7, 8 subscribere] *PB Tub.* (*cum Dig.*) sic scribere *T* 8 debet *PB Tub.* 8, 9 perductinet *T* 9 scribere] *TP* subscribere *B Tub.* 10 aliqua] *TB Tub.*[2] cornelia *P* cor. *Tub.*[1] | aliquem] *PB Tub.* 11 presente] tamen *add. PB Tub.* 12 asserente] *P* asserenente *Tub.* assentiente *T* | et] *TB* etiam *Tub.*; *om. P* | approbante *P Tub.*[b] | subscribente — ergo] *PB Tub.* 13 de] pro *PB Tub.* | dandum *T* 15 enim] *om. PB Tub.* | causa] ***In verbis*** in pari enim causa ***ut insequentis quaternionis primis ad imum marginem scriptis desinit T; reliqua transcripsi e P.*** 18 debet] *om. B* 20 alia] *om. B* 21 reus *B Tub.* | fiat *B Tub.* 21, 22 etiam si] et si *B Tub.* 22 accusentur] accusent *B* accusauerint *Tub.*[1] accusati fuerint *Tub.*[2] | dum] ut *B*; *om. Tub.*

---

2. *1*: L. 17 pr. C. h. t., L. 3 pr. C. qui accus. non poss. IX, 1. *1—11*: L. 3 pr., § 2, L. 7 § 1 D. h. t. XLVIII, 2. **3.** *11—12*: L. 15, L. 17 pr. C. h. t., L. 3 § 1 C. qui accus. non poss. IX, 1, L. 25 C. de prob. IV, 19. *12—17*: L. 3 pr. C. qui accus. non poss. IX, 1 ict. L. 17 pr. C. h. t. *17—20*: L. 16 D. h. t. *20—21*: L. 14 D. h. t. *21—23*: L. 12 § 3 D. h. t.; L. 17 D. h. t. **4.** *23—5*: LL. 1, 2 C. de requir. IX, 40; L. 6 C. h. t.

tempus a iudice statuendum est intra quod reus innocentiam suam purget. eo enim non ueniente bona eius adnotanda sunt. qui intra an[*n*]um bona sua, si se purgauerit, recipiet. si uero post annum uenerit, innocentiam [*suam*] poterit purgare rebus propriis fisco relictis. sententia tamen in absentem minime ualet. Sunt crimina 5
notoria que et sine sollempnitate accusationum iudice iubente discuti possunt. notoria sunt que iudicibus maxime per officiales nuntiantur: que pro libitu eorum inducenda seu examinanda nec non et dirimenda sunt.

DE EXHIBENDIS ET TRANSMITTENDIS REIS. III.

Facta accusatione et inscriptione exhibendi sunt rei. set si alterius iurisdi[*c*]tionis sunt, etiam transmittendi sunt [quidem rei]. exhibitio alia[*s*] facienda non est nisi iudice precipiente. transmittendi quidem rei sunt, cum alterius prouincie seu iurisdi[*c*]tionis sunt, licet ibi puniri ubi crimina commissa sunt uel ubi reperiuntur possunt. ideoque si miles in prouincia crimen publicum commisit uel repertus fuerit, causa ad magistrum militum referenda est.

DE CVSTODIA REORVM. IV.

Reis exhibitis nichil aliud restat nisi ut custodiantur, maxime 1
cum satis datum non est. et hoc uerum est, siue accusator existat siue iudex officio suo eum produci fecerit cum crimen notorium sit. set facta satisdatione *ab* eo exhibendus est qui satis dedit. quo non exhibente pecuniaria pena afficiendus est, licet si dolo non exhibeat, etiam extra ordinem puniendus est. si certa quantitas promissa sit,

---

2 enim] *om. B Tub.* | interueniente *B Tub.* | qui] quo *B* 4 suam] *B Tub.* 5 ualet] *P Tub.*[1] danda est *Tub.*[2]; *om. B* 6 et] etiam *Tub.* | a iudice iubenti *B* 7 iudicibus] iudici *B Tub.* 8, 9 nec non — sunt] sunt et dirimenda *B Tub.* 11 set] et *B Tub.* 12 etiam transmittendi] *om. Tub.*[1] | sunt] *om. Tub.* | quidem rei] *om. B Tub.* 13 aliter *B Tub.* 15 reperiuntur] reperiri *Tub.*[2] 17 fuerit] fuit *P*[2]. 18 Rubr.] *paullo inferius post verba* satis datum non est *occurrit in B.* 19 Reis] et his *B* 21 officio] ab officio *B Tub.* | sit] *om. B* 22 ab] *B Tub.* ex *P* 24 sit] est *B Tub.*

---

5. L. 7 C. h. t.

IX, 3. Rubr.: rubr. C. IX, 3. *13*: L. 3 C. h. t.. *13—15*: Nov. 134 c. 5, L. 7 D. de custod. reor. XLVIII, 3. *15—16*: L. 1 C. ubi de crim. agi op. III, 15. *16—17*: L. 1 C. h. t.

IX, 4. Rubr.: rubr. C. IX, 4. **1.** *19—20*: L. 1, L. 3 D. h. t. XLVIII, 3. *22—3*: L. 4 D. h. t.

ea exigenda est. alioquin si neque ex conuentione neque ex precepto iudicis neque etiam ex consuetudine certa quantitas ostenditur,
2 officio iudicis de modo *inferende* pecunie statuendum est. Qualiter autem rei custodiendi sunt, iudici deliberare permissum est, utrum persona in carcere[*m*] recipienda an militi tradenda seu sibi committenda sit. et hoc pro qualitate criminis uel honore seu dignitate uel innocentia persone uel pro facultatibus eius qui accusatur facien-
3 dum est. Reo etiam in custodia retento statim questio est facienda, ut noxius puniatur et innocens absoluatur: nisi [*enim*] ex iusta
4 causa hoc prorogandum non est. Set interim custodia receptarum personarum ad comentariensem spectat, ut in carcere pro qualitate delicti seu sexus diuersitate rei custodiantur prebita eis uictuali alimonia, ne in penis carcerum consumantur, ne innoxii puniantur et nocentes debite ultioni subtrahantur. si autem reus culpa eorum qui prepositi sunt euaserit, eadem pena affitiendi sunt custodes, et si crudelitatem suam accusatoribus uendiderint uel male circa reos custodiendos uersati fuerint, a iudice capitali pena puniendi sunt. et etiam iudici pena inponitur, si deses in hac causa reperiatur.

V. DE [*PRIVATIS*] CARCERIBVS INHIBENDIS.

Carceres priuatorum inhibendi sunt modis omnibus tam in Alexandria quam etiam per omnes prouincias Romani imperii. hii autem qui talia facere ausi sunt procul dubio crimen maiestatis incurrunt, etiam iudic*e* qui hoc cognouerit et lesam maiestatem non uindicauerit sub eodem capitali crimine subitiendo. ‖

VI. SI REVS VEL ACCVSATOR MORTVVS FVERIT.

P.f.94b. Euenit quandoque ut pendente accusatione reus uel accusator mortuus sit. quo facto crimina morte extingu[*u*]ntur nisi maiestatis

3 inferende] *B Tub.* (*cum Dig.*) offerendo *P* 5 carcerem] *B Tub.* | recipienda] est *add. B* 6 seu] uel *Tub.* 8 etiam] *om. B Tub.* | in] *om.* P^1 9 enim] *B Tub.* 11 comentariensem] commentariensem *B Tub.* romentariensem P^1 comitariensem P^2 | carcerem *B Tub.* 15 propositi *B Tub.* 16 credulitatem P^1 18 iudicibus *Tub.*^{2} | deses] desides et resupine ceruicis *B Tub.*^{2} | reperiuntur *B Tub.*^{2} 19 priuatis] *B Tub.* 20 inhibiti *B Tub.* 22 sunt] fuerint *B* 23 iudice] *Tub.* iudicem *PB* 24 iudicauerit P^1 *Tub.* | sub] *om.* P^1 *Tub.* 25 accusator] actor *B* 26 quandoque] *om. B* 27 extinguntur *P Tub.*

2. L. 1 D. h t. **3.** L. 1 pr., § 1 C. h. t. **4.** *10—14*: L. 4, L. 1 §§ 2, 3 C. h. t. *14—15*: L. 4 C. cit. *15—17*: L. 1 §§ 4, 5 C. h. t. *18*: L. 5 § 1 C. h. t.

IX, 5. Rubr.: rubr. C. IX, 5. L. 1 C. h. t.

IX, 6. Rubr.: rubr. C. IX, 6. *27—1*: LL. 2, 3, 6 pr., § 1 C. h. t., L. 19

crimen [*sit*]. data autem sententia si bona specialiter in totum uel in partem adempta sunt, si prouocatio facta est et mors insecuta est, causa tamen appellationis propter bona exercenda est.

AD LEGEM IVLIAM MAIESTATIS. VII.

Sunt autem crimina ordinaria, sunt et extraordinaria. ordinaria dicuntur quorum accusatio certa lege accepta pena super his prodita est. ex quibus crimen maiestatis est, quod aduersus populum Romanum uel aduersus principem securitatemue eius committitur. accusatio huius criminis lege Iulia introducta est, que omnibus sine delectu patet, etiam qui alias accusare non possunt, ut infames et milites, item serui nec non et mulieres. serui in caput domini torquentur, arenarii quoque.

---

1 sit] *B Tub.* | toto *B Tub.* 2 parte *B* 3 exercenda] tractanda *Tub.* contractanda *B* 4 Rubr.] *PB* Si quis imperatori maledixerit et ad legem Iuliam maiestatis *Tub.* *Quae continentur hoc titulo occurrunt etiam in Tub., at in fine demum tituli longissimi et quidem singulis sub quoque versu ductis lineis adscriptaque ad marginem voce* uacat *pro supervacuis notata.* 5 et] *om. B* 6 accepta] ac certa *Tub.*; *om. B* 10 etiam] et *B Tub.* | aliter *B Tub.* 12 quoque.] *Desinit hic P Summaque Irnerii, qui enim sequuntur in B huius libri tituli reliqui (sc. VIII. — XLIII.) sunt supplementum atramento valde diverso postea adiectum depromptumque e Summa Rogerii.*

---

pr. D. de accus. XLVIII, 2. „nisi maiestatis crimen sit“: L. 11 D. ad L. Iul. maiest. XLVIII, 4, L. 6 pr., § 2 C. eod. IX, 8. *1—3*: L. 6 § 2 C. h. t. ict. L. 20 D. de accus. XLVIII, 2.

IX, 7. Rubr.: rubr. C. IX, 8. *7—8*: L. 1 § 1 D. h. t. XLVIII, 4 ict. § 3 Inst. de publ. iud. IV, 18. *8—9*: L. 3 D. h. t. *9—11*: L. 7 pr. — § 2, L. 8 D. h. t. Cf. supra IX, 1 § 4. *11—12*: L. 6 § 1, § 4 C. h. t., L. 21 § 2 D. de test. XXII, 5.

INDEX TITVLORVM.

EXORDIVM.

LIBER PRIMVS.

LIBER SECVNDVS.

LIBER TERTIVS.

LIBER QVARTVS.

LIBER QVINTVS.

LIBER SEXTVS.

LIBER SEPTIMVS.

LIBER OCTAVVS.

LIBER NONVS.

Register.

Die römischen Ziffern verweisen auf die Seiten der Einleitung, die arabischen auf diejenigen der Ausgabe.

Berichtigungen und Ergänzungen.

1. In der Einleitung.

S. XXXII Z. 4 des Textes v. u. setze „52" statt „53".
S. LXVIII Z. 13 setze „131" statt „31".

2. Im Texte der Ausgabe.

S. 26 Z. 22 ist statt „cetera" im Hinblick auf die Schrift des Irnerius De aequitate V, 5 in f. „certa" zu setzen.
S. 28 Z. 14 sind im Hinblick auf De aequit. VI, 1 gemäſs T die Wörter „et in rebus" zu streichen. Vorher Z. 11, 12 ist wohl „considerandum est et" in „consideranda sunt" zu verbessern.
S. 35 Z. 1 ist statt „preiudicari" gemäſs De aequit. IX, 4 „preiudicare" zu setzen.
S. 63 Z. 8 wäre statt „continentur" „tenentur" aus T beizubehalten gewesen; denn s. S. 131 Z. 10.
S. 278 Z. 14 ist der Punkt am Ende der Zeile zu streichen.

3. In den kritischen Anmerkungen.

S. 3 Z. 6 setze „12 et causa finali]" statt „12 et — finali]".
S. 37 letzte Z. setze „admissam *B*" statt „admissam *P*".
S. 105 Z. 3 setze „repetio T^2" statt „repetio P^2".
S. 168 letzte Z. ist einzuschalten „28 anullorum *T*".
S. 225 Z. 6 setze „uiuos" statt „uinos".
S. 312 letzte Z. setze „20" statt „0".

4. In den die Quellen nachweisenden Anmerkungen.

S. 155 Z. 3 setze „C. V, 26, 27" statt „C. V, 26".
„ Z. 2 v. u. ist hinter „Nov. 89 c. 9" einzuschalten „(Auth. Praeterea ad L. 11 C. V, 27)".
„ letzte Z. ist hinter „Nov. 89 c. 10" einzuschalten „(Auth. Item ibid.)" und hinter „Nov. 89 c. 11" „(cit. Auth. Item)".
S. 156 Z. 1 ist hinter „Nov. 18 c. 11" einzuschalten „Nov. 78 c. 4 (Auth. Sed nova et Auth. Nova alia ad L. 11 C. V, 27)".
„ Z. 1—3 ist den sämmtlichen Citaten aus Nov. 89 beizufugen: „(Auth. Licet ad L. 8 C. V, 27)".

5. In den auf die mittelalterliche Litteratur verweisenden Anmerkungen.

S. 18 setze „**Quest. XXXVIII, 1**“ statt „**Quest. XXXVIII**“.
S. 68 ist beizufügen: „**III, 16. 8. Quest. VI, 1, 9**“.
S. 83 ist beizufügen: „**2—4. Quest. XXXVIII, 9**“.
S. 84 sollte stehen: „**6—8, 10, 11. Quest. XXXVIII, 2, 4, 10**“.
S. 90 ist hinter „**IV, 19.**“ einzuschalten: „**2—5. Quest. XXXVIII, 14**“.

Die Beziehungen der Summa zu dem als Anhang der Questiones herausgegebenen Bruchstücke der Schrift des Irnerius De aequitate sind so zahlreich und fortlaufend, dass sie hier nicht nachgetragen werden können. Daher muss auf die Anmerkungen zu jener Ausgabe verwiesen werden.

Halle a. S, Buchdruckerei des Waisenhauses.

FSC
www.fsc.org
MIX
Papier | Fördert
gute Waldnutzung
FSC® C083411

Kolibri 360 GmbH
Ferdinand-Jühlke-Straße 7
99095 Erfurt, Deutschland
produktsicherheit@kolibri360.de